neukirchener
theologie

Kirchen- und Theologiegeschichte in Quellen

Ein Arbeitsbuch

herausgegeben von
Heiko A. Oberman †, Adolf Martin Ritter,
Hans-Walter Krumwiede † und Volker Leppin

Band I
Alte Kirche

Alte Kirche

Ausgewählte, übersetzt und kommentiert von
Adolf Martin Ritter

10. Auflage 2012

Neukirchener Theologie

Bibliografische Information der Deutschen Nationalbibliothek

Die Deutsche Nationalbibliothek verzeichnet diese Publikation in der Deutschen Nationalbibliografie; detaillierte bibliografische Daten sind im Internet über http://dnb.d-nb.de abrufbar.

© 1977 – 10. Auflage 2012
Neukirchener Verlagsgesellschaft mbH, Neukirchen-Vluyn
Alle Rechte vorbehalten
Umschlaggestaltung: Hartmut Namislow
Gesamtherstellung: Hubert & Co., Göttingen
Printed in Germany
ISBN 978–3–7887–2221–0
www.neukirchener-verlage.de

P. Karl Suso Frank OFM
(gestorben am 4. Januar 2006)

und

Gerhard May
(gestorben am 8. August 2007)

zum Gedenken

Vorwort der Herausgeber

Ziel der mit diesem Bande eröffneten Reihe »Kirchen- und Theologiegeschichte in Quellen« ist es, durch eine Quellensammlung für Haupt- und Überblicksvorlesungen sowie für das Selbststudium dem seit langem wohl dringendsten Desiderat des akademischen Unterrichts im Felde der Kirchen- und Theologiegeschichte abzuhelfen. Die in dieser Sammlung dargebotenen, zweckentsprechend eingeleiteten und erläuterten Quellenstücke aus Kirchen- und Profanhistorikern, aus Väter- und Philosophenschriften, Synodalakten, staatlichen Religionsgesetzen, kirchlichen Rechtsbüchern, Universitätsdisputationen und Bekenntnissen u. a. m. sollen den Benutzer in möglichst unmittelbaren Kontakt mit der jeweils behandelten Zeit und ihren wirkungsgeschichtlich relevantesten Phänomenen bringen. Dabei ermöglicht es die in aller Regel chronologische Anordnung der Texte, die einzelnen mit den Worten der Alten berichteten Ereignisse und Probleme in ihrem jeweiligen geschichtlichen Zusammenhang zu betrachten. Auch ist die Auswahl von der Absicht geleitet, Kirchengeschichte in der Vielfalt ihrer Aspekte zu Gesicht zu bringen und – beispielsweise – eine einseitig theologiegeschichtliche Orientierung zu vermeiden.

Dass im gegebenen Falle durchweg übersetzte Quellen geboten werden, unter Beifügung allerdings der wichtigsten Begriffe und Wendungen in der Originalsprache sowie solcher Passagen, die ernsthafte Verständnisprobleme bieten und bei denen daher der Rekurs auf den Urtext unumgänglich ist, ist unsererseits nicht nur als ein Entgegenkommen gegenüber künftigen Realschul- und Gymnasiallehrern als potentiellen Interessenten an unserem Quellenwerk gemeint; vielmehr soll es dem Tatbestand Rechnung tragen, dass auch bei Theologiestudierenden mit dem Ziel des Pfarrberufes ausreichende Sprachenkenntnisse immer weniger vorausgesetzt werden können. Nun aber ist es sicher besser, exemplarisch wichtige Texte der Vergangenheit in Übersetzung – als gar nicht zu kennen! Der leichteren Benutzbarkeit unserer Sammlung dient auch die jedem Band beigegebene Aufschlüsselung durch mehrere Register. Mit dem allen ist, wie wir zuversichtlich hoffen, ein praktisches Hilfsmittel zum Studium der Kirchen-, Dogmen- und Symbolgeschichte entstanden bzw. im Entstehen, ein »Lesebuch«, das ein farbiges Bild von den einzelnen Zeitaltern der Kirchen- und Theologiegeschichte vermittelt. Ein Wort herzlichen Dankes zum Schluss! Es gilt zum einen den Fachkollegen, die uns auf verschiedenen Tagungen der Sektion Kirchengeschichte innerhalb der »Wissenschaftlichen Gesellschaft für Theologie« oder auch – auf unsere Anfrage hin – brieflich sowohl bei der Konzeption des Projektes im ganzen als auch bei den Textauswahlen im einzelnen beraten und durch ihre sachverständige Kritik sehr geholfen haben; die so erfahrene kollegiale Zusammenarbeit gehört gewiss zum Beglückendsten unserer Tätigkeit als Herausgeber und Bearbeiter dieser Sammlung und ihrer einzelnen Bände. Unser Dank gilt zum anderen dem Verlag, der das Wagnis der Publikation dieser Reihe, bei ansprechender Ausstattung der Bände und zu einem für Studierende als unseren Hauptadressaten noch erschwinglichen Preis, auf sich genommen hat.

H.A. Oberman   A.M Ritter   H.W. Krumwiede

Vorwort zu diesem Band

Nach dem im Vorwort der Herausgeber Gesagten bleibt mir als dem Bearbeiter dieses ersten altkirchlichen Bandes nur noch übrig, den Kollegen namentlich zu danken, die sich die Mühe gemacht haben, in z. T. umfangreichen Stellungnahmen zu einem Entwurf meiner Textauswahl ihre Vorschläge zu umterbreiten. Es sind außer den Mitherausgebern die Herren Kollegen K. Beyschlag-Erlangen, H. von Campenhausen-Heidelberg, H. Karpp-Bonn, H. Kraft-Kiel, G. Ruhbach-Bethel, M. Tetz-Bochum sowie die auf der Tagung der Sektion Kirchengeschichte in Bethel im September 1975 anwesende Patristikerin B. Aland-Münster und ihre Kollegen M Elze-Hamburg, H. Gülzow-Kiel, G. May-München, R. Staats-Heidelberg. Besonders dankbar bin ich dafür, dass mich auch ein ausführliches Votum eines katholischen Kollegen, K Suso Franks-Freiburg, erreicht hat, welches zeigte, dass eine Verständigung über die elementaren Vorgänge und Probleme der alten Kirchen- und Theologiegeschichte, über die Konfessionsgrenzen, hinweg ohne besondere Schwierigkeiten möglich ist; es darf vielleicht auch als Hinweis darauf genommen werden, dass dieser Band für Lehr- und Studienzwecke auch an katholisch-theologischen Fakultäten im deutschsprachigen Raum Verwendung finden kann.

Natürlich trage für die endgültige Auswahl der Quellen und die Textpräsentation ausschließlich ich die Verantwortung; wie ich mir auch dessen voll bewusst bin, dass die zahlreichen sich bei der Vorbereitung stellenden Probleme nicht auf einmal und nicht schon bei der ersten Auflage zu lösen waren. Darum bitte ich um weitere kritische Begleitung des Unternehmens seitens der Kollegen wie der studentischen Benutzer.

Göttingen, im Oktober 1976   Adolf Martin Ritter

Vorwort zur 9. Auflage

Genau dreißig Jahre nach seinem ersten Erscheinen kann dieser Band nun in gründlich überarbeiteter Gestalt den Weg zu seinen Leserinnen und Lesern, in erster Linie wohl Studierende der evangelischen und katholischen Theologie, antreten. Diese Neubearbeitung war lange geplant. Während sich die bisherigen Verbesserungen darauf beschränken mussten, was an Korrektur und Austausch möglich war, ohne dass der Seitenumbruch in Gefahr geriet, ist diesmal der Text der letzten Auflage eingescannt worden, so dass er sich (wenn auch mit einigen Mühen, wie die Kundigen wissen, korrigieren und) nach Belieben weiterbearbeiten ließ.

Für unschätzbare Hilfe hierbei bin ich Frau Waltraud Anzinger vom Wissenschaftlich-Theologischen Seminar in Heidelberg zu großem Dank verpflichtet, und das umso mehr, als ihre Hilfe für Gotteslohn geschah und ihre Dienstobliegenheiten davon unbeeinträchtigt blieben. Besonders in der Endphase der Druckvorbereitungen hat mir wiederum mein lieber Sohn, Pfarrer Sebastian Ritter (Bremerhaven), mit (EDV-) technischem Rat selbstlos und selbstverständlich zur Seite gestanden, wofür ihm gleichfalls auch an dieser Stelle herzlicher Dank gebührt.

Unter diesen Umständen ist es erfreulicherweise möglich gewesen, nicht nur die Bibliographie zu modernisieren (und einzuarbeiten!). Es konnte vielmehr auch alles noch einmal neu überlegt und nahezu jede Übersetzung und jede Kommentierung auf den Prüfstand befördert werden. Da sich der Verlag zudem mit einer Vermehrung des Bandumfangs (auf den der anderen Bände der Reihe) einverstanden erklärte, konnten nicht nur Texte ausgetauscht, sondern auch, besonders, aber nicht nur im Schlussteil, nicht wenige substantielle Ergänzungen vorgenommen werden.

Ich hoffe, dass das Buch so seinen Dienst an den Studierenden noch einige Zeit tun kann und als Hilfe erfahren wird im kirchengeschichtlichen Unterricht an Höheren Schulen und Universitäten. Möchte es auch zur Einsicht verhelfen, wieviel Protestanten wie Katholiken verlören, wenn sie ihr gemeinsames antikes Erbe vergäßen oder verachteten. Keine Schärfung des konfessionellen Profils könnte diesen Schaden wiedergutmachen.

Ein Wort noch zur Widmung. Sie gilt zwei verdienten Kirchengeschichtskollegen, einem Katholiken und einem Protestanten, deren Todesnachrichten mich in diesem Jahr erreichten. Ich habe mir daraufhin bei der Überarbeitung des Bandes klargemacht, wie viel mich mit beiden verbindet und welchen Anteil beide an der Konzeptionierung des Bandes vor drei Jahrzehnten hatten und mit welch freundlicher Aufmerksamkeit sie seine ersten Schritte in die akademische Welt begleiteten. K. Suso Frank, Protestanten vor allem durch seine oft aufgelegte Mönchtumsgeschichte bestens bekannt, lehrte – außer an ordenseigenen Hochschulen – lange Jahre an den katholisch-theologischen Fakultäten Mainz und Freiburg im Breisgau; Gerhard May, mit dem mich auch die gemeinsame Schülerschaft bei Hans von Campenhausen verband, entfaltete seine Hauptwirksamkeit an der evangelisch-theologischen Fakultät zu Mainz und dem dortigen Institut für Europäische Geschichte. Gerade weil beide eher zu gering als zu hoch von sich dachten, sollten sie unvergessen bleiben.

Neckargemünd, Anfang September 2007   Adolf Martin Ritter

Inhalt

Verzeichnis der Texte

1. Altrömische Religion (nach Cicero, Über das Wesen der Götter 2,8.72; Über den Bescheid der Eingeweideschauer 9,19)

Der hier gewählte Einsatz bei der römischen Religion als Hintergrund der Geschichte des frühen Christentums ist, zugegebenermaßen, erklärungsbedürftig, angesichts der unbestreitbaren Tatsache, dass das Christentum in und aus dem Judentum heraus entstanden ist. Dieses ist und bleibt sein »nächstes Fremdes« (U. Hölscher). Trotzdem wird, wie zu hoffen ist, unser Einsatz dem einleuchten, der akzeptiert, dass hierbei die Kenntnis des Neuen Testaments vorausgesetzt wird, welches ja zugleich eine der wichtigsten Quellen zur Geschichte des Judentums im 1. Jahrhundert der gemeinsamen Zeitrechnung darstellt.

Auch wo die frühchristliche Mission die Grenzen Palästinas überschritt, erging sie keineswegs in einen religiösen Leerraum hinein, »wie es der Ausdruck Heidentum suggeriert, sondern in eine Welt voll religiöser Überzeugungen und kultischer Riten« (P. Stockmeier). Darunter war die Religion der Römer von ganz eigener Prägung. Ihre Eigenart zu erkennen, ist für das Verständnis der alten Kirchen und Theologiegeschichte deshalb besonders wichtig, weil es sich hierbei nicht nur um die »Religion der Christenverfolger« handelte, sondern weil sich auch bestimmte Züge besonders der frühen lateinischen Theologie am ehesten von »römischen« Denkvoraussetzungen aus, und d.h. nicht zuletzt, von einer kritischen Aufnahme des altrömischen Religionsbegriffes her, verstehen lassen. – Einer der wichtigsten Zeugen spezifisch römischer Religiosität ist M. Tullius Cicero (106-43 v.Chr.), zumal mit seiner Schrift De natura deorum. Aus dieser sei zunächst ein Passus aus einer Philosophenrede (2,7ff.) angeführt, in der es um den Beweis einer göttlichen Vorsehung (providentia), u.a. aus den Siegen und Niederlagen der römischen Geschichte, geht. Es heißt dort (2,8):

Aus ihrem [sc. der frevlerischen römischen Feldherrn in den beiden punischen Kriegen] Untergang ist zu erkennen, dass durch deren Herrschaft das Gemeinwesen erweitert worden ist, die den Geboten der Religion gehorcht haben (qui religionibus paruissent). Und so wir unsere Leistungen mit fremden vergleichen wollen, werden wir uns in den übrigen Dingen entweder gleich oder sogar unterlegen finden; in der Religion aber, d.h. in der Verehrung der Götter (religione id est cultu deorum), weit überlegen.

An anderer Stelle des gleichen Buches (2,72) gibt Cicero eine ebenso aufschlussreiche wie geschichtsmächtige etymologische Ableitung des Wortes religio, wenn er sagt:

Die Menschen, die alles, was für die Verehrung der Götter wichtig ist, sorgfältig bedenken und gleichsam immer wieder durchnehmen, nannte man aufgrund dessen »religiös« (qui ... omnia, quae ad cultum deorum pertinent, diligenter retractarent et tamquam relegerent, sunt dicti religiosi ex relegendo[1]).

Als Zusammenfassung der verschiedenen, in Ciceros Ausführungen verstreuten Momente und Aspekte des römischen Religionsbegriffes kann folgender Auszug aus seiner Rede De haruspicum responso (9,19) dienen:

... Wer nämlich ist dermaßen von Sinnen, dass er... nicht erkennte: dieses Riesenreich ist durch ihr [der Götter] Walten (numen[2]) entstanden, gewachsen und erhalten worden ... ; denn an Frömmigkeit (pietas), Religiosität (religio) und dieser einen Weisheit (sapientia), erkannt zu haben, dass durch der Götter Walten (numen) alles regiert und gelenkt werde, sind wir [Römer] allen Völkern überlegen[3].

Quellen: W. Ax, Cicero. De natura deorum, BT, 1933[2] (Nachdr. 1961); W. Peterson, M. Tulli Ciceronis Orationes, V. Oxford (1911) 1959. – *Literatur:* K. Latte, Römische Religionsgeschichte (HAW 5, 4, (1960) [2]1992; A. Wlosok, Römischer Religions- und Gottesbegriff in heidnischer und christlicher Zeit, AuA 16,1970, 39-53 (m. weit. Lit.); P. Stockmeier, Glaube und Religion in der frühen Kirche, 1973; J. H. W. G. Liebeschütz, Continuity and change in Roman religion, Oxford 1979; S.R.F. Price, The place of religion: Rome in the early Empire, in: The Cambridge Ancient History, Bd. 10, Cambridge 1996, 812-847; H. Cancik/J. Rüpke (Hg.), Römische Reichs- und Provinzialreligion, 1997; J.. Rüpke, Die Religion der Römer. Eine Einführung, 2. überarb. Aufl. 2006; H.J. Klauck, The Roman empire, in: M.M. Mitchell/F.M. Young, The Cambridge History of Christianity, I (Origins to Constantine), Cambridge 2006, 69-83; M. v. Albrecht, Philosophie und Religion in der lateinischen Literatur der Kaiserzeit, in: Religiöse Philosophie und philosophische Religion der frühen Kaiserzeit. Literaturgeschichtliche Perspektiven (Ratio Religionis Studien I), hg. v. M. v. Albrecht/H. Görgemanns/R. Hirsch-Luipold (im Erscheinen).

[1]   Dagegen der Christ Laktanz in seinen »Göttlichen Unterweisungen« (Divinae Institutiones) 4,28,2: »Wir werden ja unter der Bedingung geboren, dass wir Gott, der uns erschaffen, gerechte und schuldige Gehorsamsleistungen (iusta et debita obsequia) erbringen, ihn allein anerkennen, ihm folgen. Durch diese Fessel frommer Verpflichtung sind wir an Gott rückgebunden (obstricti deo et religati); von daher hat die Religion selbst ihren Namen bekommen, nicht, wie Cicero es deutete, von relegere« (vgl. dazu A. Wlosok a.a.O., 49). Ähnlich dann z.B. Servius ad Aene. VIII 349.

[2]   numen (von nuere) eigentlich = gebietendes »Nicken«. Wenn dies schließlich die bevorzugte Gottesbezeichnung der Römer wurde, so erhellt daraus: »Ein Gott ist für die Römer ... in erster Linie machtvoller Wille und Forderung« (A. Wlosok).

[3]   Zu diesem »Dogma« von der einzigartigen Religiosität Roms s. auch etwa Tertullian, Apol. 25,2, wo er gegen die Behauptung angeht, »die Römer seien zum Lohn für die allergewissenhafteste Religionsausübung (religiositatis diligentissimae) zu solcher Höhe emporgehoben worden«.

2. Augustus und die Konsolidierung des römischen Reiches nach seinem »Tatenbericht« (Res gestae divi Augusti)

Nach Sueton (Augustus 101) hinterlegte Augustus-Octavian (Princeps von 27 v.-14 n.Chr.) kurz vor seinem Tode bei den Vestalinnen (s. unten, A. 9) vier Dokumente, darunter ein »Bericht von dem, was er vollbrachte«. Zum größeren Teil ist dies Dokument in einer Kopie erhalten, die in lat. Sprache in der Vorhalle und in griech. Übersetzung auf einer Außenwand des Augustus- und Romatempels zu Ankyra-Ankara (Monumentum Ancyranum) eingemeißelt war. Obwohl teilweise (Wiederherstellung der Republik!) gewiss zu propagandistischen Zwecken verfasst, scheint das in diesen augusteischen Res gestae enthaltene Tatsachenmaterial weithin zuverlässig zu sein. Es lässt auch erkennen, welcher Stellenwert innerhalb der politischen Programmatik des Augustus der Erneuerung der alten Religion zugekommen sein muss; es lässt ferner ermessen, wie sehr die Ausbreitung des Christentums von dem unter ihm eingeleiteten, den gesamten Mittelmeerraum erfassenden Stabilisierungsprozess profitierte und wie wenig der schließlich sprichwörtlich gewordene »Augusteische Friede« (Pax Augusta) schiere Phrase war. – In der folgenden Auswahlübersetzung sind Ergänzungen des verstümmelten lat. Textes aus der griech. Übersetzung nicht eigens gekennzeichnet.

(1) Im Alter von 19 Jahren [44 v.Chr.] stellte ich als Privatperson aus eigenem Entschluss (privato consilio) und eigenen Mitteln ein Heer auf, mit dessen Hilfe ich den durch die Gewaltherrschaft (dominatio) einer Partei (factio) unterjochten Staat in die Freiheit zurückführte. Aus diesem Grund nahm mich der Senat unter dem Konsulat des C. Pansa und des A. Hirtius [43 v.Chr.] aufgrund ehrenvoller Beschlüsse in seine Reihen auf ... und übertrug mir die militärische Befehlsgewalt (imperium) ... Das Volk aber wählte mich im gleichen Jahr, da beide Konsuln gefallen waren, zum Konsul und zum Triumvirn[1] zwecks Konsolidierung des Staates (rei publicae constituendae).

(3) Kriege habe ich zu Wasser wie zu Lande, gegen Bürger wie auswärtige Gegner auf dem ganzen Erdkreis (orbis terrarum) oftmals geführt und als Sieger alle Bürger, die um Gnade flehten, geschont. Auswärtige Völkerschaften (gentes), denen man mit Sicherheit verzeihen konnte, habe ich lieber erhalten als ausrotten wollen. Annähernd 500 000 römische Bürger haben unter meinem Fahneneid (sacramentum) gestanden. Von ihnen habe ich nach Beendigung ihrer Dienstzeit mehr als 300 000 in Siedlungsstädten (coloniae) angesiedelt oder in ihre Gemeinden (municipia) entlassen und ihnen allen Land angewiesen oder Geld als Belohnung für den Militärdienst ausgehändigt ...

(5) Die Diktatur (dictatura), die mir in meiner Abwesenheit wie in meiner Anwesenheit vom Volk sowohl wie vom Senat unter dem Konsulat des M. Marcellus und des L. Arruntius [22 v.Chr.] angetragen wurde, habe ich nicht angenommen ...

(7) ... Oberster Priester (pontifex maximus[2]), Augur[3], einer der Quindecimvirn zur Besorgung der Kulte[4], einer der Septemvirn zur Veranstaltung der Göttermahle[5], Mitglied der Arvalischen Bruderschaft[6], Sodalis Titius[7] und Fetiale[8] bin ich gewesen.

(8) ... In meinem 6. Konsulat [28 v.Chr.] habe ich mit M. Agrippa als Amtsgenossen eine Schätzung (census) der römischen Bevölkerung durchgeführt; das [dazugehörige] Sühneopfer (lustrum) war das erste seit 41 Jahren. Dabei sind an römischen Bürgern 4063000 geschätzt worden ...

(12) ... Als ich aus Spanien und Gallien, nachdem in diesen Provinzen alles glücklich vollbracht war, ... nach Rom zurückkehrte [13 v.Chr.], gelobte der Senat, für meine Rückkehr am Marsfeld einen Altar der Pax Augusta zu weihen, auf dem nach seinem Befehl Magistrate, Priester und Vestalinnen[9] alljährlich ein Opfer darbringen sollten ...

(15) Der römischen Plebs habe ich aufgrund eines Testaments meines Vaters Mann für Mann 300 Sestertien gezahlt und in eigenem Namen 400 Sestertien aus der Kriegsbeute in meinem 5. Konsulat [29 v.Chr.] gegeben ... Diese meine Spenden kamen niemals weniger als 250000 Menschen zugute ...

(20) ... 82 Göttertempel (templa deum) habe ich in Rom in meinem 6. Konsulat [28 v. Chr.] auf Senatsbeschluss hin wiederhergestellt und dabei keinen übergangen, der zu jener Zeit der Restaurierung bedurfte ...

(26) Das Gebiet all jener Provinzen, denen Völkerschaften benachbart waren, welche sich unserer Herrschaft (imperium) nicht beugen wollten, habe ich ausgeweitet ...

(27) Ägypten habe ich dem Befehlsbereich (imperium) des römischen Volkes zugefügt ... (28) Militäransiedlungen (coloniae militum) habe ich in Afrika, Sizilien, Makedonien, beiden Spanien, Achaia, Asien, Syrien, Gallia Narbonensis und Pisidien gegründet ...

(34) In meinem 6. und 7. Konsulat [28 und 27 v.Chr.] habe ich, nachdem ich die Ära der Bürgerkriege (bella civilia) definitiv beendet hatte, obwohl ich nach einmütigem Wunsch aller in den Besitz der Allgewalt gelangt war (potitus rerum omnium), den Staat aus meiner Amtsgewalt (potestas) dem Ermessen des Senats und des römischen Volkes überantwortet. Und für dies mein Verdienst (meritum) bin ich durch Senatsbeschluss ›Augustus‹ [der Erhabene] genannt worden ...; auch ist ein goldener Schild in der Julischen Kurie [Rathaus] aufgestellt worden, den mir Senat und Volk von Rom um meiner Tapferkeit (virtus) und Milde (clementia), meiner Gerechtigkeit (iustitia) und Pflichttreue (pietas) willen verliehen haben. Seit dieser Zeit habe ich an Würde (auctoritas [ἀξίωμα]) alle übertroffen, an Amtsgewalt (potestas) jedoch um nichts mehr besessen als die übrigen, die mir in dem jeweiligen Amt Kollegen gewesen.

(35) Als ich zum 13. Mal das Konsulat innehatte [2 v.Chr.], haben Senat, Ritterstand (equester ordo) und das gesamte Volk von Rom mir den Namen ›Vater des Vaterlandes‹ (pater patriae) verliehen und beschlossen, dies in der Vorhalle meines Hauses,

[ferner]in der Julischen Kurie und auf dem Augustusforum unter das Viergespann (quadrigae), das mir auf Senatsbeschluss gesetzt worden war, einmeißeln zu lassen. Als ich dies geschrieben, stand ich im 76. Lebensjahr.

Quelle: E. Weber (Hg.), Augustus. Meine Taten (Res gestae divi Augusti) nach dem Monumentum Ancyranum, Apolloniense und Antiochenum, lat.-griech.-dt., [5]1989. – *Literatur:* R. Syme, The Roman Revolution, London (1939; Repr.:) 1952 (Klassiker); A. Alföldi, Octavians Aufstieg zur Macht, 1976; D. Kienast, Augustus, 1983; P. Zanker, Augustus und die Macht der Bilder, 1987; G. Binder (Hg.), Saeculum Augustum, 1-3 (WdF 266. 512. 632), 1987-1991; The Cambridge Ancient History, Bd. 10, hg. v. A.K. Bowman/E. Champlin/A. Lintott, Cambridge 1996, Teil I, Kap. 1-4 (verf. v. C. Pelling, J.A. Crook, E.S. Gruen); J. Bleicken, Augustus. Eine Biographie, 1998; K. Bringmann/Th. Schäfer, Augustus und die Begründung des römischen Kaisertums, 2002; W. Dahlheim, Geschichte der römischen Kaiserzeit, [3]2003 (Reg. s.v. Tatenbericht).

[1]   Teilhaber an der »Dreimännerherrschaft«,. Das von Octavian zusammen mit Lepidus und Antonius 43 v.Chr. gebildete Triumvirat war das zweite nach dem zwischen Pompejus, Caesar und Crassus 60 v.Chr. geschlossenen Bündnis. »Die Begründung des Zweiten Triumvirats war der endgültige Untergang der Republik« (A. Heuß).

[2]   Monarchische Spitze des römischen Priesterkollegiums zur Beaufsichtigung des gesamten öffentlichen wie privaten Kults. Dass Caesar und nach ihm sämtliche Kaiser bis zu Gratian (382) sich mit dem Amt des – seit dem 3. vorchristlichen Jahrhundert vom Volk auf Lebenszeit gewählten – P. M. bekleiden ließen, weist auf dessen Wichtigkeit und besonderes Ansehen hin.

[3]   A. (von augere, ›mehren‹) – Angehöriger desjenigen römischen Priesterkollegiums, das den Königen und später den Magistraten der Republik bei der Einholung der Vorzeichen (Beobachtung und Deutung des Vogelflugs und der Himmelszeichen) zur Seite stand.

[4]   Dieses »Fünfzehnmänner«-Kollegium hatte die Aufsicht über die im höchsten Staatsheiligtum aufbewahrten »sibyllinischen« Schicksalsbücher wie über alle offiziell in Rom eingeführten Kulte.

[5]   Sie organisierten das Festmahl für Jupiter während der »römischen« und »plebeischen« Spiele (13. Sept., 13. Nov.), übten aber wahrscheinlich – zur Entlastung der pontifices – noch andere sakrale Pflichten aus.

[6]   Uralte, von Augustus wiederhergestellte Priesterschaft zur Feier des Flurumgangs im Frühling.

[7]   Die – ursprünglich wohl der Ausübung der Augurenkunst gewidmete – Bruderschaft der Sodales Titii war ebenfalls fast untergegangen, als Augustus sie wiederherstellte; welche Funktion sie fortan ausübte, ist unklar.

[8]   Die 20 Männer des Fetialenkollegiums hatten vor Kriegserklärungen und vor Friedensschlüssen bestimmte Riten zu erfüllen. In der Spätzeit der Republik jeder Bedeutung verlustig ge-gangen, wurden sie von Augustus für kurze Zeit restauriert.

[9]   Die 6 Priesterinnen der röm. Feuergöttin Vesta, die, aus adeligen Familien Roms stammend und für die Zeit ihrer insgesamt dreißigjährigen Novizen- und Priesterschaft zur Jungfräulichkeit verpflichtet, gemeinschaftlich nahe dem Tempel der Göttin auf dem Forum lebten und in enger Beziehung zum Pontifex Maximus standen; ihre Hauptaufgabe war der Unterhalt des heiligen Stadtfeuers. Im Unterschied zu vielen anderen altrömischen Kulteinrichtungen hat diese noch den Sieg des Christentums bis zu Theodosius I. überlebt.

3. Die Lage der Landwirtschaft um 50 n.Chr. (Columella, Über die Landwirtschaft, Buch 1, Vorwort)

Obwohl die antike Zivilisation seit alters auf der städtischen Lebensform (Polis) beruhte, war – wie in jeder Kultur bis zum Beginn des Maschinenzeitalters – die Landwirtschaft gegenüber Handel und Industrie der weitaus wichtigste Wirtschaftszweig. Wie es um sie im 1.

nachchristlichen Jahrhundert bestellt war, lehrt folgende Schilderung eines der führenden Landwirtschaftstheoretikers der Zeit:

(1) Wieder und wieder höre ich führende Männer unseres Staates Klage führen, bald über die Unfruchtbarkeit der Äcker, bald über die Ungunst des Klimas, das schon seit langem den Früchten schade ... (2) Alle diese Gründe indes sind nach meiner festen Überzeugung weit von der Wahrheit entfernt; denn Sünde ist es zu glauben, die Natur, die der Urschöpfer mit ewiger Fruchtbarkeit beschenkte, sei mit Unfruchtbarkeit wie mit einer Krankheit geschlagen ... (3) Demnach vermag ich nicht zu glauben, dies alles sei über uns gekommen durch Wüten des Himmels [oder: Ungunst der Witterung] (violentia [v.l. intemperantia] caeli); eher sind wir selbst daran schuld, die wir die Landwirtschaft, welche doch gerade die tüchtigsten unter unseren Vorfahren nach bestem Vermögen betrieben hatten, dem allerschlechtesten der Sklaven[1] wie einem Henker zur Bestrafung ausgeliefert haben ... (20) Und so ist es dazu gekommen, dass wir heutzutage»in diesem Latium, diesem Land des Saturn« [Ennius?], wo die Götter selbst ihre Kinder die Fruchtbarkeit [oder: Bebauung] der Felder gelehrt haben, öffentliche Verdingungen veranstalten und lieber, um nicht Hungers zu sterben, Getreide aus den überseeischen Provinzen importieren und die Weinlesen von den Kykladen und aus den Baëtischen [spanischen] und Gallischen Landen in unsere Keller einbringen[2].

Quelle: Columella, Zwölf Bücher über Landwirtschaft..., lat. u. dt., hg. u. übers. v. W. Richter, I, 1981. – *Literatur:* M. Weber, Agrarverhältnisse im Altertum, in: ders., Ges. Aufs. z. Sozial- u. Wirtschaftsgesch., 1924; M. Rostovtzeff, Gesellschaft und Wirtschaft im römischen Reich, 1931; K. Ahrens, Columella. Über Landwirtschaft (Übers., Einf., Erl. = Schriften z. Gesch. u. Kultur d. Antike 4), 1972; G. Alföldy, Römische Sozialgeschichte, [3]1984, Kap. 5, 85-124; F. Vittinghoff (Hg.), Handbuch der europäischen Wirtschafts- u. Sozialgeschichte, I, 1990, 70ff.

[1]   Zur Sklaverei und ihrer Rolle in der Landwirtschaft der Zeit s. N. Brockmeyer a.a.O., 112f.; vgl. auch unten Nr. 17.

[2]   Vgl. dazu etwa noch Plinius d. Ä., Naturgeschichte 18,35:»Die Alten meinten, dass zumal beim Landbesitz ein Maß eingehalten werden müsse; waren sie doch der Ansicht, es sei besser, weniger zu säen und besser zu pflügen ... Um die Wahrheit zu gestehen, haben die Latifundien Italien ruiniert und werden dies wahrlich bald auch bei den Provinzen zuwege gebracht haben. Sechs Landherren [nur] hatten die eine Hälfte der Provinz Afrika in Besitz, zu der Zeit, als Kaiser Nero sie umbringen ließ ... !«

4. Rückgang der Forschung (Plinius d. Ä., Naturgeschichte 2,117f., i. Vgl. m. Seneca d. J., Über das Wohltun 7,1,3-7)

Für die vom Christentum bei seinem missionarischen Vorstoß in die Weite des römischen Reiches vorgefundene geistige Lage ist eine spürbare Verarmung im Vergleich zur blühenden Fülle noch der hellenistischen Kultur kennzeichnend. Sie tritt wohl am deutlichsten im Zerfall der Fachwissenschaften zutage, wie ihn z.B. Plinius d. Ä. (gest. 79 n.Chr.) an einer Stelle seiner großangelegten Historia naturalis (2,117f.) beklagt:

(117) Über diesen Gegenstand [sc. die Winde] haben mehr als 20 alte griechische Schriftsteller Beobachtungen überliefert. Um so mehr wundere ich mich darüber, dass zu einer Zeit, da der Erdkreis uneins und in verschiedene Reiche, d.h. in einzelne Glieder, zerteilt war, so viele Männer sich solch schwer zu erforschender Gegenstände annahmen, zumal mitten zwischen Kriegen und bei unzuverlässigem Gastrecht ...,

während heute in so festlicher Friedenszeit, unter einem Fürsten, der solche Freude
hat am technischen und geistigen Fortschritt, überhaupt nichts Neues hinzugelernt
wird aufgrund neuer Forschung, ja nicht einmal das von den Alten Entdeckte gründlich angeeignet wird. (118) Die Belohnungen waren nicht größer, als die Größe des
Finderglücks sich auf viele verteilte, und jene Entdeckungen haben die meisten von
ihnen um keinen anderen Lohn gemacht als den, der Nachwelt zu nützen. *Moralisch*
sind die Menschen vergreist, nicht [im Hinblick auf] ihr Gewinnstreben. Eine Menge
ohne Zahl betreibt die Seefahrt, jetzt, da jedes Meer offensteht und man an allen Kü-
sten gastfrei landen kann – jedoch des Gewinnes, nicht der Wissenschaft (scientia)
wegen[1].

Quelle: K. Mayhoff, C. Plini Secundi Naturalis Historiae libri XXXVII, I, BT, 1906. – Literatur:
O. Gigon, Die antike Kultur und das Christentum, 1966, 34-69; E. R. Dodds, Die Griechen und
das Irrationale, 1970, 123-140 (m. weit. Lit.); vgl. auch ders., Pagan and Christian in an age an-
xiety, Cambridge 1965 (Nachdr. 1968); D. Wyrwa, Art. Kosmos, RAC 21, 2006, 613-761,
bes.669-703 (= C: Philosophie und Fachswissenschaften in der Kaiserzeit).

[1]   Dass dieser Niedergang wohl nur Symptom »eines generellen Umschlags in der geistigen
Atmosphäre der Mittelmeerwelt« (E. R. Dodds) gewesen ist, lässt sich u.a. auch an dem Schrifttum des Philosophen Seneca d. J. (ca. 4 v-65 n.Chr.) aufzeigen. Zu Beginn des 7. Buches seiner
Schrift De beneficiis führt Seneca zustimmend die Ansicht des ihm befreundeten kynischen
Philosophen Demetrius an, es sei viel besser für uns, einige wenige philosophische Maximen zu
besitzen, die jederzeit zu Gebote stünden und anwendbar seien, als ein umfängliches Wissen zu
erwerben, das doch keinerlei praktischen Zwecken diene, und zitiert dann wörtlich: (4) »Wie
nämlich«, sagt er [Demetrius], »der beste Ringer nicht derjenige ist, der sämtliche Stellungen
und Kunstgriffe beherrscht, die er doch selten bei einem Gegner zu landen Gelegenheit haben
wird, sondern der, der sich in dem einen oder anderen [Kniff] tüchtig und gründlich geübt hat
und [nun] ungeduldig darauf wartet, ihn anwenden zu können (denn es zählt nicht, wieviel er
weiß, wenn er nur genug weiß, um zu siegen), so ist es auch bei dieser Bemühung (studium): es
gibt da gewiss viel Interessantes, aber nur wenig wirklich Entscheidendes (multa delectant,
pauca vincunt). (5) Magst du auch nicht wissen, welches der Grund für den Gezeitenwechsel des
Ozeans ist; warum das 7. Jahr allemal ein Stufenjahr [im Leben des Menschen] ist ...: es wird dir
nicht sonderlich schaden, daran vorbeigegangen zu sein, was zu wissen weder möglich noch von
Nutzen ist. Hier liegt die Wahrheit tief verhüllt und verborgen. (6) ... Was uns dagegen edler,
was uns glücklich machen kann, das liegt entweder offen da oder doch nicht fern. (7) Wenn
nämlich unser Geist ... es so weit gebracht hat, dass ihm klar vor Augen steht, der Tod sei keines
Übels Quelle, wohl aber vieler [Übel] Ende, wenn er sich der Tugend geweiht hat und alle Wege,
auf die sie ihn ruft, für gebahnt hält .... dann hat er das vollkommene Wissen von dem erreicht,
was nützlich und notwendig ist. Was sonst noch sein mag, sind Zerstreuungen für Mußestunden
...« (vgl. die zweisprachige Ausgabe von M. Rosenbach, Seneca. Philosophische Schriften, 5,
1989).

5. Die Christenverfolgung unter Nero im Jahre 64 n.Chr.
(Tacitus, Annalen 15,44,2-5)

Die neronische Verfolgung ist das früheste uns bezeugte Vorgehen eines römische Kaisers gegen
die Christen. Obwohl nur Glieder der stadtrömischen Gemeinde betroffen gewesen zu sein scheinen, gilt sie seit alters (Tertullian!) nicht nur als Präzedenzfall, sondern in irgendeinem Sinne
auch als Ursprung der Rechtslage der Christen im römischen Reich bis zu Decius (s. unten Nr.
34): in welchem, ist allerdings bis heute umstritten.
Zusammenhang des – im einzelnen vielfach unsicher überlieferten und schwer deutbaren – Berichts des Tacitus (ca. 61/62-120 n.Chr.):»Ob durch Zufall entstanden oder aber durch Tücke
des Kaisers (denn beides [n.b. nur dieses!] berichten die Quellen) ...« (Ann. 15,38,1), hatte im

Juli 64 ein Großbrand weite Teile Roms vernichtet; es wurden sofort Wiederaufbaumaßnahmen ergriffen und Sühnezeremonien veranstaltet:

(2) Doch weder durch humanitäre Hilfe (ope humana) noch durch Schenkungen des Kaisers (princeps) oder Sühnopfer für die Götter wollte die üble Nachrede (infamia) weichen; man blieb vielmehr des Glaubens, es habe auf [allerhöchsten, d.h. kaiserlichen] Befehl gebrannt. Um also dem Gerücht ein Ende zu bereiten, schob Nero andere als Schuldige vor (subdidit reos) und belegte sie mit den ausgesuchtesten Strafen: diejenigen nämlich, die bei der ungebildeten Menge, wiewohl ihrer Schandtaten (flagitia)[1] wegen verhasst, die ›Biedermänner‹ (Chrestiani)[2] hießen. (3) Der Name leitet sich [indes] von Christus her, welcher unter der Herrschaft des Tiberius vom Prokurator Pontius Pilatus hingerichtet worden war; [dadurch] für den Augenblick unterdrückt, brach der verderbliche Aberglaube (exitiabilis superstitio)[3] später wieder aus, [diesmal jedoch] nicht nur in Judäa, von wo das Unheil ausgegangen, sondern auch in Rom, wo sich ja die Greuel und Gemeinheiten aus aller Welt ein Stelldichein geben und begeisterten Anklang finden. (4) Zunächst also griff man als erste diejenigen auf, die bekannten [zu ergänzen wohl: sie seien Christen][4], hernach auf deren Anzeige hin eine riesige Menge, und überführte sie [andere, weit weniger wahrscheinliche Lesart: tat sie hinzu] nicht so sehr der Brandstiftung, als [dass man sie] vielmehr [aufgrund] allgemeinen Menschenhasses[5] [als Verbrecher erwies] zur Befriedigung der Mordlust eines einzelnen (Igitur primum correpti qui fatebantur, deinde indicio eorum multitudo ingens[,] haud proinde in crimine incendii quam odio humani generis convicti [v.l.: coniuncti] sunt). Dazu trieb man mit den Todgeweihten noch seinen Mutwillen; in Tierfelle eingenäht, ließ man sie von Hunden zerfleischen; andere wurden an Kreuze geschlagen [oder zum Feuertod bestimmt] (aut crucibus adfixi [aut flammandi atque: zu streichen?]) und nach Einbruch der Dunkelheit zur nächtlichen Illumination abgebrannt. (5) Für dieses Schauspiel hatte Nero seine Gärten zur Verfügung gestellt; auch veranstaltete er ein Zirkusspiel, wobei er sich selbst, als Wagenlenker verkleidet, unter die Menge mischte oder einen Rennwagen bestieg. So kam es, dass sich gegen die, die doch schuldig waren und die ärgsten Strafen verdienten, Mitleid regte, als ob sie nicht dem Gemeinwohl (utilitas publica), sondern zur Befriedigung der Mordlust eines einzelnen geopfert würden[6].

Quelle: E. Koestermann, Cornelius Tacitus Annales, BT, 1965², 356. – *Literatur*: A. Wlosok, Rom und die Christen. Zur Auseinandersetzung zwischen Christentum und römischem Staat, Der altsprachl. Unterr., Beih. 1 z. R. XIII, 1970, 7-26. 75f. (Lit.!); dazu J. Molthagen, Der römische Staat und die Christen im 2. und 3. Jahrhundert, Hypomnemata 28, 1970, 21-27 (m. weit. Lit.); P. Lampe, Die stadtrömischen Christen in den ersten beiden Jahrhunderten (WUNT 2, 18), (1987) ²1989, 65-67; ders., From Paul to Valentinus, Minneapolis 2003, 82-85; Das frühe Christentum bis zum Ende der Verfolgungen, Bd.I, hg. v. P. Guyot/R. Klein, 1993, 16f. 304-306; H. Botermann, Das Judenedikt des Kaisers Claudius. Römischer Staat und *Christiani* im 1. Jahrhundert (Hermes H. 71), 1996, bes. 177-188. – Zur Diskussion um das von Tertullian (z.B. An die Heiden 1,7,8-9) sog. ›Institutum Neronianum‹ s. J. W. Ph. Borleffs, Institutum Neronianum, VigChr 6, 1952, 129-145 (dt. Übers. in: Das frühe Christentum im römischen Staat, hg. v. R. Klein, WdF 267, 1971, 217-235; J. Zeiller, »Institutum Neronianum«. Loi fantôme ou réalité, RHE 50, 1955, 393-399 (dt. Übers.: R. Klein, ebd., 236-243); Ch. Saumagne, Tertulien et l'Institutum Neronianum, ThZ 17,1961, 334-355.

---

[1] Vgl. dazu unten Nr. 20.

[2] Dies ist sicher die bessere Lesart gegenüber dem sonst bezeugten ›Christianos‹. »Chrestiani ist die gut belegte vulgäre Namensform für die Christen, und als solche bezeichnet sie Tacitus hier ja ausdrücklich. Diese Namensform lässt sich von dem verbreiteten griechischen Eigen-

namen Chrestos ableiten, der die Bedeutung ›tüchtig‹, rechtschaffen hat. Chrestiani heißt also eigentlich ›die Wackeren‹, oder ähnlich. Und gerade mit dieser Bedeutung, die dem Volke kaum zum Bewusstsein gekommen sein dürfte, treibt Tacitus an unserer Stelle sein ironisches Spiel« (A. Wlosok a.a.O., 9f.). Der Ausdruck ›Biedermänner‹ stammt von H. Hommel (Theologia Viatorum 3, 1951, 16f.). Andere Deutungsmöglichkeit: Chrestiani (Χρηστιανοί) = iotazistische Form für Christiani (Χριστιανοί).

[3]   Vgl. dazu unten Nr. 10.

[4]   Dass sie ein ›Geständnis‹ der Brandstiftung ablegten, kann jedenfalls Tacitus, wie die Einleitung (15,38,1) und die unmittelbare Fortsetzung lehren, nicht gemeint haben.

[5]   Vgl. zu diesem vor den Christen besonders gegen die Juden gerichteten Vorwurf der Misanthropie etwa 1. Thess. 2,15 mit den Kommentaren z. St.; ferner A. Wlosok a.a.O., 20ff. (m. weit. Lit.).

[6]   Zur neronischen Christenverfolgung vgl. noch Sueton, Nero 16,2 (»Mit Todesstrafen wurde gegen die Christen vorgegangen, eine Menschengattung, die sich einem neuartigen, gemeingefährlichen Aberglauben verschrieben hatte« [genus hominum superstitionis novae ac maleficae]); 1. Clem. 5.6 dagegen ist weithin topisch und gibt historisch so gut wie nichts her, während der Bericht des Sulpicius Severus, Chron. 2,28,3-29,4 auf Tacitus basiert.

6. Der Jüdische Krieg (66-70 n.Chr.) und der Fall Jerusalems (Euseb, Kirchengeschichte 3,5,3; Josephus, Jüdischer Krieg 7,216ff.)

Der Fall Jerusalems (Sept. 70 n.Chr.) am Ende einer fast vier Jahre dauernden bewaffneten Erhebung, ausgelöst, wie es scheint, ebenso sehr durch starre Strenge und Bestechlichkeit der römischen Besatzungsmacht wie durch Gewalttätigkeiten einer revolutionären jüdischen Minderheit, war nicht nur für das Judentum, sondern auch für das junge Christentum von einschneidender Bedeutung. Denn mit ihm endete die Geschichte der »Urgemeinde«. Zwar gibt es wohl bald danach wieder eine Christengemeinde in Jerusalem; doch hat diese nicht annähernd mehr dieselbe Bedeutung für die Gesamtkirche wie zuvor. – Nach einer u.a. in Eusebs »Kirchengeschichte« aufbewahrten Nachricht, die in ihrer Glaubwürdigkeit allerdings sehr umstritten ist, ist die judenchristliche Gemeinde von Jerusalem vor Ausbruch der Feindseligkeiten nach Pella – vorübergehend? – ausgewandert. Es heißt dort (3,5,3):

Als endlich das Volk der Kirche von Jerusalem gemäß einem Orakel, das den bewährten Männern (δόκιμοι) dort durch eine Offenbarung gewährt worden war, den Befehl erhalten hatte, die Stadt vor Ausbruch des Krieges zu verlassen und nach einer Stadt in Peräa namens Pella überzusiedeln, und als dann die an Christus Glaubenden von Jerusalem ausgezogen waren [und es deshalb war], als hätten heilige Männer die königliche Hauptstadt der Juden und das gesamte jüdische Land ganz und gar geräumt, da suchte zuletzt das Strafgericht Gottes an den Juden all die Freveltaten heim, die sie an Christus und seinen Aposteln begangen hatten, indem es jenes Geschlecht der Gottlosen gänzlich aus der Menschenwelt verschwinden ließ.

Über die Geschichte des Jüdischen Krieges selbst und den Fall Jerusalems nach einer furchtbaren Hungersnot und entsetzlichem Blutvergießen berichtet am ausführlichsten der jüdische Historiker Flavius Josephus (gest. Anf. des 2. Jahrhunderts), der weithin Augenzeuge des Geschehens gewesen war, in seinem sieben Bücher umfassenden Bellum Iudaicum, aus dem hier nur ein Abschnitt mitgeteilt sei, welcher von den Kriegsfolgen für die jüdische Bevölkerung spricht:

(7,216) Um diese Zeit schickte der Kaiser [Vespasian] an Bassus [seinen Legaten in Judäa] und an Liberius [andere Lesart: Laberius] Maximus, den derzeitigen Prokurator, den schriftlichen Befehl, das gesamte Land der Juden zu verkaufen. (217) Denn eine neue Stadt wollte er daselbst nicht gründen, behielt sich also das Ackerland als seinen persönlichen Besitz vor; lediglich 800 ausgedienten Soldaten wies er im Raum von Emmaus, welches 30 Stadien von Jerusalem entfernt liegt, Ländereien an. (218) Allen Juden aber, wo sie auch wohnten, legte er eine jährliche Kopfsteuer von zwei Drachmen auf, die sie für das Kapitol [sc. für Jupiter Capitolinus], wie früher für den Jerusalemer Tempel [vgl. Mt. 17,24], zu entrichten hatten. So traurig war damals die Lage der Juden[1].

Quellen: B. Niese, Flavii Iosephi Opera, VI, 1894 (vgl. dazu O. Michel/O. Bauernfeind, Flavius Josephus. De Bello Iudaico [Zweisprachige Ausgabe m. Einl., Anm. u. weit. Lit.], Bd.II,2, 1969); E. Schwartz, Eusebius Werke, II: Die Kirchengeschichte (1), (GCS 9,1, 1903) GCS NF 6, 1, 2. unveränd. Aufl. v. F. Winkelmann, 1999. – *Literatur*: G. Strecker, Das Judenchristentum in den Pseudoklementinen, TU 70, (1958) 1981², 229ff., 283ff. (Lit.); M. Hengel, Die Zeloten, AGSU 1, 1961; P. Prigent, La fin de Jerusalem, Archéologie Biblique 17, Neuchâtel 1969, 17-67; P. Schäfer, Geschichte der Juden in der Antike, 1983, Kap. 7; M. Goodmann, Judaea, in: The Cambridge Ancient History, Bd. 10, 1996, 737-781.1104-1111; J. Ulrich, Euseb von Caesarea und die Juden. Studien zur Rolle der Juden in der Theologie des Eusebius von Caesarea, (PTS 49), 1999 (s. Stellenregister!).

[1] Zum sog. fiscus Iudaicus s. auch etwa Cassius Dio, Röm. Gesch. 65,7,2: »... Von dieser Zeit an – so wurde angeordnet – mussten alle Juden, die die Sitte ihrer Väter bewahrten, jährlich dem kapitolinischen Jupiter zwei Drachmen entrichten.« Trotz ihrer Geringfügigkeit wurde diese Maßnahme von traditionsbewussten Juden als besondere Schande empfunden.

7. Aus dem »1. Klemensbrief«

Wohl kurz nach dem Ende der domitianischen Christenverfolgung[1] (95/96 n.Chr.) – einer frühen und durchaus glaubwürdigen Tradition zufolge durch den römischen Presbyter Klemens – abgefasst (vgl. 1,1), beruht die Bedeutung dieses umfangreichen Briefes, der selbst keine Einzelpersönlichkeit als Verfasser nennt, sondern sich als Gemeindeschreiben der römischen an die korinthische »Kirche Gottes in der Fremdlingschaft« gibt, nicht zuletzt darauf, dass aus ihm zum ersten Mal in der Kirchengeschichte die Stimme Roms vernehmbar wird! Dazu ist er eine äußerst wichtige Quelle für die Entwicklung der Kirchenverfassung und des Kirchenrechts (Kontroverse Sohm-Harnack!), für Liturgie- und Verkündigungsgeschichte in nachapostolischer Zeit. – Hier sei nur auf den verfassungsgeschichtlichen Aspekt abgehoben.

a) Das Vorbild der alttestamentlichen Kultordnung (Kap. 40f.)

Zusammenhang: Veranlasst durch einen Konflikt innerhalb der korinthischen Gemeinde über die Amtsdauer der Gemeindebeamten (Presbyter), ergeht sich das Schreiben zunächst in allgemeinen Belehrungen über die Gefahren der Zwietracht und die Notwendigkeit von Buße, Gehorsam, Demut und Friedfertigkeit (Kap. 4-36), ehe es in einem zweiten Hauptteil (Kap. 40ff., vorbereitet durch die überleitenden Kap. 37-39) die Adressaten direkt zur Unterordnung unter die rechtmäßigen Amtsträger auffordert, u.a. unter Hinweis auf die alttestamentlichen Vorschriften über Priestertum und Opferdienst.

(40,1) Da uns dies alles nun offenbar ist und wir Einblick gewonnen haben in die Tiefen der Gotteserkenntnis (θεία γνῶσις), müssen wir alles, was der Herr (δεσπότης) zu festgesetzten Zeiten zu tun befohlen hat, ordnungsgemäß (τάξει) tun. (2) Was den Vollzug der Opfer (προσφοραί) und die Erfüllung der Kultpflichten (λειτουργίαι) anlangt, so hat er ja nicht befohlen, sie sollten aufs Geratewohl oder ohne Ordnung geschehen, sondern zu bestimmten Zeiten und Stunden. (3) Wo und durch wen er den Vollzug wünscht, hat er selbst in seinem allerhöchsten Ratschluss bestimmt, auf dass alles gewissenhaft und nach seinem Wohlgefallen geschehe und seinem Willen genehm sei. (4) Die also ihre Opfer zu den vorgeschriebenen Zeiten darbringen, sind Gott angenehm und selig; denn sie folgen den Satzungen (νόμιμα) des Herrn und sündigen nicht. (5) Sind doch dem Hohenpriester (ἀρχιερεύς) eigene Kultpflichten zugewiesen, den Priestern (ἱερεῖς) ihr je besonderes Amt [wörtl. ihr je eigener Platz (τόπος)] zugeteilt und den Leviten eigene Dienstleistungen (διακονίαι) auferlegt. Der Laie (ὁ λαϊκὸς ἄνθρωπος) ist an die für Laien geltenden Vorschriften gebunden. (41, 1) Möge also »jeder« von uns, meine Brüder, »an seinem Platz« [vgl. 1. Kor. 15,23] Gott wohlgefallen, mit gutem Gewissen, indem er von der für seinen Dienst festgelegten Richtschnur nicht abweicht, und in ehrbarem Wandel. (2) ... (3) Die aber dem, was seinem [Gottes] Willen gemäß ist, zuwiderhandeln, erhalten als Strafe den Tod. (4) Seht, Brüder, je größer die Erkenntnis ist, deren wir gewürdigt wurden, um so größer ist auch die Gefahr, die wir laufen.

b) Die Sukzession des Amtes (Kap. 42. 44)

(42,1) Die Apostel empfingen für uns das Evangelium vom Herrn Jesus Christus. Jesus, der Christus, aber ward von Gott gesandt. (2) Also: Christus von Gott, und die Apostel von Christus; beides geschah demnach in schöner Ordnung (εὐτάκτως) nach Gottes Willen. (3) Nachdem sie nun Weisungen empfangen hatten und durch die Auferstehung unseres Herrn Jesus Christus mit Gewissheit erfüllt und voll Glauben in dem [oder: durch das] Wort Gottes waren (πιστευθέντες ἐν τῷ λόγῳ τοῦ θεοῦ), zogen sie mit der Fülle (πληροφορία) des Hl. Geistes aus und verkündigten, dass das Reich Gottes kommen werde. (4) Sie predigten so in Stadt und Land und setzten ihre Erstlinge (ἀπαρχαί) [vgl. Röm. 16,5; 1. Kor. 16,15] nach voraufgegangener Prüfung im Geist zu Bischöfen und Diakonen derer ein, die künftig zum Glauben kommen würden. (5) Und dies war keine Neuerung; stand doch seit langen Zeiten von Bischöfen und Diakonen geschrieben. Denn so sagt die Schrift an einer Stelle: »Ich will einsetzen ihre Bischöfe in Gerechtigkeit und ihre Diakonen in Treue« [freies Zitat von LXX-Jes. 60,17].

Nach einer weiteren Begründung des christlichen Gemeindeamtes, besonders aufgrund von Num. 17 [Sprossender Aaronsstab], fährt der Brief fort:

(44,1) Auch unsere Apostel wussten durch unseren Herrn Jesus Christus, dass Streit entstehen werde um das Bischofsamt (περὶ τοῦ ὀνόματος τῆς ἐπισκοπῆς). (2) Aus diesem Grunde nun, da sie darüber im voraus genauen Bescheid bekommen hatten, setzten sie die Genannten ein und gaben hernach die Anweisung, es sollten, wenn sie stürben, andere bewährte Männer deren Dienst übernehmen. (3) Wenn nun diejenigen, die von jenen [Aposteln] oder hernach von anderen bewährten Männern, unter Zustimmung der ganzen Gemeinde, eingesetzt wurden und ihren Dienst an der Herde Christi einwandfrei versehen haben: demütig, friedsam und keineswegs engherzig (ἀβαναύσως), und dazu noch von allen seit langem ein gutes Zeugnis erhielten, ihres Dienstes enthoben werden, dann halten wir das für Unrecht! (4) Denn es wird uns als nicht eben geringfügige Sünde angerechnet werden, wenn wir die, die die Opfergaben (τὰ δῶρα) tadellos und gewissenhaft darbrachten, ihres bischöflichen Amtes entkleiden. (5) Selig die [uns] vorangegangenen Presbyter, die einen Heimgang hatten reich an Ertrag und vollkommen; denn sie müssen nicht mehr fürchten, es könnte sie jemand von dem für sie errichteten Platz verdrängen! (6) Sehen wir doch, dass ihr einige, die einen guten Wandel führten, aus dem durch sie tadellos verwalteten und in Ehren gehaltenen Amt vertrieben habt.

Quelle: F.X. Funk/K. Bihlmeyer/W. Schneemelcher, Die Apostolischen Väter, 1, SQS 2.1.1, 1970³. – *Literatur:* A. von Harnack, Einführung in die alte Kirchengeschichte, 1929; H. von Campenhausen, Kirchliches Amt und geistliche Vollmacht in den ersten drei Jahrhunderten, 1963² (Register!); P. Mikat, Die Bedeutung der Begriffe Stasis und Aponoia für das Verständnis des 1. Clemensbriefes, 1969; G. Brunner, Die theologische Mitte des ersten Klemensbriefes, Frankf. theol. Studien 11, 1972; J. Fuellenbach, Ecclesiastical office and the primacy of Rome, Washington 1980; P. Lampe (wie o. Nr. 5), 68f. 172-182 (85-87. 206-217), Die stadtrömischen Christen in den ersten beiden Jahrhunderten, WUNT II, 18, 1988²; A. Lindemann, Die Clemensbriefe, HNT 17, 1992; H.E. Lona, Der erste Clemensbrief, Göttingen 1998 (KAV 2); S. Hausammann, Alte Kirche. Zur Geschichte und Theologie in den ersten vier Jahrhunderten, Bd. 1, 2001, 5-9; T. Schmitt, Paroikie und Oikoumene. Sozial- und mentalitätsgeschichtliche Untersuchungen des sog. 1. Clem., 2001; C. Breytenbach/L.L. Welborn (Hgg.), Encounters with Hellenism, Leiden-Boston 2004.

[1] Vgl. dazu vor allem J. Speigl, Der römische Staat und die Christen. Staat und Kirche von Domitian bis Commodus, 1970; anders L.L. Welborn, On the Date of the First Clement, Biblical Research 29, 1984, 35-54.

8. Aus der »Apostellehre« (Didache)

Die »Lehre des Herrn [durch die zwölf Apostel] für die Heiden«[1] ist die älteste erhaltene Kirchenordnung. Über Entstehungszeit und -ort lassen sich keine sicheren Angaben machen. Am wahrscheinlichsten dürfte jedoch die Annahme sein, das Werk sei – unter Aufnahme und christlicher Bearbeitung einer jüdischen Grundschrift – im letzten Jahrzehnt des 1. Jahrhunderts im syrisch-palästinischen Raum entstanden. – Die Schrift zerfällt in zwei Teile: der erste (Kap. 1-6) stellt einen Katechismus in Form einer »Zwei-Wege-Lehre« dar (vgl. u..a. Barnabasbrief, Kap. 18-20 [gemeinsame literarische Quelle?]), der zweite (Kap. 7-15) enthält Anweisungen für die Liturgie und das Gemeindeleben. Den Abschluss bildet die Mahnung, das nahe Weltende in Wachsamkeit zu erwarten (Kap. 16).

a) Über den christlichen Gottesdienst (Kap. 7-10)

(7,1) Zur *Taufe* (βάπτισμα). Tauft so: Nachdem ihr dies alles [sc. die im voraufgehenden Katechismus enthaltene Sittenlehre] mitgeteilt habt, tauft auf den Namen des Vaters und des Sohnes und des Hl. Geistes [vgl. Mt. 28,19], [und zwar] in fliessendem Wasser (ἐν ὕδατι ζῶντι). (2) Wenn du aber kein fließendes Wasser hast, so taufe mit anderem Wasser. Kannst du nicht in kaltem [Wasser taufen], so [taufe] in warmem. (3) Hast du aber beides nicht, so begieße dreimal das Haupt auf den Namen des Vaters und des Sohnes und des Hl. Geistes. (4) Vor der Taufe aber sollen Täufer und Täufling ein Vorfasten halten, und wenn möglich noch einige andere [mit ihnen]. Dem Täufling aber gebiete, ein oder zwei Tage vorher zu fasten.

(8,1) Eure *Fasten* (νηστεῖαι) sollen jedoch nicht gleichzeitig mit den Heuchlern [vgl. Mt. 6,16] gehalten werden. Sie fasten am zweiten und fünften Tag nach dem Sabbat; ihr dagegen sollt am vierten und am Rüsttag fasten. *(2) Betet* auch nicht wie die Heuchler [vgl. Mt. 6,5]; sondern wie der Herr in seinem Evangelium geboten hat, so sollt ihr beten [folgt das Vaterunser, mit geringfügigen Abweichungen gegenüber Mt. 6,9-13 und der wohl nicht ursprünglichen Schlussdoxologie] ... (3) Dreimal täglich sollt ihr so beten.

(9,1) Zur *Eucharistie* (εὐχαριστία). Das Dankgebet sollt ihr so sprechen (οὕτως εὐ-χαριστήσατε): (2) Zunächst über dem Kelch (ποτήριον): Wir danken dir, unser Vater, für den heiligen Weinstock Davids, deines Knechtes, den [sc. den Weinstock] du uns kundgetan hast durch Jesus, deinen Knecht. Dir sei die Ehre in Ewigkeit! (3) Und über dem gebrochenen [Brot] (κλάσμα): Wir sagen dir Dank, unser Vater, für das Leben und die Erkenntnis (γνῶσις), die du uns kundgetan hast durch Jesus, deinen Knecht. Dir sei die Ehre in Ewigkeit! (4) Wie dies Brot zerstreut war auf den Bergen und nun, zusammengebracht, eins geworden ist, so werde deine Kirche zusammengebracht von den Enden der Erde in dein Reich. Denn dein ist die Herrlichkeit und die Kraft durch Jesus Christus in Ewigkeit! (5) Keiner esse und trinke aber von eurer Eucharistie außer denen, die getauft sind auf den Namen des Herrn. Denn auch hiervon gilt das Herrenwort: »Gebt das Heilige nicht den Hunden« [Mt. 7,6].

(10,1) Nachdem ihr euch gesättigt habt, sollt ihr so danksagen: (2) Wir danken dir, heiliger Vater, für deinen heiligen Namen, den du in unseren Herzen hast wohnen lassen, und für die Erkenntnis und den Glauben und die Unsterblichkeit (ἀθανασία), die du uns kundgetan hast durch Jesus, deinen Knecht (παῖς). Dir sei die Ehre in Ewigkeit! (3) Du, Herr, Allmächtiger, hast das All erschaffen um deines Namens willen, Speise und Trank den Menschen zu genießen gegeben[2]. Uns aber hast du geistliche Speise und Trank und ewiges Leben geschenkt durch [Jesus], deinen Knecht. (4) Vor allem [v.l. für alles] sagen wir dir Dank, dass [oder: weil] du mächtig bist. Dir sei die Ehre in Ewigkeit! (5) Gedenke, Herr, deiner Kirche, dass du sie erlösest von allem Übel und sie vollendest in deiner Liebe, und sammle sie von den vier Winden[3] in dein Reich, das du ihr bereitet hast. Denn dein ist die Kraft und die Herrlichkeit in Ewigkeit! (6) Es komme die Gnade, und es vergehe diese Welt. Hosanna dem Gott Davids [vgl. Mt. 21,9]. Ist einer heilig (ἅγιος), so trete er herzu. Ist er es nicht, so tue er Buße (μετανοείτω). Maranatha. Amen [vgl. 1. Kor. 16,22]. (7) Den Propheten aber gestattet, Dank zu sagen, sooft (oder: solange) sie wollen (ὅσα θέλουσιν).

b) Über die Ämter und Charismen in der Gemeinde (Kap. 11. 13. 15)

(11,1) Wenn einer kommt und euch all das bisher Gesagte lehrt, so nehmt ihn auf. (2) Wenn er, der *Lehrer,* sich aber selbst abkehrt und eine andere Lehre vertritt, [die] zur Auflösung [führt (vgl. Mt. 5,17)], so hört nicht auf ihn. [Lehrt er] dagegen zur Mehrung der Gerechtigkeit und Erkenntnis des Herrn, so nehmt ihn auf wie den Herrn [selbst]. (3) Was aber *Propheten* und *Apostel* anlangt, so handelt gemäß dem Gebot (δόγμα) des Evangeliums [folgendermaßen:] (4) Jeder *Apostel,* der zu euch kommt[4], (5) bleibe jedoch[5] nur einen Tag; nötigenfalls auch noch einen zweiten. Bleibt er aber drei [Tage], so ist er ein Falschprophet. (6) Beim Weiterziehen soll der Apostel nichts mitnehmen als Brotvorrat bis zur [nächsten] Übernachtung. Verlangt er Geld, so ist er ein Falschprophet. (7) Und jeden *Propheten,* der im Geist redet, sollt ihr weder versuchen noch prüfen [vgl. dagegen 1. Kor. 14; 1. Thess. 5,20f.; 1. Joh. 4,1; Offb. 2,2]. Denn jede Sünde wird vergeben werden, diese Sünde aber wird nicht vergeben werden [vgl. Mt. 12,31 f.]. (8) Freilich ist nicht jeder, der im Geist redet, ein Prophet; [er ist es] nur, wenn sein Verhalten sich an der Lebensart (τρόποι) des Herrn ausrichtet. An der Lebensweise also wird der falsche und der echte Prophet erkannt[6]. (9) Und jeder Prophet, der [für die Armen] einen Tisch bereiten lässt, isst nicht selbst davon; tut er es doch, so ist er ein Falschprophet. (10) Jeder Prophet, der die Wahrheit lehrt, ist ein Falschprophet, falls er nicht tut, was er lehrt. (11) Jeder Prophet, der erprobt und wahrhaftig ist und auf das kosmische Geheimnis der Kirche hinwirkt, nicht aber das zu tun lehrt, was er selbst tut, der soll bei euch nicht gerichtet werden. Denn das Urteil über ihn steht bei Gott. Ebenso haben auch die alten Propheten getan. (12) Wenn einer im Geist sagt: Gib mir Geld oder sonst etwas, hört nicht auf ihn. Fordert er jedoch für andere Bedrängte zu geben auf, so soll ihn niemand richten.

Folgen (Kap. 12) Bestimmungen über durchreisende Brüder, die gewährleisten sollen, dass niemand in den Gemeinden arbeitslos ist und sich unter dem Christennamen kein Schmarotzertum breitmacht.

(13,1) Jeder wahre *Prophet,* der sich bei euch niederlassen will, ist seiner Nahrung wert [Mt. 10,10; vgl. Lk. 10,7; 1. Kor. 9,13.14; 1. Tim. 5,17.18]. (2) Genau so ist ein wahrer *Lehrer,* wie jeder Arbeiter, seiner Nahrung wert. (3) Alle Erstlingsfrucht von Kelter und Tenne, von Rindern und Schafen, sollst du also nehmen und als Erstlingsgabe (ἀπαρχή) dem Propheten geben. Denn sie sind eure Hohenpriester. (4) Habt ihr aber keinen Propheten [unter euch], so gebt [seinen Anteil] dem [v.l. den] Armen ...
(15,1) Wählt euch nun *Bischöfe* und *Diakonen,* würdig des Herrn, gütige Männer, frei von Habsucht, wahrhaftig und bewährt. Denn auch sie leisten euch den Dienst von Propheten und Lehrern. (2) Achtet sie also nicht gering; denn sie sind die unter euch, denen Ehre gebührt, zusammen mit Propheten und Lehrern. (3) Weiset einander zurecht, nicht im Zorn, sondern im Frieden, wie ihr es im Evangelium findet. Und mit keinem, der sich wider seinen Nächsten vergangen hat, soll einer sprechen, noch soll er von euch angehört werden, bis er Buße getan hat. (4) Mit euren Gebeten, euren Almosen und allem Tun sollt ihr es so halten, wie ihr es im Evangelium unseres Herrn findet.

c) Über die Feier des Herrentages (Kap. 14)

(14,1) Am Herrentag (κυριακὴ ἡμέρα) sollt ihr zusammenkommen, Brot brechen und Dank sagen, nachdem ihr eure Übertretungen bekannt habt, auf dass euer Opfer (θυσία) rein sei. (2) Wer aber mit seinem Nächsten Streit hat, soll so lange nicht mit euch zusammenkommen, bis sie sich versöhnt haben, damit euer Opfer nicht entweiht werde. (3) Denn so lautet das Wort des Herrn:»An jedem Ort und zu jeder Zeit soll man mir darbringen ein reines Opfer; denn ich bin ein großer König, spricht der Herr, und mein Name ist wunderbar unter den Heiden« [Mal. 1,11.14].

Quelle: J.P. Audet, La Didachè, Paris 1958; F.X. Funk/K. Bihlmeyer/W. Schneemelcher, Die Apostolischen Väter, 1, 1970[3]; K. Wengst, Didache (Apostellehre) usw. (= Schriften des Urchristentums 2), 1984 – *Literatur* A. Adam, Erwägungen zur Herkunft der Didache, ZKG 68, 1957, 1-47 (wieder abgedr. in: ders. Sprache und Dogma, 1969, 24-70); J.-P. Audet (s.o.) und dazu B. Botte in: RHE, 1959, 515-523; W. Rordorf/A. Tuillier, La Doctrine des douze Apôtres, Paris 1978 (SC 248); K. Niederwimmer, Die Didache (KAV 1), (1989) [2]1993; B. Steimer, Vertex Traditionis. Die Gattung der altchristlichen Kirchenordnungen (BZNW 63), 1992, § 2 (10-27);

J.A. Dragser (Hg.), The Didache in Modern Research (AGJU 37), 1996; G. Schöllgen/W. Geer-
lings, Didache. Traditio Apostolica (FC 1), (1991) [3]2000; S. Hausammann (wie o. Nr. 7), 33-40.

[1]   Zur Frage des ursprünglichen Titels s. J.-P. Audet a.a.O., 91ff. 247ff.; G. Klein, Die zwölf
Apostel, 1961, 80-83; C. Andresen, Die Kirchen der alten Christenheit, 1971, 61f.
[2]   Eine Handschrift fügt hinzu:»damit sie dir danken« (s. die Ausgabe von Wengst z. St.).
[3]   Dieselbe Handschrift fügt hier hinzu:»die [dir] geheiligt ist« (s. dieselbe Ausgabet z. St.).
[4]   Dieselbe Handschrift fährt fort:»der werde aufgenommen wie der Herr; er bleibe aber« (s.
dieselbe Ausgabe z. St.).
[5]   Vgl. auch J.-P. Audets Ausgabe z. St.
[6]   Hier geht die Textüberlieferung wiederum stark auseinander, ohne dass der Sinn davon
erheblich berührt würde (s. die Apparate bei Wengst und Audet).

9. Der Bruch zwischen Synagoge und Kirche: Das Zeugnis Justins (Dialog mit Tryphon 16,4)

Als Folge der Ereignisse des Jahres 70 n.Chr. setzte innerhalb des Judentums, ausgehend von der
mit Vespasians Genehmigung gegründeten Akademie in Jamnia (Jabne), ein Regenerations-
prozess ein, in dessen Verlauf bis etwa um 100 n.Chr. festgelegt wurde, was – unter Führung der
pharisäischen Richtung (Schule Hillels) – fortan allein als orthodox gelten solle. In diesem Zusammenhang ist nach verbreiteter Annahme u.a. auch die 12. Benediktion des Schmone 'Esre,
des rabbinischen Hauptgebetes und eines der ältesten Teile des Synagogengottesdienstes, zu einer Art»Testbitte« (C.K. Barrett) ausgestaltet worden, die – ähnlich wie die Anathematismen
der späteren christlichen Glaubensbekenntnisse – kein Irrgläubiger nachsprechen konnte. Dabei
wird folgende Textform als dem ursprünglichen Wortlaut zumindest sehr nahe kommend
angesehen:»Den Abtrünnigen sei keine Hoffnung, und die freche Regierung [Rom?] mögest du
eilends ausrotten in unseren Tagen, [und die Nazarener] und die Minim [Ketzer] mögen
umkommen in einem Augenblick, ausgelöscht werden aus dem Buch des Lebens und mit den
Gerechten nicht aufgeschrieben werden. Gepriesen seist du, Jahwe, der Freche beugt« (P.
Billerbeck).
Nach neuesten judaistischen Erkenntnissen indessen muss diese Annahme wenn nicht geradezu
als unhaltbar, dann doch zumindest als sehr unsicher gelten. Als eine starke Stütze bleibt immerhin (neben Beobachtungen zur historischen Verortung des Johannesevangeliums[1]), dass der
Apologet Justin, der Märtyrer, in seinem um die Mitte des 2. Jahrhunderts verfassten»Dialog mit
Tryphon«, »unwidersprochen durch seinen rabbinischen Gesprächspartner« (C. Andresen), er-
klären kann (16,4):

[Der Ausgang des jüdischen Krieges ist kein Zufall und nicht ohne Wissen und Willen Gottes
geschehen, wie überhaupt nichts ohne Wissen und Willen Gotes geschieht, welcher einen jeden
sein verdientes Los ereilen lässt] Denn ihr [Juden] habt den Gerechten getötet [Jak. 5,6]
und vor ihm seine Propheten [vgl. Jes. 57,1; 1. Thess. 2,15]. Und nun verwerft ihr die,
die auf ihn hoffen, samt dem, der ihn gesandt hat, Gott, dem Allmächtigen und
Schöpfer des Alls, und entehrt sie, soviel an euch liegt, indem ihr die verflucht in euren Synagogen, die an Christus glauben (καταρώμενοι ἐν ταῖς συναγωγαῖς ὑμῶν τοὺς
πιστεύοντας ἐπὶ τὸν Χριστόν). Denn ihr habt nicht die Vollmacht (ἐξουσία), selbst
Hand an uns zu legen, derentwegen, die jetzt die Macht innehaben [sc. die Römer];
wann immer aber ihr könntet, würdet ihr auch dies tun[2].

Quellen: W. Staerk in: Altjüdische Liturgische Gebete, KIT 58, 1930[2]; E. J. Goodspeed, Die ältesten Apologeten, 1914; Iustini Martyris Dialogus cum Tryphone, hg. v. M. Marcovich (PTS
47), 1997 – Literatur: M. Simon, Verus Israel, Paris 1964[2], 214ff., einerseits, andererseits J.
Maier, Jüdische Auseinandersetzung mit dem Christentum in der Antike, 1982, 136ff; R. Kimel-

man in: Jewish and Christian Selfdefinition 2, Philadelphia 1981, 226-244, 391-403; W. Horbury, Jewish-Christian Relations in Barnabas and Justin Martyr, (in: J.D.G. Dunn [Hg.], Jews and Christians. The Parting of the ways, WUNT 66, 1992, 315-346; wieder abgedr.:) in: ders., Jews and Christians in Contact and Controversy, Edinburgh 1998, 127-161; vgl. auch die wichtige Einleitung, 1-14 (Jewish Unity and the Benediction of the *Minim*).

1 K. Wengst, Bedrängte Gemeinde und verherrlichter Christus, (1981) 1983[2].

2 Ähnlich ist vom Synagogenbann noch die Rede Dial. 47,4; 93,4; 96,2 (Stellen nach C. Andresen a.o.[Nr. 8, A. 1]a.O., 93).

10. Zur Rechtslage der Christen im römischen Reich: Der Briefwechsel zwischen Plinius und Trajan (Plinius d. J., Briefe 10, 96f.)

In der Zeit zwischen 109 und 113 wurde Plinius d. J., berühmter Epistolograph und Panegyriker, in der außerordentlichen Stellung eines kaiserlichen Legaten »mit der Vollmacht eines Konsuls« nach Bithynien und dem Pontus geschickt, um dort als verlässlicher Beamter die verlotterten Zustände in Ordnung zu bringen. So kam er zum ersten Mal auch mit dem Christenproblem als Richter in Berührung. Sein in dieser Angelegenheit mit Kaiser Trajan geführter Briefwechsel bringt alles Wesentliche zu Gesicht, was sich mit einiger Sicherheit über die Rechtsgrundlagen für das Vorgehen der römischen Behörden gegen die Christen bis zur Mitte des 3. Jahrhunderts sagen lässt. Überdies enthält er den ersten uns bekannten Bericht aus heidnischem Munde über den Gottesdienst der Christen (7); wie er auch den erstaunlichen Missionserfolg des Christentums gerade in den von Plinius bereisten kleinasiatischen Landstrichen bezeugt.

(10,96) C. Plinius an Kaiser Trajan:
(1) Es ist meine Gewohnheit, Herr, alles, worüber ich im Zweifel bin, dir vorzutragen. Denn wer könnte besser mein Zaudern lenken oder meinem Unwissen aufhelfen? An Verfahren (cognitiones) gegen Christen habe ich noch nie teilgenommen. Darum weiß ich auch nicht, was und wieweit man hier zu strafen und zu untersuchen pflegt. (2) Auch war ich mir einigermaßen unsicher, ob ein Unterschied [in der Bestrafung] aufgrund des Alters zu machen sei oder ob man ganz Junge genau so behandeln solle wie Ältere; ob ferner Reue (paenitentia) Straffreiheit (venia) bewirke oder ob es einem, der einmal Christ gewesen, gar nichts nütze, wenn er es nicht mehr ist; ob [schließlich] der bloße [Christen-] Name (nomen ipsum), auch wenn keine Verbrechen vorliegen, oder [nur] die mit dem Namen zusammenhängenden Verbrechen bestraft werden müssen. Einstweilen bin ich mit denen, die mir als Christen angezeigt wurden, folgendermaßen verfahren: (3) Ich habe sie gefragt, ob sie Christen seien. Gestanden sie, so habe ich ihnen unter Androhung der Todesstrafe ein zweites und drittes Mal dieselbe Frage gestellt; beharrten sie [bei ihrem Geständnis], so habe ich sie [zur Hinrichtung] abführen lassen. Denn ich zweifelte nicht: Was immer sie gestehen mochten, so verdienten allein schon ihre Hartnäckigkeit (pertinacia) und ihr unbeugsamer Starrsinn (inflexibilis obstinatio) Bestrafung. (4) Andere, die einem ähnlichen Wahnsinn verfallen waren, habe ich, weil sie das römische Bürgerrecht besaßen (quia cives Romani erant), zur Rückführung nach Rom (in urbem) vormerken lassen. Wie es aber zu gehen pflegt, nahmen auf das gerichtliche Einschreiten (tractatus) hin bald die Anschuldigungen zu und kamen weitere Fälle zur Anzeige. (5) Eine anonyme Anklageschrift (libellus sine auctore) wurde vorgelegt, die zahlreiche Namen enthielt. Welche leugneten, Christen zu sein oder es je gewesen zu sein, die habe ich entlassen zu können geglaubt, sobald sie, nach meinem Vorgang [sc. indem ich es ihnen vorsprach], die Götter

anriefen und deinem Bild, das ich mit den Götterstatuen zu diesem Zweck hatte her-
beischaffen lassen, mit Weihrauch und Wein opferten, außerdem noch Christus lästerten – alles Dinge, zu denen sich, wie es heißt, überzeugte Christen niemals zwingen
lassen. (6) Andere von dem Denunzianten Genannte gaben erst zu, Christen zu sein,
widerriefen aber gleich darauf: sie seien es wohl [einmal] gewesen, hätten es aber
[längst] wieder aufgegeben, [und zwar] manche vor drei, manche vor [noch] mehr Jahren, ein paar sogar schon vor 20 Jahren. Sie alle haben ebenfalls deinem Bild sowie
den Götterstatuen gehuldigt und Christus gelästert. (7) Sie beteuerten jedoch, ihre
ganze Schuld oder auch Verirrung habe darin bestanden, daß sie gewöhnlich an einem
festgesetzten Tag, vor Sonnenaufgang, sich versammelt, Christus als ihrem Gott im
Wechsel Lob gesungen (quod essent soliti stato die ante lucem convenire carmenque
Christo quasi deo dicere secum invicem) und sich mit einem Eid (sacramentum) verpflichtet hätten – nicht etwa zu irgendeinem Verbrechen, sondern [gerade] zur Unter-
lassung von [Verbrechen wie] Diebstahl, Raub, Ehebruch, Treulosigkeit und Unter-
schlagung von anvertrautem Gut. Danach sei es bei ihnen Brauch gewesen auseinan-
derzugehen und [später] wieder zusammenzukommen, um ein Mahl einzunehmen,
allerdings ein ganz gewöhnliches und unschuldiges; selbst das aber hätten sie nach
meinem Edikt eingestellt, mit dem ich entsprechend deinen Verfügungen das Bestehen von Hetärien [Vereinen] verboten hatte. (8) Um so mehr hielt ich es für angezeigt,
aus zwei Sklavinnen, sog. ›Dienerinnen‹ (ministrae [= Diakonissen!]), die Wahrheit unter Anwendung der Folter herauszubekommen. Ich fand aber nichts anderes heraus als
minderwertigen, maßlosen Aberglauben (superstitio). (9) Daher setzte ich das Verfahren aus, um eiligst deinen Rat einzuholen. Mir schien nämlich die Sache einer
Konsultation wert, vor allem um der großen Zahl derer willen, die hierbei auf dem
Spiele stehen [oder: die angeklagt sind (propter periclitantium numerum)]; sind doch
zahlreiche Angehörige jeglichen Alters und Standes, auch beiderlei Geschlechts, von
diesen Untersuchungen betroffen (vocantur in periculum) und werden es noch sein, da
sich nicht allein in Städten, sondern auch über die Dörfer und das flache Land hin die
Seuche dieses Aberglaubens ausgebreitet hat. Dennoch scheint es möglich, sie einzu-
dämmen und zurechtzubringen (sisti et corrigi). (10) Fest steht jedenfalls, dass man
die schon fast verödeten Tempel wieder zu besuchen beginnt dass die regelmäßigen
Opfer, die lange unterbrochen waren, wieder aufgenommen werden und das Fleisch
der Opfertiere, für das es eben noch kaum mehr einen Käufer gab, überall wieder
Absatz findet. Demnach ist es leicht vorzustellen, welch große Zahl von Menschen
auf den rechten Weg zu bringen wäre, wenn man nur ihrer [tätigen] Reue stattgäbe.

(10,97) Trajan an Plinius:
(1) Du hast, mein Secundus, als du die Fälle derer untersuchtest, die bei dir als Christen angezeigt wurden, ein völlig korrektes Verfahren (actum, quem debuisti) einge-
schlagen. Denn es lässt sich [in der Tat] nichts allgemein Gültiges verfügen, das sozusagen als feste Norm gelten könnte. (2) Fahnden soll man nicht nach ihnen (con-
quirendi non sunt); wenn sie aber angezeigt und überführt werden, muss man sie bestrafen, so jedoch, dass einer, der leugnet, Christ zu sein, und dies durch die Tat, d.h.
durch Vollzug eines Opfers für unsere Götter, unter Beweis stellt, aufgrund seiner
Reue zu begnadigen ist, wie sehr er auch für die Vergangenheit verdächtig sein mag.
Anonyme Anzeigen (sine auctore vero propositi libelli) dürfen freilich bei keiner
Anklage berücksichtigt werden. Denn das wäre ein äußerst schlechtes Beispiel und
entspräche nicht dem Geist unserer Zeit (nec nostri saeculi est).

Quelle: R. A. B. Mynors, C. Plini Caecilii Secundi epistularum libri X, Oxfod 1966[2]; Guyot-
Klein (wie o., Nr. 5), 38-42. – *Literatur:* W. Weber, Nec nostri saeculi est. Bemerkungen zum

Briefwechsel des Plinius und des Trajan, 1922; A. N. Sherwin-White, The letters of Pliny. A historical and social commentary, Oxford 1966; R. Freudenberger, Das Verhalten der römischen Behörden gegen die Christen im 2. Jahrhundert, dargestellt am Brief des Plinius an Trajan und den Reskripten Trajans und Hadrians, 1967; J. Speigl a.o.(Nr. 7, A. 1)a.O., 58ff.; R.L. Wilken, Die frühen Christen, wie die Römer sie sahen, 1986, Kap. I; Guyot-Klein (wie o.), 320-24; dort (486f.) auch weit. Lit.

11. Ignatius von Antiochien

Ignatius, mit dem Beinamen »der Gottesträger« (Θεοφόρος), Bischof des syrischen Antiochien, ist – nach noch immer vorherrschender Auffassung – bald nach 110 in einer zur Betonung der römischen Oberherrschaft – wohl von Hadrian, dem damaligen Statthalter in Syrien – veranlassten lokalen Christenverfolgung verhaftet und nach Rom verbracht worden, wo er um 115 (?) den Märtyrertod fand. Auf dem Weg dorthin soll er sieben Sendschreiben, fünf an kleinasiatische Gemeinden (Ephesus, Magnesia, Tralles, Philadelphia und Smyrna), eines an den Bischof von Smyrna, Polykarp, und eines an die Gemeinde der Hauptstadt Rom verfasst haben. Die Annahme, es handele sich bei dem Corpus Ignatianum um eine Fälschung (aus der Zeit um 165/175), dürfte mit erheblichen Problemen belastet sein, welche bei der Echtheitsvermutung entfielen! – Von dem ungewöhnlichen theologischen Gehalt der Briefe, der Vielfalt der Themen, Einflüsse und Tendenzen, mag folgende Auswahl einen Eindruck vermitteln:

a) Warnung vor der doketischen Häresie (An die Trallaner 6.7.10)

(6,1) So rufe ich euch nun zu – [nein], nicht ich, sondern die Liebe Jesu Christi: Gebraucht nur die christliche Speise und enthaltet euch des fremden Gewächses, d.h. der Häresie. (2) Sich mit einem Schein von Vertrauenswürdigkeit umgebend, mengen sie [die Häretiker] sich [sc. ihrer Lehre] Jesus Christus bei, reichen gleichsam tödliches Gift mit Honigwein, das der Unwissende in schlimmer Lust [zu sich] zu nehmen liebt: es ist sein Tod!
(7,1) Hütet euch daher vor solchen. Das aber wird geschehen, wenn ihr euch nicht aufbläht [vgl. 1. Kor. 4,18f.; 5,2; 13,4] und nicht trennen lasst von [unserem] Gott Jesus Christus, vom Bischof und den Anordnungen der Apostel.
(10) Wenn er [Christus] aber, wie einige Gottlose, d.h. Ungläubige, behaupten, nur zum Schein gelitten hat (τὸ δοκεῖν[1] πεπονθέναι), während sie selbst nur zum Schein existieren, wozu bin ich dann in Banden, wozu sehne ich mich dann nach dem Kampf mit den Bestien? Umsonst also sterbe ich. Also bringe ich Lügen vor wider den Herrn!

b) Das rechte Christusbekenntnis (An die Trallaner 9; An die Epheser 7,2)

(Trall. 9,1) Werdet darum taub (κωφώθητε), wenn jemand fern von Jesus Christus euch etwas vorschwatzt, [ihm,] dem aus Davids Geschlecht, dem aus Maria, welcher wahrhaftig (ἀληθῶς) geboren ward, aß und trank, wahrhaftig unter Pontius Pilatus verfolgt, wahrhaftig gekreuzigt ward und starb vor den Augen der himmlischen, irdischen und unterirdischen Mächte, (2) der auch wahrhaftig auferweckt ward von den Toten, indem sein Vater ihn erweckte, welcher auch uns, die an ihn glauben, nach seinem Gleichbild (κατὰ τὸ ὁμοίωμα) auferwecken wird in Christus Jesus, fern von dem wir kein wahres Leben haben.

(Eph. 7,2) Einer [nur] ist Arzt, aus Fleisch sowohl wie aus Geist, gezeugt und ungezeugt, ins Fleisch gekommener Gott, im Tode wahrhaftiges Leben, aus Maria sowohl
wie aus Gott, erst leidensfähig, dann unfähig zu leiden, Jesus Christus, unser Herr (εἷς
ἰατρός ἐστιν, σαρκικός τε καὶ πνευματικός, γεννητὸς καὶ ἀγέννητος, ἐν σαρκὶ γενό-
μενος θεός, ἐν θανάτῳ ζωὴ ἀληθινή, καὶ ἐκ Μαρίας καὶ ἐκ θεοῦ, πρῶτον παθητὸς καὶ
τότε ἀπαθής, Ἰησοῦς Χριστὸς ὁ κύριος ἡμῶν).

c) Das Paradox der Jesusgeschichte (An die Epheser 18,2-19,3)

(18,2) Denn unser Gott Jesus Christus wurde von Maria nach Gottes Heilsplan im
Schoße getragen, aus dem Samen Davids, aber [zugleich] aus heiligem Geist; er wurde
geboren und getauft, auf dass er im Leiden [oder: durch sein Erleiden] (τῷ πάθει) das
Wasser heiligte.
(19,1) Und es blieb[en] verborgen dem Fürsten dieser Welt die Jungfrauschaft Mariens und ihr Gebären, ebenso auch der Tod des Herrn: drei laut kündende Geheimnisse, die unter dem Schweigen Gottes geschahen (τρία μυστήρια κραυγῆς ἅτινα ἐν
ἡσυχίᾳ θεοῦ ἐπράχθη). (2) Wie wurden sie nun den Äonen offenbar? Ein Stern erstrahlte am Himmel, heller als alle [übrigen] Sterne [vgl. Mt. 2,2ff.], und sein Licht
war unaussprechlich [stark], und seine Neuheit erregte Befremden (ξενισμός), ... und
es herrschte Verwirrung, woher die neuartige, ihnen [sc. den übrigen Gestirnen] unver-
gleichliche Erscheinung rühre. (3) Die Folge war, dass aller Magie ein Ende bereitet
wurde und jegliche Fessel der Bosheit verschwand. Die Unwissenheit wurde beseitigt,
die alte Herrschaft gebrochen, als Gott sich in Menschengestalt offenbarte (θεοῦ ἀν-
θρωπίνως φανερουμένου) zu neuem, ewigem Leben. Da nahm seinen Anfang, was
bei Gott bereitet war. Von da an geriet alles in Bewegung, weil die Vernichtung des
Todes in Gang gesetzt wurde.

d) Nichts ohne den Bischof! (An die Trallaner 7,2; An die Philadelphier 7; An die Smyrnäer 8)

(Trall. 7,2) Wer sich innerhalb des Altarraumes (θυσιαστήριον) befindet, der ist rein;
wer aber außerhalb des Altarraumes ist, der ist nicht rein, d.h. wer etwas ohne Bischof, Presbyterium und Diakon tut, der ist nicht rein im Gewissen (συνείδησις).
(Philad. 7,1) Wenn mich nämlich auch einige dem Fleische nach irreführen wollten,
lässt sich doch der Geist (τὸ πνεῦμα) nicht irreführen, da er von Gott ist; denn er
weiß, woher er kommt und wohin er fährt [Joh. 3,8; vgl. 8,14]; und er bringt das
Verborgene an den Tag. Da ich in eurer Mitte war, schrie ich mit lauter, mit Gottes
Stimme: Haltet zum Bischof und zum Presbyterium und zu den Diakonen! (2) Die
mich aber verdächtigten, ich redete so, weil ich von der Abspaltung (μερισμός) einiger [bereits] vorher wusste – der, in dem ich in Banden liege, ist mein Zeuge, dass ich
es von menschlichem Fleisch nicht erfahren hatte. Der Geist ist's vielmehr, der ver-
kündete: Tut nichts ohne den Bischof, bewahrt euer Fleisch als Tempel Gottes, habt
die Einigung lieb und meidet die Spaltungen; werdet Nachahmer Jesu Christi [vgl. 1.
Kor. 11,1), so, wie er [Nachahmer] seines Vaters ist!
(Smyrn. 8,1) Folgt alle dem Bischof, wie Jesus Christus dem Vater [folgte], und
dem Presbyterium wie den Aposteln; die Diakonen aber achtet wie Gottes Gebot!
Keiner tue etwas ohne den Bischof, soweit es die Kirche betrifft. [Nur] jene
Eucharistie werde als gültig anerkannt, die unter der Leitung des Bischofs oder

eines von ihm Beauftragten stattfindet. (2) Wo immer der Bischof erscheint, dort soll auch die Gemeinde sein, gleichwie dort, wo Jesus Christus ist, da ist auch die katholische Kirche (ὅπου ἂν φανῇ ὁ ἐπίσκοπος, ἐκεῖ τὸ πλῆθος ἔστω, ὥσπερ ὅπου ἂν ᾖ Ἰησοῦς Χριστός, ἐκεῖ ἡ καθολικὴ ἐκκλησία). Ohne Bischof ist es weder erlaubt zu taufen, noch ein Liebesmahl (ἀγάπη) zu veranstalten; was vielmehr jener für gut befindet, das ist auch Gott wohlgefällig, auf dass alles sicher und zuverlässig sei, was ihr tut.

e) Das eucharistische Brot als »Unsterblichkeitsmedizin« (An die Epheser 20,2)

[(20,1): Wenn mich Jesus Christus durch euer Gebet würdigen wird und es Gottes Wille ist, werde ich in einem zweiten Schreiben ... fortfahren, euch aufzuklären über das, was ich begann: den Heilsplan (οἰκονομία), der sich bezieht auf den neuen Menschen Jesus Christus, [wirksam].im Glauben an ihn, in der Liebe zu ihm, in seinem Leiden und Auferstehen]. (2) [Ich werde dies] zumal dann [tun], wenn der Herr mir offenbart, dass ihr, Mann für Mann und alle gemeinsam, in Gnaden zusammenkommt in einem Glauben und in Jesus Christus, der dem Fleische nach aus dem Geschlecht Davids stammt, dem Menschensohn und Gottessohn, um dem Bischof und dem Presbyterium mit ungeteiltem Herzen Gehorsam zu bezeigen, ein Brot brechend, das da ist die Arznei der Unsterblichkeit und ein Gegengift, das den Tod verhindert, vielmehr ermöglicht, fort und fort in Jesus Christus zu leben (ὅς ἐστιν φάρμακον ἀθανασίας, ἀντίδοτος τοῦ μὴ ἀποθανεῖν, ἀλλὰ ζῆν ἐν Ἰησοῦ Χριστῷ διὰ παντός).

f) Sehnsucht nach dem Martyrium (An die Römer 4f.)

(4,1) Ich schreibe an alle Kirchen und schärfe es allen ein, dass ich freiwillig für Gott sterbe, wenn anders ihr es nicht verhindert. So bitte ich euch, dass ihr mir [euer] Wohlwollen nicht zur Unzeit erzeigt! Lasst mich den Bestien zum Fraß werden; durch sie ist es mir möglich, zu Gott zu gelangen. Gottes Weizen bin ich und werde durch die Zähne der Bestien gemahlen, um als reines Brot Christi erfunden zu werden. (2) Schmeichelt lieber den Bestien, damit sie mir zum Grabe werden und nichts von meinem Körper übriglassen ... Dann werde ich wahrhaft ein Jünger Jesu Christi sein ... Fleht für mich zu Christus, dass ich durch diese Werkzeuge als ein Opfer für Gott erfunden werde. (3) Nicht gebiete ich euch wie Petrus und Paulus. Sie waren Apostel, ich bin ein Verurteilter; sie waren frei, ich bin bis zu dieser Stunde ein Sklave. Wenn ich aber gelitten haben werde, dann werde ich zum Freigelassenen Jesu Christi werden und in ihm, als ein Freier, auferstehen. Jetzt aber lerne ich, als Gefesselter, nichts mehr zu begehren.
(5,1) Von Syrien bis nach Rom kämpfe ich mit Bestien, zu Wasser und zu Lande, bei Tag und bei Nacht, gefesselt an 10 Leoparden, d.h. an eine Mannschaft Soldaten, die selbst, wenn man ihnen Wohltaten erzeigt, nur [um so] bösartiger werden. Unter ihren Misshandlungen werde ich jedoch [nur] besser geschult, bin darum aber nicht gerechtfertigt [vgl. 1. Kor. 4,4]. (2) ... (3) Verzeiht mir; was mir frommt, weiß ich!. Jetzt fange ich an, ein Jünger zu sein. Nichts Sichtbares und Unsichtbares soll sich um mich bemühen, dass ich [nur ja] zu Jesus Christus gelange ...

g) Christentum und Sklaverei (An Polykarp 4,3)

Sklaven und Sklavinnen behandele nicht von oben herab. Doch sollen auch sie nicht aufgeblasen sein, sondern zur Ehre Gottes erst recht dienstbar [vgl. 1. Tim. 6,2], damit sie vor Gott eine [um so] bessere Freiheit erlangen. Sie sollen nicht darauf brennen, auf Gemeindekosten (ἀπὸ τοῦ κοινοῦ) frei zu kommen, um nicht als Sklaven der Begierde erfunden zu werden.

Quelle: F.X. Funk/K. Bihlmeyer/W. Schneemelcher a.o.(Nr. 7)a.O; J.A. Fischer, Die Apostolischen Väter, (1956) 7. Aufl. 1976. – Literatur: H. von Campenhausen a.o.(Nr. 7)a.O. (Register!); K. Bommes, Weizen Gottes, 1976; H. Paulsen, Studien zur Theologie des Ignatius von Antiochien, 1978; R. Joly, Le dossier d'Ignace d'Antioche, Brüssel 1979 (für die Fälschungsthese); W.R. Schödel, Ignatius of Antioch, hg. v. H. Koester, Philadelphia 1985; R.M. Hübner, Der paradox Eine. Antignostischer Monarchianismus im 2. Jh. (mit einem Beitrag von Markus Vinzent), Leiden usw. 1999 (VigChr.S 50), bes. 131-206 (für die Fälschungsthese); vgl. auch die Diskussion über R. M. Hübners»Thesen zur Echtheit und Datierung der sieben Briefe des Ignatius von Antiochien« (ZAC 1 [1997] 44-72); s. dazu die Voten von A. Lindemann (ebd. 185-194), G. Schöllgen (ebd. 2 [1998] 16-25), M. Edwards (ebd. 214-226) und endlich H. J. Vogt (ebd. 3 [1999] 50-63); ferner J.A. Harrill, The Manumission of Slaves in Early Christianity (HUTh 32), 1995, bes. Kap. 4 (158-192); N. Brox, Das Frühchristentum, 2000, 59-106. 179-200; A. Merz, Der intertextuelle und historische Ort der Pastoralbriefe (Theol.Diss. Heidelberg 2001), bes. 349-382 (gegen die Fälschungsthese); S. Hausammann (wie o. Nr. 7), 9-14; C. Osiek, The selfdefining praxis of the developping ecclēsia, in: M.M. Mitchell/F.M. Young (wie o. Nr. 1), 274-292, bes. 283-286.

[1]   Daher die Bezeichnung»Doketismus« für jene Anschauung, nach der Christi Menschwerdung, insbesondere aber seine Passion, nur»zum Schein« geschah.

12. Aus den Lehren des Stoikers Epiktet

In der Zeit, als sich das Schwergewicht des Christentums vom palästinischen auf den griechisch-römischen Bereich verlagerte und es ihm gelang, nach und nach auch in den Bildungsschichten des römischen Reiches Fuß zu fassen, behaupteten eklektisch verfahrende Weltanschauungen das Feld; unter ihnen dominierte anfänglich noch die Stoa (griech. ›Säulenhalle‹), also die nach der Stätte der Lehrvorträge ihres Gründers, Zenon von Kition (ca. 300 v.Chr.), benannte jüngste unter den vier großen athenischen Philosophenschulen, die gerade im lateinischsprachigen Raum, in der römischen Mittel- und Oberschicht (Mark Aurel!), die größte Breitenwirkung ihrer Geschichte erzielte. – Einer ihrer letzten bedeutenden Vertreter war der einstige Sklave Epiktet aus Hierapolis in Phrygien (ca. 50-120), dessen nur mündlich vorgetragene Lehren der Nachwelt – mindestens teilweise – in drei von seinem Schüler Arrian etwa ein Jahrzehnt nach seinem Tode veranstalteten Sammlungen erhalten sind: in 8 Büchern »Diatriben«, 12 Büchern»Homilien« und einem »Handbüchlein (Encheiridion)« seiner wichtigsten Gedanken, das in der Spätantike und dann wieder im 16.-18. Jahrhundert ein vielgelesenes Trost- und Erbauungsbuch war.

a) Grundprinzipien stoischer Philosophie (Handbüchlein 1,1-3)

(1,1) Von allem, was ist, steht das eine in unserer Macht, das andere nicht (τὰ μέν ἐστιν ἐφ' ἡμῖν, τὰ δὲ οὐκ ἐφ' ἡμῖν). In unserer Macht steht: unser Vorstellen, unser Trachten, Begehren und Meiden – mit einem Wort: alles, was wir selbst [zu] bewirken [vermögen] (ὅσα ἡμέτερα ἔργα). Nicht in unserer Macht dagegen stehen:

unser Leib, unser Besitz, Ehrungen, Ämter – kurzum: alles, was außerhalb unserer Einwirkungsmöglichkeit liegt. (2) Ferner: was in unserer Macht steht, das ist von Natur aus frei, kann weder gehindert noch gehemmt werden; was aber nicht in unserer Macht liegt, ist hinfällig, unfrei, leicht zu hindern, fremd[em Einfluss ausgesetzt] (ἀλλότρια). (3) Denke nun daran, dass du dann, wenn du das von Natur aus Unfreie für frei und das Fremde für dein eigen hältst, nur Unannehmlichkeiten haben, [nur] klagen, verwirrt sein und Göttern und Menschen Vorwürfe machen wirst; hältst du aber nur das für dein Eigentum, was wirklich dein eigen ist, das Fremde dagegen für fremd, wie es sich ja auch in Wirklichkeit verhält, so kann niemand je Zwang auf dich ausüben, niemand dir Hindernisse in den Weg legen .... wirst du keinen Feind haben; denn du wirst dann überhaupt keinen Schaden erleiden.

b) Die Umstände sind nichts; nur unsere Einstellung zu ihnen zählt (Gespräche 1,12,17)

[Unsere Erziehung hat nicht den Zweck], die Umstände zu ändern (das ist uns weder gegeben noch nützlich); vielmehr [zielt sie darauf ab], dass wir angesichts der Umstände, wie sie nun einmal notwendigerweise sind, uns selbst in das, was geschieht, willentlich einfügen.

c) Der Mensch als ein Teil Gottes (Gespräche 2,8,11-14)

(11) Du aber bist [anders als die übrigen Geschöpfe] ein Wesen von erstrangiger Bedeutung (προηγούμενον), bist ein Stück (ἀπόσπασμα) von Gott; du hast ein Teilchen (μέρος) von ihm in dir selbst. Warum verkennst du [diese] deine Verwandtschaft? (12) Warum weißt du nicht, woher du stammst? Willst dessen nicht gedenken, während du isst, wer du bist, der da isst, und wen du ernährst? Willst dessen nicht gedenken, während du Geschlechtsverkehr hast, ... in Gesellschaft bist, dich Leibesübungen unterziehst, dich unterhältst ... ? Einen Gott trägst du mit dir herum und weißt es nicht, du Elender! ... (14) Wenn auch nur eine Bildsäule Gottes dastünde, würdest du dich nicht erkühnen, etwas von dem zu tun, was du tust. Dagegen schämst du dich nicht, dergleichen zu denken und zu tun, wo doch Gott selbst in dir gegenwärtig ist und alles sieht und hört. Wie wenig erkennst du deine Natur! Wie sehr musst du Gott missfallen!

d) Vom Vertrauen in die göttliche Vorsehung und von der Dankbarkeit für Gottes Gaben (Gespräche 2,16,42 f.; 1,16,15-21)

(2,16,42) Brauche mich hinfort, [Gott,] wozu du willst. Ich bin mit dir eines Sinnes; ich bin der Deine (ὁμογνωμονῶ σοι. [ἰ]σός εἰμι). Gegen nichts will ich mich sträuben, was du mir ausersehen. Führe mich, wohin du willst; bekleide mich mit einem Gewand, wie du willst. Ist es dein Wille, dass ich ein Amt führe (ἄρχειν με)? Dass ich Privatmann sei? Dass ich [in der Heimat] bleibe? Dass ich in die Verbannung (φεύγειν) muss? Dass ich arm, dass ich reich sei? [Was immer es sei:] in allem werde ich dein

Fürsprech vor den Menschen sein; (43) ich werde zeigen, welches die wahre Natur eines jeden Dinges ist. (1,16,15) [Vorausgeht eine Schilderung der göttlichen Vorsehung, wie sie sich in der zweckvollen Ordnung der Natur und alles Geschaffenen bekundet.] Sind dies die einzigen Werke der Vorsehung an uns? Ja, und welche Worte reichen hin, sie gebührend zu loben ...? Was sollten wir doch, so wir Vernunft hätten, anderes tun – gemeinsam und jeder für sich –, als Gott (τὸ θεῖον) zu loben und zu preisen und seine mannigfachen Gunsterweise (χάριτες) zu verkünden? (16) Müssten wir nicht beim Pflügen und Graben, beim Essen und Trinken den Lobgesang Gottes anstimmen?»Groß ist Gott, denn er schenkte uns dies Werkzeug, die Erde zu bebauen; (17) groß ist Gott, denn er schenkte uns Hände, schenkte uns Genießen und Verdauen, Wachsen, ohne dass wir's merken, und Erquickung im Schlaf?« (18) So müssten wir singen bei jedem Werk; doch den höchsten und göttlichsten Lobgesang müßten wir dafür anstimmen, dass er uns die Kraft gab, all dies zu begreifen und richtig zu gebrauchen. (19) Nun aber, da ihr anderen großenteils verblendet seid, muss da nicht einer sein, der diesen Platz ausfüllt und für alle den Lobgesang anstimmt zu Gottes Preis? (20) Was kann ich lahmer Greis denn anderes tun, als Gott zu loben? Wäre ich eine Nachtigall, so täte ich, was die Nachtigall kann ... Nun aber bin ich ein vernunftbegabtes Wesen; darum muss ich Gott lobsingen. (21) Das ist mein Amt; ich erfülle es und bleibe auf diesem Posten, solange es mir vergönnt ist; und euch rufe ich auf, einzustimmen in diesen selben Lobgesang.

Quelle: H. Schenkl, Epicteti Dissertationes ab Arriano digestae, BT, (1894) 1916[2]. – *Literatur:* A. Bonhoeffer, Epiktet und die Stoa, 1890; ders., Die Ethik des Stoikers Epiktet, 1894; ders., Epiktet und das Neue Testament, 1911; J. Moreau, Epictète ou le secret de la liberté, Paris 1964; M.L. Colish, The stoic tradition, I, Leiden 1985, 19-20, 33f. 47f. 50; H.J. Klauck, Die religiöse Umwelt des Urchristentums, II, 1996 (Studienbücher Theologie 9, 2), 1996, 77-113, bes. 85ff.; Epictetus. Discourses, book I, ed. with an introd. and comm. by R.F. Dobbin, Oxford-New York 1998; E. Mühlenberg, Altchristliche Lebensführung zwischen Bibel und Tugendlehre. Ethik bei den griechischen Philosophen und den frühen Christen (AAWG P 272), 2006, 31-38.

13. Der Bar-Kochba-Aufstand von 132-135/136 (Cassius Dio, Römische Geschichte 69,12ff.; Justin, Apologie 1,31)

Über Ursachen und Verlauf der 3. großen jüdischen Revolte gegen Rom sind wir ungleich schlechter informiert als über den Krieg von 66-70 (73) und den (weite Teile des Diasporajudentums erfassenden) »jüdischen Tumult« (tumultus iudaicus) der Jahre 115-117, obwohl seit 1951 in der judäischen Wüste zahlreiche Originalfunde gemacht wurden, die von so wichtigen Details wie der Persönlichkeit und dem Wollen des Führers in diesem antirömischen Aufstand ein deutlicheres Bild vermittelten, als man es bis dahin besaß, und auch zum ersten Mal seinen eigentlichen Namen belegten: Simon ben Kosiba, genannt »Bar Kochba« (›Sternensohn‹ [nach dem messianisch gedeuteten und von Rabbi Akkiba auf S. bezogenen Wort Num. 24,17]). Fest steht jedenfalls, dass es ein ernstzunehmender Krieg war, der sich längere Zeit hinzog, und sein Ausgang (bis 1948!) das Ende der nationalen Selbständigkeit Israels besiegelte. – In den Augen des griechischen Historikers Cassius Dio (um 200) in seiner »Römischen Geschichte« (69,12 ff.) nimmt sich dieser Krieg so aus:

(12,1) Dass er [Hadrian] an Stelle der zerstörten Stadt Jerusalem eine andere aufhauen ließ, die er Aelia Capitolina nannte, und an der Stelle, wo der [70 n.Chr. niedergebrannte] Tempel des [jüdischen] Gottes stand, einen Tempel für Jupiter aufführen, beschwor einen ebenso gefährlichen wie langwierigen Krieg herauf. (2) Denn die Juden hielten es für einen Greuel, dass Ausländer ihre Stadt bewohnen und ein fremder Gottesdienst daselbst eingeführt werden sollte ...

(13,1) Zunächst nahmen die Römer gar keine Notiz von ihnen [sc. den jüdischen Rebellen]; als aber ganz Judäa in Aufruhr war und die Juden überall auf Erden Unruhen anstifteten und zusammenströmten, auch den Römern teils geheim, teils offen vielfältigen Schaden zufügten und viele andere, auch Fremdstämmige, sich ihnen in Hoffnung auf Gewinn anschlossen[1] ..., (2) da schickte Hadrian seine besten Feldherrn ihnen entgegen und übertrug den Oberbefehl Julius Severus, den er von Britannien zum Feldzug gegen die Juden beordert hatte. (3) Dieser wagte es nun nicht, sich mit den Feinden auf eine förmliche Schlacht einzulassen, da er ihre Menge und ihren verzweifelten Mut erkannte, ließ aber einzelne ihrer Haufen durch seine Unterbefehlshaber angreifen, schnitt sie von der Lebensmittelzufuhr ab und schloss sie ein. Auf diese Weise gelang es ihm endlich, zwar langsam, aber desto sicherer, sie zu schwächen [und] aufzureiben ...

(14,1) Nur wenige kamen davon, 50 ihrer festesten Plätze, 985 ihrer bedeutendsten Ortschaften wurden zerstört, 580000 kamen bei den Ausfällen und in den Schlachten um (die Zahl der durch Hunger, Seuche und Feuer Umgekommenen lässt sich nicht ausmachen), (2) so dass fast ganz Judäa zur Einöde wurde ... (3) Aber auch die Römer hatten in diesem Kriege bedeutende Verluste, weshalb auch Hadrian in seinem Bericht an den Senat nicht, wie sonst bei Selbstherrschern (αὐτοκράτορες) üblich, die Worte vorausschickte: »Wenn ihr und eure Kinder sich wohlbefinden, dann freut es mich; ich befinde mich mit dem Heer in gutem Zustand.«

Unter den Auswirkungen dieses Krieges hatten auch die Christen in Palästina zu leiden, wie Justin in seiner (ersten) Apologie (1,31,6) berichtet:

Während des zu unserer Zeit tobenden jüdischen Krieges befahl nämlich Bar Kochba (Βαρχωχέβας), der Anführer der jüdischen Abfallbewegung (ἀπόστασις), allein gegen Christen [vorzugehen und sie] schwerer Bestrafung zuzuführen, falls sie nicht Christus verleugneten und schmähten.

Quellen: U. P. Boissevain, Cassii Dionis Cocceiani Historiarum Romanarum quae supersunt, III, 1901; E. J. Goodspeed a.o.(Nr. 9)a.O.; Iustini Martyris Apologiae pro Christianis (PTS 38), 1994 – *Literatur:* P. Prigent a.o.(Nr. 6)a.O., 71-146; Y. Yadin, Bar Kochba, 1971; P. Schäfer, Der Bar-Kochba-Aufstand, 1981; ders. (Hg.), The Bar Kokhba War Reconsidered, Tübingen 2003; L. Mildenberg, The Coinage of the Bar-Kokhba War, 1984 (Typos 6).

[1] Wahrscheinlich Sklaven; bis zum Ende der Antike versuchten diese immer wieder, Insurrektionen und Barbareneinfälle dazu zu benutzen, um ihr Joch abzuschütteln.

14. Das Problem der Buße nach dem »Hirten« des Hermas
(Gesichte 2,1,1-3; 2 ,2,1-7; Gebote 4,3)

Der »Hirte« ist eine (in Rom), nicht allzu lange vor 140 verfasste, aus 5 visiones (»Gesichten«), 12 mandata (»Geboten«) und 10 similitudines (»Gleichnissen«) bestehende Apokalypse, in der dem Verfasser, Hermas, die als Matrone (›Greisin‹) figurierende himmlische Kirche erscheint, um ihn über Möglichkeit, Form und Wirkung einer »zweiten« Buße nach der »ersten«, nämlich der Taufbuße, zu belehren. Umstritten ist, ob damit gegenüber einem älteren Rigorismus etwas völlig Neues und nur ausnahmsweise Zugestandenes verkündet werden soll (H. Windisch) oder ob es Hermas – im Sinne »pastoraler Pädagogik« (B. Poschmann) – lediglich darum ging, »mit der Ankündigung einer letzten, nie wiederkehrenden und bald vergehenden Chance die säumigen Sünder endlich aufzuschrecken« (H. v. Campenhausen).

(Ges. 2,1,1) Als ich um dieselbe Zeit wie im Vorjahr nach Cumae[1] wanderte, da gedachte ich im Gehen der Vision des Vorjahres [vgl. Ges. 1,1,3ff.]; und wiederum ergriff mich der Geist [vgl. Mt. 4,1] und führte mich an denselben Ort wie im Jahr zuvor. (2) ... (3) Als ich mich vom Gebet erhob, erblickte ich die Greisin, die ich auch im Vorjahr gesehen, vor mir, wie sie im Gehen ein Büchlein las [vgl. Offb. 10,2]. Und sie sprach zu mir: »Kannst du das den Auserwählten Gottes verkünden?« Ich antwortete ihr: »Herrin, so viel kann ich nicht behalten; doch gib mir das Büchlein zum Abschreiben.«

(2,2,1) ... Es stand nun darin folgendes geschrieben: (2) »Deine Nachkommen (σπέρμα), Hermas, haben sich wider den Herrn vergangen und ihn gelästert, auch ihre Eltern verraten ... (3) ... (4) Wenn du ihnen [sc. deinen Kindern wie deiner Frau] jedoch diese Worte mitgeteilt hast, die mir der Herr dir zu offenbaren befahl, dann werden ihnen die früheren Sünden, die sie begingen, vergeben werden; ebenso den Heiligen, die bis zu diesem Tage gesündigt haben, falls sie von ganzem Herzen bereuen (μετανοήσουσιν) und all die Zweifel (διψυχίαι) aus ihrem Herzen reißen. (5) Denn der Herr hat geschworen bei seiner Herrlichkeit über seine Auserwählten: ›Wenn nun, nachdem diese Frist festgesetzt ist, noch [immer] Sünde begangen wird, dann finden sie keine Rettung mehr. Denn die [Frist der] Buße hat für die Gerechten ein Ende; erfüllt sind die Tage der Buße für alle Heiligen. Den Heiden hingegen bleibt die Buße [sc. in der Taufe] bis zum Jüngsten Tage offen.‹ (6) Sage daher den Gemeindevorstehern (προηγούμενοι τῆς ἐκκλησίας), sie sollten ihren Wandel in Gerechtigkeit vollführen, auf dass sie im Vollmaß (ἐκ πλήρους) der Verheißungen mit großer Herrlichkeit teilhaftig werden. (7) Haltet nun aus, die ihr die Gerechtigkeit übt, und zweifelt nicht, auf dass ihr eingehen möget zu den heiligen Engeln. Selig ihr alle, die ihr der kommenden großen Trübsal standhaltet; [selig] auch die, die ihr Leben nicht verleugnen.«

(Geb. 4,3,1) [Gespräch des Hermas mit dem Hirten oder Bußengel] »Noch eins, o Herr, will ich dich fragen.« »Sprich«, erwiderte er. »Herr, ich habe von einigen Lehrern gehört, dass es keine andere Buße gebe als jene, [die uns gewährt ward,] als wir ins [Tauf-]Wasser hinabstiegen und Vergebung unserer früheren Sünden empfingen« [vgl. Hebr. 4,6ff.;10,26ff.;12,14ff.]. (2) Spricht er zu mir: »Du hast richtig gehört. So verhält es sich auch. Denn wer Vergebung der Sünde empfing, hätte nicht mehr sündigen dürfen, sondern in Züchten (ἐν ἁγνείᾳ) leben müssen. (3) Da du aber alles ganz genau wissen willst, so will ich dir auch dies offenbaren, ohne jedoch denen, die künftig zum Glauben an den Herrn kommen werden oder jetzt [gerade] gläubig geworden sind, [damit] einen Vorwand [zum Sündigen] zu liefern. Denn jenen, die [erst] jetzt gläubig geworden sind oder künftig zum Glauben kommen werden, gilt die Sündenbuße nicht; wohl aber gibt es für sie Vergebung (ἄφεσις) ihrer zuvor begangenen Sünden [in der Taufe]. (4) Denen also, die vor dieser Frist berufen wurden, hat der Herr eine Bußmöglichkeit verordnet. Wusste der Herr als »Herzenskündiger« [vgl. Apg. 1,24; 15,8] doch alles im voraus und erkannte die Schwachheit der Menschen wie die Verschlagenheit des Satans: dass dieser den Gottesknechten Böses antun und schlecht gegen sie handeln werde. (5) Da aber der Herr mitleidig ist, so erbarmte er sich über sein Geschöpf und setzte diese Buße ein; und mir hat er die [Vollzugs-]Gewalt (ἐξουσία) über diese Buße verliehen. (6) Ich sage dir indes«, sprach er: »Wenn jemand nach jener großen und heiligen Berufung [in der Taufe], vom Satan versucht, sündigt, dann hat er [diese] eine [Möglichkeit zur] Umkehr. So er aber fortwährend sündigt und bereut, nützt das einem solchen Menschen gar nichts; wird er doch schwerlich das Leben erlangen.« (7) Darauf ich:»Noch einmal habe ich das Leben empfangen, dadurch, dass ich das so genau von dir erfahre; denn ich weiß [nun], dass ich gerettet werde, falls ich zu meinen Sünden keine weiteren hinzufüge.« »Du wirst gerettet«, schloss er, » [du] samt allen, die so handeln.«

Quelle: M. Whittaker, Der Hirt des Hermas, GCS 48, 1967[2]; U.H.J. Körtner/M. Leutzsch, Papiasfragmente. Hirt des Hermas (SUC 3), 1998. – *Literatur:* H. von Campenhausen a.o.(Nr. 7) a.O. (Register!); St. Giet, Hermas et les Pasteurs, Paris 1963; P. Lampe (wie o. [Nr. 5]), 71-78. 182-200 (90-99. 218-236); M. Leutzsch, Die Wahrnehmung sozialer Wirklichkeit im »Hirten des Hermas«, 1989; ders., Hermas (wie o. [SUC 3]), 105-510; N. Brox, Der Hirt des Hermas, 1991 (KAV 7); S. Hausammann (wie o. [Nr. 7]), 24-33.

[1]   So nach einer Konjektur Dindorfs; überliefert ist εἰς κώμας (»zu Dörfern«); vgl. auch den App. der zweisprachigen Ausgabe von Körtner/Leutzsch z.St. Das heutige Cuma, südwestl. von Capua gelegen, war vor allem wegen der Grotte der cumäischen Sibylle (vgl. Vergil, Aeneis 3,443f.; 6,42-44.98f.) berühmt.

15. Die »Reformation« des Markion

Markion entstammte einer (christlichen?) Familie in Sinope (Pontus). Sein Geburts- wie sein Todesjahr sind unbekannt. Nur so viel steht fest, dass er sich – eventuell nach kurzer kirchlich-theologischer Tätigkeit in seiner kleinasiatischen Heimat, bei der er u.a. mit Polykarp von Smyrna zusammengestoßen sein soll – auf eigenem Schiff (er war wie sein Vater ursprünglich Reeder) nach Rom begab, wo er sich der dortigen Christengemeinde anschloss und ihr einen Teil seines beträchtlichen Vermögens zur Armenpflege vermachte. Hier verfasste er auch seine (verlorenen) »Antithesen«, wohl eine Art ›Einleitung in das Neue Testament‹, sowie seine Bearbeitung des von ihm als urspünglich und unverfälscht angesehenen »apostolischen« Schrifttums. Doch muss es (auch) hier schon bald zu heftigen Auseinandersetzungen mit dem Klerus gekommen sein, die im Juli 144 mit seiner Exkommunikation und der Bildung einer markionitischen Gegenkirche endeten, welche sich rasend schnell verbreitete und bis weit in die Zeit der Reichskirche hinein neben der catholica existierte. – Über Antriebe und Ergebnis seines Unternehmens ist aus der (durchweg indirekten) Überlieferung folgendes Bild zu gewinnen:

a) Aufspaltung des Gottesbegriffes (Tertullian, Wider Markion 1,2; 4,6)

(1,2,1) Zwei Götter bringt der Mann aus Pontus bei, gleichsam als die beiden Symplegaden[1], an denen er Schiffbruch erlitten: der eine, den er nicht wegleugnen konnte, ist der Schöpfer, also unser [Gott]; der andere, den er schwerlich hat beweisen können, ist sein eigener. Den Anstoß zu diesem Hirngespinst empfing der Unglückselige aus einem ganz einfach [zu verstehend]en Abschnitt der Verkündigung des Herrn, wo – in Anwendung auf Menschen, nicht auf Götter! – das Doppelbeispiel des guten und des schlechten Baumes gebracht [und gesagt] wird, dass weder der schlechte Baum gute noch der gute schlechte Früchte bringen könne [vgl. Lk. 6,43] ... (2) Erschöpft nämlich vom Grübeln über das Problem des Bösen, wie es auch jetzt noch viele sind, zumal Häretiker: woher das Böse stamme (unde malum)[2], und benommen von unmäßiger Wissbegierde (curiositas), stieß er auf den Ausspruch des Schöpfers: »Ich bin's, der ich Unheil schaffe« [Jes. 45,7]. Und je mehr er sich ... eingebildet hatte, dass dieser [Gott] der Urheber des Bösen sei, um so eher deutete er den schlechten Baum mit den schlechten Früchten, d.h. mit den Übeln, auf den Schöpfer und nahm an, dass [daneben], entsprechend dem guten Baum mit den guten Früchten, ein anderer Gott existieren müsse. (3) Und so entdeckte er in Christus gleichsam eine andere Heilsordnung (dispensatio): die der ausschließlichen, reinen Güte und von der [Wesensart] des Schöpfers ganz und gar verschieden, und hatte leichtes Spiel mit dem Beweis, dass es eine neue, fremde Gottheit sei, die sich in seinem Christus offenbarte ... (4,6,1) ... Denn das ist gewiss, all sein [exegetisches] Bemühen, vorbereitet auch noch durch die »Antithesen«, ist auf dieses [eine] konzentriert, auf die gleiche Weise wie die Verschiedenheit Alten und Neuen Testamentes auch dies festzustellen, dass sein Christus vom Schöpfer getrennt sei, dass er einem anderen Gott zugehöre und mit Gesetz und Propheten nichts zu schaffen habe. (2) ... (3) ... Markion hat [also] dekretiert, es sei zu unterscheiden zwischen dem Christus, der zur Zeit des Tiberius von dem bis dahin unbekannten Gott offenbart worden sei zum Heil aller Völker, und demjenigen, den der Schöpfergott dazu bestimmt habe, das Judentum wieder in seinen vorigen Stand zu versetzen (in restitutionem Iudaici status) und der irgendwann einmal kommen werde. Zwischen diesen [beiden] reißt er einen derart großen und totalen Gegensatz auf, wie er zwischen gerecht und gut, zwischen Gesetz und Evangelium, zwischen Juden- und Christentum bestehe[3].

b) Antithetik von »Gesetz« und »Evangelium« (ebenda 1,19,4f.)

(1,19,4) ... Die Trennung von Gesetz und Evangelium ist Markions eigentliches und hauptsächliches Werk (Separatio legis et euangelii proprium et principale opus est Marcionis), und seine Schüler werden schlecht leugnen können, dass ihre höchste Autorität, durch die sie auch in diese [seine] Ketzerei eingeweiht und darin befestigt werden, eben hierauf beruht. Das aber sind Markions »Antithesen« oder Gegenüberstellungen (contrariae oppositiones), welche darauf abzielen, die Unvereinbarkeit von Gesetz und Evangelium bloßzulegen, um [sodann] aus den einander widersprechenden Aussagen beider Testamente (utriusque instrumenti) die Gegensätzlichkeit [ihrer] Götter zu beweisen. (5) Da es folglich diese Trennung von Gesetz und Evangelium ist, die die Idee eines anderen Gottes, [des Gottes] des Evangeliums im Gegensatz zu dem des Gesetzes, hat aufkommen lassen, so ist am Tage: von einem Gott, der erst im Gefolge des Trennungsmanövers (argumentum separationis) bekannt wurde, hat man vor dieser Trennung nichts gewusst; also ist er auch nicht durch Christus offenbart worden, der [ja schon] vor dieser Trennung auftrat. Vielmehr hat ihn Markion ersonnen, der auch die Trennung ins Werk setzte, entgegen jenem Friedenszustand zwischen Gesetz und Evangelium, wie er seit dem Erscheinen Christi bis zu Markions Frechheit unangefochten und unerschüttert fortexistierte und genau darin seinen Grund hatte, dass man außer dem Schöpfer keinen anderen Gott als Gott sowohl des Gesetzes wie des Evangeliums gelten ließ. Gegen ihn nun hat nach so langer Zeit der Mann aus Pontus die Trennung eingeführt.

c) Verwerfung des »Alten Testaments« und der allegorischen Schriftauslegung
(Irenaus, Wider die Häresien 1,27,2; Tertullian, Wider Markion 3,5,4)

(Iren., W. d. H. 1,27,2) [Markion bezeichnete, schamlos und gotteslästerlich, wie er war, den Gott des Gesetzes und der Propheten als den Urheber des Bösen, den Anstifter der Kriege, unbeständig in seinen Entschlüssen und sich selbst widersprechend;] Jesus dagegen stamme von jenem Vater ab, der über dem Schöpfer der Welt stehe; unter dem Landpfleger Pontius Pilatus, welcher Prokurator des Kaisers Tiberius war, sei er nach Judäa gekommen, und indem er sich denen in Menschengestalt (in hominis forma) offenbarte, die in Judäa waren, habe er die Propheten, das Gesetz und alle Werke des Gottes, der die Welt erschaffen – ihn bezeichnete er auch als Weltherrscher (cosmocrator) – aufgehoben ...

(Tert., W. M. 3,5,4) [Auch wenn es Markion und die Seinen nicht wahrhaben wollen: Die heiligen Schriften bedienen sich außer der Typologie immer wieder auch der figürlichen Redeweise, mithilfe von Rätseln, Allegorien und Parabeln, und müssen insoweit anders interpretiert werden, als es dem Wortlaut entspricht.] Doch was verbreite ich mich länger über jene [Rede-]Weise? Deutet doch auch der Apostel der Häretiker [sc. Paulus!] die Gesetzesbestimmung, die da gestattet, dreschenden Ochsen das Maul unverbunden zu lassen [vgl. 1. Kor. 9,9f. m. Deut. 5,25], nicht etwa auf Ochsen, sondern auf uns [Menschen] und macht [weiterhin] geltend, dass der Fels, der [Israel auf seiner Wüstenwanderung] begleitete, um [ihm] einen Trank bereitzuhalten, [niemand anders als] Christus gewesen sei [vgl. 1. Kor. 10,4 m. Num. 20,11; Deut. 8,15]; ebenso ... lässt er den Ephesern gegenüber durchblicken, dass er [für seine Person] das, was im Anfang über den Menschen ausgesagt sei: er werde Vater und Mutter verlassen, und die beiden würden zu einem Fleisch, auf Christus und die Kirche beziehe [vgl. Eph. 5,31f.].

d) Kritik der christlich-»apostolischen« Überlieferung (Tertullian, Wider Markion 1,20,1f.)

(1,20,1) ... Sie [die Markioniten] behaupten ..., Markion habe mit seiner Trennung von Gesetz und Evangelium weniger eine Neuerung der Glaubensregel (regula) eingeführt, als vielmehr deren frühere Verfälschung rückgängig gemacht. O du allergeduldigster Herr Christus, der du die Verdrehung deiner Verkündigung so viele Jahre solltest hingenommen haben, bis dir – man denke! – ein Markion zu Hilfe kam! (2) Denn selbst Petrus und die übrigen, Säulen des Apostelamtes, so wenden sie ein, mussten sich von Paulus bereits rügen lassen, weil sie sich nicht stehenden Fußes (recto pede) auf die Wahrheit des Evangeliums zubewegten ...

e) Markions Neues Testament (Epiphanius, Arzneikasten 42,9)

19,1) ... Dieser [Markion] behält ja als einziges Evangelium das nach Lukas bei [allerdings] auch dieses [bereits] am Anfang verstümmelt wegen der [dort bezeugten] Empfängnis des Heilands und seiner Ankunft im Fleisch (ἔνσαρκος παρουσία). (2) Aber nicht genug damit, dass er – sich selber mehr noch beschmutzend als das Evangelium – den Anfang ausgelassen; nein, er hat auch vom Ende und aus der Mitte vieles verstümmelt von den Worten der Wahrheit; anderes wiederum hat er dem, was geschrieben steht, hinzugefügt. Das also ist die Art, wie er als einziges das Lukasevangelium benutzte! (3) Es gibt bei ihm jedoch auch zehn Briefe des heiligen Paulus, die er als einzige [kanonische Briefe anerkannt und] benutzt hat. Allerdings fand nicht alles, was in ihnen geschrieben stand, bei ihm Verwendung; sondern einige Kapitel verstümmelte, andere änderte er. Dies sind die beiden Bücher [= Teile des neutestamentlichen Kanons Markions], deren er sich bediente ... (4) Auserwählt wurden bei ihm folgende Briefe: 1.

der Galater-, 2. der [1.] Korinther-, 3. der zweite Korinther-, 4. der Römer-, 5. der [1.] Thessalonicher-, 6. der zweite Thessalonicher-, 7. der Epheser-, 8. der Kolosser-, 9. der Philemon- und 10. der Philipperbrief ...

f) Markions Galaterbrief nach der Rekonstruktion A. von Harnacks[4]

Gal. 1,1

(Nach Nestle-Aland)	(Nach Markion)
Paulus, Apostel, nicht von Menschen, auch nicht durch Menschen, sondern durch Jesus Christus und Gott, den Vater, der ihn auferweckt hat von den Toten	Paulus, Apostel, nicht von Menschen, auch nicht durch Menschen, sondern durch Jesus Christus, der sich selbst auferweckt hat von den Toten[5]

Gal. 3,6-9

[Perikope über Abrahams Glauben und Abrahams Segen]	[Fehlte bei Markion]

Gal. 3,15-25

[große Ausführung über das Testament, Abraham und das Gesetz]	[Fehlte bei Markion]

Gal. 4,24-26

[24] Und das [sc. was geschrieben steht von Abrabam und seinen Söhnen, dem von der Sklavin und dem von der Freien] ist allegorisch zu verstehen. Diese [Frauen] bedeuten nämlich zwei Bundschlüsse: der eine vom Berg Sinai, der zur Knechtschaft gebiert, das ist Hagar. (25) Denn das Wort Hagar bedeutet den Berg Sinai in Arabien, entspricht aber dem jetzigen Jerusalem; ist dieses doch dienstbar mit seinen Kindern. (26) Das obere Jerusalem dagegen ist eine Freie, und das ist unsere Mutter.	(24) Und das ist allegorisch zu verstehen. Diese sind nämlich die beiden Schaustellungen[6]; die eine ist die vom Berg Sinai, die zur Synagoge der Juden, gemäß dem Gesetz, in die Knechtschaft gebiert. [V. 25 fehlte bei Markion] (26) [Text unsicher] Die andere aber gebiert, erhaben über alle Herrschaft und Macht und Gewalt und über jeden Namen, der je genannt wird – nicht nur in diesem, sondern auch im kommenden Äon [vgl. Eph. 1,21!] –, in Hinsicht auf welche wir uns zu einer heiligen Kirche bekannten[7], und das ist unsere Mutter.

Quellen: Ae. Kroymann, Q.S.Fl. Tertulliani Adversus Marcionem, in: CChr 1,1954; K. Holl, Epiphanius (Ancoratus und Panarion), II, GCS 31,(1922) 2., bearb. Aufl., hg. v. J. Dummer, 1985. – *Literatur:* A. von Harnack, Marcion. Der moderne Gläubige des 2. Jahrhunderts, der erste Reformator (Dorpater Preisschrift von 1870), krit. Edition des handschriftlichen Exemplars

mit einem Anhang hg. v. F. Steck (TU 149), 2003; ders., Markion. Das Evangelium vom frem-
den Gott, (1921) 1924[2] (Nachdr.1960); H. von Campenhausen, Die Entstehung der christlichen
Bibel, 1968 (= BHTh 39), 174ff.; R.J. Hoffmann, Marcion: On the Restitution of Christianity,
Chico/CA 1984 (mit der Kritik von G. May, ThR 51, 1986, 404-413); G. May, in: The Second
Century 6, 1987/88, 129-151; ders., Monotheism and Creation, in: MM. Mitchell/F.M. Young
(wie o. Nr. 1), 634-451; P. Lampe (wie o. Nr. 5), 203-219. 350-352 (241-256. 414-416); B.
Aland, Art. Marcion/Marcioniten, TRE 22, 1992, 89-101; U. Schmid, Marcion und sein Apo-
stolos, Berlin 1995; Marcion und seine kirchengeschichtliche Wirkung (Marcion and His Impact
on Church History), hg. v G. May/K.Greschat (TU 150), 2002; M.M. Mitchell, The emergence
of the written record, in: M.M. Mitchell/F.M. Young (wie o. Nr. 1), 177-194; H.Y. Gamble,
Marcion and the 'canon', in: ebenda, 195-213.

[1]   Die »zusammenschlagenden« Felsen, die nach der Argonautensage, dank Phineus' gutem
Rat, die Argonauten mit knapper Not durchfahren konnten – eine Anspielung auf Markions
Durchfahrt durch den Bosporus auf seiner Reise nach Rom.

[2]   Vgl. dazu etwa Augustin, Bekenntnisse 7,5,7.

[3]   Zu den im engeren Sinne »christologischen« Konsequenzen, die sich aus Markions Aufspaltung des Gottesbegriffes ergaben, s. z.B. Tertullian, Wider Markion 3,8,2: . »[Bei Markion
feiert die alte doketische Leugnung der Erscheinung Christi im Fleisch – vgl. 1. Joh. 2,18f. u.ö.
– fröhliche Urständ. Allerdings war sie einst nicht darauf gemünzt, die Behauptung eines
anderen Gottes im Unterschied zum Schöpfer zu rechtfertigen, sondern einfach so gemeint, dass
ein »Gott im Fleisch« (denk)unmöglich sei.] Um so eher hat der Antichrist Markion das
Hirngespinst aufgegriffen; bot er doch die besseren Voraussetzungen zur Leugnung der
körperlichen Substanz Christi, sofern er nämlich aufgebracht hatte, sein Gott habe weder das
Fleisch erschaffen, noch werde er es auferwecken, er, der auch in dieser Hinsicht Inbegriff der
Güte und vom Lug und Trug des Schöpfers weltweit verschieden sei. Um deshalb nicht zu
lügen und zu betrügen und somit womöglich für den [Christus] des Schöpfers gehalten zu
werden, war sein Christus nicht der, der er zu sein schien ...: Fleisch, und doch wieder nicht
Fleisch; Mensch, und doch wieder nicht Mensch; ebenso, glaube ich, Gott, und doch wieder
nicht Gott!«

[4]   A. von Harnack a.a.O., 67*ff.

[5]   Bei diesem Satzteil handelt es sich nach U. Schmid (s.o.), 315, um einen dubiösen Rück-
schluss Harnacks aus des Hieronymus Galaterkommentar.

[6]   Tertullian, auf den sich hier Harnacks Rekonstruktionsversuch stützt, las in dem markionitischen Bibelkodex, dem er folgte, ›ostensiones‹ (= griech. ἐπιδείξεις oder ἐνδείξεις o.ä.).

[7]   Tertullian: in quam repromisimus sanctam ecclesiam.

16. Aus dem »2. Klemensbrief«

Nach und neben dem Schreiben der römischen an die korinthische Gemeinde (s. oben Nr. 7) ist
Klemens von Rom, der Hermas (Ges. 2,4,3) zufolge für den auswärtigen Schriftverkehr der römischen Gemeinde zuständig war, eine Fülle weiterer Schriften zugeschrieben worden, darunter, als »2. Klemensbrief«, eine Homilie, die älteste uns erhaltene christliche Gemeindepredigt,
die von ihrem Verfasser dazu bestimmt war, im Gemeindegottesdienst nach der Schriftlektion
verlesen zu werden (vgl. 19,1). Ihre Abfassungszeit ist ebenso unbekannt wie ihr Abfassungsort.
Doch passen die in ihr vorausgesetzten Gemeindeverhältnisse in die Zeit um die Mitte des 2.
Jahrhunderts. – Hier sei nur der Anfang der Predigt mitgeteilt, als eine klassische Formulierung
des Anliegens der ›Gemeindefrömmigkeit‹:

(1,1) Ihr Brüder, so müssen wir über Jesus Christus denken wie über Gott (οὕτως δεῖ
ἡμᾶς φρονεῖν περὶ Ἰησοῦ Χριστοῦ, ὡς περὶ θεοῦ)[1], wie über den »Richter der Lebendigen und der Toten« [vgl. Apg. 10,42; 2. Tim. 4,1; l. Petr. 4,5]. Und wir dürfen
über unser Heil nicht gering denken. (2) Denn so wir es geringachten, hoffen wir
auch, nur Geringfügiges zu empfangen ... ; wir versündigen uns, wenn wir uns nicht

bewusst sind, woher, von wem und zu welcher Stätte wir berufen wurden und was alles Jesus Christus auf sich nahm, für uns zu leiden. (3) Welchen Lohn oder welch würdige Frucht werden wir ihm [Christus] wiedererstatten für das, was er für uns getan? ... (8) Berief er uns doch, die wir nicht waren, und wollte, dass wir aus dem Nichtsein zum Sein gelangten [vgl. Röm. 4,17; 1. Kor. 1,28].

Quelle: F.X. Funk/K. Bihlmeyer/W. Schneemelcher a.o.(Nr. 79)a.O.; K. Wengst (SUC 2), 1984, 236-280 – *Literatur:* B. Poschmann a.o.(Nr. 149)a.O., 124ff.; C. Stegemann, Über die Entstehung des sogenannten 2. Klemensbriefes (Theol. Diss. Bonn) 1972; K. Wengst, SUC 2, 1984, 205ff.; R. Warns, Untersuchungen zum 2. Clemens-Brief (Theol. Diss. Marburg 1985), 1989; A. Lindemann (o. Nr. 7); E. Baasland, Der 2. Clemensbrief und frühchristliche Rhetorik (ANRW II/27,1), 1993, 78-157; S. Hausammann (wie o. Nr. 7), 40-48.

¹   Vgl. das Zeugnis des Plinius, Briefe 10,96,7 (oben Nr. 10).

17. Kaiserlicher Entscheid zugunsten der Sklaven
(Justinian, Institutionen 1,8,2)

Das Ende der Bürgerkriege unter Augustus und der weitgehende Verzicht seiner Nachfolger auf Eroberungspolitik hatten auch zur Folge, dass die Zahl der Kriegsgefangenen und damit (allmählich) auch die der Sklaven sich verminderte. Hinzu kamen außer zahlreichen Freilassungen, namentlich von Haus- bzw. (aus Prestigegründen gehaltenen) ›Luxussklaven‹, Strukturänderungen der Agrarwirtschaft von den marktwirtschaftlich organisierten Großbetrieben (Latifundien) zur Parzellenwirtschaft mit Kleinpächtern, die bewirkten, dass mehr und mehr »Kolonen«, also freie oder auch grundhörige Bauern, an die Stelle der Sklaven traten, wenn dieser Kolonat auch meist nur eine andere Form der Sklaverei darstellte. Dagegen blieb die Sklavenarbeit die Grundlage für den Betrieb der riesigen kaiserlichen Domänen und der in kaiserlichem Besitz befindlichen Handwerks- und Bergbauunternehmen sowie für die kaiserliche Hofhaltung. – Doch waren die Kaiser nicht nur die größten Sklavenhalter der Spätantike, sondern trugen auch für den Ausbau des Sklaven*rechts* Sorge; und das, wie es scheint, vor allem aus zwei Gründen: Einmal war dem immer unlösbarer werdenden Problem der Sklavenflucht, die in dem Mangel an Arbeitskräften ihre »objektive« Bedingung hatte, nicht länger ausschließlich mit der Verhängung drakonischer Strafen beizukommen. Zum andern übte die stoische Philosophie einen humanisierenden Einfluss aus: entgegen der Lehre des Aristoteles (Politik 1,5), dass die Menschen von Natur aus entweder Freie oder Sklaven seien, vertrat sie den naturrechtlichen Grundsatz von der Gleichheit aller Menschen qua Vernunftwesen¹, ohne daraus allerdings die antike Gesellschaftsordnung revolutionierende Konsequenzen zu ziehen. – Von daher versteht sich auch etwa folgendes Reskript des Kaisers Antoninus Pius (138-161) an den Prokonsul des baëtischen Spanien, Aelius Marcianus, das noch die im 6. Jahrhundert in kaiserlichem Auftrag mit der Kodifizierung des römischen Rechts befassten Juristen der Aufnahme in ihre unter Justinians Namen veröffentlichten »Institutionen«, eine einführende Darstellung des Rechtsstoffes, für wert erachteten:

Zwar gehört es sich, dass die Gewalt der Herren ihren Sklaven gegenüber unvermindert ist und dass keinem Menschen sein gesetzmäßiges [sc. Eigentums-]Recht entzogen werde. Doch es liegt auch im Interesse der Herren, dass denen, die aus berechtigten Gründen um Gnade bitten, nicht die Hilfe verweigert wird gegen Grausamkeit, Hunger oder unerträgliches Unrecht. Daher stelle eine Untersuchung an über die Beschwerde derer aus dem Gesinde des Iulius Sabinus, die bei meiner Statue Schutz gesucht haben². Und wenn du feststellst, dass sie entweder härter gehalten wurden, als es billig ist, oder ihnen schändliches Unrecht geschah, so befiehl, sie zu verkaufen, so dass sie nicht wieder in die Gewalt des Sabinus geraten. Sollte dieser meine Anordnung zu hintergehen versuchen, so soll er wissen, dass ich sein Vergehen härter verfolgen werde[3].

Quelle: P. Krüger/Th. Mommsen/R. Scholl/G. Kroll, Corpus iuris civilis, I, [16]1954. – *Literatur:* H. Bellen, Studien zur Sklavenflucht im Römischen Kaiserreich, Forsch. z. ant. Sklaverei 4, 1971; M.I. Finley, Die Sklaverei in der Antike. Geschichte und Probleme, 1981; J. Vogt, Sklaverei und Humanität, 1983; K.R. Bradley, Slaves and Masters in the Roman Empire (Coll. Latomus 185), Brüssel 1984; R. MacMullen, Late Roman Slavery, Historia 36, 1987, 359-382; G. Alföldy, Antike Sklaverei. Widersprüche, Sonderformen, Grundstrukturen, 1988; L. Schumacher, Sklaverei in der Antike. Alltag und Schicksal der Unfreien, 2001; J. Deissler, Art. Sklaverei (DNP 15/3), 2003, 47-59 (Literatur!).

[1]   Vgl. dazu bes. Seneca, Moral. Briefe 47; ders., »Über das Wohltun« 3,22; Eratosthenes bei Strabo I,66; Philo von Alexandrien, De septen. et fest. diebus (p. 283, vol. II Mang.): Ἄνθρωπος γὰρ ἐξ φύσεως δοῦλος οὐδείς.

[2]   Zur Entwicklung der römischen Ausprägung des Asylschutzes (confugere ad statuam) und des Beschwerderechts der Sklaven s. H. Bellen a.a.O., 64ff.

[3]   Vgl. auch den Brief des Kaisers Septimius Severus an den Stadtpräfekten Fabius Cilo (Justinian, Digesten 1,12,11) aus den ersten Jahren des 3. Jahrhunderts. – Zur Tragweite solcher rechtlicher Bestimmungen ist immerhin zu beachten, dass noch Konstantin sich genötigt sah, ausdrücklich zu verbieten, dass man Sklaven aufhänge, vergifte, langsam verbrenne, verschmachten oder verfaulen lasse (Cod. Theol. 9,12,1 [11. Mai 319])!

18. Der Montanismus

Der Montanismus oder die »neue Prophetie«, wie wahrscheinlich die Selbstbezeichnung lautete, ist eine nach Montanus, einem ihrer Gründer, benannte enthusiastische Erneuerungsbewegung, die, aus unbekannten Gründen (vielleicht im Gefolge einer lokalen Christenverfolgung) plötzlich, und zwar um 156/157 (andere Datierung: 171), in Phrygien – daher auch »(kata-)phrygische« Sekte genannt – entstanden, rasch auf das übrige Kleinasien und schließlich auch auf Gallien, Rom und Nordafrika übergriff und mindestens noch im 3. Jahrhundert über einen beträchtlichen Anhang und eine festgefügte Gemeindeorganisation außerhalb der catholica verfügte.

a) Die Entstehung des Montanismus nach dem antimontanistischen Anonymus bei Euseb (Kirchengeschichte 5,16,6-10)

(16,6) ... Ihr Auftreten wie ihre jüngst erfolgte häretische Abspaltung von der Kirche hatte folgenden Grund: (7) Im phrygischen Mysien soll es ein Dorf geben namens Ardabau. Dort soll, wie es heißt, ein Mann mit Namen Montanus – einer von denen, die erst jüngst zum Glauben bekehrt worden waren – zur Zeit, als Gratus das Prokonsulat in der Asia innehatte, in unbändigem Verlangen nach der Führung [in der Gemeinde] dem Widersacher bei sich Zutritt gewährt haben, so dass er, vom [satanischen] Geist ergriffen, plötzlich in Verzückung und außer sich geriet und dabei ekstatische, unverständliche Laute ausstieß und in einer Weise zu prophezeien begann, die von altersher, durch Tradition und Sukzession verbürgten kirchlichen Herkommen (τὸ κατὰ παράδοσιν καὶ κατὰ τὴν διαδοχὴν ἄνωθεν τῆς ἐκκλησίας ἔθος) offenkundig widersprach. (8) Unter denen, die damals seine illegitimen [nicht vom Hl. Geist gewirkten] Aufschreie hörten, wandten sich zwar die einen voller Unwillen gegen ihn als einen verrückten, vom Dämon besessenen, im Geist des Irrtums befangenen und die Menge verwirrenden Menschen, bedrohten ihn und suchten ihn am Sprechen zu hindern, dessen eingedenk, dass der Herr die Unterscheidung [der Geister] (διαστολή) geübt und gemahnt hatte, beim Auftreten der Falschpropheten ja wachsam und auf der Hut zu sein [vgl. Mt. 7,15]. Andere aber ließen sich durch ihn verführen, als spräche aus ihm ein heiliger Geist und als besäße er ein prophetisches Charisma, waren besonders aufgeblasen und vergaßen die Unterscheidung des Herrn; von ihm [Montanus] betört und irregemacht, forderten sie den blödsinnigen, schmeichlerischen, volksverführerischen Geist [sogar noch] heraus, sich ja nicht zum Schweigen bringen zu lassen. (9) Durch eine List also oder vielmehr, indem er sich derart böser Schliche bediente, setzte der Teufel das Verderben der Ungehorsamen ins Werk und erregte und entflammte ... ihren eingeschläferten und vom Glauben abgekehrten Sinn also, dass er auch noch zwei Frauen [sc. Prisca und Maximilla] erweckte und mit dem[selben] falschen Geist erfüllte, so dass auch sie gleich dem genannten [Montanus] unsinniges, unpassendes, fremdartiges Zeug daherredeten. Während nun der Geist [des Montanus] diejenigen, die sich seiner freuten und stolz auf ihn waren, seligpries und sie durch die Größe seiner Verheißungen aufgeblasen machte, hin und wieder allerdings auch in [scheinbar] treffsicherer und Vertrauen erweckender Weise auf den Kopf zu ein Verdammungsurteil fällte, um sich den Anschein zu geben, als sei er zu überführen fähig (und doch waren es nur wenige Phryger, die sich täuschen ließen) ..., (10) kamen die Gläubigen im [klein-]asiatischen Bereich häufig und vielerorts in der Asia zusammen, prüften die neuen Lehren, entlarvten ihre Gemeinheit und verwarfen die Häresie. Auf diese Weise wurden sie [sc. die Montanisten] der Kirche verwiesen und von der [Abendmahls-]Gemeinschaft (κοινωνία) ausgeschlossen.

b) Sprüche des Montanus (Epiphanius, Arzneikasten 48,4.10)

(48,4,1) [Der Geist spricht aus Montanus also:] Siehe, der Mensch ist wie eine Leier, und ich fliege herzu wie ein Schlegel; der Mensch schläft, und ich wache. Siehe, der Herr ist es, der die Herzen der Menschen außer sich geraten lässt [in Ekstase versetzt] und gibt den Menschen ein [neues] Herz [vgl. Jer. 24,7; Ez. 36,26].
(48,10,3) ... Was nennst du den, der größer ist als Menschen, einen Geretteten? Sagt doch [der Geist]: Der Gerechte wird hundertmal heller glänzen als die Sonne, die »Kleinen« unter euch [aber], die gerettet werden, hundertmal heller als der Mond [vgl. Mt. 13,43].

c) Vision der Prophetin Quintilla (oder Priscilla [ebenda 49,1])

[Christus] kam zu mir ... in Gestalt einer Frau und in leuchtendem Gewand und legte in mich seine Weisheit und offenbarte mir, dass dieser Ort [sc. Pepuza in Phrygien] heilig sei und hierhin das himmlische Jerusalem herabkommen werde.

d) Spruch der Prophetin Maximilla (ebenda 48,13,1)

Der Herr hat mich gesandt als Anhänger, Verkünder und Dolmetsch dieser Mühsal (πόνος [des Martyriums?]), dieses Bundes und dieser Verheißung, die Erkenntnis Gottes zu lehren (γνωθεῖν[1]); ich muss es, ob ich will oder nicht.

Quellen: E. Schwartz/F. Winkelmann a.o.(Nr. 6)a.O.; K. Holl/J. Dummer a.o.(Nr. 15)a.O. – *Literatur:* P. de Labriolle, La crise montaniste, Paris 1913; W. Schepelern, Der Montanismus und die phrygischen Kulte, 1929; H. von Campenhausen a.o.(Nr. 15)a.O., 257ff.; A. Strobel, Das Heilige Land der Montanisten, 1981; W.H.C. Frend, Montanism: A movement of prophecy and regional identity in the Early Church, BJRL 70, 1988, 25-34; R.E. Heine, The Montanist Oracles and Testimonia, Macon 1989 (PMS 14); Chr. Trevett, Montanism, Cambridge 1996; W. Tabbernee, Montanist Inscriptions and Testimonia, Macon/GA 1997; V.-E. Hirschmann, Horrenda Secta. Untersuchungen zum frühchristlichen Montanismus und seinen Verbindungen zur paganen Religion Phrygiens (Historia Einzelschriften 179), 2005; C. Markschies, Kaiserzeitliche christliche Theologie und ihre Institutionen. Prolegomena zu einer Geschichte der antiken christlichen Theologie, 2007, 109-136.

[1] Überliefert ist auch μαθεῖν(»in Erfahrung bringen«,»lernen«) statt des in seiner Bildung höchst ungewöhnlichen, dafür aber dem Zusammenhang genau entsprechenden γ. »Verständlicher wäre γνω(σ)τεῖν; das θ scheint jedoch durch die Verballhornung in μαθεῖν geschützt. Sachlich richtig umschribt Epiph. das Wort« wenig später (13, 7 = S. 238, 15) »mit διδάσκειν« (so der App. bei Holl/Dummer z. St.).

19. Die Mysterien der Isis nach den »Metamorphosen« des Apuleius von Maduras

Hatte es schon in klassischer Zeit, in Griechenland wie in Rom, nicht an Strömungen gefehlt, die außerhalb der offiziellen, sozial und politisch festgelegten Ordnung religiöse Anliegen verfolgten, so griffen diese in der Zeit des Hellenismus immer weiter um sich. Die Zeit der sog. (orientalischen) »Mysterienreligionen« war gekommen. – Eins der wichtigsten Zeugnisse, auf denen heutzutage ihre Kenntnis beruht, ist der Roman »Verwandlungen oder Der goldene Esel« des aus Nordafrika stammenden Rhetors und Wanderlehrers Apuleius aus Maduras, heute Mdaurusch in Algerien (geb. um 125 n.Chr.). Darin beschreibt der Autor, der sich selbst in zahlreiche Mysterienkulte hatte einweihen lassen, im letzten Buch ausführlich, welche Stationen sein Held, Lucius, durchlaufen musste, um dem blinden »Schicksal« seiner Verwandlung in einen Esel zu entrinnen und in der persönlichen Begegnung mit der ägyptischen Kuhgöttin Isis und in ihrem »heiligen Kriegsdienst« Erlösung zu finden.

a) Isis als Allgottheit (Metamorph. 11,5,1-3)

(11,5,1) [Auf die Bitte des Lucius hin, ihm seine Menschengestalt zurückzugeben, erscheint ihm die Göttin im Traum.] Da bin ich, Lucius, durch dein Gebet gerührt, ich, Allmutter Natur, Beherrscherin aller Elemente, erstgeborenes Kind der Zeiten, höchste der Gott-heiten, Königin der Totengeister, erste der Himmlischen, ich, die ich in mir aller Göt-ter und Göttinnen Erscheinung in einer Gestalt vereine (deorum dearumque facies uniformis)[1], ... deren einzigartiges Walten (numen unicum) unter so vielfältiger Er-scheinungsform, so mannigfachem Brauch und so vielerlei Namen der ganze Erdkreis verehrt. (2) Dort heiße ich den Erstgeborenen der Menschen, den Phrygern, pessinutische Göttermutter, hier den Attikern, Urbewohnern ihres Landes, kekropische Minerva; den meerumschlungenen Zyprern paphische Venus; den pfeiltragenden Kretern diktynnische Diana; den dreisprachigen Siziliern stygonische Proserpina; den Eleusinern Altgöttin Ceres. Andere nennen mich Juno, andere Bellona; diese dort Hekate, jene Rhamnusia. Sie aber, welche die göttliche Sonne (deus Sol [eigentlich also: »der Sonnengott«])[2] beim Aufgehen mit ihren ersten Strahlen erleuchtet, die Äthiopier beider Länder[?], und die Ägypter, durch uralte Weisheit ausgezeichnet und durch eigene Bräuche mich ehrend, sie rufen mich mit meinem wahren Namen an: Königin Isis[3].

b) Preis der Isis (ebenda 11,15,3-5)

(11,15,3) [Spruch des Isispriesters] ... Nun [nach vieler und mannigfacher Mühsal, umhergetrieben von mächtigen Stürmen des Schicksals] bist du in die Obhut des Schicksals genommen, aber eines sehenden, das mit dem Glanz seines Lichtes auch die übrigen Götter erleuchtet. (4) Mach' nun ein fröhliches Gesicht, wie es deinem weißen Kleid (candidus habitus)[4] entspricht, begleite den Festzug (pompa) der Erlösergottheit (dea sospitatrix) mit frohlockendem Schritt... (5) Doch auf dass du sicherer und besser geschirmt seist, lass dich für diesen heiligen Kriegsdienst (sancta militia)[5] anwerben, zu dem du auch vor kurzem vereidigt wurdest (cuius non olim sacramento ... rogabaris); weihe dich schon jetzt dem Gehorsam gegen unsern Religionsdienst (obsequium religionis nostrae) und nimm freiwillig das Joch der Dienstbarkeit auf dich. Denn wenn du begonnen hast, ein Knecht der Gottheit zu sein, wirst du erst recht die Frucht der Freiheit schmecken.

c) Die Weihe des Mysten (ebenda 11,23,4-24,5)

(11,23,4) [Nach vielerlei Vorbereitungen, unter rituellen Reinigungen und zehntägigem Fasten] war [endlich] der Tag [der Einweihung (teleta = griech. τελετή) da, der mir durch göttlichen Termin bestimmt war; und die Sonne neigte sich und brachte den Abend herbei. Da, schau, strömen von allen Seiten die Scharen herbei und ehren mich nach altem religiösem Brauch, Mann für Mann, mit mancherlei Geschenken. (5) Darauf werden alle Uneingeweihten (profani) weit entfernt, ich werde mit einem Gewand aus rohem Leinen angetan, und der Priester fasst mich bei der Hand und führt mich in das Innere des Heiligtums. (6) – Du fragst mich vielleicht ziemlich ängstlich, eifriger Leser, was dann gesprochen wurde, was nun geschah. Ich würde es dir sagen, wenn ich es sagen dürfte; du würdest es erfahren, wenn es dir zu hören erlaubt wäre. Allein, gleich hart würden Ohren und Zunge zu büßen haben für unbedachte Wissbegier (curiositas). (7) Doch will ich dein womöglich frommes Verlangen nicht länger auf die Folter spannen. (8) So höre denn, aber glaube; es ist wahr! Ich bin dem Grenzbereich des Todes genaht, und nachdem ich Proserpinas Schwelle niedergetreten, habe ich alle Elemente durchfahren und bin dann zurückgekehrt. Mitten in der Nacht sah ich die Sonne in blendend weißem Licht leuchten, nahte den unteren und oberen Göttern von Angesicht zu Angesicht und betete sie aus nächster Nähe an. (9) Sieh, nun habe ich dir berichtet. Du hast es zwar gehört; aber trotzdem verstehst du es notwendigerweise nicht. So will ich dir denn erzählen, was allein, ohne dass man sich versündigt, den Uneingeweihten zur Kenntnis gebracht werden kann. (24,1) Es war früher Morgen [inzwischen] geworden; da trat ich nach Vollendung der heiligen Handlung (perfectis sollemniis) [aus dem Adyton des Tempels] heraus, durch zwölffache Stola geweiht ... (4) In meiner Rechten trug ich eine flammende Fackel, und mein Haupt zierte ein Palmenkranz, dessen schimmernde Blätter wie Strahlen hervorragten. Nachdem ich so, als Bild der Sonne ausgeschmückt, einer Bildsäule gleich dastand, wurde plötzlich der Vorhang weggezogen, und das Volk strömte herzu, mich zu schauen. (5) Hierauf beging ich meinen festlichen Geburtstag als Eingeweihter (festissimus natalis sacrorum)[6].

d) Dankgebet des Mysten (ebenda 11,25,1-6)

(25,1) Du heilige, beständige Erlöserin (sospitatrix) des Menschengeschlechts, die du stets den Sterblichen gewogen und wohltätig bist, die süße Zärtlichkeit einer Mutter erzeigst du den Elenden in ihrem Leid. (2) Es vergeht kein Tag und keine Nachtruhe, ja nicht einmal ein kurzer Augenblick ohne deine Wohltaten (beneficia), ohne dass du zu Wasser und zu Lande die Menschen beschirmtest... und deine helfende Hand ausstrecktest, mit der du die unentrinnbar verflochtenen Fäden des Verhängnisses (fata) wieder aufdrehst, die Stürme des Schicksals (Fortuna) beschwichtigst und den schädlichen Lauf der Gestirne[7] hemmst. (3) ... Dir antworten die Gestirne, kehren wieder die Jahreszeiten, jubeln die Götter, dienen die Elemente ... (5) Ich aber bin zu schwach an Geist, dein Lob zu singen, ... Auch steht mir weder der Reichtum der Sprache zu Gebote, um auszusagen, was ich von deiner Majestät fühle, noch ein tausendfacher Mund ...[8] (6) Also will ich, was ein Frommer (religiosus), im übrigen jedoch Armer vermag, zu erreichen trachten: Dein göttliches Antlitz und dein allerheiligstes Walten will ich stets im geheimen Innern meines Herzens bewahren und mir vor Augen halten.

Quelle: R. Helm, Apuleius. Metamorphosen oder Der goldene Esel, lat.-dt., 1970[6]. – *Literatur:* M. Dibelius, Die Isisweihe bei Apuleius, SHAW. PH 4; A.D. Nock, Conversion, Oxford (1933) Nachdr. 1969, Kap. IX; A. J. Festugière, Personal Religion among the Greeks, (1954) London 1960, 68ff.; H. Krämer, Die Isisformel des Apuleius (Met. XI 23,7) – eine Anmerkung zur Methode der Mysterienforschung, Wort und Dienst NF 12, 1973, 91-104; M. Eliade, Geschichte der religiösen Ideen, II, 1979, 249ff.; H.J. Klauck (wie o. Nr. 12), I, 1995, 111-119 (Lit.!); Apuleius. Über die Magie, Eingel., übers. u. m. interpretierenden Essays vers. v. J. Hammerstaedt u.a. (SAPERE 5), 2002.

[1]   Klassische Formulierung jenes religiösen Synkretismus oder auch pantheistischen Monismus,wie er, soweit wir wissen, für alle orientalischen Mysterienkulte kennzeichnend war. Vergleicht man damit das oben Nr. 1f. über das Wesen der altrömischen Religion Mitgeteilte, so begreift man, wie stark – zumindest in Rom selbst – der Widerstand der Behörden gegen das Vordringen dieser Kulte sein musste!

[2]   Über den Sonnenkult und seine Wandlungen von den frühesten Bezeugungen im Vorderen Orient über die Sonnentheologie als ein Stück der Gebildetenreligion in der frühen Kaiserzeit bis hin zur Verehrung des »Unbesieglichen Sonnengottes« (Sol Invictus) als des Gottes der Kaiser und des Reiches gegen Ende der heidnischen Antike unterrichten neuerdings H. Doerrie, Die Solar-Theologie in der kaiserzeitlichen Antike, Kirchengeschichte als Missionsgeschichte I, 1974, S. 283-292; M. Wallraff, Christus Verus Sol (JAC.E 32), 2001.

[3]   Vgl. dazu etwa die panegyrische Rede auf Konstantin v.J. 313 (Paneg. Lat. 12 [9], 26,1).

[4] Vgl. damit das weiße Taufkleid, das »Gewand der Gerechtigkeit«, das nach dem Heraufstei-
gen aus der Taufe angelegt wurde.
[5] Zu den christlichen Entsprechungen vgl. noch immer vor allem A. Harnack, Militia Christi.
(1905) Nachdr. 1963.
[6] sacra = griech. μυστήρια; vgl. hierzu das christliche Verständnis der Taufe als »Wiedergeburt«.
[7] Zum Gedanken des Gestirnfatalismus, der εἰμαρμένη, und seinem Einfluss in der Antike s.
et-wa D. Amand, Fatalisme et liberté dans l'antiquité grecque, Louvain 1945.
[8] Vgl. EG 330,1 (»O dass ich tausend Zungen hätte ... «).

20. Literarische Polemik wider das Christentum (Fronto von Cirta [?] bei Minucius Felix, Octavius 8,3-10,2)

Damit, dass das Christentum anfangs eher in den Unterschichten und nur ausnahmsweise in Ge-
bildetenkreisen Eingang fand [vgl. 1. Kor. 1,26-31] und es zudem für Außenstehende meist nur
als Absonderung innerhalb des Judentums in Erscheinung trat, wird es zusammenhängen, dass es
lange Zeit brauchte, ehe nicht nur die römischen Behörden, sondern auch die Repräsentanten des
geistigen Lebens überhaupt von ihm Notiz nahmen. – Der erste heidnische Literat, der gegen das
Christentum auftrat, war, soviel wir wissen, M. Cornelius Fronto aus Cirta in Numidien, einer
der berühmtesten Rhetoren der lateinischen Antike und Lehrer der künftigen Kaiser Mark Aurel
(161-180) und Lucius Verus (161-169). Zwar ist seine vermutlich zwischen 162 und Ende 174
gehaltene (Frassinetti) Rede gegen die Christen, auf die ungefähr 70 Jahre später der Christ Minucius Felix in seinem Dialog »Octavius« zweimal (9,6; 31,2) Bezug nimmt, nicht mehr erhalten. Doch hat man seit langem vermutet, sie sei von Minucius Felix für diesen Dialog ausgiebig
benutzt worden. Jedenfalls dürften die Darlegungen des heidnischen Gesprächspartners in diesem Dialog, Caecilius, nichts enthalten, was nicht auch Fronto nach allem, was wir von ihm wissen, hätte sagen können. Auch waren die Schauermärchen über die christlichen flagitia, wie sie
hier (Kap. 9ff.) kritiklos weitergegeben werden, zur Zeit des Fronto allem Anschein nach längst
im Schwange.
Zusammenhang: Caecilius beginnt seine Rede gegen die Christen (Kap. 5ff.), die trotz notori-
scher Unbildung die Wahrheit über Gott und die Welt zu besitzen beanspruchen, damit, dass er
diesen Anspruch unter Berufung auf die philosophische Skepsis[1] und die »Begrenztheit des
Menschen« ablehnt und stattdessen die Anerkennung der traditionellen Götter verlangt. In dem
Zusammenhang greift er den uns bereits bekannten (vgl. oben Nr. 1) Gedanken der (politischen)
Nützlichkeit der Väterreligion wie auch das »Credo« von der besonderen »Frömmigkeit« Roms,
die ihm die Weltherrschaft »verdiente«, auf (Kap. 6f.) und gelangt zu dem Schluss, wer eine »so
alte, so nützliche und so heilbringende Religion« (religionem tam vetustam, tam utilem, tam sa-
lubrem)[2] verachte oder gar bekämpfe, der sei »gottlos«[3] und »irreligiös« und stelle sich außerhalb jenes Konsenses, wie er bei »allen Völkern« über die »unsterblichen Götter« herrsche,
»mag auch ihr Wesen und ihr Ursprung ungewiss sein« (8,1). Nach einem gehässigen, die verbreiteten Anstöße und Verdächtigungen zusammenfassenden Ausfall gegen die Christen (8,3-5),
mündet die Rede (Kap. 9) in eine Einzelkritik ein:

(8,3) Wenn schon die Athener den Abderiten Protagoras, der doch eher wohlbedacht
als lästerlich über die Gottheit disputierte, aus ihrem Land gewiesen und seine Schriften öffentlich verbrannt haben[4], ist es dann nicht bejammernswert, wenn Menschen –
ihr werdet erlauben, dass ich meinem Eifer für meine Sache einmal freien Lauf lasse –
wenn also Menschen aus einer kläglichen, verbotenen, hoffnungslosen Rotte gegen
die Götter Sturm laufen? (4) Aus der untersten Hefe des Volkes sammeln sie da die
Ungebildeten und leichtgläubigen Weiber, die der ihrem Geschlecht eigenen Beein-
flussbarkeit wegen [ohnehin] auf alles hereinfallen, bieten ein gemeines Verschwö-

rerpack auf, das sich in nächtlichen Zusammenkünften, bei feierlichem Fasten und menschenunwürdiger Speise nicht etwa durch einen Kult, sondern ein Verbrechen verbrüdert: eine obskure, lichtscheue Gesellschaft, stumm in der Öffentlichkeit, dafür [aber] geschwätzig in den Winkeln ...; selbst halbnackt, verachten sie Ämter und Würden ... (5) Gegenwärtige Foltern achten sie für nichts, weil sie ungewisse zukünftige fürchten, und während sie Angst haben, nach dem Tode zu sterben, fürchten sie jetzt das Sterben nicht; so sehr täuscht sie falsche Hoffnung mit dem Trost einer Wiederbelebung über die Furcht hinweg (ita illis pavorem fallax spes solacia rediviva blanditur). (9,1) Und wie das Böse stets besonders üppig wuchert, so ... schießen [jetzt] auch die abscheulichen Kultstätten dieser gottlosen Gesellschaft [allenthalben] aus der Erde ... (2) An geheimen Zeichen und Merkmalen erkennen sie einander und lieben sich, fast ehe sie sich noch kennen; wahllos vollziehen sie miteinander gleichsam einen Kult der Lüste, nennen einander Brüder und Schwestern ... (3) Wäre gar nichts Wahres daran, so würde nicht die scharfsichtige Fama die verschiedenen Ungeheuerlichkeiten berichten (Nec de ipsis, nisi subsisteret veritas, maxima et varia et honore praefanda sagax fama loqueretur) ... Hört man doch, dass sie den Kopf eines verächtlichen Tieres, eines Esels, aus ich weiß nicht was für einem Wahn heraus als heiligen Gegenstand verehren[5] ... (4) Andere erzählen, dass sie die Genitalien ihres Oberpriesters anbeten ... Ob es stimmt, weiß ich nicht; immerhin passt es zu ihren nächtlichen Geheimriten. Und wenn, wie man sich erzählt, im Mittelpunkt ihrer Zeremonien ein wegen seiner Verbrechen mit dem Tode Bestrafter samt den zur Hinrichtung gehörigen Kreuzeshölzern steht, dann wird damit diesen verbrecherischen und elenden Menschen nur der Altar zugeschrieben, der ihnen gebührt: sie verehren, was sie selbst verdienen [sc. das Kreuz]. (5) Und was man sich gar über die Weihe neuer Mitglieder (de initiandis tirunculis) erzählt, so ist dies ebenso abscheulich wie nur zu bekannt. Um die ahnungslosen [Initianden] zu täuschen, bedeckt man ein Kind mit Teig und setzt es dem vor, der in die Mysterien eingeweiht wird (qui sacris inbuatur). Durch die Teighülle getäuscht, lässt sich der Neuling zu Messerstichen verleiten, bei denen er nichts Arges vermutet und die doch, dem Auge völlig entzogen, dem Kind tödliche Wunden beibringen. Dann – welcher Greuel! – schlürfen sie das Blut des Kindes gierig auf und reißen sich gar noch um die zerhackten Glieder. Das also ist ihr Opfer, mit dem sie sich verbünden, und durch die Mitwisserschaft an diesem Verbrechen verbürgen sie sich gegenseitiges Stillschweigen ...
(10,1) Vieles andere übergehe ich jetzt in voller Absicht; denn es ist allzu viel, was sich allein durch die Heimlichtuerei dieses verbrecherischen Aberglaubens (religio) als entweder ganz oder doch zum größten Teil zutreffend erweist. (2) Warum bemühen sie sich denn so sehr, den Gegenstand ihrer Verehrung, was es auch immer mit ihm auf sich haben mag, zu verheimlichen? Was anständig ist, lässt sich stets gern sehen; nur Laster hält man geheim ... Warum reden sie nie öffentlich, kommen nie frei zusammen, wenn nicht deshalb, weil eben das, was sie da heimlich treiben, strafbar oder schändlich ist? ...[6]

Quelle: M. Pellegrino, Minucius Felix. Octavius, Turin 1963[2]. – *Literatur:* W. Nestle, Die Haupteinwände des antiken Denkens gegen das Christentum, (1948; wieder abgedr.) in: J. Martin/B. Quint (Hgg.), Christentum und antike Gesellschaft (WdF 649), 1990, 17-80; P. Frassinetti, L'orazione di Frontone contro i Cristiani, Giorn. It. di fil. 2, 1949, 238-254; A. Henrichs, Pagan ritual and the alleged crimes of the early Christians, Kyriakon (FS f. J. Quasten) I, 1970, 18-35; St. Benko, Pagan Criticism of Christianity during the First Two Centuries AD., ANRW II, 23,2, 1980, 1055-1118; G. Schöllgen, Ecclesia sordida? Zur Frage der sozialen Schichtung frühchristlicher Gemeinden am Beispiel Karthagos zur Zeit Tertullians, (JAC.E 12), 1984; H.A. Gärtner, Die römische Literatur in Text und Darstellung. Kaiserzeit II, 1988, 94-118; P. Guyot-R. Klein, Das frühe Christentum bis zum Ende der Verfolgungen, II, 1994,140ff. 322ff.

[1] Begründet durch Pyrrhon von Elis (ca. 360-270) und durch Arkesilaos von Pitane (ca. 316-241) auch in die platonische Akademie eingeführt, wurde die pyrrhonische Skepsis zur Zeit Ciceros erneuert und war seitdem von beträchtlichem Einfluss.

[2] Vgl. zum Kontrast Oct. 10,3: »Und wer ist dieser einzige, einsame, verlassene Gott (deus unicus solitarius destitutus)? Woher kommt er? Und wo ist er? Kein freies Volk (gens libera), kein Reich, ja nicht einmal der religiöse Eifer der Römer kennt ihn. Nur das jämmerliche Völkchen der Juden verehrt gleichfalls einen einzigen Gott, aber [doch immerhin] in aller Öffentlichkeit, mit Tempeln und Altären, mit Opfern und Zeremonien. Freilich ist dieser Gott so schwach und machtlos, dass er samt seinem auserwählten Volk (cum sua sibi natione) in die Gefangenschaft der Römer geriet, die doch Menschen sind!«.

[3] Zum Vorwurf der »Gottlosigkeit« gegen Christen wie überhaupt gegen alle diejenigen Gruppen, die sich an dem durch Alter legitimierten offiziellen Kultus nicht beteiligten, s. noch immer A. Harnack, Der Vorwurf des Atheismus in den ersten drei Jahrhunderten, TU 28, 1905; ferner Guyot-Klein (wie o.), 140-152. 322-330.

[4] Der Sophist Protagoras aus Abdera (ca. 480-410) wird z.b. bei Cicero (Über das Wesen der Götter 1,1,2; 23,63; 42,117f.) zu den wenigen Beispielen eines erklärten Atheismus im Alter-tum gerechnet; doch wohl zu Unrecht.

[5] Diesen Vorwurf, der sich schon gegen die Juden richtete, illustriert, wie es scheint, das sog. Spottkruzifix vom Palatin (l. H. des 3. Jahrhunderts), eine Wandzeichnung, die einen Menschen mit Eselskopf am Kreuz zeigt; ihm naht von links eine anbetende Gestalt. Darunter steht: »Alexammenos betet [seinen] Gott an.« Doch ist die Deutung noch immer ebenso umstritten, wie der Ursprung des früh gegen die Christen erhobenen Vorwurfs der Onolatrie nach wie vor nicht eindeutig geklärt ist; vgl. I. Oppelt, Art. Esel, RAC 6, 1966, 564-595 (hier: 592ff.); Guyot-Klein (wie o.), 226-232. 371-375. 401.

[6] Das klingt, angesichts der Rechtslage der Christen in dieser Zeit, wie blanker Zynismus; doch ist der ernsthafte Kern der Tirade wohl auch hier die Absonderung vom öffentlichen, religiösen wie politischen, Leben (vgl. dazu das bei Guyot-Klein, 154-166. 330-337, zusammengestellte und besprochene Material).

21. Die Apologetik Justins

Justin, »der Philosoph und Märtyrer« (Tertullian, Wider die Valentinianer 5), ist nicht der erste, wohl aber der bedeutendste der »Apologeten« des 2. Jahrhunderts, welche sich gegen die Verachtung, Verleumdung und Verfolgung ihrer Religion durch die Heiden erstmals literarisch zur Wehr setzten. Einer heidnisch-griechischen Familie in Flavia Neapolis (heute Nablus) entstammend, nahm er den Weg zum Christentum über den (Mittel-)Platonismus (vgl. dazu bes. die Anfangskapitel seines »Dialogs mit Tryphon«) und blieb auch nach seiner Konversion »Philosoph«, nur, dass er sich jetzt ausschließlich der Verteidigung des christlichen Glaubens als der »allein zuverlässigen und brauchbaren Philosophie« (Dial. 8) widmete, und zwar vornehmlich in Rom, wo er auch um 165 den Märtyrertod fand. – Von seinen Schriften sind nur zwei erhalten: der schon erwähnte »Dialog mit Tryphon« (Anspielung auf Rabbi Tarphon?) und (der Überlieferung nach) zwei Apologien, von denen jedoch die zweite wohl nur den zu Unrecht abgeteilten Schluss der ersten und größeren darstellt. Diese, zwischen 150 und 155 entstanden und an die Kaiser – Antoninus Pius samt seinen Mitregenten –, den Senat und das »ganze römische Volk« gerichtet (Apol. 1,1), widerlegt nur zum geringen Teil (Kap. 1-12) Beschuldigungen gegen die Christen, die restlichen der insgesamt 68 Kapitel enthalten eine positive Glaubensdarlegung und bringen nicht zuletzt über den altchristlichen Gottesdienst aufschlussreiche Angaben.

a) Die Vorwürfe gegen die Christen sind auf ihre Stichhaltigkeit zu prüfen
(Apologie I, 2-5)

(2,1) Wer wahrhaft fromm[1] und philosophisch empfindet, dem gebietet die Vernunft (ὁ λόγος), allein die Wahrheit zu ehren und zu lieben; er wird es ablehnen, bloßen überkommenen Meinungen (δόξαι παλαιῶν)[2] zu folgen, auch wenn sie verkehrt sind ... (2) Ihr hört allenthalben, dass man euch als fromme und philosophische Herrscher, als Hüter der Gerechtigkeit und Freunde der Bildung (παιδεία) preist; ob ihr es aber wirklich seid, wird sich zeigen! (3) Ich bin nicht gekommen, euch mit dieser Schrift zu schmeicheln oder zu Gefallen zu reden, sondern um eine Forderung vorzubringen: ihr sollt [nur] nach genauer und sorgfältiger Prüfung euer Urteil fällen, ... (4) Sind wir doch überzeugt, uns könne von niemandem etwas Schlimmes widerfahren, es sei denn, wir würden als Übeltäter entlarvt ... ; ihr könnt uns [also] wohl töten, aber nicht schaden.

(3,4) An uns ist es daher, jedermann in unsere Lebensweise und unsere Lehre Einblick zu gewähren, damit wir uns nicht selbst die Strafe zuziehen für Leute, die uns nicht kennen ..., an euch dagegen ist es, uns, wie es die Vernunft zu tun liebt, anzuhören, auf dass ihr als gute Richter erfunden werdet.

(4,1) Der Name allein lässt kein Urteil zu über gut und böse, wenn nicht die Handlungen berücksichtigt werden, die dieser Name deckt ...[3]

(5,1) ... Uns gegenüber, die wir [in der Taufe] geloben, nichts Unrechtes zu tun ..., verzichtet ihr auf jegliche Untersuchung [unserer Handlungen]; vielmehr bestraft ihr uns ohne Urteil und Überlegung, in unbesonnener Leidenschaft und unter der Geißel feindseliger Dämonen. (2) Denn um die Wahrheit zu sagen: Vor alters haben böse Dämonen [›Götter‹-]Erscheinungen ins Werk gesetzt und ... [den Menschen] Schreckbilder vorgegaukelt, so dass diese, ohne [in ihrer Angst] zu erkennen, dass es sich um feindselige Dämonen handelte, ihnen den Namen von ›Göttern‹ beilegten ... (3) Da aber Sokrates, von wahrhafter Vernunft geleitet und zu [solcher] Untersuchung geschickt, dies ans Licht zu bringen und die Menschen von den Dämonen abzubringen versuchte, wussten es diese zu bewerkstelligen, ihn mithilfe solcher Leute, die am Bösen ihre Freude haben, als Gottlosen und Frevler zu töten, indem man behauptete, er führe neue Götter ein[4]. Und genau das setzten sie [nun] gegen uns ins Werk. (4) Denn der Logos hat dies [Lügengespinst] nicht allein unter Griechen, durch Sokrates, aufgedeckt, sondern auch unter Barbaren, indem er selbst Gestalt annahm und Mensch wurde mit Namen Jesus Christus ...

b) Die Christen im römischen Reich (ebenda 12.17)

(12,1) Weit mehr als alle übrigen Menschen sind wir eure Helfer und Bundesgenossen im Kampf für Frieden (Ἀρωγοὶ δ' ὑμῖν καὶ σύμμαχοι πρὸς εἰρήνην), da wir der Meinung sind, kein Übeltäter, Habsüchtiger oder Heimtückischer wie auch kein Tugendhafter könne Gott verborgen bleiben, sondern ein jeder gehe der ewigen Strafe oder dem ewigen Heil entgegen, je nachdem, wie es seine Taten verdienen.

(17,1) Steuern und Abgaben sind wir vor allen [anderen] an die von euch eingesetzten Beamten zu entrichten bemüht; denn so hat er [der Herr] selbst es uns gelehrt ... [vgl. Mt. 22,16-21 par.] (3) Daher beten wir zwar allein Gott an (προσκυνοῦμεν), in allem übrigen aber leisten wir euch freudigen Gehorsam, indem wir euch als Kaiser und Herrscher aller Menschen anerkennen und darum beten, dass ihr [allezeit] nicht nur im Besitz kaiserlicher Macht, sondern auch vernunftgemäßer Einsicht erfunden werdet. (4) Wenn ihr euch dagegen um uns, die wir so beten und alles offen darlegen, nicht schert, dann wird das uns nicht im geringsten schaden; glauben wir doch, ja sind fest davon überzeugt, dass ein jeder ... nach dem Maß des ihm von Gott verliehenen Vermögens zur Rechenschaft gezogen wird ... [vgl. Lk. 12,48].

c) Die Lehre vom Logos spermatikos (Apologie II, 6,1-3; 13,2-6)

(6,1) Für den Vater aller Dinge gibt es keinen Namen, den man ihm beilegen könnte, da er ungeworden [oder: ungezeugt] (ἀγέννητος) ist ... .

(2) [Auch] »Vater«, »Gott«, »Schöpfer«, »Herr«, »Herrscher« sind keine Namen, sondern Prädikationen [›Anreden‹], wie sie aus seinen Wohltaten und Werken erschlossen wurden (ἐκ τῶν εὐποιιῶν καὶ τῶν ἔργων προσρήσεις). (3) Sein Sohn jedoch, der allein im eigentlichen Sinne Sohn heißt, als Logos vor den Geschöpfen bei ihm war und gezeugt ward [oder: geworden ist] (ὁ λόγος πρὸ τῶν ποιημάτων καὶ συνὼν καὶ γεννώμενος)[5] [vgl. Joh. 1,1f.; Hebr. 1,2], als er im Anfang durch ihn alle Dinge schuf und ordnete, wird Christus genannt, und zwar danach, dass er gesalbt ward und Gott durch ihn das All ordnete. Auch das ist [freilich] ein Name, der eine [für uns] unbekannte Bedeutung umschließt, genau so wie die Anrede »Gott« kein Name ist, wohl aber eine der Menschennatur eingepflanzte Vorstellung (ἔμφυτος τῇ φύσει τῶν ἀνθρώπων δόξα) von einem schwer erklärbaren Sachverhalt.

(13,2) Dass ich als Christ erfunden werden möge, darum, so bekenne ich, bete und ringe ich aus aller meiner Macht, nicht weil die Lehren (διδάγματα) Platons denjenigen Christi [völlig] fremd sind, wohl aber deshalb, weil sie nicht in allem an sie heranreichen; desgleichen die der andern: der Stoiker, der Dichter und Geschichtsschreiber. (3) Jeder von ihnen hat kraft seines Anteils an dem Samenkörner [der Wahrheit] austeilenden [oder: samenhaften] göttlichen Logos (ἀπὸ μέρους τοῦ σπερματικοῦ θείου λόγου) erkannt, was zu ihm in verwandtschaftlicher Beziehung steht, und [insoweit] wohl geredet; doch haben sie in den wichtigeren Fragen einander widersprochen und damit erwiesen, dass sie kein [tiefer] eindringendes [?] Wissen (οὐκ ἐπιστήμην τὴν ἄποπτον[6]) und keine unwiderlegliche Erkenntnis besitzen. (4) Was sich hingegen bei allen an zutreffenden Aussagen findet, das kommt uns Christen zu; denn wir verehren und lieben mit Gott den von ihm, dem ungewordenen und unaussprechlichen Gott, ausgegangenen Logos. Ist er doch um unseretwillen Mensch geworden, um als Genosse unserer Leiden Heilung zu wirken. (5) All die Schriftsteller konnten kraft der ihnen innewohnenden Aussaat des Logos (διὰ τῆς ἐνούσης ἐμφύτου τοῦ λόγου σπορᾶς) nur schattenhaft das Seiende schauen. (6) Denn es ist ein Unterschied zwischen dem Samen, der Nachbildung einer Sache, wie sie entsprechend der [beschränkten Aufnahme-]Fähigkeit verliehen wird, und der Sache selbst, um derentwillen Teilnahme (μετουσία) und Nachbildung [überhaupt] zustande kommen[7].

d) Christliche Taufe und christlicher Gottesdienst (Apologie I, 61-67)

(61,1) Auf welche Weise wir uns aber Gott weihten, durch Christus erneuert, will ich nun erläutern ... (2) Soviele überzeugt sind und glauben, es sei wahr, was wir gelehrt und gesagt haben, auch versprechen, nach Kräften so zu leben, die werden unterwiesen, zu beten und unter Fasten von Gott die Vergebung ihrer zuvor begangenen Sünden zu erflehen; und wir beten und fasten mit ihnen. (3) Darauf werden sie von uns dorthin gebracht, wo es Wasser gibt, und werden auf dieselbe Art wiedergeboren, wie wir selbst wiedergeboren wurden; [denn auch] sie empfangen dann die Waschung mit Wasser (τὸ ἐν ὕδατι ... λουτρόν) im Namen Gottes, des Vaters und Herrn aller Dinge, und unseres Heilands Jesus Christus und des Heiligen Geistes [vgl. Mt. 28,19].

Folgt nach einigen Bibelzitaten [Joh. 3,5; Jes. 1,16-20] eine Deutung des Taufritus, auch »Erleuchtung« (φωτισμός) genannt, im Anschluss an die apostolische Lehre, wobei besonders auf das Moment der eigenen, bewussten Entscheidung der Täuflinge und ihrer Reue über die früher begangenen Sünden abgehoben wird (61,4-13). Im nächsten Kapitel (62) führt Justin aus, dass in heidnischen Riten von den Dämonen »angestiftete« Nachäffungen der christlichen Taufe begegnen, schweift sodann (Kap 63.64) zu einem Exkurs über die Gotteserscheinungen vor Mose und weiteren Bemerkungen zum Thema der dämonischen Nachäffungen ab, um schließlich (Kap. 65) wieder zu seinem eigentlichen Gegenstand zurückzulenken:

(65,1) Nachdem so das [Tauf-]Bad vonstatten gegangen ist, führen wir den, der sich [von dem, was ihn gelehrt wurde] hat überzeugen lassen und ihm beipflichtete, jenen zu, die [bei uns] »Brüder« heißen, dorthin, wo sie sich versammelt haben, um gemeinschaftlich für sich selbst, für den, der erleuchtet [= getauft] wurde, und für alle Menschen allenthalben inbrünstig zu beten ... (2) Nach Beendigung dieses Gebets grüßen wir einander mit dem [Friedens-]Kuss [vgl. 1. Kor. 16,20]. (3) Darauf wird dem Vorsteher (προεστώς) der Brüder Brot sowie ein Becher mit Wasser und [ein weiterer mit?] einer Mischung aus Wasser und Wein (ποτήριον ὕδατος καὶ κράματος)[8] gereicht. Er nimmt es und sendet zum Hl. Vater Lob und Preis empor durch den Namen des Sohnes und des Heiligen Geistes und spricht eine lange Danksagung dafür, dass wir dieser Gaben gewürdigt wurden. Hat er die Gebete und die Danksagung beendet, so stimmt das ganze anwesende Volk mit »Amen« ein. (4) ... (5) Nach der Danksagung des Vorstehers und der Zustimmung des Volkes teilen die, die bei uns »Diakone« heißen, jedem Anwesenden von dem Brot, dem Wein und dem Wasser, wofür Dank gesagt wurde [oder: von dem konsekrierten Brot, Wein und Wasser] (ἀπὸ τοῦ εὐχαριστηθέντος ἄρτου καὶ οἴνου καὶ ὕδατος), mit und bringen davon auch den Abwesenden (ἀποφέρουσι)[9].

(66,1) Diese Speise wird bei uns »Eucharistie« genannt. Daran darf nur teilnehmen, wer unsere Lehren für wahr hält und das Bad zur Vergebung der Sünden und zur Wiedergeburt empfangen hat und nach den Weisungen Christi lebt. (2) Denn nicht wie gewöhnliches Brot und gewöhnlichen Trank nehmen wir diese (Gaben), sondern wie Jesus Christus unser Heiland, durch Gottes Wort [den Logos Gottes (διὰ λόγου θεοῦ) Fleisch geworden, um unseres Heiles willen sowohl Fleisch wie Blut besaß, so ist unserer Lehre zufolge auch jene Speise, für die mit einem auf ihn selbst zurückgehenden Gebetswort Dank gesagt [oder: die durch ein auf ihn selbst zurückgehendes Gebetswort geweiht][10] wurde und mit der sich unser Blut wie unser Fleisch entsprechend der Wandlung nähren, Fleisch und Blut des fleischgewordenen Jesus (οὕτως καὶ τὴν δι᾽ εὐχῆς λόγου τοῦ παρ᾽ αὐτοῦ εὐχαριστηθεῖσαν τροφήν, ἐξ ἧς αἷμα καὶ σάρκες κατὰ μεταβολὴν τρέφονται ἡμῶν, ἐκείνου τοῦ σαρκοποιηθέντος Ἰησοῦ καὶ σάρκα καὶ αἷμα ἐδιδάχθημεν εἶναι).

(67,3) An dem Tage, den man Sonntag nennt (τῇ τοῦ ἡλίου λεγομένη ἡμέρα), findet eine Zusammenkunft (συνέλευσις) aller, in Stadt und Land, statt, und es werden dabei die Denkwürdigkeiten (ἀπομνημονεύματα[11]) der Apostel oder die Prophetenschriften verlesen, solange es angeht (μέχρις ἐγχωρεῖ). (4) Hat der Vorleser geendet, so hält der Vorsteher eine Ansprache, worin er vermahnt und aufruft, diesem Guten nachzueifern. (5) Darauf erheben wir uns alle gemeinsam und senden Gebete empor. Nach dem Gebet aber wird, wie oben [sc. 65,3-5] bereits beschrieben, Brot, Wein und Wasser herbeigebracht, der Vorsteher spricht in gleicher Weise Gebete und Danksagungen nach seinem Vermögen und das Volk stimmt mit »Amen« ein. Darauf wird ausgeteilt und kommuniziert (καὶ ἡ διάδοσις καὶ ἡ μετάληψις ... γίνεται), wobei jeder seinen Teil von dem, wofür Dank gesagt wurde [oder: von dem Geweihten] (ἀπὸ τῶν εὐχαριστηθέντων), empfängt; den Abwesenden aber wird es durch die Diakone gebracht. (6) Wer wohlhabend ist, gibt freiwillig, nach eigenem Ermessen, das Seine. Und was dabei zusammenkommt, wird bei dem Vorsteher hinterlegt, der damit Witwen und Waisen versorgt und solche, die krankheitshalber oder aus anderen Gründen bedürftig sind, ferner die Gefangenen und in der Gemeinde anwesenden Fremdlinge, kurz, er ist allen Notleidenden ein Fürsorger. (7) Am Sonntag halten wir deshalb alle gemeinsam die [gottesdienstliche] Versammlung, weil dies der erste Tag ist, an dem Gott die Finsternis und die Materie umwandelte (τὸ σκότος καὶ τὴν ὕλην τρέψας)[12] und so die Welt erschuf; auch ist unser Heiland Jesus Christus am gleichen Tage von den Toten auferstanden ...

Quelle: E.J. Goodspeed a.o.(Nr. 9)a. O.; M. Marcovich, Iustini Martyris Apologiae pro Christianis (PTS 38), 1994 – *Literatur:* C. Andresen, Justin und der mittlere Platonismus, ZNW 44, 1952/1953, 157-195; ders., Logos und Nomos, AKG 50, 1955, 239-307; ders., Die Kirchen der alten Christenheit (= Die Religionen der Menschheit, Bd. 29, 1/2), 1971, 75-79 (zu Apol. I, 65-67, m. weit. Lit.); R. Holte, Logos Spermatikos, StTh 12, 1958, 109-168; J.H. Waszink, Bemerkungen zu Justins Lehre vom Logos Spermatikos, JAC Erg. Bd. I, 1964, 380-390; P. Prigent, Justin et l'AT, Paris 1964; N. Hyldahl, Philosophie und Christentum, Kopenhagen 1966; L.W. Barnard, Justin Martyr, London 1967; O. Skarsaune, The Proof from Prophecy. A Study in Justin Martyr's Proof-Text Tradition, NT.S 25, 1970; J.C.M. van Winden, An early Christian philosopher, Leiden 1971; E.F. Osborn, Justin Martyr, BHTh 47,1973; H.H. Holfelder, Εὐσέβεια und φιλοσοφία. Literarische Einheit und politischer Kontext von Justins Apologie, ZNW 68, 1977, 48-66, 231-251; P. Lampe (wie o. Nr. 5), 219-245. 353-361 (257-284. 417-425); W. Kinzig, Der »Sitz im Leben« der Apologien in der alten Kirche, ZKG 100, 1989, 291-317; E. Robillard, Justin. L'itinéraire philosophique, Montréal-Paris 1989; A.J. Droge, Homer or Moses? Early Christian Interpretations of the History of Culture (HUT 26), 1989, bes. 49-81; T. Rajak, Talking at Trypho, in: M. Edwards u.a. (Hgg.), Christian Apologetics in the Roman Empire, Oxford 1999, 59-80; M. Fiedrowicz, Apologie im frühen Christentum. Die Kontroverse um den christlichen Wahrheitsanspruch in den ersten Jahrhunderten, 2000 (s. Register s.v. Justin); ders., Christen und Heiden. Quellentexte zu ihrer Auseinandersetzung in der Antike, 2004 (s. Register s.v. Justin); S. Hausammann (wie o. Nr. 7), 175-189; C. Markschies (wie o. Nr. 18), 88-91. 166-170.

[1] Vgl. den Beinamen des Antoninus, »Pius«, sowie zum Anspruch einer aufgeklärten, modernen Regierungsweise, wie ihn gerade diese »Philosophenkaiser« erhoben, bereits Trajans Diktum (oben Nr. 10): nec nostri saeculi est!

[2] Vgl. dagegen das typisch »römische« Insistieren des Fronto-Caecilius auf der maiorum disciplina.

[3] Vgl. dazu oben Nr. 10 die Anfrage des Plinius, ob das nomen ipsum der Christen zur Verurteilung ausreiche.

[4] Über diesen berühmtesten aller antiken Asebieprozesse sind wir durch Platon (Euthyphron, Apologie, Kriton, Phaidon) und Xenophon (Memorabilien, Apologie) genauestens unterrichtet. Zur wirkungsgeschichtlichen Bedeutung s. auch E. Benz, Der gekreuzigte Gerechte bei Plato, im Neuen Testament und in der alten Kirche, AAMZ 1950, 12.

[5] Vgl. zur Logoslehre Justins auch etwa Apol. I,13: »So sind wir nicht gottlos (ἄθεοι), da wir ja verehren den Schöpfer (δημιουργός) dieser ganzen Welt ... Der uns darüber belehrt hat und eben zu diesem Zweck gezeugt ward [oder: geworden ist], ist Jesus Christus, ... von dem wir gelernt haben, dass er der Sohn des wahrhaftigen Gottes sei, und dem wir den zweiten Rang zuerkennen (ἐν δευτέρᾳ χώρᾳ ἔχοντες) ...«

[6] ἄπ.. (von ἀφοράω) = lat. conspicuus. Sollte hier im Sinne des stoischen Postulats einer ἄπτωτος ἐπιστήμη (eines »unfehlbaren Wissens«) zu konjizieren sein, zumal auch die Variante ἄπωπτος überliefert ist? Dafür entscheidet sich auch der Herausgeber der neuesten kritischen Ausgabe, M. Marcovich.

[7] Vgl. dazu aus der »ersten« Apologie auch etwa Kap. 46 (Sokrates und Christus) und 59f. (Altersbeweis für das Christentum, mit der bemerkenswerten Pointe: »Nicht wir sind es, die dasselbe wie die anderen [sc. die heidnischen Philosophen] lehren; vielmehr sind sie es, die sämtlich mit ihren Lehren die unsern nachahmen. Nun aber kann man das bei uns selbst von solchen hören und erfahren, die nicht einmal das Alphabet kennen, ungebildeten Leuten von barbarischer Sprache, die doch weise und glaubwürdig sind, was wirkliche Klugheit anlangt, sowie von Lahmen und Blinden; daraus ist zu ersehen, dass, was wir behaupten, nicht aus Menschenweisheit, sondern aus Gottes Kraft stammt« [60,10f.; vgl. 1. Kor. 1,18ff]). Im Hintergrund steht wohl auch hier der Vorwurf der »Neuheit« des Christentums; er ist jedoch schwerlich der eigentliche Antrieb zur Ausbildung von Justins Lehre vom Logos spermatikos gewesen.

[8] Vgl. dazu 65,5, wonach Justin in der Tat »einen zweiten Kelch reinen Wassers neben dem Mischkelch der Eucharistie« (C. Andresen, Die Kirchen der alten Christenheit, 76, Anm. 129) zu kennen scheint.

[9] Bei dem, was man aus dem Gottesdienst Zuhausegebliebenen (etwa Kranken) mitbrachte, handelt sich um die sog. Apophoreta (»Geschenke«), die hier zum ersten Mal bezeugt sind.

[10] Vgl. auch 66,2; 67,5 und jetzt dazu vor allem C. Markschies (wie o. Nr. 18), 168f. samt der dort knapp zusammengefassten modernen wissenschaftlichen Diskussion. Die Grund- und Ausgangsbedeutung von εὐχαριστέω ist natürlich »danken, danksagen«. Es kann jedoch sehr wohl sein, dass an den genannten Justin-Stellen bereits die davon abgeleitete Bedeutung »die Danksagung über die dargebrachten Gaben vorbringen, das eucharistische Gebet sprechen, [daher] zelebrieren oder konsekrieren« vorausgesetzt ist, wie sie sehr bald vorherrschen sollte (s. die Nachweise in G.W.H. Lampe, A Patristic Greek Lexicon, Oxford 1961, s.v. εὐχαριστέω).

[11] Was wir uns darunter genauer vorzustellen haben, sagt Justin in Dial.c.Tr. 103, 8 (PTS 47, 249), wo der Begriff »Erinnerungen« (ἀπομνημονεύματα) näherbestimmt wird mit »[Schriften], die von seinen [Christi] Jüngern und von deren Nachfolgern verfasst wurden (ἅ φημι ὑπὸ τῶν ἀποστόλων αὐτοῦ καὶ τῶν ἐκείνοις παρακολουθησάντων συντετάχθαι)«; es sind »zumindest zwei Apostel- und mindestens zwei Schülerevangelien« (G. Theissen, Die Entstehung des Neuen Testaments als literaturgeschichtliches Problem, 2007, 289).

[12] Also: keine »Schöpfung aus dem Nichts« (creatio ex nihilo)!

22. Das Martyrium Polykarps und die Anfänge des christlichen Märtyrerkults (Polykarpmartyrium 17f.)

Über die frühchristlichen Martyrien[1], die sich gerade unter dem Philosophenkaiser Mark Aurel (161-180), einem der Adressaten von Justins Apologie, gehäuft zu haben scheinen[2], sind wir einerseits durch »Akten«, d.h. nüchterne Berichte in Form von Verhörprotokollen (vgl. unten Nr. 24), andererseits durch »Passionen« oder »Martyrien«, zu erbaulichen Zwecken verfasste, erzählende Berichte über den Leidensweg der »Bekenner« und »Blutzeugen«, unterrichtet. – Das berühmteste Beispiel eines solchen »Martyriums« ist das des kleinasiatischen Bischofs Polykarp von Smyrna, wohl einer der wichtigsten kirchlichen Persönlichkeiten des 2. Jahrhunderts (geb. vor 100). Freilich ist gerade dieses Dokument vor einiger Zeit Gegenstand lebhafter Kontroversen gewesen, sowohl was das Todesdatum Polykarps (22. bzw. 23. Febr. 156/157, 163/168 oder 177?), als auch was die Integrität des Berichtes anlangt, den die smyrnäische Gemeinde unmittelbar danach abfasste und wohl an mehrere Gemeinden versandte (erhalten ist das Schreiben nach Philomelium). Nicht zuletzt richtete sich der Verdacht auf spätere Bearbeitungen und Interpolationen gegen das hier wegen ihres besonderen frömmigkeits- und kultgeschichtlichen Interesses mitgeteilten Kapitel. Doch tendiert die neuere Forschung dazu, dem überlieferten Text wieder mehr Vertrauen entgegenzubringen.

Zusammenfassung der voraufgehenden Kapitel: Inmitten der Arena seiner Bischofsstadt dem römischen Prokonsul zum Verhör vorgeführt, wird der 86jährige Polykarp auf seine Weigerung hin, »Christus zu lästern« und bei der Tyche des Kaisers zu schwören, zum Feuertod verurteilt. Als ihm die Flammen nichts anhaben, fordert man den Konfektor, der im Amphitheater verwundeten Gladiatoren und Tieren den Todesstoß zu geben hatte, auf, seines Amtes zu walten:

(17,1) Als der Neider, der Missgünstige, der Böse, der Widersacher des Geschlechts der Gerechten, die Größe seines [Polykarps] Zeugentodes (μαρτυρία) und seinen von jeher untadeligen Lebenswandel sah: wie er gekrönt ward mit dem Kranz der Unvergänglichkeit und einen Siegeskranz davongetragen hatte, den ihm niemand mehr streitig machen kann, da suchte er [wenigstens] zu verhindern, dass wir seine [leiblichen] Überreste an uns nähmen, wonach doch viele verlangt hatte, um an seinem heiligen Leibe Anteil zu erhalten [indem sie ein Stück von ihm als Reliquie davontrügen]. (2) Also flüsterte er Niketes, dem Vater des [Friedensrichters] Herodes [vgl. 6,2; 8,2] ..., zu, er möge den Prokonsul ersuchen, ja nicht den Leichnam freizugeben, »damit sie [die Christen] nicht«, so die Begründung, »womöglich vom Gekreuzigten ablassen und anfangen, diesen [Polykarp] anzubeten«. Auch das ging auf Veranlassung und Drängen der Juden [vgl. 12,2 f.; 13,1][3] zurück, die [uns bereits] aufgelauert hatten, als wir Polykarp aus dem Feuer holen wollten und [natürlich] nicht wussten, dass wir weder jemals von Christus, der für das Heil aller, die in aller Welt selig werden, als Unschuldiger für Sünder, gelitten hat, lassen, noch einen anderen anbeten können. (3) Ihn [allein], der der Sohn Gottes ist, beten wir an, die Märtyrer hingegen lieben wir als Jünger und Nachahmer des Herrn, wie sie es verdienen (τοῦτον μὲν γὰρ υἱὸν ὄντα τοῦ θεοῦ προσκυνοῦμεν, τοὺς δὲ μάρτυρας ὡς μαθητὰς καὶ μιμητὰς τοῦ κυρίου ἀγαπῶμεν ἀξίως) um ihrer unübertrefflichen Zuneigung zu ihrem König und Meister willen; deren Genossen und Mitjünger möchten auch wir werden.
(18,1) Als der [das Hinrichtungskommando befehligende] Hauptmann die Streitsucht der Juden bemerkte, ließ er ihn [den Leichnam] in die Mitte des Scheiterhaufens rücken und nach ihrer Gewohnheit verbrennen. (2) Auf diese Weise konnten wir später seine Gebeine (ὀστᾶ), die kostbarer sind als Edelsteine und wertvoller als Gold, sammeln und an passender Stätte beisetzen. (3) Dort wird uns der Herr vergönnen, wenn möglich, uns in Jubel und Freude zu versammeln, um den Tag seines Martyriums als Geburtstag festlich zu begehen, zum Gedächtnis derer, die ausgekämpft haben, und zur Übung und Zurüstung der künftigen [Märtyrer].

Quellen: R. Knopf/G. Krüger/G. Ruhbach, Ausgewählte Märtyrerakten, SQS 3, 1965[4]; B. Dehandschutter, Martyrium Polycarpi, Leuven 1979, (Text) 122-127; Guyot-Klein (wie o. Nr. 5), 70-90. – *Literatur:* H. von Campenhausen, Bearbeitungen und Interpolationen des Polykarpmartyriums, SHAW 1957 (wieder abgedr. in: ders., Aus der Frühzeit des Christentums, 1963, 253-301); L.W. Barnard, In defence of Pseudo-Pionius' account of Saint Polycarp's martyrdom, Kyriakon (FS f. J. Quasten), I, 1970, 192-204; W. Rordorf in: H. Canzik u.a., Aspekte frühchristlicher Heiligenverehrung, 1977 (= Oikonomia 6); B. Dehandschutter (s.o.); Th. Baumeister, Die Anfänge der Theologie des Martyriums (MBTh 45), 1980; D. Wendebourg, Das Martyrium in der Alten Kirche als ethisches Problem, ZKG 98, 1987, 295-320; Guyot-Klein (wie o.), 339-351.487f.; G. Buschmann, Martyrium Polycarpi – Eine formkritische Studie. Ein Beitrag zur Frage nach der Entstehung der Gattung Märtyrerakte (BZNW 70), 1994; ders., Das Martyrium des Polykarp (KAV 6), 1998; S. Hausammann (wie o. Nr. 7), Bd. 2, 2001, 19f. 24-26. 38-41.

---

[1]   Von μάρτυς (›Zeuge‹).
[2]   Zu Belegen und vermutlichen Ursachen s. A. Wlosok a.o.(Nr. 5)a.O., 48ff.; Guyot-Klein (wie o. Nr. 5), 46-48. 326-328.487).
[3]   Vgl. damit Tertullians Rede von den »Synagogen der Juden« als den »Ausgangspunkten der

Verfolgungen« (fontes persecutionum [Scorpiace 10,10]). Man würde es kaum verstehen, wenn an diesem Vorwurf gar nichts dran gewesen sein sollte, aber ebenso entschieden wird man es ablehnen, die Rolle von Juden bei den Christenverfolgungen zu übertreiben. Das gibt gerade auch die christliche Märtyrerliteratur gar nicht her!

23. Aus der Polemik des Kelsos wider das Christentum

Gegen Ende der Regierungszeit Mark Aurels (wohl zwischen 177-180) – annähernd 25 Jahre nach Justins apologetischer Schriftstellerei und womöglich als Reaktion auf diese[1] – veröffentlichte der Mittelplatoniker Kelsos eine heftige Attacke gegen das Christentum unter dem Titel: »Wahre Lehre« (Ἀληθὴς λόγος)[2]. Sie ist uns ausschließlich bekannt aus der 70 Jahre später verfassten, vollständig erhaltenen Gegenschrift des Origenes, deren zahl- und umfangreiche, wenn auch nicht immer mit völliger Sicherheit ausgrenzbare Zitate eine teilweise Rekonstruktion erlauben. Sie erweisen Kelsos als einen umfassend gebildeten, dazu schriftstellerisch gewandten Platoniker, der sich auch seine Aufgabe als Bestreiter des (Juden-) und Christentums keineswegs leicht gemacht hat. Vielmehr muss er eine Reihe von alt- und neutestamenlichen Texten aufmerksam gelesen und sich zudem über die Entwicklung der christlichen Gemeinden in nachapostolischer Zeit recht gut informiert haben. Auch zeigt er sich mit der zeitgenössischen jüdischen Polemik gegen das Christentum vertraut, der er z.B. die berüchtigte Pantherafabel[3] sowie die Nachricht verdankt, dass der Knabe Jesus bei der Flucht seiner Eltern nach Ägypten dortselbst Unterricht in der Magie genommen habe (1,28.32). – Die folgende Auswahl muss sich jedoch auf die Dokumentation der Hauptlinien seiner Kritik, ihrer religionsphilosophischen Basis und ihrer Tendenz beschränken.

a) Hauptpunkte der Kritik (Origenes, Wider Kelsos 1,1-21)

(1) [Erster Hauptpunkt: die Abgeschlossenheit und Heimlichkeit des Christentums. Ihr Grund: die Furcht vor drohender Todesgefahr. So hat auch] die sog. Liebe (ἀγάπη), die Christen zu einander hegen, von der gemeinsamen Bedrohung her ihren Bestand und vermag mehr als Eidesschwüre. [Immer wieder führt Kelsos] das gemeinsame Gesetz (κοινὸς νόμος) [im Munde], gegen das die Verbindungen [der Christen] verstoßen.

(2) [Zweiter Punkt:] Die Lehre (δόγμα) der Christen ist [in ihrer Substanz jüdischen, also] barbarischen Ursprungs. [Nun sind zwar] die Barbaren durchaus imstande, Lehren aufzustellen (εὑρεῖν δόγματα); allein darin, solche von den Barbaren gefundenen Lehren zu beurteilen, zu begründen und für die Übung der Tugend in die Praxis umzusetzen, sind die Griechen [allemal] überlegen.

(4) [Als wahrheitsliebender Mensch mithin darauf angewiesen, selbst herauszufinden, was es mit ihrer Lehre, für die sie einen Offenbarungsanspruch erheben, eigentlich auf sich habe, stellt man mit Blick auf] ihre Ethik (τὸν ἠθικὸν τόπον) [fest], dass sie [durch und durch] banal ist und im Vergleich mit den übrigen Philosophien nichts aufzuweisen hat, was zu beeindrucken vermöchte und neu wäre.

(5) [Das Gleiche gilt von ihrer Kritik am Götzendienst, die durch Heraklit oder auch durch die Perser, wie Herodot bezeugt, längst vorweggenommen wurde].

(6) [Ferner erhebt Kelsos den Vorwurf:] Christen verdanken die [wundertätige] Kraft, die sie zu haben scheinen, der Anrufung und Beschwörung der Dämonen [was für ihn den barbarischen und zugleich proletarischen Charakter des Christentums unterstreicht]. [Schon Jesus hat seine scheinbaren Wundertaten durch Magie zu vollbringen vermocht; und weil er vorausgesehen, dass auch andere sich dieselben Kenntnisse aneignen und dann

gleiche Dinge vollbringen und sich dabei rühmen könnten, sie durch die Kraft Gottes vollbracht zu haben, darum hat er sie aus seiner Gesellschaft verbannt (ἀπελαύνει τῆς ἑαυτοῦ πολιτείας)[4] ...

(7) [Entscheidend ist für ihn jedoch der Vorwurf, dass die Christen ihre Lehre geheimhalten (κρύφιον τὸ δόγμα), auf den er deshalb auch immer wieder zurückkommt.]

(8) [Dem allen hält Kelsos entgegen:] Ich bin nicht der Ansicht, dass, wer einer guten Lehre anhängt, von ihr abfallen oder vorgeben darf, von ihr abgefallen zu sein, ... falls er um ihretwillen bei den Menschen Gefahr läuft [zumal dann, wenn er, was in der Schule Platons zu lernen ist, weiß, dass] es in dem Menschen etwas Höheres als das Irdische gibt, welches mit Gott verwandt ist ...

(9) [Daraus leitet Kelsos den Ratschlag an die Christen ab, sie sollten] der Vernunft (λόγος) und einem vernünftigen Führer bei der Annahme von Lehren folgen; denn wer es an dieser Vorsicht fehlen lässt und [einfach] dem zustimmt, was die Leute sagen, wird mit Sicherheit der Täuschung anheimfallen [wofür die Erfolge der ordinären Mysterienreligionen wie der der Magna Mater, des Mithras u.a. m. eindrucksvolle Belege liefern]. Wie bei diesen oft genug schlechte Menschen die Ahnungslosigkeit der Leichtgläubigen ausbeuten, so geht es auch bei den Christen zu. Einige unter ihnen haben nicht einmal die *Absicht*, über das, was sie glauben, Rechenschaft zu geben oder zu verlangen, sondern folgen dem Grundsatz:»Frage nicht, sondern glaube«, und: »Dein Glaube wird dich seligmachen« ...

(12) Wenn sie [die Christen] willens sind, auf meine Fragen zu antworten – [Fragen], die ich nicht als jemand stelle, der sich herauszufinden bemüht, was sie glauben (denn ich weiß [bereits] alles), sondern als einer, der gleichermaßen um alle [oder: alles] besorgt ist (ὡς ἐξ ἴσου πάντων κηδομένῳ), so könnte alles gut ausgehen. Sollten sie aber nicht dazu bereit sein, sondern sich auf ihre übliche Phrase herausreden: »Forsche nicht weiter nach ... «, so wird es sich nicht vermeiden lassen, sie über die Art dessen, was sie behaupten, und die Quelle, aus der es ihnen zugeflossen ist, zu belehren.

(14) [Die wahre Lehre ist die alte Lehre. Von ihr gilt:] Es gibt eine alte Lehre (ἀρχαῖος ... λόγος), die von Anbeginn an bestanden hat und stets von den weisesten Völkern und Städten und von den weisen Männern festgehalten wurde.

(21) Diese Lehre hat [auch] Mose bei weisen Völkern und berühmten Männern vorgefunden und sich angeeignet ... [sie ist allerdings nachträglich entstellt worden. Erst recht gilt dies vom Christentum; ist dieses doch eine Perversion des Judentums, also die Perversion einer Perversion!]

b) Die religionsphilosophische Basis der Kritik (ebenda 7,36.42.45.68; 8,63.67)

(7,36) ... Wenn ihr die Augen für die sinnliche Wahrnehmung schließt und im Geist aufblickt, euch vom Fleisch abkehrt und die Augen der Seele erweckt, dann allein werdet ihr Gott schauen (ἐὰν αἰσθήσει μύσαντες ἀναβλέψητε νῷ καὶ σαρκὸς ἀποστραφέντες ψυχῆς ὀφθαλμοὺς ἐγείρητε, μόνως οὕτως τὸν θεὸν ὄψεσθε) ...

(7,42) [Der »effektivste« Lehrer der Theologie ist nach Meinung des Kelsos Platon, aus dessen »Timaios« er folgendes berühmte Zitat bringt:] »Den Schöpfer und Vater dieses Alls zu finden, ist mühevoll; ihn, nachdem man ihn gefunden, allen kundzumachen, unmöglich« (τὸν μὲν οὖν ποιητὴν καὶ πατέρα τοῦδε τοῦ παντὸς εὑρεῖν τε ἔργον καὶ εὑρόντα εἰς πάντας ἀδύνατον λέγειν)[5]. [Danach fährt er fort:] Ihr seht, wie von Sehern [und Philosophen] der Weg der Wahrheit gesucht wird und wie Platon sich dessen bewusst war, dass es »unmöglich« sei für alle Menschen, ihn zu gehen. Nachdem er aber von weisen Männern gefunden ward, damit wir den

Unnennbaren und Ersten irgendwie gedanklich zu erfassen vermöchten ..., sei es, indem wir ihn mit den übrigen Seienden zusammenhalten, sei es, indem wir ihn von ihnen trennen, oder sei es auf dem Wege der Analogie[6], will [auch] ich, was sonst unsagbar wäre, lehren ...

(7,45) Es gibt Sein und es gibt Werden, Intelligibles und Sichtbares. Mit dem Sein ist Wahrheit, mit dem Werden Irrtum verbunden. Mit Wahrheit hat es Wissenschaft, mit dem Gegenteil [bloßes] Meinen zu tun. Dem Intelligiblen [nur geistig Erfassbaren] ist die Denkkraft, dem Sichtbaren die Sehkraft zugeordnet. Das Intelligible wird vom Geist, das Sichtbare vom Auge erkannt. Was nun bei den sichtbaren Dingen die Sonne ist, die weder Auge ist noch Sehkraft, wohl aber Grund für das Auge, dass es sieht, Grund auch dafür, dass es dank ihr Sehen gibt, Grund für alle sichtbaren Gegenstände, dass sie sichtbar sind, für alle wahrnehmbaren Dinge Grund ihres Entstehens, und schließlich Grund ihrer eigenen Sichtbarkeit, [eben] das ist für die intelligiblen Dinge jener [unnennbare Höchste, Gott]. Er ist weder [identisch mit] Denken noch [mit] Denkkraft oder Erkenntnis. Wohl aber ist er Grund für den Geist, dass er denkt, Grund dafür, dass es dank ihm überhaupt Denken gibt, Grund auch dafür, dass dank ihm Erkenntnis zu erkennen vermag, und schließlich Grund für alle Gegenstände des Denkens [= die Ideen], für die Wahrheit selbst und das Sein selbst, dass sie [überhaupt] sind, er, der sich jenseits von allem [im Reich des Absoluten] befindet, aber denkbar ist dank einer [direkter] Mitteilbarkeit entzogenen Befähigung ...[7]

(7,68) [Neben dem obersten Gott der platonischen Theologie kennt und anerkennt Kelsos allerdings ein System vielfältig abgestufter Vermittlung zwischen »oben« und »unten«, Untergötter, denen, weil sie ihre Gewalt von »Gott« erhalten haben, dienen muss, wer *ihn* verehren will].

(8,63) [Als eine Art Untergott fasst Kelsos außer den »Dämonen« auch den römischen Kaiser auf und gibt damit dem wesenhaften Polytheismus des griechisch-philosophischen Gottesgeankens eine politische Interpretation:] Wenn die Sache so steht, was ist dann Schlimmes dabei, sich die irdischen Mächte geneigt zu machen, die andern [sc. die »Dämonen«] sowohl als auch die über Menschen herrschenden Fürsten und Könige, da nicht einmal diese ohne eine gewisse dämonische Kraft ihre Würde erhalten haben?

(8,67) Selbst wenn man dir befiehlt, unter den Menschen beim Kaiser einen Eid zu leisten, ist auch das nichts Schreckliches. Ist diesem doch die Herrschaft auf Erden verliehen, und was du in diesem Leben empfängst, empfängst du von ihm.

c) Die Tendenz der Kritik (ebenda 8,68f.73.75)

(8,68) ... wenn du diesen Grundsatz (δόγμα) [sc. dass Herrscher auf Erden nur ist, wem es der Gott gegeben[8]] aufhebst, so wird dich mit Recht die Strafe des Kaisers ereilen. Denn handelten alle so wie du [und verweigerten der gottgewollten Macht des Herrschers die Huldigung], so würde nichts es verhindern, dass er [von allen] im Stich gelassen ... und das Erdreich den gesetzlosesten und wildesten Barbaren überantwortet würde, aber auch von deiner Gottesverehrung so gut wie von der wahren Weisheit [alsbald] nichts mehr zu hören wäre[9].

(69) Du wirst sicherlich nicht behaupten wollen, dass, wenn sich die Römer von dir überzeugen ließen, ihren herkömmlichen Verpflichtungen gegenüber Göttern und Menschen entsagten und [stattdessen] deinen ›Höchsten‹, oder welchen Namen du immer bevorzugst, anriefen, er dann herabstiege und für sie stritte, so dass sie keiner anderen Hilfe mehr bedürften. Schon früher hat derselbe Gott denen, die sich an ihn hielten, diese Versprechungen, ja noch größere als diese gemacht, wie ihr behauptet.

Doch ihr seht [selbst], wie groß seine Hilfe für jene [sc. die Juden] wie für euch gewesen ist: Statt Herrn der ganzen Erde zu sein, ist jenen nicht eine Scholle Landes, ja nicht einmal ein Herdfeuer verblieben, während sich von euch zwar immer noch der eine oder andere versteckt hält und flüchtig ist, aber [sicher bald ebenfalls] aufgespürt und der Todesstrafe zugeführt wird.

(73) [Kelsos schließt mit der Mahnung, die Christen] sollten dem Kaiser mit aller Macht helfen, mit ihm zusammenarbeiten bei der Durchsetzung des Rechts, für ihn streiten und, wenn er dazu drängt [oder: wenn die Not es erheischt], mit ihm ins Feld ziehen und seine Truppen anführen.

(75) [Er ermahnt weiter dazu, sie] sollten öffentliche Ämter im Vaterland übernehmen, wenn die Wahrung der Gesetze und die Erhaltung der Gottesfurcht (εὐσέβεια) auch dieses zu tun gebiete.

Quelle: P. Koetschau, Origenes Werke, Bd.1.2, GCS 2.3,1899; vgl. auch R. Bader, Der Ἀληθὴς Λόγος des Kelsos, TBAW 33, 1940. – *Literatur:* A. Wifstrand, Die wahre Lehre des Kelsos, Bull. de la soc. roy. des lettres de Lund, 1941/1942, 391ff. (vgl. Svensk teol. kvartalskr. 18, 1942, 1ff.); H. Chadwick, Origen. Contra Celsum (Übers., Einl., Anm.), Cambridge (1953) [2]1965; C. Andresen a.o.(Nr. 21)a.O.; H. Doerrie, Die platonische Theologie des Kelsos in ihrer Auseinandersetzung mit der christlichen Theologie, NAG 1967,2; K. Pichler, Streit um das Christentum, 1980; E.V. Gallagher, Divine man or magician? Celsus and Origen on Jesus, Chicago 1982; R. L. Wilken, a.o.(Nr. 10)a.O., Kap. V; M. Fiedrowicz (wie o. Nr. 21), 50-52. 343-345; H.E. Lona, Die 'Wahre Lehre' des Kelsos, übersetzt u. erklärt (Kommentar zu frühchristl. Apologeten, Erg.-Bd. 1), 2005 (510 S.!).

[1]   Vgl. dazu die o.(Nr. 21)a., auch nach Meinung von Lona (s.o.) grundlegende Monographie von C. Andresen mit den Rezensionen von J. H. Waszink, VigChr 12, 1958, 166ff.; H. Doerrie, Gn 29, 1957, 185ff.

[2]   Vgl. dazu bes. A. Wifstrand (wie o.), 396.

[3]   Die noch von gewissen antichristlichen Pamphletisten der Gegenwart kolportierte Behauptung, »die Mutter Jesu sei von dem Zimmermann, dem sie verlobt, verstoßen worden, weil sie des Ehebruchs überführt worden sei und ein Kind gehabt habe von einem [römischen] Soldaten na-mens Panthera« (Kelsos bei Origenes, Wider Kelsos 1,32); vgl. dazu den Kommentar von H.E. Lona (wie o.), 100-102.

[4]   Nach Bader eine Anspielung auf Platons Verbannung Homers und der »viel lügenden« Dichter aus seinem »Staat«.

[5]   Platon, Timaios 28c – »wahrscheinlich das abgedroschenste Platonzitat in hellenistischer Zeit« (H. Chadwick z. St.).

[6]   Es sind dies die später sog. drei Wege der Gotteserkenntnis – via eminentiae (Synthesis) – via negationis (Analysis) – via analogiae (Entsprechung, Proportionalität). Dieser letztere »Weg«, der beschritten wird, »indem man die im Diesseits sichtbare Stufung bis ins Jenseits verlängert«, so dass »Gott sichtbar« wird »als die Sonne im Reich der Ideen, analog zur irdischen Sonne«, ist der »eigentlich platonische Weg zur Gotteserkenntnis« (H. Doerrie a.a.O., 37; vgl. auch die wenigen Bemerkungen bei H.E. Lona [wie o.], 411f.).

[7]   Vgl. hierzu vor allem die drei Gleichnisse aus Platons »Staat«, in denen die theoretische Basis seiner Ideenlehre in dichterische Anschaulichkeit übersetzt ist: das »Sonnengleichnis« (Pol. VI, 508a-509d), das »Liniengleichnis« (ebd. 509d-511e) und das »Höhlengleichnis« (VII, 514a-517a), und dazu H.E. Lona (wie o.), 412-417.

[8]   Vgl. Homer, Il., II, 205 – »ein Standardzitat in diesem Zusammenhang« (H. Chadwick z. St.).

[9]   Vgl. dazu Tertullian, Apol. 21,24 (unten Nr. 30c). Auch nach ihm kann man nur entweder Kaiser oder Christ sein!

24. Das Martyrium der Scilitaner

Das älteste, datierbare lateinische Schriftstück christlichen Inhalts ist eine Märtyrerakte! Sie berichtet in Form eines Verhörprotokolls[1] über den Prozess gegen Christen aus Scili, einem sonst kaum bekannten Ort in Numidien:

(1) Am 17. Juli des Jahres [180], in dem Praesens zum 2. Mal und Claudianus [richtig müsste es heißen: Condianus] Konsuln waren, wurden im [nichtöffentlichen] Verhandlungszimmer (secretarium) zu Karthago vorgeführt Speratus, Nartzalus und die übrigen. Der Prokonsul Saturninus erklärte:»Ihr könntet die Nachsicht unseres Herrn, des Kaisers, gewinnen (indulgentiam ... promereri), wenn ihr euch wieder eines Besseren besännet (si ad bonam mentem redeatis).« (2) Speratus antwortete:»Wir haben niemals Böses getan und uns in keiner Weise zu Ungerechtigkeit hergegeben. Nie haben wir geflucht, sondern [selbst dann] Dank gesagt, wenn man uns schlecht behandelte; denn wir halten unseren Kaiser in Ehren.« (3) Saturninus, der Prokonsul, sagte darauf:»Auch wir sind religiös (religiosi), und unsere Religion ist [denkbar] einfach [oder: ohne Falsch (simplex)]: wir schwören beim Genius unseres Herrn, des Kaisers, und bringen für sein Heil Gebete und Opfer dar, was auch ihr zu tun schuldig seid.« (4) Speratus erwiderte:»Wenn du mir ruhig zuhörst, dann will ich dir das Geheimnis der [wahren] Einfalt (mysterium simplicitatis[2]) mitteilen.« (5) Darauf Saturninus: »Solltest du damit anfangen, unsere Kulthandlungen (sacra nostra) herabzusetzen, so werde ich dir kein Gehör schenken; doch schwöre lieber beim Genius unseres Herrn, des Kaisers (imperator).« (6) Speratus antwortete:»Eine Befehlsgewalt dieser Welt erkenne ich nicht an (imperium huius seculi non cognosco); vielmehr diene ich jenem Gott, den kein Mensch gesehen hat noch mit diesen [Fleisches-]Augen sehen kann. Diebstahl habe ich nie begangen; im Gegenteil, ich zahle bei jedem Geschäft die Steuer, da ich meinen Herrn, den König der Könige und Herrscher aller Völker, anerkenne.« (7) Sagte darauf der Prokonsul Saturninus zu den übrigen:»Lasst ab von dieser Überzeugung (persuasio).« Speratus entgegnete jedoch:»Es ist eine üble Überzeugung, Mord zu begehen und falsches Zeugnis abzulegen.« (8) Der Prokonsul Saturninus sagte:»Habt nichts zu schaffen mit diesem Wahnsinn.« Cittinus erwiderte: »Wir haben keinen anderen, den wir fürchteten, außer dem Herrn, unserem Gott, der im Himmel ist.« (9) Donata bekräftigte:»Ehre dem Kaiser als Kaiser; doch Gott allein ist's, dem Furcht (timor) gebührt«, während Vestia sagte:»Ich bin Christin«, und Secunda:»Was ich bin, eben das will ich [auch weiterhin] sein.« (10) Fragte nun Saturninus, der Prokonsul, Speratus:»Beharrst [auch] du dabei, Christ zu sein?«. Speratus antwortete:»Ich bin Christ.« Und alle stimmten dem zu. (11) Darauf Saturninus, der Prokonsul:»Möchtet ihr nicht vielleicht Bedenkzeit haben?« Speratus gab zur Antwort:»Bei einer so gerechten Sache gibt's nichts zu bedenken.« (12) Fragte sodann Saturninus, der Prokonsul:»Was habt ihr da in eurer Kapsel (capsa)?« Und Speratus antwortete:»Bücher und Briefe des Paulus, eines gerechten Mannes (Libri et epistulae Pauli viri iusti).«[3] (13) Als der Prokonsul Saturninus beharrte:»Ihr sollt eine Frist von 30 Tagen haben, euch die Sache noch einmal zu überlegen«, wiederholte Speratus: »Ich bin Christ«, und alle stimmten dem zu. (14) Darauf verlas der Prokonsul Saturninnus von einer Tafel (tabella) das Urteil:»Speratus, Nartzalus, Cittinus, Donata, Vestia, Secunda und die übrigen, die bekannten, nach christlichem Ritus zu leben,[4] sollen mit dem Schwert hingerichtet werden, da sie, obwohl ihnen die Möglichkeit eröffnet wurde, zu Sitte und Art der Römer zurückzukehren (ad Romanorum morem redeundi), hartnäckig [bei ihrer Religion] verblieben sind.« (15) Speratus sagte darauf:»Wir sagen Gott Dank«, und Nartzalus:»Heute sind wir Märtyrer im Himmel. Gott sei Dank!« (16) Saturninus, der Prokonsul, ließ durch den Herold ausrufen:

»Speratus, Nartzalus, Cittinus, Veturius, Felix, Aquilinus, Laetantius, Ianuarius, Generosus, Vestia, Donata und Secunda habe ich zur Hinrichtung abzuführen befohlen.« Sie alle sagten: »Gott sei gedankt!« Und sogleich wurden sie enthauptet um des Namens Christi willen. Amen[5].

Quellen: H. Musurillo, The acts of the Christian Martyrs, Oxford 1972; H. A. Gärtner, a.o.(Nr. 20)a.O., 34(38)-43; Guyot-Klein (wie o. Nr. 5), 90-94. – *Literatur:* F. Corsaro, Note sugli Acta Martyrum Scilitanorum, Nuovo didascaleion 6, 1956, 5-51; H. Karpp, Die Zahl der scilitanischen Märtyrer, VigChr 15, 1961, 165-172; H. A Gärtner in: StPatr 20, 1989, 8-14; Guyot-Klein (wie o.), 351-354.

[1]   Dem entspricht auch die unverbundene Aneinanderreihung der Sätze (Saturninus proconsul dixit: ... Speratus dixit: ..., Saturninus proconsul dixit: ... etc). In der Übersetzung konnte dies um so eher abgemildert werden, als die Form des amtlichen Prozessprotokolls in dieser Akte sicher Imitation ist.

[2]   Vgl. damit die Erklärung des Prokonsuls: simplex est religio nostra!

[3]   Es ist dies, soweit wir wissen, die erste Erwähnung einer lateinischen Bibel, genauer wohl, eines zweigeteilten neutestamentlichen Kanons aus Büchern (=Evangelien?) und Paulusbriefen.

[4]   Ich folge bei den Namenslisten hier und in § 16 der Textfassung Gärtners, der bewusste stilistische Formung auch daran zu erkennen glaubt, »dass von Anfang des Textes an in Etappen immer mehr Christen aus der Anonymität heraustreten. Die psychologische Folge soll sein, dass die Hörer dieses Berichtes bei seiner Verlesung in der Gemeinde sich der immer größer werdenden Schar der Zeugen anschließen« (a.o.[Nr. 20]a.O., 39).

[5]   Anderer Schluss: »Und so sind alle zusammen mit dem Martyrium gekrönt worden und herrschen mit dem Vater und dem Sohn und dem Hl. Geist in alle Ewigkeit. Amen.«

25. Christliche Gnosis

Wie immer die schwierige Frage nach der *Entstehung* der Gnosis zu beantworten sein mag: sicher ist, dass es diese, wenn auch in vielfältigen Variationen, im 2. Jahrhundert tatsächlich gegeben hat, und zwar annähernd in dem Sinne, in dem man noch heute die Begriffe »Gnosis« und »Gnostizismus« vorwiegend verwendet. Danach ist unter »Gnosis« das Wissen um die geoffenbarte Identität des in der (als böse begriffenen) Welt gefangenen Selbst mit seinem jenseitigen, göttlichen Teil zu verstehen, während »Gnostizismus« als Sammelbegriff für all jene religiösen Systeme dienen kann, deren Kern das eben beschriebene Bewusstsein bildet. Die beiden reifsten Ausprägungen – und das sind zugleich diejenigen, die mit dem ›traditionellen‹ Christentum am meisten gemein haben, die Gemeinden wohl am stärksten beeinflussten und darum auch unter der schärfsten Gegenwehr der Kirche standen – gehen auf Basilides (1. Hälfte des 2. Jahrhunderts) und Valentinus (geb. um 100, zunächst wie Basilides in Alexandrien, dann – von ca.140-160 – in Rom und schließlich in Zypern wirkend) zurück. – Dass es damals gelang, sich gegen ein, wie Zeitgenossen (z.B. Irenäus [s.u. Nr. 27]) es empfanden, uferlos wucherndes »Ketzertum« zu immunisieren und es gleichzeitig zu überwinden, bevor noch der »staatliche Arm« (das bracchium saeculare) dafür zur Verfügung stand, galt noch dem kenntnisreichen K. Beyschlag[1] als eine der größten geschichtlichen Leistungen kirchlichen Christentums. Inzwischen wird jedoch – auch hierzulande – an einem Kontrastbild zu der seit Harnack überkommenen Vorstellung von der »gnostischen Krise« und ihrer Überwindung gearbeitet, wozu es allerdings einstweilen noch eine Menge Fragen gibt[2].

a) Das gnostische Thema (Klemens von Alexandrien, Auszüge aus Theodot 78,2)

Die Excerpta ex Theodoto sind wohl eine Sammlung von Aussprüchen verschiedener Valentinianer; Theodot, nach dem die Sammlung ihren Namen trägt, war nur einer von ihnen.

Nicht allein das [Tauf-]Bad ist's, das befreit, sondern auch die Gnosis [»Erkenntnis«]: Wer waren wir, was sind wir geworden? Wo waren wir, wohinein sind wir geworfen? Wohin eilen wir, wovon werden wir erlöst? Was ist Geburt, was Wiedergeburt? (τίνες ἦμεν, τί γεγόναμεν; ποῦ ἦμεν, [ἢ] ποῦ ἐνεβλήθημεν; ποῦ σπεύδομεν, πόθεν λυτρούμεθα; τί γέννησις, τί ἀναγέννησις;)

b) Der Abstieg der Seele und der Weg aus der Fremde nach dem »Perlenlied« in den apokryphen »Thomasakten« (Acta Thomae 108-113; Lipsius-Bonnet II, 2, 219-224; Textrekonstruktion von P.H. Poirier, 321-375)

Als vielleicht schönster gnostischer Text darf, trotz der Funde von Nag Hammadi, das sog. »Perlenlied« gelten, das in den »Thomasakten«[3] dem in Gefangenschaft geratenen Apostel in den Mund gelegt wird. Der Text, ursprünglich syrisch abgefasst und erst nachträglich ins Griechische übertragen, lässt sich gewiss durchaus nichtgnostisch verstehen; »ebenso entschieden« aber ist festzuhalten, dass er sich »für eine gnostische Relecture geradezu anbietet und sicher auch gnostisch gelesen und verwendet (und auf Mani übertragen) worden ist« (H.J. Klauck, 198). Es findet sich darin das Meiste von dem wieder, was sonst an wichtigen Bestandteilen der gnostischen Mythologie bezeugt ist; man denke nur an »den Verlust der ursprünglichen himmlischen Heimat, die negative Beurteilung von Welt und Leib, die zeitweilige Seinsvergessenheit des Gnostikers, seine Versklavung, gespiegelt auch im Schicksal der Perle, den Weckruf, der ihn in verschiedenen Gestalten erreicht, die Überwindung von Widerständen, die Heimkehr ins Pleroma sowie nicht zuletzt ... die Erkenntnis (Gnosis) selbst«. – Der Vorteil dieser Quelle in ihrer ebenso schlichten wie kunstvollen Komposition ist es, dass sie uns »den Erfolg besser zu verstehen« hilft, »den die Gnosis ungeachtet ihrer oft krausen und nicht leicht zugänglichen Mythologie« zweifelsohne errang. »Trotz des komplexen und verschachtelten Überbaus arbeitet die Gnosis mit einer einfachen und schlichten Grundkonstellation ..., macht sich archetypische Muster zunutze, den Wunsch des Menschen nach einem Zuhause ... Sie wies jedem einzelnen einen Platz im Kosmos zu, von dem aus er mit einem Gefühl der Überlegenheit auf das Getriebe um sich herum herabblicken konnte ... Er wusste, er hatte seine unzerstörbare Heimat im Himmel, in die sein bester Teil zurückkehren wird« (ebenda).

(108) ... Als ich ein kleines Kind war, das noch nicht reden konnte (βρέφος ἄλαλον), und am Königshof meines Vaters im Reichtum und Überfluss (τρυφή) der Ernährer ruhte, da sandten mich die Eltern, nachdem sie mich mit allem für eine Reise Erforderlichen ausgestattet hatten, von Osten, unserer Heimat, fort. Aus dem Reichtum ihrer Schatzkammer stellten sie eine Traglast (φόρτος) zusammen, groß und leicht [zugleich], damit ich sie allein tragen könne ... Und sie zogen mir außer dem mit kostbaren Steinen besetzten, goldgeschmückten [glänzenden (S[yrer])] Gewand, das sie in ihrer Liebe mir gefertigt hatten, auch die safranfarbene [scharlachrote (S)] Toga (στολὴν τὸ χρῶμα ξανθήν) aus[4], die meiner Statur (ἡλικία) angepasst war. Und sie trafen mit mir eine Vereinbarung und schrieben sie mir ins Herz (διάνοια), auf dass ich sie nie vergesse, des Wortlauts: »Wenn du nach Ägypten hinabsteigst und von dort die eine Perle (μαργαρίτης) mitbringst, die sich dort [inmitten des Meeres (S)] befindet, von dem Drachen, dem Schlund bewacht [umringt (περὶ τὸν δράκοντα τὸν καταπότην)], sollst du das mit Steinen besetzte [glänzende (S)] Kleid [wieder] anziehen (ἐνδύσῃ) samt deiner darüberliegenden

Toga und zusammen mit dem, der [deiner?] wohleingedenk ist, deinem Bruder, [unserem Zweiten (S)], wirst du Herold (κῆρυξ) [Erbe (S)] werden in unserem Königreich«.

(109) Ich ging aber von Osten auf schwierigem, furchterregendem Wege zusammen mit zwei Führern; denn ich war unerfahren ... Als ich aber nach Ägypten gelangt war, verließen mich die Führer ...; ich aber lief so schnell wie möglich zum Drachen (δράκων), ließ mich nieder an seiner Höhle (φωλεός), und gab acht, ob er etwa schläfrig würde und einschliefe, um [darauf] heimlich meine Perle an mich zu nehmen. Da ich allein war, rief mein Äußeres (σχῆμα) Verwunderung hervor, und den Meinen [den Hausgenossen (S)] erschien ich als fremd. Dort aber sah ich einen, der mir verwandt war, aus dem Osten [stammte], einen, der frei war, voller Anmut und Schönheit, einen Sohn vornehmer [Eltern]. Dieser kam auf mich zu und hatte Umgang mit mir... Ich ermahnte ihn aber, sich vor den Ägyptern in acht zu nehmen und vor der Gemeinschaft mit diesen Unreinen. Was mich betrifft, zog ich dagegen deren Kleidung an, damit ich nicht Befremden erregte wie einer von draußen, der die Perle an sich zu nehmen beabsichtigte, und die Ägypter den Drachen nicht gegen mich aufscheuchten. – Ich weiß jedoch nicht, wodurch sie erfuhren, dass ich nicht ihr Landsmann sei. Mir zum Schaden mischten sie List mit Tücke, und ich kostete ihre Nahrung. Ich vergaß, dass ich ein Königssohn war, und versah Sklavendienst gegenüber ihrem König. Ich gelangte unterdessen in Sichtweite der [Ich vergaß selbst die (S)] Perle, um derentwillen mich meine Eltern geschickt hatten. Und [Doch (S)] durch die Schwere ihrer Nahrung sank ich in Tiefschlaf.

(110) Als mir das aber widerfuhr, bemerkten es auch meine Eltern und waren meinethalben von Schmerz erfüllt. Es erging eine Botschaft in unserem Königreich; dass alle sich an unseren Toren einfinden sollten ... Und sie schrieben mir einen Brief, und die Großen [alle] (οἱ δυνάσται) unterzeichneten ihn:»Von de[ine]m Vater, dem König der Könige, und der Mutter, der Herrscherin des Ostens, und von de[ine]m Bruder, dem Zweiten nach uns, an unseren Sohn in Ägypten: Friede! Steh auf, erwache [werde nüchtern (ἀνάνηψον)] aus dem Schlaf und vernimm die Worte des Briefes. Gedenke, dass du ein Königssohn bist[5]. Einem Sklavenjoch bist du verfallen. Gedenke deines goldgeschmückten Kleides. Gedenke der Perle, um derentwillen du nach Ägypten gesandt wurdest – genannt wurde dein Name 'Buch des Lebens' –, und [gedenke?] deines Bruders, dem du [als Erbe?] beigeordnet worden bist in unserem Königreich.

(111) Der König aber versiegelte [den Brief] um der Bösewichter willen, der Kinder Babylons ... [Er flog in Gestalt eines Adlers, des Königs unter allem Gefieder. Er flog und ließ sich neben mir nieder und wurde ganz Rede (S)]. Ich aber fuhr bei dessen Stimme auf und erwachte aus dem Schlaf, als ich sie vernahm, nahm und las ihn unter Küssen. Und ganz, wie in meinem Herzen geschrieben stand, lauteten seine Worte. Und augenblicklich erinnerte ich mich, dass ich ein Königssohn sei, und meine Freiheit verlangte nach ihresgleichen. Ich gedachte auch der Perle, um derentwillen ich nach Ägypten hinabgesandt worden war. Ich begann, durch Zaubersprüche den schrecklichen und schnaubenden Drachen zu berücken und ihn in Schlaf zu versetzen, indem ich den Namen meines Vaters [, den Namen unseres Zweiten und meiner Mutter, der Königin des Ostens (S)] nannte. Ich raubte die Perle und wandte mich zurück, um wieder zu meinem Vaterhaus zu gelangen. Ihr [der Ägypter] schmutziges Kleid zog ich aus, ließ es in ihrem Lande zurück und richtete meinen Weg sogleich dem Licht der Heimat im Osten zu. Auf dem Wege fand ich den Brief, meinen Erwecker. Wie er mit seiner Stimme mich geweckt, so wies er mir auch den Weg durch das von ihm ausgehende Licht ...

(112) ... [Und mein Strahlenkleid und meine Toga schickten mir meine Eltern durch ihre Schatzmeister (S)]. Ich erinnerte mich aber nicht mehr an meine Pracht. Denn als ich noch ein Kind und noch ganz ein Jüngling war, hatte ich sie in den Palästen meines Vaters zurückgelassen. Plötzlich aber sah ich das Kleid, das wie in einem Spiegel (mir) glich, und ich sah mich ganz in ihm, und ich erkannte und erblickte mich selbst durch dieses; denn teils waren wir voneinander verschieden ... und wiederum sind wir eins durch eine Gestalt (μορφή). Nicht nur (das), sondern auch die Schatzmeister selbst, die das Kleid gebracht hatten, sah ich als zwei, aber ... ein königliches Zeichen (ἓν σύμβολον βασιλικόν) war ihnen beiden eingezeichnet ...

(113) Ich sah aber wiederum, dass von dem Ganzen [sc. dem Kleid] Bewegungen von Erkenntnis (κινήσεις ... γνώσεως) ausgingen und es bereit war zu sprechen. Ich hörte es sagen:»Ich bin dessen Eigentum, der der tapferste von allen Menschen ist, dessentwegen ich bei dem Vater selbst eingetragen worden bin (ἐνεγράφην)«. ... Ich aber streckte mich aus, schmückte mich mit der Schönheit seiner Farben und zog mein glänzendes Gewand vollständig über mich. Als ich es angelegt, stieg ich empor zum Platz des Friedens [Tor der Begrüßung (S)] und der Verehrung. Und ich neigte das Haupt und begrüßte den Glanz (τὸ φέγγος) meines Vaters, der mir das Kleid gesandt hatte; denn ich hatte getan, was er mir aufgetragen, und er gleichermaßen, was er versprochen. Und in den Toren des Palastes mischte ich mich unter die aus seiner Regierung (ἀρχή) [Und an der Pforte seiner Satrapen mischte ich mich unter seine Granden (S)] ... Er versprach mir auch, dass ich mit ihm zusammen zu den Toren des Königs geschickt werde, um mit meinen Geschenken und der Perle zusammen mit ihm vor dem König zu erscheinen.

c) Das Weltbild der Valentinianer (nach Epiphanius, Arzneikasten 31,5.6)

Bruchstück eines Lehrbriefes aus der Schule Valentins. Umstritten ist bis heute[6], ob es sich um eins der ältesten Stücke des Valentinianismus handelt (K. Holl) oder ob – wegen der verschiedenen Namen, die hier den höchsten Wesen beigelegt werden und in anderen valentinianischen Systemen tatsächlich vorkommen – eine späte Entstehung wahrscheinlicher ist (W. Foerster).

(31,5,1) Bei Verständigen, bei Psychikern, bei Sarkikern[7], bei Weltkindern, bei der Größe ... [die Einleitungsformel ist verstümmelt] unzerstörbarer Geist grüßt die Unzerstörbaren.
(2) Unnennbare, unsagbare, überirdische Geheimnisse tue ich euch kund, die weder durch die Mächte, noch durch die Gewalten, noch durch die Unterworfenen (ὑποταγαί [vgl. 1. Kor. 15,28]), noch durch die gesamte Mischwelt verstanden werden können, sondern allein der Ennoia [dem »Gedanken«] des Unbeweglichen offenbart sind. (3) Denn als im Anfang der Urvater (Αὐτοπάτωρ) das All in sich umschloß, das in ihm war, ohne davon zu wissen, er, den einige den nimmer alternden, ewig jungen, mannweiblichen Äon nennen, der immerdar das All in sich begreift, ohne selbst [von etwas] umgriffen zu sein –, da wollte die Ennoia in ihm – einige nennen sie Ennoia, andere Charis [»Gnade«], und zwar mit Recht, denn sie gewährt gnädig die Schätze der »Größe« denen, die aus der »Größe« stammen; die aber die [volle] Wahrheit sagen, nennen sie Sige [»Schweigen«], weil die »Größe« [nur] durch Überlegen, ohne ein Wort, das All vollendete – (5) da wollte, wie ich schon sagte, die unvergängliche, ewige Ennoia ihre Fesseln sprengen und erweichte die Größe zur Begierde [nach ihr], um [mit ihr] zu schlafen. Und mit ihr vereinigt

brachte sie den »Vater der Wahrheit« hervor, den die Vollkommenen mit Recht Anthropos [»Mensch«] nannten, weil er das Abbild des präexistenten Ungewordenen ist. (6) Danach brachte Sige, nachdem sie eine physische Einheit [Vereinigung] des Lichts mit dem Anthropos zustande gebracht hatte (ihre Gemeinschaft war [rein] willentlich), die Aletheia [»Wahrheit«] zum Vorschein. »Wahrheit« wurde sie von den Vollkommenen mit Recht genannt, weil sie in Wahrheit ihrer Mutter Sige ähnlich war; hatte doch Sige gewollt, dass der Lichtteil (ἀπομερισμός φώτων) des Männlichen und des Weiblichen gleich sei, damit durch sie auch ihre Einheit [?] offenbart werde, und zwar denen unter ihnen, die in sichtbare Lichter zerteilt würden[?]. (7) Danach erweckte Aletheia in sich mütterliche Brunst und erweichte den Vater gegen sich, und sie vereinigten sich in unvergänglicher Umarmung und nie alternder Vereinigung und schufen eine pneumatische mann-weibliche Vierheit [Tetras], Abbild jener präexistenten Vierheit (nämlich Bythos [»Abgrund«], Sige, Vater und Wahrheit). Die Vierheit aber, die aus dem Vater und der Wahrheit entsprang, ist: »Mensch«, »Kirche«, »Logos«, »Leben«. (8) Darauf vereinigten sich nach dem Willen des allumfassenden Bythos der »Mensch« und die »Kirche«, eingedenk der väterlichen Worte, und schufen eine Zwölfzahl mann-weiblicher Zeugungswilliger. Die männlichen sind: Paraklet [»Beistand«], Väterlicher, Mütterlicher, Immer-währender Nus, Kirchlicher (Ἐκκλησιαστικός); die weiblichen: Glaube, Hoffnung, Liebe, Verstand (σύνεσις), Seligkeit, Weisheit (σοφία). (9) Hiernach vereinigten sich Logos und »Leben«, indem sie bei sich das Geschenk der Vereinigung nachbildeten ([auch] ihre Gemeinschaft war [rein] willentlich), kamen zusammen und zeugten eine Zehnzahl Zeugungswilliger, auch sie mannweiblich. Die Männlichen sind: Ab-gründiger, nie Alternder, Selbstgewachsener, Eingeborener, Unbeweglicher; die weiblichen: Umarmung, Vereinigung, Verschmelzung, Einheit, Lust (auch sie ga-ben sich ihre Namen zum Ruhme der Sige).

Im folgenden (6,1-10) wird die Schaffung einer weiteren Dreißigzahl [Triakas] von Äonen er-wähnt und die Schaffung einer Vielzahl von Lichtern; endlich wird, nachdem neben der bishe-rigen horizontalen noch eine vertikale Verbindung zwischen den Hypostasen der vollkommenen Welt hergestellt worden ist, noch eine Fünfzahl »nicht-weiblicher Zeugungswilliger« genannt; »ihre Namen sind: Befreier, Grenzsetzer, Dankbarer[?], Befreiter, Wandelschaffender«. Doch welcher Sinn sich damit des näheren verbindet, ist noch schwerer zu erahnen, da Epiphanius das Zitat unvermittelt abbricht.

d) Die Stellung zum alttestamentlichen Gesetz nach dem Brief des Ptolemäus an Flora (ebenda 33,3,1ff.)

Der Brief des Valentinschülers Ptolemäus an Flora, eine noch nicht in die valentinianische Gno-sis eingeweihte – wohl katholische – Christin, stellt eine Einführung in das gnostische Denken in Form einer Auseinandersetzung über die Frage dar, wie man als Christ das »Gesetz« zu deuten habe, wenn man das Alte Testament »richtig« lesen und verstehen wolle. Der Brief ist das ein-zige im griechischen Original noch *vollständig* erhaltene christlich-gnostische Dokument, mithin auch das einzige, aus dem man sich *unmittelbar* ein Bild vom Ausmaß der »Krise« machen kann, von der im Blick auf das 2. Jahrhundert nach wie vor zu sprechen sein dürfte. Dass in diesem Brief die spekulativ-»mythologischen« Elemente zurücktreten, könnte in der Hauptsache mit seinem »protreptischen« Charakter (als Werbeschrift) zusammenhängen.

(33,3,2) Die einen sagen, dass es [sc. das Mosegesetz] von Gott, dem Vater, erlassen [und darum im ganzen verpflichtend] sei, andere dagegen ... behaupten, es sei von dem Widersacher, dem verderbenstiftenden Teufel, erlassen; wie sie ihm auch die Erschaffung (δημιουργία) der Welt zuschreiben, da sie ihn für den Vater und Verfertiger dieses Alls [vgl. Platon, Timaios 28c] halten. (3) Beides ist indes irrig. (4) Denn dieses [Gesetz] ist offenkundig weder von dem vollkommenen Gott und Vater erlassen ..., da es sowohl unvollkommen ist und der Erfüllung durch einen anderen [sc. Christus] bedarf, als es auch Gebote enthält, die zu Wesen und Willen eines solchen [vollkommenen] Gottes nicht passen; (5) noch lässt sich ein Gesetz, welches Unrecht zu tun verbietet, der Ungerechtigkeit des Widersachers zuschreiben ... (6) Überdies sagt der Apostel, dass die Erschaffung der Welt sein [des Heilandes] eigen sei [vgl. Joh. 1,11.3] ... und nicht [das Werk] eines verderbenstiftenden, sondern eines gerechten und das Böse hassenden Gottes ...

(4,1) Zuerst nun gilt es zu lernen, dass jenes im Pentateuch des Mose enthaltene Gesetz nicht insgesamt auf einen [einzigen] Gesetzgeber, will sagen, nicht ausschließlich auf Gott zurückgeht; vielmehr sind einige Vorschriften in ihm auch von Menschen erlassen ... (2) Es wird [gemäß den Worten des Heilands] geteilt in Gott selbst und seine Gesetzgebung, ferner in [die des] Mose (und zwar nicht so, dass Gott durch ihn Gesetze erließe, sondern so, dass Mose, von seiner eigenen Überlegung geleitet, gewisse Gesetze gab), schließlich in die [der] Ältesten des Volkes, die nachgewiesenermaßen auch eigene Gesetze eingetragen haben.

Das eine, dass »das Mosegesetz ein anderes ist als das Gottes«, wird mit Mt. 19,8.6, das andere, dass nachträglich in den »Gesetzes«-Text auch Überlieferungen der Ältesten hineingeraten und ihm zu Unrecht gleichgestellt worden sind, mit Mt. 15,4-9 »bewiesen« (4,3-14).

(5,1) Des weiteren wird das eine Teil, das Gesetz Gottes selbst, wiederum in drei Teile geteilt: in die reine, mit dem Bösen unvermischte Gesetzgebung, die ... der Heiland nicht kam aufzulösen, sondern zu erfüllen [vgl. Mt. 5,17] ..., sodann in das mit dem Bösen und dem Unrecht verflochtene Gesetz, das der Heiland als nicht zu seinem Wesen [sc. seiner wesenhaften Güte] passend aufhob, (2) und schließlich in das Typische und Symbolische, das nach dem Bild der pneumatischen, wesentlichen [Wahrheiten] erlassen und vom Heiland aus dem Bereich des sinnlich Wahrnehmbaren und Sichtbaren in den des Pneumatischen und Unsichtbaren übertragen worden ist. (3) Das Gottesgesetz aber, das rein ist und von jeglicher schlechteren Beimischung frei, ist der Dekalog: jene zehn Worte, die in zwei Tafeln zerfallen und den Zweck haben, aufzuheben, was zu meiden, und zu gebieten, was zu tun ist; freilich waren auch diese, wiewohl sie die Gesetzgebung rein bewahrten, der Erfüllung durch den Heiland [noch immer] bedürftig, da sie nicht das Vollkommene enthielten.

(7,2) Bleibt uns noch [zu klären] übrig, wer wohl dieser Gott sei, der das Gesetz erlassen ... (4) Es ist der Demiurg [Gestalter] und Verfertiger dieser ganzen Welt und dessen, was in ihr ist. Er ist ein anderer als die Wesenheit jener [sc. des vollkommenen Gottes und seines Widersachers], steht in der Mitte zwischen ihnen und dürfte daher zu Recht den Namen der »Mitte« tragen. (5) Und wenn der vollkommene Gott, entsprechend seinem Wesen, gut ist, wie es sich auch verhält (denn einer allein sei der gute Gott, hat unser Heiland gesagt [vgl. Mt. 10,17], sein eigener Vater [nämlich], den er selbst geoffenbart hat), der [Gott] von entgegengesetztem Wesen dagegen böse und schlecht, durch Ungerechtigkeit charakterisiert, dann dürfte der, der in der Mitte steht und weder gut noch böse ... ist, recht eigentlich gerecht zu nennen sein, Belohner der ihm entsprechenden Gerechtigkeit. (6) Dieser Gott ist minderwertiger als der vollkommene Gott und geringer als dessen Gerechtigkeit, weil er geworden (γεννητός), nicht ungeworden (ἀγέννητος) ist ...(7) ... Das Wesen des ungewordenen Vaters des Alls ist Unvergänglichkeit (ἀφθαρσία) und selbstseiendes Licht, unzusammengesetzt und eingestaltig (μονοειδές). Das Wesen dieses [göttlichen

Zwischenwesens] dagegen hat eine zwiefältige Kraft hervorgebracht; er selbst jedoch ist des Besseren Abbild. (8) ... (9) Du wirst, so Gott will, in der Folge lernen, was der Ursprung und das Entstehen dieser [Wesenheiten nach und neben dem vollkommenen Gott] sei, gewürdigt der apostolischen Überlieferung, die auf dem Wege der Nachfolge (ἐκ διαδοχῆς) auch wir überkommen haben, indem wir alle Worte an der Lehre unseres Heilandes prüfen.

e) Christus in der Sicht des ›judenchristlichen Gnostikers‹ Kerinth (nach Irenäus, Wider die Häresien 1,26,1; Hippolyt, Widerlegung 7,33)

Kerinth, Zeitgenosse Polykarps und wie dieser kleinasiatischer Herkunft, war, wenn überhaupt ›Gnostiker‹, dann allenfalls Vertreter einer Früh- oder Prägnosis und kam in jedem Fall noch ohne ausgebautes System aus. Zur judenchristlichen Komponente seiner Lehre vgl. unten Nr. 26.

Ein gewisser Kerinth aus [Klein-]Asien [Hippolyt: auch er in der Bildung der Ägypter unterwiesen] lehrte, die Welt sei nicht vom ersten Gott, sondern von einer Kraft gemacht, die von der über das All erhabenen obersten Macht (principalitas) weit getrennt und entfernt ist und den Gott nicht kennt, der über alles erhaben ist; Jesus aber, so nahm er an, sei nicht aus einer Jungfrau geboren, [denn das erschien ihm als unmöglich][8], sondern genau so wie alle anderen Menschen auch aus [menschlichen Eltern, nämlich] Josef und Maria entstanden, habe aber mehr als alle durch Gerechtigkeit, Einsicht und Weisheit vermocht. Nach der Taufe sei auf ihn, von jener obersten, über alles erhabenen Macht her, Christus in Gestalt einer Taube herabgestiegen, und danach habe er den unbekannten Vater verkündigt und Machttaten vollbracht. Am Ende aber sei Christus wieder von Jesus gewichen, und Jesus [allein] habe gelitten und sei auferstanden; Christus indes sei leidensunfähig geblieben, sofern er ein geistiges Wesen war.

f) Die Passionsgeschichte nach Basilides (Irenäus, Wider die Häresien 1,24,4)

Über den Gnostiker Basilides liegen i.w. drei verschiedene Überlieferungen vor: in den Fragmenten der »Teppiche« Klemens' von Alexandrien, bei Irenäus, Wider die Häresien 1,24 und bei Hippolyt, Widerlegung sämtlicher Häresien 7,20ff. Eine Sonderlehre des *irenäischen* Basilides enthält auch folgendes Stück:

Der ungewordene und unnennbare Vater habe, da er ihre Verderbtheit sah, seinen erstgeborenen Nus – das sei der, der Christus genannt wird – gesandt, um die an ihn Glaubenden aus der Gewalt derer zu befreien, die die Welt gebildet hätten [sc. der Engel]. Ihren Völkern aber sei er auf Erden als ein Mensch erschienen (apparuisse) und habe Machttaten vollbracht. Darum habe er auch nicht [selbst] gelitten, sondern ein gewisser Simon von Kyrene, den man gezwungen habe, an seiner Statt das Kreuz zu tragen. Den hätten sie unwissentlich und irrtümlich gekreuzigt, nachdem er von ihm [Jesus] verwandelt worden sei, so dass man ihn für Jesus hielt. Jesus aber habe Simons Gestalt angenommen und dabeigestanden und jene ausgelacht[9].

g) Erlösung als physischer Prozess? (Klemens von Alexandrien, Auszüge aus Theodot 55,2-56,3)

Das folgende Exzerpt enthält die nachgerade klassisch gewordene Formel für die – anscheinend gemein-gnostische – Überzeugung, dass das Pneumatische, der in einem stofflichen Leib gefangene Lichtfunke, nicht verloren gehen könne, eine Überzeugung, die bei den Gegnern, Christen wie Heiden, schweren Anstoß erregte, weil sie als ethisch ruinös betrachtet wurde.

(55,2) ... weder aus dem Pneuma, noch aus dem, was ihm eingeblasen wurde [vgl. Gen. 2,7], sät Adam; ist doch beides göttlich und wird beides zwar durch ihn, aber nicht von ihm hervorgebracht. (3) ...
(56,1) Insofern ist Adam, unser Vater, »der erste Mensch aus Erde, choisch« [l. Kor. 15,47]. (2) Wenn er dagegen vom Psychischen und Pneumatischen so säte wie vom Hylischen [Materiellen], so wären sie alle gleich und gerecht, und in allen wäre die Lehre. Darum gibt es viele Hyliker, nicht viele Psychiker [»Seelen-«], ganz wenige Pneumatiker [»Geistmenschen«]. (3) Das Pneumatische wird von Natur aus gerettet (τὸ μὲν οὖν πνευματικὸν φύσει σῳζόμενον); das Psychische, da es Entscheidungsfreiheit (αὐτεξούσιον) besitzt, vermag sich sowohl zum Glauben und zur Unvergänglichkeit wie zum Unglauben und zur Vergänglichkeit hinzuneigen, nach eigener Wahl, während das Hylische von Natur aus vergeht (φύσει ἀπόλλυται).

h) Die Differenz in der Ekklesiologie (Evangelium der Wahrheit 24f.)

Wird man den ethischen »Libertinismus«[10] und die substanzhafte Heilstheologie schwerlich noch so unbedenklich als typisch gnostisch bezeichnen dürfen, wie es die Alten taten, so ist auf dem Feld der Ekklesiologie, wohl nicht erst für uns heute, die Differenz zwischen ›Kirche‹ und ›Gnosis‹ um so unübersehbarer, wie folgendes Stück aus einem der wichtigsten Zeugnisse valentinianischer Gnosis, dem in Codex I von Nag Hammadi neugefundenen (nach seinen Anfangsworten) sog. Evangelium veritatis verdeutlichen mag:

(4,33) So wie sich jemandes Unwissenheit dann, wenn er (35) erkennt, auflöst, nämlich seine Unwissenheit wie die Finsternis schwindet, sobald (25,1) das Licht erscheint, so löst sich auch der Mangel in der Vollkommenheit auf. Die äußere Erscheinung ist nun von diesem Zeitpunkt an nicht mehr sichtbar, sondern (5) sie wird sich auflösen in der Verbindung mit der Einheit; denn jetzt sind ihre Werke gleich, in der Zeit, in der die Einheit (10) die Räume vollenden wird. Durch die Einheit wird jeder einzelne *sich* empfangen. In Erkenntnis wird er sich reinigen aus einer Artenvielheit zu (15) einer Einheit, wenn er die Materie in sich verzehrt wie ein Feuer und die Finsternis durch Licht, den Tod durch Leben. (M. Krause)

Quellen: O. Stählin/L. Früchtel, Clemens Alexandrinus, III, GCS 17^2,1970^2; Acta Apostolorum Apocrypha, ... edd. R.A. Lipsius/M. Bonnet, II, 2, (1903) Nachdr. 1959, 99-291; P.-H. Poirier, L'hymne de la perle de la perle des Actes de Thomas (HoRe 8), Louvain-La-Neuve 1981 (Textkonstruktion: 321-375; Kommentar: 407ff.); M. Marcovich, Hippolytus Refutatio ..., 1986 (PTS 25); K. Holl/J. Dummer a.o.(Nr. 15)a.O.; I.A. Rousseau/L. Doutreleau, a.o.(Nr. 15)a.O; M. Malinine/H.C. Puech/G. Qispel, Evangelium Veritatis (Codex Jung f. VIII^v-XVI^v. XIX^r), 1956. – *Literatur:* H. Jonas, Gnosis und spätantiker Geist, I (1934) 1954^2 (m. Erg.-H.1964); II,1 (1954) ^{2}1966; U. Bianchi (Hg.), Le Origini dello gnosticismo. Colloquio di Messina (13.-18. Apr. 1966), Neudruck 1970; M. Krause (Hg.), Gnosis and Gnosticism, Leiden 1977; K. Koschorke, Die Polemik der Gnostiker gegen das kirchliche Christentum, NHS 12, Leiden 1978; B. Aland

(Hg.), Gnosis (= FS f. H. Jonas), 1978; B. Layton (Hg.), The Rediscovery of Gnosticism, 2 Bde.,
Leiden 1980, 1981; A.H.B. Logan/A.J.M. Weddeburn, The New Testament and Gnosis. Essays
in honour of R.McL. Wilson, Edinburgh 1983; G.A.G. Stroumsa, Studies in Gnostic mythology,
NHS 24, Leiden 1984; L. Benley, The Gnostic Scriptures, A new Translation with Annotations
and Introductions, Garden City 1987; C. Markschies, Valentinus Gnosticus?, WUNT 65, 1992;
ders., Kerinth: Wer war er und was lehrte er?, in: JAC 41, 1998, 48-76; ders., Die Gnosis, Mün-
chen 2001; ders., Kaiserzeitliche christliche Theologie und ihre Institutionen (wie o. Nr. 18),
278-298; W.A. Löhr, Basilides und seine Schule (WUNT 83), 1995; M.A. Williams, Rethinking
»Gnosticism«. An Argument for Dismantling a Dubious Category, Princeton/NJ (1996) [2]1999;
C.E. Hill, Cerinthus, Gnostic or Chiliast? A New Solution to an Old Problem, JECS 8, 2000,
135-172; S. Hausammann (wie o. Nr. 7), 59-79; B.E. Pearson, Egypt, in: The Cambridge History
of Christianity, I, hg. v. M.M. Mitchell/F.M. Young, Cambridge 2006, 331-350, bes. 345ff.; G.
Theißen, Erleben und Verhalten der ersten Christen. Eine Psychologie des Urchristentums, 2007,
Kap. VI.

[1]   K. Beyschlag, Vom Urchristentum zur Weltkirche, I: Das zweite Jahrhundert (Kirchengeschichtliche Quellenhefte 19), 1967, 53; ähnlich urteilt S. Hausammann (wie o. Nr. 7), 55-59.

[2]   Vgl. dazu etwa A.M. Ritter, Zwanzig Jahre Alte Kirche in Forschung und Darstellung, Teil
II, ThR 71, 2006, 325-351 (hier: 348ff.). Es ist zu fragen, ob der dort angemeldete Diskussions-
bedarf durch das Erscheinen der lange angekündigten, ungeheuer gelehrten Monographie von C.
Markschies (wie o. Nr. 18), bes. 339-369) inzwischen gestillt sei.

[3]   Sie sind, wie die anderen vier großen Apostelakten durch die Manichäer erhalten, nach H.J.
Klauck (Apokryphe Apostelakten, 2005, 10) ungefähr auf die Jahre 220-240 zu datieren.

[4]   Der griechische Text bietet hier unsinnigerweise ἐνέδυσάν με; doch widerspricht das auch
im Griechischen dem Schluss des Paragraphen. Es muss sich folglich um eine Verschreibung
handeln (s. den App. von Lipsius-Bonnet z. St.).

[5]   Von hier an bis zum Paragraphenende ist die Textüberlieferung besonders unsicher.Die
Fortsetzung im Syrischen (S) lautet in deutscher Übersetzung: »Schau an die Sklaverei, in der du
seufzest. Gedenke der Perle, um derentwillen du nach Ägypten hinabstiegst. Erinnere dich deines
glänzenden Gewandes und deiner strahlenden Toga, auf dass du dich wieder damit bekleidest
und darin prangst; denn dein Name ist ausgerufen im Buch der Helden, und mit ihm, unserem
Vizekönig, deinem Bruder, wirst du sein in unserem Königreich«.

[6]   Zur neueren Diskussion s. C. Markschies, Valentinus Gnosticus? (wie o.), 45, Anm. 217.

[7]   Anklang an die Drei-Prinzipien-Lehre (Geist-Seele-Materie), die, auf die Menschheit übertragen, eine Gliederung in Gnostiker bzw. Pneumatiker (aus Materie, Seele und Geist), Psychiker (aus Materie und Seele) und Hyliker (nur aus Materie) ergibt.

[8]   Wohl eine Randglosse, die in den Text geraten ist (Harvey z. St.).

[9]   Als Mummenschanz und Scheinmanöver erscheint die Passion Christi außer 2LogSeth VII,2
(p. 58,28-59,4) auch etwa in den Kapp. 87ff. der apokryphen Johannesakten, weshalb man den
Verf. dieses Einschubs auch gern in gnostischen Kreisen gesucht hat; doch muss das wohl nach .
Schmidt (Die alten Petrusakten, TU 4,1,1903, 120ff.) als ganz und gar hypothetisch gelten.

[10]   Vgl. dazu etwa Irenäus, Wider die Häresien 1,6,3: »Darum [sc. weil sie der Meinung sind,
dass, wie Gold im Schmutz seine Schönheit nicht verliere, sondern seine eigene Natur bewahre,
so auch sie selbst, was immer sie täten, ihr pneumatisches Wesen nicht verlieren könnten] tun
auch die vollkommensten unter ihnen alles, was verboten ist, ohne Scham ...«

26. Das Judenchristentum auf dem Weg in die Marginalisierung

Ist für das Selbstverständnis des Judenchristentums ursprünglich gerade das stolze Bewusstsein
kennzeichnend, niemals »randständig«, geschweige denn »abtrünnig« (und in diesem Sinne »hä-
retisch«) geworden zu sein, so ist es ihm gleichwohl nicht erspart geblieben, schließlich zwischen »Kirche« und »Synagoge« zerrieben zu werden, die sich seit der Wende vom 1. zum 2.

Jahrhundert mehr und mehr gegeneinander abgrenzten [vgl. oben Nr. 9]. Nennenswerte juden-christliche Reste scheinen sich allerdings vor allem im syrisch-mesopotamischen Raum gehalten und u.a. dafür gesorgt zu haben, dass die Aktivität und Komplexität judenchristlichen Denkens noch in der islamischen Literatur (auch und gerade im Koran) ihre Spuren hinterlassen haben.

a) Der Glaube der Ebioniten (nach Irenäus, Wider die Häresien 1,26,2)

Die sog. ›Ebioniten‹[1] stimmten zwar [gemeint: im Unterschied zu den Gnostikern vom Schlage des Kerinth] darin überein, dass die Welt von Gott geschaffen sei; bezüglich des Herrn [Christus] aber sind sie ähnlicher Meinung wie Kerinth und Karpokrates[2]. Sie benutzen allein das Evangelium nach Matthäus und verwerfen den Apostel Paulus, den sie als vom Gesetz Abgefallenen bezeichnen. Hinsichtlich der [alttestamentlichen] Prophetenschriften stützen sie sich auf eine höchst sonderbare Auslegung; auch lassen sie sich beschneiden, halten an den Bräuchen fest, wie sie das Gesetz vorschreibt, und verharren in der jüdischen Lebensweise; wie sie auch Jerusalem eine Verehrung zollen, als sei es die Wohnung Gottes.

b) Aus dem Ebionitenevangelium (nach Epiphanius, Arzneikasten 30,13,7f.; 16,4f.)

(13,7) Als das Volk getauft worden war, trat auch Jesus herzu und ließ sich von Jo-hannes taufen. Als er aus dem Wasser emporstieg, öffneten sich die Himmel, und er sah den heiligen Geist in Gestalt einer Taube, die herabkam und in ihn einging. Und es erscholl eine Stimme aus dem Himmel: »Du bist mein geliebter Sohn, an dem ich Wohlgefallen habe« [vgl. Mt. 3,17 par.]; und abermals sprach sie: »Heute habe ich dich gezeugt« [vgl. Lk. 3,22 nach codex D]. Und sofort erstrahlte der Ort ringsum von gewaltigem Licht. Spricht Johannes, als er dies sieht, zu ihm »Wer bist du, Herr?« Und wiederum erging eine Stimme aus dem Himmel an ihn: »Dieser ist mein ge-liebter Sohn, an dem ich Wohlgefallen habe.« (8) Da fiel Johannes vor ihm nieder und sprach: »Ich bitte dich, Herr, taufe du mich.« Er aber wehrte ihm und antwortete: »Lass es; denn so ziemt es sich, auf dass alles erfüllt werde« [vgl. Mt. 3,15].[3]
(16,4) [Sie sagen, er (Christus) sei nicht aus Gottvater gezeugt, sondern geschaffen wie einer der Erzengel ... ; er herrsche aber über die Engel und alle Geschöpfe des Allmächtigen und sei, so die in der bei ihnen als Evangelium bezeichneten Schrift enthaltene Behauptung, gekommen und habe gelehrt: »Ich bin gekommen, die Opfer aufzuheben; und so ihr nicht aufhört zu opfern, wird Gottes Zorn nicht von euch weichen.«[4]]

Quellen: W.W. Harvey a.o.(Nr. 15)a.O.; K. Holl/J. Dummer a.o.(Nr. 15)a.O. – *Literatur:* M. Simon, Verus Israel, (Paris 1948; Nachdrucke mit einem Postscriptum des Autors 1964. 1983; engl., übers. v. H. McKeating) Oxford 1986, 237-270; G. Strecker, Das Judenchristentum in den Pseudoklementinen, TU 70, (1958) [2]1981; ders., Art. Judenchristentum, TRE 17, 1988, 310-325; A.F.J. Klijn/G.J. Reinink, Patristic Evidence for Jewish Christian Sects, Leiden 1973; R.A. Pritz, Nazarene Jewish Christianity. From the End of the New Testament Period until its Disappea-rance in the Fourth Century (SPB 37), Jerusalem-Leiden 1988; C. Colpe, Das Siegel der Prophe-ten. Historische Beziehungen zwischen Judentum, Judenchristentum, Heidentum und frühem Is-lam, 1990, 166-171. 238; G. Kretschmar, Die Kirche aus Juden und Heiden. Forschungspro-bleme der ersten christlichen Jahrhunderte, in: J. van Amersfoort/J. van Oort, Juden und Christen in der Antike, Kampen 1990, 9-43, bes. 26ff.; P.S. Alexander, The Parting of the Ways from the Perspective of Rabbinic Judaism, in: J.D.G. Dunn (Hg.), Jews and Christians, Tübingen 1992, 1-

25; J.E. Taylor, Christians and the Holy Places, Oxford 1993; W.A. Löhr, Epiphanes' Schrift »περὶ δικαιοσύνης«, in: Logos (FS f. L. Abramowski), 1993, 12-29; ders., Karpokratianisches, VigChr 49 (1995), 22-48; R. Bauckham, James and the Jerusalem Church, in ders. (Hg.), The Book of Acts..., 4, Grand Rapids/Mich. 1995, 415-480; S. Pines, The Jewish Christians of the Early Centuries of Christianity According to a New Source, in: Studies in the History of Religion, hg.v. G.A.G. Stroumsa, Jerusalem 1996, 211-284; ders., Notes on Islam and on Arabic Christianity and Judaeo-Christianity, ebenda, 316-333; C. Mimouni, Le judéo-christianisme ancien, Paris 1998; J.C. Paget, Jewish Christianity, in: W. Horbury u.a. (Hgg.), The Cambridge History of Judaism, 3, Cambridge 1999, 731-775; G. Stemberger, Judenchristen, RAC 19, 1999, 228-245; W. Horbury, The Benediction of the *Minim* and Early Jewish-Christian Controversy, in: ders., Jews and Christians in contact and controversy, Edinburgh 1998, 67-110; J. Marcus, Jewish Christianity, in: M.M. Mitchell/F.M. Young (wie o. Nr. 1), 87-102; J. Lieu, Selfdefinitions vis-à-vis the Jewish matrix, in: ebenda, 214-229; O. Skarsaune/R. Hvalvik, Jewish Believers in Jesus – The Early Centuries, Peabody 2007.

[1]   Von 'Ebjonîm (griech. πτωχοί = »Arme«), dem »Ehrenname(n) der Urgemeinde als der messianischen Gemeinde der Heiligen« (H. Lietzmann, HNT 10³, 1932, 13, zu Gal. 2,10); der Name »Ebioniten« (Ἐβιωναῖοι) erscheint hier zum ersten Mal als ›Sekten‹bezeichnung für die von der Großkirche getrennten Judenchristen.

[2]   Angeblicher Gründer einer gnostischen Sekte, die bis ins 4. Jh. hinein existierte.

[3]   Es ist umstritten, ob dieser Bericht über die Taufe Jesu (an Stelle der hier gestrichenen »Vorgeschichten« des Neuen Testaments!) im Sinne einer – auch sonst im sich separierenden Judenchristentum vertretenen – adoptianischen oder aber einer gnostisierenden (Vielhauer) Christologie zu verstehen ist (vgl. Ph. Vielhauer in: Hennecke-Schneemelcher, I³, 102).

[4]   Tempelfeindschaft und radikale Verwerfung der Opfer sind auch sonst seit der Zerstörung des Tempels 70 n.Chr. für den späteren Ebionitismus kennzeichnend. Ja, das Ebioniten- oder Ebionäerevangelium sieht die ganze Sendung Jesu darin zusammengefasst, dass er gekommen sei, die Opfer abzuschaffen (EbEv 6).

27. Irenäus von Lyon und die Fixierung der »katholischen Normen«

Irenäus, Kleinasiate von Herkunft und in seiner Jugend Schüler Polykarps, war zur Zeit Mark Aurels Presbyter und seit 178, als Nachfolger des als Märtyrer gestorbenen Pothinus (Potheinos), Bischof von Lyon und als solcher mehrfach als Vermittler zwischen Rom und dem kleinasiatischen Christentum tätig (Oster[fasten]streit!). Abgesehen von Fragmenten haben sich zwei vollständige Werke aus seiner Feder erhalten, freilich keins von beiden im originalen griech. Wortlaut: eine kurze »Darstellung der apostolischen Verkündigung« (Ἐπίδειξις τοῦ ἀποστολικοῦ κηρύγματος) und fünf Bücher »Entlarvung und Widerlegung der fälschlich sogenannten Gnosis« (Ἔλεγχος καὶ ἀνατροπὴ τῆς ψευδωνύμου γνώσεως; meist – wie in der abendländischen Tradition üblich, lateinisch – abgekürzt Adversus haereses [»Wider die Häresien«] zitiert). Sie lassen etwas vom Krisencharakter der Zeit erahnen, die, was die Gesamtlage der (und in den) christlichen Gemeinden anlangt, mit dem (wohl viel zu idyllischen) Bild von einem »Laboratorium« (bzw. »Labor«) schwerlich zureichend beschrieben ist[1]; sie lassen auch etwas davon erahnen, wie tief die Zäsur war, die die Überwindung der Krise (früher meist, aber wohl unzutreffend, weil die Gnosis überschätzend, als »gnostische Krise« bezeichnet) und insbesondere die Kanonsbildung[2] für die Geschichte von Theologie und Kirche mit sich brachte.

I. Die Bedeutung der apostolischen Tradition und Sukzession

a) Das Gemeindeamt in apostolischer Sukzession (Wider die Häresien 3,3,1; 4,26,2)

(3,3,1) Die von den Aposteln in der ganzen Welt kundgemachte Tradition[3] lässt sich von jedermann, dem es um die Erkenntnis der Wahrheit zu tun ist, in jeder Kirche antreffen; und wir sind in der Lage, die von den Aposteln in den [einzelnen] Kirchen eingesetzten Bischöfe wie auch ihre Nachfolger [wörtlich: ihre Sukzessionen] bis zum heutigen Tag aufzuzählen: sie haben von den Wahngebilden jener [sc. der Gnostiker] weder etwas gelehrt noch auch nur gehört. Aber selbst wenn die Apostel von ›verborgenen Geheimnissen‹ gewusst und diese in gesonderter, vor den übrigen geheimgehaltener Unterweisung nur den ›Vollkommenen‹ mitgeteilt hätten, dann hätten sie sie doch wohl am ehesten jenen überliefert, denen sie auch die Kirchen anvertrauten ...

(4,26,2) Aus diesem Grund muss man auch den Presbytern in der Kirche gehorchen, die, wie wir gezeigt haben, die Nachfolger der Apostel sind und zugleich mit der Nachfolge im Bischofsamt auch die gewisse Gabe der Wahrheit (charisma veritatis certum) nach dem Wohlgefallen des Vaters empfangen haben; die andern hingegen, die sich von der ursprünglichen Nachfolge absondern und irgendwo zusammenkommen, muss man für verdächtig halten; es sind dies entweder Häretiker, Leute von verkehrter Ansicht, oder Schismatiker voll Aufgeblasenheit und Selbstgefälligkeit oder endlich Heuchler, denen es hierbei nur um Geld und eitlen Ruhm geht ...

b) Die römische Gemeinde und ihre einzigartige Würde (ebenda 3,3,2f. i. Vgl. m. Hegesipp und Dionys von Korinth bei Euseb, Kirchengeschichte 4,22,2f.; 23,10f.)

(3,2) Weil es ... zu weitläufig wäre, in einem Werk wie diesem die Sukzessionen sämtlicher Kirchen aufzuführen, darum begnügen wir uns mit der sehr großen und alten, allen bekannten, von den beiden berühmtesten Aposteln Petrus und Paulus begründeten und errichteten Kirche und zeigen auf, wie die Tradition, die sie von den Aposteln empfangen, ... durch die bischöflichen Sukzessionen bis auf uns gelangt ist. Damit widerlegen wir alle die, die wie auch immer, aus Selbstgefälligkeit oder Ruhmsucht, Blindheit oder Missverstand, Konventikel gründen. Denn mit dieser [römischen] Kirche müssen wegen ihres doppelt gewichtigen Vorzugs (propter pot[ent]iorem principalitatem)[4] alle Kirchen, d.h. die Gläubigen allerorten, übereinstimmen, sowahr in ihr [oder: in einer jeden] ... die apostolische Überlieferung allezeit bewahrt worden ist (Ad hanc enim ecclesiam ... necesse est omnem convenire ecclesiam ..., in qua semper, ab his qui sunt undique, conservata est ea, quae est ab apostolis traditio).

Folgt (3,3,3), in einem teilweise bei Euseb (Kirchengesch. 5,6,1f.) auch griech. erhaltenen Stück, die römische Bischofsliste: Linus – Anacletus – Clemens – Euaristus – Alexander – Xystus – Telesiphorus – Hyginus – Pius – Anicetus – Soter – Eleutherus.

c) Die Glaubensregel (ebenda 1,10,1f.; Darstellung der apostolischen Verkündigung 47)

(10,1) Obwohl nämlich die Kirche über die ganze Welt (οἰκουμένη) bis an die Enden der Erde verstreut ist, hat sie von den Aposteln und ihren Schülern den Glauben empfangen an *einen* Gott, den Vater, den Allmächtigen, der Himmel und Erde, die Meere und alles, was darinnen ist, geschaffen hat; und an *einen* Christus Jesus, den Sohn Gottes, der zu unserem Heile Fleisch geworden ist; und an den Heiligen Geist, der durch die Propheten verkündet hat die Heilsveranstaltungen (οἰκονομίαι) Gottes und die [beiden] Advente (ἐλεύσεις)[5] und die Geburt aus der Jungfrau und die Passion und die Auferweckung von den Toten und die leibliche Aufnahme des geliebten Christus Jesus, unseres Herrn, in die Himmel und seine Wiederkunft aus den Himmeln in der Herrlichkeit des Vaters, um alles zusammenzufassen (ἐπὶ τὸ ἀνακεφαλαιώσασθαι τὰ πάντα) und alles Fleisch der gesamten Menschheit aufzuwecken, auf dass vor Christus Jesus unserem Herrn und Gott und Heiland und König, nach dem Wohlgefallen des unsichtbaren Vaters jedes Knie der himmlischen, irdischen und unterirdischen [Mächte] sich beuge und jede Zunge ihn lobpreise [vgl. Phil. 2,10f.] und er gerechtes Gericht halte über alle ... (2) Diese Verkündigung (κήρυγμα) und diesen Glauben hat die Kirche ... empfangen, und obwohl sie über die ganze Erde verstreut ist, bewahrt sie ihn sorgsam, als wenn sie *ein* Haus bewohnte; und ... einmütig verkündigt, lehrt und überliefert sie dies, als wenn sie *einen* Mund besäße ...

(Darst. d. apost. Verk. 47). Der Vater ist also Herr und der Sohn ist Herr; ebenso ist der Vater Gott und der Sohn Gott, denn was von Gott geboren ist, ist Gott. Auf diese Weise wird nach Wesen und Kraft seiner Natur *ein* Gott erwiesen; als Vollführer des Plans unseres Heils indes ist er sowohl Sohn als auch Vater. Denn da der Vater des Alls für die Geschöpfe unsichtbar und unnahbar ist, bedurfte es für die, die zu Gott gelangen sollten, der Hinführung zum Vater durch den Sohn ...

---

[1]   Vgl. o. Nr. 25, Anm. 2.

[2]   Wohl mit Recht findet G. Theissen (Die Entstehung des Neuen Testaments als literaturge-schichtliches Problem, 2007, 296f.), der »literaturgeschichtlichen Pluralität des Kanons« ent-spreche »sozialgeschichtlich die Entstehung einer religiösen Gemeinschaft vom Typ einer Kir-che« (zum Unterschied von einer Sekte). Nur ist das nicht allein etwas anders formuliert (eben-da, Anm. 27) als in E. Käsemanns ebenso berühmtem wie provokativem Vortrag »Begründet der neutestamentliche Kanon die Einheit der Kirche?« (wieder abgedr. in: ders., Exegetische Versu-che und Besinnungen I, [6]1970, 214-223), sondern besagt im Grunde das Gegenteil!

[3]   Gegensatz: die geheimen, unkontrollierbaren Überlieferungen, auf die sich die Gnostiker berufen.

[4]   Sc. als doppelt apostolische Gründung. Übersetzungsalternative: »wegen ihres überlegenen Ursprungs« (N. Brox). Vgl. dazu auch etwa die in Eusebs Kirchengeschichte (4,22,2f.) überlie-ferte Nachricht Hegesipps, der in seinen »Erinnerungen« (ὑπομνήματα) im Anschluss an Bemer-kungen über den Brief des Klemens an die Korinther erklärt habe: »Die Kirche zu Korinth ver-blieb in der rechten Lehre, bis Primus das Bischofsamt in Korinth übernahm. Auf meiner Fahrt nach Rom traf ich mit den Korinthern zusammen und verkehrte mit ihnen viele Tage, während welcher wir uns gemeinsam der rechten Lehre (ὀρθὸς λόγος) erfreuten. In Rom angelangt, stellte ich eine Sukzession[sliste] (διαδοχή) auf bis zu Aniket, dessen Diakon Eleutherus war. Auf Aniket folgte Soter, auf diesen Eleutherus. Bei jeder [Bischofs]nachfolge in einer jeden Stadt (ἐν ἑκάστῃ δὲ διαδοχῇ καὶ ἐν ἑκάστῃ πόλει) geht es so zu (οὕτως ἔχει), wie es Gesetz und Propheten wie auch der Herr verlangen«. – Auf andere Apekte und Gründe des besonderen Ansehens der römischen Gemeinde bereits im 2. Jahrhundert weist z.B. Dionys von Korinth in seinem ebenfalls auszugs-weise bei Euseb (Kirchengesch. 4,23,9ff.) erhaltenen Brief an die Römer hin.

Er schreibt dort: »Von Anfang an war es bei euch Brauch, allen Brüdern auf mannigfache Weise wohlzutun und vielen Gemeinden in allen Städten [!] Unterstützungen (ἐφόδια) zu schicken ... «. »In demselben Brief erwähnt Dionys auch den Brief des Klemens an die Korinther [vgl. oben Nr. *7] und bemerkt, dass er [dort] von jeher nach altem Brauch verlesen werde« (Euseb).*
5   *Der lat. Übersetzer liest den Singular.*

II. Theologie des Kanons

d) »Zwei Testamente« (Wider die Häresien 4,9,1)

Von ein und derselben Substanz hängt also alles ab, d.h. von ein und demselben Gott, wie auch der Herr seinen Jüngern erklärt mit den Worten: »Deshalb ist jeder Schriftgelehrte, der ein Jünger des Himmelreiches geworden ist, einem Hausvater gleich, der aus seinem Schatz Altes und Neues hervorbringt« [Mt. 13,52]. Damit meinte er nicht, dass der eine Altes und der andere Neues hervorbringe, sondern er meinte ein und denselben. Der Hausvater nämlich ist der Herr, der über das gesamte väterliche Hauswesen herrscht. Den Knechten und bis dahin Ununterwiesenen überantwortet er ein [für sie] passendes Gesetz, den Freien und im Glauben Gerechtfertigten gibt er [ihnen] geziemende Vorschriften, den Kindern aber tut er sein Erbe auf. Unter Schriftgelehrten und Lehrern des Himmelreiches sind seine Jünger zu verstehen ... [vgl. Mt. 23,34]. Folglich meint er mit dem, was sie an Altem und Neuem aus ihrem Schatz hervorbringen, unzweifelhaft die beiden Testamente (duo testamenta): das »Alte« ist die frühere Gesetzgebung, das »Neue« der evangeliumsgemäße Wandel ... Beide Testamente aber hat ein und derselbe Hausvater hervorgebracht, der Logos Gottes, unser Herr Jesus Christus, der [bereits] mit Abraham und Mose sich unterredet und uns im Neuen Bunde (in novitate [vgl. Jer. 31,31f.]) die Freiheit wiederhergestellt und die Gnade, die von ihm kommt, vervielfältigt hat.

e) Die Apostel im Vollbesitz der Wahrheit (ebenda 3,1,1)

Von niemandem sonst als denen, durch die das Evangelium zu uns gelangte, haben wir den [göttlichen] Ratschluss (dispositio) kennengelernt, der sich auf unser Heil bezieht. Was sie zuerst gepredigt und dann nach Gottes Willen uns schriftlich überliefert haben, sollte die »Säule und Grundfeste« [vgl. 1. Tim. 3,15] unseres Glaubens werden. Frevelhaft ist die Behauptung, sie hätten gepredigt, bevor sie selbst vollkommene Erkenntnis besaßen, wie jene sich zu sagen herausnehmen, die sich die Apostel korrigieren zu können rühmen. Denn nicht eher zogen sie aus bis an die Enden der Erde, allen die frohe Botschaft von dem, was Gott an uns getan, zu bringen und den Menschen den himmlischen Frieden zu verkündigen, als unser Herr von den Toten auferstanden war und sie alle aus der Höhe die Kraft des Hl. Geistes empfangen hatten, der über sie kam. Dadurch wurden sie mit allen Gaben erfüllt und gelangten in den Besitz vollkommener Erkenntnis, sie, die alle in gleicher Weise und jeder im besonderen Träger des [einen] Evangeliums Gottes sind.

f) Klarheit und »Suffizienz« der Schrift (ebenda 1,8,1; 10,3; 2,27,1f.)

(1,8,1) [Missbrauch der Schrift seitens der Gnostiker] ... Indem sie ... sich über Ordnung und Zusammenhang der Schriften hinwegsetzen und nach Kräften die Glieder der Wahrheit auflösen, suchen sie ihren Lehren die Parabeln des Herrn, die Aussprüche der Propheten oder die Worte der Apostel gefügig zu machen, damit es den Anschein habe, als sei ihre Erdichtung nicht unbezeugt. Sie stellen und formen um, verändern völlig den Sinn und täuschen auf diese Weise viele mit ihrem aus passend[erscheinend]en Herrenworten schlecht genug zusammengestückten Phantasiegebilde ...

(1,10,3) Wenn nun in der Kirche einige mehr, andere weniger Einsicht und Wissen besitzen, so hat das nicht etwa darin seinen Grund, dass die Basis nicht mehr [für alle] unverändert dieselbe wäre, sondern dass sich [die Wissenden] zusätzlich zum Bildner, Verfertiger und Erhalter dieses Alls, als genüge dieser uns nicht, noch einen anderen Gott oder [auch] einen anderen Christus oder Eingeborenen ersännen; vielmehr [besteht ihre höhere Erkenntnis] darin, dass sie die Wahrheit all dessen, was [in der Schrift] in Bildern ausgedrückt ist, herausarbeiten und als im Einklang mit dem Glaubensfundament befindlich erweisen (οἰκειοῦν τῇ τῆς πίστεως ὑποθέσει)[1], dass sie ferner Gottes Handeln und Plan mit der Menschheit auseinandersetzen, ... sich zu verstehen bemühen, ... warum das Wort Fleisch geworden ist und gelitten hat ..., warum Gott die einst verstoßenen Heiden nun zu Miterben, Tischgenossen und Mitbürgern der Heiligen gemacht hat ...

(2,27,1) [Die geoffenbarte Wahrheit als Grundlage gesunden »Forschens« , legitimer »Gnosis«:] Wer gesunden, untrüglichen, frommen und wahrheitsliebenden Sinnes ist, der wird bereitwillig dem nachsinnen, was Gott in die Macht des Menschen gelegt und unserer Erkenntnis unterworfen hat, und wird darin Fortschritte machen und sich durch tägliche Übung leicht ein gesichertes Wissen verschaffen. Dies bezieht sich auf alles, was ... in den göttlichen Schriten offen und unzweideutig mit ausdrücklichen Worten gesagt ist.

Von diesen »hellen« Stellen ausgehend sind auch die »dunklen«, sich bildlicher Ausdrucksweise bedienenden, zu deuten, statt dass man sie willkürlich, wie es die Häretiker zu tun pflegen, mit »geheimnisvoll Gesagtem und den Augen Verborgenem« in Verbindung bringt. Andernfalls erhält jeder seine eigene Interpretation und »gibt es bei niemandem eine Richtschnur der Wahrheit (regula veritatis)«.

(2) [Ihrem wesentlichen Inhalt nach] sind sämtliche Schriften, Prophetien wie Evangelien, völlig klar und unzweideutig und können von allen in gleicher Weise verstanden werden, auch wenn nicht alle glauben ...

g) Die prinzipielle Geschlossenheit des Vier-Evangelien-Kanons und ihre Kriterien (ebenda 3,1,2; 11,7ff.)

(3,1,2) Sie alle [sc. die Evangelien] lehren uns den *einen* Gott, Schöpfer Himmels und der Erden, so, wie ihn Gesetz und Propheten verkündeten, und den *einen* Christus, Gottes Sohn. Wenn also jemand ihnen nicht beistimmt, dann verachtet er die, die am [Erdenweg des] Herrn teilhatten, verachtet [damit] auch den Herrn selbst, verachtet aber auch dessen Vater und ist durch sich selbst gerichtet, weil er seinem Heil hartnäckig widerstreitet. Das aber tun alle Häretiker [sofern sie sich entweder nur auf dies oder jenes Evangelium beschränken wollen, oder aber – wie die Valentinianer mit ihrem »Evangelium der Wahrheit« – mehr als die »kanonischen« vier einführen].

(11,7) Das sind jedenfalls die Grundlehren [oder: Anfänge] (principia) des Evangeliums, welche den einen Gott ... als den Vater unseres Herrn Jesus Christus bezeugen und außer ihm keinen »anderen Gott« und keinen »anderen Vater« kennen ... (8) Es darf weder eine größere noch eine geringere Zahl an Evangelien geben [als die vier von der katholischen Kirche anerkannten und verehrten] ...

Irenäus begründet dies anschließend – in einer lange nachwirkenden Symbolik – mit der Vierzahl der Weltgegenden und Windrichtungen sowie der mit den »Cheruben« von Ez. 1 in eins gesetzten Tiere von Offb. 4,6ff. Sein Fazit:

(8) Wie das Wirken des Gottessohnes, so ist auch die Gestalt der Tiere, und wie die Gestalt der Tiere, so ist auch das Wesen des Evangeliums. Viergestaltig sind die Tiere, viergestaltig ist das Evangelium, viergestaltig die Heilsordnung des Herrn ... (9) ... Da nämlich Gott alle Dinge in guter und passender Ordnung geschaffen hat, musste auch die Gestalt des Evangeliums wohlgeordnet und -gefügt sein[2].

[1]   Zum Verhältnis von Hl. Schrift und »Glaubensregel« s. 1,10,1f.; 3,1,2 [=Abschnitt c und g].
[2]   Zu den Kriterien der Kanonsbildung vgl. auch das im Auszug bei Euseb (Kirchengesch. 6,12,2-6) erhaltene Schreiben des Bischofs Serapion von Antiochien (ca. 190-211) »Über das sog. Petrusevangelium«. Gerichtet an die Gemeinde von Rhossos bei Antiochien, verbietet es den Gebrauch und die Lektüre des Petrusevangeliums, weil es vor doketistischen Missverständnissen nicht genügend geschützt sei. Euseb zitiert: »Meine Brüder, wir halten an Petrus und den übrigen Aposteln ebenso fest wie an Christus, die fälschlich unter ihrem Namen umgehenden Schriften hingegen sind wir erfahren genug zurückzuweisen, da wir wissen, dass uns derartiges [in den unbezweifelbar echten »apostolischen« Schriften] nicht überliefert worden ist ... [Bei genauerer Lektüre des sog. Petrusevangeliums erweist sich,] dass zwar das meiste mit der wahren Lehre unseres Erlösers übereinstimmt, manches aber auch davon abweicht ... «. – Zum Problem des Doketismus s. noch immer N. Brox, »Doketismus« – eine Problemanzeige, ZKG 95, 1984, 301-314 (hier: 313, Anm. 31).

III. Theologie der Heilsgeschichte

Irenäus hat aber nicht nur als der klassische Vertreter des »Altkatholizismus« zu gelten. Vielmehr gebührt ihm zweifelsohne auch der Rang eines eigenständigen Theologen, wenn man nicht sogar sagen muss, dass er der erste gewesen sei, der eine umfassende Synthese zuwege brachte und eine wirkliche Theologie begründete. Jedenfalls ist er als der »eigentliche Schöpfer des christlichen Geschichtsbildes« (von Campenhausen) anzusehen, in dessen Konzept von der die gesamte Menschheit umfassenden »Heilsgeschichte« auch die Erwartung eines tausendjährigen Christusreiches auf Erden (vgl. Offb. 20, 1ff.), der »Chiliasmus«, integriert war.

h) Das tausendjährige Reich (ebenda 5,35.36)

(35,1) [Wider diejenigen, die die chiliastische Hoffnung, die Prophetien über die neue Erde, sinnbildlich auf den Himmel und nicht als irdische Realität deuten wollen] Nun versuchen einige, solche Stellen [wie Jes. 31,9-32,1; 54,11-14; 65,18-22] in allegorischem [»übertragenem«] Sinne zu verstehen; sie werden jedoch nicht zu einer in allen Punkten in sich stimmigen Deutung imstande sein und zudem durch die ihnen entgegenstehenden Texte selbst widerlegt werden ... [vgl. Jes. 6,11-13, 13,9; 26,10]. Das alles bezieht sich doch unbezweifelbar auf die Auferstehung der Gerechten nach der Ankunft des Antichrist und der Vernichtung aller ihm untergebenen Völker; dann werden die Gerechten auf Erden herrschen, indem sie wachsen kraft der [ihnen gewährten] Schau des Herrn, werden sie durch ihn sich gewöhnen an die Glorie Gottvaters, mit den heiligen Engeln Umgang und Gemeinschaft pflegen und mit den geistigen Wesen geeint werden im Reich ... (2) Derartige Aussprüche [wie Baruch 4,36-5,9] können doch nicht auf das Überhimmlische gedeutet werden ..., sondern nur auf die Zeiten des Reiches, wenn die Erde von Christus erneuert und Jerusalem nach dem Muster des oberen Jerusalem wiederaufgerichtet sein wird ..., in welchem die Gerechten die Unverweslichkeit im voraus kosten und für das Heil vorbereitet werden ... Nichts von dem allen kann man allegorisch verstehen; sondern alles ist sicher, wahr und real, von Gott zum Ge-nuss der Gerechten ins Werk gesetzt ...

(36,3) [Schluss: ein einziger Vater, ein einziger Sohn, eine einzige Menschheit] ... In dem allen und durch das alles offenbart sich Gottvater, der den Menschen gebildet und den Vätern [sc. den Erzvätern oder Patriarchen] die Erbschaft der Erde verheißen hat, welcher sie auch bei der Auferstehung der Gerechten heraufführen und seine Verheißungen im Reich seines Sohnes erfüllen wird. Dann aber bietet er in seiner Väterlichkeit dar, »was kein Auge gesehen, kein Ohr gehört hat und in keines Menschen Herz gedrungen ist« [1. Kor. 2,9]. Denn es ist *ein* Sohn, der den Willen des Vaters vollführte, und *ein* Menschengeschlecht, in dem die Geheimnisse Gottes sich erfüllen. In diese Geheimnisse gelüstet die Engel, Einblick zu nehmen [vgl. 1. Petr. 1,12]; doch sie vermögen die Weisheit Gottes nicht zu ergründen, durch welche sein Geschöpf zur Gleichförmigkeit mit dem Sohn und zur Einleibung in diesen gelangt, nämlich, dass sein erstgeborener Sohn, der Logos, in sein Geschöpf, d.h. in sein Gebilde, hinabsteige und von ihm aufgenommen werde und dass das Geschöpf wiederum den Logos aufnehme und zu ihm emporsteige, indem es über die Engel sich erhebt und zur Entsprechung mit dem Bild und Gleichnis (secundum imaginem et similitudinem [vgl. Gen. 1,26]) Gottes gelangt.

Quelle: A. Rousseau/L. Doutreleau u.a.. SC 263f., 293f, (34) 210f., 100(bis), 152f., 62, Paris (1952) 1965-1982; N. Brox (Hg.), FC 8,1-5, 1993-2001. – *Literatur:* G. Wingren, Man and Incarnation, Edinburgh 1957; N. Brox, Offenbarung, Gnosis und gnostischer Mythos bei Irenäus von Lyon, 1966; ders., Das Frühchristentum (GA), Freiburg/Br. 2000, 143-200; H. von Campenhausen a.o.(Nr. 15)a.O., 213ff.; ders., Die Entstehung der Heilsgeschichte, Saeculum 21, 1970, 189-212; E.P. Meijering, Irenaeus' relation to philosophy, in: FS f. J.H. Waszink, Amsterdam 1973, 221-232; ders., Bemerkungen zum Nachleben des Irenäus im Streit der Konfessionen, VigChr 53, 1999, 74-99; H.J. Jaschke, Der Heilige Geist im Bekenntnis der Kirche (MBT 40), 1976; ders., Art. Irenäus von Lyon, TRE 16, 1987, 258-268; Y. de Andia, Homo vivens, Paris 1986; R Noormann, Irenäus als Paulusinterpret (WUNT 2, 66), 1994; W. Overbeck, Menschwerdung (BSHT 61), 1995; D. Wyrwa, Kosmos und Heilsgeschichte bei Irenäus von Lyon, in: ders. (Hg.), Die Weltlichkeit des Glaubens in der Alten Kirche (FS f. U. Wickert), 1997, 443-480; R.M. Grant, Irenaeus of Lyons, London-New York 1997; S. Hausammann (wie o. Nr. 7), 106-129; D. Minns, Truth and tradition: Irenaeus, in: M.M. Mitchell/F.M. Young (wie o. Nr. 1), 261-273.

28. Das älteste neutestamentliche Schriftenverzeichnis?
(»Canon Muratori«)

In einer Palimpsest- [d.h. einer nach Abschabung wiederbeschriebenen Pergament-]Handschrift aus dem 8. Jahrhundert wurde im Jahre 1740 durch L.A. Muratori in der Bibliotheca Ambrosiana zu Mailand ein Verzeichnis der neutestamentlichen Schriften entdeckt, das, aus dem Griechischen in ein geradezu barbarisches Latein übersetzt und dazu durch Schreibfehler entstellt, teilweise nicht sicher wiedergegeben werden kann. Über seine Datierung und Verortung (um

200, Rom[1]) wird gegenwärtig heftig gestritten. Klar aber ist, dass es schwerlich als offizielles Dokument angesehen werden kann *und* dass es eine vollzählige Aufzählung sämtlicher in der »katholischen Kirche« als gültig anerkannten neutestamentlichen Schriften bieten will. Anfang und Schluss sind für uns verloren; doch lässt sich der Anfang zumindest annäherungsweise rekonstruieren .

... wobei er [Markus] doch zugegen war und es so darstellte. Das dritte Evangelienbuch ist dasjenige nach Lukas. Jener Lukas, ein Arzt, den Paulus nach der Auffahrt Christi gleichsam als Rechtskundigen[?] zu sich gezogen hatte, verfasste es in eigenem Namen, doch nach [dessen] Meinung. Auch er hat indes den Herrn nicht im Fleische gesehen und beginnt daher so, wie es ihm erreichbar war, von der Geburt des Johannes an zu erzählen. Das vierte der Evangelien ist von Johannes, einem der Jünger. Als ihn seine Mitjünger und Bischöfe aufforderten, sagte er:»Fastet mit mir von heute an drei Tage lang, und was einem jeden offenbart werden wird, wollen wir einander berichten.« In derselben Nacht wurde dem Andreas, einem [anderen] der Jünger, offenbart, Johannes solle alles in eigenem Namen niederschreiben, und alle sollten es überprüfen. Mögen daher in den einzelnen Evangelien auch verschiedene Anfänge (principia)[2] gelehrt werden, so macht das für den Glauben der Christen gleichwohl keinen Unterschied, da durch den einen leitenden Geist in allen alles bekannt gemacht worden ist: die Geburt, das Leiden, die Auferstehung, der Verkehr mit seinen Jüngern und seine zwiefache Ankunft, erst verachtet in Niedrigkeit, was schon geschehen ist, dann im Glanz königlicher Gewalt, was noch aussteht. Was Wunder also, wenn Johannes die Einzelheiten auch in seinen Briefen so übereinstimmend vorträgt, da er von sich selbst sagt:»Was wir mit unseren Augen sahen und mit unseren Ohren hörten und mit unseren Händen betasteten, das schrieben wir euch« [Joh. 1,1ff.]. Denn damit bekennt er sich der Reihe nach nicht nur als Augen- und Ohrenzeugen, sondern auch als Berichterstatter über alle wunderbaren Taten des Herrn. Die Taten aller Apostel aber sind in *einem* Buche beschrieben. Lukas fasst für den »besten Theophilos« [vgl. Lk. 1,1; Apg. 1,3] zusammen, was in seiner Gegenwart im einzelnen geschehen, wie er es ja auch deutlich dartut, indem er nicht nur das Martyrium des Petrus, sondern auch die Reise des Paulus von Rom nach Spanien weglässt. Die Briefe des Paulus aber erklären dem Wissbegierigen selbst, welche es sind [sc. von Paulus stammen] und von wo aus und aus welchem Anlass sie verfasst wurden. Zuallererst schrieb er an die Korinther, denen er die Häresie des Schismas, dann den Galatern, denen er die Beschneidung untersagte; den Römern prägte er ausführlicher ein, dass Christus die Regel der Schrift und ihr Prinzip sei. Über diese müssen wir im einzelnen sprechen, da der selige Apostel Paulus selbst – darin der Regel seines Vorgängers Johannes [vgl. die sieben Sendschreiben, Offb. 2f.] folgend – mit Namensnennung nur an sieben Gemeinden schreibt, und zwar in folgender Reihenfolge: an die Korinther der erste, an die Epheser der zweite, an die Philipper der dritte, an die Kolosser der vierte, an die Galater der fünfte, an die Thessalonicher der sechste, an die Römer der siebente Brief. Aber wenn auch an die Korinther und die Thessalonicher zu ihrer Zurechtweisung noch ein zweites Mal geschrieben wird, dann ist gleichwohl klar erkennbar, dass es [nur] *eine* über den ganzen Erdkreis verstreute Kirche gibt. Denn auch Johannes schreibt in der Offenbarung [zwar] an sieben Gemeinden, redet aber zu allen. Hingegen sind der eine Brief an Philemon, der eine an Titus und die beiden an Timotheus [zunächst nur] aus [persönlicher] Zuneigung und Liebe geschrieben, dann aber doch zu Ehren der katholischen Kirche und zur Ordnung kirchlicher Disziplin geheiligt worden. Es geht auch ein [Brief] an die Laodizener, ein anderer an die Alexandriner um, auf den Namen des Paulus gefälscht für die Sekte des Markion, und anderes mehr, was nicht in die [der?] katholische[n] Kirche aufgenommen werden kann, da es nicht angeht, Galle mit Honig zu mischen. Ferner werden ein Brief des Judas und von dem oben erwähnten[?] (superscriptio [=superscripti?]) Johannes zwei in der katholischen [Kirche][3] festgehalten; auch die Weisheit, die von Freunden [= griech. φίλων] Salomos zu dessen [oder: ihrer, der Kirche] Ehre [oder: von Philon zu Ehren Salomos] (et sapientia ab amicis Salomonis in honorem ipsius scripta)[4] verfasst wurde. An Offenbarungen anerkennen wir nur die des Johannes und des Petrus: die letztere wollen einige von uns freilich nicht in der Kirche lesen lassen. Den »Hirten« dagegen hat erst vor kurzem, zu unserer Zeit, in der Stadt Rom Hermas verfasst, als auf dem Thron der Kirche der Stadt Rom der Bischof Pius, sein Bruder, saß. Deshalb soll er zwar [privat] gelesen werden, aber öffentlich in der Kirche dem Volk verlesen werden kann er weder unter den Propheten, deren Zahl abgeschlossen ist, noch unter den Aposteln am Ende der Zeiten. Von Arsinous, Valentin oder Miltiades[?] (mitiadis) schließlich nehmen wir überhaupt nichts an; diese haben auch für Markion ein neues Psalmbuch verfasst, zusammen mit Basilides aus Kleinasien [sic!], dem Stifter der Kataphryger[= Montanisten-]Sekte [sic!] ...

Quelle: H. Lietzmann, Das muratorische Fragment, KIT 1, (1921) 1933[2]. – *Literatur:* H. v. Campenhausen a.o.(Nr. 15)a.O., 282ff. (m. weit. Lit.); E. Ferguson, Canon Muratori – Date and Provenance, StudPatr 17/2 (1982) 677-683; J. Barr, Holy Scripture, Canon, Authority, Criticism, Philadelphia 1983; H.Y. Gamble, The New Testament Canon. Its Making and Meaning, Phila-delphia 1985; G.M. Hahneman, The Muratorian Fragment and the Development of the Canon (OTM), Oxford 1992 (vgl. dazu E. Ferguson, in: JThS 44,1993, 691-697; P. Henne in: RB 100, 1993, 54-75); B.M. Metzger, Der Kanon des NT, 1993; A.M. Ritter, Die Kanonbildung in der Alten Kirche, in: ders., Charisma und Caritas (GA), Göttingen 1993, 265-280; L.M. McDonald, The Formation of Christian Biblical Canon, Hendrickson [2]1995; ders./J.A. Sanders (Hg.), The Canon Debate, Hendrickson 2002; D. Trobisch, Die Endredaktion des Neuen Testaments (NTOA 31), 1996; G. Theissen, Die Entstehung des Neuen Testaments als literaturgeschicht-liches Problem (Schriften d. Phil.-Hist. Kl. d. Heidelberger Ak. D. Wiss. 40), 2007 bes. 277-324; C. Markschies (wie o. Nr. 18), bes. 228-236.

[1]   G. Theissen (wie o.) hält die Spätdatierung des Fragments durch G.M. Hahnemann (s.o.) auf das 4. und 5. Jh. für »unwahrscheinlich«. Seine Begründung: Wenn die Bemerkung, der »Hirt des Hermas« sei »vor kurzem« in Rom entstanden, »nicht eine raffinierte pseudepigraphische Irreführung« sei, dann »dürfte« das Muratorianum noch dem 2. Jh. angehören (283, Anm. 9); ähnlich jetzt auch C. Markschies (wie o.), 236.

[2]   Bei den »Anfängen« springen ja die Verschiedenheiten der Evangelien am ehesten in die Augen.

[3]   duas[= duae?] in catholica; vielleicht ist auch dua[e] sin catholica = griech. δύο σὺν καθο-λικῇ bzw. πρὸς καθολικήν zu lesen, catholica also auf den »katholischen«, den 1. Johannesbrief zu deuten.

[4]   Dies Missverständnis einer ab amicis (ὑπὸ φίλων) Salomos statt, wie auch sonst bezeugt, von Philon (ὑπὸ Φίλωνος) zu Ehren Salomos oder der Kirche verfassten »Weisheit« ist wohl der unwidersprechlichste Beweis einer ursprünglich griech. Abfassung des Muratorianum.

29. » Adoptianismus« und »Monarchianismus«

Unter M. (abgeleitet von μοναρχία = »Alleinherrschaft«, »Alleinursächlichkeit«) versteht man Lehranschauungen, die, gegen die aufkommende Logoschristologie (vgl. oben Nr. 21c; 27c) und wohl auch die Gnosis, die strenge *Einzigkeit Gottes* zu wahren suchten, neben der es keine an-dere »präexistente« göttliche »Person« gebe. Ihm konkurrierte eine christologische Konzeption, die jegliche vorirdische Existenzweise Christi leugnete und annahm, der Mensch Jesus sei (z.B.

bei Gelegenheit der Jordantaufe) zum Gottessohn »adoptiert« worden. – Obwohl die führenden Vertreter des Monarchianismus (wie auch des Adoptianismus!) aus dem Osten stammten, wenngleich sie – darin einigen Gnostikern (Valentin!) ähnelnd – den Kampf hauptsächlich in Rom austrugen, haben bis ins 4. Jahrhundert hinein griechische Theologen und Kirchenmänner auf »monarchianische« (früher sagte man mit Vorliebe: »modalistische« [abgeleitet von modus = Erscheinungsweise]) Vorstellungen sehr viel empfindlicher reagiert als solche aus dem lateinischen Westen.

a) Theodot der Gerber in der Darstellung Hippolyts (Widerlegung sämtlicher Häresien 7,35,1f.)

(1) Ein gewisser Theodot aus Byzanz[1] führte eine neuerliche Häresie ein, indem er zwar über den Ursprung des Alls teilweise in Übereinstimmung mit der wahren Kirche lehrte und bekannte, dass alles von Gott geschaffen sei; von Christus aber behauptete er, unter Entlehnung aus der Schule der Gnostiker, Kerinths und Ebions[2], er sei etwa auf folgende Weise erschienen: (2) Jesus sei ein Mensch[3], aus einer Jungfrau geboren nach dem Willen des Vaters, habe gelebt wie die übrigen Menschen und sei überaus gottesfürchtig gewesen; nach der Taufe am Jordan habe er [deshalb] den Christus aufgenommen, welcher auf ihn in Gestalt einer Taube von oben herabkam [vgl. Mt. 3,16f. par.]. Daher hätten auch die [göttlichen] Kräfte ($\delta\upsilon\nu\acute{\alpha}\mu\epsilon\iota\varsigma$)[4] nicht eher in ihm gewirkt, als bis das Pneuma auf ihn herabgekommen und in ihm in Erscheinung getreten sei; dies [Pneuma] aber nennt er den Christus. Sie [die Theodotianer] lassen ihn [selbst] bei der Herabkunft des Pneuma nicht Gott geworden sein; andere aber [nehmen dies für die Zeit] nach der Auferstehung von den Toten [an.]

b) Die Häresie Noëts nach Hippolyt (ebenda 9,10)

... Es ist allen klar, dass die wahnwitzigen Nachfolger Noëts..., selbst wenn sie vorgeben, nicht zu den Hörern Heraklits gezählt zu haben (!) doch zugleich mit den Ansichten Noëts sich diejenigen Heraklits zueigen machten. Dies nämlich lehren sie: ein und derselbe Gott sei der Werkmeister und Vater aller Dinge; wann immer es ihm wohlgefallen habe, sei er den Gerechten der Vorzeit erschienen unerachtet seiner Unsichtbarkeit; solange er sich nämlich nicht sehen ließ, war er unsichtbar; ließ er sich aber sehen, so war er sichtbar. Unfassbar war er, wenn er nicht erfasst sein wollte, und fassbar, wenn er sich fassen ließ. So ist er aus demselben Grunde unüberwindlich und überwindbar, ungeworden [und geworden], unsterblich und sterblich. Wie sollten sich diese Leute also nicht als Schüler Heraklits entlarven ...? Daß er [Noët] auch behauptet, ein und derselbe sei Sohn und Vater, ist allgemein bekannt ... Dieser eine, welcher [auf Erden] erschienen sei, die Geburt aus der Jungfrau auf sich genommen und als Mensch unter Menschen geweilt habe, er habe sich denen gegenüber, die ihn zu sehen bekamen, als Sohn bekannt wegen der erfolgten Geburt; vor denen aber, die es zu fassen vermochten, habe er es nicht verborgen gehalten, dass er der Vater sei. Ihm, der an das qualvolle [Kreuzes-] Holz geheftet wurde und sich selbst seinen Geist übergab (Lk 23,46), der starb und [doch] nicht starb, der sich selbst, im Grabmal beigesetzt, mit der Lanze durchbohrt und von den Nägeln aufgespießt, am dritten Tage auferweckte, von diesem sagen sie, er sei der Gott des Alls, und überziehen so viele mit dem Dunkel Heraklits.

c) Die Häresie des Praxeas (nach Tertullian, Wider Praxeas 1)

(1,1) Auf mannigfache Weise hat sich der Satan bestrebt, es der Wahrheit ganz gleich zu tun (aemulatus est veritatem). Gelegentlich hat er sie zu erschüttern versucht, indem [er sich den Anschein gab, als ob] er sie verteidige. Er ist der Schildwächter der Einzigkeit des Herrn, des Allmächtigen, Gründers der Welt, um aus dieser Einzigkeit eine Irrlehre abzuleiten. Er sagt, der Vater selbst sei in die Jungfrau [Maria] eingegangen, sei selbst geboren worden, habe selbst gelitten, kurzum: er sei selbst Jesus Christus gewesen. Die Schlange selbst hat sich vergessen! Denn als sie Jesus Christus nach der Taufe des Johannes versuchte, griff sie ihn ja gerade als den Sohn Gottes an und war sich – zumindest aufgrund jener Schriftstellen, aus denen sie sich die Versuchung zurechtzimmerte – sicher, dass Gott einen Sohn habe: (2) »Wenn du Gottes Sohn bist, dann sprich, dass diese Steine zu Brot werden« [Mt. 4,3]; und wiederum: »Wenn du Gottes Sohn bist, dann wirf dich von hier herab; denn es steht geschrieben: ›Er (gemeint ist natürlich der Vater!) hat seinen Engeln über dir geboten, und sie werden dich auf Händen tragen, damit du deinen Fuß nicht an einen Stein stoßest‹« [Mt. 4,6]. (3) Oder will er [der Teufel] die Evangelien etwa der Lüge zeihen und sagen: »Mögen Matthäus und Lukas es auch so betrachtet haben: ich für mein Teil habe mich Gott selbst genähert, habe den Allmächtigen unmittelbar versucht; das war der Grund, weshalb ich mich an ihn herangemacht, das der Grund, weshalb ich ihn versucht habe; andernfalls, wenn es [nur] Gottes Sohn gewesen wäre, dann hätte ich mich womöglich niemals dazu herabgelassen, ihn zu versuchen!« Nun aber ist er vielmehr der Lügner von allem Anfang an [vgl. Joh. 8,4]; dasselbe gilt von einem jeden, den er angestiftet hat – wie Praxeas. (4) Denn dieser Mensch war der Erste, der diese Art von Wahnsinn aus Asien auf römischen Boden verpflanzt hat, auch sonst ein Mann von ruhelosem Charakter[5] und dazu aufgeblasen vom Ruhm seiner Konfessorenschaft[6], die jedoch in nicht mehr bestand als einfach in dem kurzen Ungemach einer Kerkerhaft. Allein, selbst wenn er seinen Leib hingegeben hätte, damit er verbrannt werde, dann wäre ihm dies gar nichts nütze gewesen, weil er die Liebe Gottes nicht hatte, gegen dessen Gnadengaben er [sc. als Antimontanist] auch beharrlich ankämpfte [vgl. 1. Kor. 13,3].

Quellen: M. Marcovich a.o.(Nr. 25)a.O.; E. Kroymann/E. Evans, Qu. S. Fl. Tertulliani Adversus Praxean, in: Tertulliani Opera, II, CChr 2, 1954. – *Literatur:* J. Frickel, Das Dunkel um Hippolyt von Rom, Graz 1988; R.M. Hübner, Die antignostische Glaubensregel des Noët von Smyrna, (1989); jetzt in: ders., Der paradox Eine (s.o. zu Nr. 11), 39-94; J. Hammerstaedt, Art. Hypostasis, RAC 16, 1994, 986-1035; W.A. Löhr, Theodotus der Lederarbeiter und Theodotus der Bankier, in: ZNW 87, 1996, 101-125; H.G. Thümmel, Logos und Hypostasis, in: D. Wyrwa (Hg.), Die Weltlichkeit des Glaubens ... (s.o. zu Nr. 21), 347-398; A.M. Ritter, Art. Trinität I, TRE 33, 2002, 91-99; S. Hausammann (wie o. Nr. 7), 129-154; W.A. Bienert, Wer war Sabellius?, StPatr 40, 2006, 359-365; F.M. Young, Monotheism and Christology, in: M.M. Mitchell/F.M. Young (wie o. Nr. 1), 452-469, bes. 456-463.

[1]   Nach Euseb (Kirchengesch. 5,28,4-6) war er Schuster oder Gerber (σκυτεύς).

[2]   Fiktiver Ahnherr (heros eponymos) der Ebioniten, aus Unkenntnis der wirklichen Etymologie (s. o. Nr. 26, A. 1) und in Analogie zu anderen Häresien von Hippolyt (und Tertullian) gebildet.

[3]   Euseb (a.a.O.): »ein bloßer Mensch« (ψιλὸς ἄνθρωπος).

[4]   Gestützt darauf bezeichnete man früher den »Adoptianismus« als »dynamistischen« und den »Monarchianismus« als »modalistischen Monarchianismus« (Vater, Sohn und Geist als verschiedene Erscheinungsweisen [modi] der Gottheit), als handele es sich bei beiden nur um ver-

schiedene Spielarten ein und desselben theologischen Ansatzes und nicht vielmehr um konträre Gegensätze.

[5] Er macht also seinem Namen P. (›Gschaftlhuber‹) alle Ehre!

[6] Konfessor (»Bekenner«) bezeichnet im Unterschied zu Märtyrer (»Blutzeuge«) denjenigen, der in Verfolgungszeiten seinen Christenglauben bekannte, vor der Vollstreckung der darauf stehenden Todesstrafe jedoch bewahrt blieb.

30. Tertullian

Qu. S. Fl. Tertullianus wurde wohl bald nach der Mitte des 2. Jahrhunderts in Karthago geboren und erhielt, wie sein erhaltenes Schrifttum ausweist, eine solide, vor allem rhetorische Ausbildung. Um 195 aus Rom, wo er bis zu seiner Bekehrung anscheinend als Rhetor (und Advokat?) tätig war, in seine Vaterstadt zurückgekehrt, entfaltete er alsbald eine rege literarische Tätigkeit im Dienst der Kirche. Da seine Wortprägungen (z.B. »Dreieinigkeit« [trinitas »Verdienst« [meritum] »Sakrament« [sacramentum]) und trinitätstheologisch-christologischen Formeln zur Grundlage der abendländischen Orthodoxie wurden, sind auch, obwohl er gegen Ende seines Lebens (spätestens 207/208) zum Montanismus übertrat, verhältnismäßig viele seiner Schriften (37 Buchtitel!) erhalten geblieben.

I. Tertullian, der Apologet

Weitaus wichtigstes unter den *apologetischen* Werken, mit denen Tertullians Schriftstellerei eingesetzt zu haben scheint, ist die große »Schutzschrift« (Apologeticum), entstanden wohl Ende 197, aus der im folgenden nur einige besonders charakteristische Passagen mitgeteilt werden können.

a) Der Zweck der Apologie (Apologeticum 1,1f.)

(1,1) Wenn es euch, ihr Statthalter (antistites) des römischen Reiches, schon nicht verstattet ist, an freier und hochgelegener Stätte ... als Vorsitzende bei Gericht offen zu prüfen und vor aller Augen zu untersuchen, was es in Wahrheit mit der Sache der Christen auf sich hat, ... dann möge es doch der Wahrheit verstattet sein, wenigstens auf dem verborgenen Wege einer stummen Schrift an euer Ohr zu dringen. (2) Sie sucht nicht, ihre Lage durch Bitten zu verändern, weil sie sich über diese ihre Lage nicht im geringsten wundert. Sie weiß, dass sie auf Erden nicht zu Hause ist und unter einem Volk, das ihr fremd ist, leicht auf Feinde trifft, dass sie aber ihren Ursprung, ihre Heimat, Hoffnung, ihren Dank und ihr Ansehen im Himmel besitzt. Vorläufig verlangt sie nur nach einem: man soll sie kennenlernen, ehe man sie verdammt (ne ignorata damnetur).

b) Die Unvernunft und Ungerechtigkeit des Christenhasses (ebenda 1,10-13; 2,1-3; 40,2; 50,12f.)

(1,10) ... Über alles Böse hat die Natur Furcht oder Scham gebreitet. (11) Daher trachten Frevler danach, im Verborgenen zu bleiben ... (12) Der Christ aber – tut er etwas dergleichen? Keiner schämt sich; keiner bereut, es sei denn dies, nicht schon früher Christ gewesen zu sein. Wird er angezeigt, triumphiert er; als Angeklagter verteidigt er sich nicht; beim Verhör gesteht er sogar freiwillig und bei der Verurteilung bedankt er sich noch. (13) Was soll das Schlechtes sein, dem die natürlichen Merkmale des Schlechten abgehen: Furcht, Scham, Ausflüchte, Reue, Bedauern? ... Du kannst nicht von Wahnsinn sprechen, da du es überführtermaßen nicht kennst.

(2,1) Wenn schließlich feststeht, dass wir die größten Verbrecher sind, warum werden wir dann von euch selbst anders behandelt als ... die übrigen Verbrecher, da doch das gleiche Verbrechen auch die gleiche Behandlung verlangt? (2) Wenn all das, was man von uns behauptet, von anderen behauptet wird, ergreifen sie selbst das Wort und mieten sich einen Anwalt zum Beweis ihrer Unschuld; die Möglichkeit einer Entgegnung ... steht ihnen offen, da es ganz und gar unerlaubt ist, jemanden unverteidigt und unverhört zu verurteilen. (3) Allein den Christen wird nicht zugestanden zu sagen, was den Vorwurf widerlegen, ... was den Richter davor bewahren könnte, sich ins Unrecht zu setzen; nur das wird er wartet, was für den allgemeinen Hass (odium publicum) erforderlich ist: ein Bekenntnis zum [Christen-]Namen, nicht eine Untersuchung des Verbrechens (confessio nominis, non examinatio criminis).

(40,2) Wenn der Tiber die [Ufer-]Mauern überflutet, wenn der Nil die Felder nicht überspült, wenn der Himmel sich nicht rührt, wenn die Erde bebt, wenn eine Hungersnot, wenn eine Seuche wütet, gleich schreit man: »Die Christen vor den Löwen!« (Christianos ad leonem) ...

(50,12) Aber nur zu, ihr prächtigen Statthalter, macht euch nur bei dem Volk beliebter, indem ihr ihm die Christen opfert; kreuzigt, martert, verurteilt uns, reibt uns auf – eure Ungerechtigkeit ist der beste Beweis unserer Unschuld! Darum duldet ja Gott, dass wir all dies erleiden ... (13) Und doch nützt euch eure noch so ausgeklügelte Grausamkeit gar nichts; ihr macht damit nur Reklame für unsere Gemeinschaft (secta). Nur zahlreicher werden wir, sooft wir von euch niedergemäht werden: ein Same ist das Blut der Christen (plures efficimur, quotiens metimur a vobis: semen est sanguis Christianorum).

c) Christ und Kaiser (ebenda 21,24; 30,1f.; 31,1-32,1; 33,1)

(21,24) Dies alles, was mit Christus geschehen, berichtet Pilatus, selbst schon innerlich Christ, dem damaligen Kaiser Tiberius[1]; aber auch die Kaiser hätten an Christus geglaubt, wenn nicht entweder Kaiser für die Welt nötig wären oder wenn Kaiser zugleich hätten Christen sein können (si aut Caesares non essent necessarii saeculo, aut si et Christiani potuissent esse Caesares)[2].

(30,1) Wir [Christen] ... wenden uns für das Wohl (salus) der Kaiser an den ewigen Gott, den wahren Gott, den lebendigen Gott, den auch die Kaiser selbst sich vor allen anderen Göttern gnädig wünschen. Sie wissen ja, wer ihnen das Reich gegeben, sie wissen – als Menschen –, wem auch sie ihr Leben verdanken; sie spüren, dass der allein Gott ist, in dessen alleiniger Gewalt sie sind ... (2) Sie denken daran, bis wohin ihre Macht und ihre Herrschaft reicht, und so werden sie Gottes inne (et ita deum intellegunt); sie erkennen, dass sie mächtig *durch* den sind, *wider* den sie nichts vermöchten [nicht mächtig sein könnten] ...

(31,1) ... Wenn ihr ... meint, wir seien dem Wohl der Kaiser gegenüber völlig gleichgültig, dann werft doch einen Blick in die Gottesworte (dei voces), unsere Schriften, die wir selbst niemandem vorenthalten und die überdies durch zahllose Zufälle Fremden in die Hände gelangen. (2) Lasst euch aus ihnen belehren, dass uns – um das Maß der Güte vollzumachen – geboten ist, selbst für unsere Feinde Gott zu bitten und unseren Verfolgern Gutes zu erflehen. Wer aber ist mehr Feind und Verfolger der Christen als der, um dessen Majestät willen wir als Verbrecher angeklagt werden (convenimur in crimen)? (3) Doch es heißt auch klar und ausdrücklich: »Betet für die Könige, Herrscher und Mächtigen, auf dass für euch alles ruhig und still sei« [vgl. 1. Tim. 2,2]. Denn wenn das Reich erschüttert wird, dann werden mit der Erschütterung seiner übrigen Glieder gewiss auch wir – mögen wir auch den Unruhen fernzustehen scheinen – mit von dem Unglück betroffen werden.

(32,1) Es gibt aber noch eine andere, höhere Notwendigkeit für uns, für die Kaiser zu beten, ebenso für den Bestand des Reiches ingesamt (pro omni statu imperii) und die Macht der Römer: wir wissen, dass die gewaltige Katastrophe, die den Erdkreis bedroht, ja das Ende (clausula) der Welt, welches entsetzliche Leiden heraufbeschwört, nur durch die dem römischen Reich gewährte Frist (Romani imperii commeatu) aufgehalten wird [vgl. 2. Thess. 2,6 f.][33]. Darum wollen wir dies nicht erleben, und indem wir Aufschub erbitten, tragen wir zum Fortbestand Roms (Romanae diuturnitati) bei.

(33,1) Doch was soll ich weiter von der frommen Scheu (religio) und Ergebenheit (pietas) der Christen dem Kaiser gegenüber reden? Ihn *müssen* wir ja verehren als den, den unser Herr erwählt hat (elegit), so dass ich mit Recht sagen könnte: »*Uns* gehört der Kaiser eher an, von unserem Gott ist er eingesetzt« (noster est magis Caesar, a nostro deo constitutus).

d) Das »Zeugnis der von Natur aus christlichen Seele« (ebenda 17,4-6)

(17,4) Wollt ihr, dass ich euch ihn [den *einen* Gott und Schöpfer des Alls] aus seinen eigenen vielen und großen Werken, durch die wir bewahrt, durch die wir erhalten, durch die wir erfreut, aber auch erschreckt werden, wollt ihr, dass ich ihn euch aus dem Zeugnis der eigenen Seele (ex animae ipsius testimonio) beweise? (5) Diese mag zwar vom Kerker des Leibes (carcere corporis) beengt, von verkehrten Lehren bestrickt, von Lüsten und Begierden ermattet, von falschen Göttern geknechtet sein; wenn sie jedoch wieder zu sich kommt – gleichsam wie aus einem Rausch, wie aus einem [bösen] Traum, wie aus einer Art Krankheit – und ihren heilen Zustand wiedergewinnt, dann nennt sie ihn »Gott«, mit diesem einen Wort, weil dieser allein der eigentlich wahre [Gott] ist. »Gott ist gut und groß« und »Gott gebe es« sind Wendungen, die ein jeder gebraucht. (6) Auch als Richter bezeugt sie ihn, [wenn sie sagt]: »Gott sieht es« und »ich befehle es Gott« und »Gott wird mir's vergelten«. Welch Zeugnis der von Natur aus christlichen Seele (o testimonium animae naturaliter Christianae)! ...[4]

e) Christentum und Kriegsdienst (Über den Götzendienst 19)

Wenn manches im Apologeticum den Eindruck erwecken könnte, als bedeute die Einbeziehung der Christen in die heidnische Gesellschaft für Tertullian an sich kein Problem, so lehrt etwa die annähernd gleichzeitig entstandene Schrift De idololatria, dass er der von ihm behaupteten Lebensgemeinschaft zwischen Christen und Heiden in Wahrheit enge Grenzen gesetzt sieht. Wird doch in dieser Schrift der Begriff der »Ido[lo]latrie« derart ausgeweitet, dass z.B. eine ganze Reihe von Berufen (Beamte, Soldaten, Künstler, Lehrer) als den Christen durch das Verbot des Götzendienstes von vornherein verschlossen gilt.

(19,1) Es könnte so scheinen, als sei im voraufgehenden[5] auch bereits über den Soldatenberuf (militia) entschieden worden ... Jetzt indes geht es um die Frage, ob ein Christ (fidelis) sich dem Kriegsdienst zuwenden dürfe, ob Kriegsleute zum Glauben zugelassen werden können, und seien es auch nur einfache Soldaten oder niedere Chargen, die nicht selbst zu opfern brauchen und mit Todesurteilen nichts zu schaffen haben. (2) Göttlicher und menschlicher Fahneneid (sacramentum), das Feldzeichen (signum) Christi und das des Satans, das Feldlager des Lichts und das der Finsternis sind unverträglich; ein und dieselbe Seele kann nicht [gleichzeitig] zweien verpflichtet sein: Gott und dem Kaiser. Gewiss hat, wenn es denn zu scherzen beliebt, Mose einen Stab, Aaron eine Spange getragen, Johannes [der Täufer] sich mit einem Riemen gegürtet, Josua an der Spitze eines Heerhaufens gestanden und das Volk [Israel] Krieg geführt. (3) Wie aber wird der, dem der Herr das Schwert weggenommen hat [vgl. Mt. 26,51f.], Krieg führen oder auch nur in Friedenszeiten ohne Schwert dienen? Denn sind auch Soldaten zu [dem Täufer] Johannes gekommen, um sich von ihm eine Richtschnur für ihr Verhalten (forma observationis) geben zu lassen, und wurde selbst ein Hauptmann gläubig, so hat doch der Herr hernach mit der Entwaffnung des Petrus jeden Soldaten entwaffnet [wörtl. »losgegürtet«]. Jegliche Uniform ist bei uns verboten, weil sie das Abzeichen eines unerlaubten Berufes (illicitus actus) ist.

[1] Tertullian hat hier wohl den apokryphen Brief des Pilatus an Kaiser Claudius aus den »Petrus- und Paulusakten« (Acta apostolorum apocrypha, I, hg. von R. A. Lipsius, 1898, 196 f.) vor Augen, eine christliche Fälschung aus dem Ende des 2. Jahrhunderts, worin von Christi Wundertaten berichtet wird.

[2] Vgl. oben Nr. 23c m. A. 9!

[3] Die Deutung des »Niederhaltenden« (ὁ κατέχων bzw. τὸ κατέχον) auf das röm. Weltreich und seine Ordnungsmacht ist die in derAlten Kirche übliche; vgl. Bauer, WB, s. v. (m. weit. Lit.).

[4] Vgl. hierzu auch Tertullians Schrift »Über das Zeugnis der Seele« (De testimonio animae), in der die Gedanken von Apol. 17 aufgenommen und »bewiesen« werden.

[5] Kap. 17f., wo dargetan wird, dass ein Christ unmöglich ein öffentliches Amt bekleiden, Machthaber oder Würdenträger sein könne, ohne sich mit Götzendienst zu beflecken; nun aber kennzeichnet es nach Tertullian den Soldatenstand, dass er ein Mittelding ist zwischen »Würde« (dignitas) und »Macht« (potestas): Kap. 19,1.

II. Tertullian, der Ketzerbestreiter

Ein Großteil von Tertullians Schriften, und zwar über die Zeit seiner Zugehörigkeit zur catholica hinaus, ist dem Kampf gegen die Ketzer gewidmet; darunter die fünf Bücher »Wider Markion« (s. oben Nr. 15), sein umfangreichstes Werk überhaupt. Eingeleitet wurde dieser Kampf mit dem »prinzipiellen Vorbehalt«, der »Prozesseinrede gegen die Ketzer« (De praescriptione haereticorum), worin – nach meinem Vorgang des römischen Prozessrechtes, dem rechtswirksamen »Einspruch« gegen eine Zivilklage (praescriptio) – den Ketzern ohne weitere Diskussion jeder Anspruch auf die geoffenbarte Wahrheit und damit auch jedes Daseinsrecht streitig gemacht wurde.

f) Die apostolischen Kirchen (Über die Prozesseinreden 20.32.36)

(20,4) Die Apostel ... sind ausgezogen in alle Welt und haben ein und dieselbe Glaubenslehre [wie zuvor den Juden] den Heidenvölkern verkündet. (5) Und so gründeten sie in einer jeden Stadt Gemeinden, von denen sich in der Folge die übrigen einen

Ableger (tradux) des Glaubens und Samenkörner der Lehre entlehnten und noch täglich entlehnen, um Gemeinden (ecclesiae) zu werden. (6) Auf diese Weise dürfen auch sie selbst als apostolisch gelten, Abkömmlinge (suboles) [jener] apostolischen Kirchen. (7) ... (8) ... Ihre Einheit [aber] erweist sich in der wechselseitigen Gewährung der Kirchengemeinschaft (communicatio pacis), im Brudernamen (appellatio fraternitatis) und im Freundschaftszeichen der Gastlichkeit (contesseratio hospitalitatis), (9) drei Vorrechten (iura), welche keinen anderen Grund und kein anderes Richtmaß haben als die eine Überlieferung ein und derselben Glaubensregel (eiusdem sacramenti una traditio). (32,1) Wenn sich demgegenüber einige [Häresien] ins apostolische Zeitalter einzumengen wagen, um so den Anschein zu erwecken, als seien sie von den Aposteln überliefert, ... so können wir darauf nur erwidern: Sollen sie doch mit den Ursprüngen ihrer Gemeinden herausrücken, sollen sie doch die Abfolge (ordo) ihrer Bischöfe entrollen, die sich von Anbeginn an mittels der Sukzession so fortsetzt, dass der erste Bischof jeweils einen der Apostel oder apostolischen Männer – einen solchen jedoch, der bei den Aposteln ausharrte! – zum Gewährsmann (auctor) und Vorgänger hat. (2) Denn das ist die Weise, wie die apostolischen Kirchen ihre Besitzansprüche belegen (census suos deferunt). So berichtet etwa die Smyrnäergemeinde, dass [ihr Bischof] Polykarp von Johannes eingesetzt oder die römische Gemeinde, dass [ihr] Klemens von Petrus ordiniert worden sei. (36,1) Wohlan denn! Suchst du, um dein Heil bemüht (in negotio salutis tuae), deinem Forschertrieb (curiositas) in ersprießlicherer Weise zu frönen, so durchreise die apostolischen Kirchen, wo selbst die Lehrstühle (cathedrae) der Apostel noch ihren alten, hervorgehobenen Platz einnehmen, wo noch die Originale ihrer Briefe (authenticae literae) verlesen werden und so Stimme und Antlitz eines jeden vernehmbar machen und vergegenwärtigen. (2) Ist Achaia ganz in der Nähe, so hast du Korinth; ... befindest du dich ... in der Nachbarschaft zu Italien, so hast du Rom, wo auch für uns [nordafrikanische Christen] die [apostolische] Autorität gegenwärtig (praesto) ist. (3) Welch gesegnete Kirche, wo die Apostel die Fülle der Lehre zusammen mit ihrem eigenen Blut ausströmen ließen ... !

g) Die Glaubensregel (Wider Praxeas 2 i. Vgl. m. Über die Verschleierung der Jungfrauen 1; Über die Prozesseinreden 13)

(2,1) ... Wir aber glauben schon immer und nun, besser unterwiesen durch den Parakleten – d.h. den, der in alle Wahrheit leitet[1] –, erst recht, es sei nur *ein* Gott; jedoch, unter der Voraussetzung dieser Heilsordnung (dispensatio), die wir oikonomia nennen, gebe es auch einen Sohn dieses einzigen Gottes, seinen eigenen Logos (sermo), der aus ihm selbst hervorgegangen ist, durch den alle Dinge gemacht worden sind und ohne den nichts gemacht worden ist. [Wir glauben, dass] dieser [Sohn] vom Vater in eine Jungfrau gesandt und aus ihr geboren sei, als Mensch und als Gott (hominem et deum), als Menschensohn und als Gottessohn, und er den Namen Jesus Christus trage; dass dieser litt, starb und begraben ward nach den Schriften und, auferweckt vom Vater und in den Himmel aufgenommen, zur Rechten des Vaters sitze und kommen werde, die Lebenden und die Toten zu richten; von dort (exinde) habe er auch – gemäß seiner Verheißung – den Hl. Geist vom Vater gesandt, den Parakleten, der den Glauben all derer heiligt, die an Vater, Sohn und Hl. Geist glauben.[2] (2) Dass diese Glaubensregel (regula) aus der Anfangszeit des Evangeliums (ab initio evangelii) herrührt ..., erweisen sowohl das [erst] nachträgliche Auftreten (posteritas) sämtlicher Häretiker wie insbesondere die Neuheit (novellitas) des Praxeas [also die Tatsache, dass dieser noch nicht lange existiert, sondern] von gestern ist ... (3) [Dessen »Verrücktheit« meint die Einzigkeit Gottes nicht anders festhalten zu können, als indem er Vater, Sohn und Geist als »einen und denselben« (ipsum eundemque) bezeichnet]. (4) Als ob der eine nicht auch dann dies alles sei, wenn aus dem einen, dank der Einheit der [göttlichen] Substanz, alles herkommt, und nicht trotzdem das Geheimnis der oikonomia gewahrt werde, welches die Einheit in eine Dreiheit ausgehen lässt und drei [Personen]: Vater, Sohn und Geist, [zu glauben] vorschreibt, freilich als Dreiheit nicht dem Seinsstand, sondern dem Grade, nicht der Substanz, sondern der Gestalt, nicht der Macht, sondern der Erscheinungsweise nach und doch als von einer Substanz, einem Seinsstand und einer Macht, weil nur ein [einziger] Gott ist, nach dem auch jene Grade, Gestalten und Erscheinungsweisen als Vater, Sohn und Hl. Geist benannt und bestimmt werden (quae unitatem in trinitatem disponit, tres dirigens Patrem et Filium et Spiritum, tres autem non statu sed gradu, nec substantia sed forma, nec potestate sed specie, unius autem substantiae et unius status et unius potestatis quia unus Deus ex quo et gradus isti et formae et species in nomine Patris et Filii et Spiritus sancti deputantur) ...

h) Die Häretiker haben keinerlei Anrecht auf die heiligen Schriften (Über die Prozesseinreden 37)

(37,1) Wenn sich das alles nun so verhält, dass die Wahrheit *uns* zuerkannt werden muss, die wir gemäß der Glaubensregel wandeln, welche den Kirchen von den Aposteln, den Aposteln von Christus und Christus von Gott überkommen ist, dann ist auch unser zuvor [Kap. 15,3] aufgestellter Satz (propositio) als begründet erwiesen, der da feststellte, dass die Häretiker zur Einlegung einer Berufung (provocatio) auf die Schriften gar nicht zuzulassen sind; beweisen wir doch ohne Schrift, daß sie mit der Schrift nichts zu schaffen haben. (2) Wenn sie nämlich Häretiker sind, dann können sie nicht Christen sein, da sie die Lehren, denen sie nach eigenem Gutdünken (de sua electione) anhangen – darum auch ihr Häretikername –, nicht von Christus haben. (3) Als Nichtchristen haben sie folglich keinerlei Anrecht auf die christlichen Schriften; ihnen ist vielmehr verdientermaßen vorzuhalten: »Wer seid ihr überhaupt? Wann und woher seid ihr gekommen? Was macht ihr euch zu schaffen in dem Meinigen, die ihr doch nicht zu den Meinigen gehört ... (4) ... Mein ist das Besitztum, ich besitze es seit jeher; [längst] vor dir ist es in meiner Hand, und ich habe sichere Besitztitel von den ursprünglichen Eigentümern selbst, denen die Sache gehörte. (5) Ich bin der Erbe der Apostel (heres apostolorum) ... «

i) Die Philosophie als Mutter der Häresie (ebenda 7)

(7,1) Das [sc. die Irrlehren] sind Menschen- und Dämonenfündlein, zum Ohrenkitzel [ersonnen und] der Erfindungsgabe der Weltweisheit entsprungen, die der Herr Torheit nannte, er, der gerade, was töricht ist vor der Welt, erwählte, damit auch die Philosophie selbst zuschanden werde [vgl. 1. Kor. 1,27]. (2) Ist sie doch die Grundlage der Weltweisheit [überhaupt], sie, die dreiste Deuterin der Natur Gottes und seiner Ratschlüsse. (3) Und gerade die Häresien sind es, die ihre Ausrüstung von der Philosophie empfangen (Ipsae denique haereses a philosophia subornantur) ... (5) Dieselben Gegenstände werden von Häretikern wie von Philosophen bis zum Überdruss traktiert ...: Woher das Böse stamme (unde malum), und warum es überhaupt da sei? Woher der Mensch komme und wie er beschaffen sei. . (9) Was ... [aber] hat Athen mit Jerusalem zu schaffen (quid ergo Athenis et Hierosolymis)? Was die Akademie mit der Kirche, was die Häretiker mit den Christen? (10) Unsere Lehre (institutio) stammt aus der ›Säulenhalle‹ [griech.: Stoa!1 Salomos, welcher selbst gelehrt hatte, dass der Herr in Herzenseinfalt zu suchen sei [vgl. Weish. 1,1]. (11) Hüte man sich vor solchen, die ein stoisches, platonisches und dialektisches [aristotelisches] Christentum erfunden haben! (12) Wir bedürfen: seit Christus Jesus der Forscherneugierde nicht länger, noch des Untersuchens, seit wir das Evangelium besitzen (Nobis curiositate opus non est post Christum Iesum nec inquisitione post evangelium). (13) So wir glauben, verlangen wir über den Glauben hinaus nichts mehr. Denn das ist unser oberster Glaubensartikel, dass da nichts sei, was wir über den Glauben hinaus noch zu glauben hätten.

[1]   Die Schrift Adversus Praxean, wichtigste Quelle für Tertullians Trinitätstheologie, entstammt seiner montanistischen Spätzeit.
[2]   Vgl. dazu

De praescriptione 13 (um 200)
(1) Die Glaubensregel ist ... die Regel, nach der wir glauben: (2) es sei nur ein Gott und es gebe keinen anderen außer dem Schöpfer (conditor) der Welt, der durch seinen am Anfang von allem ausgesandten Logos (per verbum suum primo omnium emissum) alle Dinge aus dem Nichts hervorgebracht hat (de nihilo produxerit). (3) Dies Wort, so glauben wir, sein Sohn genannt, ist auf mancherlei Weise im Namen Gottes den Patriarchen erschienen, ließ sich stets in den Propheten vernehmen, ging zuletzt durch den Geist Gottvaters und die Kraft in die Jungfrau Maria ein, wurde in ihrem Schoße Fleisch und aus ihr als Jesus Christus geboren (ex natum egisse Iesum Christum). (4) Danach hat er eine neue Verheißung des Himmelreiches verkündet, Wundertaten (virtutes) vollbracht, ist gekreuzigt worden, am dritten Tage auferstanden, und in die Himmel entrückt, sitzt zur Rechten des Vaters; (5) an seiner Statt hat er auch die Kraft des Hl. Geistes gesandt, welcher die Gläubigen lenkt, und wird er kommen in Herrlichkeit, die Heiligen zum Genuss des Ewigen Lebens und der verheißenen himmlischen Güter zu bringen, die Gottlosen (profani) dagegen zu ewigem Feuer zu verdammen, indem beide Gruppen wiedererweckt und im Fleisch wiederhergestellt werden (facta utriusque partis resuscitatione cum carnis restitutione)

De virginibus velandis 1 (ca. 208/211)
(3) Die Glaubensregel ist jedenfalls überall nur eine, allein der Änderung und Verbesserung unfähig (sola immobilis et irreformabilis), die da nämlich zu glauben anhält an einen einzigen Gott, den Allmächtigen, Schöpfer der Welt, und an seinen Sohn Jesus Christus, geboren aus Maria, der Jungfrau, gekreuzigt unter Pontius Pilatus, am dritten Tage auferweckt von den Toten, aufgenommen in den Himmel, jetzt sitzend zur Rechten des Vaters und [einst] kommend, zu richten die Lebenden und die Toten durch die Auferstehung auch des Fleisches (per carnis etiam resurrectionem).

III. Tertullian und die Bußfrage

Wie Tertullian nahezu zu allen wesentlichen dogmatischen und ethischen Themen seiner Zeit Stellung genommen hat, so auch zur Bußfrage. Die erste ihr gewidmete Monographie, die um 203 verfasste Schrift De paenitentia, handelt im 1. Teil (Kap. 1-6) von der »Taufbuße«, d.h. von

Bußgesinnung und -übung als Vorbereitungsakten für den Taufempfang, während im 2. Teil (Kap. 7-12) von der sog. »zweiten Buße« (paenitentia secunda), der Buße der Getauften, die Rede ist. Sie darf als wichtiges Dokument sowohl für die Institutionalisierung des Bußverfahrens in der 2. Hälfte des 2. Jahrhunderts als auch für ein gegenüber dem Neuen Testament gewandeltes Bußverständnis gelten. Von der »Freude der Buße« (J. Schniewind), jedenfalls, ist danach bei Tertullian – vor wie nach seinem Anschluss an den Montanismus – kaum noch etwas zu spüren![1]

j) Die vormontanistische Position Tertullians (Über die Buße 7-9)

(7,1) Nur so weit, Herr Christus, sollten deine Diener von der Ordnung der Buße (paenitentiae disciplina) reden oder reden hören, wie sie auch als Hörende [Katechumenen] nicht weiter sündigen dürfen ... (2) Es widerstrebt mir, nun doch noch eine zweite, vielmehr allerletzte Hoffnung zu erwähnen ... (10) Weil Gott [des Widersachers] verderbliche Anschläge vorauswusste, darum hat er die an sich verschlossene, durch den Riegel der Taufe versperrte Tür zur Verzeihung doch noch ein wenig offenstehen lassen. Er hat in der Vorhalle [der Kirche] die zweite Buße postiert, die dem Anklopfenden auftun soll [vgl. Mt. 7,7], jetzt aber nur ein einziges Mal, weil schon zum zweiten Mal; danach nimmermehr, weil das nächste Mal (proxime) [bereits] umsonst.

(8,9) In demselben Maße verringert das Bekenntnis (confessio) die Sünde, wie sie das Verheimlichen verschlimmert; ist doch das Bekenntnis eine Maßregel der Genugtuung (satisfactio), das Verheimlichen dagegen eine solche des Trotzes.

(9,1) Mit dieser zweiten – und einzigen! – Buße steht es demnach so, dass, je misslicher die Sache ist, desto mühseliger auch ihr Nachweis (probatio), sofern er sich nicht nur im Gewissen abspielt, sondern auch durch einen äußeren Akt zu erbringen ist. (2) Dieser Akt nun – man bezeichnet ihn besser und geläufiger mit einer griechischen Vokabel – ist die Exhomologese [zu deutsch: »Geständnis«]. Mit ihr gestehen wir dem Herrn unsere Sünde (delictum), nicht als ob er sie nicht wüsste, sondern sofern durch das Eingeständnis die Genugtuung gehörig eingerichtet wird (disponitur), aus dem Bekenntnis die Reue erwächst und durch die Reue Gott besänftigt wird (mitigatur). (3) Daher erzieht die Exhomologese den Menschen dazu, sich zu Boden zu werfen und zu demütigen, und erlegt ihm eine Lebensweise auf, die geeignet ist, Mitleid zu erregen, schon im Hinblick auf Kleidung und Nahrung: (4) Sie schreibt [nämlich] vor, in Sack und Asche zu liegen [vgl. Jes. 58,5; Mt. 11,21 par.], den Leib durch Unsauberkeit zu verunstalten, das Herz in Trauer zu versenken ... ; ferner Speise und Trank ohne Zutaten zu genießen ...; die meiste Zeit aber das Gebet mit Fasten (ieiunia) zu nähren, zu seufzen, zu weinen und Tag und Nacht zum Herrn, deinem Gott, zu schreien, vor den Priestern niederzufallen, die Knie der Freunde Gottes[2] zu umschlingen und alle Brüder um Fürsprache bei der eigenen Abbitte anzugehen. (5) Das alles tut die Exhomologese, um die Buße [Gott und der Gemeinde] zur Annahme zu empfehlen, um den Herrn im Hinblick auf die Furcht vor der Gefahr [jenseitiger Strafen] zu ehren [vgl. Sir. 1,11], um dadurch, dass sie selbst gegen den Sünder das Urteil fällt, an die Stelle des göttlichen Gerichtszorns zu treten und durch zeitliche Drangsal die ewigen Strafen – ich will nicht sagen: aufzuheben [zu vereiteln], wohl aber – aufzuwiegen [auszugleichen (Haec omnia exomologesis, ut paenitentiam commendet, ut de periculi timore dominum honoret, ut in peccatorem ipsa pronuntians pro dei indignatione fungatur et temporali afflictatione aeterna supplicia non dicam frustretur, sed expungat)]. (6) ... Glaube mir: je weniger du dich schonst, um so mehr wird Gott dich schonen.

k) Der Montanist Tertullian und die Grenzen der bischöflichen Absolutionsgewalt
(Über die Ehrbarkeit 1.21)

(1,6) Ich höre ..., es sei ein Edikt veröffentlicht worden, und zwar ein definitives (edictum ... peremptorium[3]). Der Oberpfaffe (pontifex maximus), d.h. der Bischof der Bischöfe[4], verfügte: Ich vergebe auch Ehebruchs- und Unzuchtssünden denen, die Buße getan haben. (7) Wahrlich, ein Edikt, das man nicht mit »Recht so!« unterschreiben kann. Und wo wird man eine derartige Großzügigkeit (liberalitas) veröffentlichen? Vermutlich direkt ... unter den Aushängeschildern der Bordelle! ... Dort muss man die Verzeihung (venia) zu lesen bekommen, wo man mit der Hoffnung auf sie eintritt. (8) Nun aber steht sie in der Kirche zu lesen ..., und die ist doch eine Jungfrau! ... (10) Auch diese Schrift [De pudicitia] wird sich also gegen die Psychiker[5] richten, zugleich aber auch gegen eine Ansicht, die ich selbst früher mit ihnen teilte ... (20) Bei uns [sc. den Anhängern der Neuen Prophetie] ... wird [Ehebruchs- und Unzuchtssünden] als den größten und schlimmsten Fehltritten schon dadurch vorgebeugt, dass es nach Annahme des Glaubens nicht einmal gestattet wird, an eine zweite Verheiratung zu denken, die sich ja auch von Ehebruch und Unzucht allenfalls durch den Vertrag über Eheschluss und Mitgift unterscheidet. Deshalb schließen wir die Wiederheiratenden (digami) mit äußerster Härte aus, weil sie dem Parakleten durch ihr Abweichen von der Sittenzucht (disciplinae enormitate) Schande machen [oder: auch wenn wir damit den Parakleten wegen unmäßiger Strenge in Verruf bringen]. (21) Genau so richten wir Ehebrechern und Hurern gegenüber die Türschwelle [der Kirche] als Schranke auf, so dass sie umsonst ihre Tränen vergießen, um die Wiederaufnahme (pax) zu erlangen, und von der Kirche nichts weiter erreichen als die Kundgabe ihrer Schande.

Folgt in den Kap. 2-20 die Besprechung einzelner Bibelstellen, die sich mit Unzuchtssünden befassen oder aber, wie die Hinweise auf Gottes Güte oder die Mahnung, einander zu vergeben (Lk. 6,37 u.ö.), das Recht, wenn nicht gar die Pflicht zu enthalten scheinen, selbst schwere Verfehlungen zu verzeihen. Tertullian jedoch glaubt, mit genau so vielen Gegenstellen erwidern und zeigen zu können, dass sich die Gegenseite einer liederlichen Exegese schuldig macht. In Kap. 21 kehrt er dann wieder zum Ausgangspunkt zurück:

(21,7) Aber die Kirche hat doch, wendest du ein, die Vollmacht (potestas), Sünden zu vergeben. Das erkenne ich erst recht an ...; habe ich doch in den neuen Propheten den Parakleten selbst, der da sagt: »Es kann die Kirche Sünden vergeben, aber ich will es nicht tun, damit nicht auch andere sündigen.« (8) ... (9) [Worauf stützt sich eigentlich die Ansicht von der unbeschränkten Absolutionsgewalt der Kirche?] Etwa darauf, dass der Herr zu Petrus gesagt hat: »Auf diesen Felsen will ich meine Kirche bauen, dir habe ich die Schlüssel des Himmelreiches gegeben«, oder: »Was du binden und lösen wirst auf Erden, das soll auch im Himmel gebunden oder gelöst sein« (Mt. 16,18f.]? Glaubst du deshalb, auch auf dich sei die Löse- und Bindegewalt übergegangen, d.h. auf eine jede mit Petrus zusammengehörige Kirche (ad omnem ecclesiam Petri propinquam)? (10) Wer bist du denn, dass du die offenkundige Absicht des Herrn, der diese [Gewalt] auf Petrus persönlich überträgt, umstößest ...? »Auf dich«, heißt es, »werde ich meine Kirche bauen«, und: »dir werde ich die Schlüssel geben«, nicht: der Kirche, und: »Was du lösen und binden wirst«, nicht: was sie lösen oder binden werden. (14) ... Folglich hat die dem Petrus übertragene Löse- und Bindegewalt mit den Kapitalvergehen (delicta capitalia) der Gläubigen überhaupt nichts zu tun. (15) Nachdem ihm der Herr geboten hatte, einem Bruder, der sich an ihm vergehe, siebenundsiebzigmal zu verzeihen [vgl. Mt. 18,21f.], hätte er ihn bestimmt nicht beauftragt, fortan etwas zu »binden«, d.h. zu behalten [vgl. Joh. 20,23], es sei denn die Sünden, die einer gegen den Herrn, nicht gegen den Bruder begangen hat ... (16) Was hat dies nun mit der Kirche zu tun und vollends mit der deinigen, du Psychiker? Denn wie die Person des Petrus lehrt, wird diese Vollmacht nur Pneumatikern (spiritales) zukommen: einem Apostel oder Propheten. Auch die Kirche ist ja im eigentlichen und vorzüglichen Sinne der Geist selber, in welchem die Dreifaltigkeit der einen Gottheit ist: Vater, Sohn und Hl. Geist (Nam et ipsa ecclesia proprie et principaliter ipse est spiritus, in quo est trinitas unius divinitatis, pater et filius et spiritus sanctus). Er versammelt jene Kirche, welche der Herr schon bei dreien bestehen sieht [vgl. Mt. 18,20]. (17) So wird denn seitdem auch jede beliebige Anzahl von Menschen, die sich zu diesem Glauben vereinigt haben, von dem als Kirche erachtet, der sie gestiftet und als sein Eigentum erklärt hat (ab auctore et consecratore). Darum wird allerdings die Kirche Sünden vergeben, aber [nur] die Geistkirche [und nur] durch einen Geistesmenschen (ecclesia spiritus per spiritalem hominem), nicht die Kirche als Haufe von Bischöfen (numerus episcoporum). Denn Recht und Entscheidung liegen beim Herrn, nicht beim Diener; bei Gott selbst, nicht beim Priester.

Quellen: E. Dekkers u.a., Quinti Septimi Florentis Tertulliani Opera, I.II, CChr 1.2, Turnholt 1954; C. Becker, Tertullian, Apologeticum. Verteidigung des Christentums, lat.-dt. (Übers., Einl., Erl.), (1952) [2]1961. – *Literatur:* J. Schniewind, Die Freude der Buße. Zur Grundfrage der Bibel, [2]1960; R. Braun, »Deus christianorum«, Paris (1962) [2]1977; H. von Campenhausen a.o. (Nr. 15) a.O., 318ff.; J. Moingt, Théologie trinitaire de Tertullien, 4 Bde, Paris 1966-1969; T.D. Barnes, Tertullian, Oxford (1971) [2]1985; J.-C. Frédouille, Tertullien et la Conversion de la Culture Antique, Paris 1972; G. Claesson, Index Tertullianeus, 3 Bde, Paris 1974/1975; E.P. Meijering, Tertullian contra Marcionem (PP 3), 1977; G. Schöllgen, Die Teilnahme der Christen am städtischen Leben in vorkonstantinischer Zeit. Tertullians Zeugnis für Karthago (1982; wieder abgedr.) in: J. Martin (wie o. Nr. 20), 319-357; G. Hallonsten, Satisfactio bei Tertullian, Malmö 1984; ders, Meritum bei Tertullian, Malmö 1985; G. Eckert, Orator Christianus, Stuttgart 1993; E.F. Osborn, Tertullian, Cambridge 1997; W. Bähnk, Von der Notwendigkeit des Leidens (FKDG 78), 2001; Chr. Butterweck, Art. Tertullian, TRE 33, 2001, 93-106 (Lit.!); S. Hausammann (wie o. Nr. 7), 220-250; M.A. Tilley, North Africa, in: M.M. Mitchell/F.M. Young (wie o. Nr. 1), 381-396.

[1]   Dies gilt, obwohl sich Tertullian, wie G. Hallonsten (s.o.) wahrscheinlichgemacht hat, in seinem Bußverständnis nicht zuletzt am »Gleichnis vom verlorenen Sohn« (Lk. 15,11-32) zu orientieren suchte. Vgl. indes außer J. Schniewinds Präsentation der Buße als der »Grundfrage der Bibel« (s.o.) auch etwa den Art. Buße IV (NT) von J. Becker in: TRE 7, 1981, 446-451.

[2]   Gemeint sind wohl die Konfessoren (s. oben Nr. 29, A. 5).

[3]   peremptorius kann an sich auch ›tödlich‹ heißen; doch ist diese Bedeutung hier, in Verbindung mit edictum, wenig wahrscheinlich.

[4]   Damit ist wohl der Bischof von Karthago, nicht – woran man wegen der Titel pontifex maxi-mus und episcopus episcoporum meist gedacht hat – der römische Bischof gemeint. Jedenfalls dürfte Tertullians beißende Kritik auf die Bußvollmacht des Bischofsamtes überhaupt gemünzt sein.

[5]   Wie den Gnostikern (vgl. oben Nr. 25c.g), so gilt also auch dem Montanisten Tertullian die Großkirche als »geistlos«.

31. Klemens von Alexandrien

Titus Flavius Clemens (gest. vor 215) verbrachte den Hauptteil seines Lebens in Alexandrien, einem Zentrum des wirtschaftlichen und kulturellen Lebens in der Antike. Hier schloss er sich zunächst Pantaenus, einem zum (katholischen) Christentum bekehrten Stoiker (Euseb) an, um dann nach dessen Tode sein Lehramt als Vorsteher einer Bildungseinrichtung fortzuführen, für die sich die Bezeichnung »Katechetenschule« eingebürgert hat. – Auch von seinen Schriften ist mehr verloren als erhalten. Gleichwohl ist der Rest, obgleich in der Hauptsache nur aus drei aufeinander aufbauenden Werken bestehend (1. »Mahnrede an die Griechen« [Προτρεπτικός]; 2. »Der Erzieher« [Παιδαγωγός]; 3. »Teppiche« [Στρωματεῖς]), noch immer ansehnlich genug und lässt das Bemühen erkennen, christlich-jüdische Offenbarung und griechische Philosophie in eine fruchtbare Beziehung zueinander zu bringen und den »Glauben« zur »Erkenntnis« zu läutern und zu überhöhen.

a) Das Hauptwerk und sein Bauplan (Erzieher 1,3,3)

Wie ... die körperlich Kranken einen Arzt brauchen, so die seelisch Leidenden einen Erzieher, damit er unsere Leidenschaften (πάθη) heile, dann aber zu dem Lehrer (διδάσκαλος) geleite[1], indem er die Seele reinigt und für die Erkenntnis (γνῶσις) fähig macht, so dass sie die Offenbarung des Logos in sich aufzunehmen vermag. Indem also der in jeder Hinsicht menschenfreundliche Logos danach drängt, uns in heilsamem Stufenfortschritt zu vervollkommnen, bedient er sich der vortrefflichen, einer wirksamen Bildung angemessenen Methode: zuerst ermahnt, dann erzieht und schließlich belehrt er[2].

b) Christliche ›Gesinnungsethik‹? Der wahre Sinn der Perikope vom ›reichen Jüngling‹ (Aus der Homilie »Welcher Reiche kann gerettet werden?«, Kap. 11.19)

(11,1) ... »Verkaufe, was du hast« [Mt. 19,21 par.]. (2) Was bedeutet das? Er [Christus] befiehlt nicht, wie manche es [allzu vordergründig-] buchstäblich (προχείρως) auffassen, dass man das Vermögen, das man besitzt, wegwerfe ..., sondern dass man das Besitz*denken* (τὰ δόγματα [τὰ] περὶ χρημάτων) aus seiner Seele verbanne, ... die krankhafte Gier danach ... (3) Denn auf der einen Seite ist es durchaus nichts Großes und Erstrebenswertes, überhaupt keinen Besitz zu haben ... (andernfalls wären ja die, die völlig mittellos sind, ... Gott jedoch und »seine Gerechtigkeit nicht kennen« [Röm. 10,3], nur deshalb, weil sie in äußerster Armut leben ..., vor allen andern glücklich zu preisen, von Gott am meisten geliebt und allein im Besitz des ewigen Lebens); (4) auf der anderen Seite ist es nichts Neues, dass jemand auf seinen Reichtum verzichtet und ihn an die Armen oder an seine Vaterstadt verschenkt. Das haben vielmehr [auch] vor der Herabkunft des Heilands schon viele getan, sei es, um Zeit für die Philosophie zu haben und der toten Weisheit zuliebe, sei es aus törichter Ruhmsucht und Eitelkeit, Leute wie Anaxagoras, Demokrit und Krates[32].
(19,1) Der in Wahrheit und in rechter Weise Reiche ist der, der da reich ist an Tugenden und sich in alles, was ihm widerfährt, fromm und gläubig zu schicken vermag; der in falschem Sinne Reiche dagegen ist der Mensch, der dem Fleische nach reich ist und das Leben in den äußeren Besitz verlegt, welcher doch vergeht ... (2) Genau so gibt es umgekehrt den echten Armen und den, der ... fälschlicherweise so genannt wird. Der eine ist dem Geiste nach, also am Eigenen (τὸ ἴδιον), der andere im Maßstab der Welt, also an dem arm, was ihm nicht [wirklich] zueigen ist (τὸ ἀλλότριον)[4]. (3) Zu dem, der im Sinne der Welt [zu ergänzen wohl: nicht] arm ist und an Leidenschaften reich ist, spricht der, der dem Geiste nach nicht arm ist und an Gott reich ist [sc. Jesus]: Gib den fremden Besitz, der in deiner Seele wohnt, preis, auf

dass du reines Herzens werdest und Gott schauen mögest ... (4) Und wie kannst du ihn preisgeben? Indem du ihn »verkaufst«. Was aber heißt das? Solltest du statt des Besitzes Geld nehmen, ... deine sichtbare Habe versilbern? (5) Keineswegs! Sondern wenn du deine Seele retten willst, dann gib all die Güter preis, die zuvor deine Seele in Besitz nahmen, und nimm stattdessen jenen Reichtum auf, der dich an Gottes Wesen teilhaben lässt [›vergöttlicht‹] und dir ewiges Leben schenkt: die Verhaltensweisen (διαθέσεις), die sich Gottes Gebot unterwerfen. Und was wird der Lohn und Preis dafür sein? Unvergängliches Heil, Unsterblichkeit, die ewig währt! (6) Auf diese Weise wirst du der Aufforderung gerecht, zu verkaufen, was du hast, all das Viele und Überflüssige deiner Habe[5] loszulassen, das dir den Himmel verschließt, und empfängst statt dessen den Reichtum, der dich zu retten vermag. Jenes lass den materiell [›fleischlich‹] Armen zugute kommen, die es nötig haben; du aber empfange dafür den geistigen Reichtum, »so wirst du einen Schatz im Himmel haben« [vgl. Mk. 10,21 par.].

c) Die Vorschule der Philosophie (Teppiche 1,27.28)

(27,1) Mit Recht hat ... der Apostel die Weisheit Gottes »mannigfaltig« genannt [Eph. 3,10], sofern sie »zu vielen Malen und auf vielerlei Weise« [Hebr. 1,1]: durch Kunst (τέχνη), durch Wissenschaft (ἐπιστήμη), durch Glauben, durch Prophetie, ihre Kraft bewährt zu unserem Heil; denn »alle Weisheit stammt von Gott und ist bei ihm in Ewigkeit« ... [Sir. l,l].
(28,1) Nun war vor der Erscheinung des Herrn den Griechen die Philosophie notwendig zur Gerechtigkeit; jetzt aber ist sie nütze zur Gottesfurcht (θεοσέβεια): als eine Art Vorschule (προπαιδεία) für die, die den Glauben durch Beweise gewinnen (τοῖς τὴν πίστιν δι' ἀποδείξεως καρπουμένοις)[6]. »Denn dein Fuß«, heißt es [Sprüche 3,23], »wird nicht anstoßen«, so du alles, was es an Gutem gibt, auf die [göttliche] Vorsehung beziehst, ob es sich bei den Griechen findet oder bei uns. (2) Gott ist ja der Urheber alles Guten, im einen Fall, so im Alten und Neuen Bund, unmittelbar, im andern Fall mittelbar (κατὰ προηγούμενον ... κατ' ἐπακολούθημα)[7], wie bei der Philosophie. (3) Vielleicht aber wurde diese den Griechen auch unmittelbar gegeben, bevor der Herr die Griechen [zum Glauben] berief. Denn sie führte die Griechen ebenso zu Christus hin (ἐπαιδαγώγει), wie das Gesetz die Juden [vgl. Gal. 3,24]. Folglich dient die Philosophie zur Vorbereitung und bahnt für den den Weg, der von Christus vollendet werden soll (προπαρασεκάζει τοίνυν ἡ φιλοσοφία προοδοποιοῦσα τὸν ὑπὸ Χριστοῦ τελούμενον).

d) »Glaube« und »Erkenntnis« (ebenda 7,55.57)

(55,1) Es ist sozusagen die Erkenntnis (γνῶσις) eine Art Vervollkommnung des Menschen als Menschen (τελείωσίς τις ἀνθρώπου ὡς ἀνθρώπου), welche, im Wissen von den göttlichen Dingen begründet (διὰ τῆς τῶν θείων ἐπιστήμης), in Charakter, Lebensführung und Rede[weise des Gnostikers] (λόγος) zur Erfüllung kommt und mit sich selbst wie mit dem göttlichen Wort in Einklang und Übereinstimmung steht. (2) Denn durch sie vollendet sich der Glaube, da der Glaube allein durch sie vollkommen wird. Der Glaube nun ist ein innerliches Gut (ἐνδιάθετον τι ... ἀγαθόν); ohne nach Gott zu forschen, bekennt er, daß er [Gott] sei, und preist ihn als Seienden. (3) Darum muß man, von diesem Glauben seinen Ausgang nehmend und in ihm durch göttliche Gnade wachsend, so viel als möglich an Erkenntnis von ihm [Gott] zu gewinnen trachten. (4) ... (5) Andererseits basiert die Erkenntnis darauf, daß man in bezug auf Gott nicht zweifelt, sondern glaubt; Christus aber ist sowohl das Fundament wie der darauf errichtete Bau, weil sich ihm Anfang wie Ende verdankt. (6) Die beiden Pole, Ausgang und Ziel [dieses Aufstiegs] – ich meine Glaube und Liebe –, sind nicht selbst Gegenstand der Lehre; wohl aber wird die Erkenntnis, die sich durch Überlieferung nach der Gnade Gottes fortpflanzt, denen als Unterpfand anvertraut, die sich der Belehrung als würdig erweisen, und aus ihr leuchtet die Würde (ἀξίωμα) der Liebe in immer hellerem Licht hervor. (7) Heißt es doch:»Wer da hat, dem wird hinzugegeben« [vgl Mt. 13,13 par.]: dem Glauben die Erkenntnis, der Erkenntnis die Liebe, der Liebe das [himmlische] Erbteil.

(57,3) Der Glaube ist also gleichsam eine abrißhafte Erkenntnis des [Heils-]Notwendigen (σύντομος ... τῶν κατεπειγόντων γνῶσις), die Erkenntnis aber der feste und sichere Beweis für das, was der Glaube angenommen hat; denn sie ist durch die Lehre des Herrn auf dem Glauben aufgebaut und geleitet zu unerschütterlicher, wissenschaftlicher Gewißheit (εἰς τὸ ἀμετάπτωτον καὶ μετ᾽ ἐπιστήμης καταληπτόν). (4) Auch scheint mir ... ein erster heilbringender Überschritt (μεταβολή) der vom Heidenzum Christentum, ein zweiter aber der vom Glauben zur Erkenntnis zu sein; geht sie [endlich] in Liebe über, so läßt sie schon hienieden Erkennendes und Erkanntes einander zum Freunde werden. (7) Und vielleicht hat ein solcher [sc. so weit Fortgeschrittener] bereits auf Erden die »engelgleiche« Existenz (τὸ »ἰσάγγελος« εἶναι [vgl. Lk. 20,26]) vorweggenommen ...

Quelle: O. Stählin/L. Früchtel/U. Treu, Clemens Alexandrinus, 4 Bde., GCS 12.15.17.39, (1905-1936) ²1970, ³1972, ⁴1985 (Registerband 4 ²1980). – *Literatur:* A. Méhat, Études sur les »Stromates« de Clément d'Alexandrie, Paris 1966 (grundlegend); S. Lilla, Clement of Alexandria, Oxford 1971; A.M. Ritter, Christentum und Eigentum bei Klemens von Alexandrien..., ZKG 86, 1975, 1-25; ders., Clement and the Problem of Christian Norms, in: StPatr 18/3, 1989, 421-439; D. Wyrwa, Die christliche Platoaneignung in den Stromateis des Clemens von Alexandrien (AKG 53), 1983; E. Osborn, Anfänge christlichen Denkens, 1987; A. v.d. Hoek, Clement of Alexandria and his use of Philo in the Stromateis, Leiden 1988; A.J. Droge (wie o. Nr. 21), 124-152; Cl. Scholten, Die alexandrinische Katechetenschule, in: JAC 38, 1995, 16-37; S. Hausammann (wie o. Nr. 7), 255-284; E. Mühlenberg (wie o. Nr. 12), 40-63; B.E. Pearson, Egypt, in: M.M. Mitchell/F.M. Young (wie o. Nr. 1), 331-350; C. Markschies (wie o. Nr. 18), bes. 99-101. 259-262, 266-278.

[1] Vgl. dazu H.I. Marrou in: SC 70, 14-19, und E. Mühlenberg (wie o. Nr. 12), 45.

[2] Vgl. damit die Titel der o.a. Hauptwerke des Klemens! Ob freilich die »Teppiche« als der dritte, »dogmatische« Teil der geplanten Trilogie oder doch wenigstens als Vorarbeiten dazu zu gelten haben oder ob bei ihrer Abfassung das ursprüngliche Konzept ganz fallen gelassen wurde, ist bis heute umstritten.

[3] Anaxagoras von Klazomenai (ca. 500-425) verzichtete auf sein Vermögen, um sich ganz der Philosophie zu widmen (Diogenes Laertius II,6); Demokrit aus Abdera (ca. 460-370) verbrauchte seine beträchtlichen Mittel ausschließlich für Forschungsreisen (vgl. ebenda IX, 35.39); Krates von Theben endlich (ca. 360-280) soll, zur kynischen Philosophie bekehrt, sein gesamtes Vermögen seinen Mitbürgern geschenkt haben, um fortan ein Leben der Bedürfnis-losigkeit zu führen (vgl. ebenda IV,87).

[4] Vgl. oben Nr. 12a.

[5] Nach Kap. 16,1 u.ö. (vgl. auch etwa Erz. 2,120,3.5) wäre dies alles, was den eigenen notwendigsten Lebensbedarf übersteigt.

[6] Sc. die (wahren) Gnostiker: s. unten Abschnitt d.

[7] Zu diesem stoischen Gegensatzpaar vgl. auch etwa Tepp. 7,82,2; 8,23,1.

32. Origenes

Origenes (ca.185-254), einer der einflussreichsten und produktivsten Theologen der alten Kirche, hinterließ bei seinem Tode – er starb wohl an den Folgen der während der decischen Verfolgung erlittenen Misshandlungen – ein Riesenwerk[1], von dem uns freilich infolge der bald einsetzenden Bekämpfung seiner Lehre und, mehr noch, der erbitterten Auseinandersetzungen mit einigen seiner Anhänger (wie Evagrius Ponticus [ca. 345-399]) nur mehr verhältnismäßig geringe Reste erhalten sind. Als er schließlich unter Kaiser Justinian (553) zum Ketzer erklärt wurde, war damit auch über sein Werk das Urteil gesprochen. Allerdings hatte inzwischen sein Geist das kirchliche Denken in Ost (Athanasius, die »drei Kappadozier«) wie West (Ambrosius, Augustin) so stark durchdrungen, dass die Verurteilung wohl der Weitergabe seiner Schriften, aber kaum mehr dem Fortwirken seiner Gedanken abträglich sein konnte, vor allem, aber nicht nur, was die Schriftauslegung anlangt.

I. Origenes im Urteil der Zeitgenossen

a) Das Zeugnis des heidnischen Gegners (Porphyrios bei Euseb, Kirchengeschichte 6,19,4ff.)

(19,4) Da einige, statt sich von der Kümmerlichkeit des jüdischen Schrifttums abzuwenden, dieses vielmehr zu retten versuchten, nahmen sie ihre Zuflucht zu unzusammenhängenden und den Texten nicht entsprechenden Erklärungen, die weniger auf Verteidigung gegen die fremde als auf Empfehlung und Anpreisung der eigenen Sache abzielten. Und zwar laufen ihre herangetragenen ›Auslegungen‹ darauf hinaus, dass sie hochtrabend die doch ganz klaren Moseworte als [verschlüsselte] Rätselreden behandeln und sie beschwören, als seien es Orakelsprüche (θεσπίσματα) voll verborgener Geheimnisse; mit solchem Qualm (τύφος) vernebeln sie das gesunde Urteilsvermögen. (5) [Später heißt es bei Porphyrios dann:] Diese ungereimte Methode ist auch bei einem Manne zu studieren, mit dem ich selbst in früher Jugend verkehrte und der schon damals hoch angesehen war und es noch immer ist wegen des von ihm hinterlassenen Schrifttums; es ist Origenes ... (6) Dieser war einst Schüler des Ammonios[2], des verdientesten Philosophen unserer Zeit, und hatte von seinem Lehrer wissenschaftlich viel profitiert; was jedoch die Wahl der rechten Lebensführung betrifft, so schlug er genau den entgegengesetzten Weg ein wie jener. (7) Ammonios nämlich wandte sich, obwohl als Christ in einem christlichen Elternhaus aufgewachsen, sobald er zu denken und zu philosophieren begann, sogleich der gesetzeskonformen Lebensweise (πρὸς τὴν κατὰ νόμους πολιτείαν) zu; Origenes hingegen irrte, obwohl als Grieche in griechischer Bildung erzogen, zur barbarischen Phantastik (πρὸς τὸ βάρβαρον ... τόλμημα [sc. des jüdischen Schrifttums]) ab. Ihr zuliebe verhökerte er sich selbst ebenso wie seine philosophische Bildung. Seine Lebensführung war fortan die eines Christen und damit gesetzwidrig; in seinen [theoretischen] Ansichten über die Welt des Seienden und das Göttliche jedoch gab er sich ganz als Grieche (κατὰ μὲν τὸν βίον Χριστιανῶς ζῶν καὶ παρανόμως, κατὰ δὲ τὰς περὶ τῶν πραγμάτων καὶ τοῦ θείου δόξας ἑλληνίζων) und schob den fremden Mythen [der Bibel] griechische Gedanken unter. (8) [Auch weiterhin] beschäftigte er sich ständig mit Platon; wie er auch vertraut war mit den Schriften des Numenios, Kronios, Apollophanes, Longinos, Moderatos, Nikomachos und mit denen der berühmten Pythagoreer[3]. Er benutzte aber auch die Schriften des Stoikers Chairemon und des Cornutus, von denen er die allegorische Auslegung der griechischen Mysterien lernte, und wandte diese Methode auf die jüdischen Schriften an. (9) [Dies sagt Porphyrios im 3. Buch seiner Schrift »Wider die Christen« [4]] ...

b) Das Zeugnis des christlichen Schülers (Dankrede 6-15)

Der Verfasser der »Dankrede auf Origenes« ist seit Euseb (Kirchengesch. 6,30; 7,28 u.ö.) üblicherweise mit Gregor »dem Wundertäter« (213-270/75), dem nachmals ebenfalls berühmten Bischof seiner Vaterstadt Neocaesarea (Pontus) und »Apostel Kappadokiens«, identifiziert worden, was aber insbesondere nach P Nautins Untersuchungen (s.u.) fraglich geworden ist. Immerhin zeigt die beim Ausscheiden aus der im palästinischen Caesarea neubegründeten Schule des Origenes, einer Art ›Privatuniversität‹ (C. Markschies), gehaltene Rede, wie dieser in einem wohlüberlegten Ausbildungsgang über das Studium der Logik (Kap. 7), der »Physik«, Geometrie und Astronomie (Kap. 8) zur Ethik, verbunden mit praktischer Ausübung der Tugend (Kap. 9-12), und von da aus über die Metaphysik als die Frage nach dem »Grund aller Dinge«, zu der eine ausgedehnte Lektüre der »alten Philosophen und Dichter« (mit Ausnahme »atheistischer« Schriften) als Hinführung diente (Kap. 13.14), zur eigentlichen Theologie und zur Erforschung der Bibel zu leiten suchte (Kap. l5). – Über die Bedeutung der Philosophie (verstanden als Inbegriff der propädeutischen Wissenschaften) heißt es in dieser Rede:

(6) ... Er [Origenes] pries die Philosophie und ihre Liebhaber mit gewaltigen ... Lobeserhebungen. Nur diejenigen, sagte er, führten in Wahrheit ein Leben, wie es vernunftbegabten Wesen (λογικοί) gezieme, die sich recht zu leben bemühten, was mit der Selbsterkenntnis beginne und fortschreite zur Erkenntnis des wahrhaft Guten, dem der Mensch nachzujagen, wie des wahrhaft Bösen, das er zu meiden habe ... Er erklärte es ... für ganz unmöglich, den Herrscher des Alls [auch nur] zu verehren (was doch eine Auszeichnung und eine Würde sei, die unter den lebenden Wesen nur der Mensch besitze ...), ... wenn man sich nicht mit der Philosophie befasst habe ...
(14) ... Alles, was bei den Philosophen brauchbar und zutreffend war, trug er zusammen und legte es uns vor. Was dagegen falsch war, schied er aus, vornehmlich das, was bezüglich der Religion bloße Ausgeburt des Menschengeistes war (ὅσα ἴδια πρὸς εὐσέβειαν ἦν ἀνθρώπων).

c) Origenes am Hofe der Iulia Mammaea (Euseb, Kirchengeschichte 6,21, 3f.)

Den wachsenden Ruhm des Origenes, weit über den Umkreis seiner Schule hinaus, veranschaulicht auch etwa folgende, bei Euseb aufbewahrte Nachricht, die zugleich als Beleg für die Toleranz gelten darf, deren sich das Christentum in der Zeit der Severerdynastie (193-235) weithin erfreut zu haben scheint:

(21,3) Inzwischen hatte sich der Ruf des Origenes überallhin dermaßen verbreitet, dass er selbst Mammaea, der Mutter des Kaisers [Severus Alexander, 222-235], zu Ohren drang. Überaus gottesfürchtig, wie sie war, setzte sie alles in Bewegung, um einer Begegnung mit diesem Mann von Angesicht zu Angesicht gewürdigt zu werden und eine Probe seiner allseits bewunderten Einsicht in die göttlichen Dinge zu erlangen. (4) Während sie sich nun in Antiochien aufhielt, ließ sie ihn unter militärischem Geleit zu sich kommen. Origenes weilte einige Zeit bei ihr und stellte sein Können vielfältig unter Beweis, dem Herrn zum Ruhm und der Leistungsfähigkeit (ἀρετή) [seiner] göttlichen Schule zur Ehre, ehe er eilends wieder zu seiner gewohnten Tätigkeit zurückkehrte.

[1] Die antike Zählung beläuft sich auf annähernd 800 »Bücher«, was natürlich übertrieben ist. Freilich konnte eine ähnliche Zahl herauskommen, wenn man auch kleinere Homilien einzeln zählte und wenn man überdies bedenkt, dass die Schriften auf Papyrusrollen von mäßigem Umfang standen (A. von Harnack).

[2] Höchst wahrscheinlich Ammonios Sakkas, der Lehrer u.a. Plotins; vgl. F.H. Kettler, War Origenes Schüler des Ammonios Sakkas?, Epektasis (FS f. J. Daniélou), 1972, 327ff.

[3] Der Schulzugehörigkeit nach wären die Philosophennamen so anzuordnen: Numenios, Kronios, Moderatos, Nikomachos u.a. (Pythagoräer); Longinos (Platoniker); Apollophanes (Stoiker).

[4] Vgl. unten Nr. 44.

II. Origenes als Schrifttheologe

Die Hauptmasse der uns überlieferten oder doch wenigstens noch bekannten Origeneswerke sind der Schriftauslegung gewidmet, sei es in Gestalt von »Scholien« (erklärenden, z.B. textkritischen, Anmerkungen [darum auch Σημειώσεις genannt]), förmlichen »Kommentaren« oder endlich »Homilien« (Predigten mit fortlaufender Erklärung des Textes). – Die im folgenden mitgeteilten Texte lassen nicht nur erkennen, welche dogmatischen und hermeneutischen Überzeugungen ihn dabei leiteten, sondern eben so sehr, wie ernst es ihm, bei aller dem geistigen Gehalt nachspürenden Exegese, um den »Buchstaben« der heiligen Schriften zu tun war.

d) Alle Lehren sind von der Schrift her zu begründen (Aus dem Kommentar zum Mt.-Evangelium in der alten lateinischen Übersetzung, R. 18)

[Zu Mt. 23,16-22] Wir müssen also zur Bewahrheitung aller unserer Lehräußerungen das vorbringen, was die Schrift meint, gleichsam als Bekräftigung der von uns dargelegten Auffassung (debemus ergo ad testimonium omnium verborum, quae proferimus in doctrinam, proferre sensum scripturae quasi confirmantem quem exponimus sensum). Wie nämlich jegliches »Gold«, das außerhalb des »Tempels« [s. den o.a. Bibeltext!] erfunden wird, nicht geheiligt ist, so ist auch jegliche Ansicht, die außerhalb der göttlichen Schrift erfunden wird (wie bewundernswert sie einigen auch erscheinen mag), profan [wörtl. ›nicht heilig‹], weil sie nicht von dem, was die Schrift meint, gedeckt wird; die Schrift aber pflegt allein diejenige Ansicht zu bewahrheiten [wörtl. zu ›heiligen‹], die sie selbst in sich enthält ...

e) Die Inspiration der Schrift und ihre innere Übereinstimmung trotz äußerer Widersprüche (Über die Grundlehren 4,2,1ff.[1])

(2,1) Nachdem so die Tatsache der Inspiration der göttlichen Schriften bündig erörtert worden ist[2], müssen wir jetzt auf die Art zu sprechen kommen, wie sie zu lesen und zu verstehen seien ... Einerseits sind nämlich die Verstockten und

Unverständigen unter den Juden [›denen aus der Beschneidung‹] deshalb nicht zum Glauben an unseren Heiland gelangt, weil sie vermeinten, man müsse sich an den Buchstaben (λέξις) der auf ihn bezüglichen Prophetien halten, und ihn nun augenscheinlich weder »den Gefangenen Befreiung predigen« [Jes. 61,1], noch aufbauen sahen, was sie für die reale »Gottesstadt« [LXX-Ps. 45,5] hielten ... Andererseits lasen die Häretiker [z.B.]: »Ein Feuer ist entbrannt aus meinem Zorn« [Jer. 15,14] ... und zahllose ähnliche Stellen, wagten allerdings nicht, deswegen den göttlichen Ursprung der Schrift anzuzweifeln; wohl aber glaubten sie, sie stamme von dem Demiurgen ab ...; und weil der Demiurg unvollkommen sei ..., darum sei der Heiland gekommen und habe einen vollkommeneren Gott verkündigt ... Dagegen kennen die Arglosen (ἀκεραιότεροι) [gemeint: die Einfältigeren, die ἁπλούστεροι (s.u.)] unter denen, die sich der Zugehörigkeit zur Kirche rühmen, zwar keinen Höheren als den Weltschöpfer (δημιουργός) und tun recht daran; allein, auch sie machen sich von ihm Vorstellungen, wie man sie nicht einmal für den rohesten und ungerechtesten Menschen [für passend hielte]. (2) Der Grund für all diese irrigen, gottlosen oder [auch] primitiven Ansichten über Gott aber ist anscheinend kein anderer als der, dass die Schrift nicht geistig (κατὰ τὰ πνευμα-τικά) verstanden, sondern dem nackten Buchstaben nach aufgefasst wird. Darum müssen denjenigen, die die heiligen Bücher nicht für schriftstellerische Erzeugnisse von Menschen halten, sondern sie ansehen als aufgrund der Eingebung des Hl. Geistes nach dem Willen des Vaters aller Dinge durch Jesus Christus geschrieben und [so] auf uns gekommen, die uns als angezeigt erscheinenden Wege [zum Verstehen] aufgewiesen werden: denen [also], die sich an die Richtschnur (κανών) halten, wie sie innerhalb der himmlischen Kirche Jesu Christi gemäß der Apostelnachfolge (κατὰ διαδοχὴν τῶν ἀποστόλων) in Geltung steht ... (4) Der Weg, der uns als angezeigt erscheint, um in die Schriften einzudringen und ihren Sinn zu erfassen, ist durch deren Worte selbst vorgezeichnet. In den Sprüchen Salomos [22,20f. (LXX!)] finden wir folgende Anweisung bezüglich der göttlichen Lehren der Schrift: »Du aber trage es dir dreifach ein, mit [oder in] Überlegung und Verstand, damit du allem, was man dir vorhält, Worte der Wahrheit zu antworten habest.« Dreifach also muss man sich den Sinn der heiligen Schriften in seine Seele einprägen: Der Erbauung des Einfältigeren (ἁπλούστερος) dient gleichsam das Fleisch der Schrift, wie wir die nächstliegende [buchstäbliche] Schriftauffassung nennen; wer aber weiter fortgeschritten ist, der erbaue sich gleichsam an ihrer Seele, während sich der Vollkommene (τέλειος), der denen gleicht, von denen der Apostel sagt: »Weisheit reden wir unter Vollkommenen ...« [1. Kor. 2,6f.], an dem »geistigen Gesetz« [Röm. 7,14], das da »einen Schatten der künftigen Güter enthält« [Hebr. 10,1], erbauen soll. Denn wie der Mensch aus Leib, Seele und Geist besteht, so ist es auch mit der Schrift ... (5) Da es aber auch Stellen in den heiligen Schriften gibt, die überhaupt keinen leiblichen Sinn (τὸ σωματικόν) haben, darf man gelegentlich sozusagen ausschließlich nach Seele und Geist der Schrift forschen ... (6) Von der ersten und, soweit sie zu nützen vermag, nützlichen Auffassung zeugt die Menge derer, die in unverfälschter, schlichter Weise (γνησίως καὶ ἁπλούστερον) zum Glauben gelangten. Für die zweite, auf die Seele bezügliche Auslegung liegt ein Beispiel im 1. Korintherbrief des Paulus [9,9f.] vor ... Die geistige Deutung endlich gebührt dem, der zu erklären imstande ist, welches die »himmlischen Urbilder« seien, deren »Abbildern und Schatten« die »fleischlich gesinnten« Juden »dienten« [Hebr. 8,5; Röm. 8,5], und welches die »künftigen Güter«, deren »Schatten das Gesetz enthält« [Hebr. 10,1] ... (9) Weil wir aber nun einmal, falls die Nützlichkeit der Gesetzgebung und der folgerechte, glatte

Zusammenhang der Geschichtsschreibung (τὸ τῆς ἱστορίας ἀκόλουθον καὶ γλαφυρόν) [im Alten Testament] ohne weiteres in die Augen sprängen, schwerlich glaubten, in den Schriften sei noch ein anderer als der nächstliegende Sinn (τὸ πρόχειρον) zu entdecken, darum hat es der göttliche Logos so gefügt, dass in Gesetz und Geschichtsschreibung gleichsam auch ärgernis- und anstoßerregende, [ja] auch unmögliche Stellen [sc. Berichte von Ereig-nissen, die sich so unmöglich zugetragen haben können] hineinverwoben wurden, damit wir nicht ..., unfähig, uns vom Buchstaben zu lösen, der Wahrnehmung eines Göttlicheren verschlossen blieben ... Zuweilen ist sogar in der Gesetzgebung Unmögliches enthalten, um derentwillen, die bereits bewanderter und eher zu forschen befähigt sind, damit sie sich der Mühsal, dem nachzudenken, was da geschrieben steht, unterziehen und die löbliche Überzeugung gewinnen: es bedarf eines Gottes würdigen Sinnes (νοῦς), um solches zu erforschen [oder: es will ein Gottes würdiger Sinn in solchen Aussagen gesucht werden] ...

f) Die Hexapla (Euseb, Kirchengeschichte 6,16)

(16,1) Origenes verlegte sich auf das Studium der göttlichen Schriften mit solcher Gewissenhaftigkeit, dass er sogar das Hebräische gründlich erlernte, die bei den Juden gängigen, in hebräischen Lettern gefassten Urtexte in seinen Besitz brachte, ferner den Ausgaben derer nachspürte, die neben den Siebzig [LXX!] die heiligen Schriften übersetzt hatten, und dabei Versionen ausfindig machte, die von den wohlbekannten des Aquila, Symmachus und Theodotion abwichen; er hatte sie in irgendwelchen unbekannten Winkeln aufgestöbert, wo sie lange Zeit verborgen lagerten, und sie ans Licht befördert. (2) Da er nicht wusste, wer sie angefertigt habe, vermerkte er auf ihnen infolge dieser Unkenntnis lediglich, er habe die eine Version in Nikopolis bei Aktium, die andere an einem anderen Ort gefunden. (3) Bei den Psalmen setzte er in den Hexapla [den «Sechsfältigen», d.h. der sechsspaltigen Ausgabe des AT] neben die klassischen vier Ausgaben [s.u.] nicht nur eine fünfte, sondern auch noch eine sechste und siebente Version und vermerkte, eine von ihnen sei zur Zeit des Antoninus [Caracalla], des Sohnes des [Septimius] Severus [212-217], in Jericho in einem Fass entdeckt worden. (4) Alle diese Versionen fügte er zu einem Ganzen zusammen, teilte sie nach Versen (πρὸς κῶλον) ein und führte sie mitsamt dem hebräischen Text nebeneinander auf; so hinterließ er uns die Exemplare der sog. Hexapla. Dazu stellte er noch gesondert die [klassischen] Ausgaben des Aquila, Symmachus und Theodotion nebst derjenigen der Siebzig zusammen; es sind dies die Tetrassa [›Vierfachen‹].

---

¹   Bei diesem auch griech. erhaltenen Teil des dogmatischen Hauptwerks, in dem Origenes seine Auslegungsgrundsätze im Zusammenhang darstellt, handelt es sich um die erste bekannte biblische Hermeneutik überhaupt!
²   Vgl. ebenda 4,1,1ff.

III. Origenes als systematischer Denker

Die wichtigste, aber auch umstrittenste unter den erhaltenen Schriften des Origenes ist das Frühwerk »Über die Grundlehren« (Περὶ ἀρχῶν, De principiis), geschrieben wohl zwischen 225 und 230, die erste uns bekannte zusammenhängende Darstellung der christlichen Lehre. Umstritten ist vor allem, ob sich aus diesem – in der Hauptsache nur in einer »gereinigten« lat. Übersetzung (Rufin) erhaltenen – Werk noch der »ursprüngliche Sinn der *Dogmatik* des Origenes« (F.H. Kettler) ermitteln lasse oder das Origenesbild nicht vielmehr in erster Linie aus solchen Schriften bezogen werden müsse, auf deren Echtheit und Unversehrtheit Verlass ist, also vor allem aus den Schriftkommentaren. Was sich indes schwerlich bestreiten lässt, ist, dass Origenes der erste systematische Denker der christlichen Theologiegeschichte gewesen ist, von dem wir wissen.

g) Der Rückbezug auf die kirchliche Tradition (Über die Grundlehren 1, Vorrede 2-7.10)

(2) ... Weil es viele gibt, die gut christlich zu denken meinen, unter ihnen jedoch manche ganz anders lehren als die Früheren, und es auf der anderen Seite am kirchlichen Kerygma festzuhalten gilt, wie es durch die Ordnung der Sukzession von den Aposteln her überliefert wird und bis zur Gegenwart in den Kirchen fortdauert, darum muss einzig jene Wahrheit geglaubt werden, die in keinem Punkte von der kirchlichen und apostolischen Tradition abweicht (illa sola credenda est veritas, quae in nullo ab ecclesiastica et apostolica traditione discordat). (3) Dazu muss man freilich wissen, dass die heiligen Apostel, als sie den Glauben an Christus verkündigten, über bestimmte Gegenstände, die sie als für alle glaubensnotwendig ansahen, selbst den an theologischer Forschung (inquisitio divinae scientiae) weniger Interessierten alles aufs klarste mitgeteilt, die Erforschung des *Grundes* für ihre Behauptung jedoch denen überlassen haben, die mit den hervorragenden Geistesgaben ..., vor allem mit dem Charisma der Rede und der Weisheit, ausgerüstet wären; von anderem dagegen sagten sie nur, *dass*, nicht aber wieso und woher es sei, damit auf diese Weise die Wissbegierigen unter ihren Nachfahren ... einen Gegenstand hätten, an dem sie sich erproben und ihr geistiges Talent (ingenium) unter Beweis stellen könnten ... (4) Beispiele [der ersten Kategorie d.h.] der Dinge, die von der apostolischen Verkündigung eindeutig überliefert worden [und damit auch als entschieden zu betrachten] sind, sind folgende: Zuerst, dass *ein* Gott sei, der alles erschaffen und gestaltet hat ... [Folgt ein allem Anschein nach formelhaftes, triadisch aufgebautes Bekenntnis mit einer deutlich antignostisch-antidoketischen Zuspitzung, über dessen »dritten Artikel« es summarisch heißt:] Außerdem haben sie [die Apostel] den Hl. Geist als, der Ehre und Würde nach, dem Vater und dem Sohne zugeordnet (honore ac dignitate Patri ac Filio sociatum) überliefert; nur darüber ist noch nicht klar entschieden, ob er geboren oder ungeboren [oder: geworden oder ungeworden?] (natus aut innatus = griech. γεν[ν]ητός oder ἀγέν[ν]ητος?) oder aber selbst für Gottes Sohn zu halten sei oder nicht ... So viel wird indes in der Kirche mit Bestimmtheit gelehrt, dass dieser Hl. Geist jeden der heiligen Männer, Propheten wie Apostel, inspiriert hat und in denen, die nach Christi Erscheinung inspiriert wurden, nicht ein anderer Geist war als in den Alten. (5) Weiter [wird gelehrt], dass die Seele ihr eigenes Wesen (substantia) und Leben hat und, wenn sie aus der Welt scheidet, ihren Verdiensten nach belohnt werden wird ..., dass aber auch eine Zeit der [allgemeinen] Totenauferstehung folgen wird, da dieser jetzt »in Verweslichkeit« gesäte Leib »in Unverweslichkeit auferweckt werden« wird

[1. Kor. 15,42] ... Auch das ist ein feststehender Satz im kirchlichen Kerygma, dass eine jede Vernunftseele Entscheidungsfreiheit und Willen besitzt (omnem animam esse rationabilem liberi arbitrii et voluntatis) ... Daraus ergibt sich folgerecht auch die Einsicht, dass wir nicht einer Notwendigkeit unterliegen ... [etwa dem determinierenden Einfluss der Gestirne] ... Was jedoch die Seele selbst anlangt: ob sie aus einem Ableger (tradux) des Sperma sich herleite, so dass sie ihrem Wesen oder ihrer Substanz nach als dem leiblichen Sperma selbst eingesenkt zu gelten hätte, oder ob sie eines anderen ..., entweder geschaffenen oder ungeschaffenen Ursprungs sei[1], ob sie zumindest dem Leibe von außen eingefügt werde oder nicht: all das wird nicht genügend klar im [kirchlichen] Kerygma unterschieden. (6) Über den Teufel und seine Diener sowie über die feindlichen Gewalten lehrt das kirchliche Kerygma zwar, dass sie existieren; über ihr Wesen und ihre Existenzweise aber gibt es keine genaue Mitteilung ... (7) Außerdem ist Bestandteil des kirchlichen Kerygma, dass diese Welt geschaffen worden ist, einen bestimmten, zeitlichen Anfang hat und [einst] ihrer Verderbtheit wegen der Auflösung verfällt. Was aber vor dieser Welt war oder nach ihr sein wird, ist den meisten nicht klar. Hierüber macht nämlich das kirchliche Kerygma keine eindeutigen Aussagen. (8) ... (9) ... (10) Endlich findet sich im kirchlichen Kerygma folgendes: es gibt Engel Got-es und gute Mächte, die ihm [Gott] dienstbar sind zum Heile der Menschen; wann sie jedoch erschaffen wurden oder was es [sonst] mit ihnen auf sich hat, darüber gibt es keine klaren Aufschlüsse. Wie es auch keine eindeutige Überlieferung darüber gibt, ob Sonne, Mond und Sterne beseelt oder unbeseelt sind.

Dies alles muss nun – gemäß dem Gebot: »Erleuchtet euch mit dem Licht der Erkenntnis« [Hos. 10,12] – ein jeder als Elemente und Grundlagen benutzen, der daraus mithilfe seiner Vernunft ein folgerichtiges und organisches Ganzes (seriem quandam et corpus) herzustellen wünscht, damit man mittels überzeugender und zwingender Begründungen (assertiones) der in jedem einzelnen Stück [der Überlieferung] enthaltenen Wahrheit auf den Grund komme und sich mittels Beispielen und Belegen, wie gesagt, ein zusammenhängendes Ganzes ergebe, mögen diese nun in den heiligen Schriften [selbst] zu finden oder aber durch Aufspüren der [sich aus ihnen unmittelbar ergebenden] Konsequenz und den richtigen Fortgang (ex consequentiae ipsius indagine ac recti tenore) zu entdecken sein.

h) Logoslehre (ebenda 1,2,1f.4.6.; 4,4,1)

(1,2,1) Zunächst müssen wir wissen, dass in Christus ein anderes die Natur seiner Gottheit, sofern er als der eingeborene Sohn des Vaters ins Auge gefasst wird, ein anderes die menschliche Natur ist, die er am Ende der Zeiten (in novissimis temporibus) annahm, um den Heilsplan (dispensatio) zu erfüllen ... (2) ... Wenn nun ein für allemal richtig aufgenommen worden ist, dass der eingeborene Sohn Gottes dessen »Weisheit« [vgl. Spr. 8,22ff.; 1. Kor. 1,24], und zwar als etwas wirklich und für sich Existierendes ist (unigenitum filium dei ›sapientiam eius‹ esse substantialiter subsistentem[2]), so weiß ich nicht, wie sich unser Geist dermaßen verirren sollte zu vermuten, diese Hypostase[3] enthalte irgend etwas Körperliches, wo doch alles Körperliche durch [äußere] Gestalt (habitus), Farbe und Größe umschrieben wird ... Wie kann andererseits jemand, der auch nur ein wenig von Gott fromm zu denken gelernt hat, glauben oder meinen, Gott, der Vater, habe irgendwann, und sei es auch nur für einen Augenblick, existiert, ohne diese Weisheit aus sich hervorzubringen (extra huius sapientiae generationem)? ... Wir erkennen darum Gott als immerwährenden Vater seines eingeborenen Sohnes an (semper deum patrem novimus unigeniti filii sui), der aus

ihm unstreitig gezeugt ward und alles, was er ist, aus ihm hat, doch ohne Anfang ...
(4) ... Die Zeugung [des eingeborenen Sohnes aus dem unerschaffenen Gott] ist [vielmehr] so
ewig und ohne Unterbrechung wie die Erzeugung des Glanzes aus dem Licht ... (6) ...
Wie ... der Wille aus der Vernunft (mens) hervorgeht, ohne doch einen Teil von ihr
abzuteilen oder von ihr getrennt und geschieden zu werden, so, muss man annehmen,
hat auch der Vater den Sohn gezeugt als sein Ebenbild ...
(4,4,1) ... unter Ausschluss jeder körperlichen Konnotation (absciso omni sensu cor-
poreo), so lehren wir, ist der Logos und die Weisheit aus dem unsichtbaren und un-
körperlichen Gott geworden [oder geboren[4]] ... , so wie der Wille aus dem Geist (mens)
hervorgeht. Es dürfte nicht ohne Sinn sein (Nec absurdum videbitur), ihn auf diese
Weise auch dem Willen zuzuordnen; wird er doch »Sohn der Liebe« (filius caritatis)
genannt [Kol. 1,13]. Aus dem Willen des Vaters wurde nun dieser geboren ...
Ich möchte aber hinzuzufügen wagen, dass er, selbst wenn er die »Ähnlichkeit« des
Vaters ist [vgl. Hebr. 4,15; 7,15], niemals nicht war. Denn wann hatte Gott ... keinen
»Abglanz seiner Herrlichkeit« [Hebr. 1,3] ...? ... Wer nämlich zu sagen wagt: »Es war
einmal, da der Sohn nicht war« (ἦν ποτε ὅτε οὐκ ἦν ὁ υἱός)[5], der soll doch begreifen,
dass er dann auch sagen wird: Die Weisheit, der Logos, das Leben waren irgendwann
einmal nicht ...

i) Trinitätslehre (Wid. Kels. 5,39; 8,12; Üb. d. Grundl. 1,3,5)

(Wid. Kels. 5,39) ... Weisheit und Gerechtigkeit sind in unseren Augen der Sohn
Gottes, wie uns sein echter Jünger gelehrt hat, wenn er von ihm sagte: »Er ist uns
gemacht von Gott zur Weisheit und zur Gerechtigkeit und zur Heiligung und zur Erlösung« [l. Kor. 1,30]. Wenn wir also von ihm auch als von einem zweiten Gott
(δεύτερος θεός) reden, dann soll man wissen, dass wir mit dem zweiten Gott nichts
anderes meinen als die Tugend (ἀρετή), welche alle anderen Tugenden in sich begreift, und die Vernunft (λόγος), die jedwede Vernunft der Dinge in sich enthält ...
(Ebd. 8,12) ... Sollte jemand ... befürchten, wir gingen in das Lager derer über, die die
Existenz zweier [göttlicher] Hypostasen, des Vaters und des Sohnes, leugnen, so habe
er acht auf das Wort: »Alle Gläubigen waren ein Herz und eine Seele« [Apg. 4,32],
um den Sinn [auch] des [anderen] zu begreifen: »Ich und der Vater sind eins« [Joh.
10,30] ... Keiner von uns ist ja so stumpfsinnig zu meinen, die wesenhafte »Wahrheit«
[vgl. Joh. 8,58] sei vor der Zeit der Erscheinung Christi nicht dagewesen. Darum verehren wir den Vater der Wahrheit wie den Sohn, der die Wahrheit ist: zwei distinkte
Wirklichkeiten, die doch eins sind der Einmütigkeit, Übereinstimmung und Selbigkeit
des Willens nach (δύο τῇ ὑποστάσει πράγματα, ἓν δὲ τῇ ὁμονοίᾳ καὶ τῇ συμφωνίᾳ
καὶ τῇ ταυτότητι τοῦ βουλήματος).
(Üb. d. Grundl. 1,3,5) Hier erscheint es mir indes als angebracht, zu untersuchen,
warum, wer »durch Gott wiedergeboren« wird [l. Petr. 1,3], zur Seligkeit sowohl des
Vaters als auch des Sohnes als auch des Hl. Geistes bedarf und er das Heil nicht erlangen kann, wenn nicht die ganze Trinität mitwirkt (nisi sit integra trinitas), noch des
Vaters und des Sohnes teilhaftig werden ohne den Hl. Geist. Erörtern wir dies, so
werden wir unstreitig die besondere Tätigkeit (operatio specialis) des Hl. Geistes wie
die des Vaters und des Sohnes beschreiben müssen: Gott, der Vater, der das All zu-
sammenhält, erreicht (φθάνει) alles einzelne, was existiert, indem er einem jeden, was
ist, von seinem eigenen [Sein] das Sein mitteilt. Geringer (ἐλαττόνως) als der des
Vaters ist der [Bereich des] Sohn[es], der lediglich die Vernunftwesen (λογικά) erreicht

(denn er nimmt den zweiten Rang nach dem Vater ein); noch geringer ist der des Hl. Geistes, der nur zu den Heiligen durchdringt. Demgemäß ist die Macht des Vaters größer als die des Sohnes und des Hl. Geistes, die Macht des Sohnes größer als die des Hl. Geistes, und wiederum ragt die Macht des Hl. Geistes über die anderen heiligen Wesen [sc. die Engel] weit hinaus ...

j) Schöpfung und Sündenfall und das Problem der Willensfreiheit
(Über die Grundlehren 2,9,2.6)

(2,9,2) Da die, wie gesagt, im Anfang erschaffenen Vernunft- [oder: Geist-]Wesen (rationabiles naturae) ... geschaffen wurden, während es sie vordem nicht gab, müssen sie [auch] – eben dank der Tatsache, dass sie [vor ihrer Erschaffung] nicht waren, sondern ihr Sein einen Anfang hat – notwendigerweise wandelbar und veränderlich sein ...; das Gute sollte ihnen zum Eigentum werden, indem sie es aus freiem Willen bewahrten. Doch Trägheit und Scheu vor Anstrengung in der Bewahrung des Guten und Abwendung vom Besseren und dessen Nichtachtung gaben den Anstoß, vom Guten abzufallen. Vom Guten abfallen aber ist nichts anderes als im Bösen erstarken. Denn es steht fest:»Böse sein« heißt, des Guten ermangeln (certum namque est malum esse bono carere) ... (6) ... (Gott) hatte, als er im Anfang schuf, was er zu erschaffen gedachte, nämlich Vernunftwesen, keinen anderen Grund zum Schaffen als sich selbst, d.h. seine eigene Güte (bonitas)[6]. War nun der Grund des zu Erschaffenden er selbst und war bei ihm weder Wechsel noch Veränderung noch Unvermögen, so schuf er alle gleich ... Weil aber die vernünftigen Geschöpfe ... mit der Fähigkeit, sich frei zu entscheiden (arbitrii liberi facultas), begabt sind, so hat diese Freiheit jeden einzelnen veranlasst, entweder in Nachahmung Gottes im Guten fortzuschreiten oder in dessen Nichtachtung abzufallen. Und dies ... hat den Grund abgegeben für die Ungleichheit unter den Vernunftwesen; sie liegt nicht im Willen und Ratschluss des Schöpfers, sondern allein in der eigenen Entscheidungsfreiheit (propriae libertatis arbitrio) begründet ...

k) Die Menschwerdung des Erlösers (ebenda 2,6,2-5)

(2,6,2) Von allem Wunderbaren und Großartigen ... übersteigt das die Bewunderung des Menschengeistes bei weitem, und die Hinfälligkeit der sterblichen Intelligenz hat kein Mittel gefunden, wie man denken und begreifen könne, jene gewaltige Macht der göttlichen Majestät, eben dieses WORT des Vaters und jene Weisheit Gottes, ... habe sich in die Begrenzung jenes [einen] Menschen hineinbegeben (intra circumscriptionem eius hominis ... fuisse), der in Judäa [als ein wahrer Mensch] auftrat ... Da wir also an ihm manches Menschliche wahrnehmen, das sich in nichts von der üblichen Hinfälligkeit der Sterblichen unterscheidet, anderes wiederum so göttlich ist, wie es einzig zu jener ursprünglichen, unsagbaren göttlichen Natur passt, so steht unser begrenzter menschlicher Verstand vor Staunen und Bewunderung still ... Man hat es deshalb in aller Scheu und Ehrfurcht zu betrachten, dass sich in einem und demselben [Christus] die Wirklichkeit beider Naturen (in uno eodemque ... utriusque naturae veritas) sichtbar macht, um nichts Unwürdiges und Unziemliches mit jener unsagbaren göttlichen Natur zu verbinden, noch [wie die Gnostiker] Tatsachen für Mummenschanz zu halten (quae gesta sunt falsis inlusa imaginibus aestimentur) ... (3) ... Aufgrund ihrer Entscheidungsfreiheit kam es zu einer Ausdifferenzierung der Geistwesen (diversitas animorum), so dass die einen ihren Schöpfer brennender, die anderen schwächer und matter liebten. Dagegen hing ihm jene Seele (anima), von der Jesus gesagt hat:»Niemand nimmt meine Seele von mir« [Joh. 10,18], seit Anbeginn der Schöpfung und in der Folge untrennbar und unlösbar an als der Weisheit und dem WORTE Gottes, als der Wahrheit und dem wahren Licht, nahm ihn als ganze ganz (tota totum) in sich auf und ging selbst in sein Licht und seinen Glanz über ... Indem also dieses Seelenwesen zwischen Gott und dem Fleisch vermittelte (substantia animae inter deum carnemque mediante) – denn dass die Gottnatur sich mit dem Leib vereinigte, war ohne Mittelwesen (sine mediatore) unmöglich[7] –, wurde, wie gesagt, der Gottmensch (deus homo) geboren, da es jenes Mittelwesen gab, dem es auf jeden Fall nicht wider seine Natur war, einen Leib anzunehmen; andererseits ging es jener Seele als einem Vernunftwesen (substantia rationalis) nicht wider ihre Natur, Gott in sich aufzunehmen, in dem sie ... als in dem WORT, der Weisheit und der Wahrheit schon gänzlich aufgegangen war. Deshalb wird sie auch zu Recht, dafür, dass sie gänzlich im Sohne Gottes war ..., auch selbst mitsamt dem angenommenen Fleisch (cum ea quam assumpserat carne) Sohn Gottes, Kraft Gottes, Christus und Gottes Weisheit genannt ... Wie [überhaupt] in der gesamten Schrift die göttliche Natur ebenso mit menschlichen Begriffen bezeichnet, wie die menschliche Natur mit Kennzeichen der Gottesprädikation geschmückt wird ...[8] (4) ... Deshalb ist auch Christus Mensch geworden, indem er diesen [Menschen] aufgrund sittlicher Bewährung (ἐξ ἀνδραγαθήματος) fand ... [vgl. Ps. 44(45),8] ... Um seiner Liebe willen wird er mit »Freudenöl« gesalbt, wird also die Seele mit dem göttlichen Logos zum Christus (id est anima verbo dei Christus efficitur) ... Wenn er [der Psalmist] aber »vor den Gefährten« sagt, so gibt er damit zu verstehen, dass ihm [Christus] die Gnadengabe des Geistes (gratia spiritus) nicht wie den Propheten gegeben ward, sondern dass in ihr die wesenhafte (substantialis) »Fülle« des Gott-Logos selbt war ... [vgl. Kol. 2,9] ... (5) ... Die Natur seiner Seele war zwar dieselbe wie die aller anderen Seelen; daran kann kein Zweifel bestehen ... Da indes die Möglichkeit, Gutes wie Böses zu erwählen, allen Seelen anheimgegeben ist, so hat die Christus zugehörige Seele die Liebe zur Gerechtigkeit in der Weise erwählt, dass ... die Festigkeit des Vorsatzes ... jeden Gedanken an Umkehr oder Abwendung ausschloss und so, was ihrem Willen überlassen war, ihr dank jener Beschaffenheit, wie sie aus langer Übung resultiert (longi usus affectu), endlich zur Natur geworden ist. So ist ... in Christus eine menschliche und vernünftige Seele (humana et rationabilis anima) gewesen, eine solche jedoch, die keinen Gedanken an Sünde noch die Möglichkeit dazu hatte.

I) Die »Wiederbringung aller Dinge« (Über die Grundlehren 2,11,2; Johanneskommentar 1,16; Über die Grundlehren 3,6,1.6)

(Üb. d. Grundl. 2,11,2) [Ablehnung der chiliastischen Eschatologie] Leute, die die Mühe jedweden Nachdenkens scheuen ..., Schüler des bloßen Buchstabens, sind der Meinung, die [biblischen] Verheißungen bezögen sich auf leibliches Wohlbehagen und Schwelgerei; und vor allem deswegen wünschen sie sich, nach der Auferstehung wieder fleischliche Leiber zu besitzen ..., erdenken sich Jerusalem als eine irdische Stadt, die wiederaufgebaut werde aus kostbaren Steinen ...: kurz, sie wollen, alles solle in jeder Hinsicht so sein, wie es jetzt gewohnt sind ... So aber denken Leute, die zwar an Christus glauben, aber in jüdischem Sinne die göttlichen Schriften auslegen und daraus nichts entnehmen, was göttlicher Verheißung würdig wäre.
(Joh.-Komm. 1,16) [Was ist Joh. 1,1 unter »Anfang« zu verstehen?] ... Eine Bedeutung ist: Anfang eines Übergangs [einer Veränderung] (μετάβασις) ... Diese Deutung wird

ersichtlich aus der Stelle: »Der Anfang des guten Weges ist das Rechttun«
[Spr. 16,7]. Der »gute Weg« nämlich ist das Wichtigste; daher muss man in
erster Linie auf das Tun (τὸ πρακτικόν) bedacht sein, was mit »recht tun« angezeigt ist, während in zweiter Linie das Betrachten (τὸ θεωρητικόν) folgt; in dieses
mündet, wie ich meine, das Ende des guten Weges ein bei der Apokatastasis
[›Wiederbringung, Wiederherstellung‹], die deswegen so genannt wird, weil dann kein
Feind mehr bleibt, wenn anders es wahr ist, dass er [Christus] herrschen muss, »bis er
alle seine Feinde unter seine Füße getan hat; als letzter Feind aber wird der Tod
entmachtet« [l. Kor. 15,25f.]. Dann wird es nur noch eine Tätigkeit geben für die, die
durch das »Wort bei Gott« [Joh. 1,1] zu Gott gelangten: Gott zu betrachten
(κατανοεῖν), um in der Erkenntnis des Vaters Gestalt gewinnend – wie jetzt einzig der
Sohn den Vater erkannt hat – allesamt in vollkommener Weise [seine] Söhne[9] zu
werden [Mt. 11,27] ...
(Üb. d. Grundl. 3,6,1) ... Das höchste Gut (summum bonum), zu dem die gesamte vernünftige Kreatur hinstrebt, das auch das Ziel und Ende aller Dinge genannt wird,
haben auch viele der Philosophen folgendermaßen bestimmt: das höchste Gut sei es,
Gott ähnlich zu werden, soweit es möglich ist (prout possibile est, similem fieri
deo)[10]. Ich glaube jedoch, dass sie sich dies nicht so sehr selbst ausgedacht als vielmehr den göttlichen Schriften entnommen haben ... (6) Dieses unser ganzes körperliches Wesen muss, so ist anzunehmen, ... in einem solchen [verklärten] Zustand [einer
»geistigen« Leiblichkeit: vgl. 1. Kor. 15,44ff.] überführt werden, dann, wenn alle Dinge
wiederhergestellt werden, auf dass sie eins seien, und Gott »alles in allen« sein wird.
Doch begreife man, dass dies nicht auf einmal, sondern nur allmählich und in Teil-
strecken (per partes) geschehen kann, im Ablauf unendlicher und unermesslicher
Zeitalter (saecula), nachdem nach und nach und in jedem Einzelnen die Verbesserung
und Zurechtbringung (correctio) erreicht ist ... Dann kommt auch – über die zahllosen
Ordnungen derer hinweg, die vorwärtsschreiten und aus Feinden zu mit Gott sich Ver-
söhnenden werden – schließlich die Reihe an den »letzten Feind«, der da »Tod« heißt,
dass auch er entmachtet werde und so kein Feind mehr sei ...

---

[1]   Anklang wohl an die drei Theorien über die Seelenentstehung: Traduzianismus (die Seele –
ein Ableger der elterlichen) – Creatianismus (die Seele – mit der Geburt neu geschaffen) – Prae-
existenzialismus (bereits vorgeburtliche Existenz der Seele).

[2]   Griech. wohl: ὅτι ὁ μονογενὴς τοῦ θεοῦ υἱός ἐστιν σοφία αὐτοῦ οὐσιωδῶς ὑφεστῶσα.

[3]   Die lat. Übersetzung Rufins lautet hier: ὑπόστασις id est substantia; doch handelt es sich
dabei wohl um einen Zusatz des Übersetzers. Origenes scheint οὐσία (= lat. substantia) und
ὑπόστασις normalerweise nicht als Synonyme gebraucht zu haben.

[4]   Vgl. Buch I, praefatio 4.

[5]   Vgl. unten Nr, 54a; 56a.b (Arius!).

[6]   Vgl. Platon, Timaios 29d.e (»Sagen wir also, aus welcher Ursache der Schöpfer das Werden
und dieses All erschaffen hat: Gut war er, und in einem Guten entsteht nie Neid ...«)

[7]   Platonisches Axiom: vgl. Timaios 30b.

[8]   Auch Origenes ist also ein Vertreter der Lehre von der communicatio idiomatum (des
»Austauschs der Eigenschaften« zwischen den göttlichen und menschlichen »Natur« des Fleischgewordenen!).

[9]   Der Text ist hier verderbt; zu lesen ist wohl ἀκριβῶς υἱοί [statt υἱός] oder ἀκριβεῖς.

[10]   Locus classicus: Platon, Theaitetos 176b (ὁμοίωσις θεῷ κατὰ τὸ δυνατόν).

IV. Origenes als Apologet des Christentums

Auch in der Geschichte der literarischen Verteidigung des Christentums, der christlichen *Apologetik*, spielt Origenes, vor allem mit seinem umfangreichen Werk Contra Celsum, eine herausragende Rolle, wie schon aufgrund der folgenden Auszüge leicht nachzuvollziehen ist:

m) Die geschichtslose Logosphilosophie der Platoniker und die christliche Sorge um das Heil aller (Wider Kelsos 1,9)

... [Auf die Aufforderung des Kelsos, bei der »Annahme von Lehren« allein »der Vernunft und einem vernünftigen Führer zu folgen«, erwidert O.:] Wenn es möglich wäre, dass alle Menschen sich von den Geschäften des Lebens freimachten und ihre ganze Zeit auf das Philosophieren verwendeten, dann dürfte keiner einen anderen Weg einschlagen als diesen allein. Denn im Christentum wird sich, wie ich ohne Übertreibung sagen darf, keine geringere Prüfung dessen, was geglaubt wird, keine weniger tiefgründige Auslegung rätselhafter Stellen in den Propheten, der Gleichnisse in den Evangelien und zahlloser anderer Ereignisse und Gesetzesbestimmungen mit einer symbolischen Bedeutung finden lassen [als sonstwo]. Wenn aber dies nicht möglich ist, wenn wegen der Sorgen und Mühen, die das Leben mit sich bringt, oder der menschlichen Schwäche zufolge sich nur wenige der Wissenschaft widmen, welcher andere Weg, um der großen Masse zu helfen, ließe sich dann wohl finden, der besser wäre als jener, den Jesus den Völkern gewiesen? ... Was immer es sonst noch an Beweisen dafür geben mag, dass eine solch menschenfreundliche Lehre nicht ohne Gottes Willen dem Leben der Menschen zugekommen sein dürfte, so wird man auch diesen mit dazu rechnen müssen ...

n) Christentum und Welt (ebenda 8,69 f. i. Vgl. m. Meliton von Sardes bei Euseb, Kirchengeschichte 4,26,7-11)

(69) [Einwand des Kelsos: Wenn alle Römer an den Christengott glauben sollten, wie wird dann jener sog. Höchste das Reich vor den Feinden schützen? Auch Juden und Christen hat er ja seine Hilfe verheißen; und doch sind die Juden als politischer Faktor ausgeschaltet, und die Christen werden verfolgt. – Antwort des Origenes:] Wir glauben, dass bereits, wo »zwei« von uns »auf Erden darin übereinstimmen, irgend etwas zu erbitten«, es ihnen »zuteil werden wird vom himmlischen Vater« der Gerechten [Mt. 18,19]. Denn Gott freut sich der Eintracht der vernünftigen Wesen, während er sich von ihnen abkehrt, falls sie uneins sind. Womit hätten wir erst zu rechnen, wenn nicht nur, wie augenblicklich, ganz wenige zu dieser Eintracht fänden, sondern das ganze römische Reich? ...
(70) Würden ... die Römer sämtlich zum Glauben kommen, so würden sie durch ihr Gebet den Sieg über ihre Feinde gewinnen – oder vielmehr, sie würden überhaupt keine Kriege mehr zu bestehen haben, da sie die göttliche Macht beschützte, die da verhieß, »um 50 Gerechter willen« fünf ganze Städte erhalten zu wollen [vgl. Gen. 18,24-26]. Denn »Salz« der Welt, das da sorgt für den Bestand der irdischen Dinge, sind die Menschen Gottes; was immer auf Erden ist, hat so lange Bestand, wie das »Salz« nicht verdirbt [sc. seine konservierende Schärfe verliert] (ἄλες γάρ εἰσι τηρητικοὶ τῶν ἐπὶ γῆς συστάσεων τοῦ κόσμου οἱ τοῦ θεοῦ ἄνθρωποι, καὶ συνέστηκεν τὰ ἐπὶ γῆς, ὅσον οἱ ἄλες οὐ τρέπονται) [Mt. 5, 13 par.] ...[1]

o) Christentum und Krieg (ebenda 8,73)

[Wenn Kelsos die Christen ermahnt, dem Kaiser beizustehen und für ihn zu kämpfen, so ist nach O. einmal auf den »Beistand« hinzuweisen, welchen die Christen mit ihrer Fürbitte für alle Obrigkeit leisten. »Und je gottesfürchtiger einer ist, um so mehr richtet er mit seiner den Herrschern geleisteten Hilfe aus.« Des weiteren ist an die altüberlieferten und allgemein anerkannten Privilegien des Priesterstandes zu erinnern, denen zufolge Priester vom unmittelbaren Kriegsdienst freigestellt sind, damit sie »mit reinen Händen, an denen kein Menschenblut klebt«, den Göttern die überkommenen Opfer darbringen können.] Wenn dies mit gutem Grund so geschieht, wie viel vernünftiger ist es dann, dass diese [sc. die Christen], während die andern in den Krieg ziehen, als Priester und Diener Gottes am Feldzug teilnehmen, indem sie ihre Hände rein bewahren und mit ihren Gebeten zu Gott für die streiten, die einen gerechten Krieg führen[2], auch für den rechtmäßigen Kaiser, auf dass alles vernichtet werde, was sich der gerechten Sache widersetzt?... [Kurzum:] Lassen wir Christen uns auch nicht dazu bewegen, ihm [dem Kaiser] als Soldaten zu dienen, auch dann nicht, »wenn er [oder: die Not] es erheischt«, so kämpfen wir doch für ihn und bilden durch unsere Gebete ein eigenes Heer, ein Heer der Frömmigkeit ... [, das dem Kaiser dadurch bessere Dienste leistet als sämtliche Soldaten, die ins Feld ziehen und so viele Feinde töten, wie sie nur können.].

Quellen: E. Schwartz a. o. [Nr. 6] a. O.; P. Koetschau, Des Gregor Thaumaturgos Dankrede an Origenes ... , 1894; E. Klostermann, Origenes Werke, XI: Origenes Matthäuserklärung (II. Die lat. Übersetzung der Commentariorum Series), GCS 38, 1933; P. Koetschau, Origenes Werke, V: De Principiis, GCS 22. 1913; ders. a.o.(Nr. 23)a.O.; E. Preuschen, Origenes Werke, IV: Johanneskommentar, GCS 10, 1903; Origenes. Vier Bücher von den Prinzipien; hg., übers. u. mit ... Anm. vers. v. H. Görgemanns/H. Karpp, [3]1992. – *Literatur:* A. v. Harnack, Der kirchengeschichtliche Ertrag der exegetischen Arbeiten des Origenes 1919; H. Koch, Pronoia und Paideusis, 1932; M. Harl, Origène et la fonction révélatrice du verbe incarné, Paris 1958; R.P.C. Hanson, Allegory and event, London 1959; F. H. Kettler, Der ursprüngliche Sinn der Dogmatik des Origenes, 1966; Akten der intern. Origeneskongresse u.d.T. ORIGENIANA, 1975ff.; P. Nautin, Origène, Paris 1977; H. Crouzel, Origène, Paris 1985; K.J. Torjesen. Hermeneutical Procedure and Theological Method in Origen's Exegesis, 1986 (PTS 28); B. Neuschäfer, Origenes als Philologe, 2 Teile, Basel 1987; L. Lies, »Peri Archon«. Eine undogmatische Dogmatik. Darmstadt 1992; S. Hausammann (wie o. Nr. 7), 284-333; H.J. Vogt. Art. Origenes, LACL, [3]2002, 528-536 (Lit.!); F.M. Young, Towards a Christian *paideia,* in: M.M. Mitchell/F.M. Young (wie o. Nr. 1), 485-500; C. Markschies (wie o. Nr. 18), bes. 93-109. 173-176. 302-304. 312-314.

---

[1]   Vgl. damit das Fragment der Apologie Melitons von Sardes (gest. vor 190) bei Euseb, Kircheng. 4,26,7 ff.: »Die bei uns vertretene Philosophie (ἡ κατ' ἡμᾶς φιλοσοφία) war früher hauptsächlich unter Barbaren verbreitet, hat aber ihre volle Blüte erst bei deinen Völkern [angeredet ist Kaiser Mark Aurel] erlebt, und zwar unter der großartigen Regierung des Augustus, deines Vorfahren [Amtsvorgängers] ... Seither ist auch [sc. dank der Begünstigung des Christentums!] das Römerreich zu Größe und Herrlichkeit gediehen Du bist nun sein [des Augustus] ersehnter Nachfolger und wirst es sein mitsamt deinem Sohne, sofern du diejenige Philosophie beschützest, die eine Milchschwester des Reiches [= mit ihm zeitgleich großgeworden] ist und mit Augustus ihren Anfang genommen hat (φυλάσσων τῆς βασιλείας τὴν σύντροφον καὶ συναρξα-μένην Αὐγού-στῳ φιλοσοφίαν) ...«. Von daher war es schwerlich abwegig, wenn etwa 150 Jahre nach Abfassung von Melitons Apologie der Origenist Euseb die von Konstantin eingeleitete Verbündung (συμφωνία) des Welt‹staates‹ mit der Weltkirche als Erfüllung eschatologischer Hoffnung begriff (vgl. etwa Eusebs Demonstr. Ev. III, 7, 30-35; Trizennatsrede 5)!
[2]   Vgl. zu dieser vom politischen Denken der Römer (Cicero, Über den Staat 2,35 u.ö.) dargebotenen Unterscheidung zwischen »gerechten« und »ungerechten Kriegen« auch bereits Wid. Kels. 4,81f.

33. Die Verschärfung der inneren Krise des römischen Reiches

Nachdem im zweiten Jahrhundert, unter den sog. Adoptivkaisern, das Imperium Romanum nach außen wie nach innen seine größte Macht und Blüte erlebt hatte, hat es nach noch immer verbreiteter Auffassung im Laufe des dritten, im Zeitalter der »Soldatenkaiser«, eine schwere, vielleicht sogar die schwerste Krise seiner bisherigen Geschichte erlebt. Ist das richtig, so wird man dafür in erster Linie den auf die Dauer ruinösen Zweifrontenkrieg gegen Perser und Germanen (vgl. unten Nr. 53.78) und den davon ausgehenden Zwang zu stärkerer Zentralisierung und Bürokratisierung der Verwaltung wie zu bedenklichen Rückgriffen auf die wirtschaftliche Substanz verantwortlich machen. Allerdings fehlt es neuerdings nicht an entschiedenem Widerspruch gegen dieses »Krisenszenario« (vgl. auch u. Nr.45. 58). .

a) Verleihung des Bürgerrechts an alle römischen Untertanen: Die »Constitutio Antoniniana« Kaiser Caracallas (212) und ihre Würdigung durch Cassius Dio (Röm. Geschichte 77,9)

Ein Papyrusfund (Pap. Gissensis 40) hat die sonst schlecht bekannte Verordnung wenigstens fragmentarisch im Wortlaut überliefert. Danach wurde in ihr »allen Nichtbürgern im Reich das römische Bürgerrecht« verliehen, »unter Beibehaltung jeglicher Art von Gemeindeverband, ausgenommen die Kopfsteuerpflichtigen« (dediticii[1]). – Der Historiker Cassius Dio, ein Zeitgenosse, gibt in seiner schon mehrfach angeführten »Römischen Geschichte« folgende – wohl zutreffende – Würdigung dieser Konstitution:

(77,9) ... Er [Caracalla] war ein Freund der Verschwendung seinen Soldaten gegenüber ..., alle übrigen aber pflegte er rundum auszuziehen (περιδύειν), auszurauben und aufzureiben, nicht zuletzt die Senatoren. Denn ... abgesehen davon, dass er alle seine Untertanen zu römischen Bürgern machte – angeblich als eine Auszeichnung, in Wirklichkeit aber in der Absicht, dadurch seine Einkünfte zu mehren, da nämlich die Nichtbürger (ξένοι [= lat. peregrini]) die Mehrzahl dieser [von ihm z.T. neu eingeführten] Abgaben nicht zu entrichten brauchten –, ... wurden wir genötigt, sooft er von Rom aufbrach, mitten auf den Wegen, auch wenn sie noch so kurz waren, Gebäude aller Art und kostspielige Absteigen auf eigene Kosten errichten zu lassen, ... von denen er vermutlich nie eine einzige zu Gesicht bekam.

b) Haftung der Dekurionen für Steuern und Abgaben (Justinian, Digesten 50,2,1; 50,4,3,15)

Die folgenden beiden in Justinians »Digesten«, d.h. in der von ihm veranlassten Überarbeitung des klassischen Juristenrechtes (im Unterschied zum Kaiserrecht), enthaltenen Bestimmungen werden auf Ulpian, einen berühmten Rechtslehrer und hohen Beamten unter Severus Alexander (222-235), zurückgeführt.

(50,2,1) Der Provinzstatthalter (praeses provinciae) hat dafür Sorge zutragen, dass die Dekurionen [Mitglieder der städtischen Senate (curiae)], die nachgewiesenermaßen die Sitze der Bürgerschaft (civitas), der sie angehören, verlassen haben und in andere Gegenden übergesiedelt sind, auf den Boden ihrer Vaterstadt zurückbeordert werden und die ihnen zukommenden Verpflichtungen (munera)[2] übernehmen.

(50,4,3,15) Der Provinzstatthalter hat dafür zu sorgen, dass in den Stadtgemeinden Verpflichtungen und Ehrenämter gleichmäßig im Wechsel nach Alter und Würde auferlegt werden entsprechend jenen Abstufungen der Pflichten und Ehrenämter, wie sie von altersher festgelegt worden sind, damit die Kommunen nicht gleichzeitig der Mittel und Männer beraubt werden, indem ohne Unterschied und [allzu] häufig dieselben betroffen werden.

c) Ausplünderung der Bevölkerung: Aus einer Liste von Fragen an ein Orakel (Papyrus Oxyrhynchus 1477)

Das alte Oxyrhynchos in Mittelägypten ist heute vor allem bekannt als eine Hauptfundstätte von Papyri, namentlich aus römischer Zeit; darunter auch der folgende aus der 2. Hälfte des 3. Jahrhunderts:

... Werde ich gepfändet werden? ... Wird mein Eigentum versteigert werden? . . Werde ich ein Bettler[?]? Soll ich mich auf die Flucht begeben? Werde ich ein Gesandter[?]? Werde ich Mitglied des Stadtrates (βουλή)? Wird meine Flucht vereitelt? ...

d) Geldentwertung (Papyrus Oxyrhynchus 1411 aus dem Jahre 260)

Von Aurelius Ptolemaeus, auch Nemesianus genannt, Stratege des Oxyrhynchus-bezirkes. Nachdem sich die Beamten versammelt und darüber Beschwerde geführt haben, dass die Geldwechsler ihre Wechseltische geschlossen halten und die geheiligte Münze der Kaiser nicht mehr annehmen wollen, ist es notwendig geworden, allen Eigentümern von Wechseltischen per Erlass zu gebieten, diese wieder aufzumachen und sämtliche Münzen anzunehmen und zu wechseln, mit Ausnahme offenkundiger Fehlprägungen und Fälschungen; das aber soll nicht allein für diese, sondern auch für alle gelten, die irgendwie am Umsatz von Waren beteiligt sind. Auch sie sollen sich darüber im klaren sein, dass sie im Falle des Ungehorsams gegen diesen Erlass die Strafen zu erleiden haben, die die Hoheit des Präfekten[3] bereits früher für sie angeordnet hat ...

Quellen: S. Riccobono u.a., Fontes iuris Romani anteiustiniani, I, Florenz 1940² (»Constitutio Antoniniana«); U.P. Boissevain a.o.(Nr. 13)a.O., III, 1901; B.P. Grenfell/A.S. Hunt, The Oxyrhynchus Papyri XII, London 1916. – *Literatur*: G. Walser/Th. Pekáry, Die Krise des römischen Reiches, 1962; G. Alföldy, Römische Sozialgeschichte, (1975) ³1984, Kap. 6, 133-153; ders., Die Krise des Römischen Reiches. Geschichte, Geschichtsschreibung und Geschichtsbetrachtung (Ausgew. Beiträge), 1989; J. Martin, Spätantike und Völkerwanderung, OGG 4, ²1990, 1ff. 143ff.; K. Strobel, Das Imperium Romanum im »3. Jahrhundert«: Modell einer historischen Krise? (Hist.E 75), 1993; L. Piétri/J. Flamant/G. Gottlieb, Die Krise des Römischen Reiches und die Frage der Religion, in: Das Entstehen der Einen Christenheit (250-430), hg. v. C. und L. Piétri (= Die Geschichte des Christentums, Bd. 2), 1996, 3-22, bes. 5-9; J.U. Krause, Art. Klassen (Gesellschaftsschichten), RAC 20, 2004, 1169-1227.

[1] Ursprünglich Bezeichnung für die Nachkommen von dediti, welche durch freiwillige »Ergebung« (deditio) in Abhängigkeit von Rom gerieten und keinen »Bündnis-« oder »Friedensvertrag« (foedus) besaßen, wurde der Begriff in der Kaiserzeit ausgedehnt auf angesiedelte Barbaren oder auch bestrafte Freigelassene, die nach einer gesetzlichen Bestimmung vom Jahre 4 n. Chr. keine römischen Bürger mehr werden konnten. Die Bedeutung des Wortes an dieser Stelle ist jedoch sehr umstritten; demgemäß ist auch die oben gegebene Übersetzung fraglich.

[2] Dabei geht es insbesondere um die persönliche Haftung für Steuern und »Leiturgien« (λειτουργίαι), d.h. die Leistungen reicher Bürger zugunsten ihrer Gemeinden.

[3] Praefectus Aegypti, mit Sitz in Alexandrien.

34. Die Christenverfolgung unter Decius und ihre Motive (Cassius Dio, Römische Geschichte 52,36,1f.; Euseb, Kirchengeschichte 6,41,1ff.; Libellus 3 [Knipfing])

Wohl unter dem Eindruck einer sich verschärfenden Krise gab bereits im 1. Jahrzehnt des 3. Jahrhunderts Cassius Dio den Verantwortlichen den Rat, den der Fiktion nach Maecenas, Vertrauter des Kaisers und bis heute berühmter Förderer der Künste, dem Augustus erteilt: »Willst du wahrhaft unsterblich werden, so ... verehre hinfort selbst die Gottheit allenthalben, ganz nach der Väter Sitte, und nötige (ἀνάγκαζε) auch die anderen, sie zu ehren. Die aber hiervon [sc. von der rechten Gottesverehrung) abweichen, die hasse und züchtige, und zwar nicht allein der Götter wegen – wer sie verachtet, dürfte sich auch aus nichts anderem mehr etwas machen! –, sondern auch, weil Leute, die an ihre Stelle irgendwelche neuen göttlichen Wesen (δαιμόνια) setzen, viele dazu verleiten, sich eigene Gesetze zu machen, woraus dann Verschwörungen, Komplotte und Geheimbünde [›Vereine‹] entstehen, was der Monarchie ganz und gar nicht zuträglich ist. Dulde deshalb keinen Gottlosen und keinen Gaukler ... «. – Es ist anzunehmen, dass in Überlegungen dieser Art auch das Vorgehen des Kaisers Decius unmittelbar nach seiner Machtergreifung im Herbst 249 wurzelte, mit dem die erste systematische Christenverfolgung im Römischen Reich verbunden war. Über sie berichtet u.a. der alexandrinische Bischof Dionys in einem (wohl im Herbst 251 verfassten und bei Euseb erhaltenen) Brief an Bischof Fabius von Antiochien:

(Euseb, Kirchengesch. 6,41,1) ... Bei uns nahm die Verfolgung nicht erst mit dem kaiserlichen [Opfer-]Edikt (πρόσταγμα) ihren Anfang. Vielmehr hatte sie schon ein ganzes Jahr zuvor begonnen, als irgendein dieser Stadt Unheil kündender Dichter die heidnischen Massen gegen uns mobilisierte ... (2) Durch ihn aufgewiegelt, ergriffen sie jede sich bietende Gelegenheit zu wüsten Ausschreitungen ... [Folgen in § 3-8 Beispiele, die außer Plünderung christlichen Eigentums auch Fälle von Lynchjustiz einschließen] (9) ... Zwar konnten wir für kurze Zeit aufatmen [nachdem nämlich der Christenpogrom in Alexandrien in dem allgemeinen Bürgerkrieg, welcher der Machtergreifung des Decius voraufging, untergegangen war], da der Mob keine Zeit mehr fand, seine Wut an uns auszutoben. Da aber ereilte uns die Nachricht vom Wechsel in der uns bisher so günstig gesonnenen kaiserlichen Regierung [sc. vom Sieg des Decius über den als christenfreundlich geltenden Philippus Arabs], und alsbald verbreitete sich unter uns gewaltiger Schrecken über das, was uns bevorstand. (10) Schon war auch das Verfolgungsedikt publiziert ... (11) [Und] alle waren bestürzt. Von den Vornehmeren fanden sich viele sofort [bei den Opferpriestern] ein, während man andere, soweit sie Beamte waren, [direkt] von ihrer Arbeitsstätte abholte; wieder andere wurden von Freunden und Bekannten herbeigezerrt. Namentlich aufgerufen näherten sie sich den unreinen und unheiligen Opfern, die einen freilich bleich und zitternd, als sollten sie nicht opfern, sondern selbst den Göttern geopfert und geschlachtet werden, so dass sie vom umherstehenden Pöbel verspottet wurden und ihre Feigheit sowohl zu sterben als auch zu opfern offen zutage trat; (12) andere dagegen traten bereitwilliger vor die Altäre und versicherten keck, auch früher nie Christen gewesen zu sein ... Von den übrigen [sc. den einfachen Christen] nahmen sich einige diese, einige jene zum Vorbild; andere aber ergriffen die Flucht. (13) Wieder andere wurden verhaftet, und eine ganze Anzahl ließ sich auch fesseln und einsperren, etliche sogar tagelang einkerkern; doch noch bevor sie vor den Richterstuhl traten, schworen sie [ihrem Glauben] ab. Einige der Gefangenen sagten sich freilich erst, als sie ein gewisses Maß an Foltern ertragen hatten, im Blick auf weitere Qualen los. (14) Die starken und seligen Säulen des Herrn jedoch wurden, weil er sie stärkte und sie von ihm eine ihres Glaubens würdige und entsprechende Kraft und Ausdauer empfingen, zu bewundernswerten Zeugen seines Reiches.

Folgt in Kap. 41,15-42,4 der ausführliche Bericht über einzelne Märtyrerschicksale, ehe der Brief zum Schluss (42,5 f.) die Frage anschneidet, wie kirchlicherseits mit reumütigen »Abgefallenen« (lapsi) verfahren werden solle.

Der ägyptische Wüstensand hat aus dieser Zeit auch eine Anzahl »Opferbescheinigungen« (libelli) aufbewahrt, die vorweisen musste, wer der Verfolgung entgehen wollte. Sie sind alle nach dem gleichen Schema aufgebaut. Einer dieser libelli lautet:

An die zur Überwachung der Opfer gewählte Kommission von Aurelios Asesis Serenos aus dem Dorf Theadelphia: Immer habe ich den Göttern geopfert, und auch jetzt brachte ich in eurer Gegenwart, dem Edikt entsprechend, Trank- und Tieropfer dar und kostete vom Opferfleisch, und ich ersuche euch, mir das durch Unterschrift zu bescheinigen. Gehabt euch wohl. [Gez.:] Asesis, 32 Jahre alt, zu Unrecht beschuldigt (ἐπισινής)[11]. [Folgt von 2. Hand die Bestätigung durch die Opferkommission:] Wir, Aurelius Serenus und Aurelius Hermas, haben dich opfern sehen. [Die Gegenzeichnung von 3. Hand, wiederum durch ein Mitglied der Opferkommission, lautet:] Ich, Hermas, bescheinige es. [Zum Schluss wieder von 1. Hand die Zeitangabe:] Im Ersten Jahr des Imperator Caesar Gaius Messius Quintus Traianus Decius Pius Felix Augustus, am 18. Payni.

Quellen: U.P. Boissevain a.o.([Nr. 13)a.O., II, 1898; E. Schwartz a.o.(Nr. 6)a.O.; J.R. Knipfing, The Libelli of the Decian Persecution, HThR 12, 1923; 345-390; Guyot-Klein (wie o. Nr. 5), 124-146. – *Literatur:* J. Molthagen a.o.(Nr. 5)a.O., 6lff.; G. Alföldy u.a. (Hg.), Krisen in der Antike, 1985, bes. 112ff.; H.D. Stöver, Christenverfolgung in Römischen Reich, 1982, 162ff.; F. Vittinghoff, »Christianus sum«, Historia 33, 1984, S. 331-357; Guyot-Klein (wie o.), 373-385. 492f.; R. Selinger, Die Religonspolitik des Kaisers Decius. Anatomie einer Christenverfolgung (EHS R. 3/617), 1994; L. Piétri/G. Gottlieb, Christenverfolgungen zwischen Decius und Diokletian – das Toleranzedikt des Galerius, in: Das Entstehen der Einen Christenheit (wie o. Nr. 33), 156-190 (hier:156-161); W.H.C. Frend, Persecutions: genesis and legacy, in: M.M. Mitchell/F.M. Young (wie o. Nr. 1), 503-523.

---

[1]   Läßt diese Bemerkung offen, ob der Unterzeichner einst Christ war oder nicht, so gibt es unter den erhaltenen libelli auch solche, die unzweideutig zeigen, dass sich auch ganz und gar unverdächtige Heiden wie etwa eine Priesterin des ägyptischen Krokodilsgottes Petesuchos und anderer in der Umgegend von Arsinoë verehrter Gottheiten (vgl. libellus 6 bei Knipfing) Opferbescheinigungen besorgen mussten, was beweist dass sich das kaiserliche Opferedikt an die gesamte Reichsbevölkerung und keineswegs nur an die Christen richtete.

35. **Massenabfall in Karthago** (Cyprian, Über die Gefallenen 7-11)

Über die innere Verfassung der Kirche am Vorabend der decischen Verfolgung erhalten wir z.B. von Origenes in seinen Homilien über das Jeremiabuch (4,3; geschrieben nach 244) ein einigermaßen düsteres Bild. Danach war sie – über den beträchtlichen Missionserfolgen, die ihr gerade in der langen Friedenszeit seit Beginn des 3. Jahrhunderts beschieden waren, lau und träge geworden – auf diese Belastungsprobe wenig gerüstet. So war denn auch die Wirkung des auf Wiedergewinnung aller römischen Untertanen für den Staatskult abzielenden kaiserlichen Opferediktes (s. Nr. 34) katastrophal, wie außer dem eben zitierten Schreiben des Dionys von Alexandrien auch etwa von Cyprian von Karthago weder verschwiegen, noch beschönigt wird, wenn er in seinem unmittelbar nach dem vorläufigen Ende der Verfolgung verfassten Traktat De lapsis die unter den Christen Karthagos angerichtete Verheerung folgendermaßen schildert:

(7) ... Gleich bei den ersten Worten des drohenden Feindes verriet ein allzu großer Teil der Brüder (maximus fratrum numerus) seinen Glauben; und zwar kamen sie nicht [so sehr] unter der Wucht der Verfolgung zu Fall, sondern warfen sich [vielmehr] in freiwilligem Fall selbst zu Boden ...
(8) ... [Einige] warteten nicht einmal mit dem Emporsteigen [zur Darbringung des Opfers auf dem karthagischen Kapitol], bis sie ergriffen, noch mit dem Verleugnen, bis sie gefragt wurden. Vor der Schlacht bereits besiegt ..., suchten viele nicht einmal den Schein zu retten, als opferten sie gezwungenermaßen. Vielmehr liefen sie unaufgefordert zum Forum [am Fuße des Kapitols]; freiwillig eilten sie ihrem [geistlichen] Tode entgegen, als ... ergriffen sie eine schon längst sehnlichst erwünschte Gelegenheit. Wie viele mussten dort von den Behörden, weil der Abend hereinbrach, zurückgestellt werden; und wie viele baten sogar noch darum, ihren Untergang nur ja nicht hinauszuschieben ...
(9) Ja, vielen war der eigene Untergang noch nicht genug ... Um vielmehr ja das Maß des Frevels vollzumachen, wurden sogar Kinder von ihren Eltern auf den Armen herbeigetragen oder an der Hand mitgeschleppt, um in frühester Jugend schon zu verlieren, was sie unmittelbar nach ihrer Geburt (in primo statim nativitatis exordio) erlangt hatten [sc. die Gnade der »Wiedergeburt« in der Taufe] ...
(10) Dabei gibt es, Gott sei's geklagt, keinen einzigen triftigen und schwerwiegenden Grund, der einen solch großen Frevel zu entschuldigen vermöchte: Man hätte ja nur die Heimat zu verlassen und sein ererbtes Vermögen (patrimonium) preiszugeben brauchen[11] ... Denn da uns die Siegeskrone von Gott und seiner Gnade zukommt und sie nicht in Empfang genommen werden kann, bevor die Stunde dazu da ist, verleugnet der, der in Christus bleibt, wenn er auch für eine Weile entweicht, nicht etwa seinen Glauben, sondern wartet nur den richtigen Zeitpunkt ab. Wer aber gefallen ist, weil er nicht entwich, der zeigt damit nur, dass er von vornherein bereit war zu verleugnen.
(11) Die Wahrheit, liebe Brüder, darf nicht verschleiert, Anlass (materia) und Ursache unserer Krankheit nicht verschwiegen werden. Was viele verführt hat, das ist die blinde Liebe zu ihrem Vermögen; und allerdings konnten solche Leute unmöglich dazu bereit und gerüstet sein zu entweichen, die von ihren Schätzen wir von Fesseln in Bann geschlagen waren ...

In den folgenden Kapiteln (12-36) legt Cyprian dar, welche Fälle von Glaubensverleugnung Nachsicht verdienen, und spricht sich mit Entschiedenheit gegen ein allzu großzügiges und undifferenziertes Wiederaufnahmeverfahren aus.

Quelle: M. Bévenot, Cyprian ›De Lapsis‹ and ›De Ecclesiae Catholicae Unitate‹ (Text, engl. Übers., Anm.), Oxford 1971. – *Literatur:* M. Bévenot a.a.O.; U. Wickert in: M. Greschat (Hg.), Gestalten der Kirchengeschichte. Alte Kirche I, 1984, 158-175 (m. weit. Lit.); L. Piétri/G. Gottlieb (wie o. Nr. 34), 162-167.

[1]   Vgl. dagegen etwa Tertullians Schrift »Über die Flucht in der Verfolgung« (De fuga in persecutione). Wie umstritten der von Cyprian gewiesene Ausweg noch in seiner eigenen Zeit war, zeigen z.B. die beiden Briefe 14 und 22, in denen er sich zu einer eingehenden Begründung und Rechtfertigung seiner eigenen Flucht veranlasst sieht.

36. Das Problem der Buße für die »Gefallenen«

Der Massenabfall, den die decische Verfolgung allenthalben nach sich zog, war für die Kirche auch insofern etwas Neues, als sich damit die Frage der Vergebbarkeit für »schwere« Sünden, die früher eher im Blick auf Unzuchtssünden (Ehebruch) erörtert worden war (s. oben Nr. 30j.k), mit neuer Dringlichkeit stellte. Die Position der Rigoristen in dieser Frage verbindet sich vor allem mit dem Namen des römischen Presbyters und späteren Schismatikers Novatian, dessen Sonderkirche sich auch im Osten verbreitete und bis ins 5. Jahrhundert ihre Seperatexistenz aufrechtzuerhalten vermochte. Der entgegengesetzte Standpunkt fand seinen Rückhalt in erster Linie an den confessores, den bewährten »Bekennern« der Gemeinden, die – von früher her gewohnt, im Namen des Geistes und der Kirche von sich aus Entscheidungen zu treffen – dem Drängen der reumütigen lapsi nachzugeben und ohne weiteres die erbetene Wiederaufnahme in die Kirchengemeinschaft auszusprechen bereit waren, ohne die Entscheidung des Episkopats abzuwarten. Aus welchen Erwägungen heraus auch dieser schließlich eine weit entgegenkommende Haltung einnahm, lässt der zweite unten wiedergegebene Text, ein Synodalschreiben zwölf afrikanischer Bischöfe an Cornelius von Rom, gut erkennen.

a) Die Position Novatians nach Euseb (Kirchengeschichte 6,43,1f.)

(43,1) ... Novat[ian]us, ein Presbyter der römischen Kirche, hatte sich hochmütig gegen diese [sc. in der Verfolgung Schwachgewordenen] erhoben, so, als bestünde für sie gar keine Hoffnung auf Rettung mehr, selbst wenn sie alles leisteten, was zu echter Umkehr (ἐπιστροφή) und ungeheuchelter Buße (ἐξομολόγησις) gehört, und wurde so zum Urheber einer eigenen Sekte: derer, die sich in geistiger Aufgeblasenheit die ›Reinen‹ (καθαροί) nannten. (2) Daraufhin versammelte sich in Rom eine stattliche Synode von 60 Bischöfen und einer noch weit größeren Anzahl von Presbytern und Diakonen; auch berieten sich in den Provinzen die Bischöfe der verschiedenen Gegenden in gesonderten Zusammenkünften über das, was zu tun sei. Sie alle fassten den Beschluss (δόγμα), Novat[ian]us samt denen, die ... sich seiner lieblosen und ganz und gar unmenschlichen Ansicht beizupflichten entschieden, aus der Kirche auszuschließen, die ins Unglück gestürzten Brüder dagegen mit den Heilmitteln der Buße zu heilen und zu pflegen.

b) Die Entscheidung der karthagischen Synode von 252 (Cyprian, Brief 57)

(57,1) Wir hatten zwar, teuerster Bruder, vor längerer Zeit nach vorherigem gegenseitigem Meinungsaustausch beschlossen[1], es sollten diejenigen, die unter dem Ansturm der Verfolgung vom Widersacher überlistet worden und zu Fall gekommen

wären und sich mit unerlaubten Opfern befleckt hätten, erst eine geraume Zeit volle
Buße[2] tun; und [nur], wenn ihnen Krankheitsgefahr drohe, sollten sie im Angesicht
des Todes die Wiederaufnahme (pax) erlangen. Denn es wäre ein Unrecht oder [uns]
vielmehr durch [unsere] väterliche Liebe wie auch durch die göttliche Barmherzigkeit
verwehrt, würde die Kirche den Anklopfenden verschlossen und den Trauernden und
Flehenden die Hilfe der heilsamen Hoffnung versagt bleiben, so dass sie beim Scheiden aus dieser Welt ohne Gemeinschaft (communicatio) und Frieden (pax) zum Herrn
entlassen würden, wo er doch selbst erlaubt, ja sogar geboten hat: was »auf Erden
gebunden« sei, solle »auch im Himmel gebunden« sein; es könne aber auch dort
»gelöst« werden, was zuvor hier in der Kirche gelöst werde [Mt. 18,18]. Nun aber
sehen wir, dass der Tag eines zweiten Ansturms näherrückt[3], und ständig mahnen uns
zahlreiche Vorzeichen, zu dem Kampf, den uns der Feind ansagt, bereit und gerüstet
zu sein, auch das uns durch göttliche Gnade (dignatio) anvertraute Volk durch unsere
Ermahnungen zu bereiten und im Heerlager des Herrn ausnahmslos alle Streiter Christi zu versammeln, die nach Waffen verlangen und zum Kampfe drängen. In dieser
Notlage haben wir es als richtig erachtet, dass denen, die sich von der Kirche des
Herrn nicht zurückgezogen und vom ersten Tage ihres Falls an nicht abgelassen
haben, Buße zu tun, zu klagen und den Herrn [um Verzeihung] anzuflehen, der Friede
zu gewähren sei und sie zum bevorstehenden Kampf gerüstet und unterwiesen werden
müssten. (2) ... Mit Recht zog man, solange Friede und Ruhe herrschten, die Bußfrist
für die Reumütigen [›Leidtragenden‹] etwas in die Länge und kam nur den Kranken auf
dem Sterbelager zu Hilfe ... Jetzt aber haben nicht Schwache, sondern Starke den
Frieden nötig, und muss nicht Sterbenden, sondern Lebenden die Gemeinschaft gewährt werden; dürfen wir doch die, die wir zum Kampf aufrufen und ermuntern, nicht
waffen- und schutzlos lassen, sondern müssen sie mit dem Schild des Blutes und Leibes Christi[4] wappnen ... Denn ... wie wollen wir sie fähig machen, den »Kelch« des
Martyriums zu leeren [vgl. Mk. 10,38], wenn wir sie nicht zuvor – kraft des Rechtes,
welches die Kirchengliedschaft verleiht (iure communicationis) – zulassen, in der Kirche vom Kelch des Herrn zu trinken? (3) Man muss, teuerster Bruder, einen Unterschied machen: zwischen denjenigen, die abtrünnig geworden sind und nach ihrer
Rückkehr in die Welt, der sie entsagt hatten, ein heidnisches Leben führen oder aber
zu den Ketzern übergelaufen sind und nun Tag für Tag gegen die Kirche ihre hoch-
verräterischen Waffen erheben, und zwischen denen, die nicht von der Schwelle der
Kirche weichen, beständig und voll Trauer die göttlichen und väterlichen [bischöf-
lichen] Tröstungen erflehen und versprechen, jetzt zum Kampf bereit zu sein und für
den Namen ihres Herren wie für ihr eigenes Heil tapfer einzustehen und zu streiten ...
Sollte aber, was Gott von unseren Brüdern fernhalten möge, irgendeiner der Gefallenen uns getäuscht haben, indem er heuchlerisch um Frieden bittet und sich im Angesicht des drohenden Kampfes, jedoch ohne die Bereitschaft zu kämpfen, die Kirchengemeinschaft gewähren lässt, so täuscht und betrügt er nur sich selbst ... Wir bekommen, soweit es uns überhaupt zu sehen und zu urteilen gegeben ist, nur das Äus-
sere eines jeden zu Gesicht; doch das Herz zu erforschen und die Gesinnung zu
durchschauen vermögen wir nicht. Darüber fällt der sein Urteil, der das Verborgene
ergründet und sieht und der bald kommen wird, um [auch] über die tiefsten Geheimnisse des Herzens zu richten. Allein, schaden dürfen die Bösen den Guten nicht;
vielmehr sind ihnen die Guten zu helfen verpflichtet. Auch darf denen, die dem Martyrium entgegengehen, nicht deshalb der Friede vorenthalten werden, weil voraus-
sichtlich einige verleugnen werden; sondern der Friede ist [schon] aus dem Grunde
allen, die zu kämpfen gewillt sind, zu gewähren, weil sonst die Gefahr bestünde, dass
durch unseren Unverstand [gerade] der übergangen wird, der im Kampf gekrönt werden soll. (4) Sage keiner: Wer das Martyrium auf sich nimmt, der wird mit seinem

eigenen Blut getauft, und des vom Bischof erteilten Friedens bedarf der nicht, der den
Frieden seiner Verherrlichung erlangen und von der Gnade des Herrn noch größeren
Lohn empfangen wird ... [Denn] wie kann sich jemand als zum Bekenntnis fähig und
tauglich erweisen, der nicht zuvor mit dem Frieden zugleich auch den »Geist des Vaters« empfangen hat, »welcher« seine Knechte stärkt und »selbst in uns redet« und
das Bekenntnis ablegt [vgl. Mt. 10,20]? ...

Quellen: E. Schwartz a.o.(Nr. 6)a.O.; W. Hartel, S. Thasci Caecili Cypriani Opera Omnia, CSEL
3,2. Wien 1871 (Nachdruck 1965). – *Literatur*: H. Koch, Cyprianische Untersuchungen, AKG 4,
1926, 211-255; B. Poschmann a.o.(Nr. 14)a.O., 370-424; H. von Campenhausen a.o.(Nr. 7)a.O.,
313ff.; H. Karpp, Die Buße, 1969, 180ff.; I. Goldhahn-Müller, Die Grenze der Gemeinde,
Göttingen 1989; L. Piétri/G. Gottlieb (wie o. Nr. 35); S. Hausammann (wie o. Nr. 7), Bd. 2,
2001, 58-101.

[1]   Auf der Frühjahrssynode von 251.
[2]   Zum Begriff der paenitentia plena auch s. auch Brief 55,6; 64,1. Danach ist unter »Voll-
buße« eine »lange« Buße zu verstehen, die es ermöglicht, jeden einzelnen Fall nach Motiven und
mildernden Umständen sorgfältig zu prüfen und daraufhin eine Bußfrist festzusetzen, die dem
Herrn, gegen den man sich verfehlte, »Genugtuung« widerfahren lässt.
[3]   Diese zweite Verfolgung brach bald darauf auch wirklich aus, griff aber, wie es scheint,
nicht über die römische Gemeinde hinaus.
[4]   D.h. mit der Gewährung der vollen Kirchen- [= Sakraments-]gemeinschaft.

37. Cyprian und die Einheit und Heiligkeit der Kirche

Das Schrifttum des Bischofs Cyprian von Karthago (ca. 190-258) ist nicht nur, neben dem
Tertullians, die wichtigste Quelle für die Geschichte der Buße im Abendland bis hin zu Augustin.. Vielmehr war auch seiner Ekklesiologie, die sich ihm in der Auseinandersetzung mit der
der Gefahr einer Kirchenspaltung, des »Schismas«, in Nordafrika und darüber hinaus herausbil-
dete und vor allem in der Abhandlung »Über die Einheit der katholischen Kirche« (De ecclesiae
catholicae unitate) ihren Niederschlag fand, eine nachhaltige Wirkung beschieden. – Aus dieser
(251/252 verfassten) Kirchenschrift seien zunächst die drei berühmtesten und in der Forschung
umstrittensten Kapitel mitgeteilt, ehe dann noch auf einige andere wichtige Aspekte des von
Cyprian repräsentierten lateinischen Christentums aufmerksam gemacht wird.

a) Nur die katholische Kirche vermittelt das Heil (Über die Einheit der katholischen
Kirche 6)

Die Braut Christi kann nicht zum Ehebruch verführt werden; sie ist unbefleckt und
keusch ... Sie ist es, die uns für Gott bewahrt, die die Söhne, welche sie geboren, für
das Reich versiegelt. Wer immer mit der Kirche bricht und in eine ehebrecherische
Verbindung eintritt, schliesst sich selbst von den der Kirche gemachten Verheißungen
aus, und es wird nicht zu Christi Belohnungen gelangen, wer Christi Kirche verlässt:
er ist ein Fremdling, ein Unheiliger (profanus), ein Feind. Gott kann nicht zum Vater
haben, wer die Kirche nicht mehr zur Mutter hat (Habere iam[1] non potest Deum patrem qui ecclesiam non habet matrem). [Nur] dann, wenn es außerhalb der Arche
Noahs eine Möglichkeit gab, [dem Verderben] zu entrinnen, wird es auch eine Rettung
für den geben, der außerhalb der Kirche ist. Mahnt doch der Herr und spricht: »Wer
nicht für mich ist, der ist gegen mich, und wer nicht mit mir sammelt, der zerstreut«

[Mt. 12,30]. Wer immer [also] den Frieden Christi bricht und die Eintracht [mit ihm zerstört], der handelt Christus zuwider; und wer anderswo als innerhalb der Kirche sammelt, der zerstreut die Kirche Christi ... Wer diese [in der Einheit des trinitarischen Gottes selbst gründende und vorgebildete] Einheit nicht festhält, der hält nicht Gottes Gebot (lex), bewahrt nicht den Glauben an den Vater und den Sohn und behält nicht Anteil an Leben und Heil.

b) Der »Primat des Petrus« und das Bischofsamt (ebenda 4f.)

Zusammenhang: Wie vor den offenen Anfeindungen des Widersachers, so gilt es auch und erst recht vor seinen geheimen Nachstellungen auf der Hut zu sein (Kap. 1). Dies wird am ehesten gelingen, wenn man in die Fußspuren des siegreichen Christus tritt und seine Gebote befolgt (Kap. 2). Die ganze Heimtücke des Satans kommt in der Existenz von Häresien und Schismen zum Vorschein, die zu nichts anderem erfunden wurden, als um die Einheit der Kirche zu zerstören (Kap. 3).

(4) Wer dies erwägt und prüft, bedarf keiner weitschweifigen Abhandlung und [umständlichen] Beweise. Vielmehr ist in diesem Fall die Beweisführung ebenso einfach wie überzeugend, da ein reales Geschehen hier alle weiteren Beweise überflüssig macht (Probatio est ad fidem facilis conpendio veritatis). Spricht doch der Herr zu Petrus: »Ich sage dir: du bist Petrus, und auf diesen Felsen werde ich meine Kirche bauen, und die Pforten der Unterwelt sollen sie nicht überwältigen. Ich will dir die Schlüssel des Himmelreiches geben, und was du gebunden haben wirst auf Erden, soll auch im Himmel gebunden sein, und was du gelöst haben wirst auf Erden, soll auch im Himmel gelöst sein« [Mt. 16,18 f.]

[Fortsetzung Fassung A]
Und zu demselben sagt er nach seiner Auferstehung: »Weide meine Schafe« [Joh. 21,17]. Auf ihn baut er seine Kirche und ihm vertraut er seine Schafe an, auf dass er sie weide; und obwohl er allen Aposteln gleiche Vollmacht erteilt, hat er doch nur *einen* Bischofsstuhl aufgerichtet und damit kraft seiner eigenen Autorität Ursprung wie [Erkenntnis-] Grund der Einheit der Kirche festgelegt. Gewiss waren auch die übrigen [Apostel], was Petrus war; dennoch wird Petrus der [oder: ein] Vorrang gegeben und damit augenscheinlich gemacht, dass es nur *eine* Kirche und *einen* Bischofsstuhl gibt. Auch sind wohl alle [gleichermaßen] Hirten; und doch tritt nur *eine* Herde in Erscheinung, die von der Gesamtheit der Apostel in einmütiger Übereinstimmung geweidet werden soll. Wer an dieser Einheit Petri nicht festhält, meint der, am Glauben festzuhalten? Wer den Bischofsstuhl Petri auf willchen die Kirche gegründet ist, verlässt,

[Fortsetzung Fassung B]
Auf *einen* also baut er die Kirche; und obwohl er allen Aposteln nach der Auferstehung gleiche Vollmacht erteilt und spricht: »Wie mich der Vater gesandt hat, so sende ich euch. Empfangt den heiligen Geist: wem ihr die Sünden erlasst, dem sind sie erlassen; und wem ihr sie behaltet, dem sind sie behalten« [Joh. 20,21 ff.], hat er es dennoch, um [diese] Einheit zu versichtbaren, kraft seiner eigenen Autorität so gefügt, dass der Ursprung dieser Einheit bei dem einen anhebe. Gewiss waren auch die übrigen Apostel all das, was Petrus gewesen, und mit gleicher Würde und Macht ausgestattet [wie er]; am Anfang jedoch steht die Einheit, von der alles ausgeht, auf dass die Kirche als *eine* allen deutlich vor Augen stehe ... Wer diese Einheit der Kirche nicht festhält, glaubt der, den Glauben festzuhalten? Wer der Kirche widersteht und sich widersetzt, glaubt der, sich in der Kirche zu befinden, sintemal auch der selige Apostel uns das-

hat der noch das Zutrauen, sich in der Kirche zu befinden?

selbe lehrt und auf das Geheimnis der Einheit hinweist mit den Worten »Ein Leib und ein Geist, eine Hoffnung eurer Berufung, ein Herr, ein Glaube, eine Taufe, ein Gott« [Eph. 4,14 ff.]?

(5) Diese Einheit müssen wir unerschütterlich festhalten und dafür einstehen, zumal wir Bischöfe, die wir in der Kirche den Vorsitz führen, damit wir auch den Episkopat selbst als einen einzigen und unteilbaren erweisen. Niemand täusche die Brüder durch eine Lüge; niemand mache durch treulose Pflichtvergessenheit die Glaubenswahrheit zunichte.

[Gemeinsame Fortsetzung von A und B]
Es gibt nur einen Episkopat, an dem jeder einzelne Bischof in seinem Bereich solidarisch teilhat[2]. Es gibt nur eine Kirche, wie sehr sie sich auch durch fruchtbares Wachstum vervielfältigen und ausbreiten möge ...: vom Licht des Herrn durchflossen, sendet sie über die ganze Welt hin ihre Strahlen aus, und ist doch nur ein Licht, das sie allenthalben hinsendet, und die Einheit ihres Leibes duldet keine Teilung; ... es gibt nur eine Quelle, einen Ursprung, eine Mutter, reich an Nachkommenschaft, Geschlecht um Geschlecht: aus ihrem Schoß werden wir geboren, mit ihrer Milch ernährt, durch ihren Geist belebt.

c) Das Problem der Ketzertaufe (Brief 70,1)

Geschrieben ist dieser Brief namens eines Konzils 31 nordafrikanischer Bischöfe im Jahre 255, in Beantwortung der Anfrage einer numidischen Bischofsversammlung betreffs der Gültigkeit der »Ketzertaufe«. Über diese Frage kam es zwischen der nordafrikanischen und der römischen Kirche zum sog. Ketzertaufstreit, in dessen Verlauf Cyprian als leidenschaftlicher Verfechter seines »episkopalistischen« Prinzips der bischöflichen Solidargemeinschaft gegen »papalistische« Ansprüche seines römischen Kollegen Stephan I. hervortrat. Doch mag das hier zugunsten der von Cyprian vertretenem Taufanschauung unberücksichtigt bleiben.

Während wir zum Konzil versammelt waren, teuerste Brüder, haben wir euer Schreiben gelesen, welches ihr an uns gerichtet habt mit der Anfrage, ob die bei Häretikern und Schismatikern scheinbar Getauften getauft werden müssten, wenn sie zur *einen* katholischen Kirche kommen ... [Unsere Ansicht hierüber] ist nicht neu, sondern längst von unseren Amtsvorgängern mit Bestimmtheit ausgesprochen und auch von uns beibehalten worden ... Wir glauben nämlich und halten es für gewiss, dass niemand draußen, außerhalb der Kirche, getauft werden kann, da nur eine einzige Taufe in der heiligen Kirche eingesetzt ist ... [vgl Jer. 2,13; Spr. 9,17]. Nun aber muss das Wasser zuvor vom Priester gereinigt und geweiht werden, damit er durch sein Taufen die Sünden des Täuflings abwaschen könne ... [vgl. Ez. 36,25f.]. Allein, wie kann jemand das Wasser reinigen und weihen, der selbst unrein ist und in dem der Hl. Geist nicht wohnt? Sagt doch der Herr im Buche Numeri [19,22]: »Was immer der Unreine anrühren wird, wird unrein sein.« Oder wie kann der Taufende einem anderen die

Vergebung der Sünden erteilen, wenn er selbst außerhalb der Kirche steht und sich [darum] seiner eigenen Sünden nicht entledigen kann?[3]

d) Das eucharistische Opfer in Stellvertretung Christi (Brief 63, 2.9.14)

In diesem umfangreichen Sendschreiben an Bischof Caecilius (von Biltha?), verfasst wohl 253/ 254 wendet sich Cyprian gegen einen in einigen nordafrikanischen Kirchen eingerissenen Missbrauch, nach dem man – aus asketischen Gründen? – bei der Eucharistie statt Wein oder einer Weinmischung Wasser verwendete, und trifft in diesem Zusammenhang u.a. folgende Feststellungen:

(63,2) Wisse, dass wir ermahnt sind, bei der Darbringung des Kelches (in calice offerendo) die Tradition zu wahren, die auf den Herrn zurückgeht, und nichts anderes zu tun, als was der Herr für uns zuvor getan hat, nämlich den zu seinem Gedächtnis (in commemoratione eius) dargebrachten Kelch mit einer Weinmischung gefüllt darzureichen. Denn da Christus spricht: »Ich bin der wahre Weinstock« [Joh. 15,1], ist das Blut Christi sicherlich nicht Wasser, sondern Wein. Auch kann man nicht annehmen, sein Blut, durch das wir erlöst und lebendig gemacht worden sind, sei im Kelche, wenn diesem der Wein als Hinweis auf das Blut Christ (quod Christi sanguis ostenditur) fehlt, wie dies in sämtlichen heiligen Schriften geheimnisvoll angedeutet und bezeugt wird. (9) ... [Aus der Stelle Mt. 26,27-29] erfahren wir, dass der Kelch, den der Herr darbrachte, mit einer Weinmischung gefüllt war und es Wein gewesen ist, was er als Blut bezeichnete. Es ist daher offensichtlich, dass das Blut Christi nicht dargebracht wird (sanguinem Christi non offerri), wenn es dem Kelch an Wein gebricht und das Opfer des Herrn nicht mittels der vorschriftsmäßigen Weihe gefeiert wird (nec sacrificium dominicum legitima sanctificatione celebrari), wenn nicht die Darbringung und unser Opfer [dem Vorgang bei] der Passion [Christi] entspricht ... (14) ... Wenn nämlich Christus Jesus, unser Herr und Gott, selbst der höchste Priester Gottes des Vaters ist und er sich selbst dem Vater als Opfer dargebracht und uns geboten hat, dass dies zu seinem Gedächtnis geschehe, dann handelt gewiss [nur] jener Priester wahrhaft als Christi Stellvertreter (vice Christi), der das, was Christus getan, nachahmt (imitatur), und er bringt Gott, dem Vater, in der Kirche [nur] dann ein wahres und vollkommenes Opfer (sacrificium verum et plenum) dar, wenn er es so darzubringen anfängt, wie er es von Christus selbst dargebracht sieht.

e) Das Problem der Kindertaufe (Brief 64,2.5, i. Vgl. m. Tertullian, Über die Taufe 18)

Der 64. Brief innerhalb der Korrespondenz Cyprians stellt dessen – wiederum namens eines nordafrikanischen Konzils (im Jahre 251 oder 253) formulierte – Antwort auf Anfragen eines Bischofs namens Fidus dar, die u.a. den Termin für die Säuglingstaufe betreffen.

(64,2) Was nun die Frage der [Taufe von] Neugeborenen (infantes) betrifft, so hast du die Ansicht vertreten, man dürfe sie nicht schon innerhalb der Frist von zwei oder drei Tagen nach ihrer Geburt taufen, sondern müsse die Vorschrift [betreffs] der alt[testamentlich]en Beschneidung (legem circumcisionis antiquae) beachten, und deshalb geglaubt, ein Neugeborenes sei nicht vor dem achten Lebenstag zu taufen und zu heiligen. Doch ... dem, was du zu tun für richtig hieltest, stimmte [auf unserem Konzil] niemand zu; wir waren vielmehr einhellig der Meinung, es sei keinem Menschen,

sobald er einmal geboren ist, die Barmherzigkeit und Gnade Gottes vorzuenthalten ...
[und] es dürfe, soviel an uns ist, nach Möglichkeit keine Seele verlorengehen. Denn
was fehlt demjenigen noch, der einmal von Gottes Händen im Mutterschoß gebildet
ward? ... (5) ... [Kurzum:] nach unserer Ansicht darf niemand an der Erlangung der
Gnade gehindert und die geistliche nicht durch die fleischliche Beschneidung beein-
trächtigt werden. Sondern es mag jeder ohne Ausnahme zur Gnade Christi Zulassung
finden ... [vgl. Apg. 10,28]. Wenn es im übrigen etwas gäbe, das die Menschen an der
Erlangung der Gnade zu hindern vermöchte, dann wären eher den Erwachsenen ... ihre schwereren Sünden hinderlich. Nun aber wird selbst denen, die sich aufs schwerste
vergangen und zuvor vielfältig gegen Gott gesündigt haben, später, wenn sie zum
Glauben gekommen sind, die Sündenvergebung gewährt und niemand von der Taufe
und der Gnade ausgeschlossen. Wie viel weniger darf man dann ein Kind zurück-
weisen, das, weil es eben erst geboren wurde, noch keine [eigenen] Sünden begangen
(qui recens natus nihil peccavit), sondern sich allenfalls, nach Adams Weise im Fleische geboren, vom Augenblick seiner Geburt an die Folgen des alten Todes[verhäng-
nisses] zugezogen hat (nisi quod secundum Adam carnaliter natus contagium mortis
antiquae prima nativitate contraxit). So kann es denn auch zur Sündenvergebung um
so leichter gelangen, als ihm [noch] keine eigenen, sondern nur fremde Sünden zu
vergeben sind[4].

f) Die Verdienstlichkeit guter Werke (Über gute Werke und Almosen [De opere et eleemosynis] 1.2.5.26; geschrieben um 253)

(1) Zahlreich und groß, geliebteste Brüder, sind die göttlichen Wohltaten, in denen
sich die reiche und überschwängliche Güte Gottes des Vaters und Christi zu unserem
Heil wirksam erwiesen hat und noch immer erweist ... [Selbst nach der Ankunft Christi]
waren wir [noch] ... in die Enge getrieben, [nämlich] zur Sündlosigkeit (innocentia)
angehalten [vgl. Joh. 5,14 u.ö.]. Und die Schwäche und Ohnmacht der menschlichen
Gebrechlichkeit wüsste sich nicht zu helfen, wenn uns nicht von neuem die göttliche
Liebe aushülfe und uns mit dem Hinweis auf Werke der Gerechtigkeit und Barmherzigkeit gewissermaßen einen Weg zur Sicherung unseres Heils (viam ... tuendae salutis) eröffnete, um nachträglich all den Schmutz, mit dem wir uns beflecken, durch
Almosen abzuwaschen [vgl. Tob. 4,11; Sir. 3,33].
(2) ... wie durch das Bad des heilsamen Wassers [die Taufe] das Feuer der Hölle (gehenna) gelöscht wird, so lässt sich auch durch Almosen und gerechte Werke die Flamme der [nach der Taufe begangenen] Verfehlungen ersticken ...
(5) Die Heilmittel, um Gott zu besänftigen (remedia propitiando Deo), sind uns [also]
durch Gottes eigene Worte an die Hand gegeben ...: dass man nämlich durch gerechte
Werke Gott Genugtuung leiste [sich vor Gott entschuldige] und sich durch Verdienste,
wie sie die Barmherzigkeit erlangt, von Sünden reinige (operationibus iustis Deo sa-
tisfieri, misericordiae meritis peccata purgari) ...
(26) ... wenn uns der Tag der Vergeltung oder Verfolgung ... als Läufer in diesem
werktätigen Wettkampf (in hoc operis agone) findet, dann wird es der Herr unseren
Verdiensten in keinem Falle an Lohn fehlen lassen; sondern im Frieden wird er den
Siegern eine weiße Krone verleihen, in der Verfolgung aber wird er ihnen für ihr Leiden noch dazu eine purpurne [Krone] aufsetzen.

Quellen: M. Bevenot a.o.(Nr. 35)a.O.; W. Hartel a.o.(Nr. 36)a.O.; E. V. Rebenach, Thasci Caecili Cypriani De opere et eleemosynis (Text, engl. Übers., Komm.), Washington 1962. – *Literatur*: H. Koch, Cathedra Petri, BZNW 11, 1930; M. Bevenot a.a.O.; ders., The tradition of manuscripts. A study in the transmission of St. Cyprian's treatises, London 1961; U. Wickert, Sacramentum Unitatis, 1971; ders., a.o.(Nr. 35)a.O.; P. Hinchcliff, cyprian of Carthage and the Unity of the Christian Church, London 1974; M. M. Sage, Cyprian, Philadelphia 1975 (PMS 1); A. Laminski, War der altkirchliche Episkopat wirklich monarchisch?, Theol. Versuche 8, 1977, 85ff.; J. D. Laurance, »Priest« as type of Christ, New York 1984; L. F. Meulenberg, Cyprianus, Kampen 1987; A. Brent, Hippolytus and the Roman Church in the Third Century. Communities in Tension before the Emergence of a Monarch-Bishop (SVigChr 31), Leiden usw. 1995; V. Saxer, Die kirchliche Organisation im 3. Jahrhundert, in: Das Entstehen der Einen Christenheit (wie o. Nr. 33), 23-54; S. Hausammann (wie o. Nr. 7), Bd. 2, 2001, 58-91; S.G. Hall, Ecclesiology forged in the wake of persecution, in: M.M. Mitchell/F.M. Young (wie o. Nr. 1), 470-483. 673f.; R. Noormann, Ad salutem consulere. Untersuchungen zur theologischen Struktur und zu traditionsgeschichtlichen Hintergründen der cyprianischen Paränese, (in Vorbereitung).

[1] Dieser Satz wird meist ohne das besser bezeugte »iam« zitiert. »Mit iam ist er eine Warnung an diejenigen, die in der Kirche die Taufe empfingen« (M. Bevenot, z.St.).

[2]

[A]	[B]
Et idem post resurrectionem suam dicit illi: ›Pasce oves meas‹. Super illum aedificat ecclesiam et illi pascendas oves mandat et, quamvis apostolis omnibus parem tribuat potestatem, unam tamen cathedram constituit et unitatis originem atque rationem sua auctoritate disposuit. Hoc erant utique et ceteri quod fuit Petrus, sed primatus Petro datur et una ecclesia et cathedra una monstratur; et pastores sunt omnes, sed grex unus ostenditur qui ab apostolis omnibus unianimi consensione pascatur. Hanc Petri unitatem qui non tenet, tenere se fidem credit? Qui cathedram Petri, super quem [v. l. quam] fundata ecclesia est, deserit, in ecclesia se esse confidit?	Super unum aedificat ecclesiam et, quamvis apostolis omnibus post resurrectionem suam parem potestatem tribuat et dicat: Sicut misit me Pater et ego mitto vos. Accipite Spiritum sanctum: si cuius remiseritis peccata remittentur illi; si cuius tenueritis tenebuntur, tamen, ut unitatem manifestaret, unitatis eiusdem originem ab uno incipientem sua auctoritate disposuit. Hoc erant utique et ceteri apostoli quod fuit Petrus, pari consortio praediti et honoris et potestatis, sed exordium ab unitate proficiscitur ut ecclesia Christi una monstretur ... Hanc ecclesiae unitatem qui non tenet, tenere se fidem credit? Qui ecclesiae renititur et resistit in ecclesia se esse confidit, quando et beatus apostolus Paulus hoc idem doceat et sacramentum unitatis ostendat dicens: ›Unum Corpus et unus Spiritus, una spes vocationis vestrae, unus Dominus, una fides, unum baptisma, unus Deus‹? (5) Quam unitatem tenere firmiter et vindicare debemus maxime episcopi, qui in ecclesia praesidemus, ut episcopatum quoque ipsum unum atque indivisum probemus. Nemo fraternitatem mendacio fallat, nemo fidei veritatem perfida praevaricatione corrumpat.

Episcopatus unus est, cuius a singulis in solidum pars tenetur ...

[3] Cyprians Kontrahent, Stephan von Rom, vertrat dagegen die Auffassung, bei der Aufnahme in die katholische Kirche sei nur die »Handauflegung zur Buße« vonnöten, wenn der Übertretende bereits getauft sei, »wie auch umgekehrt die Ketzer die zu ihnen Kommenden nicht eigens taufen, sondern sie lediglich in ihre Gemeinschaft aufnehmen« (Cyprian, Brief 74,1).

[4] Vgl. dagegen Tertullian, De baptismo 18: [Dass die Taufe nicht leichthin und unbedacht erteilt werden darf, weiß jedermann, dem die Taufspendung obliegt; es entspricht auch den Weisungen Mt. 7,6 und 1. Tim. 5,22. Die Fälle einer »eilig« gespendeten Taufe, z.B. Apg. 8,9, bilden keine Gegeninstanz, da sie in besonderen Umständen begründet liegen. Ist Eile

angezeigt, so verabsäumt Gottes Gnade es nicht, die Bevorrechteten beizeiten kenntlich zu machen] (3) ... Jedes [menschliche Tauf-] Begehren [aber] kann täuschen und getäuscht werden. (4) So ist denn auch je nach den Umständen, der [seelischen] Verfassung und dem Lebensalter eines jeden ein Taufaufschub (cunctatio baptismi) ersprießlicher, zumal dann, wenn es um kleine Kinder (parvuli) geht ... (5) Gewiss sagt der Herr: ›Wehret ihnen nicht, zu mir zu kommen‹ [Mt. 19,14]. Sie sollen also kommen, wenn sie dabei sind, zu lernen und darüber belehrt zu werden, wohin sie kommen sollen; sie sollen Christen werden, wenn sie fähig geworden sind, Christus zu erkennen. Was hat es das Alter der Unschuld so eilig mit der Sündenvergebung (Quid festinat innocens aetas ad remissionem peccatorum)? ... (6) ... Wenn manche einsähen, welches Gewicht der Taufe zukommt, dann würden sie sich eher vor ihrer Erteilung als vor ihrem Aufschub fürchten; ein rechtschaffener Glaube ist des Heils gewiss (Si qui pondus intelligant baptismi magis timebunt consecutionem quam dilationem: fides integra secura est de salute)!

38. Innergemeindliche Askese

Asketische Tendenzen hat es wie besonders im Pythagoreismus, im Platonismus, in der Stoa und in der Gnosis, so auch im frühen Christentum von Anfang an gegeben. Die vielschichtige Welt der neutestamentlichen Apokryphen verrät mit am meisten davon. Bereits im Jahrhundert vor Konstantin darf im allgemeinen in den Gemeinden der westlichen Kirche der Stand der »Jungfrauen« vorausgesetzt werden, während im Osten (besonders in Syrien) noch immer das Wanderasketentum (vgl. dazu auch etwa oben Nr. 8b) stark vertreten gewesen zu sein scheint. Hier wie dort aber kam es auch jetzt noch wohl nur vereinzelt zum Bruch mit der »Welt« aus asketischen Gründen.

a) Der Jungfrauenstand und seine Begründung bei Cyprian (Über die äußere Erscheinung der Jungfrauen [De habitu virginum] 3.21-23; geschrieben 249/250)

(3) ... [Die Jungfrauen] sind die Blüten am Zweig der Kirche, Zierde und Schmuck der geistlichen Gnade, ... des Ruhms und der Ehre reines und unversehrtes Produkt, Ebenbild Gottes, das [wahrhaft] der Heiligkeit des Herrn entspricht, rühmlicherer Teil der Herde Christi. Ihrer freut sich, in ihnen erblüht üppig der glorreiche Schoß der Mutter Kirche ...

(21) ... Schmal und eng ist der Weg, der zum Leben führt [vgl. Mt. 7,14], hart und steil der Pfad, der zur Verherrlichung strebt. Diesen Weg verfolgen die Märtyrer, gehen die Jungfrauen, beschreiten alle Gerechten (iusti) ... Die erste, hundertfältige Frucht [vgl. Mt. 13,23] ist die der Märtyrer, die zweite, sechzigfältige ist euer [d.h. derer, die sich, wie die Adressatinnen, freiwillig dem Eheverzicht verschrieben haben]. Wie [darum] bei den Märtyrern kein Gedanke ist an Fleisch und Welt und kein geringfügiger, alltäglicher und gemächlicher Kampf, so komme auch eure Tugend und Ausdauer, deren Gnadenlohn an zweiter Stelle steht, ihnen am nächsten ...

(22) ... Was wir [nach Lk. 20,34f.] sein werden, habt ihr bereits zu sein begonnen. Der Auferstehungsherrlichkeit seid ihr schon in dieser Welt teilhaftig; ihr durchpilgert diese Welt, ohne von ihr befleckt zu werden: solange ihr keusch und jungfräulich bleibt, seid ihr den Engeln Gottes gleich (angelis Dei ... aequales [vgl. Mt. 22,30 par.]) ...

(23) Das erste [Gottes-]Wort (sententia) gebot (praecepit), zu wachsen und sich zu mehren [Gen. 1,28]; das zweite [Lk. 20,34] riet auch Enthaltsamkeit an (continentiam suasit). Solange die Erde noch öde und leer war, pflanzten wir uns fort in reichlicher,

fruchtbarer Zeugung und wuchsen um der Vermehrung der menschlichen Rasse willen; nun aber, da die Erde bereits gefüllt ist und die Welt bevölkert, verschneiden sich diejenigen, die die Enthaltsamkeit zu fassen vermögen [vgl. Mt. 19,12], für das Himmelreich, indem sie wie Verschnittene leben. Doch *befiehlt* der Herr das nicht, sondern *ermuntert* nur dazu (hortatur); er legt kein Zwangsjoch auf, weil die Willensentscheidung frei bleibt (voluntatis arbitrium liberum). Wenn er jedoch sagt, in seines Vaters Hause seien viele Wohnungen [vgl. Joh. 14,2], so macht er damit klar, dass es dort [neben schlechteren auch] bessere Wohnungen gibt. Diesen besseren Wohnungen strebt ihr nach; indem ihr die Begierden des Fleisches zügelt, sichert ihr euch einen größeren Gnadenlohn im Himmel (maioris gratiae praemium in caelestibus obtinetis). Gewiss legen alle, die zur göttlichen und väterlichen Gabe der Heiligung durch die Taufe gelangen, darin dank der Gnade des heilsamen Bades den alten Menschen ab und werden, erneuert durch den Hl. Geist, vom Schmutz der alten Befleckung (a sordibus contagionis antiquae) durch die Wiedergeburt gereinigt; doch die größere Heiligkeit und Wirklichkeit der Wiedergeburt kommt euch zu, die ihr nicht länger die fleischlichen und körperlichen Begierden kennt ...

b) Die Nachricht Eusebs über Novatian in seiner Zurückgezogenheit
(Kirchengeschichte 6,43,16)

Hauptquelle für den Bericht über das novatianische Schisma in Eusebs Kirchengeschichte (6,43) ist der 3. Brief des Papstes Cornelius, des Gegenspielers Novatians in Rom, an Fabius von Antiochien, aus dem Euseb ausführlich zitiert, u.a. auch das Folgende:

Aus Feigheit und falscher Liebe zum Leben (φιλοζωία) hat er [Novatian] zur Zeit der [decischen] Verfolgung verleugnet, Presbyter zu sein. Denn als ihn die Diakonen aufforderten und beschworen, er möge doch seine Zelle (οἰκίσκος), in die er sich eingeschlossen, verlassen und den Brüdern beistehen, so, wie es sich für einen Presbyter den in Gefahr befindlichen und hilfsbedürftigen Brüdern nach Kräften zu helfen gezieme, war er weit davon entfernt, der Bitte der Diakone Folge zu leisten, sondern ging unwillig von dannen und ließ sie stehen; er wolle, erklärte er, nicht länger Presbyter sein, da er einer anderen Philosophie anhange (ἑτέρας γὰρ εἶναι φιλοσοφίας ἐραστής).

Quellen: A.E. Keenan, Thasci Caecili Cypriani De habitu virginum (Text, engl. Übers., Komm.), Washington 1932; E. Schwartz/F. Winkelmann a.o.(Nr. 6)a.O. – Literatur: K. Heussi, Der Ursprung des Mönchtums, 1936, 33-52; U. Ranke-Heinemann, Das frühe Mönchtum, 1964, 33-125; G. Kretschmar, Ein Beitrag zur Frage nach den Ursprüngen der frühchristlichen Askese, ZThK 61, 1964, 27-67; R. Lorenz, Die Anfänge des abendländischen Mönchtums im 4. Jahrhundert, ZKG 77, 1966, 1-61; H.J. Vogt, Coetus sanctorum. Der Kirchenbegriff des Novatian und die Geschichte seiner Sonderkirche (Theoph. 20), 1968; B. Lohse, Askese und Mönchtum in der Antike und in der Alten Kirche, 1969, 131-173; K.S. Frank, Geschichte des christlichen Mönchtums, (1975) 1993 , 1-19; F. v. Lilienfeld, Art. Mönchtum II, TRE 23, 1994, 150-193 (hier: 150-160).

39. Die Christenverfolgung unter Valerian (Cyprian, Brief 80)

Die 2. allgemeine Christenverfolgung wurde eingeleitet durch ein Edikt des Kaisers Valerian (253-260), das wohl vom August 257 datierte und sich zunächst gegen den christlichen Klerus richtete. Sein Wortlaut ist gleichfalls nicht erhalten; doch lässt sich seine Intention aus den Protokollen der Prozesse gegen die Bischöfe Dionys von Alexandrien und Cyprian von Karthago mit einiger Sicherheit erheben: Es untersagte dem Klerus unter Androhung schwerer Bestrafung die Abhaltung jeglicher gottesdienstlicher Zusammenkünfte und verlangte von ihm ein Bekenntnis zu den alten Göttern. An eine allgemeine Opferaktion war dagegen anscheinend nicht gedacht, an ein allgemeines Blutvergießen erst recht nicht. Das 2. valerianische Edikt vom Sommer 258 jedoch war wesentlich brutaler. Hierauf bezieht sich auch der folgende Brief Cyprians an einen Bischof Successus:

(1) Dass ich euch, teuerster Bruder, nicht umgehend schrieb, hat seinen Grund darin, dass es für sämtliche Kleriker angesichts des Kampfes [d.h. wegen des Ausbruchs der Verfolgung] ganz unmöglich war, von hier fortzukommen; sie alle sind zum Lohn für die Ergebung ihres Herzens (pro animi sui devotione) für die göttliche und himmlische Verherrlichung (gloria [v.l. corona]) gerüstet. Ihr sollt jedoch wissen, dass die Boten, die ich nach Rom gesandt hatte, damit sie den wirklichen Inhalt des auf uns bezüglichen Reskripts erkundeten und uns übermittelten, inzwischen zurückgekehrt sind. Es laufen darüber ja zahlreiche widersprüchliche und unsichere Gerüchte um. In Wahrheit handelt es sich um folgendes: Valerian hat dem Senat ein Reskript [zur Zustimmung[1]] zugeleitet, des Inhalts, dass Bischöfe, Presbyter und Diakone standrechtlich mit dem Tode zu bestrafen seien (in continenti animadvertantur); Senatoren aber, Exzellenzen (egregii viri) und römische Ritter sollten ihrer Würde und ihrer Güter beraubt und, falls sie nach Entzug ihres Vermögens immer noch bei ihrem Christsein beharrten, gleichfalls mit dem Tode bestraft werden; vornehme [christliche] Frauen (matronae) seien unter Vermögenseinzug zu verbannen, während alle kaiserlichen Beamten (Caesariani), gleichgültig, ob sie bereits früher ein Geständnis abgelegt hätten oder es erst jetzt ablegten, mit der Konfiskation ihres Vermögens bestraft und alsdann, auf die verschiedenen kaiserlichen Besitzungen verteilt, in Fesseln [zur Zwangsarbeit] verschickt werden sollten. Kaiser Valerian hat seiner Senatseingabe (oratio) auch eine Kopie des Schreibens beigefügt, das er unseretwegen an die Provinzstatthalter gerichtet hat. Das Eintreffen dieses Briefes erhoffen wir für jeden Tag, indem wir in Glaubensfestigkeit bereitstehen, das Leiden auf uns zu nehmen, und von der Hilfe und Gnade des Herrn die Krone des ewigen Lebens erwarten. Ihr sollt außerdem wissen, dass [Bischof] Xystus [Sixtus von Rom] am 6. August auf einem Friedhof (coemeterium) gemeinsam mit vier seiner Diakone enthauptet wurde. Doch auch jetzt noch setzen die Präfekten in Rom diese Verfolgung täglich fort: wer ihnen in die Hände fällt, wird hingerichtet und sein Vermögen kassiert. (2) Ich bitte euch, dies auch unseren übrigen Mitbischöfen bekanntzugeben, damit allenthalben die Brüder durch ihre Ermahnung gestärkt und auf den geistlichen Kampf vorbereitet werden, auf dass ein jeder der Unsrigen weniger an das Sterben als an die Unsterblichkeit denke und, glaubensvoll und mit ganzer Kraft dem Herrn geweiht, sich nun, da es zu bekennen gilt (in hac confessione), eher freue als fürchte, im Wissen, dass dabei Gottes und Christi Streiter (milites) nicht umkommen, sondern gekrönt werden. – Ich wünsche dir, liebster Bruder, stetes Wohlergehen im Herrn.

Quelle: W. Hartel a.o.(Nr. 36)a.O.; Guyot-Klein (wie o. Nr. 5), 148-162 – *Literatur:* W.H.C. Frend a.o.(Nr. 34)a.O.; J. Molthagen a.o.(Nr. 5)a.O., 85ff.; C.J. Haas, Imperial religious policy and Valerian's persecution of the Church..., ChH 52, 1983, 133-144; K.H. Schwarte, Die Christengesetze Valerians, in: W. Eck (Hg.), Religion und Gesellschaft in der römischen Kaiserzeit,

Köln-Wien 1989, 103-163; Guyot-Klein (wie o.), 385-395. 493f.; L. Piétri/G. Gottlieb (wie o. Nr. 34), 168-171.

[1] Deren bedurfte es wegen der zahlreichen hochgestellten Persönlichkeiten, die von dieser Aktion betroffen werden mochten.

40. Aus den Lehren des Neuplatonikers Plotin

Geb. ca. 205 und gest. um 270 n.Chr., gilt Plotin in der Forschung als Begründer des Neuplatonismus. Selbst nach Meinung derjenigen, die in der kaiserzeitlichen Philosophie nur einen Verfallsprozess zur vollen Auswirkung kommen sehen, braucht er nahezu als einziger Denker der Spätantike den Vergleich mit den Großen der klassischen griechischen Philosophie nicht zu scheuen. Bis zu seinen 50. Lebensjahr scheint er sich, vornehmlich in Rom, einer ausschließlich mündlichen Lehrtätigkeit gewidmet und erst danach, auf fremde Aufforderung hin, begonnen zu haben, die jeweils auftauchenden Fragen schriftlich zu behandeln. Diese Abhandlungen hat dann lange nach Plotins Tod sein Schüler Porphyrios herausgegeben und einem breiteren Leserkreis zugänglich gemacht. Und zwar gruppierte er die ihm erreichbaren Plotintraktate, der üblichen Verehrung der Sechs- und Neunzahl zuliebe, in sechs »Enneaden« und teilte dabei wohl hin und wieder ursprünglich Zusammengehöriges auf mehrere Traktate auf, vermied es jedoch peinlich, den originalen Charakter der schriftlichen Hinterlassenschaft seines Meisters zu verwischen. – Weil Plotins Philosophie in Wahrheit »Theologie« (»Denken des Einen«) ist, hat sie stark auf die altchristliche Theologie eingewirkt, unter den Lateinern besonders auf Marius Victorinus, Ambrosius von Mailand und Augustin.

a) Das monistische Prinzip (Enneade 6,5,9,47f.)

(47) Wenn ... einer alle Elemente (στοιχεῖα), nachdem sie bereits entstanden sind, in Gedanken zu einer Kugelgestalt zusammenfasste, dann darf man diese Kugel nicht auf viele Urheber zurückführen, indem sich jeder stückweise etwas abschnitte, um einen Teil herzustellen, sondern eines muss die Ursache dieser Hervorbringung sein, welches mit sich als Ganzem hervorbringt (ἓν εἶναι τὸ αἴτιον τῆς ποιήσεως ὅλῳ ἑαυτῷ ποιοῦν), (48) und nicht indem jeder Teil von ihm etwas anderes hervorbringt; denn dann wären es ja wieder viele Urheber, wenn man die Hervorbringung eben nicht auf ein Eines, ungeteilt Bleibendes, zurückführt; oder vielmehr: wenn nicht ein Eines, ungeteilt Bleibendes das die Kugel Hervorbringende wirklich ist; wobei das Hervorbringende selbst sich nicht in die Kugel ergießt, sondern die Kugel als Ganze mit dem Hervorbringenden verknüpft ist.

b) Die drei ursprünglichen Hypostasen (ebenda 5,2,1,1-6; 2,7)

(1,1) Das *Eine* (τὸ ἕν) ist alles und doch kein einziges, denn der Ursprung von allem ist nicht alles, sondern alles ist aus Ihm(?), da es zu ihm gleichsam hinaufgeeilt ist, oder besser: es ist noch nicht bei ihm, sondern wird es sein. (2) Aber wie kann es aus dem einfachen Einen kommen, da in diesem sich keinerlei Vielfältigkeit, keine Zusammenstückung von irgend etwas zeigt? Nun, eben deshalb, weil nichts in ihm war, kann alles aus ihm kommen; gerade damit das Seiende existieren könne, ist Jener (αὐτός) selbst nicht Seiendes, wohl aber dessen Erzeuger. Diese vergleichsweise so

genannte Zeugung (γέννησις) ist ja die ursprüngliche: da Jenes von vollkommener
Reife ist (es sucht ja nichts, hat nichts und bedarf nichts), so ist es gleichsam
übergeflossen, und seine Überfülle hat ein Anderes hervorgebracht. (3) Das so Entstandene aber wendete sich zu Jenem zurück und wurde von ihm befruchtet, und
indem es entstand, blickte es auf Jenes hin; und das ist der Geist (νοῦς). Und zwar
brachte sein Hinstehen zu Jenem das Seiende hervor, sein Schauen zu Jenem den
Geist; da er nun zu jenem hinstand, um es zu schauen, wird er Geist und Seiendes
ineins. (4) Da dieser ein Abbild von jenem ist, tut er das Gleiche wie jenes, indem er
Vermögen in Fülle ausschüttet; und dies ist ein Bild von ihm, so wie er seinerseits ein
Bild dessen ist, was vor ihm sein Vermögen ausgeschüttet hatte [?]. Und diese aus der
Wesenheit (οὐσία) des Geistes hervorgehende Wirksamkeit (ἐνέργεια) ist die Seele
(ψυχή) ; sie ist das geworden, indem jener beharrte, wie ja auch der Geist wurde,
indem das vor ihm beharrte. (5) Die Seele dagegen schafft nun, ohne zu beharren, sie
zeugt vielmehr ihr Nachbild, indem sie sich bewegt. Solange sie zu dem hinaufblickt,
aus dem sie entstand, erfüllt sie sich mit ihm; aber wenn sie fortschreitet zu einer
anderen, entgegengesetzten Richtung, dann zeugt sie als Abbild ihrer selbst die Wahr-
nehmungsseele [der Tiere] und die Wachstumsseele, die in den Pflanzen wirkt. (6)
Nichts aber ist von dem, was vor ihm ist, abgetrennt und abgeschnitten; so nimmt man
denn auch an, dass die obere Seele bis in die Pflanzenwelt hinabreicht; und in gewisser Weise tut sie das wirklich, weil die Wachstumskraft in den Pflanzen ihr angehört;
aber sie ist nicht als ganze in den Pflanzen, sondern nur insofern, als sie in die
Pflanzen eintritt, als sie so weit nach unten fortgeschritten ist und dabei durch dieses
Voranschreiten und ihre Bereitwilligkeit zum Geringen eine weitere Wesenheit (ὑπόστασις) zur Existenz brachte. Lässt doch auch ihr oberer Teil, der mit dem Geist verknüpft ist, den Geist in sich ruhend.
(2,7) So läuft also dieser Prozess vom Urgrund (ἀρχή) her bis zum Untersten hin, und
jede einzelne Stufe verbleibt dabei immer auf dem ihr eigenen Sitz ...[1]

c) Der Aufstieg zum Einen (ebenda 6,9,11,77-79)

Der Traktat »Über das Gute oder das Eine« (Περὶ τ᾽ἀγαθοῦ ἢ τοῦ ἑνός), mit dem Porphyrios die
»Enneaden« enden lässt, ist wohl der berühmteste aller Plotintexte, vor allem wegen des hier (§
49ff.) breit ausgeführten Berichts über die »mystische« Schau. Sein Schluss lautet:

(77) Indes all diese Dinge [sc. alle Andeutungen über die »mystische« Schau, die Ekstase als
höchste Stufe der Versenkung] sind bloße Nachbilder, nur verborgene Hindeutungen der
Weisen unter den Mysteriendeutern (προφῆται), wie der wahre, obere Gott (θεὸς
ἐκεῖνος) zu erblicken ist; ein weiser Priester, der die Hindeutung versteht, mag wohl,
wenn er in jene innere Kammer eintritt, zu einer wahrhaften Schau gelangen, aber
auch wenn er sie nicht betritt – wenn er diese Kammer für etwas Unsichtbares hält,
nämlich für den Urquell und Urgrund, so wird er wissen, dass nur der Urgrund den
Urgrund erblickt, nur ihm sich vereinigt, und nur das Gleiche mit dem Gleichen[2]; so
wird er nichts von dem Göttlichen, welches die Seele schon vor der Schau innehaben
kann, versäumen, und wird das Übrige von der Schau erwarten; und dies übrige ist für
ihn, wenn er über alles hinausgeschritten ist, dasjenige, was vor allem ist. (78) Denn
die Seele kann ihrem Wesen nach nicht in das schlechthin Nichtseiende (τὸ πάντη μὴ
ὄν) gelangen; sondern wenn sie hinabschreitet, kommt sie ins Übel und insofern in
Nichtseiendes, jedoch nicht in das schlechthin Nichtseiende; läuft sie dagegen in ent-

gegengesetzter Richtung, so gelangt sie nicht zu einem Andern, sondern zu sich selbst, und so kann sie, da sie nicht in einem andern ist, nicht in einem Nichts sein; sondern nur in sich selbst; und nur in sich selbst und nicht in Jenem als in etwas Seiendem: man *wird* (γίνεται) selber, insofern man mit Jenem umgeht, nicht mehr Sein, sondern Übersein (ἐπέκεινα οὐσίας). (79) Sieht jemand sich selbst in diesem Zustand, so hat er an sich selbst ein Gleichnis von jenem; und geht er von sich als einem Abbild zum Urbild hinüber, so ist er am Ziel der Reise. Und fällt er aus der Schau (θέα), so weckt er die Tugend in sich wieder auf; und nimmt er dann wahr, dass sein Selbst durch die Tugenden von Ordnung und Form durchdrungen ist, so wird er wiederum leicht werden (κουφισθήσεται) und durch die Tugend zum Geist und zur Weisheit aufsteigen und durch die Weisheit zu Jenem. Das ist das Leben der Götter und göttlicher, seliger Menschen, Abscheiden von allem andern, was hienieden ist, ein Leben, das nicht nach dem Irdischen lüstet, Flucht des Einsamen zum Einsamen (ἀπαλλαγὴ τῶν ἄλλων τῶν τῇδε, βίος ἀνήδονος τῶν τῇδε, φυγὴ μόνου πρὸς μόνον).

d) Der Mensch im Kosmos (ebenda 2,9,8f. 70f. 75-80)

Von den Gnostikern hat sich Plotin nicht minder scharf abgegrenzt als irgendein ›orthodoxer‹ Kirchenvater, was darauf schließen lässt, dass er den Gnostizismus als eben solche Bedrohung empfand, wie es die ›Großkirche‹ tat. Der Gegensatz betraf letztlich die Wertung des (sichtbaren) Kosmos als Lebensraumes des Menschen. – Der folgende Auszug aus dem Traktat »Wider die Gnostiker« (Enn. 2,9) zeigt, in welchem Umfang sich Plotin in seinem antignostischen Kampf gerade auch *stoisches* Gedankengut zueigen machen konnte:

(8,70) Wenn ... ein andrer Kosmos besser ist als unsrer, was ist das für einer? Wenn nun notwendig ein Kosmos existieren muss, ein andrer aber nicht vorhanden ist, so ist es unserer hier, der das Abbild des oberen bewahrt (ὁ τὸ μίμημα ἀποσῴζων ἐκείνου). (71) Ist doch die ganze Erde von mannigfachen Lebewesen voll, und mit unsterblichen ist alles bis zum Himmel hinauf angefüllt ... (75) Ferner aber, wenn diese unsre Welt so beschaffen ist, dass es in ihr möglich ist, Weisheit (σοφία) zu besitzen und während des Aufenthaltes hier zu leben nach der Richtschnur des Oberen, so ist das doch ein sicheres Zeugnis dafür, dass sie unter der Einwirkung der oberen Welt steht. (9,76) Wenn man aber über das Vorhandensein von Reichtum und Armut und die ungleiche Verteilung all solcher Güter schelten wollte[3], so verkennt man erstens, dass dem Weisen (σπουδαῖος) an der Gleichheit solcher Güter nichts liegt; er betrachtet den Reichtum nicht als einen Vorteil, noch hält er die politisch Mächtigen für bevorzugt vor den Privatleuten (ἰδιῶται), sondern ein solches Trachten überlässt er den anderen. (77) Er hat die Einsicht erlangt, dass es auf Erden zweierlei Leben gibt, eines für die Weisen und eines für die Masse (οἱ πολλοί) der Menschen; das Leben der Weisen ist auf das höchste Gut, nach oben gerichtet; das der gewöhnlichen Menschen ist wiederum ein zwiefaches; das höhere gedenkt der Tugend und hat Zugang zu gewissen Werten, der gemeine Haufe (ὁ ... φαῦλος ὄχλος) aber ist sozusagen nur zum Handlanger der notwendigen Bedürfnisse für die Edleren da (οἷον χειροτέχνης τῶν πρὸς ἀνάγκην τοῖς ἐπιεικεστέροις). (78) Aber auch wenn einer zum Mörder wird oder aus Schwäche seinen Begierden unterliegt, was ist da unbegreiflich, und dass es Verfehlung gibt – sie betrifft ja nicht den Geist, sondern die Seelen, und die sind unreif wie Kinder ... Und erleidest du Unrecht, wie kann das dein unsterbliches Teil schrekken? Wirst du ermordet – so hast du, was du wünschst. (79) Hast du überhaupt etwas auszusetzen an dieser Welt – es zwingt dich niemand, ihr Bürger zu bleiben ...[4] (80)

[Die Götter selbst] lenken alles nach der Ordnung von Anbeginn bis zu Ende und messen einem jeden seinen gebührenden Teil zu, welcher sich ergibt aus seinen einstigen Taten in Vergeltung früherer Lebensläufe[5]; und ist einer so leichtfertig, das zu verkennen, der redet wie ein Tölpel von den göttlichen Dingen. (R. Harder)

Quellen: P. Henry/H.R. Schwyzer, Plotini Opera, 3 Bde., Paris-Brüssel 1951ff. – *Übersetzung*: R. Harder, Plotins Schriften (Neubearb. m. griech. Lesetext u. Anm., fortgef. v. R. Beutler u. W. Theiler, 6 Bde., Philos. Bibl. Meiner 211-215.276, 1956ff. – *Literatur*: A.H. Armstrong, Plotinian and Christian Studies, London 1979; Chr. Elsas, Neuplatonische und gnostische Weltablehnung in der Schule Plotins, 1975; mehrere Beiträge in: H. Doerrie, Platonica Minora, 1976; W. Beierwaltes, Denken des Einen, 1985; ders., Selbsterkenntnis und Erfahrung der Einheit, 1991; J. Halfwassen, Der Aufstieg zum Einen, 1992; ders., Geist und Selbstbewusstsein, 1994; ders., Plotin und der Neuplatonismus (becksche reihe denker), 2004.

[1]   Dass es, wie Plotin wiederholt – z.T. mit antignostischer Spitze – einschärft, Manifestationen bzw. Hypostasierungen des Seienden nicht in beliebiger Vielfalt, genauer, dass es nur drei ἀρχικαὶ ὑποστάσεις gibt: Eines, Geist, Seele, sollte dann für die Ausbildung des christlichen Trinitätsdogmas nicht ohne Bedeutung bleiben. So ist denn auch der gleichnamige Traktat »Über die drei ursprünglichen Hypostasen« (Enn. 5,1) anscheinend mehr als irgendeine andere Plotinschrift von den Kirchenvätern zitiert worden (vgl. P. Henry, Les états du texte de Plotin, Paris 1938, 420f.).

[2]   Vgl. zu dieser bereits vorsokratischen These, dass »Gleiches nur durch Gleiches erkannt« werden könne, besonders noch die durch Goethe berühmtgewordene Stelle aus Enn.1,6,9,43: »Man muss ... das Sehende dem Gesehenen verwandt und ähnlich machen, wenn man sich auf die Schau richtet; kein Auge könnte je die Sonne sehen, wäre es nicht sonnenhaft; so sieht auch keine Seele das Schöne, welche nicht schön geworden ist. Es werde also einer zuerst ganz gottförmig (θεοειδής) und ganz schön, wer Gott und das Schöne schauen will.«.

[3]   Zu den stoischen Parallelen für das Folgende s. beispielsweise A.M. Ritter a.o.(Nr. 31)a.O.

[4]   Plotin denkt gewiss an den selbstgewählten (»schönen«) Tod, die »Euthanasie«.

[5]   Anklang an die (»orphisch«-)platonische Seelenwanderungslehre (Wiedereinkörperung als der sittlichen Läuterung dienende Strafe für früher begangene Sünden), von der die berühmtesten unter Platons Mythen (im Gorgias, Phaidon, Phaidros und »Staat«) mehr oder weniger ausführlich handeln.

41. Der »Streit der Dionyse«

Von Bedeutung für die Ausbildung der altkirchlichen Trinitätslehre war auch die Auseinandersetzung des Dionys von Alexandrien mit »sabellianisch« gesinnten (vgl. o. Nr. 29b.c) Bischöfen der libyschen Pentapolis, in die sich auch sein römischer Amtskollege und Namensvetter einschaltete. Sofern es sich bei den diesbezüglichen Nachrichten (bei Athanasius vor allem) nicht um einen »nachträglichen Väterbeweis« (L. Abramowski) handelt (wogegen vor allem Eusebs Brief an seine Diözesanen vom nizänischen Konzil [s.u. Nr. 56c] sprechen dürfte, dessen Behauptung, er habe [wohl in Nizäa] davon Kenntnis erlangt, »dass sich bereits unter den Alten einige gelehrte und berühmte Bischöfe« mit Bezug auf Gottvater und -sohn »der Vokabel ὁμοούσιος bedienten« [Urk. 22,13], andernfalls unerklärt bliebe), ist im »Streit der Dionyse« insofern das Vorspiel zum »arianischen« zu sehen, als hier einige der wichtigsten Elemente der »arianischen« Streitigkeiten des 4. Jahrhunderts vorweggenommen wurden.

a) Aus dem Schreiben des Dionys von Rom wider die Sabellianer (bei Athanasius, Über die Beschlüsse der nizänischen Synode 26)

(26,2) Es dürfte indes seinen guten Grund haben, wenn ich mich der Reihe nach auch wider diejenigen wende, die die allerheiligste Lehre (κήρυγμα) der Kirche, nämlich die [göttliche] Monarchie, auseinanderreißen, zerstückeln und zerstören, als handelte es sich bei dieser um drei Kräfte (δυνάμεις) irgendwelcher Art, [drei] getrennte Hypostasen und drei Gottheiten. Denn ich habe erfahren, dass es bei euch [Alexandrinern] einige Katecheten und Lehrer des göttlichen Wortes gibt, die [eben] dieser Ansicht den Weg bahnen, [also] eine der des Sabellius sozusagen diametral entgegengesetzte Auffassung vertreten. (3) Behauptet der nämlich gottesästerlicherweise, dass der Sohn [derselbe wie] der Vater sei und umgekehrt, so lösen sie die heilige Monas [»Einheit«] in drei einander fremde und von einander vollkommen getrennte Hypostasen (εἰς τρεῖς ὑποστάσεις [lat. wohl: substantias] ξένας ἀλλήλων παντάπασι κεχωρισμένας) auf und verkünden so gewissermaßen drei Götter. Dagegen muss unbedingt mit dem Gott des Alls der göttliche Logos geeint sein, und der Hl. Geist muss in Gott ruhen und wohnen. Doch besteht eine ebenso unbedingte Notwendigkeit, dass die göttliche Trias [Dreiheit] in einem, dem Gott des Alls, dem Allmächtigen, wie in einer Spitze (κορυφή) sich zusammenschließe und zusammenfüge. Denn es ist die Lehre des törichten Markion, die göttliche Monarchie in drei Prinzipien (ἀρχαί) zu teilen und zu sondern[1], eines Teufels Lehre, aber nicht die der wahren Jünger Christi und der Liebhaber seiner, des Heilandes, Unterweisungen. Die wissen nämlich sehr genau, dass zwar eine Trias in der hl. Schrift verkündigt wird; drei Götter aber verkünden weder Altes noch Neues Testament. (4) Nicht weniger freilich dürfte man diejenigen zu tadeln haben, die den Sohn für ein Geschöpf [›Gemächte‹] (ποίημα) halten und meinen, er sei geworden wie eins der tatsächlich gewordenen Dinge; wo doch die göttlichen Lehren [der Schrift] Zeugung (γέννησις) als die ihm angemessene und geziemende Kategorie bestätigen ... Wenn nämlich der Sohn geworden ist, dann war er einmal nicht (ἦν ὅτε οὐκ ἦν)[2]. Nun aber ist er immer gewesen, wenn anders er »im Vater« ist, wie er selbst sagt [Joh. 14,11], und er, der Christus, Logos, »Weisheit« und »Kraft« ist [l. Kor. 1,24] ... Dies aber sind *göttliche* Kräfte (δυνάμεις)! ... (7) Man darf also die ... göttliche Monas nicht in drei Gottheiten aufteilen und die Hoheit und überschwengliche Größe des Herrn nicht durch [Einbeziehung] ein[es] Geschöpf[es] beeinträchtigen[33]; vielmehr muss man glauben an Gott, den Vater, den Allmächtigen, und an Christus Jesus, seinen Sohn, und an den Hl. Geist – aber so, dass mit dem Gott des Alls der Logos geeint ist ... [Joh. 14,10f.] Denn nur so dürfte sich sowohl die [Vorstellung der] göttliche[n] Trias wie die heilige Lehre der Monarchie [Gottes] durchhalten lassen.

b) Aus der »Widerlegung und Verteidigung« des Dionys von Alexandrien (nach Athanasius, Über die Meinung des Dionys 15.17f.)

(15,1) Es gab ... keine Zeit, da Gott nicht Vater war. [So hat auch] Christus immer existiert, da er Logos, »Weisheit« und »Kraft« ist [l. Kor. 1,24]. War doch Gott niemals nicht deren Ursprung (οὐ γὰρ δὴ τούτων ἄγονος ὢν θεός) ... , wohl aber hat der Sohn das Sein nicht aus sich selbst, sondern vom Vater.

(17,1) Bei den von uns genannten Namen [Vater, Sohn, Hl. Geist] ist ein jeder mit dem ihm benachbarten untrennbar und unlösbar verknüpft. Sprach ich [also] vom Vater, so hatte ich, bevor ich noch [ausdrücklich] den Sohn einführte, diesen [bereits] im Vater mitbezeichnet ... (2) ... Auf diese Weise erweitern wir die Einheit, ohne damit eine Teilung vorzunehmen, zur Dreiheit und ziehen umgekehrt die Dreiheit, ohne sie zu mindern, zur Einheit zusammen (οὕτω μὲν ἡμεῖς εἰς τε τὴν τριάδα τὴν μονάδα πλατύνομεν ἀδιαίρετον, καὶ τὴν τριάδα πάλιν ἀμείωτον εἰς τὴν μονάδα συγκεφαλαιούμεθα).

(18,1) Wenn ich indes gesagt habe, man könne sich das [sc. die Beziehung zwischen Vater und Sohn] an gewissen Dingen aus dem Bereich des Gewordenen und Gemachten klarmachen, dann habe ich damit aus dem Stegreif Beispiele von der Art herangezogen, wie sie in der Tat meinem Zweck nicht völlig entsprachen, indem ich z.B. sagte, dass weder die Pflanze dasselbe sei wie der Gärtner, noch das Boot dasselbe wie der Bootsbauer. (2) Danach aber verweilte ich des langen und breiten bei solchen Exempeln, die dem Gegenstand eher angemessen waren, und ging auch bei diesen zutreffenderen [Vergleichen] mehr ins Detail, indem ich verschiedene zusätzliche Veranschaulichungen suchte, die ich dir [angeredet ist wohl Dionys von Rom] auch in einem anderen Brief auseinandergesetzt habe; darin wies ich auch die Anschuldigung als falsch zurück, die man gegen mich vorbringt, als leugne [oder: verschweige] ich, dass Christus mit Gott[-vater] wesenseins[44] sei (ὡς οὐ λέγοντος τὸν Χριστὸν ὁμοούσιον εἶναι τῷ θεῷ). Denn wenn ich auch behaupte, dass dieser Begriff nirgendwo in der hl. Schrift sich finde und zu lesen sei, so sind meine späteren Ausführungen, die man jedoch zu ignorieren beliebte, mit diesem Gedanken keineswegs unvereinbar. Ich führte nämlich das menschliche Abstammungsverhältnis als Beispiel an, weil es sich dabei offensichtlich um eine Beziehung der Gattungsgleichheit handelt (καὶ γὰρ ἀνθρωπείαν γονὴν παρεθέμην δῆλον ὡς οὖσαν ὁμογενῆ), und sagte, die Eltern seien nur in dem einen von ihren Kindern verschieden, dass sie [eben] nicht selbst ihre Kinder seien ... (3) ... Auch sprach ich davon, dass eine aus einem Samen oder einer Wurzel hervorgegangene Pflanze verschieden sei von dem, dem sie entsprossen; und doch befinde sie sich mit ihm im Zustand völliger Naturgleichheit (καὶ πάντως ἐκείνῳ καθέσθηκεν ὁμοφυές) ...

Quellen: H.G. Opitz, Athanasius Werke, 2,1,1935f. – *Literatur*: W.A. Bienert, Dionysius von Alexandrien (Einl., Übers., Komm.), 1972; L. Abramowski, Dionys von Rom (268) und Dionys von Alexandrien (264/65) in den arianischen Streitigkeiten des 4. Jahrhunderts, ZKG 93, 1982, 240-272; S. Hausammann (wie o. Nr. 7), 155-161; U. Hamm, Art. Dionysius von Alexandrien, LACL, ³2002, 201-203 (Lit.!).

[1] »Nichts ist sicherer, als dass M[arkion] mindestens in der Regel nicht von ›Prinzipien‹ (ἀρχαί) gesprochen hat, sondern von θεοί, weil er ein biblischer Denker war ... Die Materie ist von M. selbst ... niemals ›θεός‹ und auch nicht ›ἀρχή‹ genannt worden, obschon er sie so hätte nennen müssen« (A. von Harnack a.o.[Nr. 15]a.O., 99, Anm. 1).

[2] Vgl. Abschnitt b und unten Nr. 54a.

[3] Nach O. Stählin (ZKG 58, 1939, 587) wäre hier κολούειν (»erniedrigen«) statt κωλύειν zu lesen.

[4] Zum Sinn dieses Terminus, der dann im Verlauf des trinitätstheologischen Streits des 4. Jahrhunderts zum Schibboleth der Orthodoxie werden wollte, s. das Folgende. Danach ist für Dionys ὁμοούσιος gleichbedeutend mit ὁμογενής bzw. ὁμοφυής, ebenso wie etwa für den Gnostiker Ptolemäus in seinem o. [Nr. 25d] a. Brief an Flora (= Epiphanius, Arzneikasten 33,7,8)!

42. Altchristliche Tauffragen

Ein »deklaratorisches« Glaubensbekenntnis (beginnend mit: »Ich glaube« oder »Wir glauben«) ist vor dem 4. Jh. nirgends belegt; ältester Zeuge ist Markell von Ankyra (s. unten Nr. 62b) in seinem (bei Epiphanius, Arzneikasten 72,3,1 überlieferten) Brief an Bischof Julius von Rom (341)[1]. »Tauffragen« oder »interrogatorische« Bekenntnisse werden hingegen schon von Tertullian (s. oben Nr. 30) wenigstens indirekt bezeugt (mart. 3, 1; spect. 4, 1; bapt. 6, 2; res. mort. 48, 11; cor. 3, 3 u.ö.). Es gibt zudem Hinweise darauf, dass bereits in der 2. Hälfte des 2. Jh. zumindest die zweite der »Glaubensbefragungen« in der aus dem »Altgelasianischen Sakramentar« bekannten Form vorlag (W. Kinzig). Diese interrogationes de fide lauten:

Glaubst du an Gott, den allmächtigen Vater? Seine Antwort: Ich glaube. Glaubst du auch an Jesus Christus, seinen einzigen (eingeborenen) Sohn, unsern Herrn, der geboren ward und litt (Credis et in Iesum Christum filium eius unicum dominum nostrum, natum et passum?) Antwort: Ich glaube. Glaubst du auch an den hl. Geist, (in?) der hl. Kirche (sancta aecclesia), die Vergebung der Sünde, die Auferstehung des Fleisches? Antwort: Ich glaube.

Solche »Tauffragen« sind, zusammen mit den »Glaubensregeln« (s. oben Nr. 27c; 30g u.ö.), das Material, aus dem später die »deklaratorischen Bekenntnisse« des 4. und 5. Jh. vornehmlich erbaut zu sein pflegen.

Quelle: K. Holl a.o.(Nr. 15)a.O., III, GCS, 193. – *Literatur*: A.M. Ritter, Glaubensbekenntnisse V, TRE 13, 1984, 399-412; B. Steimer (wie o. Nr. 8), § 3 (28-48); W. Kinzig/C. Markschies/M. Vinzent, Tauffragen und Bekenntnis (AKG 74) 1999; M. Vinzent, Der Ursprung des Apostolikums im Urteil der kritischen Forschung (FKDG 89), 2006.

[1] Es lautet: »Ich glaube an Gott, [den Vater], den Allmächtigen; und an Christus Jesus, seinen eingeborenen Sohn, unsern Herrn, der geboren wurde aus hl. Geist und Maria, der Jungfrau, der unter Pontius Pilatus gekreuzigt und begraben wurde, am dritten Tage auferstand, aufgefahren ist in die Himmel, sitzt zur Rechten des Vaters, von dannen er kommt zu richten Lebende und Tote; und an den hl. Geist, eine heilige Kirche, Vergebung der Sünden, Auferstehung des Fleisches [und ein] ewiges Leben«. – Dass »den Vater« (πατέρα) bei Markell ausgelassen ist, beruht wahrscheinlich auf dogmatischer Absicht; in den altrömischen Tauffragen (s.o.) und bei Rufin, jedenfalls in seinem »Kommentar zum Symbol der Apostel« (CChr. L 20, 133ff.), wird »Vater« geboten. Die Hinzufügung von »ewiges Leben« nach »Auferstehung des Fleisches« ist die zweite gravierende Differenz zwischen Markell- und Rufintext.

43. Der Manichäismus

Der Manichäismus – »Prototyp und Vollendung der Gnosis, deren historische Gesamtproblematik er teilt« (C. Colpe) – ist die letzte große Religionsschöpfung der Antike vor dem Auftreten des Islam. Obwohl ursprünglich, wohl als bewusster Synkretismus, eine Konkurrenzreligion zum Christentum, erzielte er mancherorts derart tiefe Einbrüche in dieses, dass er geradezu als christliche Häresie angesehen wurde; so bereits beim Kirchenhistoriker Euseb von Caesarea (Kirchengeschichte 7,31,1f.). Sein Stifter, Mani (als Abkömmling eines vornehmen persischen Geschlechts 216 geb.; am 26.2.277 unter König Bahram von Persien hingerichtet), hat sieben Werke verfasst: das »Šapuhrsche Buch«, das »lebendige Evangelium« (samt dazugehörigem ›Bildband‹ mit großformatiger Illustration zum manichäischen Mythos [C. Markschies]), den »Schatz des Lebens«, das »Buch der Mysterien«, »Legenden« und schließlich das »Buch der Giganten«, dazu Briefe, Lieder und Gebete, alles in aramäischer Sprache, bis auf das erstgenannte Werk; es war als Ehrung des persischen Großkönigs Šapuhr in dessen Muttersprache, dem Mittelpersi-

schen, abgefasst. »Seine Schüler haben vor allem Hymnen produziert und ›Lehr-Kapitel‹, die
sogenannten ›Kephalaia‹ « (C. Markschies).

a) Wesen und Auftrag des Mani nach dem Anfang des »Šāhpuhrakān«[1]
(bei Al-Bīrūnī, Chronologie orientalischer Völker, 207 Sachau)

Die Weisheit und die Werke sind es, die von Äon zu Äon heranzubringen die Gesandten Gottes nicht aufhörten. So geschah ihr [sc. der Weisheit und der Werke] Kommen in dem einen Zeitalter in der Gestalt [wörtl.: durch die Vermittlung] des Gesandten[2],
der der Buddha[3] war, in die Gebiete Indiens, in einem anderen [Zeitalter] in der Gestalt
Zaradušt's[4] in das Land Persien; [wieder] in einem anderen [Zeitalter] in der Gestalt
Jesu in das Land des Westens; dann stieg herab diese Offenbarung und stellte sich ein
diese Prophetenwürde in diesem letzten Zeitalter in der Gestalt meiner selbst, des
Mani, des Gesandten des wahren Gottes, in das Land Babel.

b) Die beiden Prinzipien nach Manis »Buch der Giganten«
(bei Severus von Antiochien, 123. Homilie)

[Es gibt] zwei Prinzipien, das Gute und das Böse. Jedes einzelne von ihnen ist un-
geschaffen und ohne Ursprung. Und das Gute, welches das Licht ist, und das Böse,
welches die Finsternis und auch die Materie ist, haben nichts miteinander gemeinsam
... Jene Dinge nun, die unverändert und allezeit von Anfang an bestehen – er redet
über die Materie und über Gott –, von ihnen besteht jedes einzelne in seiner ihm
eigenen Wesenheit ...

c) Die Universalität der Religion Manis nach seinem »Šāhpuhrakān«
(= F.C. Andreas, Mitteliranische Manichaica, II, 295f.)

Die Religion, die ich erwählt habe, ist in zehn Punkten vorzüglicher und besser [?] als
die anderen, früheren Religionen.
Erstens: die früheren [?] Religionen waren [nur] in Einem Land und in Einer Sprache.
Da ist [nun] meine Religion derart, dass sie sich in jedem Land und in allen Sprachen
zeigen und in den fernen Ländern gelehrt werden wird.
Zweitens: die früheren Religionen [Gemeinden] [waren] so lange [in Ordnung], als die
reinen Führer in ihnen waren. Wenn aber die Führer erhoben [= gestorben] waren, dann
gerieten ihre Religionen [Gemeinden] in Verwirrung und wurden lässig in Geboten und
Werken. Und durch ... [Aber meine Religion dank ihrer guten Organisation durch] die
lebendigen[?] [Schriften], [durch] Lehrer, Bischöfe, Erwählte und Hörer und durch
Weisheit und Werke wird bis zum Ende [sc. der Welt] dauern.
Drittens: jene früheren Seelen, die in ihrer Religion die Werke nicht vollbracht haben,
werden zu meiner Religion kommen, die für sie selbst das Tor der Erlösung[5] werden
wird.
Viertens: diese meine Offenbarung der beiden Prinzipien und [meine] lebendigen
Schriften, Weisheit und Wissen sind vorzüglicher und besser als die der früheren Religionen.

Fünftens: alle Schriften, Weisheit und Parabeln der früheren Religionen, da [sie] zu dieser [meiner Religion hinzugekommen sind ...] [...] töten sie [...]; auch jener, die sie [...], sollen sie sich erbarmen, so dass sie nicht ebenso töten, wie die Bösen [sie] töten. Aber totes Fleisch aller Tiere, überall, wo sie es erlangen – seien [die Tiere] eingegangen oder geschlachtet –, mögen sie essen; und immer, wenn sie es erlangen – sei es durch Kauf oder beim Gastmahl oder als Geschenk –, mögen sie es essen. Und all dies ist für sie genug. Dies ist das erste Gebot der Hörer.
Und das zweite Gebot ist, dass sie nicht Lügner sein sollen, und dass einer zum andern nicht ungerecht [sein soll ...] [...] und sie sollen in Wahrheit wandeln [?]. Und der Hörer soll den Hörer so lieb haben, wie man seinen Bruder und Familienangehörigen lieb hat. Denn sie [die Hörer] sind ja Kinder der lebendigen Familie[6] und der Lichtwelt.
Und das dritte Gebot ist, dass sie niemanden verleumden über etwas, das sie nicht gesehen haben, gegen niemand falsches Zeugnis ablegen und in keiner Angelegenheit einen Meineid schwören sollen und Lügenhaftigkeit und [...]. (A. Adam)

d) Die augustinische Abschwörungsformel (Augustin, Über die Verhandlungen mit dem Manichäer Felix, 2,22)

Als Signal der langdauernden Bedrohung, die vom Manichäismus für das kirchliche Christentum ausging, sei schließlich noch die Abschwörungsformel angeführt, die der einstige Manichäer Augustin (s u. Nr. 91b) in seinem 398 veröffentlichten zweibändigen Werk De actis cum Felice Manichaeo mitgeteilt hat.

Augustin hat auf einem Blatt, das man ihm reichte, diese Worte niedergeschrieben: Ich, Augustin, Bischof der katholischen Kirche, habe bereits Mani [wörtl.: den Manichäer], seine Lehre und den Geist verflucht (anathemavi), der durch ihn so verwünschte Lästerungen ausgesprochen, weil er ein Verführergeist (spiritus seductor), nicht [ein Geist] der Wahrheit, sondern ruchlosen Irrtums, war; und ich verfluche den oben genannten Mani samt seinem Geist des Irrtums [von neuem]. Und nachdem er Felix dasselbe Blatt gereicht hatte, schrieb auch jener eigenhändig diese Worte: Ich, Felix, der ich einst Mani mein Vertrauen geschenkt hatte (credideram), verfluche ihn jetzt mitsamt seiner Lehre und dem Verführergeist, welcher in demjenigen war, der da sagte, Gott habe ein Teil seiner selbst mit dem Volk der Finsternis vermischt (partem suam genti tenebrarum miscuisse) und bewerkstellige auf so grässliche Weise seine Befreiung, dass er seine Kräfte (virtutes) in Frauen umgestalte, wider die männlichen Dämonen, und die Frauen wiederum in männliche Wesen, wider die weiblichen Dämonen, so dass er, als Folge, die Reste des Teils auf immer mit der Sphäre [oder: der Masse] der Finsternis (globus tenebrarum) zusammenschweiße. All diese wie auch die übrigen Lästerungen Manis verfluche ich. Ich, Augustin, habe diese in der Kirche vor allem Volk gemachten Ausführungen unterschrieben.
Ich, Felix, habe diese Ausführungen (gesta) unterschrieben.

Quellen: E. Sachau, Al-Bīrūnī, Chronologie orientalischer Völker, 1878; F. Cumont/M.-A. Kugener, Recherches sur le Manichéisme, Brüssel 1912, 89-150 (Severus von Antiochien); F.C. Andreas, Mitteliranische Manichaica aus Chinesisch-Turkestan, II, 1933; J. Zycha, Augustin. De actis cum Felice Manichaeo, CSEL 25, 1891f. – *Übersetzung*: A. Adam, Texte zum Manichäismus, KlT 175, ²1969. – *Literatur*: G. Widengren (Hg.), Der Manichäismus, (1977) ²1982; J.P. Asmussen, Xᵘāstvānīft, Kopenhagen 1965 (m. weit. Lit.); L. Koenen/C. Römer (Hg.), Der Kölner Mani-Codex, 1988; C. Markschies, Die Gnosis (s. oben zu Nr. 25), 101ff. (Zitat: 103); ders./A. Böhlig, Gnosis und Manichäismus, Tübingen 1994; S.N. Lieu, Manichaeism in Mesopotamia and the Roman East, Leiden 1994; ders., Manichaeism in Central Asia and China, Tübingen 1998; S. Hausammann (wie o. Nr. 7), 83-94.

[1] Wahrscheinlich = »das dem Šapuhr gewidmete [Buch]«. Unter Šapuhr I. (242-273), dem erfolgreichen Sassanidenherrscher, dem es im Jahre 260, nach einer Schlacht vor den Toren Edessas, sogar gelang, den römischen Kaiser Valerian in seine Gewalt zu bringen, war Mani die Missionspredigt im ganzen Sassanidenreich gestattet, weil dem Herrscher anscheinend an einer allen Untertanen zusagenden Religion gelegen war.

[2] Im arabischen Urtext steht »überall der gleiche Titel« (rasūl), »den später Muhammed annahm« (A. Adam a.a.O., z.St.).

[3] Ehrentitel (›der Erleuchtete‹) für den indischen Prinzen Siddharta, auch Gautama genannt (ca 563-483), den Stifter des Buddhismus.

[4] = Zarathustra oder (in griech. Namensform) Zoroaster, Stifter der altiranischen Bekenntnisreligion des Mazdaismus oder Zoroastrismus, bei dem sich weder für die Zeit (1. Jahrhunderte des 1. vorchristl. Jahrtausends, vielleicht aber auch um die Mitte desselben) noch für den Ort (Nordiran?) seines Auftretens sichere Angaben machen lassen. – Der Umorientierung der sassanidischen Religionspolitik im Sinne einer Reform der zoroastrischen Staatskirche fiel Mani zum Opfer.

[5] Hier »ist Seelenwanderung vorausgesetzt« (A. Adam a.a.O., z.St.).

[6] »Bezeichnung der manich. Religionsgemeinde« (ebd.).

44. Aus der Polemik des Porphyrius wider das Christentum (Fragmente 1.80 [von Harnack])

Ziemlich genau 100 Jahre nach Kelsos, um 270 (womöglich aber auch erst um 300), veröffentlichte der Plotinschüler Porphyrius (ca. 234-301/305), eine Leuchte des Platonismus seiner Zeit und dazu ein äußerst fruchtbarer Schriftsteller (77 Titel sind überliefert; darunter eine berühmte und uns noch erhaltene Einführungsschrift in die Logik des Aristoteles, mehrere theologische Traktate, die auf die altchristliche Theologie stark eingewirkt haben, sowie eine ins Arabische übersetzte Philosophiegeschichte, Quelle wohl der meisten erhaltenen arabischen Nachrichten über die klassische griech. Philosophie), eine 15 Bücher umfassende Schrift »Wider die Christen« (Κατὰ Χριστιανῶν), »unstreitig das umfangreichste und gelehrteste Werk, welches im Altertum gegen das Christentum verfasst worden ist« (von Harnack). Wie sehr indes des Porphyrius Kritik in ihren Grundlinien wie in ihrer philosophischen Basis mit der Polemik des Kelsos übereingestimmt zu haben scheint – ein sicheres Urteil ist allerdings kaum möglich, da nicht nur das Werk selbst bald nach der ›Konstantinischen Wende‹ kaiserlichem Verdikt zum Opfer fiel, sondern auch die christlichen Gegenschriften zum größten Teil untergegangen sind –, mag folgendes, wohl der Vorrede entstammende und bei Euseb aufbewahrte Fragment illustrieren, mit dem Harnacks Sammlung einsetzt:

... Wie sollten nicht solche Menschen für ganz und gar unfromm und gottlos zu gelten haben, welche von der Väter Sitten (τὰ πάτρια ἔθη) abgefallen sind, jenen Sitten, die einem jeden Volk und einem jeden Staat seinen Zusammenhalt geben? Oder was sollten diejenigen billigerweise Gutes zu erwarten haben, die sich als Gegner und Feinde der Heilbringer (σωτῆρες[1]) erklärt und die Wohltäter (εὐεργέται) verstoßen haben? Was sind sie anderes als Gottesfeinde (θεομαχοῦντες)? Welche Nachsicht verdienen diejenigen, die sich von dem, was von der Gottheit seit unvordenklichen Zeiten bei allen, Griechen wie Barbaren, in den Städten und auf dem Lande, in vielfältigen Kulten, Weihungen und Mysterien einmütig von allen Königen, Gesetzgebern und Philosophen gelehrt wurde, abgekehrt und dem zugewandt haben, was unfromm und gottlos ist unter den Menschen? Welchen Strafen sind nicht mit vollem Recht die zu unterziehen, die das Vätererbe (τὰ πάτρια) im Stich gelassen haben und stattdessen

den fremdländischen, überall verachteten Fabeleien der Juden nacheifern? Ist es nicht
Beweis äußerster Nichtswürdigkeit und Leichtfertigkeit, unbekümmert vom Eigenen
abzufallen und in unvernünftigem und unüberprüfbarem Glauben (ἀλόγῳ ... καὶ ἀνεξ-
ετάστῳ πίστει) der Sache unfrommer und bei allen Völkern verhasster Menschen[2]
anzuhangen, ja sich dabei nicht einmal an den von den Juden verehrten Gott entsprechend den bei jenen geltenden Satzungen zu halten, sondern sich eine neue,
isolierte, ausweglose Lehre zurechtzuzimmern, welche weder den Überlieferungen
der Griechen, noch denen der Juden die Treue bewahrt?

Die Besonderheit der porphyrianischen Polemik gegen das Christentum scheint vor allem darin
bestanden zu haben, dass Porphyrius Altes und Neues Testament noch besser kannte als Kelsos
und darin mittels seiner beachtlichen philologischen und historischen Gelehrsamkeit zahllose
Unklarheiten, Wissenslücken und Widersprüche aufspießte. Berühmt ist insbesondere seine
großangelegte, von Hieronymus nicht ohne Bewunderung erwähnte Untersuchung zum Daniel-
buch (= von Harnack, Fragment 43), in der er zu zeigen vermochte, dass diese »Prophetie« keineswegs auf die Zeit des babylonischen Königs Nebukadnezar, sondern auf diejenige des Seleu-
kiden Antiochos' IV. Epiphanes Bezug nehme, dass sie nichts Künftiges vorhersage, sondern –
als vaticinium ex eventu – lediglich berichte, was derzeit geschehen sei. – Hier aber soll nur
noch das Fazit der Kritik des Porphyrius mitgeteilt werden. Danach lief für ihn, den »Wortführer
der Dämonen« (Euseb), das Tun der Christen darauf hinaus, die Götter zu erzürnen (von Harnack, Fragment 80):

Jetzt aber wundert man sich, wenn in unserer Stadt [Rom?] seit so vielen Jahren die
Seuche wütet, da sich kein Besuch (ἐπιδημία) des [Heilgottes] Asklepios und der übrigen Götter mehr ereignet hat; denn seitdem Jesus [göttliche] Ehren empfängt, hat man
nichts mehr davon wahrgenommen, dass Götter auch nur ein einziges Mal öffentlich
hilfreich eingegriffen hätten.

Quellen: A. von Harnack, Porphyrius »Gegen die Christen«, 15 Bücher. Zeugnisse, Fragmente
und Referate, AAB 1,1916,1 (Nachtrag SAB 1921,14); vgl. dazu allerdings T. D. Barnes, Por-
phyry. Against the Christians: date and the attribution of fragments, JThS. NS 24, 1973, 424-442.
– *Literatur*: H.O. Schröder, Celsus und Porphyrius als Christengegner, WG 17, 1957, 190-202;
P. de Labriolle, La réaction païenne, Paris (1948) ²1950, 223-296; T. D. Barnes a.a.O.; R.L.
Wilken in: Early Christian Literature and the Classical Intellectual Tradition (FS f. R.M. Grant),
Paris 1979, 117ff.; ders. a. o.(Nr. 10)a.O., Kap. VI; A. Meredith, Porphyry and Julian Against the
Christians, ANRW II, 23,2,1980, 1119-1149; W.H.C. Frend, Prelude to the Great Persecution:
The Propaganda War, JEH 38, 1987, 1-18.

[1]   Mit Wilamowitz wird hier σωτήρων statt σωτηρίων zu lesen sein. – Zu den altüberlieferten
θεῖοι σωτῆρες als Rettergottheiten s. C. Andresen, Art. Erlösung, RAC 6, 1966, 54-219 (hier:
86ff.).
[2]   Zum Antijudaismus des Porphyrius, der zwar – wie Kelsos (vgl. Origenes, Wider Kelsos 5,
25) – loben konnte, dass die Juden an der Sitte ihrer Väter festhielten, ohne aber bereit zu sein,
diese Sitte anzuerkennen, vgl. auch o. Nr. 32a.

45. Diokletian und die Reorganisation des Reiches

Die Ära der Soldatenkaiser fand ihr Ende, als nach der Ermordung Numerians (283/284) der il-
lyrische Militär C. Valerius Diocles, der sich als Kaiser C. Aurelius Valerius Diocletianus nannte, vom Heer zum Kaiser ausgerufen wurde und binnen Jahresfrist die Alleinherrschaft erlangte.
Seine gesamte Regierungszeit (284-305) war von energischen Anstrengungen begleitet, eine sta-
bile Reichsgewalt wiederherzustellen. Kernstück dieser Restaurationspolitik, die sich auch auf

Heerwesen, Wirtschaft, Währung, Sitte und Kultus erstreckte, war die Reorganisation des Herr-
schaftssystems in Gestalt der Tetrarchie (»Viererherrschaft« [von jeweils zwei Augusti und zwei
Caesares, d.h. einem Senior- und. einem Juniorkaiser mit je einem Unterkaiser oder Kaiseran-
wärter]), ergänzt durch eine Dezentralisation der überkommenen Reichsverwaltung: die Provinzen wurden verkleinert, so dass ihre Zahl auf ca. 100 stieg, und in 12 neugeschaffenen Diözesen
sowie 4 Präfekturen (Oriens, Illyricum, Italia, Galliae) zusammengefasst; zudem wurden Mili-
tär- und Zivilverwaltung streng voneinander getrennt. Die so begründete Reorganisation des römischen Reiches hat dann Konstantin weiter- und zu Ende geführt.

a) Das tetrarchische System und sein Ausbau
(nach Aurelius Victor, Über die Kaiser 39)

(39,1) ... Aufgrund eines Beschlusses der militärischen Führer und der Tribunen wurde der Kommandant der kaiserlichen Leibwache (domesticos regens) Valerius Diocletianus [zum Kaiser] erkoren; ein bedeutender Mann ... [bedeutend jedoch nicht nur in
seinen Vorzügen, sondern auch in seinen Fehlern, nicht zuletzt in diesem:] (4) Er zuerst – wie
vor ihm nur Caligula und Domitian[1] – ließ sich in aller Öffentlichkeit mit ›Dominus‹[2]
anreden und wie einen Gott verehren und anrufen ... (17) [»Um den Geltungsbereich des
römischen Rechts zu schützen und auszuweiten« (tuendi prolatandive gratia iuris Romani), nahm
er mehrere Männer als Teilhaber seiner Regierung an, und zwar] ernannte er [zunächst, um der
Unruhen in Gallien willen] seinen getreuen Freund Maximian zum Kaiser, einen zwar
halbbäurischen, aber doch kriegstüchtigen Mann von gutem Charakter. (18) Dieser
erhielt später ... den Beinamen des Herkuliers [nach seinem Kultgott Herakles-Hercules],
so wie Valerius [Diokletian] den des Joviers [nach dem (für ihn) höchsten Gott Jupiter
Optimus Maximus] ... (24) [Als gleichzeitig auch die Perser den Osten des Reiches und andere
Völkerschaften Afrika erschütterten] ernannten [die beiden Augusti] Iulius Constantius und
Galerius Maximianus ... zu Caesares und suchten sie gleichzeitig durch Verwandt-
schaftsbande [wie durch Adoption] an sich zu fesseln ... (26) Sie alle stammten
aus Illyrien; trotz des Mangels an feinerer Bildung (humanitas) waren sie gleichwohl, dank ihrer Vertrautheit mit den Mühsalen des Landlebens und des Kriegs-
dienstes, treffliche Herrscher (satis optimi reipublicae) ... (29) Zu Valerius schauten
sie alle wie zu einem Vater oder wie zu einem mächtigen Gott empor ... (30) ...
Constantius wurde das gesamte transalpinische Gallien, dem Herkulier Afrika und
Italien anvertraut; Galerius erhielt [für sich persönlich] das Küstengebiet Illyriens bis an
die Meerenge des Schwarzen Meeres, während der Rest [sc. der gesamte übrige Osten]
bei Valerius blieb.

b) Währungsreform (Aus dem Edikt Diokletians über den Maximaltarif)

Der wirtschaftlichen Misere suchte Diokletian durch konsequenten Ausbau des staatlichen Kon-
troll- und Zwangsapparates sowie u.a. durch ein Edikt aus dem Jahre 301 zu steuern, welches in
einem großen Katalog Höchstpreise für Waren und Leistungen festsetzte und deren Überschrei-
tung unter harte Bestrafung stellte, nach der Abdankung des Kaisers (305) jedoch als unwirksam
wieder aufgehoben wurde. »Die Preise sind angegeben in Denaren, die aber damals aus Kupfer
geprägt waren und einen viel geringeren Wert hatten als zur Zeit der Republik. Hohlmaß für
trockene Waren ist der castrensis modius (17,5 1), für flüssige Waren der italische sextarius
(0,547 1). Fleisch ist berechnet nach italischen Pfunden (327 g). Diese Preise liegen, wie gleich-
zeitige ägyptische Papyri zeigen, z.T. erheblich unter dem Marktpreis« (W. Arend). – Hier aus
dem Katalog von ca. 1000 Waren oder Arbeitsleistungen nur eine kleine Auswahl:

Getreide:

Weizen 100
Gerste 100
Roggen 60
Hafer 30
Linsen 100
Leinsamen 150

Weine:

Picener 30
Falerner 30
Landwein 8
Wermutwein 20

Arbeitslöhne:

Landarbeiter mit Verpflegung tgl. 25
Maurer mit Verpflegung tgl. 50
Anstreicher(pictorparietarius) tgl. 75
Stubenmaler (pictor imaginatius) tgl. 150
Barbier je Person 2
Schreiber für 100 Zeilen beste Schrift 25
Schreiber für 100 Zeilen gewöhnl. Schrift ..20
Erzieher je Schüler mtl 50
Elementarlehrer je Schüler mtl. 50
Rechenlehrer (calculator) je Schüler mtl. 75

Öle u.a.

Olivenöl (1. Abfluss) 40
Olivenöl (2. Abfluss) 24
Olivenöl (3. Sorte) 12
Essig 6
Honig (1. Qualität) 40
Honig (2. Qualität) 20

Fleisch:

Schweinefleisch 12
Rindfleisch 8
Ziegen- oderHammelfleisch 8
Geräucherte Schweinewürste 16
Geräucherte Rindswürste 10

Arbeitslöhne:

Sprachlehrer für Griechisch oder Latein
(grammaticus) u. Geometrielehrer 200
Rhetoriklehrer (orator sive sophista) je
Schüler mtl. 250

Stiefel:

Stiefel (beste Arbeitsstiefel ohne Nägel) ...120
Soldatenstiefel (ohne Nägel) 100
Bürgerschuhe(calceipatricii) 150
Damenschuhe 60

(W. Arend)

c) Kultreform (Inschrift auf Mithras aus Carnuntum [Bad Deutsch-Altenburg-Petronell])

Mit seinen Vorgängern, besonders Decius und Valerian, teilte Diokletian die echt römische Überzeugung, dass es ohne religiös-gesinnungsmäßige Fundamentierung des Reiches keine Hoffnung auf eine dauerhafte Ordnung gebe. Neben einer Wiederbelebung des Kults der altrömischen Staatsgötter richteten sich seine Erwartungen vor allem auf eine Intensivierung der Religion des indo-iranischen Gottes Mithras, zu dem sich die Armee fast geschlossen bekannte und den man längst mit dem »Unbezwinglichen Sonnengott« (Sol invictus) gleichzusetzen gewöhnt war. Von diesen Bestrebungen gibt u.a. folgende Inschrift aus der Lagerfestung Carnuntum in Pannonien aus dem Jahre 307 Zeugnis:

Dem unbezwinglichen Sonnengotte Mithras (Deo Soli invicto Mithrae), dem Begünstiger ihrer Herrschaft, haben die Jovier und Herkulier, die allerfrömmsten Augusti und Caesares, [dieses] Heiligtum wiederhergestellt.

d) Aus dem Manichäeredikt Diokletians vom Jahre 297 (andere Datierung: 302 [Lex
Dei sive Mosaicarum et Romanarum legum collatio, tit. XV,3])

Dass die Götter ihr Reich großgemacht haben, war stets die Überzeugung der Römer. Neu war
bei Diokletian, dass die Gunst der Götter nicht allein durch Opfer und Riten erlangt werde; vielmehr fordere sie von allen ein »frommes, gottesfürchtiges, stilles und keusches Leben«. Es sei
die Pflicht des kaiserlichen Gesetzgebers, Dolmetsch dieses göttlichen Verlangens zu sein[3]. –
Die Kehrseite der streng traditionalistisch-römischen Ausrichtung der diokletianischen Religionspolitik war eine zunehmende Intoleranz gegenüber allen »neuen, bis jetzt noch unbekannten
religiösen Sekten« (s.u.). Die erste, die dies zu spüren bekam, war die des aus dem feindlichen
Persien (dem östlichen ›Erbfeind‹ Roms) eingeführten und darum doppelt suspekten Manichäismus.

(15,3,2) Die unsterblichen Götter haben in ihrer Vorsehung zu regeln und zu verfügen
geruht, was gut und wahr ist, so dass ... die alte Religion nicht von einer neuen ange-
fochten werden dürfe. Ist es doch das größte Verbrechen, zu widerrufen, was einmal
von den Alten festgesetzt und bestimmt worden ist und bis jetzt seinen alten Stand
und sein altes Wesen bewahrt. (3) Darum sind wir eifrigst darauf bedacht, die unsin-
nige Hartnäckigkeit (pertinacia) jener nichtswürdigen Menschen zu bestrafen, die den
alten Religionen neue, bisher unbekannte religiöse Sekten (novellas et inauditas sec-
tas) entgegenstellen, um uns zum Lohn für ihre verderbliche Willkür von dem abzu-
schneiden, was uns die Götter einst gewährt. (4) [Angesichts dessen, was wir jüngst alles
über die Manichäer hören mussten,] steht zu befürchten, sie könnten, wie es zu gehen
pflegt, im Laufe der Zeit versuchen, mit ihren unseligen Gebräuchen und den albernen
[oder: verkehrten] Gesetzen der Perser Menschen von unschuldigem Wesen, das be-
scheidene und ruhige Volk der Römer, ja unseren ganzen Erdkreis wie mit Giften der
arglistigen Schlange anstecken. (5) ... (6) So befehlen wir denn, dass die Urheber und
Häupter [dieser Sekte] mitsamt ihren verabscheuungswürdigen Schriften strengster Bestrafung unterworfen, d.h. den Flammen des Feuers überantwortet werden; ihre Gesinnungsgenossen, zumal die Hartnäckigen unter ihnen, sollen enthauptet, ihr Vermögen konfisziert werden. (7) Sollten tatsächlich auch ... hochgestellte Persönlichkeiten zu dieser bislang unbekannten ... und in jeder Hinsicht schimpflichen Sekte,
d.h. der Lehre der Perser, übergetreten sein, so sind ihre Besitztümer zugunsten des
kaiserlichen Fiskus einzuziehen und sie selbst in die phänensischen oder prokon-
nensischen Bergwerke zu schicken. (8) So soll die Seuche dieser Nichtswürdigkeit
mit Stumpf und Stiel ausgerottet werden ...

Quellen: F. Pichlmayr, Sexti Aureli Victoris Liber de Caesaribus, BT, [2]1970; Th. Mommsen[-H.
Blümner], Edictum Diocletiani de pretiis rerum venalium, 1893; H. Dessau, Inscriptiones Latinae Selectae, I, [2]1954; J. Baviera (Hg.), Fontes Iuris Romani Anteiustiniani, 2, Florenz 1940,
580f. – *Übersetzung*: W. Arend, Geschichte in Quellen, I. Altertum, 1965. – *Literatur*: F. Alt-
heim/R. Stiehl, Finanzgeschichte der Spätantike, 1957; H. Chadwick in: Early Christan Literature and the Classical Intellectual Tradition (s.o. zu Nr. 44), 135-153 (Datierung und Motivation
des Manichäeredikts!); R. Merkelbach, Mithras, 1984; D. Schön, Orientalische Kulte im Römischen Österreich, Wien-Köln-Graz 1988; L. Piétri/G. Gottlieb (wie o. Nr. 34), 174-190; H.D.
Betz, Gottesbegegnung und Menschwerdung. Zur religionsgeschichtlichen und theologischen
Bedeutung der 'Mithrasliturgie' (PGM IV.475-820), 2001 (Hans Lietzmann-Vorlesungen 6); vgl.
im übrigen die Lit. zu Nr. 46.

[1]   Caligula (›Stiefelchen‹), röm. Kaiser von 37-41 n.Chr., machte sich alsbald nach seinem Regierungsantritt in Rom verhasst, weil er sich im Stile hellenistischer Könige als »Gottkaiser«
gebärdete; ähnlich hatte sich Domitian (81-96) weniger durch eigene Leistungen als durch auto-
kratische Politik und Belebung des Kaiserkults einen Namen gemacht.

² Von daher bezeichnete man lange Zeit die verfassungsrechtliche Stellung des Kaisertums im spätantiken Staat als »Dominat« im Unterschied zum »Prinzipat« der augusteischen Reichsverfassung; als kennzeichnend für den Dominat galt der fast völlige Verzicht auf die überlieferten republikanischen Formen als Legitimation, also die mehr oder weniger nackte Autokratie, sowie der Sieg des dynastischen Gedankens (so etwa noch A. Heuß, Römische Geschichte, ²1984, Kap. IX). Inzwischen mehren sich Zweifel an dieser Sicht..

³ Vgl. vor allem die Einleitung zum großen Ehegesetz von 295 (Lex Dei etc., tit. VI,4,1).

46. Die Christenverfolgung unter Diokletian nach Laktanz (Über die Todesarten der Verfolger 10-15)

Über den Ausbruch der diokletianischen Verfolgung als des letzten, blutigsten und umfassendsten Versuchs des antiken Rom, das Christentum in seine Gewalt zu bringen, berichtet am eingehendsten der kurz zuvor konvertierte und bis dahin am kaiserlichen Hof zu Nikomedien (Bithynien) als Rhetoriklehrer tätige Laktanz in seiner zwischen 316 und 321 verfassten Verfolgungsgeschichte (De mortibus persecutorum).

Zusammenhang: Aufgehetzt vom Chef der Eingeweideschauer (haruspices), dessen wiederholte Tierschlachtungen keine Vorzeichen mehr hatten erkennen lassen (Kap. 10), und erst recht von seinem Caesar und künftigen Thronfolger Galerius samt dessen abergläubischer Mutter, findet sich Diokletian endlich zu energischem Vorgehen gegen die Christen bereit (Kap. 11). Als zur Ausführung dieses Vorhabens passender, glückverheißender Tag wird der Festtag des Grenzgottes (Terminalia), der 23. Februar (303), ausersehen (Kap. 12,1).

(12,2) Als dieser Tag eben angebrochen war – die beiden Augusti [wörtlich: ›Greise‹, also Seniorkaiser, nämlich Diokletian und Maximian] waren gerade der eine zum 8., der andere zum 7. Mal Konsuln –, erschien plötzlich im Morgengrauen der [Prätorianer-] Präfekt mit einigen höheren Offizieren, Tribunen und Finanzbeamten vor der Kirche [von Nikomedien]. Die Türen wurden aufgebrochen, und man suchte nach dem Gottesbild (simulacrum dei), fand jedoch [nur] Schriften, die sogleich verbrannt wurden[1], und gab danach die Kirche zur allgemeinen Plünderung frei ... [Da es als zu gefährlich erschien, die unmittelbar gegenüber dem Palast gelegene Kirche anzuzünden, ließ man Soldaten anrücken, die das Kirchengebäude in wenigen Stunden dem Erdboden gleichmachten]. (13,1) Am nächsten Tag wurde ein Edikt angeschlagen, mit dem die Anhänger dieser Religion sämtlicher Ehren und Würden für verlustig erklärt wurden. Ohne Rücksicht auf Rang oder Stand seien sie der Folter zu unterwerfen. Gegen sie sei jede Klage anzunehmen, während sie selbst weder erlittenen Unrechts, noch des Ehebruchs oder Diebstahls wegen Klage erheben könnten. Kurzum: ihnen sei jeglicher Rechtsschutz (libertas ac vox) zu entziehen. (2) Dieses Edikt nun nahm jemand ab, was zwar nicht rechtens, aber äußerst mutig war, und riss es in Fetzen, wobei er spöttisch bemerkte, es seien darauf Siege über Goten und Sarmaten angeschlagen[2]. (3) [Deswegen] augenblicklich vorgeführt, wurde er nicht allein gefoltert, sondern auch nach allen Regeln der Kunst geröstet und zuletzt, nachdem er alles mit bewundernswerter Geduld ertragen hatte, zu Asche verbrannt.

Damit nicht zufrieden, sucht Galerius Diokletian zu weiteren Schritten zu bewegen. Zu diesem Zweck lässt er zweimal kurz hintereinander im Kaiserpalast Feuer legen und weiß den Verdacht auf die Christen im kaiserlichen Hausgesinde zu lenken (Kap. 14).

(15,1) [Nach dieser zweiten Brandstiftung] beschränkte sich die Wut des Kaisers nicht länger auf das Gesinde, sondern richtete sich gegen alle. Allen voran zwang er seine Tochter Valeria und seine Gattin Prisca[3], sich mit einem Opfer zu verunreinigen. (2) Einstmals schier allmächtige Eunuchen, bis dahin Stützen des Palastes und des Kaisers, verloren ihr Leben; Presbyter und Diakone wurden aufgegriffen, ohne auch nur den geringsten Beweis oder irgendein Schuldbekenntnis verurteilt und mit all den Ihren zur Hinrichtung abgeführt. (3) [Darüber hinaus] wurden Menschen jeden Alters und Geschlechts verhaftet und dem Feuertod zugeführt. Die Zahl der Verurteilten war so groß, dass man sie nicht mehr einzeln hinrichtete, sondern scharenweise zusammentrieb, mit einem Feuerkreis umgab und verbrannte. Wer zum kaiserlichen Hausgesinde gehörte, wurde mit einem Mühlstein um den Hals im Meer versenkt. (4) Nicht minder heftig traf die übrige Bevölkerung die Wucht der Verfolgung. Denn die Gerichtsbeamten verteilten sich auf alle Tempel und zwangen jedermann zum Opfer. (5) Die Kerker wurden vollgepfropft; unerhörte Torturen wurden ersonnen, und damit ja niemandem unversehens Recht gesprochen würde, ließ man in Verhörzimmern und vor Gericht Altäre aufstellen, so dass die Prozessierenden zuerst opfern mussten, ehe sie ihre Anliegen vorbringen konnten ... (6) Auch an Maximian und Constantius [den Caesar des Westens und Vater Konstantins] waren Schreiben ergangen, die sie nachdrücklich zu gleichem Vorgehen anhielten; sie vorher um ihre Meinung zu fragen, hatte man, obwohl es sich um Fragen von solchem Gewicht handelte, nicht für nötig befunden. [Gleichwohl] leistete der Augustus Maximian für Italien bereitwillig Folge, ein Mann, zu dessen hervorstechendsten Charaktereigenschaften Milde ohnehin nicht zählte. (7) Constantius hingegen ließ es zwar, um sich nicht den Anschein zu geben, als missbillige er Anordnungen ihm an Rang Überlegener (maiores), geschehen, dass [christliche] Versammlungsstätten (conventicula), d.h. Wände, die wieder hergerichtet werden konnten, niedergerissen wurden; doch den wahren Tempel Gottes, der in Menschen besteht (verum ... Dei templum, quod est in hominibus), ließ er unversehrt.

Quelle: J. Moreau, Lactance. De la mort des persécuteurs, SC 39 I. II, Paris 1954f.; Guyot-Klein (wie o. Nr. 5), 170-178. – *Literatur*: J. Molthagen, a.o.(Nr. 5)a.O., 101ff; Guyot-Klein (wie o.), 398-410. 494f.; K.H. Schwarte, Diokletians Christengesetz, in: R. Günther/S. Rebenich, E fontibus haurire, Paderborn 1994, 203-240; L. Piétri/G. Gottlieb (wie o. Nr. 45).

[1]   Vgl. Diokletians Manichäeredikt (oben Nr. 45d).
[2]   Kriege gegen Goten und Sarmaten waren zur Zeit der Tetrarchie »sozusagen ständig an der Tagesordnung« (J. Moreau z. St.). Die Ironie liegt darin: statt dass die Kaiser all ihre Kraft auf die Abwehr der Bedrohung von außen konzentrieren, feiern sie Triumphe an der ›Front‹ gegen wehrlose und unschuldige Bürger.
[3]   Dass diese Christinnen waren, soll damit wohl nicht gesagt sein. Vielmehr: dadurch, dass alle, einschließlich der Angehörigen der kaiserlichen Familie, zum Opfer gezwungen wurden, sollten diejenigen, die sich durch ihre Weigerung als Christen zu erkennen gaben, der Hinrichtung zugeführt werden.

47. Aus den Kanones der Synode von Elvira

Das gesamtspanische Konzil von Elvira, zu dem sich womöglich schon vor Beendigung der dortigen Christenverfolgung (306) – die Datierung ist bis heute umstritten – 19 Bischöfe, darunter auch der Bekennerbischof und spätere kirchenpolitische Ratgeber Konstantins, Ossius von Cordoba, und 24 Presbyter versammelten, stellte den Versuch dar, »auffällige Verfallserscheinungen in den spanischen Gemeinden zu beseitigen und in einer umfassenden Reformaktion den vielfach

vernachlässigten Grundsätzen christlichen Glaubens wieder Geltung zu verschaffen« (Th. Klauser). Manches spricht dafür, dass ihm von den 81 ihm zugeschriebenen Kanones nur die ersten
27 angehören. An diese hält man sich darum am besten in erster Linie, wenn man über den
Zustand der Kirche zu Beginn des Jahrhunderts Konstantins Aufschluss erlangen will (anders E.
Reichert).

a) Bußwesen (Kanon 2.6.7)

(2) Flamines[1], die, nachdem sie in der Taufe ihren Glauben bekannten und wiedergeboren wurden, geopfert haben, ... ist bis zu ihrem Lebensende die Kommunion
vorzuenthalten.

(6) Wenn jemand einen anderen mittels eines Zaubers (maleficium) umbringt, was ohne Götzendienst nicht geschehen kann, dann soll ihm keine Kommunion mehr
gewährt werden, solange er lebt.

(7) Wenn ein Christ (fidelis), nachdem er einmal Ehebruch begangen hat, nach Ablauf
der festgesetzten Fristen und nach Ableistung der Buße von neuem zum Hurer geworden ist, dann soll ihm die Kommunion vorenthalten bleiben bis zu seinem Lebensende.

b) Behandlung von Sklaven (Kanon 5)

Wenn eine Herrin, von rasendem Zorn getrieben, ihre Sklavin mit einer Peitsche dermaßen schlägt, dass diese innerhalb von drei Tagen ihren Geist aufgibt, und es unklar
ist, ob ihr Tod beabsichtigt war oder nicht, dann soll sie nach 7 Jahren wieder zur
Kommunion zugelassen werden, falls es sich um Mord, und nach 5 Jahren, falls es
sich um Totschlag handelte, [in beiden Fällen freilich nur] nach Ableistung der fälligen
Buße. Erkrankt sie jedoch innerhalb dieser festgesetzten Fristen ernstlich, so darf sie
[sofort] die Kommunion empfangen.

c) Mischehen (Kanon 15-17)

(15) Weil es an Mädchen nicht mangelt, dürfen christliche Jungfrauen nur in Aus-
nahmefällen (minime) Heiden zur Ehe gegeben werden ...

(16) Häretikern, die es ablehnen, zur katholischen Kirche überzutreten, dürfen katholische Mädchen nicht [zur Ehe] überlassen werden; auch darf man sie nicht Juden geben, darum weil es keine Gemeinschaft zwischen Gläubigen und Ungläubigen geben
kann. Eltern, die diesem Verbot (interdictum) zuwiderhandeln, sollen für fünf Jahre
[von der Abendmahlsgemeinschaft] ausgeschlossen werden (abstineri).

(17) Sollten [christliche Eltern] ihre Töchter [gar] Götzenpriestern verbinden, so soll ihnen die Kommunion bis zu ihrem Lebensende verweigert werden.

Ohne weiteres in die Zeit von Elvira dürften auch folgende Bestimmungen passen:

d) **Martyrium und Provokation** (Kanon 60)

Wenn einer Götterbilder zerschlägt und dabei getötet wird, dann darf er nicht unter
die Zahl der Märtyrer aufgenommen werden; denn davon steht nichts im Evangelium
geschrieben, und es findet sich nicht [die geringste Spur] davon, dass das zur Zeit der
Apostel jemals vorgekommen wäre.

e) **Bilderverehrung** (Kanon 36)

Bilder soll es in der Kirche nicht geben, damit nicht, was verehrt und angebetet wird,
auf Wänden gemalt erscheint (Placuit picturas in ecclesia esse non debere, ne, quod
colitur et adoratur, in parietibus depingatur)[2].

Quelle: E.J. Jonkers, Acta et symbola conciliorum quae s. IV habita sunt, Leiden 1954. – *Literatur:* Ch.J. Hefele/H. Leclercq, Histoire des conciles d'après les documents originaux, I,1, Paris
1907; V.C. de Clercq, Ossius of Cordova, Washington 1954, 85-147; S. Laeuchli, Power and
Sexuality. The Emergence of Canon Law at the Synod of Elvira, Philadelphia 1972; M. Meigne,
Concile ou Collection d'Elvire?, RHE 70, 1975, 361-387; E. Reichert, Die Canones der Synode
von Elvira, 1990; Y. Duval/L. Piétri, Der Westen und die Balkan-Donau-Randgebiete, in: Das
Entstehen der Einen Christenheit (wie o. Nr. 33), 120-155 (hier: 142-144). – Zum Zustand der
Kirche am Vorabend der »Konstantinischen Wende« allgemein s. A.A.T. Ehrhardt, Politische
Metaphysik von Solon bis Augustin, II, 1959, 227-258 (»Das Vulgärchristentum vor Konstantin«), sowie den Forschungsbericht von G. Kretschmar, Der Weg zur Reichskirche, VuF 13,
1968, 3-44; ferner E. Reichert, passim.

[1]   Das strengen Verboten und Geboten unterworfene, u.a. mit der Ausrichtung von Götterfesten betraute Priesteramt des flamen war vielfach erblich. So versteht es sich auch, wenn es zur
Zeit des Konzils von Elvira hin und wieder auch von christlichen Konvertiten ausgeübt worden
sein mag.

[2]   Zum Sinn dieses Bilderverbots und seiner geschichtlichen Einordnung s. bes. Th. Klauser,
Ges. Arb. z. Liturgiegesch., Kirchengesch. u. Christl. Archäologie, JAC, Erg.Bd. 3, 1974, 328ff.
338ff.; R. Grigg, Aniconic Worship and the apologetic tradition, ChH 45, 1976, 428ff.; E.
Reichert, a.a.O., 141-143.

48. Die Anfänge des donatistischen Schismas

Wie schon früher, nach der Verfolgung des Decius, so brachen auch mit dem Aufhören der diokletianischen Verfolgung (im Westen des römischen Reiches seit 306) vielerorts über der Frage
der Behandlung der »Gefallenen« (lapsi) Schismen aus. Das wohl folgenreichste verbindet sich
mit dem Namen des Donatus, Bischof von Casae Nigrae und später von Karthago (gest. um
355); es stürzte die nordafrikanische Kirche für mehr als ein Jahrhundert in niemals überwundene Wirren. – Hauptquellen für die – noch immer nicht voll aufgeklärte – Anfangsphase des
donatistischen Streits sind außer dem sechs(bzw. sieben)bändigen Werk des Optatus (gest. vor
400) »Wider den Donatisten Parmenian« (mit einer Aktensammlung als Anhang) vor allem Augustins antidonatistische Schriften, in denen aus gegebenem Anlass immer wieder auch auf die
Anfänge des Schismas rekurriert wird.

a) Korrespondenz der Bischöfe Mensurius von Karthago und Secundus von Tigisi
(304? 305?) nach Augustins Auszug aus den Akten des Religionsgesprächs von
Karthago 411 (Breviculus collationis cum Donatistis 3,13,25)

Nun legten die Donatisten in einer langen Vorrede dar, dass Mensurius (er war vor
Caecilian Bischof der Kirche von Karthago gewesen) zur Zeit der Verfolgung die heiligen Schriften ausgeliefert habe (tradiderit). Zum Beleg für diese Behauptung verla-
sen sie einen Brief des Mensurius an Secundus von Tigisi, der damals Primas der
Bischöfe Numidiens war. In diesem Brief schien Mensurius sein angebliches Vergehen einzugestehen; allerdings hatte er nicht geschrieben, dass er die heiligen Bücher
ausgeliefert habe. Vielmehr habe er sie weggebracht und verwahrt, damit die Verfolger sie nicht fänden; wohl aber habe er in der Basilica Novorum alle möglichen
verwerflichen häretischen Schriften hinterlassen. Als die Verfolger diese gefunden
und weggeschafft hätten, sei von ihm nichts mehr verlangt worden. Freilich hätten
einige Vertreter des Gemeinderats (ordo) von Karthago dem Prokonsul späterhin zugetragen, dass diejenigen getäuscht worden seien, welche ausgeschickt worden waren,
um die Schriften der Christen zu beschlagnahmen und zu verbrennen, da sie nur
unbedeutendes und denselben gar nicht zugehöriges [Material] gefunden hatten. Die
[gesuchten] Schriften indes seien im Hause des Bischofs in Obhut genommen; von dort
müsse man sie hervorholen und verbrennen. Der Prokonsul habe jedoch diesem An-
sinnen nicht beistimmen wollen. In eben demselben Brief stand auch zu lesen, dass
diejenigen das Missfallen des Mensurius gefunden hätten, die sich den Verfolgern
[wörtlich: den Verfolgungen] stellten, ohne verhaftet zu sein, und aus freien Stücken
bekannten, die Schriften in Händen zu haben, ohne sie herausgeben zu wollen, obwohl all das niemand von ihnen verlangte[1]; auch habe Mensurius die Christen davon
abgehalten, solche Leute [als Märtyrer] zu verehren ... Als Schuld lasteten die Donatisten dem Mensurius allerdings lediglich die Auslieferung der Bücher an; sie sagten,
er habe gelogen [mit der Behauptung], es habe sich *nicht* um die heiligen Schriften
gehandelt, und eben sein Versagen bemänteln wollen, obwohl sie gerade seine Täuschung ihm zur Last legen!
Sie lasen auch das Antwortschreiben vor, das Secundus von Tigisi an denselben
Mensurius in versöhnlichem Tone gerichtet hatte, worin er auch selbst berichtete, was
die Verfolger in Numidien angerichtet hätten: wer verhaftet worden sei, wer sich
geweigert habe, die heiligen Schriften auszuliefern, wer viel Leid erduldet habe, wer
durch schwere Marter gefoltert, wer getötet worden sei; sie alle empfahl er um des
Verdienstes ihres Zeugnisses (martyrium) willen der Verehrung ... Auch schrieb Secundus, zu ihm selbst seien vom Kurator[2] und vom Gemeinderat ein Hauptmann und
ein Gefreiter geschickt worden, welche nach heiligen Büchern (codices) suchen sollten, um sie zu verbrennen. Er habe ihnen jedoch geantwortet: »Ich bin Christ und Bischof, kein Traditor [›Auslieferer‹].« Und als sie von ihm ein Schmiergeld (aliqua ec-
bola) oder sonst etwas verlangten, habe er ihnen auch das nicht gegeben nach dem
Vorbild des Makkabäers Eleasar [2. Makk. 6,18ff.], welcher nicht hatte vortäuschen
wollen, Schweinefleisch zu essen, um nicht andern ein Beispiel von Pflichtverletzung
zu liefern.
Die Verlesung dieser Briefe des Mensurius und des Secundus hörten sich die Katholiken, bis sie beendet war, ruhig an; sie betonten jedoch, dass es sich dabei um rein
persönliche Schreiben handele, die mit dem Kirchenstreit (causa ecclesiae) nichts zu
tun hätten.

b) Donatistisches Konzil von Karthago (307/8? 311/2?): Absetzung des Caecilianus und Ordination des Maiorinus als Gegenbischof (ebenda 3, 14, 26; Optatus Milev., Wider den Donatisten Parmenian 1,19.20; Augustin, Wider Fulgentius 26)

(Ebd. 3,14,26) Vorgelesen wurde von den Donatisten [ferner], dass ein Konzil von nahezu 70 Bischöfen gegen Caecilianus in Karthago abgehalten wurde, wo sie ihn in absentia verurteilten, weil er es abgelehnt hatte, vor ihnen als angeblich von Traditoren Ordinierter zu erscheinen, und weil man von ihm behauptete, er habe in seiner Diakonatszeit verhindert, dass den in Gewahrsam gehaltenen Märtyrern Lebensmittel gebracht wurden. Auch wurden einige Mitbischöfe Caecilians namhaft gemacht, von denen in den öffentlichen Gerichtsakten behauptet wurde, sie seien Traditoren; verlesen wurden die Akten allerdings nicht. Unter ihnen ergingen besonders gegen Felix von Aptungi [in der Provinz Africa Proconsularis] derart scharfe Anklagen, dass man ihn als »Quelle aller Übel« bezeichnete. Darauf gab jeder einzelne [von den auf dem Konzil versammelten Bischöfen] sein Urteil (sententia) ab, als erster Secundus von Tigisi, welcher ihr Primas war[3], dann die übrigen; darin sprachen sie sich dahingehend aus, dass sie mit Caecilian und seinen Bischofskollegen nicht [mehr] in Kirchengemeinschaft stünden (non communicare).

(Optatus, Wider Parmen., 1,19) ... Man schickte zu Secundus von Tigisi [mit der Nachricht], es gelte sich in Karthago zu versammeln. Darauf machten sich alle oben [1,13f.] genannten Traditoren auf den Weg ... indessen begab sich keiner der oben Genannten zu der Kirche, in der sich das Volk [von Karthago] in Massen um Caecilian geschart hatte. Dann ließ Caecilian [vor der Bischofssynode] erklären: »Wenn es etwas gibt, das gegen mich vorzubringen ist, dann trete ein Ankläger auf und bringe es vor.« Damals konnte ihm jedoch von so vielen Gegnern nichts angedichtet werden; im Gegenteil stellte ihm sein Ordinator [Felix von Aptungi][4] das Leumundszeugnis aus, er werde von diesen Leuten fälschlich »Traditor« genannt. Weiterhin ließ Caecilian erklären, dass, falls Felix ihn nicht gültig ordiniert habe, wie viele meinten, diese [Zweifler] ihn, Caecilian, ordinieren sollten, als wäre er noch Diakon. Darauf äußerte Purpurius in seiner gewohnten Gemeinheit, gerade so, als wäre Caecilian sein Schwestersohn: »Er soll nur hier vortreten, als ob ihm die Hand aufgelegt werden solle, zur Bischofsweihe, und man wird ihn kräftig auf den Kopf schlagen, zur Buße!« Als diese Dinge ruchbar wurden, hielt die ganze Gemeinde Caecilian zurück, damit er sich nicht diesen Banditen ausliefere ... So war das Ende, dass Altar gegen Altar errichtet, eine Ordination in unerlaubter Weise feierlich vorgenommen und Maiorinus, der während Caecilians Diakonat Lektor war und zum Haushalt der Lucilla gehörte, dank deren Bestechungen (ipsa suffragante) zum Bischof ordiniert wurde ... (20) ... Indessen glaubten sie [die selbst skandalumwitterten Donatisten] aus der Quelle der Verbrechen unter den Ihren ... einen Vorwurf, nämlich den der Traditorschaft, auf den Ordinator Caecilians ableiten zu müssen ... [In diesem Sinne] verschickten sie nach allen Seiten von Scheelsucht diktierte Briefe; wir werden sie später unter anderen Aktenstücken aufführen.

(Augustin, Wd. Fulg. 26) Euer Marcianus gab in Gegenwart der übrigen folgendes Votum ab, welches die 70 Anwesenden dadurch, dass sie es nicht missbilligten, billigten. Er sagte: »In seinem Evangelium [Joh. 15,1f.] spricht der Herr: ›Ich bin der wahre Weinstock, und mein Vater [ist] der Weingärtner. Jedes Rebschoß an mir, das keine Frucht bringt, wird er abschneiden und wegwerfen; was immer aber in mir bleibt und Frucht trägt, reinigt er‹[5]. Wie demnach die unfruchtbaren Triebe abgeschnitten und weggeworfen werden, so können auch diejenigen, die Weihrauch geopfert (turificati) und Bücher ausgeliefert haben, weil sie Gott zuwider sind, nicht in der Kirche Gottes bleiben, es sei denn, sie ließen ihr Wehklagen hören und sich durch Buße wieder versöhnen. Darum darf es mit Caecilian, der im Schisma von Traditoren ordiniert worden ist, keine Kirchengemeinschaft geben.«

Quellen: H. von Soden, Urkunden zur Entstehungsgeschichte des Donatismus, KlT 122, [2]1950; J.L. Maier, Le Dossier du Donatisme, 2 Bde.,1987.1989 (TU 134.135). – *Literatur:* W.H.C. Frend, The Donatist Church, Oxford 1952; E. Tengström, Donatisten und Katholiken, Göteborg 1964; B. Kriegbaum, Kirche der Traditoren oder Kirche der Märtyrer? Die Vorgeschichte des Donatismus (IThS 16), 1986; A. Schindler, Augustins Ekklesiologie in den Spannungsfeldern seiner Zeit und heutiger Ökumene, FZPhTh 34, 1987, 295-309; C. Piétri, Das Scheitern der kaiserlichen Reichseinheit in Afrika, in: Das Entstehen der Einen Christenheit (wie o. Nr. 33), 242-270 (hier: 242-247. 263ff.); J.E. Merdinger, Rome and the African Church in the time of Augustine, New Haven 1997; J.A. Fischer/A. Lumpe, Die Synoden von den Anfängen bis zum Vorabend des Nicaenums, 1997, 410-452.

[1] Ein ähnliches Drängen zum Martyrium wird in den antiken Quellen insbesondere den Montanisten zugeschrieben (vgl. u.a. Tertullian, An Scapula 5); kritisch dazu etwa Klemens von Alexandrien, Tepp. 4,17,1.

[2] Curator (rei publicae) = Regierungsbevollmächtigter zur Überwachung der städt. Finanzverwaltung; in der späten Kaiserzeit ständiger städt. Beamter.

[3] Es war also ein rein numidisches Konzil!

[4] Schon die Weihe Caecilians durch das Haupt eines – zudem unbedeutenden – afrikanischen Bistums war ein Schlag gegen die numidischen Bischöfe gewesen, denn »seit den Tagen Cyprians hatte der Primas von Numidien das Recht erworben, den neuen Primas von Afrika und Karthago zu weihen. Wann, ist nicht sicher auszumachen; doch wird das Faktum durch Augustin, Psalmus contra Partem Donati, Z. 44-46, bestätigt« (Frend a.a.O., 16).

[5] purgat illud: (allzu) wörtl. Übersetzung des griech. καθαίρει αὐτό, obwohl das Beziehungswort im Lat. ein masculinum ist.

49. Das Toleranzedikt des Galerius (nach Laktanz, Über die Todesarten der Verfolger 34)

Kurz vor seinem Tode erließ Galerius, der nach der Resignation Diokletians und Maximians (305) zum Augustus des Ostens aufgerückt war und seit dem Tode des Constantius (306) die Seniorenstellung innerhalb der Tetrarchie innehatte, mithin befugt war, eine derartige Anordnung für das ganze Reich zu treffen, folgendes Edikt, das im lat. Wortlaut bei Laktanz, in griech. Übersetzung bei Euseb[1] erhalten ist. Es ist nach Laktanz (Kap 35,1) in Nikomedien verkündet worden und datiert vom 30. April 311.

(34,1) Unter den übrigen Anordnungen, die wir im Interesse steten Wohlergehens und Nutzens des Staates erlassen, waren wir bisher entschlossen, alles entsprechend den alten Gesetzen und der öffentlichen Ordnung der Römer (iuxta leges veteres et publicam disciplinam Romanorum) einzurichten und dafür Sorge zu tragen, dass auch die Christen, die die Lebensweise (secta)[2] ihrer Vorfahren verlassen haben, wieder zur Vernunft kämen. (2) Aus irgendeinem Grunde nämlich hatte sie solcher Eigenwille erfasst und solche Torheit befallen, dass sie nicht mehr den Einrichtungen der Alten (veterum instituta) folgten, [Einrichtungen,] die vielleicht sogar ihre eigenen Vorfahren eingeführt hatten; vielmehr machten sie sich nach eigenem Gutdünken und so, wie ein jeder wollte, selbst Gesetze zur Befolgung und vereinigten da und dort [Angehörige] verschiedene[r] Völker zu einer Gemeinschaft (per diversa varios populos congregarent)[3]. (3) Nachdem wir in diesem Sinne eine Anordnung hatten ergehen lassen, mit der ihnen befohlen wurde, zu den Gebräuchen der Vorfahren zurückzukehren, wurden viele in einen Prozess verwickelt, viele auch beiseite geschafft (deturbati[4]). (4) Als trotzdem die meisten bei ihrem Vorsatz beharrten und wir feststellen mussten, dass sie weder den [allgemein anerkannten] Göttern den Kult und die Verehrung zollten, die ihnen gebühren, noch den Kult des Christengottes ausübten, haben wir mit Rücksicht auf unsere unendliche Milde und Gnade (contemplatione mitissimae nostrae clementiae) und im Hinblick auf unsere ständige Gewohnheit, nach der wir allen Menschen gegenüber Nachsicht (venia) walten zu lassen pflegen, auch auf diese [sc. die Christen], und zwar unverzüglich, unser Entgegenkommen (indulgentia) ausdehnen zu sollen geglaubt. Sie dürfen also wieder Christen sein und ihre Versammlungsstätten wieder herrichten, unter der Bedingung allerdings, dass sie in keiner Weise gegen die [bestehende] Ordnung handeln. (5) In einem weiteren Schreiben werden wir den Provinzgouverneuren (iudices) Anweisung geben, was sie [im einzelnen] zu beachten haben. Aus dem allen folgt: Gemäß diesem unserem Gnadenerlass (indulgentia) ist es ihre Pflicht, zu ihrem Gott für unser Heil, für das des Staates und für ihr eigenes zu beten, damit das Staatswesen in jeder Hinsicht unversehrt bleibt und sie [selbst] sicher in ihren Wohnsitzen leben können (debebunt deum suum orare pro salute nostra et rei publicae ac sua, ut undique versum res publica perstet incolumis et securi vivere in sedibus suis possint).

Quelle: J. Moreau a.o.(Nr. 46)a.O.; Guyot-Klein (wie o. Nr. 5), 188-190. – *Literatur*: J.R. Knipfing, The Edict of Galerius (311 A.D.) reconsidered, in: Revue belge de phil. et d'hist. 1, 1922, 693-705; J. Moreaus Kommentar a.a.O. (SC 39 II); H.U. Instinsky, Die alte Kirche und das Heil des Staates, 1963; J. Molthagen a.o.(Nr. 5)a.O., 111f. 118-120; A. Demandt, a.o.(Nr. 34)a.O., 65; J. Bleicken, Constantin d.Gr. und die Christen, 1992, 66f.; Guyot-Klein (wie o.), 413f.; L. Piétri/G. Gottlieb (wie o. Nr. 34), 187ff.

[1]   Kirchengesch. 8,17,3-10. Hier zu Beginn auch die Grußformel mit den Namen und Titeln des Galerius, Konstantin und Licinius. Allerdings ist der Name des letzteren in späteren Ausgaben von Euseb selbst getilgt worden (damnatio memoriae)!

[2]   Vgl. hierzu den Kommentar Moreaus und Kleins z. St.

[3]   Zum Sinn s. oben (Nr. 34) das Zitat aus der Maecenasrede.

[4]   Ein schwer zu übersetzendes Wort. Nur so viel ist klar, dass eine Steigerung gegenüber dem Vorherigen (periculo subiugati) beabsichtigt ist; Euseb übersetzt mit: παντοίους θανάτους ὑπέφερον (»erlitten auf manigfache Weise den Tod«).

50. Der Aufstieg Konstantins und das Christentum

Nach dem Tode des Galerius (311) kam es zum Streit zwischen den vier Teilherrschern (Tetrarchen): Maxentius, der die Herrschaft über Rom und Italien an sich gerissen hatte, verweigerte dem ›Usurpator‹ Konstantin die Anerkennung und verbündete sich mit Maximinus Daia gegen ihn und Licinius. Mit einem kleinen Heer rückte Konstantin von Gallien aus in Italien ein. In nächster Nähe von Rom, an der mulvischen Brücke über den Tiber (ponte Molle), fiel am 28. Oktober 312 die Entscheidung. – So wenig sich die Bedeutung dieses Ereignisses wohl überschätzen lässt, so sehr ist seine Deutung von Anfang an umstritten gewesen.

a) Das Zeugnis des Laktanz (Über die Todesarten der Verfolger 44,1-12)

(44, 1) Schon war der Bürgerkrieg zwischen ihnen [sc. Konstantin und Maxentius] entbrannt. Und obwohl sich Maxentius innerhalb Roms hielt, da ihm ein Orakel den Untergang für den Fall angekündigt hatte, dass er den Fuß vor die Tore der Stadt setzen werde, ließ er den Krieg von fähigen Militärs führen. (2) Zahlenmäßig war das Heer des Maxentius weit überlegen ... (4) Der Jahrestag des Amtsantritts des Maxentius, der 28. Oktober, stand unmittelbar bevor, und die Feierlichkeiten aus Anlass seiner fünfjährigen Regierungszeit gingen ihrem Ende entgegen. (5) Da erhielt Konstantin im Traum die Anweisung, das himmlische Zeichen Gottes (caeleste signum dei) an den Schilden seiner Soldaten anbringen zu lassen und so den Kampf zu beginnen. Er tat, wie er geheißen, und ließ Christus [sc. das Christusmonogramm] mit einem quergestellten X, dessen oberer Arm gekrümmt war, an den Schilden anbringen. [Mit diesem Zeichen bewaffnet, stellte sein Heer den Feind und errang einen vollständigen Sieg. Konstantin wurde »unter großer Freudenbezeigung des Senats und des Volkes als Kaiser empfangen« und erhielt »zum Dank für seine Tapferkeit den Titel eines ersten Augustus« (primi nominis titulus) zuerkannt].

b) Das Zeugnis Eusebs (Leben Konstantins 1,28f.)

Zusammenhang: Konstantin sah die Unterdrückung Roms, der Hauptstadt des Weltreiches, unter dem ›Tyrannen‹ Maxentius. Er hatte ihre Befreiung zunächst anderen – Severus und Galerius – überlassen; doch waren diese wenig erfolgreich (Kap. 26). »Im vollen Bewusstsein dessen, dass er mächtigerer Hilfe bedürfe als militärischer Stärke, angesichts der schlimmen Zauberpraktiken, wie sie am Hofe des Tyrannen so eifrig geübt wurden, suchte er göttliche Unterstützung, indem er den Besitz von Waffen für minder wichtig hielt, ... die mitwirkende Macht Gottes aber für unwiderstehlich und unbesiegbar erklärte (τά δ' ἐκ θεοῦ συνεργίας ἄμαχα εἶναι καὶ ἀήττητα λέγων). Er erwog deshalb, welchem Gott er sich verschreiben solle (ἐπιγράψασθαι) ...«. Angesichts des Kontrastes zwischen den nichtigen Göttern des Heidentums, die im Schutze derer, die sie verehrten, kläglich versagten, und dem Monotheismus seines Vaters Constantius entschied er sich dafür, dem Letzteren treu zu bleiben (Kap. 27).

(28 1) Demgemäß wandte er sich an diesen [einen Gott (μόνος θεός) seines Vaters] im Gebet, flehte ihn an und beschwor ihn, ihm doch zu offenbaren, wer er sei, und seine Rechte auszustrecken, ihm zu helfen in seinen gegenwärtigen Nöten. Und während er so flehentlich betete, erschien dem Kaiser ein überaus wunderbares Zeichen von Gott (θεοσημία τις ἐπιφαίνεται παραδοξοτάτη), das, wäre es ein anderer, der davon berichtete, kaum Aussicht hätte, auf Glauben zu stoßen; weil aber der siegreiche Kaiser selbst, lange Zeit später, dem Verfasser dieser Lebensbeschreibung gegenüber, als dieser der persönlichen Bekanntschaft und des Umgangs mit ihm gewürdigt wurde, davon Mitteilung machte und seine Darstellung eidlich bekräftigte, wer könnte zaudern, den Bericht für glaubwürdig zu halten, zumal, was nachher geschah, dessen Wahrheit bestätigte! (2) Er erzählte, dass er um die Mittagszeit, als sich der Tag eben zu neigen begonnen, mit eigenen Augen am Himmel, oberhalb der Sonne, das Siegeszeichen (τρόπαιον) eines aus Licht gebildeten Kreuzes und darauf die Inschrift gesehen habe: »In diesem [Zeichen] siege!« (τούτῳ νίκα). Ob dieser Vision sei ihn und sein ganzes Heer, welches ihm bei der Expedition folgte und Zeuge dieses Wunders wurde, ein Erschrecken angekommen.

(29) Weiterhin berichtete er, dass er darüber gegrübelt habe, was die Bedeutung dieses Zeichens sein möchte. Und während er fortfuhr, zu grübeln und nachzusinnen, sei die Nacht hereingebrochen; im Schlaf sei ihm dann der Christus Gottes erschienen mit dem Zeichen, das er am Himmel gesehen, und habe ihm befohlen, ein Abbild jenes Zeichens ... herzustellen und als Schutzmittel (ἀλέξημα) zu gebrauchen, wann immer er mit den Feinden zusammentreffe.

c) Das Zeugnis des anonymen heidnischen Panegyrikers des Jahres 313 (Panegyrici Latini 9, 2.4)

Die Festrede, die, wie üblich, nach Konstantins Rückkehr von seinem Italienfeldzug – wohl in seiner Residenz Trier – gehalten wurde, ergeht sich eingangs, bei Gelegenheit der Schilderung von Konstantins Kriegsvorbereitungen (Kap. 2-5,3), u.a. in folgenden Erwägungen, die die erste religiöse Deutung des Sieges an der mulvischen Brücke darstellen, von der wir wissen:

(2,1) Zuerst möchte ich aufgreifen, was bisher, wie ich glaube, noch niemand zu berühren gewagt hat, und also von der Beharrlichkeit (constantia) deines Vorsatzes in diesem Feldzug reden, bevor ich das Lob auf deinen Sieg anstimme. (2) Jetzt, wo böse Vorzeichen (omina) ihr Gewicht eingebüßt haben und das Missfallen [der Götter sichtlich] widerrufen ist, will ich mich jenes Freimuts bedienen, wie ihn unsere Liebe zu dir gewährt ... (3) Ist es möglich, Kaiser, dass dein Herz so viel Furchtlosigkeit besessen haben sollte, um dich einen Krieg beginnen zu lassen, in dem sich eine so gewaltige Streitmacht, eine solche Einmütigkeit in der Habgier, eine solche Pestilenz der Verbrechen ... [gegen dich] verbündet hatten, zumal deine Mitkaiser untätig zusahen und sich unschlüssig verhielten? (4) Welcher Gott, welche [himmlische] Majestät war dir so nahe, dass du ermutigt wurdest, selbst in einem Augenblick, als deine Gefährten und militärischen Führer nicht nur insgeheim murrten, sondern auch offen ihren Befürchtungen Ausdruck gaben, ohne Rücksicht auf menschlichen Rat und die Warnungen der Eingeweideschauer zu glauben, die Stunde sei gekommen, da du Rom befreien solltest? (5) Du, Konstantin, stehst gewiss in irendeinem geheimen Einverständnis mit jenem göttlichen Geist (Habes profecto aliquod cum illa mente divina ... secretum), welcher die Fürsorge für [Menschen wie] uns niederen Gottheiten überlassen und allein dir sich zu offenbaren geruht hat ...
(4,1) Wenn du, Kaiser, dies alles bedenkst, weißt und siehst und dich weder die väterliche Charakterstärke [oder: Bedächtigkeit (gravitas)] noch deine eigene Veranlagung (natura) so wagemutig sein ließen, dann sage uns, ich bitte dich: in wessen Rat bist du gestanden, wenn nicht eines Gottes (divinum numen)?

Gewiss mag den Kaiser auch der Gedanke bewogen haben, dass trotz so ungleichen Kampfes die bessere Sache nicht untergehen könne; habe vielmehr die eine Seite die Übermacht für sich, so kämpfe für die andere die Gerechtigkeit. Und vergleicht man die beiden Rivalen, Maxentius und Konstantin, miteinander, indem man sich die Gottlosigkeit, Grausamkeit und Zuchtlosigkeit, den Respekt vor abergläubischen Riten, aber auch den Tempelraub und die übrigen Frevel des einen wie umgekehrt das Festhalten an der väterlichen Frömmigkeit, die Milde, Zucht, Scheu vor den göttlichen Geboten und Kaiserfürsorge des anderen vor Augen hält, so ist klar: hier, bei dem Sieg an der mulvischen Brücke, haben nicht die Menge der Soldaten, sondern die Verdienste (merita) der Parteien den Ausschlag gegeben[1].

d) Das Selbstzeugnis des Kaisers im Schreiben an die Bischöfe in Arles
(Optatus Milev., Anhang 5)

An das zum 1.8.314 zwecks Beilegung des donatistischen Schismas nach Arles einberufene und aus dem gesamten westlichen Reichsgebiet beschickte Konzil, die erste »Reichssynode« des »Konstantinischen Zeitalters«, richtete Konstantin ein Schreiben, das in der dem Werk »Wider den Donatisten Parmenian« des Optatus als Anhang beigefügten Aktensammlung zum donatistischen Streit erhalten ist (und mindestens in den hier angeführten Partien echt sein dürfte).

Kaiser Konstantin wünscht den katholischen Bischöfen, seinen teuersten Brüdern (carissimis fratribus), Heil! Die ewige und heilige, unbegreifliche Liebe (pietas) unseres Gottes erlaubt keineswegs, dass das Menschengeschlecht längere Zeit im Dunkel irre, und lässt nicht zu, dass die Böswilligkeit [oder: der verhasste Eigenwille] einiger dermaßen überhandnehme, dass sie nicht durch ihr hell leuchtendes Licht den Heilsweg (iter salutare) von neuem kundtäte und ihnen verliehe, sich zur Regel der Gerechtigkeit zu bekehren. So habe ich es durch viele Beispiele an anderen erfahren und ermesse es an mir selbst. Denn in mir war anfänglich, was offensichtlich der Gerechtigkeit ermangelte; auch glaubte ich nicht, dass eine höhere Macht etwas von dem sehe, was ich im innersten Herzen barg. Was aber hätte das Ende dessen sein müssen, wovon ich sprach? Doch sicher eines, das aller Übel voll wäre! Allein, der allmächtige Gott, der in der Warte (specula) des Himmels sitzt, verlieh, was ich nicht verdiente: es lässt sich gewiss weder schildern noch aufzählen, was er in seinem himmlischen Wohlwollen mir, seinem Diener (famulus), gewährt ...

Quellen: J. Moreau a.o.(Nr. 46)a.O.; I.A. Heikel, Eusebius Werke, I,1, GCS 7, (1902) 2. v. F. Winkelmann durchges. Aufl. 1975; E. Galletier, Panégyriques Latins, II, Paris 1952; K. Ziwsa, S. Optati Milevitani libri VII ..., CSEL 26, 1893. – *Literatur*: J. Burckhardt, Die Zeit Constantins des Großen, Basel (1853) ²1880 (= GS I, Darmstadt 1970); E. Schwartz, Kaiser Constantin und die christliche Kirche, ²1936; H. Doerries, Das Selbstzeugnis Kaiser Konstantins, 1954; H. Kraft, Kaiser Konstantins religiöse Entwicklung, 1955; T.D. Barnes, Constantine and Eusebius, Cambridge 1981; ders., The New Empire of Diocletian and Constantine, Cambridge 1982; Th. Grünewald, Constantinus Maximus Augustus, 1990; J. Bleicken (wie o. Nr. 49); R. Leeb, Konstantin und Christus (AKG 58), Berlin 1992; A.M. Ritter, Constantin und die Christen, in: ZNW 87, 1996, 251-268; C. Piétri, Christianisierung der kaiserlichen Repräsentation, der staatlichen Gesetzgebung und der römischen Gesellschaft, in: Das Entstehen der Einen Christenheit (wie o. Nr. 33), 193-241 (hier bes.: 194-215); E. Mühlenberg (Hg.), Die Konstantinische Wende, Gütersloh 1998 (grundlegend); A. Dörfler-Dierken u.a. (Hgg.), Christen und Nichtchristen in Spätantike, Neuzeit und Gegenwart, Mandelbachtal-Cambridge 2001; S. Hausammann (wie o. Nr. 7), 187-247; P. Just, Imperator et Episcopus, Stuttgart 2003, 20-32; A. Demandt/J. Engemann (Hg.), Konstantin d. Gr. Geschichte-Archäologie-Rezeption, Trier 2006 (daraus bes. die Beiträge von T. Barnes [13-20] und K.M. Girardet [69-81]); A. Cameron, Constantine and the 'peace of the church', in: M.M. Mitchell/F.M. Young (wie o. Nr. 1), 538-551.

---

[1] Zur Würdigung Konstantins und seiner religiösen Entwicklung in ›heidnischer‹ Sicht s. auch etwa den Panegyricus vom Jahre 310 (Pan. 6 [7],21,3-6: Vision des Apollo als Sol invictus!), den des Nazarius vom Jahre 321 (Pan. 10,7,4; 13,5;14) sowie die Inschrift, die »Senat und Volk von Rom« auf dem 315 errichteten Konstantinsbogen haben anbringen lassen (CIL 6,1139): »Dem Imperator Caesar Flavius Constantinus, Maximus, Pius, Augustus, hat der Senat und das Volk von Rom diesen mit seinen Siegen geschmückten Triumphbogen gewidmet, weil er auf Eingebung der Gottheit (instinctu divinitatis) und durch die Größe seines Geistes zusammen mit seinem Heer in einem Augenblick das Gemeinwesen durch einen gerechten Sieg sowohl an dem Tyrannen wie an seinem ganzen Anhang gerächt hat.«

51. Das »Mailänder Edikt« nach Laktanz
(Über die Todesarten der Verfolger 48,2-12)

Nach seinem Sieg über Maximinus Daia im Frühjahr 313, der ihm für die nächsten 10 Jahre ebenso die alleinige Herrschaft im Osten des Reiches eintrug, wie Konstantin durch seinen Sieg an der mulvischen Brücke zur unangefochtenen Herrschaft über den Westen gelangt war, ließ Licinius am 13. Juni desselben Jahres folgendes Zirkularschreiben (nicht »Edikt«!) »Über die Wiederherstellung der Kirche« (De restituenda ecclesia)[1] in seiner Residenz Nikomedien öffentlich anschlagen, welches auf einer Absprache mit Konstantin in Mailand (daher fälschlicherweise »Mailänder Edikt« genannt) vom voraufgegangenen Winter basiert und an den Gouverneur der Provinz Bithynien adressiert ist. – Euseb (Kirchengesch. 10,5,2 ff.) bietet eine z.T. abweichende Parallelfassung in (gleichfalls offizieller) griech. Übersetzung zu dem hier zugrunde gelegten Laktanztext[2].

(48,2) Als wir, ich, Constantinus Augustus, wie auch ich, Licinius Augustus, uns glücklich zu Mailand eingefunden hatten, um alles, was mit der öffentlichen Wohlfahrt und Sicherheit zu tun hat, zu erörtern, glaubten wir, es sei unter den Fragen, von denen wir uns einen Nutzen für die Mehrheit versprachen, vor allem die der Gottesverehrung (divinitatis reverentia) einer Neuregelung bedürftig; d.h. wir sollten allen, den Christen wie allen übrigen, die Freiheit und Möglichkeit geben, derjenigen Religion zu folgen, die ein jeder wünscht, auf dass, was an Göttlichem auf himmlischem Sitze thront, uns und allen Reichsangehörigen gnädig und gewogen sein möge (quicquid [est] divinitatis in sede caelesti, nobis atque omnibus ... placatum ac propitium possit existere). (3) Daher hielten wir es für heilsam und ganz und gar angemessen, diesen Entschluss zu fassen, dass es schlechterdings niemandem unmöglich gemacht werden dürfe, sich der Religionsübung (observantia) der Christen oder der ihm sonst am ehesten zusagenden Religion zu ergeben, damit die höchste Gottheit, deren Religionsdienst wir in freier Hingabe nachleben (summa divinitas, cuius religioni liberis mentibus obsequimur), uns in allem ihre gewohnte Gunst und Gnade erzeigen könne.

Im folgenden werden alle früher gegen die Christen ergangenen einschränkenden Gesetze und Verordnungen förmlich und ausnahmslos aufgehoben und die Befolgung der christlichen ebenso wie jeder anderen »Religion oder Observanz« freigegeben, »um unserer Zeit den Frieden (quies) wiederzuschenken« (4-6). Für die Christen gilt weiter, dass ihre Versammlungsstätten wie der übrige kirchliche Besitz (etwa die Friedhöfe [Coemeterien]) zurückzuerstatten sind, und zwar entschädigungslos, wobei jedoch die rückgabepflichtigen Privatleute sich an die Staatskasse wenden dürfen (7-10).

(11) Auf diese Weise wird es geschehen, dass, wie wir bereits oben ausgeführt haben, die göttliche Huld, die wir in so großen Dingen erfahren haben, für alle Zeit den Erfolg unserer Unternehmungen als des Unterpfandes allgemeinen Wohlergehens sichert (ut ... divinus iuxta nos favor ... per omne tempus prospere successibus nostris cum beatitudine publica perseveret). (12) Damit aber der Wortlaut dieser unserer gnädigen Anordnung zur allgemeinen Kenntnis gelangen kann, wird es angebracht sein, dass du in einer Verlautbarung dieses Schreiben öffentlich bekanntmachst und es überall anschlagen lässest ..., so dass diesen Entscheid unseres Wohlwollens niemand ignorieren kann.

Quelle: J. Moreau a.o.(Nr. 46)a.O. – *Literatur*: H. Doerries a.o.(Nr. 51)a.O., 228ff.; H. Nesselhauf, Das Toleranzedikt des Licinius, HJ 74, 1955, 44-61; J. Bleicken a.o.(Nr. 49)a.O., 17ff.; C. Piétri (wie o. Nr. 50), 205-209; S. Hausammann (wie o. Nr. 7), 209-212.

[1] Das gilt in engerem (Wiederherstellung der zerstörten Kirche von Nikomedien [s.o. Nr. 46]) wie weiterem Sinne.

[2] Zu den Varianten und ihrer Einschätzung s. Moreaus Ausgabe (SC 39,I), 132ff., und Kommentar (SC 39,II), 456-484.

52. Begünstigung des Christentums durch Konstantin

Bald nach dem Sieg über Maxentius (wie später nach der Ausschaltung des Licinius) wird Konstantins Hinwendung zum Gott der Christen an das Christentum unmittelbar begünstigenden Maßnahmen ablesbar, aus denen im folgenden eine charakteristische Auswahl geboten sei:

a) Verbot der Gesichtsschändung (Codex Theodosianus 9,40,2 [21.3.315 od. 316])

Wenn jemand in Anbetracht der Schwere der Verbrechen, bei denen er ertappt wurde, zu den Spielen oder zu[r Zwangsarbeit in] den Bergwerken verurteilt worden ist, so soll er nicht am Gesicht [sondern allenfalls an Händen und Waden] gebrandmarkt werden ...; denn das nach dem Gleichnis der himmlischen Schönheit gebildete Antlitz darf nicht geschändet werden.

b) Sonntagsgesetze (Codex Iustinianus 3,12,2; Codex Theodosianus 2,8,1)

(Cod. Iust. 3,12,2 [3.3.321]) Alle Richter, Stadtleute und Handwerker, welches Gewerbe sie auch immer ausüben, sollen an dem verehrungswürdigen Tag der Sonne (venerabilis dies solis) ruhen. Dagegen mögen die Landleute frei und ungehindert der Bestellung ihrer Felder nachgehen ..., damit nicht die ihnen durch Vorsorge des Himmels gebotene Gelegenheit mit dem [für Ernte und Weinlese] günstigsten Augenblick [ungenutzt] verstreicht.
(Cod. Theod. 2,8,1 [3.7.321]) Wie wir es für ganz und gar unziemlich erachten, dass der durch seine Verehrung hoch angesehene Tag der Sonne durch Gerichtsgezänk und schädlichen Parteienhader ausgefüllt werde, so ist es uns [im Gegenteil] lieb und erfreulich, wenn an jenem Tage geschieht, was [Gott] besonders wohlgefällig ist (quae sunt maxime votiva). Darum soll allen erlaubt sein, an diesem Festtag [ihre Sklaven] freizulassen und loszugeben [oder: ihre Söhne für mündig zu erklären und ihre Sklaven freizulassen] (ideo emancipandi et manumittendi ... cuncti licentiam habeant); auch soll es unverwehrt sein, darüber ein Protokoll aufzusetzen.

c) Gesetz über die Immunität des Klerus (Cod. Theod. 16,2,2 [21.10.319])

Alle, die der Verehrung Gottes Religionsdienste widmen (Qui divino cultui ministeria religionis inpendunt), d.h. die sog. Kleriker (hi, qui clerici appellantur), seien von allen öffentlichen Dienstleistungen (munera)[1] völlig befreit, damit sie nicht durch frevelhafte Missgunst einiger von ihren göttlichen Obliegenheiten (divina obsequia) abgehalten werden.

d) Anerkennung des Bischofsgerichtes (Cod. Theod. 1,27,1 [23.6.318])

Ein Richter wird entsprechend seiner Amtspflicht darauf achten müssen, dass, wenn an ein Bischofsgericht (episcopale iudicium) appelliert wird, dies stillschweigend toleriert werden muss; auch ist, wenn jemand den Wunsch geäußert hat, eine Streitsache auf das christliche Gesetz (lex Christiana) zu verlagern und sich an jenes Gericht zu halten, dem Folge zu leisten, selbst wenn die [Behandlung der] Streitsache vor dem [zuständigen weltlichen] Richter bereits begonnen hat; schließlich hat, was von diesen [sc. den bischöflichen Richtern] entschieden worden ist, als höchstinstanzliche Entscheidung (pro sanctis) zu gelten ...[2]

e) Verordnung über den Kirchenbau (bei Euseb, Leben Konstantins 2,46)

Adressat des folgenden Schreibens aus dem Jahre 324 ist Euseb von Caesarea; doch dürften gleichlautende briefliche Äußerungen Konstantins an alle führenden Bischöfe des Ostens ergangen sein.

Da bis zur Gegenwart unheiliger Wille und Tyrannei [sc. des Licinius[3]] die Diener des Erlösergottes verfolgten, habe ich geglaubt und mich eingehend davon überzeugt, teuerster Bruder, dass alle Kirchengebäude entweder infolge von Vernachlässigung verfallen oder aus Furcht vor drohender Ungerechtigkeit in ungebührlich schlechtem Zustand belassen worden sind. Jetzt aber, da die Freiheit zurückgegeben und jener Drache [vgl. Offb. 12,3-17; 20,2] dank der Vorsehung des höchsten Gottes und unserer Beihilfe (θεοῦ τοῦ μεγίστου προνοίᾳ ἡμετέρᾳ δ᾽ ὑπηρεσίᾳ) aus der Verwaltung der öffentlichen Angelegenheiten verjagt worden ist, glaube ich, dass die göttliche Macht sich allen offenbart hat und [damit] auch die aus Furcht oder Unglauben allerlei Irrtümern Verfallenen zur Erkenntnis des wahrhaft Seienden (τὸ ὄντως ὄν), folglich auch zu wahrer, rechter Lebensgestaltung gelangen werden.

Das aber hat, fährt das Schreiben fort, weiterhin zur Folge, dass die Kirchen nicht mehr ausreichen werden, sondern entweder herzurichten und zu erweitern oder aber neu zu bauen sind. Konstantin bedrängt Euseb und über ihn alle Bischöfe und Kleriker des Ostens, allenthalben bei diesem gottgefälligen Werk Hand anzulegen, und ermächtigt sie zugleich, bei den in diesem Sinne bereits instruierten Prätorianerpräfekten und Provinzgouverneuren staatliche Hilfe dafür anzufordern.[4]

Quellen: Th. Mommsen, Theodosiani libri XVI cum constitutionibus Sirmondianis, 1,2, [2]1954; P. Krüger, Codex Iustinianus, 1877; I.A. Heikel a. o.(Nr. 50)a.O. – *Literatur:* H. Doerries a.o. (Nr. 50)a.O., 162ff.; P.R. Coleman-Norton, Roman State and Christian Church, I, London 1966; ferner W. Rordorf, Sabbat und Sonntag in der Alten Kirche, Traditio Christiana 2, Zürich 1972; A. Steinwenter, Art. Audientia episcopalis, RAC 1, 1950, 915-917; Th. Klauser a.o.(Nr. 47)a.O., 180-211, 230-232; L. Voelkl, Die Kirchenstiftungen des Kaisers Konstantin im Lichte des Römischen Sakralrechts, 1964; U. Süssenbach, Christuskult und kaiserliche Baupolitik bei Konstantin, 1977; V. Keil (Hg.), Quellensammlung zur Religionspolitik Konstantins d. Gr., 1989; C. Piétri (wie o. Nr. 50), 216-231; A. Demandt/J. Engemann (wie Nr. 50, bes. die Beiträge von D. Liebs, Konstantin als Gesetzgeber [97-107]; M. Beckmann, Konstantin und der Sonnengott. Die Aussagen der Bildzeugnisse [143-161]; S. de Blaauw, Konstantin als Kirchenstifter [163-172]).

[1] Vgl. dazu o. Nr. 33b. Mit der Befreiung von den munera wurde dem christlichen Klerus ein Privileg zugestanden, das die heidnischen Priester und die jüdischen Synagogenvorsteher längst besaßen und, soweit es die letzteren betrifft, auch im christianisierten Imperium Romanum auf Dauer behielten. – Zu dem Gesetz insgesamt vgl. Euseb, Kirchengesch. 10,7.

[2] Die richterliche Funktion der Bischöfe beschränkte sich auf zivile Streitsachen, beruhte auf freiwilliger Beteiligung an der staatlichen Gerichtsbarkeit und endete damit, dass 398 für Ostrom (Cod. Iust. 1,4,7) und 408 für Westrom (const. Sirmond. 16) das Institut der audientia episcopalis wieder abgeschafft wurde.

[3] Zu dessen antichristlichen Maßnahmen nach dem »Mailänder Edikt« s. Euseb, Kirchengesch. 10,8,10f.14-19; Leben Konstantins 1,51-54.

[4] Zu Konstantins Kirchenbauten vgl. ferner aus derselben Schrift, Eusebs »Leben Konstantins«, 3,30-43.48.50-53.58; 4,39.58-60.

53. Antonius und die Anfänge des Mönchtums

Als »Vater der Mönche« (von griech. μόνοι bzw. μοναχοί = »allein« oder »abgesondert Lebende«) gilt in der Mönchstradition der 356 im Alter von ca. 105 Jahren verstorbene Kopte Antonius. Doch blickte dieser bereits auf Vorläufer zurück, so dass er, strenggenommen, nicht als Begründer der »Anachorese«, (von griech. ἀναχωρεῖν = »sich zurückziehen [von der Welt]«) gelten kann. Wohl aber ist er für uns die erste greifbare Gestalt altkirchlichen Mönchtums, ohne welches das Christentum, innerhalb wie außerhalb des christianisierten Imperium Romanum, kaum mehr zu denken sein sollte! – Ein authentisches Bild ist nach gegenwärtigem Wissensstand allein unter Einbeziehung der 7 (wohl echten, im einzelnen aber leicht deutbaren, ursprünglich wahrscheinlich koptisch abgefassten) Briefe zu gewinnen, ohne dass darüber den (insgesamt 38) Antoniuslogien der Apophthegmata Patrum, einer gegen Ende des 5. Jahrhunderts entstandenen Sammlung von »Aussprüchen der Väter«, jeder historische Erkenntniswert abgesprochen werden müsste (mit der Begründung, dass ihnen nur ein stilisiertes Bild im Sinne einer späteren monastischen Tradition und ihrer Bedürfnisse zu entnehmen sei). Diese Briefüberlieferung an dieser Stelle zu dokumentieren, wie es sich gehörte, wäre freilich viel zu kompliziert und überstiege auch die sprachliche Kompetenz des Bearbeiters. Eine schlichte Übersetzung einer modernen Übersetzung muss leider genügen. *Wirkungsgeschichtlich* am wichtigsten ist zweifellos das Antoniusbild der – allem Anschein nach unmittelbar nach dem Tode des Mönchsvaters von Athanasius von Alexandrien (s.u. Nr. 67 u.ö.) mindestens *redigierten* Vita Antonii.

a) Der vierte (siebente) Brief des Antonius (CSCO, Script. Iber. 5, 42-46 Garitte; Übersetzung: S. Rubenson, The Letters of St. Antony, 210f.)

(1) Antonius schreibt allen seinen geliebten Brüdern in Christus [und entbietet ihnen seine] Grüße! Glieder der Kirche, ich lasse niemals ab, eurer zu gedenken. (2) Ich möchte gern, dass ihr um die Liebe wisst, die ich für euch empfinde. Es ist das keine fleischliche Liebe, sondern die Liebe der Gottesfurcht. (3) Denn die im Körperlichen verharrende [»körperliche«] Freundschaft ist weder beständig noch dauerhaft – sie lässt sich von fremden Winden hierhin und dorthin treiben. (4) Jedermann, der Gott fürchtet und seine Gebote hält, ist ein Knecht Gottes. (5) Allein, in diesem Dienst gibt es keine Erfüllung, obwohl er gerecht [angebracht] ist und zur Annahme [als Gotteskind] führt. (6) Selbst die Propheten und Apostel, der heilige Chor, jene, die Gott erwählte und mit der apostolischen Botschaft betraute, wurden so zu Gefangenen in Christus

durch das Wohlwollen Gottes des Vaters. (7) Paulus sagt nämlich: »Paulus, der Gefangene Christi Jesu, berufen zum Apostel« [vgl. Eph. 3,1f.]. (8) Und so wirkt das geschriebene Gesetz mit uns [zusammen], in einem guten Dienst, bis wir fähig werden, alle Leidenschaften zu zügeln und den guten Tugenddienst zu erfüllen durch dies apostolische [Leben?].

Als sie [sc. die Jünger] der Gnade nahegekommen war, sagte Jesus zu ihnen: »Ich sage hinfort nicht, dass meine Knechte seid, sondern nenne euch meine Brüder und meine Freunde; denn alles, was mich mein Vater gelehrt hat, habe ich euch kundgetan und gelehrt« [vgl. Joh. 15,15]. (10) Diejenigen, die nahegekommen waren, weil belehrt durch den Hl. Geist, sie gelangten zur Erkenntnis ihrer selbst in ihrem spirituellen Wesen. (11) Und in ihrer Selbsterkenntnis riefen sie und sagten: »Wir haben nicht den Geist der Knechtschaft empfangen, so dass wir uns erneut fürchten müssten, sondern wir haben den Geist der Kindschaft empfangen, durch den wir rufen: Abba, Vater«, so dass wir wissen werden, was Gott uns geschenkt hat. »Sind wir Kinder, so sind wir Erben, die Erben Gottes und Miterben der Heiligen« [vgl. Röm. 8,15-17].

(13) Meine geliebten Brüder, Miterben der Heiligen; keine Tugenden sind euch fremd. Sie sind alle euer. Denn wenn ihr Gott offenbart worden seid, hat dieses körperliche Leben jeden Anspruch auf euch verloren. (14) »Denn der Geist betritt nicht eine Seele, die ein unreines Herz hat, noch einen Leib, der sündigt. Er ist eine heilige Kraft, fern aller Falschheit« [vgl. Weish. 1,4-5]. (15) Wahrlich, meine Geliebten, »ich schreibe euch als verständigen Menschen« [vgl. 1. Kor. 10,15], die fähig sind, sich selbst zu erkennen. Wer sich selbst erkennt, erkennt Gott, und wer Gott erkennt, muss ihn anbeten, wie es würdig und recht ist.

(16) Meine Geliebten im Herrn, erkennt euch selbst! Welche sich selbst erkennen, wissen darum, was die Stunde geschlagen hat; und wer um die Zeit weiß, ist auch fähig, aufrecht zu stehen und sich nicht durch falsche Zungen aus dem Gleichgewicht bringen zu lassen.

(17) Was Arius anlangt, der sich in Alexandrien erhob, so sprach er Befremdliches über den Eingeborenen [Sohn Gottes] aus: ihm, der keinen Anfang kennt, teilte er einen Anfang zu; ihn, der unaussprechlich ist unter Menschen, bezeichnete er als endlich; und den, der unbeweglich [wohl = unveränderlich] ist, ließ er sich bewegen [verändern]. (18) »Sündigt ein Mensch an einem anderen Menschen, so tut man Fürbitte für ihn vor Gott. Sündigt aber einer gegen Gott, vor wem soll man Fürbitte tun für ihn?"« [vgl. 1. Sam. 2,25]. Jener Mann [Arius] hat sich etwas Gewaltiges aufgebürdet, eine unheilbare Wunde [gerissen]. Hätte er um sich selbst gewusst, seine Zunge hätte nicht von Dingen gesprochen, von denen er nichts versteht. Es liegt indes auf der Hand, dass er keine Selbsterkenntnis besaß (Nach der englischen Übersetzung von S. Rubenson).

b) Das Antoniusbild des athanasianischen »Antoniuslebens«
(Kap. 1-3.5.7f.12.14.67.69.94)

(1) Antonius war Ägypter, Sohn hochsinniger Eltern, die auch über ausreichendes Vermögen verfügten; da sie selbst Christen waren, wurde auch er christlich erzogen ...
(2) ... [Wenige Monate nach dem Tod der Eltern] ging er [damals kaum zwanzigjährig und in Gedanken an die Besitzaufgabe der Apostel und der ersten Christen versunken] seiner Gewohnheit nach zur Kirche (τὸ κυριακόν) ... Und es traf sich, dass gerade das Evangelium verlesen wurde, und er hörte, wie der Herr zum Reichen sagte: »Willst du

vollkommen sein, so gehe hin, verkaufe alles, was du hast, und gib's den Armen; dann
komm und folge mir nach, und du wirst einen Schatz im Himmel haben« [Mt. 19,21].
Antonius aber war es, als sei ... jene Schriftlesung um seinetwillen erfolgt; er ging
sogleich aus der Kirche und verschenkte die von den Vorfahren ererbten Besitztümer
... an die Bewohner seines Heimatdorfes ...
(3) ... [In der Folge] widmete er sich ausschließlich der Askese, und zwar vor seinem
Haus ... Noch gab es ja in Ägypten keine Klosterkolonien (συνεχῆ μοναστήρια), und
von der großen Wüste war einem Mönch noch nichts bekannt; vielmehr gab sich jeder, der auf sich achtzuhaben (ἑαυτῷ προσέχειν) gedachte [vgl. Gen. 24,6; Ex. 10, 28;
34,12; Dt. 4,9; 6,12; Lk. 17,3; Apg. 20,28 u.ö.], unweit seines Wohnorts der Askese
hin, für sich allein (καταμόνας) ...
(5) Der Teufel jedoch ... ertrug den Anblick solch beharrlichen Vorsatzes an einem so
jungen Menschen nicht ... Doch der gedachte Christi und des von ihm erlangten Adels
und geistigen Wesens (τὸ νοερόν) der Seele ... So gerieten all diese [dämonischen Ver-
suchungen] dem Feind zur Beschämung. Denn der einst wähnte, Gott gleich zu werden, mit dem trieb nun ein Jüngling sein Spiel ... Half ihm doch der Herr, der um
unseretwillen Fleisch annahm und dem Leib den Sieg über den Teufel verlieh, so dass
ein jeder rechte Kämpfer sagen muss: »Nicht ich, sondern die Gnade Gottes mit mir«
[l. Kor. 15,10].
(7) ... Mehr und mehr bezwang er [aus der Hl. Schrift darüber belehrt, wie vielfältig die Anschläge des Feindes seien] seinen Körper und machte ihn sich gefügig ... Denn, so sagte
er [im Gedenken an das Apostelwort 2. Kor. 12,10], die Spannkraft der Seele (τόνος τῆς
ψυχῆς) sei dann »stark«, wenn die körperlichen Lüste »schwach« seien ...
(8) ... [Später] begab er sich zu den Gräbern, die weit vom Dorf entfernt lagen, ... be-
trat eines dieser Gräber und blieb [nachdem man es von außen verriegelt hatte] allein darin
...
(12) ... [Nachdem er sich, noch weiter weg, in die Wüste aufgemacht hatte, fand er schließlich
ein verlassenes Kastell, von dem inzwischen Mengen kriechenden Gewürms Besitz ergriffen hat-
ten]. Hier ließ er sich nieder und wohnte darin ... Nur zweimal im Jahr ließ er sich von
oben herab durch das Gemäuer Brot reichen ... (14) Fast volle 20 Jahre verbrachte er so,
für sich allein der Askese lebend ... Dann aber verlangten viele mit Ungestüm danach,
seiner Askese nachzueifern ...; so brachen und stießen sie gewaltsam die Tür [zu ihm]
auf ... Da trat Antonius wie aus einem Heiligtum (ἄδυτον) hervor, in die Geheimnisse
eingeweiht und ein Gottesträger[1] (μεμυσταγωγημένος καὶ θεοφορούμενος) ... Wie
ihn jene nun erblickten, wunderten sie sich darüber, dass sein Leib noch dasselbe
Aussehen hatte wie zuvor, ... ohne vom Fasten und vom Kampf mit den Dämonen die
geringste Beeinträchtigung erfahren zu haben ... Viele der Anwesenden, die körperliche Leiden hatten, heilte der Herr durch ihn; andere befreite er von den Dämonen. Er verlieh Antonius auch die Gabe (χάρις), so zu reden, dass er viele Trau-
ernde tröstete und andere, die miteinander im Streit lagen, versöhnte ... In seinen [seel-
sorgerlichen] Unterredungen ermahnte er auch dazu, der künftigen Güter und der Menschenfreundlichkeit zu gedenken, die Gott an uns bewiesen, »welcher seines eigenen
Sohnes nicht verschonte, sondern ihn für uns alle dahingab« [Röm. 8,32]. Dadurch
überredete er viele dazu, das Einsiedlerleben (μονήρης βίος) zu erwählen, so dass
fortan im Gebirge Klöster entstanden und sich die Wüste[2] mit Mönchen bevölkerte,
welche alles verließen, was ihnen zueigen war, und sich dem himmlischen Wandel (ἐν
τοῖς οὐρανοῖς πολιτεία) verschrieben.
(67) Er war langmütigen Wesens und bescheiden in seiner Seele; in solcher Gesinnung ehrte er auch die kirchliche Regel (κανών) über die Maßen und wünschte,
dass jeder Kleriker den Ehrenvorrang vor ihm habe. Vor Bischöfen und Presbytern

sich zu verneigen, hielt er sich nicht für zu gut; und kam einmal ein Diakon zu ihm der Erbauung (ὠφέλεια) wegen, so besprach er mit ihm, was der Erbauung diente, ließ ihm aber im Gebet den Vortritt, weil er sich nicht für zu gut hielt, selbst noch zu lernen ...

(69) Als einmal die Arianer die lügnerische Behauptung verbreiteten, er denke genau so wie sie, ward er unwillig und zornig über sie. Dann stieg er, von den Bischöfen und allen Brüdern darum gebeten, vom Berg[3] herab und begab sich nach Alexandrien, wo er die Arianer verwünschte und erklärte, dies sei die letzte Häresie und ein Vorläufer des Antichrist ... Wenn jene lehren, [so ließ er das Volk wissen,] dass der aus dem Vater stammende Sohn und Logos Gottes ein Geschöpf (κτίσμα) sei, dann unterscheiden sie sich in nichts von den Heiden; verehren doch [auch] diese das Geschöpf an Stelle des Schöpfergottes ...

(94) [Schluss des »Antoniuslebens«] Dieses lest nun den übrigen Mönchen vor, auf dass sie lernen mögen, wie beschaffen das Leben der Mönche sein muss, und sich davon überzeugen lassen, dass unser Herr und Heiland Jesus Christus die verherrlicht, die ihn verherrlichen, und, welche ihm dienen bis ans Ende, nicht allein in das Himmelreich führt, sondern auch bereits hienieden um ihrer Tugend (ἀρετή) und der Erbauung der anderen willen überall vor aller Augen sichtbar und bekannt werden lässt, mögen sie sich auch verbergen und bemüht sein, in Abgeschiedenheit zu leben (ἀναχωρεῖν). Wenn es nötig wird, dann lest dies auch den Heiden vor, damit sie erkennen: nicht allein ist unser Herr Jesus Christus Gott und Gottes Sohn; vielmehr erbringen auch die Christen, die ihm wahrhaft dienen und gottesfürchtig an ihn glauben, den Beweis dafür, dass die von den Griechen für Götter gehaltenen Dämonen nicht nur keine Götter sind; sondern sie [sc. die Mönche] treten sie auch noch mit Füßen [vgl. Lk. 10, 19] und verfolgen sie als Verführer und Verderber der Menschen, durch Christus Jesus unseren Herrn, dem die Ehre sei von Ewigkeit zu Ewigkeit.

c) Das Antoniusbild der »Aussprüche der Väter« (Apophth. 1-5.7.9-11.23f.26.36f.)

(1) Als der heilige Abbas [›Altvater‹] Antonius einmal in verdrießlicher Stimmung (ἀ-κηδία) und voll düsterer Gedanken in der Wüste saß, sprach er zu Gott: »Herr, ich will doch gerettet werden, aber mein Grübeln lässt es nicht zu. Was soll ich in solcher Bedrängnis tun? Wie kann ich gerettet werden?« Bald darauf erhob er sich, ging ins Freie und sah einen, der ihm glich. Der saß dort und arbeitete, stand dann von der Arbeit auf, um zu beten, setzte sich wieder, flocht an seinem Seil [weiter] und erhob sich abermals zum Gebet; und siehe, es war ein Engel des Herrn, gesandt, Antonius zu festigen auf den rechten Weg hin. Und er hörte den Engel sagen: »Mach es so, dann wirst du das Heil erlangen.« Als er das hörte, wurde er von großer Freude und Zuversicht erfüllt, und durch solches Tun fand er das Heil, das er suchte.

(2) Derselbe Abbas Antonius erging sich in Betrachtungen über die Tiefe der göttlichen Ratschlüsse und stellte die Frage: »Herr, wie kommt es, dass manche nach kurzem Leben sterben, andere dagegen ein hohes Alter erreichen ...?« Da erreichte ihn eine Stimme, die sprach: »Antonius, habe acht auf dich selbst (σεαυτῷ πρόσεχε); denn das sind Fügungen Gottes, und es nützt dir nicht, sie zu erfahren.«

(3) Fragt einer den Abbas Antonius: »Worauf muss ich achten, um Gott zu gefallen?« Der Geron [›Greis‹] gab zur Antwort: »Was ich dir gebiete, das befolge: Wo immer du hingehst – habe allezeit Gott vor Augen; und was immer du tust – suche für alles ein Zeugnis in den heiligen Schriften; und schließlich: wo immer du dich niederlässt –

verlass diesen Ort nicht gleich wieder. Diese drei Dinge befolge, und du wirst gerettet werden.«

(4) Sprach der Abbas Antonius zum Abbas Poimen:»Das ist das große Werk des Menschen, dass er seine Sünde über sich hinaus vor das Angesicht Gottes werfe; [im übrigen] rechne er mit Anfechtung bis zu seinem letzten Atemzug.«

(5) Derselbe sagte einmal:»Niemand wird in das Himmelreich kommen, der nicht versucht worden wäre. Nimm die Versuchungen weg, und es ist keiner, der Rettung findet.«

(7) Sprach der Abbas Antonius:»Ich sah all die Fallstricke des Feindes auf Erden ausgebreitet, und ich sagte seufzend: Wer kann ihnen denn entgehen? Da vernahm ich eine Stimme, die sagte:›Die Demut‹«.

(9) Ein andermal sagte er:»Vom Nächsten gehen [für uns] Leben und Tod aus. Gewinnen wir nämlich den Bruder, so gewinnen wir Gott. Geben wir dagegen dem Bruder Ärgernis, so versündigen wir uns gegen Christus.«

(10) Derselbe [Antonius] sprach:»Wie die Fische, sind sie längere Zeit außerhalb des Wassers, verenden, so verflüchtigt sich auch bei den Mönchen, wenn sie länger ausserhalb ihrer Zelle (κέλλιον) verweilen und ihre Zeit mit Weltmenschen zubringen, die Spannkraft, wie sie die Stille gibt [oder: wie sie zur Stille notwendig ist] (ὁ τῆς ἡσυχίας τόνος). Wie also der Fisch ins Wasser, so müssen wir in die Zelle zurückstreben, damit wir nicht bei dem Aufenthalt draußen die innere Wacht (ἔνδον φυλακή) versäumen.«

(11) Abermals sagte er:»Wer in der Wüste [seiner Zelle] sitzt und sich der Stille hingibt, ist gegen drei Versuchungen gefeit: die des Hörens, des Redens, des Sehens; nur *ein* Kampf bleibt ihm: der gegen die eigene Begierde (πορνεία).«

(23) Wiederum sprach er:»Gott schickt dem gegenwärtigen Geschlecht nicht solche Kämpfe wie den Alten [sc. den Vätern des Mönchtums]. Denn er weiß, dass es schwach ist und nicht bestehen könnte.«

(24) Dem Antonius wurde in der Wüste offenbart:»In der Stadt ist einer, der sich mit dir messen kann, seines Zeichens Arzt. Von seinem Überfluss gibt er den Notleidenden und den ganzen Tag über singt er mit den Engeln das Trishagios.«[4]

(26) Kamen Brüder zum Abbas Antonius und fragten ihn nach dem Sinn eines Wortes aus dem Buche Leviticus. Als der Geron deshalb in die Wüste hinausging, folgte ihm Abbas Ammonas, der seine Gewohnheit kannte, unbemerkt. Lange verweilte der Geron in Gebetshaltung und rief mit lauter Stimme:»O Gott, sende Mose, dass er mich über dies Wort belehre.« Und es kam eine Stimme und redete mit ihm. Abbas Ammonas berichtete später:»Die Stimme, die mit ihm sprach, habe ich wohl vernommen, doch ihren Sinn (δύναμις) konnte ich nicht erfassen.«

(36) Wiederum sprach er:»Unterordnung (ὑποταγή) zusammen mit Entsagung (ἐγκράτεια) zähmt wilde Tiere.«

(37) Ein andermal sprach er:»Ich kenne Mönche, die nach vielen Mühen (κόποι) gefallen sind und in Verwirrung des Geistes gerieten, weil sie auf ihr eigenes Werk bauten und die Weisung dessen überhörten, der da sagte:›Frage deinen Vater, und er wird es dir ansagen‹ [Dtn. 32,7].«

Quellen: G. Garitte (Hg.), Lettres de S. Antoine. Version géorgienne et fragments coptes, CSCO. Scriptores Iberici 5, Louvain 1955; PG 65, 71ff. (Apophthegmata Patrum); PG 26, 837ff. (Vita Antonii). – *Übersetzungen:* G. Garitte (wie o.), 6 (Übersetzung ins Lateinische); S. Rubenson, The Letters of St. Antony, Minneapolis 1995, 96-231 (englische Übersetzung). – *Literatur:* H. Doerries, Die Vita Antonii als Geschichtsquelle, (jetzt) in: ders., Wort und Stunde, I, 1966, 145-224; M. Tetz, Athanasius und die Vita Autonii, ZNW 73, 1982, 1-30; T.D. Barnes, Angel of Light or Mystic Initiate?, JThS 37,1986, 353-368; H. Holze, Erfahrung und Theologie im frühen Mönchtum (FKDG 48), 1992, I. B (11-37); S. Rubenson (wie o.), passim;

ders., Evagrios Pontikos und die Theologie der Wüste, in: Logos (FS f. L. Abramowski), hg. v. H.C. Brennecke u.a., 1993, 384-401; P. Maraval, Das Mönchtum im Osten, in: Das Entstehen der Einen Christenheit (wie o. Nr. 33), 816-847 (hier: 819-824); K.S. Frank, Antonius und seine Briefe, in: FS H. Riedlinger, 1998, 65-82; B. Müller, Der Weg des Weinens (FKDG 77), 2000 (mit substanzieller Kritik an den Thesen Rubensons [s. Register]); S. Hausammann (wie o. Nr. 7), Bd. 3, 2003, 155-177.

[1]   Vgl. dazu 1. Kor.6,20 (varia lectio!) und vor allem Ignatius Antioch., Eph. 9,2.

[2]   Zunächst die mittelägyptische Wüste mit Zentren in Pispir (»Grotte des Hl. Antonius«) am mons S. Antonii (s.u.) und am mons s. Pauli, dann die unterägyptische (nitrische und sketische) und schließlich auch die oberägyptische Wüste (Thebais).

[3]   Dem »Berg des Hl. Antonius« in Mittelägypten, unweit des Roten Meeres (Kolzim).

[4]   Gemeint ist wohl nicht das biblische Sanctus (Jes. 6,3), sondern der ostkirchliche Huldigungs- und Gebetsruf, wie er im Westen z.B. noch in Luthers Lied »Mitten wir im Leben sind« (EG 518) fortlebt: »Heiliger Herre Gott, heiliger, starker Gott, (heiliger barmherziger Heiland,) du ewiger Gott ... « (griech. Ἅγιος ὁ θεός, ἅγιος ἰσχυρός, ἅγιος ἀθάνατος, ἐλέησον ἡμᾶς).

54. Arius und der Beginn des trinitätstheologischen Streites

Der wohl im 2. Jahrzehnt des 4. Jahrhunderts anhebende Kampf, in dessen Verlauf die grundlegenden dogmatischen Bestimmungen hinsichtlich der göttlichen Dreifaltigkeit fixiert wurden, ist in seiner Anfangsphase verknüpft mit Person und Theologie des [aus Libyen stammenden?] Arius (Areios), der, wahrscheinlich in Alexandrien theologisch geschult, zuletzt Presbyter an der dortigen Baukaliskirche war. Die von ihm mit großer Rührigkeit propagierte Doktrin dürfte in erster Linie als ein radikalisierter Origenismus zu verstehen sein; ob es eine allzu unkritische Anlehnung an platonisch-mittelplatonisches Seinsdenken war, die diesen Origenismus aus den Fugen geraten ließ (F. Ricken), ist umstritten (W. Löhr). – Die nach mancherlei Verhandlungen schließlich erfolgte Exkommunikation des Arius durch eine alexandrinische Synode (319?) führte zunächst wohl nur zu einer raschen Ausweitung des Konflikts, der auch – nach zweijähriger Zwangspause infolge der christenfeindlichen Politik des Licinius – sofort wieder ausgebrochen zu sein scheint, als Konstantin die Herrschaft im Osten antrat.

a) Der Beginn des »arianischen Streits« nach der Enzyklika Alexanders von Alexandrien (geschrieben um 319 [?]: Opitz, Urkunde 4b; vgl. Brennecke/ Heil/v.Stockhausen/Wintjes, Dokument 2.2)

(3) Es sind ... in jüngster Zeit in unserer Diözese (παροικία) Menschen aufgestanden, Gesetzesbrecher und Feinde Christi, die einen Abfall [vom Glauben (ἀποστασία) lehren, den man mit vollem Recht als ein Vorspiel [der Erscheinung] des Antichrist ansehen und bezeichnen kann ... (4) ... [Mochte es anfangs als geraten erscheinen, all diese Dinge mit Schweigen zu übergehen, so ist neuerdings durch die Einmischung Bischof Eusebs von Nikomedien eine neue Situation entstanden] Denn seit dieser Mann die Kirche von Berytos verlassen und auf die von Nikomedien seine begehrlichen Blicke geworfen hat, ohne dass er dafür bestraft worden wäre, bildet er sich ein, alle kirchlichen Angelegenheiten hingen von ihm ab; so stellt er sich [nun] vor diese Apostaten und hat damit begonnen, in alle Welt Empfehlungsbriefe für sie zu verschicken, um einige Ahnungslose in diese allerschändlichste und [zutiefst] christusfeindliche Häresie

hineinzuziehen. Aus diesem Grund habe ich es ... für notwendig erachtet, mein Schweigen zu brechen und euch zu informieren, (5) damit ihr die Abtrünnigen und die unseligen Artikulationen ihrer Irrlehre selbst kennenlernt ... (6) Hier nun [zunächst] die Namen der Apostaten: Arius, Achileus, Aeithales, Karpones, ein zweiter Arius und Sarmates, alles einstige Presbyter; ferner die ehemaligen Diakonen Euzoius, Lucius, Julius, Menas, Helladius und Gaius; zu ihnen gehören noch Sekundus und Theonas, die einst den Bischofstitel trugen. (7) Und das ist es, was sie sich, im Widerspruch zu den [heiligen] Schriften, erdacht haben (ἐφευρόντες): »Gott war nicht immer Vater; vielmehr war es einmal, dass Gott nicht Vater war (ἦν ὅτε ὁ θεὸς πατὴρ οὐκ ἦν). [Auch] ist der Logos Gottes nicht immer gewesen, sondern [einmal] aus dem Nichts entstanden. Denn der [unwandelbar] Gott ist, hat den, der [dies] nicht ist, aus dem Nichts erschaffen [›gemacht‹] (ὁ γὰρ ὢν θεὸς τὸν μὴ ὄντα ἐκ τοῦ μὴ ὄντος πεποίηκε). So gab es denn eine Zeit, da er [der Logos] nicht war (ἦν ποτε ὅτε οὐκ ἦν). Denn der Sohn ist ein Geschöpf (κτίσμα) und Gemächte (ποίημα). Weder ist er seinem Wesen (οὐσία) nach dem Vater gleich (ὅμοιος), noch ist er in Wahrheit und von Natur aus (φύσει) Logos des Vaters, noch seine wahre Weisheit; sondern er ist eines der geschaffenen und gewordenen Wesen und wird missbräuchlich (καταχρηστικῶς) Logos und Weisheit genannt, da auch er durch Gottes eigenes Wort und durch die Gott [selbst] innewohnende Weisheit geworden ist, in der Gott wie das All, so auch *ihn* geschaffen hat. (8) Er ist deshalb seiner Natur nach ebenso dem Wechsel und der Veränderung unterworfen (τρεπτός ... καὶ ἀλλοιωτὸς τὴν φύσιν) wie alle übrigen Vernunftwesen. Er, der Logos, ist Gott wesensfremd, von [seinem, Gottes, Wesen] unterschieden und ausgeschlossen (ξένος τε καὶ ἀλλότριος καὶ ἀπεσχοινισμένος ἐστὶν ὁ λόγος τῆς τοῦ θεοῦ οὐσίας), und selbst für den Sohn ist der Vater unsichtbar (ἀόρατος). Besitzt er doch weder vollkommene und genaue Kenntnis des Vaters, noch vermag er ihn vollkommen zu schauen. Ja, selbst seine eigene Wesenheit (οὐσία) kennt der Sohn nicht so, wie sie [in Wirklichkeit] ist. (9) Er ist um unseretwillen geschaffen worden, auf dass uns Gott durch ihn wie durch ein Werkzeug (ὄργανον) erschüfe. Und es hätte ihn gar nicht gegeben, wenn Gott nicht *uns* hätte erschaffen wollen.« (10) Als einer [während des Verhörs vor der alexandrinischen Synode (s.u., § 11)?] die Frage an sie richtete, ob sich der göttliche Logos ebenso wandeln könne, wie es der Teufel vermochte, hatten sie keinerlei Bedenken zu erwidern: »Ja, das kann er; ist er doch von wandelbarer Natur, eben weil er geworden und geschaffen ist.« (11) Auf einer Zusammenkunft mit annähernd 100 Bischöfen Ägyptens und Libyens haben wir nun die Anhänger des Arius, die ohne die geringste Scheu solches [zu] sagen [wagen], samt denen, die zu ihnen halten, verdammt (ἀνεθεματίσαμεν). Die Leute um Euseb freilich haben sie aufgenommen und bemühen sich seitdem, die Lüge mit der Wahrheit zu vermengen ... Doch es wird ihnen nicht gelingen ... (12) ... Denn wie wird einer, der [den Evangelisten] Johannes sagen hört: »Im Anfang war das Wort« [Joh. 1,1], nicht die verurteilen, die da behaupten: »Es gab eine Zeit, da er nicht war?« Wer wird ferner im Evangelium hören: »eingeborener Sohn« und »durch welchen alles geschaffen ist« [Joh. 1,18;1,3], ohne die zu verabscheuen, die da tönen, er sei eines der Geschöpfe (ποιήματα)? ...

In diesem Stil fährt die Enzyklika Alexanders fort, indem sie die Aufstellungen der Arianer mit biblischen Argumenten vor allem aus den Paulusbriefen und dem Johannesevangelium entgegentritt. Nach erneuten Warnungen vor den Machenschaften Eusebs schließt sie mit der Unterschrift von 17 Presbytern und 24 Diakonen, darunter 2 mit dem Namen Athanasius(!), alle aus Alexandrien, und dazu von 17 Presbytern und 20 Diakonen aus der Mareotis.

b) Das Glaubensbekenntnis des Arius und Genossen an Alexander von Alexandrien (verfasst *vor* der in a dokumentierten Exkommunikation: ebenda, Urkunde 6 ; vgl. B/H/St./W Dokument 1)

(1) Unserem gesegneten Papst (μακάριος πάπας) und Bischof Alexander wünschen die Presbyter und Diakonen Heil im Herrn! (2) Unser von den Vorfahren her [überlieferter] Glaube, wie wir ihn auch von dir ... gelernt haben, hat diesen Inhalt: Wir anerkennen *einen* Gott, der allein ungeworden (ἀγέν[ν[^1]]ητος), allein ewig, allein anfangslos (ἄναρχος), allein wahrhaftig, allein unsterblich, allein weise, allein gut, ... unveränderlich und unwandelbar (ἄτρεπτος καὶ ἀναλλοίωτος) ist, ... der vor unvordenklichen Zeiten einen eingeborenen Sohn erzeugt hat, durch welchen er auch die Äonen und das All schuf. Er hat ihn jedoch nicht zum Scheine (οὐ δοκήσει), sondern in Wahrheit erzeugt, und zwar durch seinen eigenen Willen ins Dasein gerufen, unveränderlich und unwandelbar, als ein vollkommenes Geschöpf (κτίσμα ... τέλειον) Gottes, aber (3) nicht wie eines der [übrigen] Geschöpfe, als Erzeugnis (γέννημα), aber nicht wie eins der [übrigen] Erzeugnisse; auch nicht so, wie Valentin das Erzeugnis des Vaters als Emanation (προβολή) [zu sehen] gelehrt, noch so, wie Mani das Erzeugnis als wesensgleichen Teil (μέρος ὁμοούσιον) des Vaters dargestellt hat; endlich auch nicht so, wie Sabellius die Einheit (μονάς) [selbst] teilte und vom »Sohnvater« (υἱοπάτωρ) sprach, oder so wie ihn Hierakas[^2] [sich] als an einem anderen Licht entzündetes Licht [vorstellt], oder wie eine geteilte Fackel[^3], noch so, dass der, der vorher [bereits] da war, nachträglich als Sohn geboren oder hinzuerschaffen worden wäre, wie ja auch du selbst, gottseliger Vater, inmitten der Kirche und der [Kleriker-] Versammlung mehr als einmal diejenigen zurechtgewiesen hast, die derartiges vorbrachten. Vielmehr, sagen wir, ist er durch den Willen Gottes vor Zeiten und Äonen geschaffen worden und hat vom Vater Leben, Sein und Ehren (δόξαι) empfangen, welche der Vater gleichzeitig mit ihm hat ins Dasein treten lassen (συνυποστήσαντος αὐτῷ τοῦ πατρός). (4) Denn der Vater hat sich, als er ihm alles zum Erbe gab, nicht selbst dessen beraubt, was er ohne Werden in sich trägt; ist er doch die Quelle allen Seins. Folglich gibt es drei Hypostasen[^4] [: Vater, Sohn und Hl. Geist]. Und zwar ist Gott, sofern er Grund allen Seins ist, absolut allein ursprungslos (ἄναρχος μονώτατος). Der Sohn, erzeugt vom Vater außerhalb der Zeit (ἀχρόνως), geschaffen und gegründet vor allen Äonen, war nicht, bevor er erzeugt ward; aber er allein ist, als außerhalb der Zeit [und] vor allen [anderen Geschöpfen] erzeugt, vom Vater [selbst] ins Dasein gebracht. Er ist weder ewig noch gleichewig mit dem Vater, noch teilt er mit ihm das Ungezeugt- [bzw. das Ungeworden-]sein (οὐδὲ ... συναγέν[νη]τος τῷ πατρί); auch hat er nicht mit dem Vater zusammen das Sein, wie einige mit Blick auf die [aristotelische] Kategorie der Relation (τὰ πρός τι)[^5] behaupten, womit sie zwei ungezeugte [ungewordene] Prinzipien einführen. Vielmehr ist Gott als Einheit (μονάς) und Ursprung allen Seins vor allen Dingen ... (5) ... Wenn aber Aussagen wie »aus ihm«, »aus dem Schoße« [Ps. 109 (110), 3] ... von bestimmten Leuten so interpretiert werden, als besagten sie, [der Logos] sei ein Teil von ihm, dem [mit ihm] Wesenseinen (μέρος αὐτοῦ ὁμοουσίου), und eine Emanation, dann ist nach ihrer Meinung der Vater zusammengesetzt, teilbar, wandelbar und körperlich; und soweit es an ihnen liegt, wird der unkörperliche Gott erleiden, was einem Körper zukommt ...

c) Brief des Arius an Euseb von Nikomedien
(geschrieben *nach* Dokument a: ebenda, Urk. 1, 4. 5 = Dok. 15, 4. 5)

Der Brief gehört so gut wie sicher einem fortgeschrittenen Stadium des Streites an, nicht dem Anfang, wie Opitz meinte. Gegenüber einem Gesinnungsgenossen (συλλουκιανιστής), wie Arius annimmt (s. das Briefende), gibt er darin folgenden Bericht über den lehrmäßigen Hintergrund des inzwischen über Alexandrien weit hinausgreifenden Streits mit Alexander:

(4) ... Was aber sagen und denken wir, haben wir gelehrt und lehren wir? Dass der Sohn nicht ungezeugt [ungeworden?] noch in irgendeiner Hinsicht Teil eines Ungezeugten [Ungewordenen?] ist oder irgendeiner vorliegenden Substanz entstammt (οὐκ ... ἀγέν[ν]ητος οὐδὲ μέρος ἀγεν[ν]ήτου ... οὔτε ἐξ ὑποκειμένου τινός), sondern dass er vor [allen] Zeiten und Äonen nach dem Willen und Ratschluss [des Vaters] zu existieren begann (ὑπέστη), voller [Gnade und Wahrheit (Joh. 1,14)?][6], Gott, Ein(zig)geborener, Unwandelbarer. Und bevor er gezeugt, geschaffen, eingesetzt oder gegründet ward (ὁρισθῇ ἢ θεμελιωθῇ), war er nicht; ist er doch ungezeugt [ungeworden?] ... (5) Wir werden aber verfolgt, weil wir behaupten, der Sohn habe einen Anfang, Gott hingegen sei anfangslos. Deshalb werden wir verfolgt, weil wir ferner behaupten, er entstamme dem Nichts (ἐξ οὐκ ὄντων ἐστίν). Wir reden aber deshalb so, weil er keinesfalls ein Teil Gottes ist noch irgendeiner vorliegenden Substanz entstammt ...

d) Bruchstücke aus dem Lehrgedicht des Arius, dem sog. »Bankett« (Θάλ[ε]ια), nach Athanasius (C. Arianos, or. I, 5.6 und De synodis, 15)

(C. Ar. 5,1 [113,3-9 Tetz/Metzler/Savvidis)
    κατὰ πίστιν ἐκλεκτῶν θεοῦ συνετῶν <τε> θεοῦ παίδων
    ἁγίων, ὀρθοτόμων, ἅγιον θεοῦ πνεῦμα λαβόντων,
    τάδε <πάντ᾽> ἔμαθον ἔγωγ᾽ ὑπὸ τῶν σοφίας μετεχόντων,
    ἀστείων, θε<ι>οδιδάκτων, κατὰ πάντα σοφῶν τε.
    τούτων κατ᾽ ἴχνος ἦλθον ἐγὼ βαίνων ὁμοδόξως
    ὁ περικλυτός, ὁ πολλὰ παθὼν διὰ τὴν θεοῦ δόξαν
    ὑπό τε θεοῦ μαθὼν σοφίαν καὶ γνῶσιν ἐγὼ ἔγνω.

Gemäß dem Glauben der Gotterwählten (vgl. Tit. 1,1), der Verständigen [und] Gotteskinder, Heiligen, [das Wort der Wahrheit] geradlinig Austeilenden (vgl. 2. Tim. 2, 15)], die den Hl. Geist Gottes empfingen, habe ich von denen, die Anteil haben an der Weisheit, den Gebildeten, Gottunterwiesenen und in jeder Hinsicht Weisen [Folgendes] gelernt. In ihre Fußtapfen bin ich getreten, [mit ihnen] eines Sinnes, der ich in aller Munde bin [vgl. Homer, Il. 1,607; Od. 8,287 u.ö.]; vieles erlitt ich um der Ehre Gottes willen; [doch] von Gott [selbst dafür] unterwiesen, gewann ich Weisheit und Erkenntnis.
(6,4 [p. 115,15-16 T./M./S.]) ... Sie [sc. Vater und Sohn] sind einander vollkommen unähnlich (ἀνόμοιοι πάμπαν ἀλλήλων), [ja,] was ihr Wesen und ihre Herrlichkeit anlangt, [geht der Abstand] ins Unendliche (ταῖς τε οὐσίαις καὶ δόξαις εἰσὶν ἐπ᾽ ἄπειρον).
(6,5 [p. 115,18-19 T./M./S.]) [Der Sohn, sagt er,] sei, wie er in sich selbst sei, vom Vater getrennt und habe keinerlei Anteil an ihm (διῃρημένον δὲ εἶναι καθ᾽ ἑαυτὸν καὶ ἀμέτοχον κατὰ πάντα τοῦ πατρός).

(De syn. 15,3 [p. 243,14-23 Opitz]) Um es zusammenzufassen: für den Sohn ist Gott unaussprechlich (συνελόντι εἰπεῖν τῷ υἱῷ ὁ θεὸς ἄρρητος ὑπάρχει); ist er doch, was er für [oder: in] sich selbst ist, das heißt unsagbar (ἔστι γὰρ ἑαυτῷ ὅ ἐστι τοῦτ᾽ ἔστιν ἄλεκτος[7]), so dass der Sohn nichts von dem Gesagten zureichend [wahrheitsgemäß (κατὰ κατάληψιν)] auszusagen weiß. Ihm ist es nämlich unmöglich, den Vater aufzuspüren [als den], der er vor [bei] sich selbst (ἐφ᾽ ἑαυτοῦ) ist. Der Sohn selbst kennt ja sein eigenes Wesen (οὐσία) nicht; weil er Sohn ist, existiert er in Wahrheit nach dem Willen des Vaters. Welche Logik erlaubte es zu sagen: der einem Vater entstamme, könne den, der ihn hervorbrachte, erkennen und begreifen (γνῶναι ἐν καταλήψει)? Es liegt ja auf der Hand, dass, was einen Anfang hat, unmöglich den, der ohne Anfang ist, so, wie er ist, denkend oder begreifend umfasst (ἐμπερινοῆσαι ἢ ἐμπεριδράξασθαι).

e) Konstantins Eingreifen in den Kirchenstreit nach seinem Brief an Alexander von Alexandrien und Arius (Okt. 324; Opitz, Urk. 17; vgl. B/H/S/W, Dok. 19)

Sein Eingreifen sieht der Kaiser, der, indem er sich an beide Wortführer zugleich wendet, seinen Standort über den streitenden Parteien sichtbar machen möchte,, in der ihm von Gott gestellten Doppelaufgabe begründet: einerseits das religiöse Sinnen und Trachten der Völker »gleichförmig« zu machen und zu einen, andererseits den schwerverwundeten Körper des gesamten Erdkreises zu erquicken und zu heilen, wobei er sich dessen bewusst ist, dass, gelänge es, den eigenen Wünschen gemäß unter den »Dienern Gottes« volle Eintracht zu erzielen, auch die öffentlichen Angelegenheiten eine der frommen Gesinnung aller entsprechende Wendung zum Besseren nähmen (§ 1). Es war daher schon heller Wahnsinn, wenn in Afrika[8] in unbesonnener Leichtfertigkeit Spaltungen den öffentlichen Gottesdienst um seine Geschlossenheit brachten (§ 2.3).

(4) ... Welch tödliche Wunde aber hat erst mein Ohr oder vielmehr mein Herz getroffen, als man mir meldete, unter euch sei eine noch schlimmere Spaltung im Entstehen, als sie dort [in Afrika] zurückgeblieben ... Da ich nun aber Anlass und Gegenstand dieser [Streitigkeiten] erwog, stellte sich der Vorwand als belanglos und solchen Haders keinesfalls wert heraus. Darum in die Notwendigkeit versetzt, diesen Brief an euch zu richten, appelliere ich an euren Gemeinsinn [wörtl.: eure einträchtige Geistesgegenwart (τὴν ὁμόψυχον ὑμῶν ἀγχίνοιαν)] und stelle mich unter Anrufung der göttlichen Vorsehung so, wie es billig ist, gleichsam als Friedensbringer mitten in den Streit, den ihr miteinander ausfechtet. (5) ... (6) Entstanden ist, wie ich höre, der ganze gegenwärtige Streit so, dass du, Alexander, die Presbyter fragtest, was ein jeder über eine bestimmte Stelle im Gesetz [wohl Prov. 8,22ff.], oder vielmehr über einen nichtigen Teil[aspekt] irgendeines Problems, dächte, und dass du, Arius, was gar nicht erst hätte gedacht oder, wenn schon gedacht, dann hätte totgeschwiegen werden sollen, unüberlegt entgegenhieltest ... (7) So soll denn ein jeder von euch gleichermaßen dem anderen Verzeihung gewähren und auf das hören was euer Mitdiener (συνθεράπων)[9] euch gerechtermaßen anrät ... (8) ... (9) ...Hat doch keine der Hauptanweisungen im Gesetz den Vorwand abgegeben und ist auch keine grundsätzliche Neuerung (καινὴ ... αἵρεσις[10]) hinsichtlich der Gottesverehrung bei euch eingeführt worden; vielmehr seid ihr eines Sinnes und solltet euch daher auch zu einträchtigem Bunde zusammenfinden können. ... (10 ... (11) ... (12) ... (13) Ich sage dies nicht, als ob ich euch zwingen wollte, bei dieser auf alle Fälle doch recht banalen Frage durchaus ein und derselben Meinung zu sein ... (14) Über die göttliche Vorsehung (πρόνοια) und über das höchste Wesen

muss es [freilich] einen einzigen Glauben, ein einziges Verständnis ... geben; was ihr jedoch untereinander über diese geringfügigen Fragen ausklügelt, das sollte, mögt ihr hierin auch zu keiner einhelligen Meinung gelangen, im innersten, geheimsten Denken eines jeden von euch wohlverwahrt bleiben. Dagegen bestehe unter euch unerschüttert das herrliche Gut freundschaftlicher Verbundenheit, der Glaube an die Wahrheit und die Gott und dem Dienst des Gesetzes erwiesene Ehre ... (15) ...

Quellen: H.G. Opitz, Athanasius Werke, Historische Schriften, 1934-1941, Bd. 2, 231ff. (De synodis); Bd. 3,1 (Urkunden zur Geschichte des arianischen Streites 318-328); H.C. Brennecke/U. Heil/A. v. Stockhausen/A. Wintjes, Athanasius Werke Bd. 3, 2, Lfg. 3: Dokumente zur Geschichte des arianischen Streites, 2007; M. Tetz, Athanasius Werke, Bd. 1, 1. Die dogmatischen Schriften, Lfg. 2, vorbereitet von K. Metzler, revidiert und besorgt von K. Savvidis, 1998 (Orationes c. Arianos II). – *Literatur:* M. Simonetti, Studi sull'Arianesimo, Rom 1965; F. Ricken, Das Homousios von Nikaia als Krisis des altchristlichen Platonismus, (zuletzt) in: H. Schlier u.a., Zur Frühgeschichte der Christologie, 1970; ders., Zur Rezeption der platonischen Ontologie bei Eusebios von Kaisareia, Areios und Athanasios, ThPh 53, 1978, 321-352; E. Boularand, L'hérésie d'Arius et la »foi« de Nicée, Paris 1972; M. Simonetti, La crisi ariana nel IV secolo, Stud. Aug. 2, Rom 1975; R. Lorenz, Arius Judaizans?, 1979; R.C. Gregg/D.E. Groh, Early Arianism, London 1981; R.C. Gregg (ed.), ARIANISM, Philadelphia 1985; S. Vollenweider, Neuplatonische und christliche Theologie bei Synesios von Kyrene (FLDG 35), 106-129, bes. 119-124; R. Williams, Arius, London 1987; R.P.C. Hanson, The Search for the Christian Doctrine of God, Edinburgh 1988; A.M. Ritter, Arius Redivivus? Ein Jahrzwölft Arianismusforschung, ThR 55, 1990, 153-187; ders., in: HDThG², I, S. 144ff.; G.C. Stead, Arius in Modern Research, JThS 45, 1994, 24-36; C. Piétri/C. Markschies, Theologische Diskussionen zur Zeit Konstantins: Arius, der »arianische Streit« und das Konzil von Nizäa, die nachnizänischen Auseinandersetzungen bis 337, in: Das Entstehen der Einen Christenheit (wie o. Nr. 33), 271-344 (hier: 285-300); H.G. Thümmel, HN ΠΟΤΕ ΟΤΕ ΟΥΚ HN (1999; wieder abgedr.) in: ders. Karpoi (Greifswalder theol Forschungen 14),, 2007, 118-128; S. Hausammann (wie o. Nr. 7), Bd. 3, 2003, 1-21; W. Löhr, Arius Reconsidered (Part 1. 2), ZAC 9 (2006), 524-560; 10 (2006), 121-157.

[1]   Es lässt sich nicht entscheiden, welche Lesart hier und an anderen Stellen die ursprüngliche ist: ἀγέννητος (ungezeugt oder ungeboren) oder ἀγένητος (ungeworden, -geschaffen). Erst für die Gegner, also die Antiarianer, wird die Unterscheidung zwischen ›Geboren-‹ und ›Gewordensein‹ konstitutiv und setzt sich in diesem Bereich erst mit Markell von Ankyra (Synode von Serdika 343 [s.u. Nr. 62. 63]) und Athanasius durch.

[2]   Vielseitig gelehrter Ägypter (ca. 270-360), Origenist und Verfasser (heute verlorener) Bibelkommentare und Psalmen.

[3]   Eine Fackel lässt sich leicht teilen, da sie meist ein Bündel von Holzruten oder -spänen darstellt. Etwa: zwei Menschen im Dunkeln, der eine hat eine brennende Fackel, er gibt dem andern eine Hälfte ab, so dass die eine für zwei ausreicht (H. Görgemanns).

[4]   Wie H.C. Brennecke und seine Mitarbeiterinnen(AW III 2, 3) vermuten, ist das eine in den Text eingedrungene Glosse.

[5]   Vgl. Aristoteles, Kategorien 7b. 15.

[6]   K. Holl, der Herausgeber von Epiphanius, Panarion, in welchem (haer. 69, 6) der Ariusbrief überliefert ist, stieß sich – sprachlich wie sachlich – an dem Ausdruck πλήρης θεός (zumal im Munde des Arius) und konjizierte eine Anspielung auf den Johannesprolog (Joh. 1, 14); der Herausgeber der zweiten überarbeiteten Ausgabe des betreffenden Teilbandes der Epiphaniusausgabe (GCS, Berlin 1985), J. Dummer, mochte sich dieser Konjektur nicht anschließen. Schwierig bleibt der Ausdruck trotzdem. In der neuesten Lieferung von Athanasius Werke (III 2, 3 Dok. 15) hat man sich für die Hollsche Konjektur entschieden.

[7]   So oder ähnlich wird in der heutigen Forschung der Anfangssatz dieser Zusammenfassung der »Blasphemien des Arius« (Βλασφημίαι Ἀρείου) in De syn. 15, 3, mit der wohl auch die »Tha-lia« schloss, mehrheitlich übersetzt; zu verstehen wäre es im Sinne des aristotelischen Got-

tesbegriffes nach Buch XI (Λ) seiner »Metaphysik«. Gott ist danach »ausschließlich auf sich selbst bezogen ... Er ist der Nus, der als die vollkommenste Tätigkeit nur sich selbst zum Gegenstand haben kann. Die Unsagbarkeit Gottes ist Folge seiner Selbstbezogenheit: Weil er sich der Welt nicht mitteilt, kann unsere Sprache ihn nicht erfassen« (F. Ricken, Zur Rezeption, 343). Wollte man hingegen in dem schwierigen Satz (mit W. Löhr, ZAC 10, 2006, 146-148) ausgesagt finden, dass »Gott für sich selbst unsagbar oder unerkennbar« sei, so stünde eine solche Aussage innerhalb des Ariusgutes vollkommen isoliert; auch hätte unter Freunden wie Gegnern des Arius von einer solchen Aussage, soweit wir wissen, nie jemand auch nur die geringste Notiz genommen. Für beides aber gäbe es schwerlich eine plausible Erklärung.

[8]   Vgl. oben Nr. 48. 50d.

[9]   Vgl. die Selbstbezeichnung Konstantins als »Bischof für die äußeren Angelegenheiten [oder: für die Außenstehenden]« (ἐπίσκοπος τῶν ἐκτός [Euseb, Leben Konstantins 4,24]).

[10]   Zu dieser durch den Zusammenhang nahegelegten Deutung von αἵρεσις s. H. Doerries a.o. (Nr. 50) a.O., 57, Anm. 2.

55. Erneuerung des Toleranzversprechens Konstantins in seinem Lehrbrief an die Provinzialen von 324 (Euseb, Leben Konstantins 2, 56)

Nach seinem Sieg über Licinius (Sept. 324) ließ Konstantin zwei große Schreiben an seine östlichen Untertanen ergehen. Das erste (Euseb, Leben Konstantins, 2,24-42) hielt die Magistrate zu umfassender Wiedergutmachung an den Opfern alter und neuester Verfolgung an. Das zweite, an die Christen der östlichen Provinzen gerichtet (ebenda 2,48-60), erneuerte das Toleranzversprechen des sog. ›Mailänder Edikts‹, diesmal allerdings nicht mehr den Christen, sondern den Heiden gegenüber. Es heißt in diesem, zum Schluss in Gebetsform gehaltenen »Missionsbrief mit dem Charakter einer apologetischen Rede« (H. Kraft) u.a.:

(56,1) Es ist mein Wunsch, dass dein Volk um des allgemeinen Besten des Erdkreises (οἰκουμένη) und aller Menschen willen in Frieden leben und ohne Parteikämpfe [oder:von Unruhen frei (ἀστασίαστος)] bleiben möge. Gleichen Frieden und gleiche Ruhe wie die Gläubigen [sc. die Christen] sollen aber auch die Irrenden erhalten und freudig genießen. Diese Wonne der Gemeinschaft nämlich wird auch jene zu bessern und auf den rechten Weg zu bringen vermögen. Keiner soll den anderen belästigen; wie sein Herz begehrt, so soll es ein jeder haben und halten. (2) Die Gutgesinnten seien sich dessen freilich gewiss, dass nur die heilig und rein leben, die du selbst berufst, in deinen heiligen Gesetzen zu ruhen. Die sich den jedoch entziehen, sollen die Tempel ihres Trugs nach ihrem Willen behalten; wir [aber] haben das lichte Haus deiner Wahrheit. Was du naturentsprechend (κατὰ φύσιν) verliehen, das erflehen wir auch für sie, damit nämlich auch sie die innige Freude erfahren mögen, wie sie aus der allgemeinen Eintracht erwächst.

Quelle: I.A. Heikel/F. Winkelmann a.o.(Nr. 50)a.O. – *Literatur:* A.H.M. Jones, Notes on the Genuineness of the Constantinian Documents in Eusebius' Life of Constantine, JEH 5, 1954, 196ff.; H. Doerries a.o.(Nr. 50)a.O.; H. Kraft a.o.(Nr. 50)a.O.; P.R. Coleman-Norton a.o.(Nr. 52) a.O.

56. Das Konzil von Nizäa und sein Symbol

Als nach Erringung der Alleinherrschaft durch Konstantin der Streit um Arius (und Alexander) sofort wiederauflebte und sich weder durch den direkten Appell an die beiden Hauptbeteiligten (s.o Nr. 54e), noch durch eine Mission des Ossius von Cordoba, des augenblicklichen kaiserlichen Ratgebers in Kirchenfragen, in Alexandrien und Antiochien (Frühjahr 325) der Kirchenfriede wieder einstellen wollte, berief der Kaiser nach dem Vorgang von Arles (s.o. [Nr. 50d]) den Episkopat seines gesamten Reiches zu einem Konzil in das Landstädtchen Nicaea (Nikaia), nahe der kaiserlichen Residenz Nikomedien. Obwohl nur wenige Abendländer teilnahmen und das Hauptziel, nämlich die Beendigung des trinitätstheologischen Streits, nicht erreicht, sondern eher die Saat zu neuem Hader ausgestreut wurde, hat dies Konzil der »318 Väter«, das erste in der Reihe der »ökumenischen« Konzile, als Grundlage aller weiteren Lehrentscheidungen wie als Modellfall der »kaiserlichen Synodalgewalt« in der Alten Kirche eine überragende Autorität gewonnen.

a) Die Konzilsverhandlungen nach dem Synodalbrief an die Kirchen Alexandriens, Ägyptens, Libyens und der Pentapolis (Opitz, Urkunde 23; vgl. Brennecke/Heil/v. Stockhausen/Wintjes, Dokument 25)

(2) Nachdem uns die Gnade Gottes und der gottgeliebteste (θεοφιλέστατος) Kaiser Konstantin aus verschiedenen Provinzen (ἐπαρχίαι) und Städten zur großen und heiligen Synode in Nizäa versammelt hat[1], erschien es der heiligen Synode als unbedingt notwendig, auch euch einen Brief zu schicken, damit ihr wissen könnt, was verhandelt und geprüft, was beschlossen und sichergestellt wurde. Vor allem anderen ist in Gegenwart des gottgeliebten Kaisers Konstantin all das geprüft worden, was mit der Gottlosigkeit und Gesetzwidrigkeit des Arius und seiner Anhänger zusammenhängt; (3) einstimmig wurde der Beschluss gefasst, seine gottlose Auffassung (δόξα) mit dem Anathem zu belegen, desgleichen seine ruchlose Redeweise und Begrifflichkeit, der er sich zu seinen Lästerungen hinsichtlich des Sohnes Gottes bediente, indem er sagte, dieser sei »aus dem Nichts«, habe, »bevor er gezeugt ward, nicht existiert«, und es habe »eine Zeit« gegeben, »da er nicht war«; auch sei er kraft seiner Entscheidungsfreiheit (αὐτεξουσιότης) in der Lage, sich auf die Seite der Bosheit wie der Tugend zu schlagen, ein Geschöpf und Gemächte, wie ihn jener [Arius] nennt und tituliert. (4) Das alles hat die heilige Synode mit ihrem Anathem belegt, da sie nicht bereit war, eine derart gottlose Auffassung, solchen Widersinn und solch lästerliche Reden auch nur anzuhören ... (5) ... Nachdem aber Gottes Gnade Ägypten von jener Falschlehre (κακοδοξία) und Blasphemie und [damit auch] von jenen Menschen befreit hatte, die sich unterstanden, Verwirrung und Zwietracht unter das Volk zu säen, das bis dahin [oder: (nach dem Aufhören der Verfolgung) von neuem] (ἄνωθεν) in Frieden lebte, blieb uns noch die Angelegenheit zu regeln, die mit der Unbesonnenheit (προπέτεια) des Melitius und der von ihm Ordinierten zusammenhängt[2]; auch darüber, was die Synode in dieser Frage beschlossen hat, wollen wir euch, liebe Brüder, informieren ...

In dieser Angelegenheit also, so fährt das Synodalschreiben fort, wurde beschlossen, Melitius samt den von ihm geweihten Klerikern in ihren Stellen zu belassen, doch mit geminderten Rechten, zumal ohne Ordinationsvollmacht oder das Recht zur aktiven Teilnahme an einer Wahl; auch sollten sie bei auftretenden Vakanzen als Kandidaten mitberücksichtigt werden, ausgenommen Melitius selbst, dessen alter Ungehorsam und anmaßende Sinnesart eine Sonderregelung erfordere (§ 6-10).

(11) So viel zu den speziell Ägypten und die allerheiligste Kirche Alexandriens betreffenden Verhandlungen und Beschlüssen. Was sonst noch in Anwesenheit unseres hochverehrten Mitbischofs (συλλειτουργός) und Bruders, des Herrn Alexander, geregelt und beschlossen wurde, mag dieser euch selbst nach seiner Rückkehr im einzelnen eröffnen, da er an diesen Vorgängen ja maßgeblichen Anteil hatte (καὶ κύριος καὶ κοινωνὸς τῶν γεγενημένων τυγχάνων). (12) Wohl aber möchten wir euch noch die gute Nachricht weitergeben, dass dank eurer Gebete die Übereinstimmung hinsichtlich [der Begehung] des Osterfestes (τὸ ἅγιον πάσχα) nunmehr wiederhergestellt worden ist. Alle Brüder im Orient, die das Fest bisher gleichzeitig mit den Juden[3] gefeiert haben, werden es von nun an zusammen mit den Römern, mit euch und uns allen begehen, die wir mit euch seit alters am [rechten] Oster[termi]n festgehalten haben.

Mit der Aufforderung, Alexander bei seiner Rückkehr mit der Ehrerbietung und in der Gehorsamshaltung zu empfangen, auf die er einen Anspruch habe, sowie mit einem Schlusswunsch endet das Schreiben (§ 13).

b) Das nizänische Symbol (N [COGD I, 19; Opitz, Urk. 24; vgl. B/H/v. St./ W, Dok. 26])

Wir glauben an *einen* Gott, den Vater, den Allmächtigen, Schöpfer all des, das sichtbar und unsichtbar ist; und an *einen* Herrn Jesus Christus, den Sohn Gottes, der als Einziggeborener (μονογενής) aus dem Vater gezeugt ward, d.h. aus dem Wesen des Vaters (τουτέστιν ἐκ τῆς οὐσίας τοῦ πατρός), Gott von Gott, Licht von Licht, wahrhaftiger Gott aus wahrhaftigem Gott, geboren, nicht geschaffen, eines Wesens mit dem Vater (θεὸν ἀληθινὸν ἐκ θεοῦ ἀληθινοῦ, γεννηθέντα οὐ ποιηθέντα, ὁμοούσιον τῷ πατρί), durch welchen alles geworden ist, sowohl was im Himmel wie was auf Erden ist, der um uns Menschen und um unseres Heiles willen herabgestiegen und Fleisch geworden ist, der Mensch ward, litt und am dritten Tage auferstand, aufgefahren ist gen Himmel [und] kommen wird, um Lebende und Tote zu richten; und an den Heiligen Geist.
Die aber sagen:»es gab eine Zeit, da er nicht war«, und:»ehe er geboren ward, war er nicht«, und:»aus Nichtseiendem ist er geworden«, oder die behaupten, er entstamme einer anderen Hypostase oder Wesenheit (οὐσία) [als der des Vaters] oder der Sohn Gottes sei [geschaffen oder] wandelbar oder veränderlich ([ἢ κτιστὸν] ἢ τρεπτὸν ἢ ἀλλοιωτόν), die verdammt die katholische und apostolische Kirche.

c) Die Einfügung des Homousios und sein Sinn nach Eusebs Schreiben an seine Diözesanen (Opitz, Urk. 22; vgl. B/H/v.St,/W Dok. 24)

Eine der wichtigsten – und umstrittensten – Quellen für die Abfassung von N (wohl auf der Basis älterer regulae fidei aus dem syrisch-palästinischen Bereich) und die Einfügung seines Hauptstichwortes, des Homousios, ist ein Brief, den Euseb von Caesarea vom Konzil aus oder kurz nach dessen Abschluss an seine Diözesanen gerichtet hat. Euseb beginnt – und begründet sein Schreiben – damit, es gelte zu verhindern, dass die Adressaten im Blick auf das, was auf der »großen, in Nizäa versammelten Synode bezüglich des kirchlichen Glaubens verhandelt« wurde, auf bloße Gerüchte angewiesen seien, und kündigt an, zunächst »die schriftliche Glaubenserklärung (περὶ πίστεως γραφή), die von mir vorgelegt wurde«, mitteilen zu wollen, »sodann eine zweite [Erklärung], welche sie [sc. die maßgebliche Konzilsfraktion] herausgaben, indem sie zu meinen Formulierungen (φωναί) einige Zusätze machten« (§ 1). Was freilich seine eigene »Glaubenserklärung« notwendig machte, wird vom Verfasser geschickt verschleiert. Folgt sodann das Zitat der »in Gegenwart unseres gottgeliebtesten Kaisers verlesenen« und für recht befundenen »Glaubenserklärung« Eusebs (§ 2-6). Danach heißt es:

(7) Dieser von uns dargelegte Glaube ließ keinerlei Raum für einen Widerspruch; doch unser gottgeliebtester Kaiser bezeugte [auch noch ausdrücklich, bevor irgend jemand sonst das Wort nahm] als erster, dass er [dieser Glaube] vollkommen orthodox sei. Er bekannte überdies, dass ihm sein eigenes Empfinden entspreche, und befahl allen Anwesenden an, ihm zuzustimmen ..., nur, dass ein einziges Wort, nämlich *wesenseins* (ὁμοούσιος), eingefügt werden müsse, welches er zudem selbst dahingehend interpretierte: der Sohn sei wesenseins nicht im Sinne körperlichen Erleidens (κατὰ τῶν σωμάτων πάθη) und sei aus dem Vater ins Dasein getreten weder zufolge einer Teilung noch einer Trennung; denn die immaterielle, geistige und unkörperliche Natur [Gottes] könne nicht irgendeinem körperlichen Affekt unterliegen; vielmehr sei es an uns, von solchen Dingen uns einen Begriff zu machen in einer göttlichen und unaussprechlichen Weise. Dies die Erwägungen, die unser allerweisester und gottgeliebter Kaiser anstellte (ἐφιλοσόφησε). Doch jene verfassten unter dem Vorwand (πρόφασις) der [vom Kaiser verlangten] Einfügung des Homousios folgendes Schriftstück (γραφή) ...

Folgt das Zitat des Nicaenum, das in seinem Wortlaut mit dem oben (b) gebotenen Text bis auf das hier zusätzlich gelesene »geschaffen oder« (ἢ κτιστόν) ausnahmslos übereinstimmt (§ 8).

(9) Als sie nun dies Dokument in Vorschlag gebracht hatten, unterließen wir es nicht, nachzufragen, in welchem Sinne sie die Wendungen »aus dem Wesen des Vaters« und »wesenseins mit dem Vater« gebrauchten. Entsprechend kam es zu Fragen und Antworten, und die Diskussion ging dem Sinn dieser Wendungen auf den Grund. Und sie bekannten, dass die Wendung »aus dem Wesen [des Vaters]« anzeige, dass der Sohn sein Sein [tatsächlich] vom Vater habe, ohne ein Teil vom Vater zu sein. (10) Unter der Voraussetzung eines solchen Verständnisses aber hielten wir es für richtig, unsere Zustimmung zu erklären ..., zumal wir das hohe Ziel des Friedens vor Augen hatten ... (11) In derselben Weise akzeptierten wir auch »geboren, nicht geschaffen«, weil sie versicherten, »geschaffen« sei eine Benennung, die ihm mit den anderen Geschöpfen gemeinsam gewesen wäre, welche durch den Sohn ins Sein kamen, mit denen der Sohn aber keine Ähnlichkeit habe ... (15) Auch den Anathematismus im Anschluss an den von ihnen formulierten Glauben hielten wir für unverfänglich (ἄλυπος); verwehrt er doch [lediglich], sich einer Begrifflichkeit zu bedienen, die nicht schriftgemäß ist und nahezu die gesamte Verwirrung und Unruhe [in] der Kirche heraufbeschworen hat[!]...

d) Kanon 5 und 6 (COGD I, 22f.)

Unter den 20 kirchenrechtlichen Regelungen (Kanones), welche in Nizäa getroffen wurden, kommt wohl die größte geschichtliche Bedeutung denjenigen zu, die in Anlehnung an die politischen Provinzen (Eparchien [vgl. oben Nr. 46a]) die kirchliche Metropolitanverfassung einführten (Kan. 5) sowie unter Hinweis auf die Sonderstellung Alexandriens und Antiochiens (ohne Rückwirkung für das ebenfalls genannte Rom) der späteren Patriarchatsverfassung den Weg bahnten (Kan. 6).

(Kan. 5) Was die Exkommunikation von Klerikern und Laien betrifft, so muss der Urteilsspruch (γνώμη) der Bischöfe einer jeden Provinz (ἐπαρχία) Gesetzeskraft besitzen, gemäß der Regel, dass derjenige, der von einem Bischof exkommuniziert wurde, nicht von anderen wieder zugelassen werden darf ... [Um jedoch Willkür zu vereiteln], wurde der Beschluss gefasst, dass in jeder Provinz zweimal jährlich eine Synode abgehalten wird, an der alle Bischöfe der betreffenden Provinz teilnehmen; diese sollen gemeinsam die erforderlichen Untersuchungen anstellen, [und ihre Entscheidung soll so lange in Kraft bleiben, bis sie selbst sie wieder aufgehoben oder abgemildert haben] ... Von diesen Synoden soll die eine vor Beginn der Tessarakoste [der vierzigtägigen Fastenzeit vor Ostern] ..., die andere im Herbst stattfinden.

(Kan. 6) Der alte Brauch (Τὰ ἀρχαῖα ἔθη) hinsichtlich Ägyptens, Libyens und der Pentapolis soll beibehalten werden, wonach der Bischof von Alexandrien die Jurisdiktion (ἐξουσία) über alle diese [Provinzen] innehat, da auch für den Bischof von Rom ein derartiges Gewohnheitsrecht (τὸ τοιοῦτον σύνηθες) existiert. Ebenso sollen auch im Bereich von Antiochien und in den übrigen Provinzen die althergebrachten Vorrechte (τὰ πρεσβεῖα) gewahrt bleiben. Im übrigen ist völlig klar, dass die große Synode für den Fall, dass einer ohne Billigung durch seinen Metropoliten [sc. den Bischof der Metropolis = Provinzhauptstadt] Bischof geworden ist, festsetzt, dass er seiner Bischofswürde verlustig geht. Ist jedoch die Wahl von allen gemeinsam, umsichtig und der kirchlichen Ordnung gemäß getroffen worden, so soll der Entscheid der Mehrheit gelten, auch wenn zwei oder drei aus reinem Widerspruchsgeist (δι' οἰκείαν φιλονεικίαν) opponieren.

Quellen: H.G. Opitz a.o.(Nr. 54)a.O.; G.L. Dossetti, Il simbolo di Nicea e di Costantinopoli, Rom 1967; J. Alberigo u.a., Conciliorum Oecumenicorum Generaliumque Decreta (= COGD), I, Turnhout 2006, 3-34 (Concilium Nicaenum I, ed. G. Alberigo). – *Literatur:* Vgl. oben zu Nr. 54; dazu J.N.D. Kelly a.o.(Nr. 42)a.O., 205-259; G.C. Stead, ›Eusebius‹ and the Council of Nicea, JThS NS 24, 1973, 85-100; ders., Art. Homousios, RAC 16, 1994, 364-433, bes. 401ff.; L. Abramowski, Die Synode von Antiochien 324/25 und ihr Symbol, ZKG 86, 1975, 356-366; H. von Campenhausen, Das Bekenntnis Eusebs von Caesarea (Nicaea 325), ZNW 67, 1976, 123-139; H.C. Brennecke, Art. Nicäa I, TRE 24, 1994, 429-441; C. Piétri/C. Markschies (wie o. Nr. 54), 302-317; A.M. Ritter in: HDThG, I, ²1999, 163ff.; S. Hausammann (wie o. Nr. 7), Bd. 3, 2003, 22-36; G. Alberigo (wie oben [mit weiterer Lit.]); M. Edwards, The first council of Nicea, in: M.M. Mitchell/F.M. Young (wie o. Nr. 1), 552-567.

[1]   Vgl. das Konvokationsschreiben Konstantins bei Opitz, Urk. 20 = B/H/v.St./W, Dok. 22.

[2]   Gemeint ist das Schisma der Melitianer in Mittelägypten. Ihr Sprecher war der Bischof von Lykopolis, Melitius, der während der diokletianischen Verfolgung in der Diözese des geflüchteten Petrus von Alexandrien Ordinationen durchgeführt hatte. Als der 306 (?) zurückgekehrte Petrus deswegen Melitius für abgesetzt erklärte und durch einen Osterfestbrief 14 Bußkanones veröffentlichte, die je nach dem Einzelfall unterschiedliche Bußfristen bemaßen und auch sonst bischöfliche Milde bekundeten, verschärften sich die Gegensätze und scharten sich die Rigoristen um Meletius zur »Kirche der Märtyrer« zusammen. Zur Zeit des nizänischen Konzils zählte man in Ägypten 34 melitianische Bistümer (bei einer Gesamtzahl von ca. 100).

[3]   Sc. am jüdischen Passa, dem 14. Nisan; daher auch der Name ›Quartadezimaner‹.

57. Konstantins Häretikergesetz aus der Zeit um 326
(bei Euseb, Leben Konstantins 3,64f.)

Hat Konstantin auch die Erkenntnis, dass niemand mit Gewalt zu irgendeiner Form der Gottesverehrung gezwungen werden dürfe, wohl zu keiner Zeit preisgegeben, so war er Häretikern gegenüber weitaus weniger tolerant als gegenüber ›Heiden‹, wie folgender »Brief an die gottlosen Häretiker«, das »zornigste von allen echten Schreiben Konstantins« (H. Kraft), beweist, mit dem die christliche Ketzergesetzgebung einsetzte. Zu den Gründen für dieses scheinbar widersprüchliche Verhalten s. oben Nr. 55 i. Vgl. m. Nr. 54e.

(64,1) Erkennt nun durch dieses Gesetz (νομοθεσία), ihr Novatianer, Valentinianer, Markioniten, Paulianer[1], ihr, die ihr nach den Phrygern zubenannt seid[2], kurz alle, die mit ihren Separatversammlungen (οἰκεῖα ... συστήματα) die [Zahl der] Sekten anschwellen lassen, in welche Lügen eure Torheit sich verstrickt hat und mit welch tödlichem Gift eure Lehre durchtränkt ist, so dass sich durch euch die Gesunden Krankheit, die Lebenden ewigen Tod zuziehen. (2) ... (3) Doch was soll ich einzelnes aufzählen, da weder die Kürze der Zeit noch unsere [übrigen] Geschäfte es uns erlauben, in irgend einer angemessenen Weise über eure Frevel zu reden? ... (4) Was sollen wir also länger solche Frevel dulden? Unsere fortdauernde Nachsicht bewirkt ja nur, dass auch die Gesunden wie von einer pestartigen Krankheit befallen werden. Warum also nicht durch öffentlich bewiesene Aufmerksamkeit (δημοσία ἐπιστρέφεια) so rasch wie möglich dieses große Übel sozusagen mit den Wurzeln ausrotten?

(65,1) In diesem Sinne schreiben wir durch dieses Gesetz (νόμος) vor, dass keiner von euch hinfort wage, Zusammenkünfte zu veranstalten. Darum haben wir auch Befehl gegeben, alle eure Häuser, in denen ihr diese Zusammenkünfte (συνέδρια) veranstaltet, zu beschlagnahmen; ja, unsere Sorge geht so weit, dass nicht nur nicht öffentlich, sondern auch nicht einmal in einem Privathaus oder an Privatorten Versammlungen eures abergläubischen Wahns abgehalten werden dürfen. (2) ... Gänzlich verbannt sei [jedenfalls] aus den glücklichen Zeiten unserer Regierung der Trug eurer verkehrten Lehre, ich meine die fluchwürdige und verderbliche Zwietracht der Häretiker und Schismatiker. Denn es ist dem Glück, dessen wir uns durch Gottes Gnade (σὺν θεῷ) erfreuen dürfen, [dienlich und] angemessen, alle, die ihr Leben in Hoffnung auf künftigen Segen führen, aus ... der Finsternis zum Licht, aus dem Irrwahn zur Wahrheit, aus dem Tod zur Errettung (σωτηρία) zu geleiten. (2) Um aber dieser Heilung (θεραπεία) den notwendigen Nachdruck (ἴσχυς) zu verleihen, haben wir, wie bereits gesagt, Befehl gegeben, alle Versammlungsstätten dieses Aberglaubens, ich meine die Bethäuser sämtlicher Häretiker (wenn man sie denn Bethäuser nennen darf!) zu beschlagnahmen und ohne Einspruchsmöglichkeit und Zeitverzug der katholischen Kirche zu übergeben, die übrigen Örtlichkeiten aber dem Fiskus zuzuführen und euch in Zukunft keinerlei Möglichkeit zu belassen, euch zu versammeln ...

Quelle: I.A. Heikel/F. Winkelmann a.o.(Nr. 50)a.O. – *Literatur:* H. Doerries a.o.(Nr. 50)a.O;. ders., Konstantinische Wende und Glaubensfreiheit, in: ders., Wort und Stunde, 1, 1966, 1-117, bes. 103 ff.; H. Kraft a.o.(Nr. 50)a.O.; K.L. Noethlichs, Die gesetzgeberischen Maßnahmen der christlichen Kaiser des 4. Jahrhunderts gegen Häretiker, Heiden und Juden, Diss. Köln 1971; ders., Art. Heidenverfolgung, RAC 13, 1986, 1149-1190, bes. 1151-1155; H. Chadwick, Orthodoxy and heresy from the death of Constantine to the eve of the first council of Ephesus, in: A. Cameron/P. Garnsey (Hg.), The Cambridge Ancient History, 13: The Late Empire A.D. 337-425, Cambridge 1998, 561-600.

---

[1] Gemeint die in Kan. 19 von Nizäa als »Paulianisten« bezeichneten Anhänger des 268 verurteilten Paulus von Samosata, nach F. Loofs Vertreters einer »ökonomisch«-trinitarischen Tradition. Zu den übrigen Ketzernamen s.o. Nr. 36a.25.15.

[2] Gemeint sind die auch »Kataphryger« genannten Montanisten: s. oben Nr. 18.

58. Der spätantike Staat als ›Zwangsstaat‹
(Cod. Theod. 5,17,1; 12,1,1; 13,5,1)

Da das römische Reich seit der ›Konstantinischen Wende‹ zusätzliche Lasten zu tragen hatte, sofern es einen wachsenden Anteil seiner Energien auf Probleme verwandte, die sich aus der Mitte des Christentums erhoben (s. oben Nr. 54e. 57), da sich ferner mit den von Diokletian ergriffenen Reformmaßnahmen (s. oben Nr. 46b) allenfalls ein kurzfristiger wirtschaftlicher Aufschwung erreichen ließ, der aber »den Keim zu weiterem Verfall in sich trug« (N. Brockmeyer), und schließlich die Bedrohung von außen (Germaneninvasionen) sich im Laufe des 4. Jahrhunderts eher noch verstärkte, hat sich auch am ›Zwangscharakter‹ des Regierungssystems (Dominat) im ganzen wenig geändert, wie folgende Belege zeigen dürften. Es sei allerdings nicht verschwiegen, dass sich in der neuesten Forschung die Stimmen mehren, die vor einer Dramatisierung warnen (J.U. Krause, H. Leppin, S. Rebenich u.a.).

(Cod. Theod. 5,17,1 [30.10.332]) Jeder [Grundherr], bei dem ein Kolone aus fremdem Besitz (iuris alieni)[1] aufgefunden wird, hat diesen nicht nur dorthin zurückzubefördern, woher er stammt, sondern für ihn auch die Kopfsteuer (capitatio[2]) zu entrichten für die Zeit [in der er in seinen Diensten gestanden hat]. Die Kolonen selbst, die Fluchtpläne schmieden, soll man, wie man mit Sklaven zu verfahren pflegt, in eiserne Fesseln schlagen, so dass sie die Pflichten, die ihnen als Freien zukommen, infolge ihrer Verurteilung zum Sklavenstand zu erfüllen *gezwungen* sind.

(Cod. Theod. 12,1,1 [15.3.313]) Kein Richter [bzw. Provinzgouverneur] soll es wagen, einen Kurialen[3] von seinen Verpflichtungen gegenüber der Kommune (civilia munera)[4] freizustellen oder jemanden nach eigenem Gutdünken von der Zugehörigkeit zum Stadtrat (curia) zu befreien. Sollte nämlich irgend jemand durch unglückliche Umstände derart finanziell heruntergekommen sein, dass er der Unterstützung bedarf, so muss sein Fall uns zur Kenntnis gebracht werden, damit ihm für eine bestimmte Zeit Befreiung von seinen Verpflichtungen als Bürger [seiner Kommune] gewährt werde.

(Cod. Theod. 13,5,1 [19.3.319]) Wenn jemand einer Transportschifferfamilie entstammt (navicularius originalis), aber zum Kapitän eines Leichters (levamentarius)[5] aufgerückt ist, dann soll er dennoch beständig in derselben Berufsgruppe verbleiben, der offensichtlich auch seine Eltern angehört haben.

Quellen: Th. Mommsen a.o.(Nr. 52)a.O. – *Literatur:* N. Brockmeyer a.o.(Nr. 3)a.O., 121ff.; A. Heuß, Das spätantike römische Reich kein »Zwangsstaat«? Von der Herkunft eines historischen Begriffs, GWU 37, 1986, 603-618; J.U. Krause, Art. Klassen (Gesellschaftsschichten), RAC 20, 2004, 1169-1227 (m.weit.Lit.); H. Leppin, Theodosius d. Gr., 2003, Einführung, bes. 15-24; S. Rebenich, Die 101 wichtigsten Fragen. Antike, 2006, 31-45.

[1]   Der Kolone galt also als grundhörig und wurde daher, wenn er floh, wie ein flüchtiger Sklave (servus fugitivus) behandelt.
[2]   Von caput = männl. Arbeitskraft.
[3]   Mitglied einer städt. Curia.
[4]   S. dazu oben Nr. 33b.
[5]   Übersetzung von W. Arend a.o([Nr. 45)a.O.

59. Das Mönchtum des Pachomius

Nach und neben der Anachorese (s. oben Nr. 53) entstand im 4. Jahrhundert bald auch das »koinobitische« Mönchtum (von κοινόβιον = lat. vita communis [›Gemeinsames Leben‹]), dem, aufs

Ganze gesehen, die Zukunft gehören sollte. Sein Stifter ist der Kopte Pachomius (gest. 347 od. 346). Bereits um 320 gründete er in Tabennisi in der Thebais ein Kloster, dem später acht weitere Männer- und zwei Frauenklöster unter seiner Oberleitung als Generalabt an die Seite traten.

a) Pachomius und die Mönche von Tabennisi nach der Mönchsgeschichte des Palladius (Historia Lausiaca, Kap. 32f.)

(32) Tabennisi ist der Name eines Ortes in der Thebais, an dem Pachomius lebte, einer der Männer, die den rechten Lebensweg einschlugen, so dass er auch gewürdigt ward, zu weissagen [oder: Weissagungen zu empfangen] und Engelserscheinungen zu schauen ... Als er einst in der Höhle saß, erschien ihm ein Engel und sprach zu ihm: »Für dich selbst hast du alles wohl ausgerichtet (τὰ κατὰ σαυτὸν κατώρθωσας) und sitzest darum unnütz in deiner Höhle! Geh' und sammle draußen all die jungen Mönche, wohne mit ihnen zusammen und setze für sie eine Regel fest (νομοθέτησον) nach dem Muster, das ich dir gebe.« Und er übergab ihm eine eherne Tafel, worauf wie folgt geschrieben stand: »Lass jedermann essen und trinken nach seinem Vermögen und teile entsprechend den jeweiligen Möglichkeiten die Arbeiten ein. Hindere niemanden weder am Fasten noch am Essen. Wohl aber gebiete denen, die mehr zu leisten fähig sind, dass sie auch mehr leisten, während du denen, die schwächer sind und sich strengerer Askese unterwerfen, die leichteren Arbeiten zuteilen sollst. Richte in der Mönchssiedelung (αὐλή) verschiedene Zellen her und lass drei Mönche eine Zelle bewohnen. Die Nahrung aber soll für alle in einem einzigen Haus bereitet werden. Schlafen sollen sie nicht im Liegen, sondern sie sollen sich schräge Stühle anfertigen, darüber Teppiche breiten und darauf sitzend schlafen. Nachts sollen sie mit Hemden und Leinen bekleidet und gegürtet sein. [Tagsüber] soll ein jeder ein gegerbtes Ziegenfell tragen, das sie auch bei Tisch nicht ablegen dürfen. Am Sabbat und am Herrentag, wenn sie zur Kommunion gehen, sollen sie ihre Gürtel lösen, das Ziegenfell ablegen und nur in der Kukulle[1] die Kirche betreten. Und zwar sollen die Kukullen ungefüttert sein wie bei Kindern und darauf ein Purpurkreuz eingebrannt. Teile sie [ferner] in 24 Abteilungen (τάγματα) ein und gib einer jeden [als Kennzeichen] einen Buchstaben des griechischen Alphabets ... Jenen, die einfältigeren, lauteren Wesens sind, gib das Jota, den Mürrischen und Verschlagenen dagegen das Xi ... Kommt ein Gast aus einem fremden Kloster, das einer anderen Regel (τύπος) untersteht, so darf er nicht mit diesen essen und trinken noch ihr Haus betreten, es sei denn, er ist auf einer Reise begriffen ... Beim Essen sollen sie das Haupt mit den Kukullen verhüllen, damit kein Bruder den andern essen sieht. Auch ist es ihnen beim Essen nicht gestattet zu reden, noch wo anders hinzublicken als auf Teller oder Tisch. Den ganzen Tag über sollen sie zwölf Gebete verrichten, zur Zeit, da man die Lichter anzündet, sowie zur Mitternacht ebenfalls jeweils zwölf, zur neunten Stunde drei. Auch wenn die Menge sich zu Tisch begibt, soll jedem Gebet ein Psalmgesang vorangehen.«

Als darauf Pachomius dem Engel gegenüber einwandte, es seien das zu wenig Gebete, gab dieser zur Antwort: »So habe ich sie festgesetzt, damit auch die Kleinen (μικροί) die Vorschrift ohne Beschwer einhalten können. Die Vollkommenen bedürfen keiner Regel (νομοθεσία); widmen sie doch für sich selbst in ihren Zellen ihr ganzes Leben der Schau (θεωρία) Gottes. All denen habe ich hingegen diese Regel gegeben, die weniger Einsicht besitzen, damit sie wenigstens wie Knechte der Vorschrift gemäß wandeln und so in Freimut (παρρησία) leben möchten.« Solche Klöster nun, die nach dieser Regel ausgerichtet sind, gibt es recht viele; sie bergen annähernd 7000 Mönche. Im ersten und Hauptkloster wohnt Pachomius ... ; es zählt 1300 Mönche ... [In den pachomianischen Klöstern] wird jedes Handwerk ausgeübt, und aus den erzielten Gewinnen versorgen sie Frauenklöster und Gefängnisse ... Sie lernen die ganze Heilige Schrift auswendig (ἀποστηθίζουσι).

(33) Es gibt auch ein Frauenkloster mit etwa 400 Nonnen; diese befolgen dieselbe Regel und führen dieselbe Lebensweise, nur dass sie keine Ziegenfelle tragen. Und zwar wohnen die Nonnen jenseits, die Mönche diesseits des [Nil-]Stromes. Wenn eine der Nonnen stirbt, dann wird die Leiche von den anderen einbalsamiert, an das Ufer des Stromes getragen und dort niedergelegt; dann fahren die Brüder auf einem Kahn hinüber, bringen die Tote mit Zweigen von Palmen und Ölbäumen und unter Psalmengesang an das andere Ufer und setzen sie dort in eigenen Begräbnisstätten bei. Mit Ausnahme des Presbyters und des Diakons betritt niemand das Nonnenkloster; und auch diese kommen nur am Sonntag ...

b) Die »Mönchsregel des Pachomius« über die Zulassung zum Kloster (Regel 49)

Aufgrund negativer Erfahrungen hat Pachomius wohl Regelungen für seine Klostergemeinschaften getroffen, die jedoch nicht erhalten sind. »Pachomianisch«, wenn auch nicht von ihm selbst stammend, ist die koptisch verfasste, aus vier Teilen bestehende Sammlung von Einzelvorschriften aus dem Kloster Metanoia (Canopus), die – vollständig nur in der von Hieronymus 404 nach dem Griechischen gefertigten lateinischen Übersetzung erhaltene – sog. »Pachomiusregel«; eine ihrer typischen Bestimmungen lautet:

Wenn sich jemand zur Pforte des Klosters begibt mit dem Wunsch, der Welt zu entsagen und sich der Schar der Brüder beizugesellen, so soll es ihm nicht erlaubt sein, [einfach] einzutreten; vielmehr muss der Abt (pater) des Klosters zunächst davon unterrichtet werden. Dann soll er [der Anwärter] einige Tage vor dem Tor stehen bleiben, und man soll ihn das Vaterunser und so viele Psalmen lehren, wie er [auswendig] lernen kann; und er soll mit Fleiß Proben [der Echtheit seiner Berufung] geben: dass er nichts Falsches getan und nicht in zeitlicher Sorge [die Welt] geflohen hat, dass er sich nicht [z.B. als Sklave] in jemandes Gewalt befindet, seinen Eltern entsagen und seinen Besitz verachten kann. Und sehen sie dann, dass er zu allem taugt, so soll er in den übrigen Ordnungen des Klosters unterwiesen werden – was er zu tun, wem er zu dienen [bzw. zu gehorchen] habe, sei es in der Versammlung (collecta) aller Brüder, sei es in dem Haus, dem er zu übergeben ist, sei es in der Ordnung bei Tisch: so unterwiesen und vollendet in jeglichem guten Werk soll er dann den Brüdern beigesellt werden. Sodann wird man ihn seine weltliche Kleidung ablegen lassen und ihm das Mönchsgewand anlegen; man wird ihn dem Türhüter (ostiarius) übergeben, damit dieser ihn der Gesamtheit der Brüder vorstelle; die Kleidung aber, die er [mit sich trug und nun] abgelegt hat, sollen die in Empfang nehmen, denen dies Amt obliegt; der Kleiderkammer (repositorium) zugeführt, werden sie in der Verfügung des Klosterabtes (princeps monasterii) bleiben.

Quellen: C. Butler, The Lausiac History of Palladius, II, Cambridge 1904; A. Boon, Pachomiana Latina, Règle et Épitres de s. Pachôme ..., Löwen 1932. – *Literatur:* H. Bacht, Antonius und Pachomius, in: Antonius magnus eremita, hg. v. B. Steidle, Rom 1956, 66-107; ders., Pakhôme et ses disciples, in: Théologie de la vie monastique, Paris 1961, 39-71; A. Veilleux, Pachomian Koinonia I-III, Kalamazoo/Mich. 1980-1982; J.E. Goehring, The Letter of Ammon and Pachomian Monasticism (PTS 27), 1986; H. Holze (wie o. Nr. 53); P. Maraval (wie o. Nr. 53), 824-827; S. Hausammann (wie o. Nr. 7), Bd. 3, 2003, 177-194; vgl. im übrigen o. zu Nr. 38.

[1] Τὸ κουκούλλιον (oder κουκούλιον [lat. cucullus]) – die am [Unter-]Kleid befestigte Kapuze, wie sie Kinder, nicht Erwachsene, zu tragen pfleg[t]en!

60. Die Verlegung der Residenz nach Konstantinopel im Jahre 330 (Anonymus Valesianus 6,30)

Nach dem heidnischen Historiker Zosimus (um 500) hat die wachsende Feindschaft von Seiten des Senats und des Volkes von Rom, die sich Konstantin wegen seiner Ablehnung des heidnischen Gottesdienstes zuzog, ihn dazu veranlasst, sich eine Stadt zu suchen, die Rom das Gleichgewicht halten könnte (Neue Geschichte, 2,30). Euseb dagegen bringt den Entschluss Konstantins, auf dem Areal der alten griech. Kolonie Byzanz eine zweite Metropole für den Osten zu errichten, mit dessen Wunsch in Zusammenhang, eine von allem unchristlichen Wesen reine Hauptstadt zu besitzen (Leben Konstantins, 3,48 u.ö.). In Wirklichkeit werden bei dieser Neugründung jedoch politisch-strategische Gesichtspunkte den Ausschlag gegeben haben, wenngleich die Folgen weit über diesen Bereich hinausgriffen. Kirchengeschichtlich wichtigste Folge der Gründung »Neuroms« war wohl, dass das dadurch entstandene »Machtvakuum« im Westen einerseits den Widerstand vor allem der römischen Senatsaristokratie gegen das christianisierte Imperium versteifte, andererseits die Entstehung einer unabhängigen Führung der Kirche Westroms, das Papsttum, begünstigte. – Über die Gründung der am 11.5.330 feierlich eingeweihten und in »Konstantinsstadt« umbenannten neuen Hauptstadt berichtet u.a. das Fragment einer anonymen Konstantinchronik, das 1636 der Franzose Valesius in seiner Ausgabe des Ammianus Marcellinus mitediert hat und dessen Verfasser seitdem »Anonymus Valesianus« oder »Valesii« heißt:

Zum Gedächtnis an seinen beispiellosen Sieg [über Licinius, seinen Schwager und Mitkaiser] benannte Konstantin [das alte] Byzanz nach sich selbst in Konstantinopel um. Er schmückte die Stadt, als wäre es seine Vaterstadt, mit aller Pracht aus und wünschte, sie [dem Range nach] Rom gleichzustellen; so zog er von allen Seiten Bürger für sie heran und machte ihr dermaßen reichliche Schenkungen, dass er dabei fast alle seine kaiserlichen Geldmittel erschöpfte. Auch einen Senat zweiten Ranges errichtete er dort, dessen Mitgliedern er den Titel »clari« verlieh[1].

Quelle: J. Moreau, Excerpta Valesiana, BT,1968[2]. – *Literatur:* A.M. Schneider, Konstantinopel. Gesicht und Gestalt einer geschichtlichen Weltmetropole, 1956; G. Dagron, Naissance d'une capitale. Constantinople et ses institutions de 330 à 451, Paris 1974; G. Schmalzbauer, Art. Konstantinopel, TRE 19, 1989, 303-318.

[1] Die römischen Senatoren hießen »clarissimi«.

61. Christenverfolgung im Perserreich unter Schapur (Šapuhr) II.: Aus dem Martyrium des Bischofs Simon (Schem'on)

Die ›Konstantinische Wende‹ brachte keineswegs der gesamten Christenheit Entlastung vom Druck der Verfolgung. Im Gegenteil trug gerade die enge Verflechtung von Kaiser und Kirche im römischen Reich dazu bei, dass in Persien, dessen ›Erbfeind‹ im Osten, die Christen als heimliche Verbündete Roms erstmals von Staats wegen systematisch verfolgt wurden, während sich bis dahin das Sassanidenreich den im Westen bedrängten Christen eher als Zufluchtsort anbot und Verfolgungen ausnahmslos lokalen Charakter trugen. – Über die Christenverfolgung unter Schapur II. (310-379), die sich über mehrere Jahrzehnte hinzog, berichtet u.a. das spätestens im 1. Drittel des 5. Jahrhunderts entstandene Martyrium des persischen Erzmärtyrers Simon, Bischofs von Seleucia-Ctesiphon .

... Im Jahre 655 seit der Herrschaft Alexanders, d. i. das 296. Jahr nach der Kreuzigung unseres Herrn, das 117. Jahr der Herrschaft der Perser [und] das 31. Jahr des Königs Schapur, des Sohnes des Hormīzd, nachdem der selige Konstantin, der König der Römer, gestorben war, fand Schapur Gelegenheit, gegen seine Söhne in den Krieg zu ziehen, weil sie noch jung waren, und unternahm beständig räuberische Einfälle in das Land der Römer. Aus diesem Grunde wurde er ganz besonders zum Hass gegen die Diener Gottes im Gebiet seines Reiches getrieben und bemühte sich, einen Grund zur Verfolgung der Gläubigen zu suchen. Er erfand einen Vorwand, die Christen im Reich der Perser durch doppelte Steuer zu bedrücken. Er schrieb folgendes Edikt aus Bēṭ Hūzāyē an die Beamten von Bēṭ Arāmāyē: »Sobald ihr diesen unseren, der Götter, Befehl in diesem von uns gesandten Schreiben seht, ergreift Simon, das Haupt der Nazarener (Nāṣārāyē), und lasst ihn nicht frei, bis er eine Urkunde besiegelt und es auf sich nimmt, doppeltes Kopfgeld und zweifache Steuer von dem ganzen Volke der Nazarener, das in unserem, der Götter, ... Machtbereich wohnt, zu erheben und zu bezahlen; denn wir, die Götter, sind in Bedrängnissen und Kämpfen; sie aber leben in Ruhe und Glück. Sie wohnen zwar in unserem Lande, sind aber Gesinnungsgenossen des Kaisers, unseres Feindes. Wir leben im Kampf und sie in Ruhe.« ... Und als das Edikt des Königs zu ihnen gekommen war, ergriffen sie den seligen Simon bar Ṣabbaʿe, lasen ihm das vom König Geschriebene vor und forderten, dass er das Geschriebene vollziehe. Der selige Simon aber antwortete ihnen mit großer Demut, ... und sprach:»Ich verehre [kniefällig] den König der Könige und ehre seinen Befehl mit meiner ganzen Kraft. Aber bezüglich dessen, was sein Befehl von mir verlangt, glaube ich, dass auch ihr überzeugt seid, dass es mir nicht zusteht, Steuer vom Volke Christi, meines Herrn, zu fordern. Denn unsere Macht über sie bezieht sich nicht auf das Sichtbare, sondern auf das Unsichtbare, d.h. auf den Glauben unseres Herren ... « Dies [alles] aber ... schrieben sie auf, so wie es gesagt worden war, und schickten es durch Eilboten an den König Schapur nach Bēṭ Hūzāyē. Als es vor ihm verlesen wurde, wurde er von großem Zorne erfüllt, knirschte mit den Zähnen, schlug die Hände gegeneinander und sprach:»Simon will seine Jünger und sein Volk gegen meine Majestät aufwiegeln und zu Knechten des [römischen] Kaisers machen, der ihr Glaubensgenosse ist. Deshalb gehorcht er meinem Befehle nicht.« Die Juden aber, Menschen, die jederzeit gegen unser Volk sind, die die Propheten töteten, Christus kreuzigten, die Apostel steinigten und beständig nach unserem Blute dürsten, fanden Gelegenheit zur Verleumdung, weil sie durch ihre Verbindung mit der Königin, die ihre Glaubensgenossin war, freie Rede hatten ...[1]
Nachdem dies Schreiben der Beamten ... vor dem König verlesen worden war, schrieb der König den Beamten bezüglich Simons ein anderes Verfahren vor:»Sobald ihr dieses unser, der Götter, Edikt seht, ruft Simon vor euch und sprecht zu ihm aus unserem Befehl: Warum vernichtest du in deiner Freiheit dein Leben und das Leben der Anhänger deiner Lehre und überlieferst dich und sie dem Tode? In deinem Stolz und in deinem Hochmut willst du das Volk gegen mich aufwiegeln. Jetzt werde ich über euch kommen, euch von der Erde vertilgen und aus der Mitte der Menschen ausrotten, wenn ihr meinen Befehl nicht erfüllt.« ... Als dies [zweite] Edikt eintraf, wurde der heilige Simon von den Beamten gerufen ... Und als er gekommen war, las man ihm das Edikt vor ... Er antwortete:»Mein erstes und letztes Wort sind eins: Das Volk, das Christus, mein Herr, mir übergeben, überliefere ich für die Wahrheit nicht der Steuer, sondern jeden Tod nehme ich für sie auf mich. Und wie Christus für die Völker in

allen Ländern und in allen Königreichen gekreuzigt wurde, damit er ihnen in seinem Kreuz Leben gebe, so sterbe auch ich für das Volk dieses Reiches, das mir übergeben ist, damit sie nicht seiner Wahrheit sterben ...« Als die Beamten die Antwort, die der selige Simon auf das 2. Edikt gab, hörten, schrieben sie sie nieder und meldeten sie dem König, und ihr Schreiben wurde vor dem König verlesen ... Da befahl er über die Priester und die Leviten, dass sie sofort enthauptet, die Kirchen zerstört, das Heiligtum entweiht, und (die Gefäße des) Dienstes geplündert würden. »Und Simon, das Haupt der Zauberer, werde gefesselt und zu mir geschickt, weil er meine Majestät verworfen und die des Kaisers erwählt hat, dadurch, dass er seinen Gott verehrt und meine Götter verhöhnt.« Sofort gelangte das 3. Edikt, das vom König Schapur aus Bēṭ Hūzāyē gesandt wurde, zu den Beamten von Bēṭ Arāmāyē. In ihm war folgendermaßen geschrieben:»Sobald ihr dieses unser, der Götter, Edikt sehet, ergreift und fesselt Simon, das Haupt der Nazarener, und schickt ihn schnell an den Hof. Seine Kirche werde zerstört.« ... Als der selige Simon dies aber hörte, zitterte er nicht ..., und als er mit seinen Augen die Zerstörung seiner Kirche sah, wurde sein Geist nicht verzagt. Er erhob sich und ging zu den Oberen, bevor sie ihn ergriffen. Sie setzten ihm den Termin:»Von jetzt in drei Tagen wirst du an den Hof des Königs gehen.« Der heilige Simon nahm dies freudig auf sich. Sofort entstand in den Städten Seleucia und Ctesiphon große Erregung, als die Verfolger kamen, die Kirchen zu zerstören. Der Bund[2] aber verbarg sich, die Schafe wiederum versteckten sich und Simon, das Haupt, wurde gefangen ...

In diesen Tagen wurden gefangengenommen Gadya(h)b und Sābīnā, Bischöfe von Bēṭ Lāpāṭ, Joḥannān, Bischof von Hormīzd Ardaschīr, Būlidā, Bischof von Prāṭ, Joḥannān, Bischof von Karkā da-Maischān und viele Priester und Diakone. Sie wurden gefesselt und kamen an den Hof des Königs, nach Bēṭ Hūzāyē, nach Karkā da-Lādān, das Schapur neu gebaut hatte und wo er viele Kriegsgefangene aus Arab, Schīgār, Bēṭ Zabdai, Arzōn, Kardū, Armen und verschiedenen Gegenden angesiedelt hatte. In diesen Tagen aber wurde der Katholikos[3], der heilige Simon, gefesselt und aus Bēṭ Arāmāyē nach Karkā da-Lādān gesandt.

Der König befahl, dass Simon vor ihn komme. Als er eintrat, verehrte er ihn [kniefällig] und der König sprach zu Simon:»Simon, was ist das für eine Verwegenheit, die du gegen mich gezeigt hast? Ist das meine Liebe zu dir? Ist das die Ehre, mit der ich dich ehrte? ... « Da warf er sich wieder verehrungsvoll vor dem König auf sein Angesicht zur Erde und sprach zum König:»Herr, König, wer ist es, der den Befehl des Königs verachtete? Wer ist es, der sich erkühnte, sich gegen den Befehl deiner Beamten und Knechte zu erheben, wenn ihre Befehle dem Willen Gottes entsprechen? Gewiss, Herr, König, wurde ich von deiner Majestät geehrt und von deiner Güte gelobt. Die Lüge ist verhasst vor Gott und vor dir, bester der Männer. Aber um deines Lobes willen entäußere ich mich nicht des Lobes Gottes, der dich mit Glorie umgibt und dich groß macht, und um deiner Ehre willen schlage ich die Ehrung des Gottes der Gerechtigkeit nicht aus. Er hat dich zum König der Könige über die Völker und ihre Könige gemacht und diese große, starke und wunderbare Macht in deine Hand gegeben. Und warum werde ich, der kleinste und schwächste der Knechte deiner Majestät, von deiner Majestät Aufwiegler genannt?« Der König sprach:»Weil du deinem Volk die Steuer nicht auferlegst, die von uns, den Göttern, befohlen wurde.« Darauf antwortete der heilige Simon und sprach zum König:»Ferne sei es deinem Knecht, Herr, König, dass er für das demütige Volk Gottes zum Tyrannen werde ...« Nachdem Simon so gesprochen, umringten ihn die Magier und Beamten und Tyrannen von allen Seiten und sprachen:»Dieser, der die Steuer nicht auf sich nehmen will, will mit sich auch sein Volk aufwiegeln« ...

Da erging über ihn und alle seine Brüder der Befehl, dass sie mit dem Schwerte
getötet würden. Es war aber Freitag und die 6. Stunde, und zu der Zeit, da der Herr zu
dem Leiden des Kreuzes hinauszog, zogen auch jene Siegreichen in den Tod ... Und
so wurde der siegreiche Simon mit den Worten seines Sieges durch Enthauptung vollendet. Es war die 9. Stunde am Freitag des Leidens unsere Herrn. Als dies so geschehen war, wurde Finsternis und die Sonne verbarg sich plötzlich und Furcht und Zittern
ergriff alle Zuschauer[4]. (G. Wießner)

Quelle: M. Kmosko, Martyrium Beati Simeonis Bar Sabba'e, PS 1,2,1907, S. 715ff. (Syr. Text
m. lat. Übers.). – *Übersetzung*: Originalübertragung von G. Wießner, der auch die Auswahl besorgte. – *Literatur*: G. Wießner, Zur Märtyrerüberlieferung aus der Christenverfolgung Schapurs
II. (Untersuchungen zur syr. Literatur 1), AAG 3,67, 1967; W. Hage, Die oströmische Staatskirche und die Christenheit des Perserreiches, ZKG 84, 1973, 174-187 (m.weit.Lit.); P. Maraval,
Die neuen Grenzen, I. Persien, in: Das Entstehen der Einen Christenheit (wie o. Nr. 33), 1076-
1084.

[1]   Vgl. dazu oben Nr. 22 m. Anm.3.
[2]   Hier wohl Bezeichnung der Kirchengliedschaft insgesamt und nicht nur der Asketen.
[3]   Die Verwendung dieses Titels stellt einen Anachronismus dar, da die Zusammenfassung der
Bistümer auf persischem Boden zu (sechs) Metropolitanverbänden und die Erhebung des Metropoliten der großköniglichen Residenzstadt Seleucia-Ctesiphon zum gemeinsamen Haupt der
neugeschaffenen Kirchenorganisation (»Katholikos«) erst dem 5. Jahrhundert angehört.
[4]   Zu diesem Motiv (imitatio passionis Christi) s. bereits das Polykarpmartyrium und dazu H.
von Campenhausen a.o.(Nr. 22)a.O.

62. Markell von Ankyra als Trinitätstheologe

Zu den Männern der ersten Stunde im Kampf gegen den ›Arianismus‹ gehörte Markell, Bischof
von Ankyra (in hohem Alter gest. 374), der erst in jüngerer Zeit – durch eindringende Untersuchungen und die Zuweisung wichtiger Texte, zumeist aus der Masse des fälschlich unter dem
Namen des Athanasius umlaufenden Schrifttums – für uns ein neues Profil gewonnen hat. Während Alexander von Alexandrien und sein Nachfolger (seit 328) Athanasius in den ersten Jahren
nach Nizäa vollauf damit beschäftigt schienen, ihre Position in ihrem durch den Streit mit
›Arianern‹ und Melitianern (s. oben Nr. 56a) aufgewühlten Metropolitansprengel zu festigen und
durch die Schwankungen der kaiserlichen Kirchenpolitik (325: Verbannung des Arius und der
übrigen in Nizäa Exkommunizierten; 326: Absetzung des Eustathius von Antiochien u.a. Nizäner; 327: Wiederaufnahme des Arius in Nizäa; 335: Absetzung des Athanasius durch die kaiserliche Synode von Tyrus und seine Verbannung nach Trier) sich nicht völlig aus dem Konzept
bringen zu lassen, hat Markell die theologische Auseinandersetzung gesucht, indem er über den
Schlagabtausch in Nizäa (s. unten Text b) hinaus den Weg der halben und ganzen Freunde des
Arius, so sah er es wenigstens, mit unerbittlicher Kritik verfolgte und sich darum bemühte, das
Dogma von Nizäa nicht zu verlassen, sondern zu *interpretieren*. Allerdings ist diese seine Interpretation alsbald selbst in dogmatisches Zwielicht geraten und des »Sabellianismus« verdächtigt
worden, was schließlich zu seiner endgültigen Verurteilung durch das Konzil von Konstantinopel (381) führte. Das aber hat – beispielsweise – nicht verhindert, dass sich Ende des 4. Jahrhunderts Gregor von Nyssa, die stärkste spekulative Begabung unter den sog. Jungnizänern, und im
19. Jahrhundert F. Schleiermacher von Markells trinitätstheologischem Ansatz besonders angezogen fühlten.

a) Aus den Markellfragmenten in Eusebs Schriften (»Wider Markell« und »Über die kirchliche Theologie« = Fr. 66f.52.60.111.113.121.41 [Klostermann] = 47f.70. 110.99. 101.109.111 [Vinzent])

(Fr. 66) Es ist ja unmöglich, dass drei Hypostasen, sofern es sie geben sollte, sich zur Monas [›Einheit‹] vereinigen, wenn nicht zuvor die Trias [›Dreiheit‹] ihren Ursprung aus der Einheit erhielte. Werden doch [nur] jene Dinge, wie es der hl. Paulus gesagt hat, in der Monas »zusammengefasst« [werden (Eph. 1,10)], die nicht zur [ursprünglichen] Einheit, Gott, gehören, und gehören zu ihr allein der Logos und der Geist (ἀδύνατον γὰρ τρεῖς ὑποστάσεις οὔσας ἑνοῦσθαι μονάδι, εἰ μὴ πρότερον ἡ τριὰς τὴν ἀρχὴν ἀπὸ μονάδος ἔχοι. ἐκεῖνα γὰρ ἀνακεφαλαιοῦσθαι ἔφησεν μονάδι ὁ ἱερὸς Παῦλος, ἃ μηδὲν τῇ ἑνότητι τῷ θεῷ διαφέρει. ἑνότητι γὰρ ὁ λόγος καὶ τὸ πνεῦμα τῷ θεῷ διαφέρει μόνα). (Fr. 67) Wenn also der Logos offensichtlich vom Vater ausgegangen und zu uns gekommen ist, der Hl. Geist aber...»vom Vater ausgeht« (Joh. 15,26), und der Herr an anderer Stelle vom Geist sagt:»Er wird nicht von sich aus reden, sondern was er hört, das wird er reden und euch das Zukünftige künden. Er wird mich verherrlichen; denn aus dem Meinigen wird er es nehmen und euch verkündigen« (Joh. 16,13f.), kommt dann nicht, wenn auch in geheimnisvollem Wort, klar und deutlich die göttliche Monas zu Gesicht, wie sie sich zu einer Trias erweitert, ohne doch in irgendeiner Weise einer Trennung zu unterliegen (... ἡ μονὰς ... πλατυνομένη μὲν εἰς τριάδα, διαιρεῖσθαι δὲ μηδαμῶς ὑπομένουσα)? Denn wenn der Logos vom Vater ausgeht, der Geist als ebenfalls vom Vater ausgehend bekannt wird und der Heiland wiederum vom Geist sagt:»Jener wird es von dem Meinigen nehmen und euch verkündigen«, wird dann hier nicht ganz offensichtlich ein verborgenes Geheimnis enthüllt? Wie sonst nämlich – es sei denn dadurch, dass sich die Monas, obwohl sie unteilbar ist, zu einer Trias erweitert – ist es ihm möglich, einmal vom Hl. Geist zu sagen, er gehe vom Vater aus, und ein andermal:»Er wird es von dem Meinigen nehmen und euch verkündigen« ...? Wie sonst [ist es zu erklären], dass es, wenn er vom Vater ausgeht, von ihm gleichfalls heißen kann, er empfange diesen Dienst vom Sohn? ... [Das schließt doch wohl, folgert Markell, zwingend die Annahme aus, Vater und Sohn seien »zwei getrennte Personen« (δύο διαιρούμενα ... πρόσωπα)].

(Fr. 52) Durch die Aussage:»Im Anfang war der Logos« [Joh. 1,1], will er [der biblische Autor (Hagiograph)] zeigen, dass der Logos als ruhende Kraft (δυνάμει) *in* dem Vater ist – denn Anfang alles Gewordenen ist Gott,»aus dem alles ist« [1. Kor. 8,6] –; mit den Worten»Und der Logos war bei Gott«, dass der Logos als wirkende Kraft (ἐνεργείᾳ) *bei* Gott ist – denn»alles ist durch ihn geworden, und ohne ihn ist auch nicht eines geworden, das geworden ist« [Joh. 1,3] –; mit den Worten schließlich, der Logos sei Gott, dass man die Gottheit nicht zerreißen dürfe, da der Logos in ihm und er selbst [Gott] im Logos ist. Sagt er doch:»Der Vater ist in mir und ich im Vater« [Joh. 10,38].

(Fr. 60) Bevor die Welt existierte, war der Logos im Vater. Als aber der allmächtige Gott (ὁ παντοκράτωρ θεός) beschlossen hatte, alles im Himmel und auf Erden zu erschaffen, bedurfte es für die Welt einer tätig wirkenden Kraft (ἐνέργεια δραστική). Und deswegen, weil außer Gott nichts da war – denn das Bekenntnis besagt, dass alles von ihm geschaffen worden ist –, trat damals der Logos hervor (προελθών) und wurde zum Schöpfer der Welt. Er hatte diese aber schon vorher innerhalb [der Gottheit] geistig (νοητῶς) vorbereitet, wie uns der Prophet Salomo lehrt:»Als er den Himmel bereitete, war ich [die »Weisheit« als der »Anfang seiner Werke«] bei ihm ..., ich war es, über die er sich freute« [Spr. 8,27-30].

(Fr. 111) Der nun herabstieg und durch die Jungfrau das Fleisch annahm, ist deshalb zum König über die Kirche eingesetzt worden, damit der zuvor aus dem Königreich der Himmel vertriebene Mensch durch den Logos die Königswürde erlangen möge. Diesen zuvor um seines Ungehorsams willen aus dem Königreich vertriebenen Menschen wollte Gott zum Herrn und Gott werden lassen und hat deshalb diese [zweite] Ökonomie [»Heilsveranstaltung«][1] ins Werk gesetzt. Prophezeit doch der allerheiligste Prophet David: »Der Herr ist König geworden, des freue sich die Erde« [Ps. 96,1].

(Fr. 113) Deswegen wird der zuvor verführte Mensch, obwohl er sich im menschlichen Fleisch befindet, auch herrschen und, durch den Logos zum König eingesetzt, »jede Herrschaft« des Teufels, »Macht und Gewalt« vernichten. »Denn er muss herrschen«, heißt es, »bis er die Feinde unter seine Füße lege« [l. Kor. 15,24f.] Das, so meint der hl. Apostel, sei [Ziel und] Ende (τέλος) der Herrschaft unseres Herrn Jesu Christi, wenn alles seinen Füßen unterworfen sei.

(Fr. 121) ... Frage mich ... nicht, was ich aus der göttlichen Schrift nicht deutlich erkannt habe ... Wohl aber glaube ich jetzt [noch immer nur »stückweise« erkennend und der Schau »von Angesicht zu Angesicht« erharrend (1. Kor. 13,12)] den göttlichen Schriften, dass ein Gott ist und dass dessen Logos aus dem Vater hervorging, »damit alles durch ihn« [Joh. 1,3] ins Dasein trete. Nach der Zeit des Gerichts, der Zurechtbringung (διόρθωσις) aller Dinge und der Beseitigung jeder widerstrebenden Macht aber wird er »dann selbst unterworfen werden dem, der ihm alles unterworfen hat« [l. Kor. 15,28], dem »Gott und Vater« [l. Kor. 15,24], damit der Logos [wieder] so in Gott sei, wie er es war, bevor es die Welt gab. Zuvor nämlich war nichts außer Gott allein; als aber alles durch den Logos entstehen sollte, trat der Logos als tätig wirkende Kraft hervor (προῆλθεν ... δραστικῇ ἐνεργείᾳ); dieser Logos aber war der Logos des Vaters.

(Fr. 41) Deshalb nennt er auch sich selbst nicht Gottessohn, sondern allenthalben Menschensohn, um durch solches Bekenntnis (ὁμολογία) den Menschen instand zu setzen, adoptionsweise (θέσει) Sohn Gottes zu werden, und sich [selbst] nach vollendetem Heilshandeln (μετὰ τὸ τέλος τῆς πράξεως) wieder als Logos mit Gott zu vereinen, jene apostolische Weissagung erfüllend: »dann wird er sich selbst dem unterwerfen, der ihm alles unterworfen hat, damit Gott sei alles in allem« [l. Kor. 15, 28]; er wird dann nämlich dasselbe sein, was er zuvor gewesen.

b) Markells Glaubensdarlegung von 341 (nach Epiphanius, Arzneikasten 72,2,1-3,5; vgl. B/H/v. St./W, Dokumente [wie o. Nr. 54] Nr. 41.7)

(72,2,1) An seinen allergesegnetsten Mitbischof Julius [von Rom] richtet Markell seinen Gruß in Christus! Da gewisse Leute, die früher verurteilt worden sind wegen ihres verkehrten Glaubens und die ich auf dem Konzil von Nizäa widerlegt habe, gewagt haben, an deine Frömmigkeit gegen mich zu schreiben, als dächte ich nicht korrekt und nicht kirchlich, in ihrem Bestreben, mir anzulasten, was man gegen sie vorgebracht hat, (2) hielt ich es für notwendig, als ich nach Rom kam, dir vorzuschlagen, du möchtest nach ihnen schicken, um mir so zu ermöglichen, ihnen Aug' in Auge gegenüberzutreten und sie auf zwei Punkte festzunageln: auf die Unwahrheit ihrer Anschuldigungen gegen mich sowie darauf, dass sie fortfahren in ihrem [bereits in Nizäa entlarvten] Irrtum ... (3) Da sie sich aber zu erscheinen weigerten, ... und das, obwohl ich mich für einundeinviertel Jahre in Rom aufgehalten hatte, beschloss ich, im Blick auf meine bevorstehende Abreise dir in aller Aufrichtigkeit eine eigenhändig verfasste Darlegung des Glaubens (ἔγγραφος ... πίστις) zu unterbreiten, über den ich belehrt und unterwiesen worden bin aus den heiligen Schriften, dir aber auch ins Gedächtnis zu rufen ihre üblen Behauptungen, auf dass du wissest, wessen sie sich versehen, um ihre Hörer zu täuschen und die Wahrheit zu verdecken. (4) Sagen sie doch, dass der Sohn, unser Herr Jesus Christus, ... eine andere, vom Vater verschiedene Hypostase (ἄλλην ὑπόστασιν διεστῶσαν τοῦ πατρός) sei ... (6) Im Gefolge der hl. Schrift glaube ich hingegen, dass es *einen* Gott gibt und als dessen einziggeborenen Sohn den Logos, der immerdar mit dem Vater ist und niemals in irgendeinem Sinne einen Anfang hatte, sondern immer ist und immer mit Gott und dem Vater herrscht (ἀεὶ ὤν, ἀεὶ συμβασιλεύων τῷ θεῷ καὶ πατρί), »dessen Reich«, wie der Apostel lehrt, »kein Ende haben wird« [Lk. 1,33] ...[2]

Folgt (72,3,1) ein » deklaratorisches« Bekenntnis, für das Markell bislang unser ältester Zeuge sein dürfte (s. oben Nr. 42), und zum Schluss des Briefes noch einmal eine bündige Zusammenfassung der eigenen Trinitätslehre, die auf das »Ungetrenntsein« von Vater und Sohn abhebt. Alles andere, so meint Markell, liefe entweder auf eine Zwei-Götter-Lehre oder aber darauf hinaus, dass dem Sohn das wahrhafte Gottsein abgesprochen wird.

Quellen: E. Klostermann, Eusebius Werke, IV. Gegen Markell. Über die kirchliche Theologie. Die Fragmente Markells, GCS 14, [2]1972; K. Holl, Epiphanius (Ancoratus und Panarion), III, GCS 37, (1933) [2]1985; H.C. Brennecke/U. Heil/A. v. Stockhausen/A. Wintjes, Athanasius Werke III 2, 3, 2007. – *Literatur:* M. Tetz (Hg.), Friedrich Schleiermacher und die Trinitätslehre (Texte z. Kirchen- u. Theologiegesch. 11), 1969; ders., Zur Theologie des Markell von Ankyra I-III, ZKG 75, 1964, 217-270; 79, 1968, 3-42; 83, 1972, 145-194; ders., Markellianer und Athanasios von Alexandrien, ZNW 64, 1973, 75-121; ders., ... Glaubensfragen auf der Synode von Serdika (342), ZNW 76, 1985, 243-269; E. Schendel, Herrschaft und Unterwerfung Christi, BGBE 12, 1971, 111ff.; S.G. Hall, The Creed of Sardica, StPatr 19, 1989, 173-184; G. Feige, Die Lehre Markells von Ankyra in der Darstellung seiner Leugner, Erfurt 1991; K. Seibt, Die Theologie des Markell von Ankyra (AKG 59), Berlin/New York 1994; C. Piétri/C. Markschies (wie o. Nr. 54), 327-335; M. Vinzent, Markell von Ankyra. Die Fragmente – Der Brief an Julius von Rom (VigChr. S 39), 1997; S. Hausammann (wie o. Nr. 7), Bd. 3, 2003, 110-116.

[1]   Nach der »ersten«, dem »Hervorgehen« des Logos aus Gott (s. oben Fr. 60; unten Fr. 121).
[2]   Vgl. damit aber oben Fr. 113.121.

63. Das Lehrdekret der »westlichen« Synode von Serdika (Theodoret, Kirchengeschichte 2,8,39 ff.; B/H/v.St./W, Dokumente 43.2)

Als Konstantin 337 starb, durften die von ihm Verbannten zurückkehren, und es begannen neue Kämpfe. Während Athanasius und Markell in Rom Rückhalt fanden, gelang es ihrem Hauptwiderpart Euseb von Nikomedien, für seine Politik einer Revision des Nicaenum im Sinne des Bekenntnisses zur bloßen »Ähnlichkeit« des Sohnes mit dem Vater (weshalb diese Richtung auch als »Homöertum« [von griech. ὅμοιος, ›ähnlich‹] bezeichnet zu werden pflegt) sowohl den neuen Kaiser des Ostens, Constantius II., als auch die Mehrheit des östlichen Episkopats zu gewinnen (Kirchweihsynode von Antiochien 341). Die Kluft wurde vollends sichtbar, als das auf Drängen des Westens endlich, »aller Wahrscheinlichkeit nach im Herbst 343« (Brennecke/ Heil/v.Stockhausen/Wintjes, 179), zustande gekommene Reichskonzil von Serdika (Sofia) noch vor Beginn der eigentlichen Verhandlungen in eine östliche und eine westliche Teilsynode auseinanderbrach, die jeweils die führenden Bischöfe der Gegenseite exkommunizierten. – Das u.a. bei Theodoret (Kirchengesch. 2,8,1-52) erhaltene umfangreiche, mit Anschuldigungen an die Adresse der Gegenseite gespickte Synodalschreiben der Okzidentalen mündet in eine »Theologische Erklärung« (37ff.), die ganz die Handschrift Markells von Ankyra zu tragen scheint, welcher mit Sicherheit zugegen war; aus dieser seien im folgenden nur die Passagen ausgezogen, die den Lehrgegensatz zwischen Ost und West besonders deutlich werden lassen:

(39) Wir haben es so übernommen, sind so belehrt worden und halten dieses fest als die katholische und apostolische Tradition ..., dass Vater, Sohn und Hl. Geist [nur] *eine* Hypostase haben, welche die Häretiker[1] ihrerseits als ›Wesenheit‹ [oder: ›Substanz‹] (οὐσία) bezeichnen. (40) Wenn einer fragen sollte: »Was ist die Hypostase des Sohnes?« so bekennen wir, dass diese [dieselbe] ist [wie] die , die als eine [einzige] Hypostase des Vaters bekannt wurde, und dass der Vater nie ohne den Sohn war, sowenig der Sohn jemals ohne den Vater gewesen ist ... (45) Wir bekennen, dass es [nur] *einen* Gott gibt und dass die Gottheit des Vaters und die des Sohnes eine [einzige] ist. Gewiss wird niemand je bestreiten, dass der Vater größer ist als der Sohn [vgl. Joh. 14,28]; doch hat dies[e Überlegenheit] nichts mit einer anderen Hypostase, nichts [auch] mit der[en] Unterscheidung zu tun (οὐ δι' ἄλλην ὑπόστασιν, οὐ διὰ τὴν διαφοράν), sondern resultiert allein daraus, dass der Name des Vaters größer ist als der des Sohnes ... (47) [Mithin] glauben wir und sind dessen gewiss, dass der heilige Mund [des Herrn] die Worte »Ich und der Vater sind eins« [Joh. 10,30] auch wegen der Einheit der Hypostase gebraucht habe, welche ein und dieselbe ist bei Vater wie bei Sohn (καὶ διὰ τὴν τῆς ὑποστάσεως ἑνότητα, ἥτις ἐστὶ μία τοῦ πατρὸς καὶ μία τοῦ υἱοῦ)[2].

Quelle: L. Parmentier/G.C. Hansen, Theodoret. Kirchengeschichte, GCS 44 (19), (1911) ³1998; H.C. Brennecke/U. Heil/A. v. Stockhausen/A. Wintjes, Athanasius Werke III 2, Lfg. 3 (wie o. Nr. 54), Dok. 43. – *Literatur:* W. Schneemelcher, Serdika 342. Ein Beitrag zum Problem Ost und West in der Alten Kirche, Sonderheft zur EvTh, (f. E. Wolf) 1952, 83-104; H. Hess, The Canons of the Council of Sardica, A.D. 343, Oxford 1958; K.M. Girardet, Kaisergericht und Bischofsgericht, Antiquitas 1,21, 1975, 106ff.; J. Ulrich, Die Anfänge der abendländischen Rezeption des Nizänums, Berlin 1994 (PTS 39), 26-109.; C. Piétri, Von der *partitio* des christlichen Kaiserreiches bis zur Einheit unter Konstantius: Arianerstreit und erster »Caesaropoapismus«, in: Das Entstehen der Einen Christenheit (wie o. Nr. 33), 345-395 (hier: 357-364); S. Hausammann (wie o. Nr. 7), Bd. 3, 2003, 58-64; H.C. Brennecke/U. Heil/ A. v. Stockhausen/A. Wintjes (s.o.), 179ff.

[1] Die lateinische Überlieferung (Codex Veronensis) bietet hier: quam ipsi Graeci (u)sian appellant (s. App. bei B/H/v.St./W). Man kann sich, dem ganzen Zusammenhang nach, wohl beides (»Häretiker« und »Griechen«) als ursprünglich vorstellen.

[2] Im sog. 2. Bekenntnis der Kirchweihsynode von Antiochien 341 (Opitz, AW II 2, 249,29-33; Brennecke aliaeque, AW III 2, Lfg. 3, Dok. 41.4), auf das sich die Okzidentalen von Serdika bei ihrer Kritik an den »ariomanitischen« Ketzern wohl beziehen, hatte es dagegen u.a. geheißen, die Namen Vater, Sohn und Geist seien »nicht aufs Geratewohl und ohne jeden Sinn« und Nutzen gegeben (τῶν ὀνομάτων οὐχ ἁπλῶς οὐδὲ ἀργῶς κειμένων), sondern bezeichneten exakt »die besondere Hypostase, den Rang und die Glorie jedes der Genannten« (τὴν οἰκείαν ἑκάστου τῶν ὀνομαζομένων ὑπόστασίν τε καὶ τάξιν καὶ δόξαν), so dass sie »der Hypostase nach drei, der Über-einstimmung [Gesinnungsgleichheit] nach dagegen eins seien (ὡς εἶναι τῇ μὲν ὑποστάσει τρία, τῇ δὲ συμφωνίᾳ ἕν), wie es ähnlich bereits Origenes formuliert hatte (s. oben Nr. 32i).

64. Constantius II. und das Heidentum (Cod. Theod. 16,10,2-4)

Seit Constantius II., der bei der ›Reichsteilung‹ nach Konstantins Tod als Augustus den Osten erhalten hatte, 13 Jahre später, nach Ermordung seines Bruders Constans durch den Usurpator Magnentius, die Alleinherrschaft errang, betrieb er im gesamten Reichsgebiet auch eine aktive Kirchenpolitik auf der Grundlage des »homöischen« Bekenntnisses (s. unten Nr. 68). Überdies soll seine Devise gelautet haben: »Was ich will, das hat als Richtschnur zu gelten« (ὅπερ ἐγὼ βούλομαι, τοῦτο κανών)[1]. Aber auch religionspolitisch, besonders im Verhältnis zum Heidentum, wurde wie schon unter seinem Bruder Constans eine Abkehr von der Linie Konstantins (s. oben Nr. 55) erkennbar, wenn diese – stillschweigend vollzogene – Neuorientierung auch, wie es scheint, ohne allzu großen Nachdruck und ›Erfolg‹ betrieben wurde.

(Cod. Theod. 16,10,2 [341]) Der Aberglaube höre [augenblicklich] auf, der Wahnsinn der Opfer werde abgetan (Cesset superstitio, sacrificiorum aboleatur insania). Wer nämlich unter Übertretung des Gesetzes des göttlichen Princeps, unseres Vaters[2], und unter Verletzung dieser Weisung unserer Milde wagen sollte, Opfer darzubringen, wird sich die entsprechende Strafe zuziehen und die Folgen des hier ergangenen Spruches zu fühlen bekommen.

(Ebd. 16,10,3 [1.11.342 od. 343]) Obwohl aller Aberglaube mit Stumpf und Stiel ausgerottet werden muss, ist es nichtsdestoweniger unser Wille, dass die außerhalb der [römischen] Stadtmauern gelegenen Tempelbauten unangetastet und unbeschädigt bleiben sollen. Denn weil mit einigen dieser Tempel Spiele, Rennen oder Wettkämpfe ihrem Ursprung nach verknüpft sind, darum sollen sie nicht niedergerissen werden; ist doch durch sie die [regelmäßige] Ausrichtung lang eingebürgerter Belustigungen für das Volk von Rom gewährleistet.

(Ebd. 16,10,4 [1.12.346 od. 354]) Wir haben beschlossen, dass umgehend die Tempel allenthalben in Stadt und Land geschlossen werden und der Zutritt zu ihnen hinfort verboten ist, so dass allen verworfenen Menschen die Möglichkeit genommen wird zu sündigen. Ebenso ist es unser Wille, jedermann vom Opfern fernzuhalten. Sollte jemand jedoch ein derartiges Verbrechen begehen, so soll er niedergemacht werden durch das rächende Schwert. Ebenso bestimmen wir, dass das Eigentum eines solchermaßen Exekutierten konfisziert wird. Auf ähnliche Weise sind die Provinzstatthalter zu bestrafen, sollten sie es unterlassen, solche Verbrechen zu ahnden.

Quellen: Th. Mommsen a.o.(Nr. 52)a.O. – *Literatur*: H. Doerries a.o.(Nr. 50)a.O., 206ff.; ders. a. o.(Nr. 57)a.O., bes. 45; P.R. Coleman-Norton a.o.(Nr. 52)a.O., II, 1966 (s. Reg. in Bd. III); K.L. Noethlichs a.o.(Nr. 57)a.O.; ders., Art. Heidenverfolgung, RAC 13, 1986, 1149-1190, bes.1155-1157; G. Dagron, L'empire romaine d'orient au IVe siecle et les traditions politiques de l'hellénisme: Le témoignage de Thémistios, in: Travaux et mémoires, 3, Paris 1968, 1-242; J. Gaudemet, La condamnation des pratiques paiennes au 391, in: Epectasis (FS f. J. Card. Daniélou), Beauchesne 1972, 597ff.; R. MacMullen, Paganism in the Roman Empire, New Haven 1981; W.H.C. Frend, The Church in the Reign of Constantius II ..., in: L'Église et l'empire au IVe siecle, Genf 1989, 73-112; C. Piétri (wie o. Nr. 63), 369ff.

[1]   So berichtet es Athanasius, Geschichte der Arianer 33,7; vgl. dazu die Entgegnung des fast 100jährigen Ossius (ebd. 44): » ... Gebt nicht Ihr uns in diesen Belangen Eure Befehle, sondern wollt darin vielmehr von uns (sc. Bischöfen) lernen. Euch hat Gott die Kaisermacht übergeben – uns hat er die kirchlichen Angelegenheiten anvertraut ... Es steht geschrieben: ›Gebt dem Kaiser, was des Kaisers ist ...!‹ (Apg. 5, 29). Somit steht es uns nicht zu, auf Erden Herrschergewalt auszuüben, und Euch, Kaiser, nicht, das Weihrauchopfer darzubringen. Ich schreibe dies Euch in Sorge um Euer Seelenheil ...«, samt der Interpretation von P. Just (wie oben Nr. 50), 88-93.

[2]   Bei diesem Rückbezug auf eine konstantinische »lex« dieses Inhalts wird es sich um ein generalisierendes »Missverständnis von Einzelverboten, etwa dem der häuslichen Opfer bei der privaten Haruspizin« (Cod. Theod. 9,16,1.2; 16,10,1) handeln (H. Doerries a.o.(Nr. 50)a.O., 207). Jedenfalls kann von einem allgemeinen Opferverbot durch Konstantin schwerlich die Rede sein.

65. Christliche Intoleranz: Firmicus Maternus »Über den Irrtum der heidnischen Religionen« (Kap. 16,4; 28,6; 29,1.4)

Um 347, bald nach seiner Konversion zum Christentum, schrieb der Rhetor Iulius Firmicus Maternus, Sizilianer aus dem Senatorenstand, die Streitschrift De errore profanarum religionum, in der er die Kaiser Constantius II. und Constans zur Ausrottung des heidnischen Religionswesens, besonders der Mysterienkulte aufrief (über die er im übrigen wertvollste Mitteilungen bietet!). Obwohl kein antikes Zeugnis dafür vorliegt, ist anzunehmen, dass die von einer so hochgestellten Persönlichkeit verfasste Denkschrift auf die Religionspolitik der Kaiser, an die sie sich richtete, nicht ohne jeden Einfluss blieb.

(16,4) Diese Praktiken müssen bis zur Wurzel gekappt, ausgemerzt und abgestellt werden, heiligste Kaiser (sacratissimi imperatores), durch eure in der allerschroffsten Tonart gehaltenen gesetzlichen Verfügungen, damit der grässliche Irrtum dieser [heidnischen] Vermessenheit (praesumptio) die römische Welt nicht länger beflecke. [Mögen auch die Heiden so wenig den Wunsch haben, zum Rechten angehalten zu werden, wie die Kranken die vorgeschriebenen bitteren Arzneien lieben; gleichwohl ist die Pflicht, sie selbst wider ihren Willen zu retten, den Kaisern von Gott auferlegt. Denn] ... es ist besser für euch, sie gegen ihren Willen zu befreien, als zuzulassen, dass sie willentlich ins Verderben stürzen (melius est, ut liberetis invitos quam ut volentibus concedatis exitium) ...
(28,6) Hinweg, heiligste Kaiser, hinweg mit all dem Tempelschmuck! Lasst die Glut eurer Münz[stätt]en oder die Flamme eurer Schmelzöfen diese Götter rösten! Macht euch all die Tempelgaben zu Diensten und überführt sie in eure Kontrolle. Mit der Zerstörung der Tempel werdet ihr weitere Fortschritte in der göttlichen Tugend gemacht haben ...
(29,1) Die Notwendigkeit ... gebietet euch, heiligste Kaiser, dies Übel zu bestrafen und zu rächen, und es ist das Gesetz des allerhöchsten Gottes selbst, das euch verpflichtet, mit eurer Strenge das ungeheuerliche Verbrechen des Götzendienstes in jeder Weise zu verfolgen. Hört und nehmt euch zu Herzen die Anordnungen, die Gott hinsichtlich dieses Verbrechens getroffen hat ... [Folgt der Hinweis auf Dt. 13,6-11. 13-19, mit seinen Drohungen gegen diejenigen, die versuchen sollten, das Volk Israel zu Abgötterei zu verführen]. (4) ... Auf diese Weise wird alles gut für euch ausgehen: Siege, Wohlfahrt, Friede, Reichtum, Gesundheit und Triumphe werden euer sein, so dass ihr, gefördert durch die göttliche Majestät, den Erdkreis regieren werdet in glücklicher Herrschaft.

Quelle: K. Ziegler, I. Firmicus Maternus. De errore profanarum religionum, BT, (1908) [2]1953 .-
Literatur: C.A. Forbes, Firmicus and the secular arm, Class. Journ. 55, 1960, 146-150 ; H. Doerries a.o.(Nr, 57) a.O., bes. 44f.; P.F. Beatrice (Hg.), L'intolleranza cristiana, Bologna 1990.

66. Aus den »Taufkatechesen« Kyrills von Jerusalem (Prokatechese 2.12.16; Katechese 3,10; 18,33)

Das 4. Jahrhundert erlebte einen bis dahin nicht gekannten Ansturm von Taufbewerbern, der auch einen Ausbau und eine festere Regulierung des herkömmlichen Taufunterrichts (Katechumenat) notwendig machte. Darüber blieb jedoch eine enge Verbindung von sittlicher Bildung und liturgischer Einübung (s. oben Nr. 8.21d) Hauptmerkmal wie wesentliche Funktion des altkirchlichen Katechumenats, der erst in Verfall geriet, als die Christianisierung innerhalb der Grenzen des römischen Reiches als abgeschlossen gelten konnte. – Berühmt sind die

Katechesen, die um 350 Kyrill von Jerusalem, zumeist in der von Konstantin erbauten Grabeskirche, gehalten und später aufgrund stenographischer Notizen eines Zuhörers veröffentlicht hat. Außer einer Einführungs- oder Prokatechese sind es 18 in der österlichen Fastenzeit (Quadragesima) vor den Taufbewerbern (φωτιζόμενοι) gehaltene Ansprachen, wovon die ersten fünf über Sünde, Buße und Glauben handeln und die restlichen 13 das (mit dem Symbol von Konstantinopel 381 [s. unten Nr. 81a] nahe verwandte) Taufsymbol von Jerusalem fortlaufend erklären. Ob auch die unter Kyrills Namen überlieferten fünf »mystagogischen Katechesen«, die, zum Vortrag vor den Neugetauften (νεοφώτιστοι) in der Osterwoche bestimmt, die in der Osternacht empfangenen Sakramente (19/20: Taufe; 21: Salbung [Chrisma]; 22/23: Eucharistie) behandeln, diesem und nicht vielmehr seinem Nachfolger Johannes von Jerusalem zuzuweisen sind, ist in der Forschung bis heute umstritten.

(Prokat. 2) Kam einst auch Simon Magus zum Taufbad (λουτρόν) und wurde getauft [vgl. Apg. 8,13], aber nicht erleuchtet (ἐβαπτίσθη, ἀλλ' οὐκ ἐφωτίσθη) ... Sein Körper stieg zwar [ins Wasser] hinab und wieder herauf; seine Seele jedoch wurde weder mit Christus begraben, noch mit ihm auferweckt [vgl. Röm. 6,3ff.]. Ich erwähne diese Beispiele ... [auf dass ihr zuseht:] Keiner von euch werde erfunden als jemand, der die Gnade versucht, »und es wachse nicht [ein Schoß aus] eine[r] bittere[n] Wurzel empor und richte Schaden an« [Hebr. 12,15]. Möge auch niemand unter euch hier eintreten und sagen: Wohlan, lasst uns sehen, was die Gläubigen machen; ich will hineingehen, um zu schauen und zu erfahren, was dort geschieht. Erwartest du, dass du siehst, aber nicht gesehen wirst? Meinst du, ausforschen zu können, was geschieht, und Gott erforsche derweilen nicht dein Inneres? (12) Wenn nun die Unterweisung (κατήχησις) erfolgt ist und dich ein noch nicht Getaufter fragt, was die Lehrer gesagt haben, so schweige gegenüber dem Außenstehenden; denn ein Geheimnis (μυστήριον) vertrauen wir dir an, das auch die Hoffnung auf die künftige Welt begründet: bewahre dies Geheimnis für den, der dir [im Gericht] vergelten wird. Verschließe deine Ohren, wenn einer zu dir sagen sollte: Was schadet's, wenn auch ich [dies Geheimnis] erfahre? Denn so verlangen auch die Kranken nach Wein; wird er ihnen aber zur Unzeit verabreicht, so bewirkt er [tödliches] Fieber, und zwei Übel sind die Folge: der Kranke stirbt, und der Arzt hat seinen schlechten Ruf weg. So ist's auch mit dem noch nicht Getauften. Hört er von einem Getauften [was noch nicht für seine Ohren bestimmt ist], so verfällt er in Fieber, weil er nicht versteht, was er gehört hat, und so [aus purem Unverstand] das Gehörte schmäht und verspottet ... Nicht, dass die Dinge, die hier in Rede stehen, nicht wert wären, weitergesagt zu werden; sondern die Ohren [des noch nicht Getauften] sind nicht würdig, sie zu vernehmen ... Wirst du einmal durch eigene Erfahrung (πεῖρα) zum Gipfel dessen gelangt sein, was dir gelehrt wurde, so wirst du auch verstehen, weshalb die noch nicht Getauften nicht würdig sind, davon zu hören. (16) Etwas Großes ist die Taufe, der ihr entgegenseht: Befreiung für Gefangene, Vergebung der Sünden, Tod für die Sünde, Wiedergeburt für die Seele, lichtes Kleid, heiliges, unauslöschliches Siegel, Himmelsgefährt, Paradieseswonne, Bürge des Reiches, Geschenk der Annahme als Kind (Μέγα, τὸ προκείμενον βάπτισμα· αἰχμαλώτοις λύτρον· ἁμαρτημάτων ἄφεσις· θάνατος ἁμαρτίας· παλιγγενεσία ψυχῆς· ἔνδυμα φωτεινόν· σφραγὶς ἁγία ἀκατάλυτος· ὄχημα πρὸς οὐρανόν· παραδείσου τροφή· βασιλείας πρόξενον· υἱοθεσίας χάρισμα)[1]. Doch der Drache lauert am Wegesrand ... Sieh zu, dass er dich nicht infolge mangelnden Glaubens beiße ... Lasse »deine Füße beschuht« sein »mit Bereitschaft für das Evangelium des Friedens« [Eph. 6,15]; so wird er dich zwar beissen, dich aber nicht verletzen ...

(Kat. 3,10) Wer die Taufe nicht empfängt, für den gibt es kein Heil, ausgenommen einzig die Märtyrer, die auch ohne das [Tauf-]Wasser das Reich gewinnen. Denn als der Heiland durch das Kreuz den Erdkreis erlöste, floss aus seiner durchbohrten Seite Blut und Wasser hervor [vgl. Joh. 19,34], auf dass diejenigen, die in friedlicher Zeit leben, im Wasser getauft würden, die in Zeiten der Verfolgung Lebenden dagegen mit

ihrem eigenen Blut. Vermag doch auch der Erlöser das Martyrium als Taufe zu bezeichnen, wenn er sagt:»Könnt ihr den Kelch trinken, den ich trinken werde, und
euch taufen lassen mit der Taufe, mit der ich getauft werde?« [Mt. 20,22]. Die Märtyrer legen ihr Bekenntnis ab,»zum Schauspiel geworden für die Welt, für Engel und
Menschen« [l. Kor. 4,9]. Und auch du sollst binnen kurzem das Bekenntnis ablegen.
Doch ist es noch nicht an der Zeit, dass du davon hörst.
(Kat. 18,33) Nach dem heiligen und heilbringenden Tag der Ostern ... werdet ihr, beginnend mit dem zweiten Tag nach dem Sabbat jeden Tag der folgenden Woche
weitere Unterweisung erhalten. Darin werdet ihr wiederum in allen Einzelheiten über
Grund und Ursache dessen belehrt werden, was euch widerfahren ist ...: über das
zunächst, was unmittelbar vor dem Taufakt selbst geschah, dann darüber, wie ihr
gereinigt wurdet durch den Herrn von den Sünden,»mittels des Wasserbades im
Wort« [Eph. 5,26], wie ihr in priesterlicher Weise (ἱερατικῶς) Anteil gewannet am
Christusnamen, wie euch das Siegel der Gemeinschaft des Hl. Geistes verliehen ward,
aber auch über die am Altar des Neuen Bundes gefeierten Mysterien ...: welche es
sind, die uns die heiligen Schriften überliefert haben, was ihre Kraft (δύναμις) ist, wie
man ihnen zu nahen und wann und wie man sie zu gebrauchen hat; endlich auch
darüber, wie ihr in der bevorstehenden Zeit, in Werken wie in Worten, der empfangenen Gnade würdig wandeln müsst, damit ihr alle euch des ewigen Lebens zu erfreuen vermögt. Dies alles wird euch, so Gott will, gelehrt werden.

Quelle: W. C. Reischl/J. Rupp, Cyrilli Hierosolymitarum archiepiscopi opera quae supersunt
omnia, 2 Bde., 1848.1860 (Nachdr. 1967). – *Literatur:* B. Neunheuser, Taufe und Firmung,
HDG IV,2, 1956, 59-70; A. Stenzel, Die Taufe. Eine genetische Erklärung der Taufliturgie,
1958, 77-164; J. Daniélou, Liturgie und Bibel. Die Symbolik der Sakramente bei den
Kirchenvätern, 1963; G. Kretschmar, Die Geschichte des Taufgottesdienstes in der alten Kirche,
Leiturgia V, 1970, 198-210; K. Deddens, Annus liturgicus?, Goes 1975; E. A. Bulgarakes, Die
Katechese Kyrills von Jerusalem, Thessalonike 1977 (neugriech.).

[1]   Nahezu dieselben Wendungen finden sich bei Basilius v. Caesarea, hom. in s. bapt. 4 (PG
31, 433 A. B); vgl. auch etwa Clemens Alex., Paed. 1, 6, 25.26, und Gregor. Naz., or. 40, 4; nach
G. Kretschmar (wie oben), 202, Anm. 193, berührt sich der Text Prok. 16 »erstaunlich weitgehend« auch »mit einzelnen Abschnitten des späteren westsyrischen Wasserweihegebetes ...,
ohne dass wörtliche Übereinstimmung vorläge«.

67. Der Antiarianismus des Athanasius und seine Motive
(nach seinen Schriften »Über die Beschlüsse der nizänischen
Synode«, Kap. 20, und »Reden wider die Arianer«, Buch 2,
Kap. 67-69; Buch 3, Kap. 31)

Wenn Athanasius von Alexandrien (295-373) auch am Ende als der Vorkämpfer der nizänischen
Orthodoxie schlechthin galt, so ist er doch zeitlebens »Theologe« *und* »Kirchenpolitiker« ineins
gewesen (W. Schneemelcher). Auch ist er zwar stets mit großer Beharrlichkeit für die Recht-
mäßigkeit der in Nizäa ausgesprochenen Verurteilung des Arius und seiner Anhänger und wider
alle kaiserliche Einmischung in kirchliche Angelegenheiten eingetreten und hat dafür, wie seine
insgesamt fünfmalige Verbannung lehrt, auch persönliche Unbill auf sich genommen. Für das
Nicaenum und sein Homoousios aber ist er erst nach einem längeren Zwangsaufenthalt im Westen
(339-346) ins Feld gezogen, und zwar erstmals in seiner Epistula de decretis Nicaenae synodi
(350/351) sowie in den wohl während seines 3. Exils bei den Mönchen der ägyptischen Wüste
(356ff.) entstandenen, überaus polemisch gehaltenen (drei) Orationes contra Arianos. Beide
Schriften lassen zugleich erkennen, welche Antriebe (außer den Machtinteressen des alexandri-

nischen Patriarchen) dem Antiarianismus des Athanasius zugrunde lagen und was die auch von einem Kritiker des altkirchlichen Dogmas wie A. von Harnack keineswegs geleugnete Größe der athanasianischen Konzeption ausmacht.

(Üb. d.Beschl.etc 20,3 [17 Opitz]) Aber die Bischöfe [des nizänischen Konzils], da sie ... die Heuchelei jener [sc. der Arianer] erkannten ..., sahen sie sich genötigt, auch ihrerseits den Sinn aus den [heiligen] Schriften zu erheben und das früher Gesagte noch unmissverständlicher auszudrücken und schriftlich festzuhalten: der Sohn sei mit dem Vater wesenseins (ὁμοούσιος). Damit wollten sie anzeigen, dass er nicht nur von gleicher Beschaffenheit (ὅμοιος), sondern in der Gleichbeschaffenheit [mit ihm] identisch (ταὐτὸν τῇ ὁμοιώσει) [und so] »aus dem Vater« sei; auch ging es ihnen um den Hinweis, dass es mit dieser Gleichbeschaffenheit und Unwandelbarkeit (ἀτρεψία) sich durchaus anders verhalte als mit der Abbildlichkeit (μίμησις), wie sie an uns festzustellen ist und wie wir sie aufgrund von Tugend[haftigkeit] erwerben, indem wir die Gebote halten. (4) Körper, die einander ähnlich sind, können sich wohl auch einmal trennen und fern voneinander sein, wie es bei Menschenkindern in ihrem Verhältnis zu ihren Eltern der Fall ist ... (5) Da jedoch die Zeugung des Sohnes aus dem Vater gar nichts zu tun hat mit natürlich-menschlichen Vorgängen und der Sohn dem Vater nicht nur ähnlich, sondern auch untrennbar mit dem Wesen des Vaters verbunden ist (ἀδιαίρετος ... τῆς τοῦ πατρὸς οὐσίας), und nach seinen eigenen Worten er und der Vater eins sind: der Vater immer im Logos und der Logos [immer] im Vater, so wie sich der Lichtstrahl zum Licht verhält, darum hat die Synode, die eben dies im Sinne hatte, auch den treffenden Begriff ὁμοούσιος in ihr schriftlich niedergelegtes Bekenntnis aufgenommen ...

(Red.w.d.A.2,67-69 [244-46 Tetz]) ... (67,3) In ihm [dem fleischgewordenen Logos] ist also das Menschengeschlecht vollendet und so wiederhergestellt worden, wie es im Anfang war; nein, es hat vielmehr noch größere Gnade empfangen. Denn, von den Toten auferstanden, fürchten wir den Tod nicht länger, sondern werden in Christus auf immer im Himmel herrschen. Das aber ist geschehen, weil Gottes eigener Logos, der aus dem Vater ist, [den] Fleisch[esleib] anzog und Mensch wurde. Wäre er nämlich ein Geschöpf und als solches Mensch geworden, dann wäre der Mensch dessen ungeachtet so geblieben, wie er war: ohne Verbindung mit Gott. (4) Denn wie hätte er, ein Geschöpf, durch ein Geschöpf mit dem Schöpfer verbunden werden können? ... Wie hätte umgekehrt der Logos, wäre er ein Geschöpf, das [Verdammungs-]Urteil Gottes aufheben und die Sünde vergeben können, wo doch bei den Propheten geschrieben steht, dass dies allein Sache Gottes sei ... [Mich. 7,18]? ... (5) ... Es hat jedoch [die Sünde] der Herr selbst weggenommen, wie er gesagt hat: »Es sei denn, der Sohn mache euch frei« [vgl. Joh. 8,36], und der Sohn, der [uns] freigemacht hat, hat damit in Wahrheit gezeigt, wie wenig er ein Geschöpf und eines der gewordenen Wesen, wie sehr er vielmehr [Gottes] eigener Logos, Abbild des Wesens des Vaters, ist, der auch im Anfang das Urteil gesprochen hat und allein die Sünden vergibt. Da nämlich im Logos gesagt worden ist: »Erde bist du, und zur Erde wirst du wieder werden« [Gen. 3,19], ist folgerichtigerweise (ἀκολούθως) durch den Logos selbst und in ihm die Befreiung und Aufhebung des Verdammungsurteils geschehen.

(68,1) Allein, so wenden sie ein, auch wenn der Heiland ein Geschöpf war, konnte doch Gott durch ein bloßes Wort den Fluch aufheben ... (2) Jedoch, man muss auf das sehen, was den Menschen frommt, nicht auf das, was Gott möglich ist ... (3) Was er [der Heiland] tut, das ist den Menschen auch nütze, und es ziemte sich nicht, dass er anders [wörtl.: ein anderer] war [als er uns tatsächlich bezeugt wird]. ... (4) Wenn er sich, was ihm wohl möglich war, mit einem bloßen Wort begnügt und so den Fluch aufgehoben hätte, dann wäre zwar die Macht des Befehlenden manifest geworden, der

Mensch jedoch hätte eine Beschaffenheit erlangt, wie sie auch Adam vor dem Sündenfall besaß: er hätte die Gnade von außen empfangen (ἔξωθεν λαβὼν τὴν χάριν) und nicht [leibhaftig:] in Verbindung mit dem [eigenen] Leib besessen ... ; vielleicht hätte er sogar eine minderwertigere Beschaffenheit [als Adam] erlangt, weil er sich ja inzwischen aufs Sündigen verstand. (5) ... Und so hätte die Notwendigkeit [göttlichen Vergebens] bis ins Unendliche weiterbestanden, und dessen ungeachtet wären die Menschen Schuldner und Knechte der Sünde geblieben ...

(69,1) Wiederum: wäre der Sohn ein Geschöpf, so wäre der Mensch dessen [der Menschwerdung] ungeachtet sterblich, weil ohne Verbindung mit Gott, geblieben...

(3,31 [341f. Tetz/Wyrwa]) (1) ... Als Gott hatte er [der fleischgewordene Logos] einen eigenen Leib, und indem er sich dieses [Leibes] als eines Werkzeuges (ὄργανον) bediente, ist er um unseretwillen Mensch geworden. (2) Darum wird auch, was diesem [Fleisch, in welchem nach Kol. 2,9 die Gottheit leibhaftig wohnte] zukommt, von ihm selbst ausgesagt, eben weil er in ihm war; so z.B. das Hungern, Dürsten, Leiden, Ermüden u.ä.m., dem das Fleisch ausgesetzt ist. Die dem Logos selbst eigenen Werke aber wie, dass er Tote erweckte, Blinde sehend machte und die Blutflüssige heilte, vollbrachte er selbst mittels seines eigenen Leibes. (3) Und der Logos trug die Schwachheiten des Fleisches, als wären es die seinigen; sein war ja das Fleisch. Umgekehrt diente auch das Fleisch den Werken der Gottheit, weil sie in ihm war; Gottes war ja der Leib. Treffend hat dagegen der Prophet gesagt:»Er trug«, nicht: Er heilte »unsere Schwachheiten«, damit er nicht, als wäre er außerhalb des Leibes und heilte ihn lediglich so, wie er es immer tat, die Menschen von neuem dem Tode unterworfen bleiben ließe. Nein, er trägt unsere Schwachheiten und nimmt auf sich unsere Sünden, damit es klar werde, dass er um unseretwillen Mensch ward und der Leib, mit dem er sie trägt, sein eigen sei. (4) Er selbst aber erlitt keinerlei Schaden (οὐδὲν ἐβλάπτετο), als er mit seinem Leibe unsere Sünden an das [Kreuzes-]Holz emportrug ... [1. Petr. 2,24]. Wohl aber wurden wir Menschen von unseren Leiden erlöst und mit der Gerechtigkeit, die der Logos gibt, erfüllt.

Quellen: H.G. Opitz a.o.(Nr. 54)a.O., 2, 1934 (De decr.); M. Tetz (wie ebd.),1,1,2 (Orr. c. Ar.1. 2); M. Tetz/D. Wyrwa (wie ebd.) 1,1,3, 2000 (Or. c. Ar. 3). – *Literatur*: E. Schwartz, Zur Geschichte des Athanasius, (NGG 1904.1905.1908.1911=) Ges. Schriften, 3,1959; F.L. Cross, The study of St. Athanasius, Oxford 1945; W. Schneemelcher, Athanasius von Alexandrien als Theologe und Kirchenpolitiker, ZNW 43,1950/1951, 242-256; D. Ritschl, Athanasius. Versuch einer Interpretation, 1964; Ch. Kannengießer, Athanase d'Alexandrie, Paris 1983; G. Larentzakis, Einheit der Menschheit, Einheit der Kirche bei Athanasius, Graz 1978; R. Lorenz, Der zehnte Osterfestbrief des Athanasius von Alexandrien (BZNW 49), 1986; E.P. Meijering, Athanasius: Die dritte Rede gegen die Arianer, 3 Bde., Amsterdam 1996-1998; A.M. Ritter in: HDThG, I, [2]1999, 178-185; L. Abramowski, Das theologische Hauptwerk des Athanasius: Die drei Bücher gegen die Arianer (Ctr. Arianos I-III), in: CV 42, 2000, 5-23; S. Hausammann (wie o. Nr. 7), Bd. 3, 2003, 97-109.

68. Aus dem 4. Bekenntnis von Sirmium vom 22. Mai 359 (bei Athanasius, Über die zu Ariminum in Italien und zu Sirmium in Isaurien gefeierten Synoden, 8)

Als Athanasius seine »Arianerreden« verfasste, waren im Osten unter der von Constantius II. errichteten harten Herrschaft über die Kirche neue Fronten entstanden: Ein radikaler Neuarianismus unter geistiger Führung des einstigen antiochenischen Diakons Aëtius (gest. 367) und des späteren Bischofs von Kyzikus, Eunomius (gest. um 395), bildete sich aus (sein Hauptstichwort:

Der Logos dem Vater »in allem unähnlich« [ἀνόμοιος (κατὰ πάντα)]; daher »Anhomöertum« genannt), und die origenistische, von der überzogenen Polemik des Athanasius (wegen ihrer Rede von den drei göttlichen Hypostasen) gleichfalls als »arianisch« bezeichnete Mittelpartei zerfiel. – Welchen Kurs in dieser Wirrnis die kaiserliche Kirchenpolitik zu steuern gedachte, lehrt der Schluss des von einer kaiserlichen Kommission entworfenen 4. oder (wegen der ausführlichen Datierung, die ihm vorangestellt ist) von den Gegnern spöttisch »Datiertes Bekenntnis«[1] genannten Symbols von Sirmium:

Weil das Wort »Wesen« (οὐσία) von den Vätern in Einfalt angenommen wurde, dem Volk aber unbekannt ist und Ärgernis erregt, da es die [heiligen] Schriften nicht enthalten, darum schien es uns richtig, seinen Gebrauch abzuschaffen; es soll unter gar keinen Umständen der Begriff »Wesen« jemals mehr mit Bezug auf Gott verwendet werden, weil sich die Schriften nirgendwo auf ein »Wesen« des Vaters und des Sohnes beziehen. Vielmehr bezeichnen wir den Sohn als dem Vater in allen Dingen ähnlich (ὅμοιος ... τῷ πατρὶ κατὰ πάντα), wie es auch die heiligen Schriften erklären und lehren.

Quelle: H. G. Opitz a.o.(Nr. 54)a.O., 2, 1935. – *Literatur*: J. N. D. Kelly a.o.(Nr. 42)a.O., 280ff.; Ch. Kannengießer a.o.(Nr. 67)a.O., 63-156 (Beiträge von K.M. Girardet, C. Pietri, L. W. Barnard, J.M. Leroux); zur Kirchenpolitik des Constantius insgesamt s. jetzt vor allem H.C. Brennecke, Hilarius von Poitiers und die Bischofsopposition gegen Konstantius II., 1984; ders., Studien zur Geschichte der Homöer, BHTh 73, 1988, 5ff.; W. A. Löhr, Die Entstehung der homöischen und homöusianischen Kirchenparteien, Diss. Bonn, 1986, 93ff.; C. Piétri (wie o. Nr. 63), 386-395.

[1] Die Ironie liegt darin: Da rechtes Bekenntnis, so die gemein-antike Überzeugung, von seinem Wesen her die Glaubenswahrheit zu bezeugen hat und sucht, »wie sie im Anfang war« (vgl. bereits 1. Joh.1,1), ist ein »datiertes Credo« natürlich ein Unding und Widerspruch in sich..

69. Marius Victorinus als Hymnendichter und Paulusexeget

Der Kampf um Athanasius und die von ihm verfochtene Sache, und das hieß nun in der Tat: das Dogma von Nizäa, bezog immer mehr auch den lat. Westen ein und ließ dort eine theologische Literatur entstehen, die die im Osten erörterten Fragen aufnahm. Am selbständigsten geschah dies wohl durch C. Marius Victorinus, der, Ende des 3. Jahrhunderts in Afrika geboren, als gefeierter Lehrer der Rhetorik und (neuplatonischen) Philosophie in Rom wirkte, ehe er – bald nach 354 – zum Christentum konvertierte und damit einen Schritt tat, der von der Öffentlichkeit als sensationelles Ereignis empfunden und noch ein Menschenalter später Augustin als leuchtendes Beispiel vorgehalten wurde (Bekenntnisse 8,2,3ff.). Bald nach seiner Bekehrung begann er damit, in einer Serie von theologischen Traktaten, auf der Basis der – porphyrianisch modifizierten (P. Hadot) – Ontologie Plotins, die Substanzgleichheit von Vater, Sohn und Geist gegen einen ebenfalls neuplatonisierenden ›Arianismus‹ zu verteidigen und zu »beweisen«. – Demselben Ziel, der Abwehr der ›arianischen‹ Propaganda, dient auch seine Hymnendichtung:

a) **Aus dem 1. Hymnus auf die Trinität** (Verse 1-16.74-78)

Adesto, lumen verum, pater omnipotens deus.
Adesto, lumen luminis, *mysterium* et *virtus dei*.
Adesto, sancte spiritus, patris et filii copula.
Tu cum quiescis, pater es, cum procedis, filius,
in unum qui cuncta nectis, tu es sanctus spiritus.

Unum primum, unum a se ortum, unum ante unum, deus.
Praecedis omne quantum, nullis notus terminis.
Nihil in te quantum quia neque quantum ex te est.
Namque ex te natum unum gignit magis quantum quam tenet.
Hinc immensus pater est, mensus atque immensus filius.
Unum autem et tu pater es, unum qu[e]m genui[s] filius.

Quod multa vel cuncta sunt, hoc unum est quod genuit filius,
Cunctis qui ὄντος semen est. Tu vero virtus seminis,
In quo atque ex quo gignuntur cuncta, *virtus* quae fundit *dei,*
Rursusque in semen redeunt genita quaeque ex semine ...

Omnes ergo unum spiritu, omnes unum lum[ine].
Hinc singulis vera, hinc tribus una substantia est,
Progressa a patre filio et regressa spiritu,
Quia tres exsistunt singuli et tres in uno singuli.
Haec est beata trinitas, haec beata unitas.

Steh uns bei, wahres Licht, allmächtiger Vatergott! Steh uns bei, Licht des Lichts, »Geheimnis« und »Kraft Gottes« [vgl. 1. Kor. 1,24]! Steh uns bei, Heiliger Geist, Band des Vaters und des Sohnes! In der Ruhe bist du Vater, im Hervorgang Sohn, und alles zu einem verbindend bist du Heiliger Geist.
O Gott, du bist das erste Eine, das aus sich selbst entsprungene Eine, das Eine vor dem Einen. Du gehst aller Vielfalt voraus, und keine Definition macht dich bekannt. Keine Vielfalt ist in dir, denn keine Vielfalt geht aus dir auch nur hervor. Das aus dir geborene Eine zeugt die Vielfalt eher, als dass es sie besitzt. Daher ist der Vater uner-messlich, der Sohn aber ermessbar und unermesslich zugleich. Du, Vater bist das Ei-ne, und den du zeugst, der Sohn, ist Eines, und das vom Sohn Gezeugte ist Eines als Mannigfaltiges oder Alles, denn der Sohn ist für alle Same des Seins. Du aber bist dieses Samens geheime Kraft; in diesem und aus diesem Samen wird alles gezeugt, was die »Kraft Gottes« hervorbringt, und zu diesem Samen kehrt aufs neue alles aus ihm Gezeugte zurück ... Alle [sc. Vater, Sohn und Geist] sind ... eins im Geiste, alle eins im Licht! So ist jedem einzelnen eine wirkliche und allen dreien eine einzige Substanz zueigen, die vom Vater zum Sohn ausgeht und im Geist zum Vater zurückkehrt, denn sie sind drei einzelne und alle drei sind in jedem einzelnen. Dies ist die glückselige Dreifaltigkeit, dies die glückselige Einheit! (P. Hadot/U. Brenke)

b) Aus dem Kommentar zu den kleinen Paulinen (Zu Gal. 2,15f.; Phil. 2,13; 3,9; Eph. 2,8.15f.)

Zu den nach seiner Bekehrung verfassten Schriften Viktorins gehörte auch eine – um Feststellung des Textes und Wortsinns, aber auch des dogmatischen und ›philosophischen‹ Gehaltes bemühte – Auslegung des Galater-, Philipper- und Epheserbriefes, die nicht nur deshalb Beachtung verdient, weil es sich dabei um den ersten lat. Pauluskommentar überhaupt handelt, von dem wir wissen. Vielmehr enthält diese Paulusexegese auch »in Hinsicht auf die Rechtfertigung allein durch Glauben die strengst paulinischen Sätze, welche wir aus der alten Kirche kennen« (A. von Harnack). Dafür ein paar Beispiele:

[Zu Gal. 2,15f.] Bis hierhin handelt es sich um den Teil einer Rede des Paulus selbst, welcher Petrus anklagt und ihm vorhält, er stimme in unkorrekter Weise jüdischer

Denkart bei und zwinge auf diese Weise Heiden dazu, nach jüdischer Sitte zu leben. Wir, sagt er, ... die wir nicht aus den Heiden stammen, sondern Juden sind, nehmen doch ja den Glauben an Christus an, ... natürlich deshalb, weil wir wissen, dass der Mensch nicht gerechtfertigt werde aufgrund von Gesetzeswerken, sondern durch Glauben die Rechtfertigung erlange, und zwar durch den Glauben an Jesus Christus ... Wenn wir also, dies wissend, geglaubt haben, dass die Rechtfertigung durch Glauben geschehe, dann befinden wir uns jedenfalls im Irrtum, so wir uns nun zu jüdischer Art (iudaismus) zurückwenden, der wir [doch gerade] abgesagt haben, um nicht aus Gesetzeswerken, sondern aus Glauben gerechtfertigt zu werden, und zwar aus Glauben an Christus. Allein dieser Glaube nämlich schenkt sowohl Rechtfertigung wie Heiligung (ipsa enim fides sola iustificationem dat et sanctificationem) ...

[Zu Phil. 2,13] »Müht euch« also, heißt es, »um euer Heil«. Indes ist das Mühen selbst Gott zu verdanken. Denn Gott wirkt in euch, und [zwar] wirkt er, dass euer Wollen so ausgerichtet sei (ut velitis ita). So ist das Wollen gewissermaßen [auch] unsere Sache (quasi nostrum), weshalb auch wir es sind, die sich um unser Heil mühen. Dennoch: weil uns das Wollen selbst von Gott gewirkt wird, darum geschieht es, dass wir sowohl das Vollbringen wie das Wollen von Gott haben (ut ex deo et operationem et voluntatem habeamus) ...

[Zu Phil. 3,9] » ... wobei ich nicht meine eigene Gerechtigkeit habe, die aus dem Gesetz ist.« Jene Gerechtigkeit natürlich, welche ich ... [besaß], als ich untadelig lebte; denn dann ist es gewissermaßen meine oder unsere Gerechtigkeit, wenn wir meinen, durch unseren guten Lebenswandel die Gottesgerechtigkeit zu verdienen, sofern ihr [unser] Wandel vollkommen entspricht (tunc enim quasi mea iustitia est, vel nostra, cum moribus nostris iustitiam dei mereri nos putamus perfectam per mores). Doch nicht, sagt Paulus, ist es diese Gerechtigkeit, die ich habe. Sondern ... diejenige, die aus Gott kommt (ex deo procedit). Und welche ist das? Die »Gerechtigkeit, die aus dem Glauben kommt«, d.h. aus dem Glauben, welcher sich dem »Glauben Christi« [πίστις Χριστοῦ: Paulus!] verdankt (iustitia ex fide, quae est fides ex fide Christi) ...

[Zu Eph. 2,8] Er [Paulus] hat klar expliziert, dass wir Glauben schulden; doch schulden wir nicht mehr, als dass wir in Christus gläubig sind (ut credamus in Christo). Ist das aber so, dass dies allein unser Werk ist, so werden wir nicht durch unser Verdienst (meritum) gerettet, sondern durch Gottes Gnade ...

[Zu Eph. 2,15.16] Christus, sagt er, ist unser Friede, er, den er andernorts auch den Mittler (mediator) nennt ... Also liegt es nicht an unserer Anstrengung ...., dass wir erlöst werden; vielmehr ist allein der Glaube an Christus unsere Rettung (ergo non nostri laboris est ut nos solvamus, sed sola fides in Christum nobis salus est) ... An uns liegt so gut wie nichts, es sei denn das eine: zu glauben an den, der alles überwunden hat (nostrum paene iam nihil est, nisi solum credere, qui superavit omnia). Darin nämlich besteht die volle Erlösung, dass Christus diesen Sieg errungen, dass er darum am Kreuz ausgeharrt hat und darum auferstanden ist, um uns, die wir an ihn glauben, Heil, Ewigkeit und himmlische Glorie zu bereiten.

Quellen: P. Henry/P. Hadot, Marii Victorini Opera, 1. Opera Theologica, CSEL 83, 1971; A. Locher, Marii Victorini Afri Commentarii in Epistulas Pauli ..., BT, 1972 (vgl. dazu allerdings die Rez. von F. Gori in: Riv. di fil.e di ist. class. 102, 1974, 487-492); F. Gori, Marii Victorini Opera exegetica (CSEL 83,2), 1986. – *Übersetzung*: P. Hadot/U. Brenke, Christlicher Platonismus. Die theologischen Schriften des Marius Victorinus, BAW, Zürich 1967, 325. 328. – *Literatur*: A. Harnack, Geschichte der Lehre von der Seligkeit allein durch den Glauben in der alten Kirche, ZThK 1, 1891, 82-178 (hier: 158ff.); R.A. Markus, Marius Victorinus and Augustine, The Cambridge History of Later Greek and Early Medieval Philosophy, Cambridge (1967) 1970, 331-340; P. Hadot, Porphyre et Victorinus, 2 Bde., Paris 1968; ders., Marius Victorinus. Recherches sur sa vie et ses oeuvres, Paris 1971; A. Ziegenaus, Die trinitarische Ausprägung der göttlichen

Seinsfülle nach Marius Victorinus, 1972; W.K. Wischmeyer, Bemerkungen zu den Paulusbrief-
kommentaren des C. Marius Victorinus, ZNW 63, 1972, 108ff.; W. Erdt, Marius Victorinus, der
erste lateinische Pauluskommentator, 1980; W. Steinmann, Die Seelenmetaphysik des Marius
Victorinus (Hamburg. Theol. Studien 2), 1990.

70. Probleme hinsichtlich des Homousios (Athanasius, Über die Synoden etc. 41-45)

Als sich im Osten, unter Führung des Basilius von Ankyra (gest. 365), aus der einstigen ›euse-
bianisch‹-origenistischen Mittelpartei heraus eine Opposition gegen die offizielle Kirchenpolitik
und das von ihr propagierte ›homöische‹ Bekenntnis formierte, die, sichtlich um Anschluss an
die Nizäner bemüht, die Kompromissformel zur Losung erhob, dass der Sohn dem Vater »wesens*gleich*« (nicht »wesens*eins*« [ὅμοιος (καὶ) κατ᾽ οὐσίαν, nicht ὁμοούσιος]) sei (daher ihr Name »Homöusianer«), wurde dies nicht nur von Männern wie dem in den Osten verbannten Bischof Hilarius von Poitiers (ca. 315-367) lebhaft begrüßt, der nach seiner Rückkehr aus dem Exil
als Mittler einer sozusagen »ökumenischen« Debatte tätig wurde (C. Andresen). Vielmehr zeigte
sich nun auch Athanasius verständigungsbereit, wie folgender Auszug aus seiner um 359 verfassten Schrift De synodis zeigt:

(41,1) Diejenigen, die das Konzil [von Nizäa] überhaupt ablehnen, sind durch diese
kurzen Bemerkungen[1] hinlänglich überführt; die hingegen alles Übrige annehmen,
was in Nizäa beschlossen wurde, und sich nur am Homousios stoßen, dürfen nicht als
Feinde behandelt werden. Auch greifen wir sie nicht als Ariomaniten [›dem Wahnsinn
des Arius Verfallene‹] an, noch als Widersacher der [nizänischen] Väter; vielmehr erörtern wir die Sache mit ihnen wie Brüder mit Brüdern, die meinen, was auch wir
meinen, und sich nur am Wort stoßen. (2) Denn indem sie bekennen, dass der Sohn
aus dem Wesen des Vaters und nicht aus einer anderen Hypostase sei, dass er ferner
weder Geschöpf noch Gemächte (ποίημα), sondern sein [des Vaters] echtbürtiger und
natürlicher Abkömmling (γνήσιον καὶ φύσει γέννημα) sei, und schließlich, dass er
ewig mit dem Vater wese als [sein] Wort und [seine] Weisheit, sind sie nicht weit von
der Annahme selbst des [ominösen] Terminus Homousios entfernt (οὐ μακράν εἰσιν
ἀποδέξασθαι καὶ τὴν τοῦ ὁμοουσίου λέξιν). Dies ist beispielsweise der Fall bei Basilius von Ankyra, der über den Glauben gehandelt hat[2]. (3) Denn lediglich zu sagen,
[der Sohn] sei [dem Vater]; »ähnlich [auch] hinsichtlich des Wesens«, reicht bei weitem
nicht an die Aussage heran, dass er »aus dem Wesen [des Vaters]« sei, womit vielmehr, wie sie selbst zugegeben haben, die Echtbürtigkeit der Beziehung zwischen
Sohn und Vater (τὸ γνήσιον τοῦ υἱοῦ πρὸς τὸν πατέρα) bezeichnet wird ... (4) Weil
sie indes sowohl das ἐκ τῆς οὐσίας als auch das ὁμοιούσιος ausgesagt haben, was
bringen sie mit dieser Junktur [dieser kombinierten Aussage] anderes zum Ausdruck als
[was mit dem] ὁμοούσιον [gemeint ist]?

Im weiteren kommt Athanasius auch auf die Hemmungen zu sprechen, die bei den Homö-
usianern um Basilius gegen die Annahme des nizänischen Homousios bestanden. Es waren demnach zum einen die Tatsache, dass die (origenistische) Synode von Antiochien (268), welche
über Paul von Samosata[3] zu Gericht saß, das Homousios verurteilt hatte[4]; zum andern der Briefwechsel zwischen Dionys von Alexandrien und Dionys von Rom (s. oben Nr. 41).

Quelle: H. G. Opitz a.o.(Nr. 68)a.O. – *Literatur:* J. Gummerus, Die homöusianische Partei,
Helsinki 1900; W.-D. Hauschild, Die Pneumatomachen. Eine Untersuchung zur Dogmenge-
schichte des vierten Jahrhunderts, Ev.-theol. Diss. Hamburg, 1967, 130-190 (m. weit. Lit.); W.
A. Löhr, a.o.(Nr. 68)a.O., 79ff. 142ff.; C, Piétri, Vom homöischen Arianismus zur neunizäni-

schen Orthodoxie (361-385), in: Das Entstehen der Einen Christenheit (wie o. Nr. 33), 417-461 (hier: 417-424).

¹ Sc. den Nachweis ihrer widersprüchlichen Ansichten wie ihrer mangelnden Bereitschaft, sich über den Sinn solcher Termini wie οὐσία zu instruieren (das das »Datierte Credo« von Sirmium 359, als Grundwort zu ὁμοούσιος oder dem neuerlichen ὁμοιούσιος bzw. ὅμοιος καὶ κατ᾽ οὐσίαν, ganz aus dem theologischen Sprachgebrauch verbannt wissen wollte: s. oben Nr. 68), von denen sie zu Unrecht behaupteten, sie seien zu »dunkel«.

² Athanasius bezieht sich hier wohl auf das Lehrdekret der homöusianischen Synode von Ankyra 358 (bei Epiphanius, Arzneikasten 73,3-11).

³ S. oben Nr. 57, Anm. 1.

⁴ Vgl. dazu H. de Riedmatten, Les actes du procès de Paul de Samosate, Fribourg 1952, und neuerdings vor allem F. Millar, Paul of Samosata, Zenobia and Aurelian, JRS 61, 1971, 1-17; H.C. Brennecke, Zum Prozess gegen Paul von Samosata: Die Frage nach der Verurteilung des »Homoousios«, ZNW 75, 1984, 270-290.

71. Kaiser Julian und die Restauration des Heidentums

332 in Konstantinopel als Neffe Konstantins geboren, wurde Julian, obzwar christlich erzogen, unter dem Einfluss des Rhetors Libanius (s. unten Nr. 87d) und des Neuplatonikers Maximus von Ephesus, der ihm auch die Welt der Mysterienkulte erschloss, zum erklärten Gegner des Christentums. Die Gründe für diesen ›Abfall‹ (vgl. seinen Schmähnamen J. *Apostata* [›der Abtrünnige‹]) werden aber auch in seiner Lebensgeschichte zu suchen sein. Als Sechsjähriger entging er einem Blutbad, das die röm. Soldateska – ob unter den Augen seines kaiserlichen Vetters Constantius II., ist unsicher – unter seiner Verwandtschaft männlichen Geschlechts anrichtete, um mögliche Kronprätendenten aus dem Wege zu räumen. Und auch später verfolgte Constantius diesen letzten noch beseitigten Verwandten mit besonderem Argwohn. 361 zur Alleinherrschaft gelangt, machte sich Julian mit ihm eigener Unrast an ein großangelegtes Reformwerk, das die politische und die Verwaltung der Finanzen ebenso im Auge hatte wie die nichtchristlichen Kulte. Doch nichts von alledem überdauerte ihn, als er im Juni 363 auf einem Perserfeldzug tödlich verwundet wurde. Der nun einsetzenden »Auslöschung seines Gedächtnisses« (damnatio memoriae) fiel auch ein Großteil seines literarischen Werks – Reden, Satiren, Briefe, Abhandlungen – zum Opfer, vor allem die vielbändige Schrift »Wider die Galiläer« (362/363), die wir in der Hauptsache nur noch aus (allerdings recht umfangreichen) Zitaten in der Erwiderung Kyrills von Alexandrien kennen.

a) Julian und die Wiederherstellung des alten Götterkults nach dem (heidnischen) Historiker Ammianus Marcellinus (Röm. Geschichte 22,5,1-4)

(5,1) Zwar war er [Julian] von frühester Jugend an dem Kult der Götter überaus zugetan; und je mehr er heranwuchs, um so mehr wurde er von Sehnsucht nach ihm verzehrt. Da er jedoch vielerlei zu befürchten hatte, hielt er mit seinen gelegentlichen rituellen Betätigungen in diesem Sinne möglichst hinter dem Berge. (2) Erst als seine diesbezüglichen Befürchtungen [mit dem Tode des Constantius] gegenstandslos geworden waren und er bemerkte, dass er sich nun frei fühlen dürfe zu tun, was ihm beliebte, ließ er seine geheimen Neigungen an die Öffentlichkeit dringen und ordnete in unzweideutigen und unbedingte Geltung beanspruchenden Dekreten an, die Tempel wieder zu öffnen, Opfertiere den Altären zuzuführen und den Kult der Götter wiederherzustellen. (3) Und um seinen Absichten mehr Nachdruck zu verleihen, ließ er die Vorsteher der sich befehdenden christlichen Sekten samt einigen Anhängern aus einer

jeden im Palast vor und redete ihnen gütlich zu, doch ja ihre Streitigkeiten zu begraben und ein jeder unbehelligt und ohne Furcht seinen eigenen Glaubensüber-
zeugungen nachzugehen. (4) Dies betrieb er [freilich] aus dem Grunde mit solcher Beharrlichkeit, weil [er sich ausrechnete:] je mehr er sie gewähren ließe, um so mehr würden sich die Spannungen zwischen ihnen verschärfen und um so weniger hätte er in-
folgedessen später beim Volk Einmütigkeit [sc. in der Ablehnung seiner Maßnahmen] zu
befürchten. Wusste er doch aus eigener Erfahrung, dass kein wildes Tier dermaßen
feindselig gegen Menschen ist, wie die meisten Christen einander mit tödlichem Hass
verfolgen!

b) Wie ein Priester beschaffen sein muss (Aus Brief 89b [Bidez])

Der nur fragmentarisch erhaltene Brief Julians »An einen Priester« (wahrscheinlich an den
Oberpriester der Provinz Asia) ermahnt zunächst zu tätiger Menschenliebe (φιλανθρωπία), die
niemanden ausnimmt, zur Scheu vor den Göttern und zur Keuschheit des Leibes (288A-296D),
um sodann das Idealbild eines wahren Priesters zu entwerfen, dessen wesentliche Züge sind:

... Solange er [der Priester] ... für uns die Opfer vollzieht ... , müssen wir ihn als das
kostbarste Besitztum der Götter ansehen und dementsprechend mit Scheu und Ehrfurcht betrachten (297A) ... [Obwohl] – zumindest nach außen hin dank der Gnade der
Götter (διὰ τοὺς θεούς) Pontifex Maximus – einer solch hohen Aufgabe nicht wert,
bin ich doch willens, es zu sein, und bete darum stets zu den Göttern (298D) ... Beginn-
en müssen wir [sc. bei der Reform des Priesterstandes] mit der frommen Scheu vor den
Göttern. Denn wir sind es schuldig, den Kult der Götter so zu vollziehen, als seien sie
stets selbst gegenwärtig und sähen uns zu (299B) ... Rein halten müssen sich aber die
Priester nicht allein von unheiligen Werken und unzüchtigen Handlungen, sondern
auch davon, derartiges auszusprechen oder auch nur anzuhören ... Und damit du verstehen kannst, was ich meine: Kein [zum Priester] Geweihter (ἱερώμενος) lese den Archilochos oder den Hipponax[1] (300C) ... Passend dürften für uns allein die Philosophie und unter den Philosophen namentlich diejenigen sein, die die Götter zu Führern
ihrer Bildung[sarbeit] (παιδεία) bestellt haben, wie Pythagoras, Platon, Aristoteles und
die [Stoiker] um Chrysipp und Zenon (300D) ... Die Götterhymnen müssen sie auswendiglernen, deren es ja viele und schöne gibt aus alter wie neuer Zeit. Vor allem
muss man die zu lernen versuchen, die in den Tempeln gesungen werden (301D).
Denn die meisten davon wurden uns von den angerufenen Göttern selbst geschenkt ...;
auch soll man häufig zu den Göttern beten, privat wie öffentlich [oder: in persönlichen
wie öffentlichen Angelegenheiten], am besten dreimal am Tage (302A), oder doch wenigstens morgens und abends. Wäre es doch mit [den Obliegenheiten eines Priesters] nicht zu
vereinbaren, wenn er einen Tag oder eine Nacht verbrächte, ohne zu opfern (302B) ...
[Während der Tage seines Kultdienstes im Tempel] soll er sich ausschließlich mit Philosophie beschäftigen, in den Heiligtümern sich aufhalten, weder ein [anderes] Haus noch
den Markt aufsuchen (302D), noch sich mit einem Beamten treffen ..., sondern ausschließlich den Dienst an der Gottheit versehen (303A) ... [Auch] müssen sich die
Priester, so meine ich, [selbst in ihrem Privatleben] der Mäßigung befleißigen, damit wir
auf wohlgesinnte Götter rechnen dürfen (303D) ... Insbesondere sollen sie alle liederlichen Theatervorführungen meiden (30413) ..., keinen Schauspieler, keinen Wagenlenker zu Freunden wählen, keinen Tänzer oder Mimen ins Haus lassen (304C) ...

c) Der mangelnde Erfolg der Restaurationspolitik (Aus den Briefen an Arsakios, den Oberpriester von Galatien [Nr. 84a Bidez], und an Aristoxenos, den Philosophen [Nr. 78 Bidez])

(Br.84a) Die hellenische Sache (Έλληνισμός) gedeiht nicht so, wie wir es erwarteten; schuld daran sind wir selbst, ihre Anhänger (429C) ... Errichte in jeder Stadt zahlreiche Fremdenherbergen (ξενοδοχεῖα), damit die Fremden, und zwar nicht nur die Unsern, sondern auch alle übrigen, sofern sie bedürftig sind, in den Genuss der von uns geübten Menschenfreundlichkeit (φιλανθρωπία) gelangen (430C) ... Ist es doch eine Schande, wenn von den Juden nicht ein einziger um Unterstützung nachsuchen muss, während die gottlosen Galiläer [sc. die Christen] sogar neben ihren [Armen] auch noch die unsrigen ernähren, die unsrigen aber der Hilfe von unserer Seite offenbar entbehren müssen (430D) ...

(Br.78) ... Suche mich ... in Tyana zu erreichen, bei Zeus, dem Gotte der Freundschaft, und zeige mir unter den Kappadokiern [wenigstens] einen aufrichtigen Hellenen (καθαρῶς Έλλην). Bis jetzt nämlich stelle ich hier lediglich fest, wie man sich zu opfern weigert; und die wenigen, die opfern möchten, verstehen sich nicht darauf (375C).

d) Zur Rechtsstellung der Christen (Brief an Atarbios [Nr. 83 Bidez])

Es ist, bei den Göttern, mein Wille, dass die Galiläer weder getötet noch widerrechtlich misshandelt werden oder sonst irgendwelche Unbill erleiden; wohl aber erkläre ich, dass ihnen die Verehrer der Götter unbedingt vorgezogen werden müssen. Denn durch der Galiläer Torheit (μωρία) wäre beinahe alles umgestürzt worden; dank der Huld der Götter aber sind wir alle noch einmal davongekommen. Daher soll man den Göttern wie Menschen und Städten, die sie verehren, Ehre erweisen.

e) Berufsverbot für christliche Lehrer (Aus Brief Nr. 42 [Bidez-Cumont])

Am 17.6.362 erging ein Gesetz (Cod.Theod. 13,3,5 = Cod. Iust. 10,53,7), »das zwar harmlos schien, in Wirklichkeit aber eine Kriegserklärung an das Christentum bedeutete« (J. Bidez), sofern es auf dessen geistige Isolierung abzielte. Formal beschränkte es sich auf die Bestimmung, dass bei der Bestallung öffentlicher magistri studiorum doctoresque ein Unbedenklichkeitszeugnis der städtischen Senate im Hinblick auf die sittliche Eignung der Kandidaten vorliegen müsse. Doch ein gleichzeitiges Rundschreiben des Kaisers mit den Ausführungsbestimmungen stellte klar, was dieser sich unter der erforderlichen sittlichen Exzellenz (excellere ... moribus) vorstellte:

... Bisher standen viele Gründe dem Besuch der Tempel entgegen, und die Bedrohungen von allen Seiten ließen es als verzeihlich erscheinen, wenn man mit seiner wahrhaftigen Meinung über die Götter hinter dem Berge hielt. Nachdem uns aber die Götter die Freiheit zurückgegeben haben, erscheint es mir als widersinnig, wenn man die Menschen etwas lehrt, von dessen Richtigkeit man selbst nicht überzeugt ist. Falls [christliche Lehrer] die [Autoren], die sie [im Unterricht] interpretieren ..., für Weise halten, sollen sie zunächst einmal deren frommer Scheu gegenüber den Göttern nachzueifern trachten. Falls sie jedoch der Annahme sind, diese [ihre Autoren] haben sich hinsichtlich der am höchsten zu ehrenden Wesen getäuscht, so sollen sie sich zu den Kirchen der Galiläer fortscheren und dort Matthäus und Lukas auslegen ... [Ihnen, d.h.

den beiden genannten Evangelisten, folgend?] gilt es bei euch [Christen] als Gesetz, dass man die als Opfer dargebrachten Gaben nicht berühren dürfe; ich aber will [darüber hinaus], dass auch eure Ohren und Zungen gründlich ›wiedergeboren‹ werden (ἐξανα-γεννηθῆναι), wie ihr euch ausdrücken würdet, [und nichts zu schaffen haben?] mit dem, woran ich selbst stets teilzuhaben wünsche samt denen, die wie ich denken und tun, was mir lieb ist (423C.D.).

f) Der Ansatz der Christenpolemik (nach Contra Galilaeos, Fragment 1-3[.7] Masaracchia)

Durch anhaltenden Widerstand der Bevölkerung (anscheinend auch der heidnischen in ihrer Mehrheit) gegen sein Restaurationsprogramm verbittert, glaubte Julian, die administrativen Maßnahmen zugunsten des alten Glaubens auch philosophisch-ideologisch untermauern und über die neue Religion der Christen aufklären zu sollen. Dem diente die in langen, einsamen Winternächten (362/63) in seinem antiochenischen Kaiserpalast, während gleichzeitig die Vorbereitungen für den Perserfeldzug liefen, hastig niedergeschriebene Kampfschrift »Wider die Galiläer«, deren Titel bereits die Christen als provinzielle Sekte abwerten sollte.

(Fr. 1 [PG 76, 560C]) Es erscheint mir als richtig, vor jedermann die Gründe darzulegen, die mich zur Überzeugung brachten: das, was sich die Galiläer einfallen ließen (τῶν Γαλιλαίων ἡ σκευωρία), ist von Menschen erdichtet (πλάσμα ... ἀνθρώπων) und aus Arglist zusammengestückt. Es enthält nichts Göttliches (ἔχουσα μὲν οὐδὲν θεῖον), sondern indem es sich jenen Seelenteil zunutze macht, welcher fabelsüchtig (φι-λόμυθος), kindlich und unverständig ist[2], hat es erreicht, dass dies Sammelsurium von Ungereimtheiten (τερατολογία) als Wahrheit geglaubt wird.

(Fr. 2 [564C]) Da ich mich aber anschicke, alle unter ihnen [den Galiläern gängigen] so-genannten Dogmen zu behandeln, will ich eines vorausschicken. Sollte es Leser geben, die mir zu widersprechen beabsichtigen, dann soll es so [ablaufen,] wie vor Gericht[3]: [sie sollen] davon absehen, nicht zur Sache Gehöriges auszubreiten und, dem Sprichwort[4] folgend, bevor sie ihre eigenen Ansichten gerechtfertigt haben, ihrerseits Anschuldigungen zu erheben. Denn es ist besser und verspricht größere Klarheit, ein eigenes Verfahren einzuleiten (ἰδίαν μὲν ἐνστήσασθαι πραγματείαν), wann immer sie etwas an unseren Äußerungen zurechtzurücken (εὐθύνειν) begehren, statt [bereits] im Zuge der Verteidigung gegen von uns erhobene Vorwürfe zur Gegenanklage anzu-heben.

(Fr. 3 [565B.C]) Es ist angemessen, zunächst in Kürze daran zu erinnern[5], woher und auf welche Weise wir [Menschen] zu einer Gottesidee (ἔννοια θεοῦ) gelangen, danach die bei Hellenen und Hebräern [gängigen] Äußerungen über das Göttliche miteinander zu vergleichen und zuletzt diejenigen, die weder Hellenen noch Juden sind, sondern der Sekte der Galiläer angehören, zu befragen, weshalb sie dem unsrigen [sc. helleni-schen] den Glauben jener [sc. der Juden] vorzogen, und, daran anschließend, warum sie nicht einmal in der Gemeinschaft jener verblieben, sondern selbst von ihnen abfielen und ihren eigenen Weg einschlugen. Nichts von dem, was an Schönem und Bedeut-samem bei uns Hellenen oder bei den Hebräern von Mose her gelehrt wird, fand ihren Beifall; von beiden pickten sie vielmehr das auf, was sich dieser Völker wie tödliche Krankheiten [wörtl.: wie unheilvolle Dämonen (ὡς Κῆρας)] bemächtigt hat: die Gott-losigkeit (ἀθεότης)[6] von der jüdischen Leichtfertigkeit (ῥᾳδιουργία), die leichtsinnige, oberflächliche Lebensweise von unserer [hellenischen] Unbekümmertheit und Gemeinheit (χυδαιότης); und das alles wollten sie auch noch als ›beste Weise der Gottesverehrung‹ (ἀρίστη θεοσέβεια) bezeichnet sehen!

Quellen: W. Seyfarth, Ammianus Marcellinus, Römische Geschichte (lat.-dt.), Schrift. u. Quell. d. alt. Welt, II, 1968; J. Bidez/F. Cumont, Imp. ... Juliani Epistulae, leges, poëmata, fragmenta varia, Paris 1922 (Ep. 42); ders., L'Empereur Julien. Oeuvres Complètes, I, 2. Épitres, Paris 1932; Cyrillus Alexandrinus, Contra Iulianum (PG 76, 503-1064); Iuliano Imperatore, Contra Galilaeos. Introd., testo crit. e traduz. a cura di E. Masaracchia (Testi e Commentari 9), Rom 1990. – *Literatur*: J. Geffcken, Kaiser Julian, 1914; J. Bidez, Julian der Abtrünnige, 1940; J. Kabiersch, Untersuchungen zum Begriff der Philanthropia bei dem Kaiser Julian (Kl.-Phil. Stud. 21), 1960; G.W. Bowersock, Julian the Apostate, Cambridge/Mass. 1978; R. Klein (Hg.), Julian Apostata, 1978; W.J. Malley, Hellenism and Christianity, Rom 1978; P. Athanassiadi-Fowden, Julian and Hellenism, Oxford 1981; R.L. Wilken, a.o. (Nr. 10) a.O., Kap. VII; A. Kurmann, Gregor von Nazianz, oratio 4 gegen Julian. Ein Kommentar (Schweizer. Beitr. z. Altertumswiss. H. 19), Basel 1988; P. Thrams, Christianisierung des Römerreiches und heidnischer Widerstand, 1992, bes. 117-133; E.L. Grasmück, Kaiser Julian und der θεὸς λόγος der Christen, in: Logos (wie o. Nr. 53), 297-327; J. Flamant/C. Piétri/G. Gottlieb, Julian Apostata (361-363) und der Versuch einer altgläubigen Restauration, in: Das Entstehen der Einen Christenheit (wie o. Nr. 33), 396-413; D. Hunt, Julian, in: A. Cameron/P. Garnsey (wie o. Nr. 57), 44-77; G. Fowden, Polytheist religion and philosophy, ebenda, 538-560 (hier: 543-548); C. Riedweg, Mit Stoa und Platon gegen die Christen: Philosophische Argumentationsstrukturen in Julians *Contra Galilaeos*, in: Zur Rezeption der hellenistischen Philosophie in der Spätantike, hg. v. T. Fuhrer/M. Erler (PhA 9), 1999, 57-81.

[1]   Archilochos, griech. Lyriker (7. vorchristl. Jahrhundert); ebenso Hipponax (ca. 540 v.Chr.), der berühmt war wegen der derb-saftigen Realistik seiner Wort- wie Stoffwahl.

[2]   Vgl. Platon, Phaed. 77E, und im übrigen den reichhaltigen Testimonienapparat bei Masaracchia, der schon für diese Einleitungssätze Julians Anlehnung an die philosophisch-rhetorische (Demosthenes!) Tradition und inbesondere an die Christenpolemik des Porphyrius belegt.

[3]   Vgl. Platon, Phaed. 63B.

[4]   Ein solches Sprichwort ist tatsächlich überliefert (paroem. gr. II, 760,3-4: Μηδὲν ἔξωθεν πολυπραγμονεῖν. μηδὲ τὸ λεγόμενον ἀντικατηγορεῖν).

[5]   Aus dem, was nun folgt, wird wohl der gedachte Aufbau des Julianschen Werkes ersichtlich: 1. Ursprung und Möglichkeit der Gotteserkenntnis im allgemeinen; 2. die Gotteslehre bei Griechen und Juden im Vergleich; 3. die christliche Gotteslehre im Unterschied zu der der Griechen (3. 1) und der Juden (3. 2). – Fragment 7 (Masaracchia [580C.D]), das man sich am ehesten als unmittelbaren Anschluss an Fragment 3 denken würde (es wird jedoch von Kyrill in seiner Entgegnung später eingeordnet), beginnt zumindest mit der Erörterung von Punkt 1, indem es – gut stoisch – ausführt, dass Menschen die Gotteserkenntnis nicht erst durch Unterweisung erwor-ben haben, sondern von Natur aus besitzen, wie die allgemeine Hinneigung zum Göttlichen (ἡ κοινὴ πάντων ... περὶ τὸ θεῖον προθυμία) beweise, um dann – gut platonisch – fortzufahren: das Wesen des Göttlichen zu ermitteln, und erst recht, das Ermittelte anderen mitzuteilen, sei freilich alles andere als leicht (vgl. Platon, Tim. 28c und dazu wiederum den Kommentar von E. Masa-racchia z. St. mit einer Überfülle an weiteren Belegen).Von Anfang an wird also als Pointe und Denkstruktur der Julianschen Christenpolemik erkennbar: »Mit Stoa und Platon gegen die Christen« (C. Riedweg, s.o.).

[6]   Der (genau so gegen die Christen erhobene [s.o. Nr. 20]) Vorwurf des 'Atheismus' ergibt sich aus der Bildlosigkeit der jüdischen Gottesverehrung, der der 'Leichtfertigkeit' wohl aus der rituell begründeten gesellschaftlichen Absonderung.

72. Der Beginn der pneumatologischen Streitigkeiten in Ägypten

Während bis über die Mitte des 4. Jahrhunderts hinaus das Problem der trinitarischen Stellung Christi, m.a.W. das Verhältnis des Logos zum Vater, im Mittelpunkt des dogmatischen Interesses und Streites stand, wurde in den Jahrzehnten zwischen 360 und 380 – zuerst, wie es scheint, in Kreisen ägyptischer Pfarrkleriker und Laien – auch die Frage nach Wesen und Würde des Hl. Geistes, also die Pneumatologie, in die Diskussion einbezogen. Wie es dazu kam, ist bis heute nicht völlig geklärt. Klar aber ist, dass als einer der ersten Athanasius in seinem unterägyptischen Exil die Bedeutung dieser neuen Fragestellung erkannte und auch die ersten Schritte zu ihrer Beantwortung unternahm.

a) Aus den Thesen der ägyptischen »Tropiker«[1] (Athanasius, Briefe an Serapion, Bischof von Thmuis, 1,1.3.15)

(1,1) ... Du schriebst, Geliebter und wahrhaft Ersehnter, auch du dich darüber grämend, gewisse Leute, die die [Phalanx der] Arianer verließen, deren Lästerung wider den Sohn Gottes wegen, hätten [dafür] wider den Hl. Geist Front gemacht, indem sie behaupteten, er sei nicht nur Geschöpf, sondern auch der »dienstbaren Geister« [Hebr. 1,14] einer und unterscheide sich von den Engeln nur graduell (αὐτὸ μὴ μόνον κτίσμα, ἀλλὰ καὶ τῶν λειτουργικῶν πνευμάτων ἕν αὐτὸ εἶναι καὶ βαθμῷ μόνον αὐτὸ διαφέρειν τῶν ἀγγέλων). Das macht, dass ihre Opposition gegen die Arianer nur vorgetäuscht ist; in Wahrheit handelt es sich um einen Angriff auf den rechten [›frommen‹] Glauben [überhaupt]. Denn wie jene [sc. die ›Arianer‹] mit ihrer Leugnung [der Gottheit] des Sohnes zugleich den Vater leugnen, so schmähen auch diese mit ihrer Schmähung des Hl. Geistes zugleich den Sohn. So haben die beiden Parteien den Widerstand gegen die Wahrheit untereinander so aufgeteilt, dass sie, indem die eine sich dem Sohn, die andere dem Geist widersetzt, beide an derselben Lästerung wider die heilige Trinität teilhaben ...

(3) ... »Wir haben«, sagen sie, »beim Propheten Amos [4,13 (LXX!)] gelesen: ›Denn siehe, ich bin es, der den Donner festigt und Wind (πνεῦμα!) schafft, der den Menschen seinen Gesalbten kundtut, der Morgenröte und Nebeldunkel bildet, der über die Höhen der Erde schreitet – Herr, Gott der Allmächtige, ist sein Name‹. Dadurch ließen wir uns davon überzeugen, dass die Arianer im Recht sind, wenn sie den Hl. Geist als Geschöpf bezeichnen« ...

(15) ... Diese Leute [aber] verharren, wie du schreibst, in ihrer Streitsucht wider die Wahrheit, schöpfen freilich [nun] nicht mehr aus den [heiligen] Schriften (da dort für sie nichts mehr zu holen ist!), sondern aus dem Überfluss ihres eigenen Herzens, und sagen: »Wenn er [der Geist] weder Geschöpf noch einer der Engel ist, sondern ›aus dem Vater hervorgeht‹ [vgl. Joh. 15,26], dann ist also auch er Sohn und sind er und der Logos zwei Brüder. Ist er aber Bruder [des Logos], wie kann dann der Logos der Einziggeborene (μονογενής) sein [vgl. Joh. 1,14.18; 3,16.18;1. Joh. 4,9], oder warum sind sie dann nicht gleich, sondern wird der eine [im Glaubensbekenntnis und in der Doxologie] nach dem Vater, der andere aber nach dem Sohn erwähnt? Und warum wird dann nicht auch von ihm, wenn er denn aus dem Vater ist, gesagt, er sei [gleichfalls] gezeugt oder Sohn, warum wird er vielmehr einfach Hl. Geist genannt? Wenn er aber Geist des Sohnes ist, dann ist eigentlich der Vater [des Logos] der Großvater (πάππος) des Geistes« ...

b) Die Antwort des Athanasius: Der Geist ist kein Geschöpf! (ebenda 3,2-5)

(3,2) [Obwohl die Erkenntnis des Sohnes auch die richtige Erkenntnis des Hl. Geistes gewinnen lässt und der Hinweis auf Aussagen wie Gal. 4,6; Joh. 15,26; 1. Kor. 2,11f. genügen müsste, um selbst den Streitsüchtigsten davon zu überzeugen, dass der nicht länger Geschöpf genannt werden dürfe, der in Gott ist, der die Tiefen der Gottheit ergründet und durch den Sohn vom Vater verliehen wird, um nicht dadurch genötigt zu werden, auch den Sohn ein Geschöpf zu heißen, ihn, den Logos, die Weisheit, das Ebenbild, den Abglanz, in dem jeder, der ihn schaut, den Vater schaut, und schließlich das Wort hören zu müssen: »Jeder, der den Sohn leugnet, hat auch den Vater nicht« (1. Joh. 2,23)] ist es dennoch angebracht, die Überführung der Gottlosen durch weitere Beweise zu stützen und eben dadurch, womit die Ungeschöpflichkeit des Sohnes bewiesen wird, auch die Ungeschöpflichkeit des Hl. Geistes zu erweisen. Die Geschöpfe sind aus dem Nichts entstanden und haben einen Anfang ihres Seins; denn »im Anfang schuf Gott Himmel und Erde« [Gen. 1,1] und alles, was darinnen ist. Der Geist aber ist aus Gott und wird so, entsprechend dem Apostelwort [1. Kor. 2, 11f.], prädiziert. Wenn es nun vernünftig sein dürfte zu schlussfolgern, dass der Sohn, eben weil er nicht aus nichts, sondern aus Gott ist, kein Geschöpf sei, dann ergibt sich mit Notwendigkeit, dass auch der Hl. Geist kein Geschöpf sei, weil anerkannt wurde, dass er aus Gott ist ...

In diesem Sinne zitiert und bespricht Athanasius in den folgenden Kapiteln (3.4) noch 1. Joh. 2, 27; Jes. 61,1; Eph. 1,13; 4,30; 2. Kor. 2,15; Gal. 4,19; 1. Kor. 3,16; 1. Joh. 4,13; 1. Kor. 8,6; 12,11.13; Kol. 1,17; Weish.1,7; Ps.138,7; Joh. 5,19; 1,3; Ps. 103,29f. und zieht daraus den Schluss:

(3,5) Nach diesen Schriftzeugnissen ist klar, dass der Geist kein Geschöpf, sondern am Schöpfungswerk selbst beteiligt ist. Denn der Vater erschafft das All durch den Sohn im Geiste; wo nämlich der Logos ist, dort ist auch der Geist, und was durch den Logos erschaffen wird, das hat aus dem Geist mittels des Logos die Kraft seines Seins (τὴν τοῦ εἶναι ἰσχύν). So steht ja im 32. Psalm geschrieben: »Durch das Wort des Herrn sind die Himmel befestigt, vom Hauch seines Mundes (τῷ πνεύματι τοῦ στόματος αὐτοῦ) stammt all ihre Kraft« [LXX-Ps. 32,6]. Gewiss ist der Geist vom Sohn so untrennbar (ἀδιαίρετος πρὸς τὸν Υἱόν), dass nach dem Gesagten daran kein Zweifel mehr bestehen kann ...

Quellen: PG 26, 530ff. – *Literatur:* H.B. Swete, The Holy Spirit in the Ancient Church, London 1912, 171f. 211ff.; J. Lebon, Athanase d'Alexandrie. Lettres à Serapion sur la divinité du Saint-Esprit, SC 15, Paris 1947; C.R.B. Shapland, The Letters of Saint Athanasius concerning the Holy Spirit, London 1951; W.D. Hauschild a.o.(Nr. 70)a.O., 16 ff.; M.A.G. Haykin, The Spirit of God. The exegesis of 1 and 2 Corinthians in the Pneumatomachian controversy of the fourth century (SVigChr 27), Leiden usw. 1994, bes. Teil II (59-103).

[1] So werden die Gegner von Athanasius fast ausschließlich bezeichnet, ein Begriff, der wohl von ihm aufgrund der Tatsache gebildet wurde, dass die Gegner den Grundsatz vertreten, manche Aussagen der Schrift seien als »Tropen« zu verstehen, also als »uneigentliche« Redeweise (s. Briefe an Serapion 1,7.10); ihr später üblich werdender Ketzername ist »Pneumatomachen« (›Feinde des Geistes‹, ›Geistbekämpfer‹).

73. Das Konzil von Alexandrien 362
(Athanasius, Lehrschreiben an die Antiochener 3-6)

Als am 8.2.362 den Alexandrinern das Amnestiegesetz Kaiser Julians verkündet wurde, das den von Constantius II. Verbannten die Rückkehr in die Heimat erlaubte, wurde Athanasius rasch verständigt und hielt schon am 21. desselben Monats einen geradezu triumphalen Einzug in seine Bischofsstadt. Bald darauf hielt er eine Synode ab, die – anders als es Julian erhofft haben wird – nicht der Generalabrechnung mit seinen theologisch-kirchenpolitischen Gegnern diente und somit zur Verschärfung der Spannungen (s. oben Nr. 71a) führte, sondern im Gegenteil ganz wesentlich zur Konsolidierung der nizänischen Orthodoxie beitrug. – Wir sind darüber hauptsächlich durch ein wohl von Athanasius selbst nach Abschluss der Verhandlungen verfasstes umfängliches Synodalschreiben informiert, das, an eine mit der Regelung der besonders komplizierten kirchlichen Verhältnisse in Antiochien beauftragte Bischofskommission adressiert, diese dazu anhalten sollte, bei ihrer Mission auf keinen Fall andere als die in Alexandrien vereinbarten Friedensbedingungen zur Geltung kommen zu lassen.

(3,1) An alle, die mit uns in Frieden zu leben wünschen, ... auch an die, die sich von den Arianern abwenden, lasst euren Einladungsruf ergehen und nehmt sie so auf, wie Väter ihre Söhne empfangen ...; verlangt von diesen nichts weiter, als dass sie die arianische Häresie verdammen und den Glauben der Väter bekennen, wie sie ihn zu Nizäa bekannt haben. Sie sollen aber auch diejenigen verdammen, die behaupten, der Hl. Geist sei ein Geschöpf und vom Wesen Christi getrennt (κτίσμα εἶναι τὸ πνεῦμα ἅγιον καὶ διῃρημένον ἐκ τῆς οὐσίας τοῦ Χριστοῦ). (2) Denn erst das heißt, sich wirklich von der abscheulichen Irrlehre der Arianer zu trennen, wenn man die heilige Dreifaltigkeit nicht spaltet und nicht behauptet, einer aus dieser sei ein Geschöpf. Die aber vorgeben, den nizänischen Glauben zu bekennen, [gleichzeitig] jedoch den Hl. Geist zu lästern wagen, schwören nur verbal (τοῖς μὲν ῥήμασιν) der arianischen Ketzerei ab, während sie ihr in ihrem Denken verhaftet bleiben. (3) In gleicher Weise sollen alle auch die Gottlosigkeit des Sabellius und Paulus von Samosata, die Hirngespinste Valentins und des Basilides sowie den Irrsinn der Manichäer verdammen. Wird so verfahren, so gibt es überhaupt keinen Verdacht mehr, und nur noch der Glaube der katholischen Kirche wird sich in seiner vollen Reinheit erzeigen. ...
(5,3) Was jene betrifft, die von einigen ihrer Rede von den drei Hypostasen wegen getadelt werden, weil diese Redeweise nicht aus der Schrift abzuleiten (ἄγραφος) und deshalb allein schon verdächtig sei, so haben wir es für gut befunden, nicht mehr von ihnen zu verlangen als das [Festhalten am] Bekenntnis von Nizäa. Um der Streitsucht engegenzuwirken (διὰ τὴν φιλονεικίαν) haben wir jedoch die Frage an sie gerichtet, ob sie ὑπόστασις nicht vielleicht doch im Sinne der Ariomaniten, also so verstünden, als seien die Hypostasen ... von einander wesensverschieden und als habe eine jede von ihnen ihr Wesen für sich, von den anderen getrennt, wie es der Fall ist bei den übrigen Geschöpfen und bei den von Menschen Geborenen; ob sie sie als verschiedene Substanzen (οὐσίαι) auffassten, wie z.B. Gold, Silber und Bronze, oder endlich in ähnlichem Sinne von drei Hypostasen redeten, wie andere Häretiker von drei Prinzipien oder drei Göttern sprechen. Darauf haben sie uns versichert, so hätten sie niemals geredet oder gedacht. (4) Als wir sie dann weiter fragten: »Was versteht ihr denn darunter, und weshalb verwendet ihr überhaupt diese Ausdrucksweise?«, haben sie uns geantwortet: weil sie an eine heilige Trinität glaubten, und zwar an eine nicht nur nominell, sondern wirklich existierende und subsistierende (εἰς ἁγίαν τριάδα ... οὐκ ὀνόματι Τριάδα μόνον, ἀλλ' ἀληθῶς οὖσαν καὶ ὑφεστῶσαν) ...; niemals hätten sie dagegen behauptet, dass es drei Götter oder drei Prinzipien gebe ..., sie anerkennten vielmehr eine heilige Dreifaltigkeit, eine einzige Gottheit, einen einzigen Ursprung,

den Sohn als mit dem Vater eines Wesens (ὁμοούσιον), wie es die Väter formulierten, und den Geist weder als Geschöpf noch [der Gottheit] fremd, sondern mit dem Wesen des Sohnes und des Vaters untrennbar zusammengehörig (ἴδιον καὶ ἀδιαίρετον τῆς οὐσίας τοῦ Υἱοῦ καὶ τοῦ Πατρός).

(6,1) Nachdem wir die Interpretation dieser Leute samt der Rechtfertigung [ihrer Redeweise] akzeptiert hatten, forschten wir auch diejenigen aus, die von diesen kritisiert wurden, weil sie nur von *einer* Hypostase redeten, [und befragten sie], ob sie dies nicht vielleicht doch im Sinne des Sabellius, also auf Kosten [der selbständigen Subsistenz] des Sohnes und des Hl. Geistes verstünden ... (2) Doch auch sie beteuerten, so etwas niemals gesagt oder gedacht zu haben. »Wir gebrauchen ›Hypostase‹ in der Annahme, dass es dasselbe ist, ob man von Hypostase oder von Wesen (οὐσία) spricht, meinen jedoch, dass es deshalb nur *eine* Hypostase gebe, weil der Sohn aus dem Wesen des Vaters sein Sein hat und weil die Natur (φύσις) beider identisch ist ...« ... (4) Alle waren, nachdem sie in dieser Weise ihre Rede [von der einen bzw. den drei göttlichen Hypostasen] interpretiert hatten, dank der Gnade Gottes darin einig, dass der von den heiligen Vätern in Nizäa bekannte Glaube viel zutreffender und prägnanter formuliert sei und man daher besser daran täte, sich mit deren Sprachgebrauch in Zukunft zufrieden zu geben[1].

Quelle: H.C. Brennecke/U. Heil/A. v. Stockhausen, Athanasius Werke, 2. Die »Apologien«, 8, 2006, 340-351. – *Literatur:* M. Tetz, Über nikäische Orthodoxie. Der sog. Tomus ad Antiochenos des Athanasios von Alexandrien, ZNW 66, 1975, 194-222; S. Hausammann (wie o. Nr. 7), Bd. 3, 2003, 80-83.

[1]   Zum zweiten, christologischen, d.h. dem Problem der κατὰ σάρκα οἰκονομία τοῦ σωτῆρος gewidmeten Teil des »Tomos« s.u. Nr. 75.76.

74. Aus den »Hymnen über die Kirche« Afrems »des Syrers« (Hymnus 26/27)

Während in Ost- und Westrom der trinitätstheologische Streit tobte und Kaiser Julian versuchte, die »Konstantinische Wende« rückgängig zu machen, ist es auch im Bereich des orientalischen Christentums jenseits der Grenzen des römischen Reiches, namentlich bei Syrern und Armeniern, erstmals zu theologisch-literarischen Leistungen gekommen, die denen der Griechen und Lateiner durchaus kommensurabel sind. – Als Klassiker der syrischen Kirche gilt Ephraem (syr. Afrēm), der, 306 in Nisibis geboren, nach der Eroberung seiner Vaterstadt durch die Perser (363) bis zu seinem Tode (377) in Edessa lehrte und durch zahlreiche Bibelkommentare, metrische Reden und Hymnen sowie der Ketzerpolemik dienende Schriften einen über Syrien weit hinausreichenden Einfluss ausübte. – Der im folgenden als Beispiel für seine Hymnendichtung ausgewählte Christushymnus, in dem das Wesen der frühen syrischen Theologie vielleicht am klarsten zum Ausdruck kommt, wird unter zwei Nummern gezählt, gehört aber zusammen, da er »akrostichisch« aufgebaut ist (so dass die Anfangsbuchstaben oder -wörter der Verse oder Strophen ein Wort oder einen Satz ergeben [hierzulande bestbekanntes Beispiel: »Befiehl du deine Wege ... « (EG 361)]. In diesem Fall folgen die Strophen des ersten Teiles (Hymnus 26) in ihren Anfangsbuchstaben den »ungeraden« Buchstaben (= Zahlen), die des zweiten Teiles (Hymnus 27) den »geraden« Buchstaben« des syr. Alphabets. Nach jeder – auf die Melodie: »O mein Schüler« zu singenden – Strophe folgt als Refrain: »O Gütiger, dir sei Lobpreis, und Dank dir, o Sohn des Gütigen.«

(26,1) Tränke mich, o Herr, aus deiner Quelle! – Bereichere meinen Geist aus deiner Gabe! – Hülle mich auch in den Panzer, der innen die Seele schützt! – Vermehre mir, als Gütiger, alle Hilfen! – Gib mir auch die Arznei, die mich heilt! Und meine Makel lass mich weiß(waschen) in dir! – Lass mich meine Schulden tilgen aus deinen Schätzen!

(2) Deine Vollkommenheit, o mein Herr, nahm Mängel auf sich – Deine Macht hüllte sich in Leiden. – Vollkommener, der zu Wachstum kam, – Beschnittener der das Gesetz (νόμος) erfüllte, – Held, mit dem Stamme Isais auf der Schulter, auserlesener Pfeil, auf den Bogen gelegt! – das (himmlische) Brautgemach verhieß er dem, der ihn liebt; – die Gehenna dagegen dem, der ihn hasst!

(3) Deine Schritte sind voll Frieden. – Deine Erniedrigung, o mein Herr, ist deine Herrlichkeit. – Der Glaube an Dich bringt (alle) Seligkeiten ...

(5) Deine Güte ist uns ein Spiegel. – Selig, wer hineinblickt! – Denn (deiner Güte) Seligkeit ist nicht auszusprechen. – (Nur) ihr Verkosten kann von ihr erzählen. – Gar groß ist die Seligkeit dessen, der sie betrachtet. – Ganz ist sie beladen mit Gütern für den Demütigen. – Das Prägebild des Vaters erhält er in ihr. – In den Typus (τύπος) des Sohnes kleidet er sich aus ihr.

(7) Wer wird (je) deine Größe ermessen! – Wer wird (je) deine Gottheit erforschen! – Das volle Gefäß des Wissens – versagt (in) seiner Fülle vor dir. – Der Tod bildet die Grenze des Wissens eines Sterblichen. – Der Engel, das lebendige Werkzeug deines Dienstes – das von seinem Schöpfer erschaffene Werkzeug – wer möchte glauben, dass er (dich) erforschen kann!

(8) Ein Tor fürwahr ist, wer wähnt, dich erforscht zu haben. – Sein Wahn hat ihn sehr stolz gemacht. – Sehr niedrig ist sein Hochmut. – Seine Natur bezeugt (es), die ihn widerlegt. – Denn der Gesetz(νόμος)-Geber schuf in ihm ein Zeichen; – er schuf in ihm die Leiden und Hunger und Durst. – Er schuf ihm viele Gefahren. – (Gottes) Zeugen bei ihm. Er überhebe sich nicht!

(9) Unser Mund, o mein Herr, versagt vor dir. – Unsere Einsicht ist dir (gegenüber nur) ein Spiegel. – Das Gewirr der Worte macht uns stolz, – das Gewirr des Irrtums wird uns zur Prahlerei ...

(27,1) In deinem Namen, Jesus, soll mein Rühmen sein – in dem Namen deines Erzeugers soll meine Zuflucht sein! – Sohn und Frucht, die von Ewigkeit besteht mit der Wurzel ohne Anfang! – Zeitlicher Sohn, dessen Anfang aus dem Haus Davids ist, – wahrer Sohn, Sohn des Wahren für immer! – Gepriesen sei deine erste Zeugung – gepriesen sei deine zweite Geburt!

(2) Ich fürchte mich vor deiner Majestät; – dein Lob zu sagen, vermag ich nicht. Denn wo soll der Gedanke dich suchen, da er und sein Suchen in dir eingeschlossen sind ...

(4) Die Weisheit der Weisen besteht darin, – das Leben zu erben im (Himmel)reich. – Die Weisheit der Weisen besteht darin, – ein gutes Ende (sich) zu bereiten. – Schau auf jenen in Werken weisen Joseph! – Sieh, wie er seinen Schatz der Flamme entriss! – Des in seinen Sprüchen weisen Salomon – Klugheit dagegen wurde von törichten (Weibern) besiegt ...

(6) Nicht kann deine Zeugung ausgesagt werden; – allen Zungen ist sie fremd. – Höher ist sie als alle Engel der Höhe; – ganz jenseits des Wissens ist sie. – Nicht neigt sie sich herab zu Zeit und Zahl. – Nicht ist sie verwandt mit Sprache und Gedanken – noch mit euch, ihr Toren. Wollet nicht erforschen – den Ursprung, der ganz vor allen verborgen ist!

(7) Lass uns staunen über dich, mein Herr, dass du Gott bist – und wieder dich bewundern, dass du auch Mensch bist ...

(8) Antwort gab dir der Tote, und er wurde ein Symbol. – Du antwortest dem Blinden, und er wurde ein Typus (τύπος). – Antwort gab dir der Tote, und er besiegte den Tod. – Du gabst Antwort dem Blinden, und er besiegte die Finsternis. – Antwort gab dir der Tote; antworten werden dir die Toten in der Auferstehung ... (9) Dein Wille

gleicht dir, mein Herr! – Dein Wille ist (nur) einer in seinen Wandlungen. – Er wollte und schmückte alle Geschöpfe. – Ein Wille, den kein Mensch richten (kann). – Dein Wille ist der Wille deines Erzeugers. – Dein Wille ist uns wohl und (will) unser Glück. – Unser Wille werde dein Schüler! – Wolle, mein Herr, und sei unser wohlwollender Eigentümer!

(10) Unterwirf ihm die sieben Sinne – den Geist, den Herrn der Gedanken! – Die Sinne, mein Herr, und die Glieder – der Geist mit allen (Sinnen und Gliedern) möge dir gefallen! – Deine Majestät, o Herr, möge meine Sinne schmücken! (Mein) Geist ließ (die Sinne) wachsen wie ein Gärtner. – (Mein) Geist möge von seinen Bäumen – die Erstlingsfrüchte dir darbringen!

(11) Darbringen möge dir, mein Herr, unsere Freiheit – reinen Sinn aus (reinem) Herzen! – Aufopfern möge dir auch unser Lager- reines Lob aus (reinem) Mund! – Abwischen möge, mein Herr, unser Gebet von uns den Schmutz! – Überreich möge, mein Herr, Lob dir darbringen deine Herde! – Es singe dir unsre ganze Hürde – und lobpreise dich mit Hosannarufen! (E. Beck)

Quelle: E. Beck, Des heiligen Ephraem des Syrers Hymnen de ecclesia, CSCO 198f., 1960. – *Übersetzung*: E. Beck a.a.O., 199 (*Auswahl*: G. Wießner). – *Literatur*: E. Beck, Die Theologie des hl. Ephräm, Studia Anselmiana 21, Rom 1949; A. Vööbus, Literary critical and historical Studies in Ephrem the Syrian, Stockholm 1958; ders., History of asceticism in the Syrian Orient, 2 Bde., CSCO Subsidia 14.17, Louvain 1958. 1960; N. el-Khoury, Die Interpretation der Welt bei Ephrem dem Syrer (Tüb. Theol. Stud. 6), 1976; J. Martikainen, Das Böse und der Teufel in der Theologie Ephraems des Syrers, Abo 1978; ders., Gerechtigkeit und Güte Gottes, Göttingen 1980; G.A. Rouwhorst, Les hymnes pascales d'Ephrem de Nisibe, Leiden 1989; S. Brock, Syriac Culture, 337-425, in: A. Cameron/P. Garnsey (wie o. Nr. 57), 708-719; A. Friedl, Ephräm der Syrer, in: W. Klein (Hg.), Syrische Kirchenväter (Urban-Tb.587), 2004, 36-56.

75. Die Christologie des Apollinaris von Laodizea

Bereits zur Zeit der alexandrinischen Synode von 362 hatte sich die ohnehin schwierige kirchen-politisch-theologische Situation namentlich im Osten des römischen Reiches dadurch weiter ver-kompliziert, dass neben die trinitätstheologische (Verhältnis des Sohnes [und Geistes] zum Va-ter) eine neue Fragestellung getreten war: die »christologische« im engeren Sinne, in der es um das Verhältnis zwischen Göttlichem und Menschlichem in Inkarnierten (Joh. 1,14), Christus, ging: ein Problem, über das es für Jahrhunderte nicht mehr zur Ruhe kommen sollte. Hervor-ragenden Anteil am Aufkommen dieser neuen Fragestellung und der darauf bezogenen Kontro-versen zu Beginn der 60er Jahre des 4. Jahrhunderts hatte der 310 als Sohn eines Grammatik-lehrers und Presbyters gleichen Namens im westsyrischen Laodizea geborene, ebenso gelehrte wie schriftstellerisch gewandte Apollinaris, seit 361 Bischof seiner Vaterstadt (gest. um 390), der sich zeitlebens als Sachwalter des athanasianischen Erbes verstand und, seit sein Versuch einer Verständigung mit den übrigen Nizänern gescheitert war, sich mit Erfolg darum bemühte, seiner Theologie eine eigene kirchliche Organisationsform zu geben. – Obschon bereits vor 381 mehr-fach verurteilt, war der apollinaristischen Christologie im Osten ein bedeutender Erfolg beschie-den, zumal seit die Mehrzahl ihrer Anhänger mit der Großkirche ihren Frieden schloss und es ih-nen gelang, eine Reihe von christologischen Schriften ihres Meisters diversen »orthodoxen« Vä-tern unterzuschieben. Unter seinem eigenen Namen – und unverfälscht – auf uns gekommen ist nur sein dogmatisches Hauptwerk »Wissenschaftliche Darlegung der göttlichen Inkarnation nach dem Gleichbild des Menschen« (Ἀπόδειξις περὶ τῆς θείας σαρκώσεως τῆς καθ᾽ ὁμοίωσιν ἀν-θρώπου), das sich größtenteils aus einer Gegenschrift Gregors von Nyssa wiedergewinnen lässt.

a) Die philosophischen Prämissen und ihre christologische Konsequenz (Ps.-Athanasius, Wider Apollinaris 1,2; Wiss. Darl. Fragment 81 Lietzmann; Aus der 1. Rede »Über die Henosis« Fragment 2 Lietzmann)

(Ps.-Ath., W.Ap. 1,2) Zwei Vollkommene können unmöglich eine Einheit bilden (δύο τέλεια ἕν γενέσθαι οὐ δύναται). Gott und ein vollständiger Mensch können nicht zusammen bestehen ...

(Wiss.Darl.Fr.81) Und wenn Gott sich einem Menschen verbunden hätte (συνήφθη), ein Vollkommener [Vollständiger] einem Vollkommenen, dann gäbe es zwei [Söhne]: einen Sohn Gottes von Natur und einen durch Adoption [›Setzung‹(θετός)].

(Üb.d.Hen.Fr.2) ... Es ist unmöglich, dass in einem und demselben [Subjekt] zwei Vernunft- und Willensträger (δύο νοερὰ καὶ θελητικά) zusammenbestehen, wenn anders nicht einer dem anderen widerstreiten soll zufolge seines eigenen Wollens und seiner Eigentätigkeit (διὰ τῆς οἰκείας θελήσεως καὶ ἐνεργείας). Folglich hat der Logos nicht eine menschliche Seele angenommen, sondern nur den Samen Abrahams; denn den Tempel des Leibes (σῶμα) Jesu bildete im voraus der unbeseelte, vernunft- und willenlose (ἄψυχος καὶ ἄνους καὶ ἀθελής) Tempel Salomos ab.

b) Die Gegner (Wiss. Darl. Fragment 15 Lietzmann i. Vgl. m. Eustathius von Antiochien, Abhandlungen gegen die Arianer, Fragment 41)

Christus einen inspirierten Menschen (ἄνθρωπος ἔνθεος) zu nennen, steht im Widerspruch zu den apostolischen Lehren und den [Beschlüssen der] Synoden[1]; es waren Paul [von Samosata], Photin [von Sirmium][2] und Markell, die angefangen haben, in dieser Weise die Wahrheit auf den Kopf zu stellen[3].

c) Das Christusbild und seine soteriologischen Motive (Über die Fleischwerdung, Fragment 10 Lietzmann; Wiss. Darl. Fragmente 48.49.51 Lietzmann; Syllogismen Fragment 116 Lietzmann; Brief an Jovian 1f.)

(Üb.d.Fleischw.Fr.10) O neue Schöpfung und göttliche Mischung (μίξις θεσπεσία): Gott und Fleisch [des Inkarnierten] haben eine [und dieselbe] Natur gebildet (θεὸς καὶ σάρξ μίαν [καὶ τὴν αὐτὴν] ἀπετέλεσαν φύσιν).

(Wiss.Darl.Fr.48) Als fleischgewordene Vernunft (νοῦς ἔνσαρκος) ist der Sohn aus der Jungfrau geboren worden, nicht als wäre er [erst] in der Jungfrau Fleisch geworden, sondern so, dass er sie im Vorübergehen (παροδικῶς) durcheilte[4]...

(Ebd.Fr.49) Griechen und Juden versagen sich nämlich offensichtlich aus dem Grunde dem Glauben, weil sie es nicht akzeptieren können, von dem aus der Jungfrau Geborenen als von Gott sprechen zu hören.

(Ebd.Fr.51) Hingegen würden es Griechen und Juden akzeptieren, wenn wir sagten, der aus Maria Geborene sei ein inspirierter Mensch wie Elia.

(Syllogismen Fr.116) Es macht uns aber lebendig (ζωοποιεῖ) Christi Fleisch wegen der mit ihm wesenhaft verbundenen Gottheit (διὰ τὴν συνουσιωμένην αὐτῷ θεότητα); was aber lebendigmacht, ist göttlich; göttlich ist also das Fleisch, weil es mit Gott in Verbindung getreten ist (συνήφθη); und dieses rettet, wir aber werden gerettet, weil wir an ihm wie an einer Speise teilhaben ... Der Leib Christi ist nicht [wie der unsere] ein Leib des Todes, sondern des Lebens; also ist das Göttliche nicht eines Wesens (ὁμοούσιον) mit dem Menschlichen.

(Brief an Jovian 1) Wir bekennen, dass der Sohn Gottes, vor [allen] Zeiten ewig gezeugt (ἀϊδίως γεννηθέντα), am Ende der Zeiten um unseres Heiles willen aus Maria geboren sei nach dem Fleisch (κατὰ σάρκα), wie der göttliche Apostel lehrt mit den Worten:»als die Zeit erfüllet war, sandte Gott seinen Sohn, vom Weibe geboren« [Gal. 4,4]; dass derselbe Sohn Gottes und Gott sei nach dem Geist (κατὰ πνεῦμα), Menschensohn hingegen nach dem Fleisch; dass [endlich] der eine Sohn nicht zwei Naturen (δύο φύσεις) habe: eine anbetungswürdige und eine nicht anbetungswürdige, sondern *eine* Natur des Gott-Logos, wie sie fleischgeworden ist (μία φύσις τοῦ θεοῦ λόγου σεσαρκωμένη)[5] und angebetet wird zusammen mit seinem Fleische in *einer* Anbetung. Eben so wenig gibt es aber auch zwei Söhne: der eine wahrhaftiger und angebeteter Sohn Gottes, der andere ein Mensch aus Maria, der nicht angebetet wird und [nur] aus Gnaden Sohn Gottes geworden ist, wie es auch bei Menschen der Fall ist, sondern, wie gesagt, den *einen* Sohn Gottes aus Gott; derselbe und kein anderer ist auch aus Maria am Ende der Tage dem Fleische nach geboren worden, wie ja der Engel der Gottesmutter (θεοτόκος) Maria auf die Frage:»wie wird dies geschehen ... « , zur Antwort gab:»Der heilige Geist wird über dich kommen, und die Kraft des Höchsten wird dich überschatten; darum wird auch das Heilige, das geboren wird, Sohn Gottes genannt werden« [Lk. 1,34 f.].

(2) Der demnach aus der Jungfrau Maria Geborene, von Natur und nicht gnadenhaft und durch Teilhabe (μετουσία) Sohn Gottes und wahrhaftiger Gott, nur dem aus Maria stammenden Fleisch nach Mensch, aber dem Geiste nach derselbe Sohn Gottes und Gott [geblieben], er hat an seinem Fleisch unsere Leiden erlitten ... Der Gottheit nach aber ist er leidensunfähig (ἀπαθής) und unwandelbar geblieben ...

Quellen: PG 26,1093ff. (PS.-Ath., C. Apoll.); H. Lietzmann, Apollinaris von Laodicea und seine Schule, 1904. – *Literatur:* H. Lietzmann a.a.O.; F.R. Gahbauer, Das anthropologische Modell, 1984, 127-224; A. Grillmeier, Jesus der Christus im Glauben der Kirche, 1, [2]1979, 480ff.; E. Mühlenberg, Apollinaris von Laodicea, 1969 (dazu die Rez. von R. Hübner in: Kleronomia 4, Thessalonich 1972, 131-161); R. Hübner, Die Schrift des Apolinarius von Laodicea gegen Photin ... und Basilius von Caesarea, 1989; A.M. Ritter in HDThG, 1, [2]1999, 230ff. (Lit.); S. Hausammann (wie o. Nr. 7), Bd. 4, 2004, 1-9.

[1]　Gemeint ist speziell das Nicaenum und sein Homousios, das zusammen mit der biblischen Bezeichnung Jesu als des »Menschen aus dem Himmel« (1. Kor. 15,47 u.ö.) bei Apollinaris den Ausgangspunkt für seine den Menschen Jesus mit Gott identifizierende Lehre gebildet zu haben scheint.

[2]　Schüler Markells von Ankyra (?); gest. 376.

[3]　In Wahrheit waren die Gegner weniger die Genannten, von denen sich, namentlich was den Samosatener und Photin betrifft, die Kirche zur Zeit des Apollinaris längst losgesagt hatte, als vielmehr Vertreter der sog. antiochenischen »Trennungs-« oder »Zwei-Naturen-Christologie«, wie sie u.W. zuerst, und zwar in antiarianischer Wendung, bei dem »Altnizäner« Eustathius von Antiochien (gest. vor 337) begegnet; vgl. folgendes Fragment aus dessen »Abhandlungen wider die Arianer« (Fr. 41 Spanneut): » ... weder das Todesleiden noch das Begehren nach Nahrung, noch der Durst, nicht Schlaf, nicht Traurigkeit, nicht Müdigkeit, nicht das Vergießen von Tränen noch irgendeine andere Veränderung kann zusammen mit der Fülle der Gottheit bestehen; ist sie doch ihrer Natur nach unveränderlich. Vielmehr ist dies alles dem aus Seele und Leib bestehenden Menschen im eigentlichen Sinne zuzuschreiben. Denn es lässt sich aus den menschlichen und unschuldigen Regungen erweisen, dass Gott nicht zum Schein und der Mutmaßung nach, sondern in aller Wahrheit den ganzen Menschen angezogen und ihn vollkommen angenommen hat.«

[4] Vgl. dazu etwa noch aus derselben Schrift Fr. 34 Lietzmann: » ... die göttliche Fleischwerdung hat nicht aus der Jungfrau ihren Anfang genommen, sondern war bereits vor Abraham und
vor aller Schöpfung.« Insofern ist der Inkarnierte der »›Mensch‹ vom Himmel« (s. oben Anm.1).
[5] Es war diese ihm durch Fälscher als athanasianisch vorgestellte und darum von ihm aufge-
nommene, in Wahrheit jedoch apollinaristische Formel, die später Kyrill von Alexandrien von
einer »naturhaften Einung« von Menschlichem und Göttlichem in Christus sprechen ließ (s.
unten Nr. 93d).

76. Die Christologie des Athanasius nach seinem Brief an Epiktet von Korinth

Der weiteren Verbreitung der apollinaristischen Lehren, auf die erstmals das Konzil von Alexandrien, allerdings eher beschwichtigend und mit einer zweideutigen Kompromissformel (s. Tomus
ad Antiochenos 7) reagiert hatte, suchte u.a. auch eine Synode im Jahre 371 unter Leitung des
Bischofs Epiktet von Korinth zu wehren, deren Akten nach Abschluss der Verhandlungen Athanasius übersandt wurden. Der Brief, mit dem dieser antwortete, sollte dann, obwohl ihm auch
Apollinaris voll hatte zustimmen können (s. dessen Brief an Serapion, Fr. 159 Lietzmann), im 5.
und 6. Jahrhundert im Lager der Anhänger Kyrills von Alexandrien nahezu kanonisches Ansehen gewinnen. Athanasius wiederholt darin zu Beginn, was er schon oft ausgesprochen hatte,
dass nämlich für ihn das Nicaenum oberste Autorität in Lehrfragen und dazu vollkommen suffizient sei (§ 1; vgl. oben Nr. 73), geht sodann auf einige der in Korinth geäußerten christologischen Auffassungen ein (§ 2), die für ihn sämtlich mit der »Lehre der katholischen Kirche«
unvereinbar sind (§ 3) und auf dem Grundirrtum basieren, dass in ihnen die Homousie des vom
Logos in seiner Inkarnation angenommenen Menschenleibes mit seiner Gottheit behauptet wird,
was folgerichtig zu der Anschauung führen müsse, der (mit dem Logos wesenseine) Vater sei
mit dem Leib des Logos, also mit etwas Geschöpflichem, eines Wesens. Darüber hinaus ist zu
kritisieren: bestünde diese Auffassung zu Recht, »wozu bedürfte es dann der Anwesenheit (ἐπιδημία) des Logos«? Damit der, »der die Sünden anderer zu sühnen kam«, sich für sich selber
zum Opfer brächte und sich selber erlöste? (§ 4).

(5) Doch es sei ferne, dass es sich so verhielte! Denn »des Samens Abrahams nimmt
er sich an«, sagte der Apostel; »deshalb musste er auch seinen Brüdern in allem gleich
werden« [Hebr. 2,16f.] und einen uns gleichen Leib annehmen ... In dem Leibe aber,
der da beschnitten und getragen ward, der aß, trank, müde ward, ans [Kreuzes-]Holz
genagelt wurde und litt, weste der leidensunfähige und unkörperliche Logos Gottes.
Dieser Leib war auch das, was ins Grab gelegt ward, als er [der Logos] selbst [ohne sich
von ihm zu trennen?] hinging, um, wie Petrus sagt, »den Geistern im Gefängnis« zu
predigen [l. Petr. 3,19]. (6) ... Den Leib aber schlug Joseph [aus Arimathia] in Linnen
und setzte ihn auf Golgatha bei; und für alle war so augenscheinlich, dass der Leib
nicht der Logos [selbst], sondern [dass das, was da beigesetzt ward,] Leib des Logos war.
Dieser war es auch, den nach seiner Auferstehung von den Toten Thomas berührte
und an dem er die Nägelmale wahrnahm, die der Logos sehenden Auges in seinen
Leib hatte treiben lassen und es nicht verhinderte, obwohl er es hätte verhindern
können ... Denn was der menschliche Leib des Logos erlitt, das bezog der mit ihm
koexistierende (συνὼν αὐτῷ) Logos auf sich, auf dass wir an der Gottheit des Logos
teilhaben könnten. Es klang zwar in der Tat verwunderlich, dass es ein und derselbe
sei, der litt und nicht litt: litt, da sein eigener Leib litt und er in eben dem Leidenden
war; nicht litt, da der Logos, der von Natur Gott ist, deshalb leidensunfähig ist ... Das
tat er aber ..., damit er das Unsrige auf sich nehme ... und uns stattdessen mit dem
Seinigen umkleide und den Apostel sprechen lassen könne: »Es muss dieses

Verwesliche anziehen Unverweslichkeit, und dieses Sterbliche muss anziehen Unsterblichkeit« [l. Kor. 15,53]. (7) Dies geschah jedoch nicht zufolge einer [bloßen] Annahme [oder: Setzung (θέσει)], wie manche gemeint haben; sondern indem der Heiland wirklich und wahrhaftig Mensch wurde, wurde die Erlösung des ganzen Menschen (ὅλου τοῦ ἀνθρώπου) bewirkt ... [Andernfalls würden sich ja Erlösung und Auferstehung des Menschen als ein leeres Wort erweisen.] Nun aber ist unsere Erlösung keine Einbildung, und es erfolgte in dem Logos nicht die Erlösung des Leibes allein, sondern wahrhaftig die des ganzen Menschen, des Leibes und der Seele. Folglich war der aus Maria entstandene Leib von Natur aus ein menschlicher Leib ... Ein wahrhaftiger Leib war es, weil es derselbe war wie der unsrige ... (8) ... Was bei Johannes gesagt ist:»Der Logos ward Fleisch« [Joh. 1,14], hat denselben Sinn wie, ... was bei Paulus geschrieben steht:»Christus ist für uns zum Fluch geworden« [Gal. 3,13]: Wie er nicht selbst zum Fluche ward, sondern nur deshalb gesagt wird, er sei zum Fluch geworden, weil er für uns den Fluch auf sich nahm, so ist er auch Fleisch geworden, nicht indem er sich in Fleisch verwandelte, sondern [so], dass er für uns lebendiges Fleisch annahm und Mensch ward. Denn zu sagen:»Der Logos ward Fleisch«, bedeutet das Gleiche, wie wenn man sagt: Der Logos ward Mensch ... (10) ... Der Leib litt zwar, als er am Kreuz durchstochen wurde und aus seiner Seite Blut und Wasser floss. Da er aber der Tempel (ναός) des Logos war, so war er von der Gottheit erfüllt. Aus diesem Grunde verhüllte die Sonne, als sie ihren Schöpfer leiden sah in dem misshandelten Leib, ihre Strahlen und verfinsterte die Erde; der Leib aber, obwohl von sterblicher Natur, erhob sich über diese seine Natur um des ihm innewohnenden Logos willen, verlor die ihm naturgemäße Sterblichkeit und ward unverweslich, weil er den über alles Menschenwesen erhabenen Logos angezogen hatte.

Athanasius schließt damit, dass die Verbindung des Sohns Mariens mit dem Logos nicht in Analogie zur Inspiration eines Propheten oder heiligen Menschen durch Gottes Geist zu denken sei, dass sich diese Verbindung vielmehr wesentlich von dem Verhältnis unterscheide, in dem Propheten und Heilige der Vorzeit zu Gott standen (§ 11.12).

Quelle: PG 26,1049ff. – *Literatur:* Vgl. oben Nr. 67; ferner S.G. Ludwig, Athanasii epistola ad Epictetum, Theol. Diss. Jena 1911; J. Liébaert a.o.(Nr. 75)a.O., 71ff.; A. Grillmeier a.o.(Nr. 75) a.O., 308ff.; ders., Mit ihm und in ihm. Christologische Forschungen und Perspektiven, 1975, 19ff. 78ff.; J. Roldanus, Le Christ et 1'Homme dans la Théologie d'Athanase d'Alexandrine, Leiden 1968; M. Tetz, Das kritische Wort vom Kreuz und die Christologie bei Athanasius von Alexandrien, in: Theologia Crucis – Signum Crucis (FS f. E. Dinkler), 1979, 447ff.; G.D. Dragas und A. Louth in: StPatr 16/2, 1985, 281ff. 309ff.

77. Verweltlichung des Klerus (Ammianus Marcellinus, Röm. Geschichte 27,3,11-15)

Von »Verweltlichung« ist die Kirche gewiss nicht erst seit der ›Konstantinischen Wende‹ bedroht gewesen, wie es die spiritualistische Kirchenkritik seit den Tagen der mittelalterlichen Armutsbewegungen immer wieder behauptet hat. Wohl aber gehört es zu den mit der Entwicklung von der Verfolgung über die Tolerierung bis zur Privilegierung des Christentums innerhalb des römischen Reiches verbundenen tiefreichenden, ja umstürzenden Folgen auf vielen Gebieten kirchlichen Lebens, dass die im folgenden angeführte Episode kein Einzelfall blieb. Die Quelle, die 31 Bücher Rerum gestarum des heidnischen Historikers Ammianus Marcellinus, ist insofern unverdächtig, als dieser es nachweislich verstanden hat, sein Ziel, die römische Vergangenheit zu verherrlichen, zu erreichen, ohne das Christentum darum unsachlich darzustellen.

Zusammenhang: Schilderung der Amtszeit des (für Ruhe und Ordnung in der Hauptstadt verantwortlichen) Praefectus urbis Romanae Viventius.

(11) ... Seine Amtszeit verlief in Ruhe und zu allgemeiner Zufriedenheit, weil alles in
Fülle vorhanden war. Allein, [wie schon seinen Vorgänger, so] erschreckten auch ihn blu-
tige Parteikämpfe des zerstrittenen Volkes, die folgender Handel hervorrief: (12) [Die
römischen Kleriker] Damasus und Ursinus brannten beide über Menschen Maß darauf,
den [römischen] Bischofsstuhl an sich zu reißen, und bei ihren gegen einander gerichteten Intrigen kämpften sie mit derartiger Verbissenheit, dass es bei den Auseinandersetzungen ihrer Anhänger Tote und Verwundete gab. Als sich Viventius außerstande
sah, diese Krawalle zu unterbinden oder zu beschwichtigen, zog er sich, unter dem
Druck der Gewalt, auf ein Gut vor den Toren der Stadt zurück.
(13) In diesem Streit blieb Damasus dank der massiven Unterstützung seiner Parteigänger Sieger [Zeitpunkt: Okt. 366]. Es ist eine wohlbekannte Tatsache, dass in der
Basilika des Sicininus, einer Versammlungsstätte des christlichen Ritus, an einem
Tage 137 Leichen von Erschlagenen gefunden wurden und sich die schon seit langem
aufgehetzte Menge nachher nur mit Mühe wieder beruhigen ließ. (14) Bedenke ich
freilich den Prunk, wie er in Rom herrscht, so kann ich nicht leugnen, dass diejenigen,
die eine solche Würde [wie die des römischen Bischofs] erstreben, unter Aufbietung all
ihrer Kräfte darum bemüht sein müssen, ihr Ziel zu erreichen Denn wer es glücklich
erreicht hat, der hat für alle Zukunft ausgesorgt: er gedeiht durch die Schenkungen der
Matronen, fährt nur noch in Kutschen einher, ist prunkvoll gekleidet und lässt sich so
reichliche Schmäuse herrichten, dass seine Tafel selbst ein Königsmahl in den Schatten stellt. (15) Sie könnten in Wahrheit ein glückseliges Leben führen, wenn sie nur
von der Größe der Stadt, die sie zur Tarnung ihrer Laster gebrauchen, einmal absehen
wollten und sich den Lebensstil mancher Provinzbischöfe zum Vorbild nähmen, deren
Genügsamkeit im Essen und Trinken, Einfachheit auch in der Kleidung und zu Boden
gerichteter Blick sie der ewigen Gottheit (perpetuum numen) und ihren wahrhaften
Verehrern als Muster an Reinheit und Sittsamkeit empfiehlt ...

Quelle: W. Seyfarth a.o.(Nr. 71)a.O., IV, 1971. – *Literatur*: E. Caspar, Geschichte des Papsttums von den Anfängen bis zur Höhe der Weltherrschaft, 1, 1930, 196ff.; J. Vogt, Ammianus
Marcellinus als erzählender Geschichtsschreiber der Spätzeit, AAMz 1963, H. 8; K. Rosen,
Ammianus Marcellinus, EdF 183, 1982; T. G. Elliott, Ammianus Marcellinus and fourth century
history, Toronto 1983; D. Hunt, The church as a public institution, in: A. Cameron/P. Garnsey
(wie o. Nr. 57), 238-276.

78. Basilius von Caesarea

Auf Basilius (ca. 330-379), seit 370 Bischof von Caesarea und Metropolit von Kappadokien,
sowie den beiden anderen mit ihm zum Dreigestirn der »großen Kappadokier« zusammengefassten Theologen: seinen Freund Gregor von Nazianz und seinen jüngeren Bruder Gregor von
Nyssa, geht jener Lehrbegriff zurück, der schließlich den gesamten Osten erobern und in das die
trinitätstheologischen Streitigkeiten des 4. Jahrhunderts abschließende Dogma eingehen sollte. In
ihm verband sich das Bekenntnis zum nizänischen Homousios mit der Betonung der drei göttlichen Hypostasen im Sinne der origenistischen Tradition. Nicht minder groß aber ist des Basilius
Bedeutung für die Geschichte des östlichen Mönchtums, dem er als Verfasser von »Regeln« und
als Gründer von Klöstern in seiner kappadokischen Heimat seine grundlegende Gestalt gegeben
hat. Erfahrungen und Hoffnungen des Mönches waren es wohl auch, die ihn und seine Freunde
mit besonderer Leidenschaft für die Gottheit des Hl. Geistes eintreten und in den kirchenpolitischen und theologischen Wirren ihrer Zeit mit all den menschlichen Enttäuschungen, die
damit verbunden zu sein pflegen, auch einem Kaiser Valens (364-378) gegenüber, welcher noch

einmal – in Fortsetzung der Kirchenpolitik Constantius' II. – den Versuch unternahm, das »homöische« Bekenntnis zur Maxime einer reichseinheitlichen Regelung der Glaubensfragen zu machen, ihre Sache mit Festigkeit vertreten ließen.

a) Die Überlegenheit des gemeinschaftlichen über das einsame Leben
(Längere Regeln [Regulae fusius tractatae] 7)

(7,1) Das Zusammenleben mit mehreren, die denselben Zweck verfolgen, ist in vielfacher Hinsicht von Nutzen. Erstens ist keiner von uns imstande, allein die Bedürfnisse des Leibes zu befriedigen, zu deren Beschaffung wir einander nötig haben. Denn wie der Fuß das eine vermag, das andere aber nicht und ohne die Hilfe der anderen Glieder sein Vermögen sich weder stark noch ausdauernd genug zeigt und auch, was ihm mangelt, nicht aus sich selbst zu ersetzen vermag, so wird auch in dem einsamen Leben (μονήρης ζωή) das, was wir haben, für uns unnütz und das Fehlende unbeschaffbar, da Gott, der Schöpfer, es so bestimmt hat, dass einer des anderen bedarf, wie geschrieben steht [Sir. 13,20], damit wir uns einander anschlössen. Zum anderen ist es mit der Eigenart der Liebe Christi unvereinbar, dass jeder auf seinen eigenen Vorteil sieht: »denn die Liebe«, heißt es [1. Kor. 13,5], »ist nicht selbstsüchtig« ... Zudem ist es in der Abgeschiedenheit nicht leicht, seiner eigenen Fehler gewahr zu werden, weil man niemanden hat, der einen zurechtweist. Daher widerfährt dem, was gesagt ist: »Wehe dem, der allein ist, weil er, wenn er fällt, niemanden hat, der ihn aufrichte« [Pred. 4,10]. Auch werden von mehreren leichter eine Mehrzahl von Geboten erfüllt, was einem einzelnen niemals gelingen kann, da das eine Gebot an der Erfüllung des anderen hindert ... [z.B. wenn wir Kranke besuchen, können wir nicht gleichzeitig Fremde beherbergen]. (2) Wenn wir aber alle, in einer Hoffnung der Berufung aufgenommen, ein Leib sind und zum Haupte Christus haben, ...: wie können wir dann [in Einsamkeit lebend und also voneinander] geschieden und getrennt, den wechselseitigen Dienst der Glieder und die [gemeinsame] Unterordnung unter unser Haupt, das Christus ist, verwirklichen und aufrechterhalten? ... Da endlich auch einer allein nicht imstande ist, alle geistigen Gaben (χαρίσματα) zu empfangen, sondern der Geist nach dem Maß des Glaubens, der in einem jeden ist, verliehen wird [Röm. 12,6], so wird in dem gemeinsamen Leben die einem jeden verliehene Gabe Gemeingut aller ... Denn was jeder besitzt, das hat er nicht so sehr um seinet- als um der übrigen willen empfangen ... .

b) Die soziale Bedeutung des basilianischen Mönchtums nach der Gedächtnisrede Gregors vor Nazianz (Rede 43,63)

(63,1) ... Begib dich ein wenig aus der Stadt [Caesarea] hinaus und betrachte die neue Stadt, das Vorratshaus der Frömmigkeit, die gemeinsame Schatzkammer der Besitzenden, in welcher der Überfluss ihres Reichtums, ja, [nicht selten] sogar ihr Notwendigstes aufbewahrt wird, als Folge seiner [des Basilius] Mahnungen: kein Fraß der Motten mehr, nicht länger eine Augenweide für Diebe; dem Wetteifer, zu dem der Neid anstachelt, ebenso entronnen wie der Verderbnis der Zeit; wo Krankheit in philosophischem Licht betrachtet wird, wo man Unglück als einen Segen versteht und das Mitgefühl auf die Bewährungsprobe stellt. (2) ... (3) ... (4) ... Er [Basilius] war es, der [immer wieder] der Erste war, in jene zu dringen, die Menschen sein wollten, dass sie ihre Mitmenschen nicht verachten und Christus, das eine Haupt aller, nicht entehren dürften durch unmenschliche Behandlung eben jener Mitmenschen; vielmehr gezieme es sich für sie, das Unglück der anderen als Gelegenheit zu nutzen, ihr eigenes Los zu sichern, und Gott als Darlehen jene Barmherzigkeit zu gewähren, deren sie selbst aus seiner Hand bedürfen. (5) Darum verachtete er es nicht, diese Krankheit [sc. die Lepra] mit seinen Lippen zu ehren, edel, von vornehmer Herkunft und glänzendem Ansehen, wie er war; vielmehr begrüßte er die Kranken als Brüder ... (6) Er war auch der Erste, der sich ihnen näherte, um sie zu pflegen, als eine Konsequenz seiner Philosophie, ihnen somit nicht nur eine in Worten bestehende, sondern auch eine stillschweigende Belehrung zuteil werden lassend. [Was dabei herauskam] kann nicht nur in der Stadt [sc. der »Basilias« vor den Toren Caesareas], sondern auch auf dem Land und darüber hinaus betrachtet werden; ja, selbst die Spitzen der Gesellschaft haben miteinander gewetteifert in der Menschenfreundlichkeit und Großherzigkeit ihnen [den Kranken] gegenüber. (7) Andere verfügen über ihre Köche, ihre glänzenden Tafeln, die kunstvollen Produkte und Leckereien des Konditors, einen exquisiten Wagenpark, weiche, fliegende Roben; des Basilius Sorge hingegen galt den Kranken, der Pflege ihrer Wunden, der Nachahmung Christi in der Reinigung der Aussätzigen, und zwar nicht mit Worten, sondern mit der Tat.

c) Die göttlichen Funktionen des Hl. Geistes (Über den Hl. Geist [verf. 375] 9,22f.)

(22) Prüfen wir nun die uns geläufigen Begriffe (κοιναὶ ἔννοιαι), die wir vom Heiligen Geiste besitzen: die Begriffe von ihm, die wir aus der Schrift gesammelt haben, und diejenigen, die uns aus der mündlichen Überlieferung (ἄγραφος παράδοσις) der Väter überkommen sind. Wer ist nicht, wenn er die Namen des Geistes vernimmt, gleich in seiner Seele emporgehoben; wer erhebt nicht seine Gedanken hin zu der allerhöchsten Natur? Denn man nennt ihn »Geist Gottes«, »Geist der Wahrheit«, der »aus dem Vater hervorgeht« [Joh. 15,26], »rechten Geist«, »lenkenden Geist« (Ps. 50,12-15). »Heiliger Geist«, das ist in besonderer Weise sein ureigenster Name, der Name des Unkörperlichsten von allen Wesen, des in reinster Weise Immateriellen, des Allereinfachsten, das es gibt. So lehrt der Herr die Frau, die glaubte, Gott an einem bestimmten Ort anbeten zu müssen, dass das Unkörperliche nicht zu umgreifen (ἀπερίληπτον) ist: »Gott«, so sagt er, »ist Geist« [Joh. 4,24]. Wer den Namen »Geist« aussprechen hört, kann sich somit gar keine begrenzte Natur vorstellen, welche Änderungen unterworfen wäre, Wechselfällen unterläge oder in jeder Hinsicht der Kreatur gliche. Nein, im Gegenteil: Wer sich in seinen Gedanken zu der allerhöchsten Wesenheit emporschwingt, hat notwendigerweise die Vorstellung von einer intelligiblen Substanz, unendlich in ihrer Macht, unbegrenzt in ihrer Größe, jenseits aller Maße von Zeiten oder Äonen, von verschwenderischer Freigebigkeit, was ihre eigenen Güter betrifft. Zu ihm wenden sich alle, die der Heiligung bedürfen; zu ihm schwingt sich das Verlangen all derer auf, die der Tugend gemäß ihr Leben einrichten. Sie werden wie »neu belebt« durch seinen Anhauch und erfahren seine Hilfe bei der Verfolgung ihres eigenen naturgemäßen Zieles. Ihm, der die Fähigkeit besitzt, andere zur Vollendung zu führen, mangelt es selbst an nichts: Er ist kein Lebewesen, das seine Kräfte erneuern müsste, sondern »Chorführer« des Lebens [vgl. Plotin, Enn. 6,9,9,48] ... Alles erfüllt er mit seiner Macht, doch teilt er sich nur denen mit, die seiner würdig sind, freilich nicht nach einem festen einheitlichen Maß, sondern so, dass er seine Wirkkraft nach dem Maß des Glaubens austeilt. Selbst einfach in seinem Wesen, offenbart er seine Macht

durch vielfältige Machterweise [Hebr. 2,4]; dabei ist er ungeteilt jedem Wesen gegenwärtig und ganz an allen Orten; er teilt sich so aus, dass er selbst dabei keine Beeinträchtigung erfährt, und lässt alle so an sich teilhaben, dass er unverändert bleibt, vergleichbar einem Sonnenstrahl, dessen freundliches Licht jedem gegenwärtig ist, der es genießt, so als wäre er allein; und doch erhellt er Land und Meer und mischt sich mit der Luft. So ist auch der Geist jedem Menschen gegenwärtig, so als wäre er allein, wenn dieser nur fähig ist, ihn zu empfangen; und ohne jede Veränderung strahlt er Gnade aus, die für alle genügt ...

(23) ... Durch ihn erheben sich die Herzen; die Schwachen werden an die Hand genommen; die um Fortschritt Ringenden werden vervollkommnet. Er erleuchtet die, welche sich von jedem Schmutz gereinigt haben, und macht sie durch die Gemeinschaft mit sich ›geistig‹. Wie die klaren und durchscheinenden Körper zu funkeln beginnen, wenn sie ein Lichtstrahl trifft, und dann von sich aus einen neuen Glanz ausstrahlen, so werden auch die Seelen, die den Geist in sich tragen, durch die Erleuchtung des Geistes geistig [›pneumatisch‹] und verströmen Gnade über andere. Von da aus [erfließt alles]: die Erkenntnis des Zukünftigen, die Einsicht in die Mysterien, das Verstehen der verborgenen Dinge, die Ausspendung der Charismen, die Teilnahme am himmlischen Leben, das ständige Verbleiben in Gott, die Gottähnlichkeit und schließlich das Höchste, was der Mensch überhaupt ersehnen kann: die ›Gottwerdung‹ (θεὸν γενέσθαι).

d) Das Wirken des Heiligen Geistes (ebenda 19,49)

Was für ein Wirken ist es? Ein Wirken, unsagbar in seiner Größe und unermesslich in seiner Vielfalt. Wie können wir uns eine Vorstellung machen, ... worin sein Wirken bestand, ehe es ein vernunftbegabtes Wesen gab; welch machtvolles Wirken er im Hinblick auf künftige Zeitalter entfaltet? Denn er war da, existierte vor allem anderen und war gegenwärtig vor aller Zeit, in Gemeinschaft mit dem Vater und mit dem Sohn. Würdest du dir daher etwas jenseits der Zeit [Existierendes] vorstellen, du würdest finden, dass es später ist als der Geist. Denkst du an die Schöpfung? Die Mächte des Himmels sind gefestigt worden durch den Geist ... Das Kommen Christi? Auch ihm ging der Geist mit seinem Wirken voraus. Christi Gegenwart im Fleisch? Der Geist ist untrennbar damit verbunden. Wunder und Heilungsgaben? Sie sind durch das Wirken des Geistes hervorgebracht worden. Dämonen wichen durch den Geist Gottes. Der Satan hat in Gegenwart des Geistes seine gesamte Macht verloren. Die Sünden sind in der Gnade des Heiligen Geistes vergeben worden, denn »ihr seid abgewaschen und geheiligt worden im Namen unseres Herrn Jesus Christus und im Heiligen Geist« [1. Kor. 6,11]. Der vertraute Umgang (οἰκείωσις) mit Gott vollzieht sich durch den Heiligen Geist, denn »Gott hat den Geist seines Sohnes in unsere Herzen gesandt, der da ruft: Abba, Vater!« [Gal. 4,6]. Die Auferstehung der Toten geschieht durch den Geist, denn »Du sendest deinen Geist aus, und sie werden neu geschaffen, und du wirst das Antlitz der Erde erneuern« [Ps. 104,30] ... Ist da wirklich die Sorge am Platze, man könne durch übertriebene Ehrungen [des Geistes] über das verdiente Maß hinausgehen? Müssen wir nicht im Gegenteil befürchten, dass wir hinter dem Angemessenen zurückbleiben, selbst wenn wir uns bemühten, die schönsten Worte zu finden, die je menschlichem Denken und menschlicher Sprache entsprungen sind? ... Wenn du das Wort vernimmst: »Wenn der Paraklet kommt, so wird er euch an alles erinnern und euch in alle Wahrheit führen« [Joh. 14,26], so mache dir von der

Tätigkeit des Führens gemäß dem, was du eben gehört hast, ein Bild und rede nicht geringschätzig davon ...

e) Über die unterschiedliche Bedeutung von οὐσία und ὑπόστασις (Brief 236,6; geschr. 376)

Ob dieser Brief Basilius angehört und nicht vielmehr seinem jüngeren Bruder Gregor von Nyssa, ist in der heutigen Forschung umstritten.

Die Unterscheidung zwischen οὐσία und ὑπόστασις ist dieselbe wie zwischen Gemeinsamem (κοινόν) und Besonderem (τὸ καθ' ἕκαστον), z.B. zwischen dem Lebewesen und einem bestimmten Menschen (ὁ δεῖνα ἄνθρωπος). Weshalb wir auch bezüglich der Gottheit eine [einzige] οὐσία bekennen, so dass wir das Sein [von Vater, Sohn und Hl. Geist] nicht in verschiedenem Sinne aussagen, die Hypostase jedoch als eigentümlich, damit unser Begriff von Vater, Sohn und Hl. Geist distinkt und klar sei (ἵν' ἀσύγχυτος ἡμῖν καὶ τετρανωμένη ἡ περὶ Πατρὸς καὶ Υἱοῦ καὶ Ἁγίου Πνεύματος ἔννοια ἐνυπάρχῃ). Denn in der Tat: so wir nicht die genau bestimmten Merkmale (ἀφωρισμένοι χαρακτῆρες) an einer jeden [göttlichen Hypostase] – wie Vaterschaft, Sohnschaft, Heiligung – anerkennten, sondern Gott [ausschließlich] nach dem gemeinsamen Begriff des [göttlichen] Seins bekennten, dürfte es unmöglich sein, in rechter [›gesunder‹] Weise Glaubensrechenschaft abzulegen. Folglich müssen wir den Glauben, indem wir das Besondere (τὸ ἰδιάζον) dem Gemeinsamen hinzufügen, so bekennen: die Gottheit ist das Gemeinsame, die Vaterschaft das Besondere (ἴδιον); beides kombinierend sagen wir mithin:»Ich glaube an Gott, den Vater« ... [Aus all dem wird ersichtlich,] dass man vollkommen an der Einheit festzuhalten vermag im Bekenntnis der *einen* Gottheit [Vaters, Sohnes und Hl. Geistes] und zugleich – in der Unterscheidung der Besonderheiten (ἰδιώματα), wie sie an einer jeden [der drei göttlichen Hypostasen] wahrgenommen werden – bekennen, was den Personen [Erscheinungsweisen? (πρόσωπα)] eigentümlich ist. Die aber die Begriffe οὐσία und ὑπόστασις als identisch bezeichnen, sind gezwungen, lediglich eine Verschiedenheit der πρόσωπα zu bekennen, und indem sie von drei Hypostasen zu reden vermeiden, sind sie außerstande, dem Übel des Sabellianismus [wörtl.: des Sabellius] zu entrinnen, der auch seinerseits unter vielfältiger Begriffsverwirrung den Versuch macht, die πρόσωπα zu unterscheiden, indem er behauptet, eine und dieselbe Hypostase nehme je nach Bedarf eine andere Gestalt an (τὴν αὐτὴν ὑπόστασιν λέγων πρὸς τὴν ἑκάστοτε παρεμπίπτουσαν χρείαν μετασχηματίζεσθαι).

Quellen: PG 31, 889ff. (Reg. fus. tract.); F. Boulenger, Grégoire de Nazianze, Discours Funèbres etc., Paris 1908; B. Pruche, Basile de Césarée. Sur le Saint-Esprit, SC 17, Paris ²1968; Y. Courtonne, Saint Basile, Lettres, III, Paris 1986. – *Literatur:* L. Vischer, Basilius der Große, 1953; J. Gribomont, Histoire du texte des Ascétiques de s. Basile, Louvain 1953; ders., Saint Basile, in: Théologie de la vie monastique, Paris 1961, 99-113; H. Doerries, De Spiritu Sancto (AAG 3.39), 1956; P. J. Fedwick, The Church and the Charisma of Leadership in Basil of Caesarea, Toronto 1979; ders. (Hg.), Basil of Caesarea – Christian, Humanist, Ascetic, 2 Teile, Toronto 1981; K. Koschorke, Spuren der Alten Liebe (Habil.-Schr., Bern 1990) Fribourg 1991; C. Markschies, Alta Trinità Beata. Ges. Studien z. altkirchlichen Trinitätstheologie, 2000; S. Hausammann (wie o. Nr. 7), Bd. 3, 2003, 95-97.232-243. 246-250. 252-255. 257-259. 262-272 u.ö.

79. Wulfila und die Bekehrung der Westgoten zum Christentum (nach Sokrates, Kirchengeschichte 4,33)

Im zweiten Jahrhundert n.Chr. – zumindest in ihrem Traditionskern – aus ihrer nördlichen Heimat (wohl Nordpolen) aufgebrochen, eroberten die Goten im Verlauf des dritten weite Gebiete im Schwarzmeerraum, von wo sie im Verein mit verwandten Stämmen ihrer neuen Nachbarschaft den Angriff auf das römische Reich eröffneten. – Die ersten Impulse zur Goten*mission* scheinen von christlichen Kriegsgefangenen ausgegangen zu sein, die sie in großer Zahl von ihren Beutezügen auf östlichem Reichsboden mitbrachten. Von dieser noch durch keine politischen Nebengedanken belasteten Art der Germanenmission war auch das Wirken des Mannes, der, soweit wir wissen, der einzige bedeutende kirchliche Führer der Goten und darüber hinaus aller durch sie gewonnenen Germanen bleiben sollte: des Wulfila (»Kleiner Wolf«) oder Ulfila(s), wie er sich wohl selbst nannte. Um 311, als Enkel durch die Goten verschleppter kappadokischer Christen bereits als Christ geboren, wurde er bei Gelegenheit einer Gotengesandtschaft an den nunmehr christlichen Kaiserhof der Römer von Euseb von Nikomedien, dem kirchlichen Vertrauensmann Constantius' II., zum »Bischof der Christen im Lande der Goten« geweiht. Zu einer größeren Entscheidung kam es jedoch, nach schweren Rückschlägen der Gotenmissionierung, erst wieder nach Ausbruch einer Stammesfehde zur Zeit des Kaisers Valens, Ende der 60er Jahre, worüber der Kirchenhistoriker Sokrates (KG IV, 33,1-9) folgendes zu berichten weiß:

Die nördlich der Donau siedelnden Barbaren, Goten (Γότθοι) genannt, spalteten sich im Gefolge einer Stammesfehde in zwei Lager: das eine hatte in Fritigern seinen Anführer, das andere in Athanarich. Als nun Athanarich die Oberhand zu gewinnen drohte, nahm Fritigern seine Zuflucht zu den Römern und erbat deren Unterstützung gegen seinen Widersacher. Als dies Kaiser Valens zur Kenntnis gelangte, befahl er seiner Schutztruppe im Bereich von Thrakien, den Barbaren in ihrem Kampf wider Barbaren Hilfe zu leisten. Und sie errangen im Gebiet nördlich der Donau über Athanarich den Sieg und schlugen den Gegner in die Flucht. Viele Barbaren nahmen dies zum Anlass (πρόφασις), Christen zu werden. Um für die empfangene Unterstützung seine Dankbarkeit zu erweisen (χάριν ἀποδιδοὺς ὧν εὐηργετεῖτο), nahm Fritigern die Religion des Kaisers an und bewog viele seiner Gefolgsleute, es ihm gleich zu tun. Aus diesem Grunde hängt die Mehrzahl der Goten bis zum heutigen Tage dem Arianismus an, dem sie sich damals, dem Kaiser zuliebe, zugewandt hatten. Damals erfand auch der Gotenbischof Ulfilas die gotische Schrift und setzte durch Übertragung der heiligen Schriften ins Gotische die Barbaren instand, sich mit den göttlichen Worten vertraut zu machen. Weil aber Ulfilas nicht allein unter den Gefolgsleuten Fritigerns für das Christentum warb, sondern auch die des Athanarich zu bekehren suchte, ahndete Athanarich die Absage an den von den Vorfahren überkommenen Götterdienst an vielen zum Christentum Bekehrten mit schweren Strafen, so dass damals die Barbaren, die sich zum arianischen Glauben hielten, Blutzeugen wurden ... Die Barbaren aber, die das Christentum in Einfalt aufgenommen hatten, setzten das irdische Leben hintan für den Glauben an Christus ...

Quelle: Sokrates. Kirchengeschichte, hg. v. G.C. Hansen (GCS NF 1), 1995, 269. – *Literatur:* W. Baetke, Die Aufnahme des Christentums durch die Germanen, in: Die Welt als Geschichte, 9, 1943 (unveränd. Nachdruck [!] 1962); H. Doerries, Germanische Nationalkirchen, in: ders., Wort und Stunde, II, 1969, 76-111; K. Schäferdiek, Art. Germanenmission (arianische), TRE 12, 1983, 506ff.; ders., Gotisches Christentum, in: FS f. E. Stutz, 1992, 19-50; H. Wolfram, Die Goten und ihre Geschichte, ⁴2001, bes. 43ff.

80. Das Christentum als ›Staatsreligion‹(?): Das Edikt »Cunctos populos« Theodosius' I. vom 28.2.380 (Codex Theodosianus 16,1,2)

Nach der Katastrophe des Kaisers Valens im Kampf gegen die Goten (August 378), in der sein Heer bis zur völligen Vernichtung geschlagen wurde und er selbst ums Leben kam, rief sein Neffe und Mitkaiser Gratian den spanischen General Theodosius zu Hilfe, um die Gotengefahr zu bannen, und erhob ihn ein halbes Jahr später zum Mitregenten für den Osten. – Welche Richtung Theodosius bei der gleichfalls ins Auge gefassten Neuregelung der kirchlichen Verhältnisse in seinem Reichsteil einzuschlagen beabsichtigte, darüber gab ein Edikt erste Auskunft, welches, in Thessalonich gegeben und an die Bevölkerung Konstaninopels adressiert, gleichwohl als kirchenpolitisches Manifest für alle seine Untertanen gedacht gewesen sein wird. Schon die Kodifikatoren des römischen Rechts unter Justinian sahen es als so bedeutsam an, dass sie es an die Spitze ihrer Sammlung kaiserlicher Konstitutionen setzten (Cod. Iust. 1,1). Und noch heute gilt es vielfach als das »klassische Dokument der kaiserlichen Politik des christlichen Staates«[1].

Alle Völker, über die wir ein mildes und maßvolles Regiment führen (Cunctos populos, quos clementiae nostrae regit temperamentum), sollen, so ist es unser Wille, in der Religion verharren, die der göttliche Apostel Petrus, wie es der von ihm kundgemachte Glaube (religio) bis zum heutigen Tage dartut, den Römern überliefert hat und zu der sich der Pontifex Damasus[2] wie auch Bischof Petrus von Alexandrien[3], ein Mann von apostolischer Heiligkeit, offensichtlich bekennen; d.h. dass wir gemäß apostolischer Weisung (disciplina) und evangelischer Lehre *eine* Gottheit Vaters, Sohnes und Hl. Geistes in gleicher Majestät und heiliger Dreifaltigkeit (patris et filii et spiritus sancti unam deitatem sub parili maiestate et sub pia trinitate) glauben. Nur diejenigen, die diesem Gesetz folgen, sollen, so gebieten wir, katholische Christen heißen dürfen; die übrigen aber, die wir für toll und wahnsinnig halten, haben den Schimpf ketzerischer Lehre (haeretici dogmatis infamia) zu tragen. Auch dürfen ihre Versammlung[sstätt]en (conciliabula) nicht als Kirchen bezeichnet werden. Endlich soll sie vorab die göttliche Vergeltung, dann aber auch unsere Strafgerechtigkeit ereilen, die uns durch himmlisches Urteil (ex coelesti arbitrio) übertragen worden ist.

Quelle: Th. Mommsen a.o.(Nr. 52)a.O. – *Literatur*: H. Berkhof, Kirche und Kaiser, 1947, 63f.; W. Enßlin, Die Religionspolitik des Kaisers Theodosius d.Gr., 1953, 15ff.; N.Q. King, The Emperor Theodosius and the Establishment of Christianity, London 1961, 28ff.; A.M. Ritter, Das Konzil von Konstantinopel und sein Symbol, 1965, 28ff. 221ff.; ders., in: Le IIe Concile Oecuménique, Chambésy 1982, 33ff. 45ff.; A. Lippold, Theodosius der Große und seine Zeit (Urban-Tb. 107), 1968, 17ff.; K.L. Noethlichs, a.o.(Nr. 64)a.O., 1160ff.; P. Barceló/G. Gottlieb, in: FS f. A. Lippold, Würzburg 1993, 409-423; C. Piétri, Die Erfolge: Unterdrückung des Heidentumas und Sieg des Staatskirchentums, in: Das Entstehen der Einen Christenheit (wie o. Nr. 33), 462-506 (hier: 462-478); H. Leppin, Theodosius der Große. Auf dem Weg zum christlichen Imperium, 2003, hier bes. 71-73.

[1] So etwa H. Berkhof a.a O., 64; N. Q. King a a O., 29; kritisch H. Leppin a.a.O.
[2] S. oben Nr. 77.
[3] Nachfolger des Athanasius (Bischof von 373-381).

81. Die Dekrete des Konzils von Konstantinopel 381

Es war der erstrebten Konsolidierung der kirchlichen Lage im Osten nur dienlich, wenn Theodosius auf dem mit »Cunctos populos« beschrittenen, verhängnisvollen, Wege nicht fortfuhr! Weder beharrte er darauf, den Kirchenstreit sozusagen per Gesetz und allein mit ihm zu Gebote stehenden Zwangsmitteln zu beenden, sondern ließ einer synodalen Lösung Raum; noch hielt er an seiner ursprünglichen Orientierung an Rom und Alexandrien als alleinigen Garanten der Orthodoxie fest, sondern strebte eine Lösung der strittigen Fragen an, die von der Mehrheit des östlichen Episkopats getragen werden konnte. So berief er denn zum Mai 381 eine Reichssynode nach Konstantinopel ein, die sich, obwohl auf ihr der westliche Episkopat noch spärlicher vertreten war als in Nizäa, seit Chalkedon 451 gleichwohl als das 2. autoritative (und in diesem, neuen Sinne »ökumenische«[1]) Konzil nach und neben dem der »318 Väter« von Nizäa durchgesetzt hat. Seine wichtigsten Lehr- und Disziplinarbestimmungen sind:

a) Das nizäno-konstantinopolitanische Glaubensbekenntnis (NC [COGD I, 57])

Wir glauben an *einen* Gott, den Vater, den Allmächtigen, Schöpfer Himmels und der Erden, all des, das sichtbar ist und unsichtbar. Und an *einen* Herrn Jesus Christus, Gottes eingeborenen Sohn, aus Gott geboren vor aller Zeit, Licht von Licht, wahrer Gott von wahrem Gott, geboren, nicht geschaffen, mit dem Vater eines Wesens (θεὸν ἀληθινὸν ἐκ θεοῦ ἀληθινοῦ, γεννηθέντα οὐ ποιηθέντα, ὁμοούσιον τῷ πατρί [N!]), der allen Dingen das Sein verlieh; um uns Menschen und um unseres Heiles willen ist er herabgekommen vom Himmel und Fleisch geworden aus dem Hl. Geist und Maria, der Jungfrau, wurde er Mensch, gekreuzigt unter Pontius Pilatus, litt er und wurde begraben, ist am dritten Tage auferstanden nach den Schriften, aufgefahren gen Himmel, sitzt zur Rechten des Vaters und wird wiederkommen in Herrlichkeit, zu richten Lebende und Tote; des Reich wird sein ohne Ende. Und an den Hl. Geist, der da Herr ist und lebendigmacht, der vom Vater ausgeht, mit dem Vater und dem Sohn zugleich angebetet und gepriesen wird, der durch die Propheten geredet hat (Καὶ εἰς τὸ πνεῦμα τὸ ἅγιον, τὸ κύριον καὶ τὸ ζωοποιόν, τὸ ἐκ τοῦ πατρὸς ἐκπορευόμενον, τὸ σὺν πατρὶ καὶ υἱῷ συμπροσκυνούμενον καὶ συνδοξαζόμενον, τὸ λαλῆσαν διὰ τῶν προφητῶν); an eine heilige katholische und apostolische Kirche. Wir bekennen eine Taufe zur Vergebung der Sünden; wir warten auf die Auferstehung der Toten und das Leben der zukünftigen Welt.

b) Kanon 1 (COGD I, 64)

Der Glaube der 318 Väter, die in Nizäa in Bithynien versammelt waren, soll nicht außer Kraft gesetzt werden (Μὴ ἀθετεῖσθαι), sondern in Geltung bleiben; und es wird jede Häresie verdammt, namentlich die der Eunomianer oder Anhomöer, die der Arianer oder Eudoxianer, die der Semiarianer oder Pneumatomachen, die der Sabellianer, Markellianer, Photinianer und Apollinaristen[2].

c) Aus dem Lehrdekret (»Tomus«) des Konzils nach dem Synodalschreiben der Konstantinopler Synode von 382 (bei Theodoret, Kirchengeschichte 5,9,11; COGD I, 61f.)

... [Der zu Nizäa festgestellte, evangeliumsgemäße Glaube] muss ... allen genügen, welche nicht das Wort des wahren Glaubens verkehren wollen; ist er doch sehr alt, entspricht dem Taufbefehl [wörtl.: der Taufe] und lehrt uns, zu glauben an den Namen des Vaters und des Sohnes und des Hl. Geistes, so nämlich, dass *eine* Gottheit, Macht und Wesenheit Vaters und Sohnes und Hl. Geistes und eben so gleiche Ehre, Würde und gleichewige Herrschaft geglaubt wird in drei ganz vollkommenen Hypostasen oder drei vollkommenen Personen, so dass weder die Krankheit des Sabellius Platz greift, indem die Hypostasen vermischt und die Eigentümlichkeiten derselben aufgehoben werden, noch die gotteslästerliche Lehre der Eunomianer, Arianer und Pneumatomachen Kraft gewinnt, derzufolge die Wesenheit oder Natur oder Gottheit geteilt und der ungeschaffenen, wesenseinen und gleichewigen Trinität eine Art nachgeborener, geschaffener und wesensverschiedener Natur beigesellt wird (διδάσκουσαν ἡμᾶς πιστεύειν εἰς τὸ ὄνομα τοῦ πατρὸς καὶ τοῦ υἱοῦ καὶ τοῦ ἁγίου πνεύματος, δηλαδὴ θεότητος καὶ δυνάμεως καὶ οὐσίας μιᾶς τοῦ πατρὸς καὶ τοῦ υἱοῦ καὶ τοῦ ἁγίου πνεύματος πιστευομένης, ὁμοτίμου τε τῆς ἀξίας καὶ συναϊδίου τῆς βασιλείας, ἐν τρισὶ τελειοτάταις ὑποστάσεσιν, ἤγουν τρισὶ τελείοις προσώποις ...).

d) Kanon 3 (COGD I, 66)

Der Bischof von Konstantinopel soll nach dem Bischof von Rom den Ehrenvorrang (τὰ πρεσβεῖα τῆς τιμῆς) besitzen, weil diese Stadt das neue Rom ist.

Quellen: G.L. Dossetti a.o. (Nr. 56) a.O.;.G. Alberigo u.a., COGD I (wie oben, Nr. 56) 37-70 (ed. A. M. Ritter); L. Parmentier/F. Scheidweiler a.o. (Nr. 63) a.O. – *Literatur*: Zum Ganzen s. A.M. Ritter a.o. (Nr. 80) a.O.; ders. in: COGD I, 37-54; ferner J.N.D. Kelly a.o. (Nr. 42) a.O., 294-361; D.L. Holland, The Creeds of Nicea and Constantinople reexamined, ChH 38, Nr. 2, 1969, 1-14; S.G. Hall a.o. (Nr. 63) a.O.; R. Staats, Das Glaubensbekenntnis von Nizäa-Konstantinopel, (1996) ²1998; S. Hausammann (wie o. Nr. 7), Bd. 3, 2003, 130-144.

[1]   Dieser Begriff hat anfangs eine überwiegend politisch-geographische Bedeutung und meint so viel wie »über die gesamte bewohnte Erde (οἰκουμένη γῆ) verbreitet«, »reichsweit«; später erst überwiegt die Bedeutung »allgemein (d.h. von der gesamten Christenheit) angenommen (rezipiert)« und darum gültig, autoritativ.

[2]   Die Verurteilung »jeglicher Häresie« reicht also von den ultra-›arianischen‹ Gefolgsleuten des Eunomius (s.o. Nr. 68) und den unter Constantius II. und Valens herrschend gewesenen, hier nach einem ihrer Führer, dem ›Hofbischof‹ Eudoxius (zuletzt von Konstantinopel), benannten Homöern (von ihren Gegnern »Arianer« gescholten) auf der ›Linken‹ über die ›semiaria-nischen‹ Hauptgegner aus der Schlussphase der trinitätstheologischen Streitigkeiten, die ›Pneumatomachen‹ (s.o. Nr. 72a m. Anm. 1) aller Schattierungen in der ›Mitte‹ bis zu den verschiedenen ketzerischen Richtungen innerhalb des nizänischen Lagers, den Anhängern Markells (s.o. Nr. 62), seines ›Schülers‹ Photin (s.o. Nr. 75b m. Anm. 2) und des Apollinaris (s.o. Nr. 75.76), auf der ›Rechten‹.

82. Hieronymus und die Revision der lateinischen Bibel
(Aus der Vorrede zu seiner Evangelienrevision)

Wohl das folgenreichste Verdienst des nach zwiespältiger Bischofswahl (s. oben Nr. 77) in Amt und Würden gelangten Damasus I. von Rom (366-384), der in den 70er Jahren bei den von Basilius von Caesarea initiierten Ausgleichsbemühungen zwischen dem Westen und der Mehrheit unter den Nizanern des Ostens (›Neonizänern‹) – als recht schwieriger Verhandlungspartner – eine Rolle spielte und sich in seinem Bistum selbst besonders die Pflege der römischen Märtyrergräber (Katakomben) angelegen sein ließ, war die Sorge um die Revision der lat. Bibelübersetzungen, die er seinem derzeitigen Freund und Sekretär, dem gelehrten Mönch Hieronymus aus Stridon in Dalmatien (340/350-420) übertrug und ständig förderte. – Über den Beginn seiner Arbeiten, mit dem zugleich die seit dem Frühmittelalter im Abendland allein gültige und dann durch das Konzil von Trient (1546) für maßgeblich in Glaubens- und Sittenlehre erklärte Vulgata [= ›allgemein verbreitete‹ (sc. lat. Bibelübersetzung)] ihren Anfang nahm, berichtet dieser in dem 383 verfassten Vorwort zu seiner Evangelienrevision:

Hieronymus an den gesegneten Papst (beato papae) Damasus
Du zwingst mich, ein neues Werk aus einem alten zu schaffen, gleichsam als Schiedsrichter zu fungieren über Bibelversionen, nachdem diese [seit langem] in aller Welt verbreitet sind, und, wo sie von einander abweichen, zu entscheiden, welche [der von ihnen gebotenen Lesarten] mit dem authentischen griechischen Text (Graeca veritas) übereinstimmen. Es ist das ein Unterfangen, das ebenso viel liebevolle Hingabe verlangt, wie es gefährlich und vermessen ist (Pius labor, sed periculosa praesumptio): über die anderen zu urteilen und dabei selbst dem Urteil aller zu unterliegen; in die Sprache eines Greises ändernd einzugreifen und eine bereits altersgraue Welt in die Tage ihrer ersten Kindheit zurückzuversetzen. Wird sich auch nur einer finden, sei er gelehrt oder ungelehrt, der mich nicht, sobald er diesen Band in die Hand nimmt und feststellt, dass das, was er hier liest, nicht in allem den Geschmack dessen trifft, was er einmal in sich aufgenommen hat, lauthals einen Fälscher und Religionsfrevler schilt, weil ich die Kühnheit besaß, einiges in den alten Büchern zuzufügen, abzuändern oder zu verbessern? Zwei Überlegungen sind es indes, die mich trösten und dieses Odium auf mich nehmen lassen: zum einen, dass du, der an Rang allen anderen überlegene Bischof (tu, qui summus sacerdos es), mich dies zu tun heißest; zum andern, dass, wie auch meine Verleumder bestätigen müssen, in differierenden Lesarten schwerlich die Wahrheit anzutreffen ist (verum non esse quod variat). Wenn nämlich auf die lateinischen Texte Verlass sein soll, dann mögen sie bitte sagen: Welchem [sc. Text]? Gibt es doch beinahe so viele Versionen (exemplaria), wie es Abschriften (codices) gibt. Soll aber die zutreffende Textform (veritas) aus einem Vergleich mehrerer ermittelt werden, warum dann nicht gleich auf das griechische Original zurückgehen und danach all die Fehler verbessern, ob sie nun auf unzuverlässige Übersetzer zurückgehen, ob es sich bei ihnen um Verschlimmbesserungen wagehalsiger, aber inkompetenter Textkritiker oder aber einfach um Zusätze oder Änderungen schlafmütziger Abschreiber handelt? ... [Zum Problem der verschiedenen Versionen des Alten Testaments will ich mich hier nicht weiter äußern.] Ich spreche nun [vielmehr] vom Neuen Testament: Dass es ursprünglich in Griechisch abgefasst ist, unterliegt keinem Zweifel, mit Ausnahme des [Werkes des] Apostels Matthäus, der sich als erster an die Abfassung des Evangeliums Christi wagte und es in Judäa in hebräischen Lettern (hebraicis litteris) herausbrachte. So wie wir es in unserer Sprache vorliegen haben, weist es unübersehbare Unstimmigkeiten auf; und da sich der Strom in mehrere Kanäle aufgeteilt hat, lässt es sich gar nicht vermeiden, dass man die *eine Quelle* aufsucht ... Wir kündigen in diesem kurzen Vorwort lediglich die vier Evangelien, und zwar in folgender Reihenfolge an: Matthäus, Markus, Lukas, Johannes; sie sind von uns nach dem Vergleich mit griechischen Handschriften – freilich alten! – überarbeitet worden. Um jedoch allzu große Abweichungen von dem lateinischen Wortlaut, wie man ihn aus den Lesungen gewohnt ist (a lectionis Latinae consuetudine) zu vermeiden, haben wir unsere Feder in Zaum gehalten und nur dort verbessert, wo sich Änderungen des Sinnes zu ergeben schienen, während wir alles übrige so durchgehen ließen, wie es war.

Quelle: Biblia Sacra iuxta Vulgatam versionem ..., rec. ... R. Weber, II, Stuttgart ²1975, 1515f. – *Literatur:* F. Cavallera, Saint Jerôme, 2 Bde, Louvain-Paris 1922; F. Stummer, Einführung in die

lateinische Bibel, 1928; M.E. Schild, Abendländische Bibelvorreden bis zur Lutherbibel, 1970;
G.J.M. Bartelink, Hieronymus. Liber de optimo genere interpretandi, Leiden 1980; P. Jay, L'ex-
égèse de Saint Jerôme d'après son »Commentaire sur Isaie«, Paris 1985; Jerôme entre l'Occident
et l'Orient, hg. v. Y.-M. Duval, Paris 1988; S. Rebenich, Hieronymus und sein Kreis, 1992; R.
Hennings, Der Briefwechsel zwischen Augustinus und Hieronymus ..., 1994 (SVigChr 21); A.
Fürst, Art. Hieronymus, LACL [3]2002, 323-330 (m. reich. Lit.!).

83. Der Dogmenstreit und das Volk von Konstantinopel
(Aus Gregor von Nyssa, Über die Gottheit des Sohnes und des Hl. Geistes)

Es wäre ein Missverständnis, wenn man (etwa aufgrund eigener Problemfremdheit gegenüber
dem altkirchlichen Dogma [Stichwort: ›Jota-Streit!‹]) annähme, die Lehrstreitigkeiten jener Zeit
hätten allenfalls in Kreisen führender Bischöfe und Theologen Widerhall gefunden. Wie sehr
vielmehr auch der sog. »Mann auf der Straße« daran Anteil genommen hat – wenn auch nicht
immer zum Besten der Sache, um die es ging –, lehrt z.b. folgende abschätzige Äußerung
Gregors von Nyssa in seiner Rede De deitate filii et spiritus sancti, gehalten vor den Teilnehmern
eines auf kaiserliche Einladung anberaumten ›Religionsgespräches‹ zu Konstantinopel im Juni
383 (s.u. Nr. 84). Gregor erinnert darin u.a. an das Auftreten des Apostels Paulus in Athen (Apg.
17,16ff.) und bemerkt dazu:

Wozu erwähnte ich jene [biblische] Lektion? Weil es auch heutzutage noch Leute gibt,
jenen Athenern gleich, die »für nichts anderes Zeit« haben »als etwas recht Neues zu
reden oder zu hören« (Apg. 17,21); erst gestern oder vorgestern aus banausischem[1]
Gewerbe emporgestiegen und ohne jede rechte Vorbildung, tragen sie, mit dem Anspruch auf Letztgültigkeit, theologische Lehren vor, ja, womöglich sind es gar Haus-
diener, solche, denen die Peitsche gebührt (!), und aus Sklavendiensten Entlaufene (!),
die vor uns feierlich über Unaussprechliches philosophieren! Ihr wisst genau, wen
meine Rede hierbei im Auge hat. Denn sämtliche Gegenden der Stadt sind voll von
derartigen Leuten: die engen Gassen ebenso wie die Märkte, Plätze und Weg-
kreuzungen; voll von denen, die mit Textilien hökern, an Wechseltischen stehen, uns
Lebensmittel verkaufen. Fragst du, wieviel Obolen es macht, so philosophiert dir dein
Gegenüber etwas von »Gezeugt« und »Ungezeugt« vor. Suchst du den Preis für ein
Stück Brot in Erfahrung zu bringen, so erhältst du zur Antwort: »Größer ist der Vater,
und der Sohn steht unter ihm.« Lautet deine Frage: »Ist das Bad schon fertig?«, so
definiert man dir, dass der Sohn sein Sein aus dem Nichts habe ...

Quelle: Gregorii Nysseni Opera, X, 2, ed. F. Mann, Leiden 1996, 120f.

[1]   Von βάναυσος = ein Handwerk betreibend, (in den Augen der Bildungsschicht, der
sich Gregor sichtlich zuordnet, gleichbedeutend mit:) ungeistig, unkünstlerisch, philisterhaft,
spießig.

84. Das Häretikergesetz Theodosius' I. vom 25. Juli 383
(Codex Theodosianus 16,5,11)

Als trotz aller Konzilsbeschlüsse und kaiserlicher Verfügungen der erhoffte Kirchenfriede nicht
einkehren wollte, veranstaltete Theodosius, wie gesehen, im Juni 383 in Konstantinopel ein
›Religionsgespräch‹, zu dem außer Nizänern auch deren verschiedenartige Gegner eingeladen

waren[1]. Nach dessen Scheitern erließ er gegen sämtliche nichtkatholischen Glaubensgemeinschaften ein generelles Versammlungsverbot.

All denen, die der Irrtum der verschiedenen Häresien plagt, d.h. den Eunomianern, Arianern, Makedonianern, Pneumatomachen[2], Manichäern, Enkratiten, Apotaktiten, Sakkophoren und Hydroparastaten[3], ist es generell untersagt, sich in welchen Kreisen auch immer zu versammeln ... und, ob öffentlich oder privat, in einer Weise zu betätigen, welche der katholischen Frömmigkeit schaden könnte. Wenn es aber jemanden geben sollte, der sich über so unzweideutige Verbote hinwegsetzt, dann ist es allen, die an der Pflege und Schönheit des rechten Gottesdienstes Gefallen finden (quos rectae observantiae cultus et pulchritudo delectat), gestattet, [einen solchen Gesetzesübertreter] aufgrund [entsprechender] Übereinkunft aller Gut[gesinnt]en zu vertreiben[4].

Quelle: Th. Mommsen a.o.(Nr. 52)a.O. – *Literatur:* S. o. Nr. 80 (W. Enßlin, N.Q. King, A. Lippold; H. Leppin); ferner M. Wallraff, Der Kirchenhistoriker Sokrates (FKDG 68), 1997, bes. 275-280.

[1] Vgl. Sokrates, Kirchengeschichte 5,10,6ff.; Sozomenus, Kirchengeschichte 7,12,1ff.
[2] Vgl. die Häresienliste des Kanons 1 von Konstantinopel (oben Nr. 81b).
[3] Wie schon in einem Mandat vom 8.5.381 (Cod. Theod. 16,5,7), welches die Testierfähigkeit für Manichäer beschränkte, gelten auch hier die Ketzernamen der Enkratiten (von ἐγκράτεια [»Enthaltung«]), Apotaktiten (von ἀπόταξις [»Verzicht«]), Sakkophoren (»Sackträger«) und Hydroparastaten (»die [bei der Eucharistie Wein] durch Wasser Ersetzenden«) – alles Hinweise auf die Grundanschauung dieser ›Sekten‹ von der strengen Askese als Merkmal der wahren Kirche – wohl nur als verschiedene Bezeichnungen für ein und dieselbe ›Irrlehre‹: die manichäische, die längst auch von der kaiserlichen Ketzergesetzgebung als christliche Häresie betrachtet und seit den 70er Jahren mit besonderer Strenge verfolgt wurde.
[4] Der Codex Theodosianus führt in Buch 16, Kap. 5 (»Über die Häretiker«) noch 13 weitere Erlasse Theodosius' I. gegen Häretiker auf - insgesamt sind es 66, davon 61 aus der Zeit zwischen dem 3.8.379 und dem 30.8.435 und 18 aus der Regierungszeit Theodosius' I. –, woraus wohl auch Rückschlüsse auf die Wirksamkeit solcher Erlasse gezogen werden dürfen!

85. Ambrosius von Mailand

Einer der einflussreichsten und vielseitigsten Kirchenmänner und Theologen der theodosianischen Reichskirche war der aus römischem Beamtenadel stammende und vor seiner überraschenden Wahl zum Bischof der Residenzstadt Mailand (374) in höherem Verwaltungsdienst tätige Ambrosius (333/34-397). Für Augustin, dem die Begegnung mit diesem imposanten Mann von wesentlicher Bedeutung wurde für seine Bekehrung zum katholischen Christentum, war das Eindrucksvollste außer der von ihm geradezu als Erlösung empfundenen allegorischen Schriftauslegung, wie sie Ambrosius seiner ausgedehnten Lektüre griechischer Theologen (Philon, Origenes, Basilius) entnahm und – als etwas damals im Abendland noch gänzlich Ungewohntes – seinen Predigten zugrunde legte, der von Ambrosius in Mailand eingeführte wechselchörige Psalmgesang der Ostkirche und seine eigene feinfühlige Hymnendichtung (vgl. Augustins »Bekenntnisse«, 6,3-5; 9,6.12).

I. Ambrosius als Hymnograph am Beispiel seines Abendhymnus

Deus creator omnium
polique rector, vestiens
diem decoro lumine
noctem soporis gratia

O Gott, du Schöpfer aller Welt,
Des Himmels Lenker, der den Tag
Mit hellem Strahlenkleide schmückt,
Mit gnädgem Schlummer deckt die Nacht,

artus solutos ut quies
reddat laboris usui
mentesque fessas allevet
luctusque solvat anxios,

Dass Ruhen den erschlafften Geist
Zum Dienst der Arbeit kräftig macht,
Den müden Seelen Lindrung schafft,
Die Ängste der Versuchung löst,

grates peracto iam die
et noctis exortu preces,
voti reos ut adiuves,
hymnum canentes solvimus.

Dank, da der Tag vollendet ist,
Und beim Beginn der Nacht Gebet
Um Hilfe bei gelobter Schuld
Steigt auf zu dir im Hymnensang.

te cordis ima concinant,
te vox canora concrepet,
te diligat castus amor,
te mens adoret sobria,

Dich preis' des Herzens tiefster Grund,
Dich tön' der Stimme vollster Klang,
Dich schließ' die keusche Liebe ein,
Dich bete an der klare Geist,

ut cum profunda clauserit
diem caligo noctium,
fides tenebras nesciat
et nox fide reluceat.

Dass, wenn die tiefste Finsternis
Der Nächte ganz den Tag umschließt,
Der Glaube nichts vom Düster weiß
Und Nacht durch Glauben wird erhellt;

dormire mentem ne sinas,
dormire culpa noverit,
castis fides refrigerans
somni vaporem temperet.

Dass du nicht schlafen lässt den Geist,
Doch schlafen lernt die schwere Schuld,
Der Glaube, keuscher Herzen Eis,
Den schwülen Dunst des Schlafes kühlt,

exuta sensu lubrico
te cordis alta somnient
nec hostis invidi dolo
pavor quietos suscitet.

Dass dich von trüben Brünsten frei
Im Traum die innern Augen sehn,
Und nicht die Angst die Schlummernden
Durch List des bösen Neiders stört.

Christum rogamus et patrem,
Christi patrisque spiritum,
unum potens per omnia:
fove precantes, trinitas.

Zum Sohn, zum Vater flehen wir,
Zu Christi und des Vaters Geist:
Eins mächtig über allen, sei
Den Betern hold, Dreieinigkeit!

II. Ambrosius und die Etablierung der Reichskirche

Mit am nachhaltigsten hat sich Ambrosius dem Gedächtnis der Geschichte – außer als Schrift-
ausleger und Trinitätstheologe – als Vorkämpfer dessen eingeprägt, was unter dem Eindruck des
Kirchenkampfes im ›3. Reich‹ gern als »abendländische Kirchenfreiheit« (H. Rahner) bezeichnet
und gepriesen wurde. Mit diesem – ins Mittelalter vorausweisenden – Eintreten für eine scharfe
Unterscheidung der »weltlichen« und der »geistlichen Gewalt« nach dem Grundsatz, dass der
Kaiser nicht Herr, sondern »Sohn der Kirche« (filius ecclesiae) sei, ging freilich Hand in Hand
die Befürwortung einer Zwangspolitik gegenüber Anders- und ›Ungläubigen‹, die, obschon im
Ausmaß kaum vergleichbar, in ihrer Begründung jedoch den Argumenten der Christenverfolger
aus vorkonstantinischer Zeit bedenklich glich und jedenfalls ganz »römisch« empfunden war.

a) Aus der Bittschrift des Symmachus um Wiederaufstellung des Victoria-Altars
(3,3-10)

Im Jahre 382 hatte Kaiser Gratian – hinter dem, wie meist, Ambrosius stand – den Altar der Siegesgöttin Victoria inmitten der curia Iulia, des Sitzungssaals des Senats, Symbol der christenfeindlichen Haltung dieser dem Rang nach, nach wie vor, höchsten Körperschaft des Reiches,
entfernen lassen; dasselbe war schon einmal unter Constantius II. geschehen, doch hatte Julian
umgehend für die Wiederherstellung gesorgt. Eine Gesandtschaft der heidnischen Senatspartei
unter Führung des gefeierten Rhetors Symmachus (ca. 345-402), die um Rückgängigmachung
dieser Maßnahme bitten sollte, war damals auf Betreiben des Ambrosius nicht vorgelassen worden. Nach dem Tode Gratians (384) aber machte man einen erneuten Vorstoß bei Valentinian II.,
dem Symmachus, derzeit römischer Stadtpräfekt, die hier in Auszügen wiedergegebene Relatio un-
terbreitete.

(3) Wir bitten um die Wiederherstellung jenes religiösen Zustandes (religionum status), unter dem die Republik sich so lange auf das glücklichste entwickelt hat ... Wer
meint es so gut mit den Barbaren [indem er den wichtigsten Trumpf aus der Hand gibt und
zugleich so bar aller Kultur ist], dass er nicht den Altar der Siegesgöttin vermisste? ... Euer ewiges Regiment verdankt viel der Göttin Victoria und wird ihr noch mehr verdanken. Überlasst es denen, diese Macht zu verabscheuen, die niemals deren Hilfe erfahren haben. Ihr aber solltet auf einen Schutz nicht verzichten, der Eure Triumphe be-
günstigt ... (4) Gestattet uns, so beschwöre ich Euch, dass wir in unserem Alter den
Nachkommen übermitteln, was wir selbst empfangen haben, als wir noch Knaben waren. Groß ist die Liebe zum Herkommen (Consuetudinis amor magnus est). Verdientermaßen war die Tat des göttlichen Constantius [sc. die Entfernung des Victoriaaltars]
nur von kurzer Dauer. Und Ihr solltet vermeiden, Euch an solchen Vorbildern zu orientieren, die, wie Ihr wisst, von so kurzer Dauer waren. Wir sind ängstlich bedacht
auf die Dauer Eures Namens und Ruhmes, und dass ein künftiges Zeitalter nichts zu
bessern finden möge.

Bleibt der Altar entfernt, so fällt auch die Sanktion der dort abgenommenen Eide dahin. Obwohl
der Altar durch Constantius entfernt wurde, sollten eher andere Beispiele dieses Herrschers zum
Vorbild genommen werden (5-6).

(7) Möge Euer ewiges Regiment den anderen Taten desselben Kaisers Aufmerksamkeit schenken, die es eher verdienen, von Euch nachgeahmt zu werden! Er ließ die
Privilegien der geweihten Jungfrauen [sc. der Vestalinnen] uneingeschränkt bestehen,
wies die priesterlichen Ämter Männern von edler Abkunft zu, war einverstanden mit
der Übernahme der Kosten für die römischen Zeremonien, und hinter dem freudig be-

wegten Senat durch all die Straßen der ewigen Stadt einherziehend, betrachtete er gnädigen Auges die Tempel; und als er die an den Postamenten angebrachten Götternamen las, erkundigte er sich nach dem Ursprung der heiligen Gebäude und bewunderte ihre Begründer. Obwohl er sich selbst zu einer anderen Religion bekannte, hat er diese [sc. die unsrige] dem Reich erhalten. (8) Denn jedermann hat seine eigene Sitte, jeder seinen eigenen Ritus. Der göttliche Geist (divina mens) hat den Städten verschiedene Kulte zugeteilt, um sie zu beschützen. Wie jeder Mensch mit seiner Geburt eine Seele empfängt, so empfingen Nationen einen Genius, der über ihrem Geschick wacht. Dazu kommt die Nützlichkeit (utilitas), die hinsichtlich der Götter des Menschen glaubwürdigster Zeuge ist (quae maxime homini deos adserit). Da nämlich unser Verstand im Dunkeln tappt, wie könnten wir bessere Kenntnis von den Göttern besitzen als durch Erinnerung [an ihren Beistand] und sichtbare Erfolge? Und wenn eine lange Reihe von Jahren eine Religion bestätigen, dann sollten wir so vielen Jahrhunderten Treue bewahren und unseren Eltern Folge leisten, so, wie diese mit Erfolg ihren Altvordern folgten. (9) Lasst uns einmal annehmen, Rom selbst wende sich an Euch mit folgenden Worten: »Vortreffliche Kaiser, Väter Eures Landes, achtet die Jahre, zu denen mich fromme Riten haben gelangen lassen. Lasst mich leben nach meiner eigenen Weise, denn ich bin frei. Dieser Kult machte die Welt meinen Gesetzen untertan ... Bin ich dafür aufbewahrt worden, um in meinem Alter getadelt zu werden? (10) Ich bin durchaus nicht unwillens zu bedenken, wie wertvoll das sei, was man einführen zu müssen wähnt; und doch: verspätet und schimpflich ist es, etwas im Alter noch umzumodeln.« Wir bitten daher darum, den »Göttern unseres Landes« und den »Heroen unserer Scholle« [Vergil] eine Frist zu gewähren. Das, was alle verehren, sollte billigerweise als eines angesehen werden. Wir schauen dieselben Sterne an, der Himmel ist uns allen gemein, dieselbe Welt umgibt uns. Was verschlägt es, auf welchem Wege ein jeder von uns nach der Wahrheit sucht? Wir können unmöglich auf einem und demselben Wege einem solch großen Geheimnis auf die Spur kommen ...

b) Der Einspruch des Ambrosius (Brief 17,1.12-14)

(1) ... Anders kann die Wohlfahrt [des Staates] nicht gesichert werden als so, dass ein jeder den *wahren* Gott, d.h. den Gott der Christen, von dem alle Dinge gelenkt werden, aufrichtig verehrt; denn er ist allein der wahre Gott, dem man im innersten Herzen Ehrfurcht zollen muss (Aliter enim salus tuta esse non poterit, nisi unusquisque Deum *verum* ... veraciter colat; ipse enim solus verus est Deus, qui intima mente veneretur). (12) ... Nichts ist mithin wichtiger als die Religion, nichts erhabener als der Glaube (Nihil maius est religione, nihil sublimius fide). (13) Wäre dies eine zivilrechtliche Affäre, so würde das Recht auf Erwiderung der Gegenseite vorbehalten sein. Nun aber handelt es sich um eine Religionsangelegenheit; und ich appelliere an dich als ein Bischof ... Sollte irgend etwas in gegenteiligem Sinne entschieden werden [sc. als ich es für richtig halte], so könnten wir Bischöfe das natürlich nicht mit Gleichmut hinnehmen und dazu schweigen. Du magst dann in jede beliebige Kirche gehen, doch wirst du dort entweder keinen Priester antreffen oder aber einen solchen, der entschlossen ist, dir zu widerstehen. (14) Was willst du auch dem Priester antworten, wenn er dir sagt: »Die Kirche Gottes verlangt nicht nach deinen Gaben, weil du auch die heidnischen Tempel mit Gaben bedacht hast; der Altar Christi weist deine Gaben zurück, weil du Idolen Altäre errichtet ... Der Herr Jesus weist deinen Dienst zurück, weil du Idolen gedient; hat er doch ... gesagt: ›Ihr könnt nicht zwei Herren dienen ...‹

[Mt. 6,24 par.]?« ... Mit dem Irrtum eines anderen können wir nichts gemein haben (Alieni erroris societatem suscipere non possumus)!

c) Ambrosius und der Synagogenbrand von Callinicum (Brief 40,6.10)

Hauptsächlich wohl als verspätete Reaktion auf die Begünstigung des Judentums durch Kaiser Julian kam es unter der Regentschaft des Theodosius auch zu verschiedenen Ausbrüchen von Judenfeindschaft, wie etwa in Callinicum im äußersten Osten des Reiches. Dort hatte der Ortsbischof einen Tumult erregt und die Synagoge durch Mönchshorden in Brand setzen lassen. In höchster Entrüstung gelobte Theodosius, den Landfriedensbruch gebührend zu bestrafen, und verfügte den Wiederaufbau auf Kosten der Kirche von Callinicum. Ambrosius aber legte auch hier gegenüber Theodosius Beschwerde ein:

(6) Der Comes Orientis berichtete vom Brand einer Synagoge auf die Anstiftung des Ortsbischofs hin. Du hast angeordnet, dass die andern bestraft werden sollten und der Bischof persönlich für die Wiederherstellung der Synagoge Sorge zu tragen habe. Ich bestehe nicht darauf, dass der Bericht des betroffenen Bischofs hätte abgewartet werden sollen. Sind es doch die Bischöfe, die aufgebrachte Massen in Schach halten und um den Frieden besorgt sind, es sei denn, sie würden selbst gereizt durch eine Gotteslästerung oder einen der Kirche angetanen Schimpf ... (10) Soll [aber allen Ernstes] dem Unglauben der Juden ein Platz geschaffen werden *auf Kosten der Kirche* ... ? Soll das dank der Gnade Christi für Christen erworbene Erbe [sc. Kirchenvermögen] den Schatz der Ungläubigen vermehren ... ? Sollen die Juden diese Inschrift an der Stirnseite ihrer Synagoge anbringen: »Der Tempel der Ungerechtigkeit, errichtet aus der den Christen abgenommenen Beute«?

d) Aus der Rede des heidnischen Rhetors Libanius »Zu Gunsten der Tempel« (Rede 30,8f. 55)

Wenn sich das heidnisch-christliche Verhältnis unter Theodosius zunehmend zuspitzte, so war das freilich z.T. auch die Folge selbstherrlicher Aktionen untergeordneter Instanzen wie des Prätorianerpräfekten Cynegius, mit dessen Billigung es u.a. zur Zerstörung der Tempel von Edessa und Apamea sowie des Serapeion in Alexandrien, aber auch zur Verwüstung von Landheiligtümern durch Mönchshorden kam, über die sich Libanius in seiner um 390 verfassten Schutzrede Pro templis beschwerte:

(8) Du [Theodosius] hast nicht die Schließung der Tempel angeordnet oder ihren Besuch untersagt, noch hast du von Tempeln und Altären das Feuer, das Weihrauchopfer ... entfernt; vielmehr waren es [Mönche], die in Trauerkleidung herumlungern [die Schwarzröcke (μελανειμονοῦντες)] ... (9) Diese Art von Gewalttat geschieht sogar in den Städten; noch schlimmer aber treibt man es auf dem Lande ...

L. beschreibt sodann mit bewegten Worten die systematische Zerstörung ländlicher Götterschreine. Ein Gehöft aber, das seines Schutzschreines beraubt worden sei, der in Wahrheit seine Seele war, liege da wie ein geblendeter Leichnam.

(55) Wenn du, mein Fürst, den Tempelfrevel gutheißt und gestattest, dann müssen wir's tragen, mit Kummer zwar, doch so, dass du siehst, wir können gehorchen. Wenn aber jene Menschen [sc. die mönchischen »Schwarzröcke«] ohne deine Billigung erstür-

men werden, was ihnen bisher noch entgangen oder inzwischen in Eile wieder hergerichtet worden ist, dann wisse, dass die Landeigentümer sich selbst und das Gesetz [!]
zu verteidigen wissen werden[1].

e) Ambrosius fordert den Kaiser zur Kirchenbuße auf (Brief 51,6f. 11-13. 17)

Aus Empörung über eine bestimmte Maßnahme des dortigen Stadtkommandanten, eines Goten,
hatte im Jahre 390 die Bevölkerung der makedonischen Hauptstadt Thessalonich an diesem
einen Lynchmord verübt. Daraufhin gab Theodosius, nach reiflicher Überlegung, den Befehl, die
Bevölkerung der Stadt durch eine bestimmte Anzahl von Todesurteilen zu bestrafen. Zu spät
nahm er diesen Befehl zurück. Inzwischen hatten sich nämlich die in Thessalonich stationierten
gotischen Truppen zu einem Racheakt berechtigt gefühlt und ein Massaker angerichtet: mehrere
Tausend ahnungsloser Bürger Thessalonichs wurden in den Zirkus gelockt und dort samt und
sonders niedergemetzelt. Die Letztverantwortung trug freilich der Kaiser.

(6) Nun ist sie also geschehen, die Schandtat von Thessalonich! Seit Menschenge-
denken ist derartiges nicht vorgekommen, und ich konnte nur hilflos zusehen ...: Hier
ist Buße (reconciliatio) vor unserem Gott vonnöten! (7) Oder schämst du dich, Kaiser,
zu tun, was David, der König und Prophet, Stammvater unseres Herrn dem Fleische
nach, getan ... [2. Sam. 12]? (11) Dies schreibe ich nicht, um dich zu beschämen ...
[Aber] Sünde wird nicht anders von uns genommen, denn durch Tränen und Reue ...
(12) So rate, bitte, mahne, warne ich. Schmerzt es mich doch, mitanzusehen, wie du,
bisher ein Vorbild nie gekannter Frömmigkeit, ... nun ohne Reue über die Ermordung
so vieler Unschuldiger hinweggehst ... Füge nicht deiner Sünde eine zweite hinzu,
indem du auf dein »Recht« pochst (ut usurpes) ... (13) Gewiss, in allem übrigen bin
ich dein Schuldner und kann dir gegenüber nicht undankbar sein ... Ich wage aber
nicht, das [Mess-]Opfer darzubringen, wenn du daran teilzunehmen beabsichtigst.
Denn was schon unstatthaft wäre nach dem Mord an einem einzigen Unschuldigen[2],
sollte das statthaft sein nach der Ermordung Tausender? ... (17) ... Wenn du glaubst,
so folge mir ... Glaubst du aber nicht, so verzeih mir, was ich tue – ich aber muss Gott
[vor dem Kaiser] den Vorzug geben [vgl. Apg. 5,29]...[3]

Quellen: W. Bulst, Hymni latini antiquissimi LXXV, Psalmi III, 1956, 757-762; J. Wytzes, Der
Streit um den Altar der Viktoria. Die Texte der betreffenden Schriften des Symmachus und Ambrosius mit Einl., Übers. u. Komm., Amsterdam 1936; R. Klein, Der Streit um den Victoriaaltar,
1972 (mit ep. 17. 18. 57); PL 16, 875ff.; M. Zelzer (Hg.), CSEL 10, 3, Wien 1982; R. Foerster,
Libanii Opera, III, BT, 1906. – *Literatur*: H. von Campenhausen, Ambrosius von Mailand als
Kirchenpolitiker, 1929; E. Dassmann, Die Frömmigkeit des Kirchenvaters Ambrosius von Mailand, 1965; ders., Ambrosius von Mailand. Leben und Werk, 2004; T. Hölscher, Victoria Roma-
na (archäologische Untersuchungen), 1967; R. Klein, Symmachus. Eine tragische Gestalt des
ausgehenden Heidentums, (1971) [2]1986; A. Dihle, Zum Streit um den Altar der Viktoria, in: Ro-
manitas et Christianitas (FS f. J.H. Waszink), Amsterdam 1973, 81-97; F Blanchetière, Aux
sources de l'anti-judaisme chrétien, RHPhR 53, 1973, 353-398; J. Wytzes, Der letze Kampf des
Heidentums in Rom, Leiden 1976; R. Ruether, Nächstenliebe und Brudermord. Die theologischen Wurzeln des Antisemitismus, 1977; Colloque genèvois sur Symmaque..., hg. v. F. Pa-
schoud, Paris 1986; P.G. Walsh, Art. Hymnen, I, TRE 15, 1986, 756-62; M. Zelzer, Ambrosius
von Mailand und das Erbe der klassischen Tradition, WSt 100, 1987, 201-226; A.M. Ritter,
Chrysostomus und die Juden – neu überlegt, Kirche und Israel 5,1990,109-122; C.Markschies,
Art. A. v. M., in: LACL, (1998) [3]2002, 19-28 (Lit.!); S. Hausamann (wie o. Nr. 7), Bd. 3,
2003, 144-152; H. Leppin (wie o. Nr. 80), Kap. V, bes. 153-161.

[1] Eine Reaktion auf diese Schutzrede mag es gewesen sein, wenn Theodosius, der nach dem Tode des Cynegius den Heiden Flavius Tatianus als dessen Nachfolger im Amt des Prätorianerpräfekten im Osten einsetzte und ihm später sogar, zusammen mit dem prominentesten Repräsentanten des stadtrömischen Heidentums, Symmachus, das Konsulat für das Jahr 391 übertrug, durch ein Gesetz vom 2.9.390 (Cod. Theod. 16,3,1) den Mönchen den Aufenthalt in bewohnten Gegenden untersagte und ihnen deserta loca und vastae solitudines als Aufenthaltsorte anwies!

[2] Mord galt – neben Glaubensabfall und Ehebruch – als (allenfalls nach Ableistung einer Kirchenbuße vergebbare) schwere Sünde; selbst eine im Krieg begangene Tötung eines Menschen schloss auf Zeit von der Kirchengemeinschaft aus.

[3] Ende 390 lenkte Theodosius tatsächlich ein und erschien mindestens einmal, ohne alle kaiserlichen Insignien, als Büßer in der Mailänder Kirche des Ambrosius, um dort, wie es die Sitte verlangte, vor versammelter Gemeinde seine Schuld zu bekennen.

86. Zur Rechtsstellung der Nichtchristen im theodosianischen Zeitalter

a) Verbot öffentlicher Kultbetätigung im Sinne des Heidentums
(Codex Theodosianus 16,10,1 [24.2.391])

Niemand beflecke sich durch Opfer, niemand schlachte ein unschuldiges Opfertier, niemand nähere sich den Opferschreinen, durchwandere die Tempel und erzeige den durch die Bemühung eines Sterblichen geschaffenen Götterbildern seine Bewunderung, um sich nicht göttliche und menschliche Sanktionen zuzuziehen. Richter sollen ebenfalls an diese Norm gebunden sein: wenn einer von ihnen, heidnischem Ritus ergeben, irgendwo unterwegs oder in der Stadt [Rom] einen Tempel betreten sollte, um dort Gebete zu verrichten, so soll er gehalten sein, sofort eine Zahlung von 15 Pfund Goldes zu entrichten; desgleichen hat ihr Amtspersonal ebenso umgehend eine Strafe in gleicher Höhe zu entrichten, es sei denn, man widersetzte sich dem [betreffenden] Richter und zeigte ihn sofort unter öffentlicher Eidesleistung an ...

b) Die »Sekte der Juden« – »durch kein Gesetz verboten«
(ebenda 16,8,9 [29.9.393])

Dass die Sekte (secta) der Juden durch kein Gesetz verboten sei, steht hinlänglich fest (satis constat). Darum hat es uns aufs heftigste erregt, dass ihre Zusammenkünfte an einigen Orten untersagt worden sind. Deine erhabene Größe[1] wird also, nachdem du diese Weisung entgegengenommen, dafür Sorge tragen, dass der Übermut jener Leute, die unter dem Deckmantel der christlichen Religion sich Unerlaubtes herausnehmen und Synagogen zu zerstören und zu plündern wagen, durch angemessene Strenge in Schach gehalten werde.

c) Keine Gewaltanwendung gegen Nichtchristen selbst!
(ebenda 16,10,24 [8.6.423])

Die Manichäer sowie diejenigen, die man Pepyziten[2] nennt, aber auch die, die schlimmer als alle Häretiker in dem einen Punkte sind, dass sie gegenüber allen anderen eine abweichende Auffassung hinsichtlich des ehrwürdigen Tages der Ostern vertreten[3], belegen wir mit ein und derselben Strafe: Einziehung der Güter und Verbannung, sofern sie an dem besagten Wahnsinn festhalten. Denen aber, die in Wahrheit Christen sind oder von denen es heißt, sie seien es, erlegen wir besonders auf, dass sie die Geltung der [wahren] Religion nicht missbrauchen (religionis auctoritate [non] abusi) und es nicht wagen, an Juden oder Heiden Hand anzulegen, sofern diese in Ruhe ihr Leben zubringen und nichts tun, was Unruhe stiftete oder den Gesetzen zuwiderliefe. Falls sie aber an harmlosen Bürgern sich vergriffen und deren Güter an sich gebracht haben sollten, müssen sie gezwungen werden, nicht einfach Schadensersatz zu leisten; vielmehr sollen sie dazu verurteilt werden, dreifach oder vierfach zu ersetzen, was sie geraubt haben. Auch sollen die Provinzstatthalter, ihre Beamten und die Provinzbewohner wissen, dass sie, falls sie ein derartiges Verbrechen geschehen lassen, in der gleichen Weise bestraft werden wie die, die das Verbrechen begingen.

d) Ausschluss der Heiden vom Kriegs- und höheren Verwaltungsdienst
(ebenda 16,10,21 [7.12.416])

Alle, die sich mit dem unheiligen Irrtum oder Verbrechen des heidnischen Kultus beflecken, d.h. die Heiden, sollen weder zum Kriegsdienst zugelassen noch durch die Ehrenstellung eines Beamten oder Richters ausgezeichnet werden.

Quellen: Th. Mommsen a.o.(Nr. 52)a.O. – *Literatur*: J. Geffcken, Der Ausgang des griechisch-römischen Heidentums, [2]1929, 178ff.; P.R. Coleman-Norton a.o.(Nr. 52)a.O., II, 1966; F.R. Trombley, Hellenic Religion and Christianization c. 370-529, I (Religions in the Graeco-Roman World 115/1), Leiden 1993, 10-35; E. Baltrusch, Die Christianisierung des R.R., in: HZ 266, 1998, 23-46; J. Hahn, Gewalt und religiöser Konflikt. Studien zu den Auseinandersetzungen zwischen Christen, Heiden und Juden im Osten des Römischen Reiches (von Konstantin bis Theodosius II.), 2004; vgl. im übrigen o. zu Nrr. 57 u. 64.

[1] Adressat ist der »Kommandant sowohl der Kavallerie wie der Infanterie im gesamten Orient« (magister utriusque militiae per Orientem) Addeus.

[2] Gemeint sind die Montanisten (s. oben Nr. 18c).

[3] Gemeint sind die bereits in Nizäa als »Judaisten« exkommunizierten Quartadezimaner (vgl. dazu oben Nr. 56a).

87. Johannes Chrysostomus

Einem ganz anderen Typus eines ›reichskatholischen‹ Bischofs (C. Andresen) als beispielsweise bei Ambrosius begegnet man in der Gestalt seines Zeitgenossen Johannes Chrysostomus (ca. 347-407). Nach Studien vor allem der Rhetorik (u.a. bei Libanius) legte er in einem Asketenzirkel um Diodor, später Bischof von Tarsus und eigentliches Haupt der antiochenischen Exegetenschule, die Grundlagen zu seiner späteren Wirksamkeit. 388-397 Presbyter und rechte Hand des Bischofs seiner Vaterstadt Antiochien, erzielte er als Kanzelredner eine Wirkung, die ihm bei der Nachwelt den Beinamen »Goldmund« und ein nie mehr erlöschendes Ansehen eintragen sollte. Sie verschaffte ihm auch die von ihm schwerlich erstrebte Bischofswürde in der

Reichshauptstadt Konstantinopel, wo sich freilich der recht undiplomatische Mann den zuerst in Hof-, bald aber auch in Mönchskreisen sich regenden Widerständen gegen den kompromisslosen Reformgeist seines Regimes und den Intrigen einiger Amtskollegen, an der Spitze Theophilos von Alexandrien, auf die Dauer nicht gewachsen zeigte. 404 endgültig verbannt, starb er auf dem Transport zu seinem letzten Verbannungsort an den Folgen der Schikanen seiner Bewacher. – Seine zahlreichen erhaltenen Werke – zumeist Nachschriften von Gelegenheitsreden und Predigtzyklen über fast alle biblischen Bücher, aber auch Abhandlungen wie die vielgelesenen sechs Bücher »Über das Priestertum« – erweisen Chrysostomus als Klassiker der spätantiken Rhetorik, als einen bemerkenswerten Exegeten, der gerade auch den Apostel Paulus verstanden haben dürfte wie nicht viele andere griechischen Kirchenväter, und endlich als einen Kirchenmann mit unbestechlichem Blick auch für die sozialen Schäden seiner Zeit.

a) Das kirchliche Amt und seine Erfordernisse (Uber das Priestertum 3, 4.7; Über den 1. Korintherbrief, Homilie 8; Uber das Priestertum 4,3f.)

In seiner Reformschrift Περὶ ἱερωσύνης [am besten mit »Über das Bischofsamt« zu übersetzen] geht es Chrysostomus um das Problem, wie es in einer Lage, in der sich die Folgen der ›Konstantinischen Wende‹ auch für das kirchliche Amt immer spürbarer machten, sofern sich viele zu ihm drängten, seit es darin Macht und Ansehen zu gewinnen gab, gelingen könnte, »Unwürdige« fernzuhalten. – Die beiden folgenden Auszüge nennen die entscheidenden Eignungskriterien und bezeugen überdies eine Sakramentsfrömmigkeit, die nicht nur für Chrysostomus, sondern auch für die zeitgenössische antiochenische und später die ostkirchliche Theologie überhaupt charakteristisch ist: die der ehrfurchtsvollen Scheu vor dem eucharistischen Mysterium, dem infolge seiner Verbindung mit der Gottheit »schauererregenden«, »furchteinflößenden« Leib des Herrn.

(Üb.d.Pr. 3,4, 175) Das Priester[-Bischofs]amt wird zwar auf Erden ausgeübt, besitzt aber den Rang (τάξις) himmlischer Einrichtungen ... Hat doch ... der Paraklet selbst dieses Amt gestiftet und Menschen, die noch im Fleische leben, bewogen, den Dienst von Engeln zu versehen. Darum muss der zum Priester Geweihte (ἱερώμενος) so rein sein, wie wenn er im Himmel selbst, inmitten der Engelmächte, stünde. (176). ... (177) Denn wenn du den Herrn geopfert daliegen siehst und den [bischöflichen] Zelebranten (ἀρχιερεύς) vor dem Opfer (θῦμα) dastehen und beten und alle [Kommunizierenden] mit Seinem kostbaren Blut gerötet werden, glaubst du da noch, unter Menschen zu sein und auf Erden zu weilen? Fühlst du dich da nicht vielmehr geradewegs in den Himmel entrückt ...? ... Der mit dem Vater in der Höhe thront, wird in jener Stunde [des eucharistischen Opfers] von den Händen aller gefasst und gibt sich selbst denen dar, die ihn umfassen und umfangen wollen.
(3,7,200) Niemand hat Christus inniger geliebt als Paulus; niemand größeren Eifer gezeigt als er, niemand ist reicherer Gnade gewürdigt worden. Und doch ist er, ungeachtet solch gewaltiger Vorzüge, voll Zittern und Zagen im Blick auf seine Führerstellung (ἀρχή) wie auf die von ihm Geführten ... [vgl. 2. Kor. 11,3; 1. Kor. 2,4] ... (204) ... »Ich habe darum gebeten«, erklärte er [auch],»als ein Verfluchter selber fern von Christus zu sein zum Besten meiner Brüder, meiner Verwandten dem Fleische nach« [Rom. 9,3]. Vermag jemand, dies Wort nachzusprechen und kann er im innersten Herzen so beten, so machte er sich schuldig, wenn er dem Amt auswiche ...[1]

Dass es freilich geradezu verheerende Folgen hätte, würde die Vollmacht des »Priesters« (bislang immer gleichzusetzen mit Bischof!) von seiner persönlichen ›Heiligkeit‹ und ›Würdigkeit‹ abhängig gemacht, das hat der »Goldmund« allerdings selbst gesehen und darum in späteren Predigten z.B. versichern können:

(Üb.d.1.Kor., Hom.8,1) ... Auch durch Bileam wirkte Gott [vgl. Num. 22-24], wie er auch dem Pharao und Nebukadnezar eine Offenbarung zuteil werden ließ; und auch Kaïphas weissagte, obwohl er nicht wusste, was er sagte. Endlich haben auch manch andere, die es nicht mit Jesus hielten, Dämonen ausgetrieben in seinem Namen. Denn weil solches nicht um derentwillen, die es wirken, sondern um der anderen willen geschieht, darum ist dergleichen oft auch durch Unwürdige geschehen. Was wundert's dich auch ...? Sagt doch Paulus: »Alles ist euer, es sei Paulus, Apollos, Kephas, Leben oder Tod« [1. Kor. 3,21f.]; und ein andermal: »Er selbst bestellte einige zu Aposteln, andere zu Propheten, andere zu Hirten und Lehrern, damit die Heiligen zugerüstet würden zum Werk des Dienstes« [Eph. 4,11f.]. Denn wenn es nicht so wäre, dann hätte nichts es verhindert, dass alle [längst] zugrunde gegangen wären! Weder gäbe es die Taufe, noch den Leib Christi, noch geschähen durch jene [sc. die Priester-Bischöfe] die Opferdarbringungen, wenn die Gnade allenthalben die Würdigkeit (ἀξία) voraussetzte ... Ich sage dies, damit niemand unter den Anwesenden argwöhnisch den Lebenswandel des Priester[-Bischof]s unter die Lupe nehme [und dann in seinem Glauben an die Heilswirksamkeit der Sakramente Schiffbruch erleide]. Denn der Mensch trägt nichts bei zu dem, was hier geschieht; sondern das Ganze ist das Werk der Macht Gottes, und *er* ist es, der euch in die Geheimnisse einweiht (μυσταγωγῶν) ...

Worin – trotz aller Hochschätzung der kultischen Amtsfunktion – für Chrysostomus wohl die wesentliche, sinngebende Aufgabe des kirchlichen Amtes besteht, mögen schließlich folgende Zitate aus De sacerdotio (Περὶ ἱερωσύνης) verdeutlichen:

(Üb.d.Pr.4,3,394) ... Nichts ist wichtiger als die Belehrung durch das Wort (ἡ διὰ τοῦ λόγου διδασκαλία). Wo dieses fehlt, fällt auch alles übrige dahin.
(Ebd. 4,4,399) So gilt es denn, großen Fleiß darein zu setzen, daß das Wort Christi *reichlich* unter uns wohne ... [vgl. Kol. 3,16].

b) Mönchtum und Kirche (Homilien über das Buch Genesis, 43,1; Über das Priestertum 6,5.10; Homilien über den 1. Korintherbrief, 25,3)

(Gen.-Hom. 43,1) ... Wo sind nun, die da behaupten, es ... bedürfe des Rückzuges aus der Welt (ἀναχώρησις) [wenn anders man an einem tugendhaften Wandel festhalten wolle], während es für den, der einem Haus vorstehe, ein Weib habe und sich um Kinder und Gesinde kümmern müsse, unmöglich sei, tugendhaft zu sein? Sollen sie sich doch diesen Gerechten [sc. Lot (Gen. 19,1ff.)] vor Augen halten, wie er samt Weib, Kindern und Gesinde inmitten einer Stadt lebt, sich unter einer Menge böser und gesetzwidrig lebender Menschen aufhält und wie ein Lichtfunke inmitten eines Meeres leuchtet ... und doch nicht verlischt ... Ich sage das nicht, als wollte ich den Rückzug aus der Welt unterbinden und den Aufenthalt auf den Bergen und in den Wüsten untersagen; ich will nur deutlich machen, dass dem, der nüchtern und wachsam sein will, nichts von alledem [weder Ehe noch tätiges Leben inmitten der Welt] ein [Tugend-]Hindernis bildet ... Darum wünschte ich auch, es möchten – diesem selig zu preisenden Manne [sc. Lot] gleich – gerade die Tugendhaften inmitten der Städte leben, um dort für die andern gleichsam zum Sauerteig zu werden ...
(Üb.d.Pr.6,5,531) Gewaltig ist der Kampf, vielfältig die Mühsal der Mönche. Vergleicht man jedoch die Strapazen, die es sie kostet, mit der gewissenhaften

Verwaltung des Priesteramtes, so wird man einen ebenso großen Unterschied feststellen, wie er zwischen einem Privatmann (ἰδιώτης) und einem König besteht ...
(Ebd. 6,10,572) ... Ich vermag nicht zu glauben, dass derjenige gerettet werden kann,
der sich überhaupt nicht um das *Heil des Nächsten* kümmert. Hat es doch jenem
Bedauernswerten [vgl. Mt. 25, 24 ff.] gar nichts genützt, dass er sein Talent nicht
verminderte; sondern weil er es nicht vermehrte ..., hat er es vollständig eingebüßt.
(Hom.üb.l. Kor., 25,3) Dies ist der Maßstab (κανών) vollkommenen Christentums,
dies dessen exakte Definition und höchste, durch nichts zu überbietende Verwirk-
lichung: zu suchen, was der Gemeinschaft nützt; was auch [Paulus] klarstellte, indem
er der Mahnung:»Werdet meine Nachfolger!« hinzufügte:»so wie ich Christi [Nach-
folger bin]« [1. Kor. 11,1]. Denn nichts vermag uns so zu Nachahmern Christi zu
machen wie, wenn wir uns um den Nächsten kümmern. Wenn du auch fastest, auf
dem nackten Boden schläfst, [ja] dich [sogar] erwürgst, dich aber um den Nächsten
nicht sorgst, so hast du immer noch nichts Großes vollbracht, sondern befindest
dich mit solchen [asketischen] Leistungen noch in weitem Abstand von diesem [Vor-]
Bild ...

c) Kritik an sozialen Mißständen und Pläne zu sozialen Reformen
(Neun Reden über die Genesis, R. 4.5; Homilien über den 1. Korintherbrief, 40,5; Über
ein Wort des Propheten David [Ps. 48,17] und über die Gastfreundschaft, 3; Homilien
über den 1. Timotheusbrief, 12,4)

Das Thema des 4. Sermons über die Genesis (PG 54,593-598) ist: »Dass die Sünde drei Arten
von Knechtschaft heraufgeführt hat ...«. Demnach gibt es, führt der Prediger aus, nur eine einzige Form der Über- und Unterordnung, die nicht Sündenfolge, sondern in der Ordnung der »Natur« selbst begründet ist: die »Herrschaft« der Eltern über ihre Kinder. Grund: »Wie dich die Eltern geboren haben, so kannst du sie nicht gebären!« Von den drei Knechtschaften ist auch in
dem folgenden 5. Sermon (PG 54,599-604) die Rede. Es sind dies: die Unterjochung der Frau
unter den Mann anstelle der ihr ursprünglich zugedachten »Gehilfenschaft«, die Sklaverei und
schließlich die durch die Obrigkeit ausgeübte Zwangsherrschaft (ὁ τῶν ἀρχόντων, ὁ τῶν ἐξου-
σιῶν [δουλείας τρόπος]), die Chrysostomus, was ein bezeichnendes Licht auf seine ›Staats‹-
auffassung und -erfahrung wirft, als die drückendste und am meisten zu fürchtende Form der
Knechtschaft empfindet. »Denn wo du auch hinblicken magst: überall kannst du geschliffene
Schwerter, Scharfrichter, Hinrichtungen, Folterungen, Bestrafungen ... sehen.« Diese Sünden-
folgen, so meint der Prediger, sind zwar »in Christus« nicht einfach aufgehoben, wohl aber für
den »Tugendhaften« letztlich wesenlos geworden und durch die von Christus verheißenen Heils-
güter reichlich aufgewogen. – Dass ihm das aber kein »quietistisches« Sichabfinden mit den
Weltgegebenheiten bedeutet und den Blick für soziale Mißstände nicht trübt, lehrt folgende
Textauswahl:

(Üb.d.l.Kor.,Hom.40,5) ... Nicht, weil eine wirkliche Notwendigkeit dazu bestünde,
ist die Klasse (γένος) der Sklaven eingeführt worden ...; vielmehr ist dies als Strafe
für die Sünde und als Züchtigung für den Ungehorsam über den Menschen gekommen. Als aber Christus erschien, hat er auch dies aufgehoben (ἔλυσεν). »Denn in
Christus gibt es weder Sklaven noch Freie« [Gal. 3,28] ...
Bist du [wirklich um das Wohl der Sklaven] besorgt, so wirst du keinen [mehr] zu deiner
eigenen Bedienung beschäftigen, sondern wirst sie käuflich erwerben, sie ein Gewerbe erlernen lassen, so dass sie auf eigenen Füßen zu stehen vermögen [statt das Elends-
heer der bettelnden Freigelassenen zu vergrößern], und sie dann freilassen ...
(Üb.e.W.usw.,3) ... Warum gebraucht ihr [Reichen] Gold und Silber in so protzerischer
Weise? Weil dadurch euer Ansehen steigt, wollt ihr sagen? Habt ihr denn nicht den

Anfang dieser Rede gehört, dass Reichtum nicht den »Glanz« eines Menschen ausmacht ...? Diese prachtvollen Wohnpaläste sind unversöhnliche Ankläger, die noch,
wenn der Besitzer längst tot ist, ihre anklagende Stimme erheben ... Jeder Passant, der
die Höhe und die weiten Ausmaße des Gebäudes sieht, wird sich oder seinem Nach-
barn fragen: Wieviel Tränen hat der Bau dieses Hauses gekostet? Wieviele Waisen
sind hier ausgeplündert worden? Wievielen Witwen ist hier Unrecht geschehen? Wieviele Arbeiter sind hier um ihren vollen Lohn geprellt worden? ...
(Üb.d.l.Tim., Hom.12,4) ... Gott hat im Anfang nicht den einen reich, den anderen
arm erschaffen, ... sondern allen hat er dieselbe Erde zum Besitz übergeben. Wenn
diese also Gemeingut aller ist, woher kommt es dann, dass du so und so viele
Tagewerke davon besitzest, während dein Nächster auch nicht eine Scholle Landes
sein eigen nennen kann? ... Betrachte einmal den Haushalt (οἰκονομία) Gottes: Er hat
manches zum Gemeingut gemacht, um das Menschengeschlecht damit zu beschämen,
so z.B. Luft, Sonne, Wasser, Erde, Himmel, Meer, Licht, die Gestirne; das alles
verteilt er gleichmäßig wie unter Brüder ... Und sieh, wie es bei solchem Gemeingut
keinerlei Hader gibt; sondern alles geht friedlich vonstatten. Sowie aber einer etwas
an sich zu reißen und es zu seinem Eigentum zu machen sucht, geht der Streit sofort
los, so, als wäre die Natur selbst darüber empört, dass, während Gott uns mit allen
Mitteln beisammenhalten will, wir es auf Trennung voneinander absehen, auf
Aneignung von Sondergut, und von »Mein« und »Dein« reden, diesem frostigen
Wort! ... Wo aber dies Wort nicht zu hören ist, da entsteht auch kein Kampf und
Streit. Also ist die Gütergemeinschaft die in höherem Maße angemessene [von Gott uns
zugedachte] Lebensform als das Privateigentum, und sie ist unserer Natur gemäß (κατὰ
φύσιν) ...

Quellen: J.A. Nairn, ΠΕΡΙ ΙΕΡΩΣΥΝΗΣ (De Sacerdotio) of St. John Chrysostom, Cambridge
1906, PG 54.55.61.62. – *Literatur*: I. auf der Maur, Mönchtum und Glaubensverkündigung in
den Schriften des hl. Johannes Chrysostomus, Paradosis XIV, 1959; A.M. Ritter, Charisma im
Verständnis des Johannes Chrysostomus und seiner Zeit, FKDG 25, 1972; ders., Zwischen »Got-
tesherrschaft« und »einfachem Leben«, JAC 31, 1988, 127-143; ders., Das Chrysostomosbild im
Pietismus am Beispiel J.A. Bengels, in: Chrysostomosbilder in 1600 Jahren, hg. v. R. Brändle/M.
Wallraff, Berlin 2007 (im Erscheinen); H. Doerries, Erneuerung des kirchlichen Amtes im vierten Jahrhundert, in: B. Moeller/G. Ruhbach (Hgg.), Bleibendes im Wandel der Kirchengeschichte, 1973, 1-16; W. Jaeger, Die Sklaverei bei Johannes Chrysostomus, Ev.-theol. Diss. Kiel,
1974; R. Brändle, Matth. 25,31-46 im Werk des Johannes Chrysostomus, BGBE 22, 1979; ders.,
Art. Johannes Chrysostomus I, RAC 18, 1998, 426-503; A. Stötzel, Kirche als ›neue Gesellschaft‹, MBTh 51, 1984; L. Piétri/L. Brottier, Der Preis der Einheit: Johannes Chrysostomus und
das »theodosianische« System, in: Das Entstehen der Einen Christenheit (wie o. Nr. 33), 552-
569; M.M. Mitchell, The Heavenly Trumpet (HUTh 40), 2000; S. Hausammann (wie o. Nr. 7),
Bd. 3, 2003, 310-330.

---

[1]   Das ist, mit anderen Worten, nach der oft genug ausgesprochenen Überzeugung des »Gold-
mundes«, das Echtheitskriterium schlechthin für eine (innere) Berufung zum kirchlichen Dienst;
vgl. dazu A. M. Ritter, Zum Chrysostomosbild im Pietismus (wie o.).

88. Theodor von Mopsuestia als Christologe

Der fruchtbarste Beitrag zu der durch Apollinaris in Gang gebrachten christologischen Diskussion in der Zeit zwischen den Konzilien von Konstantinopel (381) und Ephesus (431) ging von
einem Manne aus, der, wie Chrysostomus aus Antiochien gebürtig und Schüler des Libanius wie
Diodors, lange Zeit sein Weggefährte war, ehe er 392 die Leitung einer kleinen kilikischen Diö-

zese übernahm: Theodor von Mopsuestia (ca. 352-428). Dass er zugleich der bedeutendste Exeget der antiochenischen Schule und der typischste ihrer Vertreter war – seine prinzipiell am Literalsinn festhaltenden und nur an besonders ausgezeichneten Stellen mit Typologien rechnenden Kommentare fast zur gesamten Bibel trugen ihm bei den ›Nestorianern‹ (s. unten Nr. 95) den Ruf »*des* Schrifterklärers« schlechthin ein –, wird kein Zufall sein, sondern legt die Vermutung nahe, dass der christologische Streit (irgendwie) auch ein Streit um das hermeneutische Problem war.

a) Kritik am arianisch-apollinaristischen »Logos-Sarx«-Schema
(aus: Katechetische Homilien 5,9)

Was die [Anhänger] des Arius und des Eunomius[1] anlangt, so sagen sie, er [Christus] habe einen Leib angenommen, aber keine Seele; statt einer Seele, sagen sie, [besitze er] die göttliche Natur. Und sie setzen die göttliche Natur des Eingeborenen dermaßen herab [zu sagen], er sei aus seiner natürlichen Größe herabgesunken und habe die Tätigkeiten der Seele ausgeübt, indem er sich in diesen Leib einschloss und alles tat, um ihn existieren zu lassen ... Übernähme aber [die Gottheit] die Funktion der Seele, so würde sie notwendigerweise auch die des Leibes übernehmen, und man würde das Wort der verirrten Häretiker für wahr halten ..., dass er nur dem Scheine nach Mensch war, ohne dessen Natur zu besitzen ...

b) Die christologische Grundauffassung Theodors (aus: Von der Menschwerdung, Buch 9, Fragment 1; Katechetische Homilien 5,19; 8,10.13)

(V.d.Menschw., 9, Fr.1) Wir haben also herausgefunden, dass an dieser Stelle [Joh. 1,14] das »er wurde« (ἐγένετο) keinesfalls anders gemeint sein kann als dem Anchein nach (κατὰ τὸ δοκεῖν). Dies ... ist aber nicht so zu verstehen, als habe der Logos nicht wirkliches Fleisch angenommen, sondern so, dass er es nicht *geworden* ist ... Ist er doch nicht in Fleisch *verwandelt* worden (μετεποιήθη)...
(Kat.Hom.5,19) Gleichfalls sagten unsere seligen Väter: »der Fleisch wurde«, damit du begreifst, dass er einen vollkommenen Menschen angenommen habe ... [Nicht einen Leib allein, sondern einen ganzen Menschen,] zusammengesetzt aus einem Leib und einer unsterblichen, vernünftigen Seele. Er nahm ihn an um unseres Heiles willen und wirkte durch ihn das Heil für unser Leben ... (Ebd. 8,10) So lehren uns die heiligen Schriften den Unterschied der *beiden Naturen* ...: wie beschaffen der sci, der annahm, und wie beschaffen der, der angenommen wurde; und dass derjenige, der annahm, die göttliche Natur sei, die um unseretwillen alle Dinge schuf, während dieser [Angenommene] die menschliche Natur sei, die um unseretwillen von dem angenommen wurde, der die Ursache aller Dinge ist, und dass [schließlich zwischen beiden] eine unaussprechliche und ewig unauflösliche Verbindung (συνάφεια?) bestehe ... (13) Die Unterscheidung der Naturen macht gewiss ihre strenge Verbindung nicht zunichte, noch zerstört diese strenge Verbindung die Unterscheidung der Naturen; vielmehr verbleiben eben diese unterschiedenen Naturen in ihrem [je] eigenen Wesen (ītūtā = οὐσία), und ihre Verbindung ist notwendigerweise von Dauer, weil der, der angenommen ward, dem, der annahm, an Ehre und Herrlichkeit beigesellt ist; hat Gott ihn doch eben deshalb annehmen wollen.

c) Die Einung der beiden Naturen in Christus (aus: Wider Eunomius, Buch 18; Von der Menschwerdung, Buch 7; Kommentar zum Johannesevangelium, Buch 6)

(W. Eun., 18) »Prosopon«[2] wird auf doppelte Weise gebraucht: entweder bezeichnet es die Hypostase und das, was jeder von uns ist, oder es wird der Ehre und der Größe und der Anbetung zuerkannt, folgendermaßen: »Paulus« und »Petrus« bezeichnen Hypostase und Prosopon jedes von ihnen [beiden]; das Prosopon aber unseres Herren Christus bedeutet Ehre und Größe und Anbetung. Weil sich der Gott Logos in der Menschheit offenbarte, verband er die Ehre seiner Hypostase mit dem Sichtbaren. Und deswegen bezeichnet das »Prosopon« [Erscheinungsbild] Christi, dass es [ein Prosopon] der Ehre ist, nicht [ein Prosopon] der Usia der zwei Naturen ... Was für den König Purpurgewänder oder königliche Kleider sind, das ist für den Gott Logos der Anfang, den er aus uns genommen: unzertrennlich, unveräußerlich, ohne [räumliche] Entfernung in der Anbetung. Wie der König also nicht durch Natur Purpurgewänder hat, so hat auch nicht der Gott Logos durch Natur Fleisch. Wenn jemand behauptet, dass der Gott Logos natürlicherweise Fleisch hat. geschieht der göttlichen Usia eine Entfremdung durch ihn, weil er [sc. der Logos] sich einer Veränderung unterzieht durch Hinzufügung einer Natur ... (L. Abramowski)

(V.d.Menschw., 7) ... Wie man ... von dem, der seinem Wesen (οὐσία) nach allen gegenwärtig ist, gleichwohl nicht sagt, er wohne allen ein (ἐνοικεῖν), sondern nur denen, bei denen er nach seinem Wohlgefallen ist, ebenso ist auch, wenn von Einwohnen die Rede ist, nicht [überall] ganz und gar dieselbe [Art von] Einwohnung zu finden ... Wenn es nun heißt, er wohne in den Aposteln oder überhaupt in den Gerechten, so lässt er dies Einwohnen wie einer geschehen, der an Gerechten sein Wohlgefallen hat ... In ihm selbst hingegen, so sagen wir, ist die Einwohnung nicht auf dieselbe Art geschehen ..., sondern wie in einem Sohne (ὡς ἐν υἱῷ) ... D.h. dass er, als er Wohnung nahm, den Angenommenen gänzlich mit sich einte (ὅλον ἑαυτῷ ... ἥνωσεν) und ihn befähigte (παρεσκεύασεν), mit ihm zusammen an aller Ehre teilzuhaben, an der er, der Einwohnende, selbst teilhat als derjenige, der von Natur Sohn ist; dass er ihn, entsprechend seiner Einung mit ihm, zu einem [einzigen] Prosopon mit sich vollendete ...

(Komm.z.Joh.-Ev., 6 [Zu Joh. 16,14]) ... Da es [aber] nicht in der Natur des Fleisches gelegen war, sich mit dem Gott Logos zu einen, bedurfte der Christus im Fleisch notwendig der Vermittlung durch die Gabe des Geistes; und nachdem er die ganze Gnade vollkommen empfangen hatte, die ihm entsprechend seiner Salbung zuteil wurde, führte er sein Leben in großer Unschuld, wie es die menschliche Natur [aus sich heraus] nicht vermag. Auf diese Weise aber empfing der angenommene Mensch (homo assumptus) die Teilhabe an ihm [sc. dem Gott Logos] als den Ursprung alles Guten zugleich für alle Menschen; denn was ihm zuteil ward, dessen werden wir alle teilhaftig werden, sei es in der Auferstehung, sei es in der Himmelfahrt ...

d) Maria – Gottesgebärerin? (aus: Von der Menschwerdung, Buch 15)

... Wenn man nun fragt: »Ist Maria Menschen- oder Gottesgebärerin (ἀνθρωποτόκος ἢ θεοτόκος)?« , so sei unsererseits erwidert: »Beides trifft zu!« Das eine ist sie der Natur der Sache nach, das andere beziehungsweise (ἀναφορᾷ). Menschengebärerin ist sie von Natur, weil der, der im Schoße Mariens war, ein Mensch war und so auch daraus hervorging. Gottesgebärerin aber ist sie, weil Gott in dem [von ihr] geborenen

Menschen war: nicht in ihm seiner Natur nach eingeschlossen, wohl aber in ihm wesend seinem willentlichen Verhalten nach (κατὰ τὴν σχέσιν τῆς γνώμης).

Quellen: R. Tonneau/R. Devréesse, Les homélies catéchétiques de Théodore de Mopsueste, StT 145, 1949; H.B. Swete, Theodori Mopsuesteni in epistulas B. Pauli commentarii, Bd. 2, Cambridge 1882 (Appendix A); L. Abramowski, Ein unbekanntes Zitat aus Contra Eunomium des Theodor von Mopsuestia, Le Muséon 71, 1958, 97-104; J.M. Vosté, Theodori Mopsuesteni commentarius in evangelium Johannis Apostoli, CSCO 115 (textus). 116 (versio), 1940. – *Übersetzung:* L. Abramowski, Zur Theologie Theodors von Mopsuestia, ZKG 72, 1961, 263-293 (hier: 263f.). – *Literatur:* L. Abramowski a.a.O.; R.A. Greer, Theodore of Mopsuestia, London 1961; U. Wickert, Studien zu den Pauluskommentaren des Theodor von Mopsuestia, 1962; Chr. Schäublin, Methode und Herkunft der Antiochenischen Exegese, Bonn 1974, 84-155; J. Liébaert a.o.(Nr. 75)a.O., 92ff.; A. Grillmeier a.o.(Nr. 75)a.O., 614ff.; L. Fatica, I commentari a »Giovanni« di Teodoro di Mopsuestia e di Cirillo di Alessandria, SEAug 29, Rom 1988; P. Bruns, Den Menschen mit dem Himmel verbinden, Leuven 1995; S. Gerber, Theodor von Mopsuestia und das Nicänum, 2000 (Lit.!).

1   Zu diesem s. oben Nr. 68.

2   Im Hintergrund dieses Zentralbegriffes der Christologie Theodors (wie später des Nestorios) scheint zum einen der Epiphaniegedanke (in der Menschheit Christi wird seine Gottheit anschaubar, epiphan), zum andern die stoische Ontologie zu stehen (p. = »Erscheinungsbild«, als Gesamtheit jener Eigenschaften, durch die die allgemeine φύσις oder οὐσία zur konkreten ὑπόστασις, d.h. zum individuell Seienden wird).

89. Die Ermordung der Philosophin Hypatia im Jahre 415
(nach Sokrates, Kirchengeschichte 7,15)

Zu Alexandrien lebte eine Frau mit Namen Hypatia. Tochter des Philosophen Theon, stach sie an Bildung (παιδεία) so sehr hervor, dass sie sämtlichen Philosophen ihrer Zeit den Rang ablief, an die Spitze der sich von Plotin herleitenden Platonikerschule trat und alle, die danach verlangten, in sämtlichen philosophischen Disziplinen (μαθήματα) unterrichtete. Darum scharten sich von überall her die Philosophiebeflissenen um sie. Infolge des edlen Freimuts, den ihr ihre Bildung verlieh, trat sie den Magistraten beherrscht gegenüber und scheute sich auch nicht, sich in Gesellschaft von Männern zu zeigen. Denn ein jeder begegnete ihr, ihrer ungewöhnlichen Klugheit und Tugendhaftigkeit wegen, mit Ehrfurcht und Bewunderung. Diese Frau nun wurde damals das Opfer von Missgunst. Da sie nämlich mit [dem alexandrinischen Präfekten] Orestes häufiger zusammentraf, ging in der christlichen Bevölkerung [Alexandriens] das verleumderische Gerücht um, sie sei es, die Orestes davon abhalte, mit dem Bischof [Kyrill] freundschaftliche Beziehungen zu unterhalten. So schmiedeten denn allerlei Hitzköpfe unter Anführung eines Lektors namens Petrus ein Komplott gegen sie: als sie von irgendwoher nach Hause zurückkehrte, lauerten sie der Frau auf, warfen sie aus der Sänfte und schleiften sie zu der Kirche, die unter dem Namen Caesareum (Καισάριον) bekannt ist; dort entkleideten und steinigten sie sie. Danach rissen sie sie, Glied um Glied, in Stücke, trugen alles auf einem Platz namens Cinaron zusammen und verbrannten es. Diese Greueltat trug sowohl Kyrill als auch der Kirche von Alexandrien schweren Schimpf ein. Und in der Tat: was könnte denen, die wie Christus gesinnt sind [vgl. Phil. 2,5], ferner liegen als Mord, Kampf und derlei Schandtaten? Es geschah dies aber im 4. Jahr des Episkopats Kyrills, dem Jahr, in

dem die Kaiser Honorius zum 10. und Theodosius II. zum 6. Male das Konsulat
bekleideten, im Monat März, zur Fastenzeit.

Quelle: Sokrates, Kirchengeschichte, hg. v. G.C. Hansen (GCS NF 1), 1995, 360f. – *Literatur:*
Ch. Kingsley, Hypatia, 1853 (zum Verhältnis dieses berühmten Romans zu den geschichtlichen
Tatsachen s. etwa H. von Schubert in: PrJ 124, 1906, 1lff.); K. Praechter, Art. Hypatia, PW 9,1,
1914, 242ff.; J.M. Rist, Hypatia, Phoe.19, 1965, 214-225; J. Vogt, Begegnung mit Synesios, dem
Philosophen, Priester und Feldherrn, 1985, 84-91; J. Hahn, Gewalt und religiöser Konflikt (wie
o. Nr. 86), 110-120.

90. Augustin

Aurelius Augustinus, 354 zu Thagaste (im heutigen Algerien) in kleinbürgerlichem Provinz-
milieu und einem halbheidnischen (?) Elternhaus (seine Mutter Monnica jedenfalls war gläubige
Katholikin) geboren und am 28. August 430 als Bischof des kleinen nordafrikanischen Hafen-
städtchens Hippo Regius (seit 395) während der Belagerung der Stadt durch die Vandalen gestorben, darf getrost nicht nur als der größte altkirchliche Theologe des Westens, sondern auch
als der einzige Kirchenvater bezeichnet werden, der bis heute eine geistige Macht geblieben ist
(H. v. Campenhausen). Auch dass wir über sein Leben und sein Schrifttum besser unterrichtet
sind als bei jedem anderen Kirchenvater, ist vor allem sein Verdienst: In den zwischen 397 und
401 abgefassten 13 Büchern »Bekenntnissen (Confessiones) hat er Einblick gewährt in seine innere Entwicklung (bis zum Tode der Mutter 387) und in den 427 begonnenen, allerdings unvoll-
endet gebliebenen 2 Büchern »Verbesserungen« (Retractationes) – unter Korrektur und Erläuterung dessen, was ihm nun als irrig oder missverständlich erschien – Rechenschaft abgelegt von
seiner literarischen Tätigkeit. Von den hier genannten 93 Schriften mit 232 Büchern (ohne Briefe
und die Predigten, die nicht eigens gezählt werden) sind nur wenige verloren.

A. Zum Werdegang Augustins

a) Der Schüler der Rhetorik und Ciceros »Hortensius« (aus: Bekenntnisse 3,4,7)

[Während des Rhetorikstudiums an der Hochschule zu Karthago (seit 371)] war ich im gewohnten Studiengang bereits an das Buch eines gewissen Cicero gelangt, dessen
Sprache fast allgemein bewundert wird, nicht ebenso freilich der [sich darin
ausdrückende] Geist. Diese Schrift aber enthält einen Aufruf zur Philosophie und
trägt den Titel »Hortensius«. Es war das Buch, das meinem Empfinden (affectus) eine
andere Richtung gab, meine Bitten, o Herr, auf dich selbst richtete und mein
Wünschen und Verlangen von Grund auf änderte. Als nichtig erschien mir mit einem
Male alles eitle Hoffen, und mit unglaublicher Inbrunst des Herzens verlangte mich
nach der Unsterblichkeit der Weisheit, und ich begann aufzustehen, um zu dir
zurückzukehren. Denn nicht ... um meine rhetorische Bildung zu vervollkommnen, las
ich dies Buch immer wieder; nicht wie, sondern was es zu mir sprach, hatte es mir
angetan.

b) Im Bannkreis des Manichäismus (ebenda 3,5,9-7,12; 4,1,1; 5,6,10)

(3,5,9) [Aufgrund der durch Ciceros »Hortensius« wiedererweckten Jugenderinnerungen mich der Hl. Schrift zuwendend, erschien mir diese jedoch als unwert, mit der Würde des Ciceronischen verglichen zu werden]. Meine Aufgeblasenheit schreckte nämlich vor ihrer [unscheinbaren] Art zurück ...

(6,10) So verfiel ich Menschen, die voll Hochmut faselten ... [Deinen Namen wie denjenigen unseres Herrn Jesus Christus und des Parakleten, unseres Trösters, des Hl. Geistes] führten sie ständig im Munde ... ; ihr Herz jedoch war leer an Wahrheit. Gleichwohl tönten sie: »Die Wahrheit, die Wahrheit!« und redeten mir viel davon vor; doch sie war nirgends bei ihnen zu finden, sondern nur irriges Geschwätz: nicht allein über dich, der du in Wirklichkeit die Wahrheit bist, auch über die Elemente dieser Welt, deine Schöpfung, hinsichtlich derer ich selbst über das, was Philosophen richtig gesagt haben, noch hätte hinausgehen müssen, aus Liebe zu dir ...

(7,12) Denn von etwas anderem [sc. als dem rein Materiellen], das wahrhaft seiend wäre, wusste ich [damals] nichts, und mein vermeintlicher Scharfsinn verführte mich dazu, den albernen Betrügern beizupflichten, wenn sie von mir wissen wollten, woher das Böse stamme (unde malum) ...

(4,1,1) [Während dieser Zeit], von meinem 19. bis zu meinem 28. Lebensjahr, war ich Verführter und Verführer zugleich, Betrogener und Betrüger in der Vielfalt der Begierden ... Denn [in der Öffentlichkeit] jagte ich [als Lehrer der sog. »freien« Künste] dem eitlen Ruhm der Menge nach ..., [insgeheim aber] verlangte mich sehnlich danach, von all jenem Schmutz befreit zu werden, indem ich denen, die man [bei den Manichäern] die Auserwählten (electi) und Heiligen (sancti) heißt, Speise zutrug, aus der sie mir in ihrer Bauchküche (officina aqualiculi sui) Engel und Götter zubereiten sollten, die mich befreiten[1]. So trieb und tat ich es mitsamt meinen Freunden, die durch mich und mit mir deren Trug verfallen waren.

(5,6,10) Fast volle neun Jahre hindurch verbrachte ich bei ihnen, umsteten Geistes, als Hörer[2] ...

c) Über die Lektüre der Platoniker zu Paulus (ebenda 7,9,13f.; 20,26-21,27)

(7,9,13) ... Dank deiner Fügung erhielt ich ... einige aus dem Griechischen ins Lateinische übersetzte Schriften der Platoniker[3]. Hier las ich, wenm auch nicht gerade mit denselben Worten ..., dass »im Anfang das Wort war ....« [vgl. Joh. 1,1-5] und dass die Menschenseele, obschon sie »Zeugnis gibt vom Licht«, doch »nicht selbst das Licht ist« ... [vgl. Joh. 1,7-10]. Das andere aber, dass »er in sein Eigentum kam ...« [vgl. Joh. 1,11f.], das habe ich dort nicht gelesen. (14) Ebenso las ich dort, dass das Wort, Gott, »aus Gott geboren« sei [Joh. 1,13]; dass aber »das Wort Fleisch geworden ist und unter uns gewohnt hat« [Joh. 1,14], das habe ich dort nicht gelesen ...

(7,20,26) Damals ..., als ich von der Lektüre der platonischen Bücher zur Suche nach der intelligiblen Wirklichkeit aufgefordert, dein unsichtbares Wesen aus den Werken der Schöpfung erkannt hatte [vgl. Röm. 1,20] ..., war ich mir des einen sicher, dass du bist und [zwar] unendlich bist ... ; auch war ich mir des anderen gewiss, dass du allein wirklich seiend bist, weil du immerdar ein umd derselbe bist, in keiner Hinsicht deines Wesens und durch keine Veränderung ein anderer oder irgendwann einmal anderswie; alles übrige aber sei aus dir hervorgegangen, wofür allein schon das als sicherstes Zeugnis spricht, dass es *ist* ... Dass mir diese [Bücher der Platoniker] in die Hände fielen, noch bevor ich mich in deine Schriften versenkte, geschah, wie ich glaube, durch eine Fügung deines Willens; es sollte sich mir ins Gedächtnis einprägen, welche Wirkung von ihnen auf mein Inneres ausgegangen war; wenn ich aber später über deiner Schrift zur Ruhe gekommen wäre und meine Wunden von deinen pflegenden Fingern behandelt würden, dann sollte mir mit voller Deutlichkeit aufgehen, welcher Unterschied besteht zwischen [philosophischer] Vermessenheit (praesumptio) und [demütigem] Bekennen (confessio), zwischen denen, die wohl sehen, wohin man zu gehen hätte, aber den Weg dahin nicht wissen ...

(7,21,27) So griff ich denn mit heißer Begier nach der ehrwürdigem Schrift (stilus) deines Geistes, vor allem nach dem Apostel Paulus ... Und allmählich fand ich nun alles Wahre, was ich dort [bei den Platonikern] gelesen, auch hier wieder, hier jedoch nicht ohne den Preis deiner Gnade ... Von alledem liest man bei jenen Philosophen nichts: ... vom »Opfer, wie du es willst, dem zerbrochenen Geist, dem zerknirschten und zerschlagenen Herzen« [Ps. 50(51),19], vom Heil für alles Volk (populi salus) ... Niemand vernimmt da den, der einlädt: »Kommet her zu mir, alle, die ihr mühselig und beladen seid« [Mt. 11,28f.]; sie verschmähen es, von dem »zu lernen, der da sanftmütig und von Herzen demütig« ist [Mt. 11,25] ...

d) Das Beispiel des Antonius (ebenda 8,6,14-8,19)

Bei Gelegenheit des Besuches eines afrikanischen Landsmannes, Ponticianus, in Mailand, wohin Augustin, seit 383 in Rom tätig, ein Jahr später auf die Stelle eines Lehrers der Rhetorik berufen worden war, weiß dieser das Gespräch auf das »Antoniusleben« des Athanasius (s. oben Nr. 53a) und den Einfluss zu lenken, den dies Buch auf die Ausbreitung der monastischen Idee im Abendland ausübte. Augustin quittiert den ihn zutiefst aufwühlenden Bericht seines Besuchers mit dem Ausruf:

(8,8,19) Was geschieht uns? ... Ungelehrte raffen sich auf und reißen das Himmelreich an sich [vgl. Mt. 11,12], während wir uns mit unseren herzlosen Doktrinen in Fleisch und Blut wälzen!

e) Die Bekehrung (ebenda 8,12,28 f.; 10,27,38)

(8,12,28) [In einem Sturm widerstreitender Gefühle- »Du aber, o Herr, wandtest mich während seines Redens zu mir selbst herum, holtest mich hinter meinem eigenen Rücken hervor, wo ich mich eingerichtet hatte, dieweil ich mich nicht erschauen wollte« – begibt sich Augustin danach allein in den Garten]. Unter einem Feigenbaum warf ich mich zu Boden, ich weiß nicht, wie es kam, und ließ den Tränen freien Lauf ..., und vieles sagte ich dir, wenn auch nicht gerade mit diesen Worten; der Sinn [meiner Klagen] aber war: »Ach, Herr, wie lange [Ps. 6,4]? ... Wie lange noch, wie lange dies ›Morgen, ja morgen!‹? Warum nicht heute? Warum soll nicht diese Stunde das Ende meiner Schmach sehen?« (29) ... Und siehe, da hörte ich aus dem Nachbarhause eine Stimme – war's die eines Knaben, eines Mädchens, ich weiß es nicht –, die im Singsang wiederholte: »Nimm es, lies es; nimm es, lies es« (Tolle, lege; tolle, lege) ... Ich unterdrückte die Gewalt der Tränen, erhob mich und wusste [da mir nicht bekannt war, dass Kinder bei irgendeinem Spiel derartiges zu leiern pflegten] keine andere Deutung, als dass mir Gott befehle, das [in dieser Zeit ständig griffbereite Bibel-]Buch aufzuschlagen und die erst[best]e Stelle zu lesen, auf die ich träfe. Denn von Antonius hatte ich gehört, dass er eine Evangelienlesung, zu der er sich wie von ungefähr eingefunden, das Wort nämlich: »Geh, verkaufe alles, was du hast, und gib's den Armen ... « [Mt. 19,21], als Mahnung auf sich bezogen und auf diesen Gottesspruch (oraculum) hin sich sogleich zu dir bekehrt habe[4]. So kehrte ich denn eilends zu dem Platz zurück, wo ... ich das Buch des Apostels hingelegt hatte, als ich [in den Garten] aufgebrochen war. Ich ergriff es, schlug es auf und las schweigend den Abschnitt auf den zuerst mein Auge fiel: »Nicht in Fressen und Saufen, nicht in Wollust und Unzucht, nicht in Hader und Neid; sondern ziehet an den Herrn Jesus Christus und wartet des Leibes, aber nicht so, dass ihr seinen Begierden verfallt« [Röm. 13,13f.]. Weiter wollte ich nicht lesen; es war auch nicht nötig. Denn mit dem Schluss des Satzes flutete alsbald ruhige Gewissheit wie ein Lichtstrom in mein Herz, und alle Schatten der Unentschlossenheit wurden verscheucht ...

(10,27,38) Spät habe ich dich geliebt, du uralte und doch so neue Schönheit (pulchritudo); spät habe ich dich geliebt (sero te amavi). Und siehe, du warst in meinem Innern und ich war draußen, und da suchte ich dich und, selbst eine Missgestalt, warf ich mich auf das Schöngestalte, das du erschaffen hast. Du warst in mir, ich aber war nicht bei dir. Dinge hielten mich von dir fern, die doch gar nicht wären, wenn sie nicht in dir wären. Du aber hast gerufen, immer lauter erscholl dein Ruf, und du durchbrachst meine Taubheit! Du hast geleuchtet, immer strahlender wurde dein Leuchten, und du verscheuchtest meine Blindheit! Du hauchtest mich an, ich sog diesen Odem ein und atme dir nun entgegen; ich habe gekostet und hungere und dürste nun; du hast mich berührt, nun brenne ich nach dem Frieden in dir.

f) Die Vorbereitung zum Priesteramt (aus: Brief 21)

Zwei Jahre nach seiner Bekehrung (386) nach Afrika zurückgekehrt, wurde Augustin anlässlich eines Besuches in Hippo (Anfang 391) gegen seinen Wunsch zum Presbyter geweiht. In dem folgenden Brief bittet er seinen Bischof, Valerius, um Aufschub, um sich mit der Bibel besser vertraut machen zu können:

1) Vor allem bitte ich deine fromme Weisheit, zu bedenken, dass es zwar in diesem Leben und besonders in dieser unserer Zeit nichts Leichteres, Erfreulicheres und *den Menschen* Annehmlicheres gibt als das Bischofs-, Presbyter- oder Diakonenamt[!], sofern man die Sache obenhin ... betrachtet; doch vor Gott gibt es nichts Elenderes, Traurigeres und Verdammlicheres ... (3) Dies macht es mir zur Pflicht, alle Heilmittel (medicamenta) der göttlichen Schriften gründlich zu erforschen und es unter Gebet und Lesung dahin zu bringen, dass meiner Seele die zu solch gefahrvollen Geschäften erforderliche Gesundheit zuteil werde ... (4) ... Mir fehlt es an Selbsterkenntnis (scire me) und jenem vollen, beharrlichen Glauben, ohne den wir das Heil nicht erlangen können. Doch selbst wenn ich dies besäße: wie soll ich es zum Heile anderer wenden, »indem ich nicht suche, was mir nütze ist, sondern was vielen zur Rettung dient« [1. Kor. 10,33]? ... Wie aber soll das anders geschehen als so, wie es der Herr selbst sagt, nämlich durch Bitten, Suchen und Anklopfen [vgl. Mt. 7,7], d.h. durch Gebet, Schriftlesung und Wehklagen (orando, legendo, plangendo)? ...

g) Der Bischof (aus: Sermon 340,1)

[An seine Gemeinde, zum Gedenktag seiner Bischofsweihe] ... Für euch bin ich Bischof, mit euch bin ich Christ. Jenes bezeichnet die von mir übernommene Pflicht, dies die Gnade; jenes die Gefahr, dies das Heil ... Lasst meinen Dienst (ministerium) fruchtbar werden. »Ihr seid Gottes Ackerfeld« [l. Kor. 3,9]. Von außen nehmt ihr den auf, der da pflanzt und begießt, inwendig aber den, der das Gedeihen gibt [vgl. 1. Kor. 3,6] ... Streitende sind zu befrieden, Mittellose zu unterstützen, Unterdrückte zu befreien, Gute zu beloben, Böse zu ertragen, alle zu lieben ...: helft uns durch euer Gebet und eure Willfährigkeit, dass uns die Freude zuteil wird, euch weniger vorzustehen (praeesse) als zu nützen (prodesse)[5].

h) Der Mönchstheologe (aus: Augustinregel)

Augustin, bei dessen Bekehrung, wie gesehen, das Beispiel des Antonius eine so wesentliche Rolle spielte, ist dem monastischen Ideal auch weiterhin verbunden geblieben. Mit großer Wahrscheinlichkeit hat er auch selbst eine schriftliche Lebensordnung für Mönches[6] hinterlassen, aus der im folgenden zitiert sei:

(1,1) Das ist es, was wir euch im Kloster zu halten gebieten. (2) Das erste Ziel eures gemeinschaftlichen Lebens ist es, in Eintracht zusammenzuwohnen und »eine Seele« und »ein Herz« in Gott zu sein [vgl. Apg. 4,32]. (3) Auch sollt ihr nichts euer eigen nennen, sondern alles gehöre euch gemeinsam, und es werde von eurem Vorgesetzten einem jeden unter euch Nahrung und Kleidung zugeteilt, und zwar nicht allen in gleicher Weise, ... sondern so, wie es jeder nötig hat. So lest ihr es ja auch in der Apostelgeschichte [4,32.35] ... (4) Die in der Welt etwas besaßen, sollen es nach ihrem Eintritt ins Kloster gern zum Gemeinbesitz werden sehen. (5) Die hingegen in der Welt nichts besaßen, sollen nicht im Kloster das suchen, was sie draußen nicht haben konnten; wohl aber sollen sie bekommen, was sie ihrer Schwachheit wegen brauchen ...
(5,2) ... Niemand tue etwas für sich selbst, sondern all euer Arbeiten geschehe zum Nutzen der Gemeinschaft ... Denn die Liebe (caritas), die, wie geschrieben steht, »nicht das Ihre sucht« [l. Kor. 13,5], ist so zu verstehen, dass sie den Gemeinnutz dem Eigennutz ... vorzieht. Wisset deshalb, dass ihr um so mehr [im Guten] fortschreitet, je mehr ihr um das Gemeinwohl statt um euer eigenes besorgt seid; so nämlich wird all das, was zur Fristung dieses vergänglichen Lebens notwendig gehört, die Liebe überstrahlen, die da »bleibt« [vgl. 1. Kor. 13,13]. (7,1) Dem Vorgesetzten ist zu gehorchen wie einem Vater und seine Ehrenstellung zu wahren, damit nicht in ihm Gott beleidigt wird; erst recht gilt dies für den Priester, der für euch alle Sorge trägt. (3) Der euch aber vorsteht, soll sich glücklich schätzen nicht als einen, der kraft seines Amtes herrscht, sondern der in Liebe dient (non ... potestate dominantem, sed caritate servientem). Seiner Ehrenstellung vor euch [Menschen (coram vobis)] nach stehe er über euch, im Angesichte Gottes (coram Deo) aber liege er euch in Furcht zu Füßen. Gegenüber allen erzeige er sich als ein Vorbild guter Werke, Unruhestifter weise er zurecht, Verzagte tröste er, der Schwachen nehme er sich an, mit allen habe er Geduld ... Obwohl beides [Einhaltung der Klosterdisziplin und Ehrfurcht (metus)] notwendig ist, strebe er doch mehr danach, von euch geliebt als gefürchtet zu werden, indem er sich stets bewusst bleibt, dass er vor Gott für euch wird Rechenschaft ablegen müssen.

(8,1) Der Herr schenke euch, dass ihr dies alles voller Liebe beachtet: gleichsam als Liebhaber der geistigen Schönheit (tamquam spiritalis pulchritudinis amatores), als solche, die durch ihren guten Wandel den Wohlgeruch Christi verbreiten [vgl. 2. Kor. 2,15]; nicht wie Sklaven unter dem Gesetz, sondern wie Freie unter der Gnade.

[1] Drastisch-plastischer Ausdruck für die manichäische Auffassung, dass nicht allein der Mensch Lichtträger und daran gegebenenfalls durch Verkündigung der Gnosis zu erinnern ist, sondern dass auch etwa Pflanzen und Tieren Licht beigemengt ist und daraus herausgeläutert werden muss, was aber nur durch den Körper tugendhafter Menschen geschehen kann.

[2] Augustin war also, wohl vor allem wegen nie zu überwindender letzter Vorbehalte (auch sei-ner ›eheähnlichen‹ Bindung an seine Konkubine), zu keiner Zeit Vollmitglied (electus) des Mani-chäismus, sondern gehörte ihm nur als »Hörer« (auditor) an.

[3] Dabei handelte es sich wohl vor allem um von Marius Victorinus übersetzte Schriften des Porphyrius sowie einige Plotintraktate.

[4] S. o. Nr. 53a (Vita Antonii, Kap. 2).

[5] Damit stimmt fast wörtlich überein, was in der Augustinregel über die Aufgaben des Abtes bzw. »Vorstehers« gesagt wird (s. unten Abschnitt h).

[6] Unter den drei in Frage kommenden, unter Augustins Namen überlieferten Texten (s. dazu R. Lorenz, ThR 40, 1975/6, S. 244 ff.) wird im folgenden der als »regula tertia«, »regula Augustini« oder »Praeceptum« bezeichnete (nach der jetzt maßgeblichen Ausgabe von L. Verheijen = MPL 32, 1377-1384) zitiert.

B. Zur Lehre Augustins

I. Hermeneutik und Erkenntnislehre (fides, ratio, auctoritas)

i) Aus der Vorrede zur Schrift »Über die christliche Glaubenslehre« (De doctrina christiana)

Mit dieser Schrift (bis zur Mitte von Buch 3 um 397 geschrieben; der Rest ist etwa 426 entstanden) hat Augustin wohl das geschichtlich wirksamste hermeneutische Werk der Antike überhaupt geschaffen, in dem sich die verschiedenen exegetisch-hermeneutischen Traditionen der Antike mischen. Im Vorwort rechtfertigt er sein Unternehmen u.a. folgendermaßen:

(1) Es gibt gewisse Regeln (praecepta) für den Umgang mit den [heiligen] Schriften, die man, wie mir scheint, denen, die sich mit dem Schriftstudium beschäftigen, nicht ohne Nutzen übermitteln kann; von ihnen lässt sich sowohl bei der Lektüre anderer, die den in den göttlichen Schriften verborgenen Sinn erschlossen haben (operta aperuerunt), als auch dann profitieren, wenn man ihn auch seinerseits anderen erschließen soll ... (4) [Nun könnte man freilich einwenden, es bedürfe solcher Regeln gar nicht;] vielmehr könne alles, was sich aus dem Dunkel jener Schriften in löblicher Weise ans Licht bringen lasse, aufgrund einer göttlichen Gnadenmitteilung (divinum munus) zutage treten. (7) [Die eine solche Gnadengabe empfangen haben, tun recht daran, sich ihrer zu freuen;] nur sollen sie eingedenk bleiben, dass sie ihr *Wissen* der Vermittlung von Menschen, sei sie mündlich oder schriftlich, verdanken. (10) ... [Zudem:] Soll jemand, dem so etwas nicht widerfahren ist, sich deshalb für keinen Christen halten? Oder muss er zweifeln, ob er den Hl. Geist empfangen habe? (11) Nein, vielmehr lerne ein jeder ohne Selbstüberschätzung (superbia), was nun einmal durch Menschen zu lernen ist; und wer einen anderen belehrt, der gebe ohne Selbstüberhebung und Neid weiter, was er [selbst] empfangen hat. Wir wollen den nicht versuchen, an den wir glauben; sonst

könnte es geschehen, dass wir, in die Irre geführt durch solche Schliche des Widersachers wie durch [eigene] Verkehrtheit, davon absehen, noch länger die Kirchen zu besuchen, um dort das Evangelium zu hören und kennenzulernen, oder ein Buch zu lesen bzw. der Lesung oder Predigt eines Menschen zu lauschen, und statt dessen darauf warten, bis wir »in den dritten Himmel entrückt ...«´ werden, wie es beim Apostel heißt, um dort »unaussprechliche Worte« zu vernehmen, »wie sie keinem Menschen zu sagen erlaubt sind« [2. Kor. 12,2-4], oder dort den Herrn Jesus Christus zu schauen und von ihm lieber als von Menschen das Evangelium zu hören. (12) Hüten wir uns vor solchen im höchsten Maße zu Überheblichkeit verleitenden, gefährlichen Versuchungen und bedenken wir lieber, dass selbst ein Apostel Paulus, ungeachtet dessen, dass er von einer göttlichen und himmlischen Stimme zu Boden geworfen und unterwiesen ward, gleichwohl nach einem Menschen schicken musste, um die Sakramente zu empfangen und der Kirche einverleibt zu werden ... (13) Dies alles hätte gewiss auch durch einen Engel geschehen können; doch wäre es auf eine Missachtung des Menschenwesens (humana condicio) hinausgelaufen, hätte sich Gott den Anschein gegeben, als wolle er sich nicht der Menschen bedienen, um anderen Menschen sein Wort mitzuteilen (ministrare). Wie wäre sonst auch der Ausspruch wahr: »Der Tempel Gottes ist heilig; und der seid ihr« [1. Kor. 3,17], wenn Gott nicht [auch] aus diesem menschlichen Tempel heraus Antwort geben, sondern seine gesamte Offenbarung an die Menschheit nur vom Himmel herab und durch Engel verkünden wollte? Endlich wäre auch, falls Menschen nichts voneinander lernten, selbst der Liebe, die doch Menschen einander durch das Band der Einheit verbindet, keine Gelegenheit gegeben, die Geister sich austauschen zu lassen und sozusagen miteinander zu verschmelzen[1].

j) Glauben und Erkennen (aus: Brief 120,3; Sermon 43,4.9; Wider den sog. Fundamentalbrief des Mani 4,5)

(Br. 120,3) Es sei ... ferne, dass Gott in uns das hasse, worin er uns als den übrigen Lebewesen überlegen erschaffen hat; es sei ferne, sage ich, dass wir darum glaubten, um auf den Vernunftempfang oder die Suche danach zu verzichten; vermöchten wir doch auch nicht zu glauben, wenn wir nicht vernunftbegabte Seelen besäßen. Dass also in gewissen, auf die Heilslehre bezüglichen Dingen, die wir mit der Vernunft einstweilen noch nicht zu erfassen vermögen – einst werden wir es aber können –, der Glaube der Vernunft vorangeht, [jener Glaube], der das Herz reinigt, auf dass es das Licht der hohen Vernunft fassen und ertragen könnte, auch das ist jedenfalls vernünftig (rationis est) ... Darum ist auch das Wort des Propheten vernünftig: »So ihr nicht glaubt, werdet ihr nicht verstehen« [Jes. 7,9 (LXX!)]. Unzweifelhaft hat er hier diese beiden [Vermögen] unterschieden und geraten, zuerst zu glauben, damit wir, was wir glauben, auch zu verstehen vermögen. Also ist es vernünftig, wenn wir geheißen werden, den Glauben der Vernunft vorangehen zu lassen ... Verhält es sich aber so, so steht gleichfalls außer Zweifel, dass eine, und sei es auch noch so geringe Vernunft, die uns eben diese Ordnung nahelegt, dem Glauben vorangeht.
(Serm. 43 4) ... Sagt einer zu mir: Ich will erkennen, um zu glauben (Intelligam, ut credam), so erwidere ich: Glaube, um zu erkennen (Crede, ut intelligas) ... (91 [Trotzdem ist die gegnerische Rede nicht einfach falsch]. Denn auf jeden Fall rede ich doch, was ich rede, zu dem Zweck, dass diejenigen zum Glauben kommen möchten, die noch nicht glauben; und doch können sie nicht glauben, wenn sie nicht verstehen,

was ich rede. Also ist auch jener mindestens teilweise im Recht, der da sagt: Ich will erkennen, um zu glauben ...
(Wid.d.Br.d.Man. 4) ... Mich hält [im Schoße der katholischen Kirche] die Übereinstimmung der Völker und Nationen, mich hält darin die durch Wunder begründete, durch Hoffnung genährte, durch Liebe gemehrte, durch das hohe Alter bekräftigte Autorität; es hält mich fest die vom Bichofssitz des Apostels Petrus, dem der Herr nach seiner Auferstehung seine Schafe zu weiden befohlen hat, bis zum Episkopat der Gegenwart sich fortsetzende Sukzession der Bischöfe [›Priester‹], schließlich auch der Name »katholisch« selbst, den nicht ohne Grund so vielen Häresien diese Kirche allein festgehalten hat ... Dies also sind die so zahlreichen, starken und teuren Bande des Christennamens, die den Glaubenden zu Recht im Schoße der katholischen Kirche festhalten, obschon die Wahrheit infolge der Schwachheit unserer Erkenntnis oder unserer Lebensführung wegen sich noch nicht in voller Klarheit zeigt ... (5) ... Ich frage also: »Wer ist dieser [euer] Mani?« Ihr werdet antworten: »Ein Apostel Christi.« Das aber glaube ich nicht ... So wirst du mir vielleicht das Evangelium rezitieren und mir daraus die Person des Mani zu beglaubigen versuchen ... Ich hingegen würde dem Evangelium keinen Glauben schenken, wenn mich nicht die Autorität der katholischen Kirche dazu bewogen hätte (ego vero evangelio non crederem, nisi me catholicae ecclesiae commoveret auctoritas). Wenn ich also denen gehorcht habe, die zu mir sagten: »Glaube dem Evangelium!«, warum sollte ich denselben den Gehorsam verweigern, so sie zu mir sagen: »Glaube den Manichäern nicht«? ...

[1]   Die hermeneutischen praecepta, die dann in der Schrift selbst entwickelt werden und von denen sich Augustin verspricht, dass sie »ohne allen Irrtum zum verborgenen Schriftsinn (occultus sensus) gelangen oder doch wenigstens nicht auf eine abgeschmackte und verkehrte Ansicht verfallen« lassen (18), basieren – als hermeneutischem Grundschema – auf der Unterscheidung von »Zeichen« (signum) und Sache« (res). Von den als Gegenstand der Unterweisung aus der Schrift zu erhebenden »Sachen« handelt Buch 1; es sind: der dreieinige Gott, Christus, die Kirche, das Doppelgebot der Liebe, welches zugleich – neben der Glaubensregel – als Kriterium dafür dient, was in der Schrift wörtlich, was figürlich zu verstehen ist. Das 2. Buch handelt von den »Zeichen«, d.h. Worten und Begriffen, zu deren Erklärung, sofern sie unbekannt sind, die profanen Wissenschaften (artes liberales) herangezogen werden müssen. Buch 3 ist der Frage gewidmet, wie die bei den – »eigentlichen« wie »übertragenen« – Zeichen vorkommenden Zweideutigkeiten (ambigua) verstehend zu durchdringen sind, wie sich also das mit dem betreffenden Bibelwort eigentlich Gemeinte feststellen lässt. Buch 4 endlich bietet eine Homiletik bzw. Rhetorik.

II. Der Ausbau des Kirchenglaubens in Auseinandersetzung mit dem Donatismus

k) Die Einheit der Kirche (Wider die Briefe Petilians 2,77,172; Über die Taufe 3,16,21)

(W.d.Br.Pet.2,77,172) ... Christliche Liebe kann nur in der Einheit der Kirche gewahrt werden; so seht denn, dass ihr [Donatisten, sofern ihr im Schisma verharrt] ohne sie »nichts« seid [vgl. 1. Kor. 13,1ff.], mögt ihr auch an Taufe und Glauben festhalten und in dessen Kraft selbst »Berge versetzen« ...
(Üb.d.T.3,16,21) Dass ... gesagt wird, der Hl. Geist werde allein in der katholischen Kirche durch Handauflegung verliehen, haben unsere Vorfahren zweifelsohne im

Sinne des Apostelwortes verstanden wissen wollen: »denn die *Liebe* Gottes ist ausgegossen in unsere Herzen durch den Hl. Geist, der uns gegeben ist« [Röm. 5,5]. Das ist die Liebe, welche die nicht haben, die sich von der Gemeinschaft der katholischen Kirche lossagten, weshalb es ihnen auch nichts nützt, selbst wenn sie »mit Menschen- und mit Engelszungen redeten ... « ... Hat doch der die Liebe Gottes nicht, der die Einheit der Kirche nicht liebt; und so wird ersichtlich, dass die Behauptung berechtigt ist, der Hl. Geist werde allein in der katholischen Kirche empfangen ...

i) Die Heiligkeit der Kirche als Geschenk Christi (Über die christliche Glaubenslehre 3,32,45; Wider den Brief Parmenians 2,4,9; 14,32)

(Üb.d.christl.Gl.3,32,45) Die zweite [Regel des Tyconius[1]] handelt von dem zweigeteilten Leib des Herrn (De domini corpore bipartito), die jedoch nicht so lauten sollte. Denn was mit ihm nicht in Ewigkeit herrschen wird, ist auch nicht in Wahrheit Leib des Herrn. Vielmehr hätte man sprechen sollen »vom wahren und gemischten Leib des Herrn« (corpus verum atque permixtum) oder »vom wahren und vorgeblichen (simulatum) Leib des Herrn« ... Denn man muss sagen, dass die Heuchler (hypocritae) nicht nur in Ewigkeit, sondern auch jetzt nicht mit ihm sind, obwohl sie in seiner Kirche zu sein scheinen. Daher hätte diese Regel auch so gefasst werden können, dass sie lautete: »Von der gemischten Kirche« (De permixta ecdesia).
(Üb.d.Br.Parm.2,4,9) ... »Ihr sollt heilig sein, gleichwie ich heilig bin« [Lev. 11,45], entsprechend einem gewissen Maß an Ähnlichkeit mit jenem Bilde nämlich (secundum quandam scilicet imaginis similitudinem), in das wir verklärt werden von einer Herrlichkeit zur andern gleichwie vom Geist des Herrn [vgl. 2. Kor. 3,18] als der Gabe (munus) dessen, der uns gleichförmig macht mit dem Bilde seines Sohnes ...
(Ebd.2,14,32) ... Der Herr nämlich ist's, der Tote erweckt, Verwundete heilt, Blinde sehend macht [›erleuchtet‹], Nackte kleidet, [mit Sünde] Befleckte reinigt ... [Gewiss handelt er dabei durch Menschen], aber er handelte [eben] auch durch Judas, den er mit den übrigen [Aposteln] zur Predigt des Evangeliums aussandte, handelte auch durch die Pharisäer an denen, die das aus deren Mund vernommene Gute in die Tat umsetzten, obschon diese selbst nicht entsprechend ihren [eigenen] Lehren handelten [vgl. Mt. 23,3] ...

m) Über Wirksamkeit und Nutzen des Sakramentsempfangs
(Über die Taufe 4,17,24; Wider die Briefe Petilians 1,6,7-7,8)

(Üb.d.T.4,17,24) ... »Außerhalb der Kirche gibt es kein Heil (salus extra ecclesiam non est)« [Cyprian]. Wer bestreitet das? Darum hat auch alles, was als zum Wesen der Kirche gehörig betrachtet wird, außerhalb der Kirche keine [volle] Heilswirksamkeit (et ideo quaecumque ipsius ecdesiae habentur, extra ecdesiam non valent ad salutem). Aber es ist eben ein Unterschied, etwas nicht zu haben und es nicht in ersprießlicher Weise zu haben (non habere – non utiliter habere). Wer die Taufe nicht hat, ist zu taufen, damit er sie habe; wer sie aber ohne Nutzen hat, ist dahin zurechtzubringen, dass er sie mit Nutzen habe. Weder ist das Wasser bei der Taufe der Häretiker verfälscht, da die von Gott geschaffene Kreatur gut bleibt; noch verdienen die Worte des Evangeliums deshalb einen Tadel, weil sie sich im Munde derer finden, die im Irrtum befangen sind ... Folglich können wir mit den Häretikern die Taufe gemein haben, wie auch das Evangelium ihnen und uns gemeinsam sein kann, mag auch ihr Irrtum von unserem Glauben noch so weit abliegen ...

(Wid.d.Br.Pet.1,6,7) Mag deshalb jemand von einem gläubigen oder ungläubigen Spender (dispensator) das Taufsakrament empfangen haben, so wird er [in jedem Fall] seine ganze Hoffnung auf Christus zu richten haben ...

(7,8) ... Immer nämlich rechtfertigt Christus den Gottlosen so, dass er aus einem Gottlosen einen Christen macht; immer wird der Glaube von Christus empfangen, immer ist Christus Ursprung (origo) der Wiedergeborenen und Haupt der Kirche ... [Wer darum dem Einwand begegnet, wie ein schuldbeladener Priester einen Täufling unschuldig machen könne,] wird darauf erwidern: »mich macht nur der unschuldig, der um unserer Sünde willen gestorben und um unserer Rechtfertigung willen auferstanden ist. Denn ich glaube nicht an den Diener (minister), durch den ich die Taufe empfange, sondern an den, der den Gottlosen rechtfertigt, so dass mir [dieser] Glaube zur Gerechtigkeit gerechnet wird« [vgl. Röm. 4,5].

n) Wort und Sakrament (Traktate über das Johannesevangelium 80,3)

»Ihr seid schon rein um des Wortes willen, das ich zu euch geredet habe« [Joh. 13,10]. Warum sagt er nicht: Ihr seid schon rein um der Taufe willen, mit der ihr gewaschen wurdet, ... wenn nicht aus dem Grunde, weil es auch im Wasser das Wort ist, das reinigt? Nimm das Wort weg, und was ist das Wasser anderes als eben Wasser? Es tritt das Wort zum Element hinzu, und es wird zum Sakrament, auch dieses gleichsam ein sichtbares Wort (Detrahe verbum, et quid est aqua nisi aqua? Accedit verbum ad elementum, et fit sacramentum, etiam ipsum tamquam visibile verbum) ... Woher rührt denn diese so große Wirkmacht (virtus) des Wassers, dass es, indem es den Leib berührt, zugleich das Herz reinwäscht, wenn es nicht das Wort ist, welches dies wirkt, und zwar nicht weil es gesprochen, sondern weil es geglaubt wird? ... Dieses Wort des Glaubens ist so wirkmächtig in der Kirche, dass es mittels dessen, der da glaubt, darbringt, segnet und benetzt, selbst ein noch so kleines Kind reinigt, obschon es noch nicht imstande ist, mit dem Herzen zu glauben zur Gerechtigkeit und mit dem Munde zu bekennen zur Seligkeit [vgl. Röm. 10,10] ...

[1] Bei der Ergänzung des hermeneutischen Teils seiner 397 mitten in Buch 3 abgebrochenen Schrift De doctrina christiana hat sich Augustin i. w. damit begnügt, ein kritisches, wenn auch weitgehend zustimmendes Referat der 7 Regeln anzuhängen, die der Reformdonatist Tyconius in seinem um 380 verfassten Liber regularum, dem ersten lateinischen Kompendium der biblischen Hermeneutik, aufgestellt hatte.

III. Die Lehre von Sünde und Gnade in Auseinandersetzung mit dem Pelagianismus

o) Die Grundgedanken über Natur und Gnade (Über Natur und Gnade 3,3-6,6)

(3,3) Die menschliche Natur ist gewiss ursprünglich ohne Schuld (primitus inculpata) und ohne jeden Fehl erschaffen worden; hingegen ist diese Menschennatur, in der ein jeder aus Adam geboren wird, nunmehr des Arztes bedürftig, da sie [in sich selbst] nicht heil [›gesund‹] ist. Allerdings hat sie [auch jetzt noch] alle Güter, die sie ... in der

Begabung mit Leben, Sinnen und Verstand besitzt, vom höchsten Gott, ihrem Schöpfer und Bildner. Das Laster (vitium) aber, das diese natürlichen Güter verdunkelt und schwächt, so dass sie [die menschliche Natur] der Erleuchtung und Heilung bedarf, hat sie sich nicht vom schuldlosen Bildner, sondern aus der Ursünde (originale peccatum) zugezogen, die aus freiem Willen (liberum arbitrium) begangen ward. Darum trifft auch die straffällig gewordene Natur eine ganz und gar gerechte Strafe. Wenn wir nämlich nunmehr in Christus eine »neue Kreatur« sind [vgl. 2. Kor. 5,17], dann waren wir doch »von Natur Kinder des Zorns ebenso wie die übrigen; Gott aber hat uns ... mit Christus zum Leben erweckt, durch dessen Gnade wir gerettet wurden« [Eph. 2,3-5].

(4,4) Diese Gnade Christi also, ohne die weder Kinder noch Erwachsene gerettet werden können, wird nicht in Vergeltung für Verdienste (merita), sondern umsonst (gratis) verliehen, weshalb sie auch Gnade (gratia) heißt ... [vgl. Röm. 3,24] Aus diesem Grunde werden gewiss alle zu Recht verdammt, die nicht durch jene [Gnade] Befreiung erlangen, sei es, dass sie [den Gnadenruf] noch nicht hören konnten oder ihm nicht gehorchen wollten, sei es auch, dass sie, sofern sie aus Altersgründen [das Wort] noch nicht vernehmen konnten, das Bad der Wiedergeburt – unerachtet der Möglichkeit, es zu empfangen und dadurch gerettet zu werden [vgl. Tit. 3,5] – nicht empfangen haben; sind sie doch nicht ohne Sünde, die sie entweder vom Ursprung her (originaliter) mit sich schleppten oder durch schlechten Lebenswandel vermehrten. »Denn alle haben gesündigt« – ob in Adam oder in sich selbst – »und mangeln des Ruhmes, den sie vor Gott haben sollten« [Röm. 3,23].

(5,5) Die gesamte Masse (Universa ... massa) ist also der Strafe verfallen; und würde allen die geschuldete Strafe der Verdammnis zuteil, so geschähe dies zweifelsohne nicht zu Unrecht. Daher heißen alle, die dem aus Gnaden entnommen werden, nicht Gefäße ihrer eigenen Verdienste, sondern »Gefäße der Barmherzigkeit« [Röm. 9,23]. [Um] wessen Barmherzigkeit aber [handelt es sich], wenn nicht dessen, der Christus Jesus in diese Welt gesandt hat, um Sünder selig zu machen [vgl. 1. Tim. 1,15]: diejenigen, die er zuvor ersehen, vorherbestimmt, berufen, gerechtfertigt und verherrlicht hat [vgl. Röm. 8,29 f.] ...

(6,6) Wollen wir dies im Sinne der Schrift recht begreifen, so lassen wir uns nicht in einen Disput gegen die christliche Gnade hineindrängen und zu Aussagen verleiten, mit denen wir zu beweisen suchen, dass die Menschennatur selbst bei kleinen Kindern nicht des Arztes bedürfe, da sie unversehrt sei, und bei Erwachsenen aus sich selbst heraus zur Gerechtigkeit zu genügen vermöge, sofern sie nur wolle. Das scheint gewiss scharfsinnig geredet zu sein; doch in jenen »tiefsinnigen Reden«, welche das Kreuz Christi entleeren [vgl. 1. Kor. 1,17], »ist die Weisheit nicht, die von oben kommt« [Jak. 3,15] ...

p) Das Gesetz der Werke und das Gesetz des Glaubens
(aus: Über den Geist und den Buchstaben, 21.22)

(9,21) Es wird ... der Mühe wert sein, darüber nachzudenken, welches der Unterschied sei zwischen dem Gesetz ... der Werke (lex operum), das jenen [Selbst-]Ruhm ein-, und dem Glaubensgesetz (lex fidei), das ihn ausschließt ...

(22) Was also ist der Unterschied? ... Dasselbe, was das Werkgesetz durch Drohen verlangt, erlangt das Glaubensgesetz durch Glauben. Jenes sagt: »Lass dich nicht gelüsten!« [Ex. 20,17]; dieses sagt: »Da ich nun einsah, niemand könne in Züchten leben, es sei denn, Gott gäbe es ihm – und zwar war das bereits ein Beweis von

Weisheit, zu erkennen, wessen Gnadengabe dies ist –, trat ich zum Herrn und flehte ihn an« [Weish. 8,21] ... Im Werkgesetz spricht Gott: Tu, was ich befehle! Im Glaubensgesetz spricht man zu Gott: Gib, was du befiehlst (Da, quod iubes)! Darum nämlich befiehlt uns das Gesetz, um uns daran zu erinnern, was der Glaube zu tun hat; d.h. wer einen Befehl erhält, ihn aber noch nicht erfüllen kann, der soll wissen, worum er zu bitten hat. Kann er ihn jedoch sogleich erfüllen und kommt ihm gehorsam nach, so soll er erst recht wissen, wessen Gabe er das verdankt. »Denn wir haben nicht den Geist dieser Welt empfangen«, spricht derselbe beharrliche Prediger der Gnade (constantissimus gratiae praedicator), »sondern den Geist, der von Gott kommt, auf dass wir wissen, was uns von Gott geschenkt ist« [l. Kor. 2,12]. Was aber ist der Geist dieser Welt anderes als jener Geist des Hochmuts (superbia), durch den das unverständige Herz derer verfinstert ist, die, obschon sie Gott erkannten, ihn doch nicht als Gott verherrlichten, indem sie ihm dankten? Derselbe [Hochmuts-]Geist betrügt auch alle die, die, »weil sie die Gottesgerechtigkeit nicht kannten und ihre eigene Gerechtigkeit aufzurichten suchten, sich der Gottesgerechtigkeit nicht untergeordnet haben« [Röm. 10,3] ... Nachdem ich dies nun nach dem Maß der Kräfte, die mir Gott zu schenken geruhte, betrachtet und gründlich behandelt habe, ziehe ich daraus den Schluss: nicht durch Vorschriften für ein rechtschaffenes Leben kann der Mensch gerechtfertigt werden, nur durch den Glauben an Jesus Christus. Oder was dasselbe ist: nicht durch das Werkgesetz, sondern durch das Glaubensgesetz; nicht durch den Buchstaben, sondern durch den Geist; nicht durch Verdienst der Werke, sondern durch ungeschuldete Gnade (gratuita gratia).

q) Die göttliche Vorherbestimmung (Über die Vorherbestimmung der Heiligen 8,16)

Der Glaube ist ... seinem Anfang wie seiner Vollendung nach Gottes Geschenk (Fides ... et inchoata, et perfecta, donum Dei est). Dass dieses Geschenk den einen gegeben werde, den anderen aber nicht, wird nie und nimmer bezweifeln, wer sich nicht in Widerspruch zu dem völlig klaren Zeugnis der Hl. Schrift begeben will. Warum es aber nicht allen zuteil werde, darf den Gläubigen nicht beschweren; glaubt er doch, dass alle um [der Sünde] des einen [sc. Adams] willen der Verdammnis anheimgefallen sind, und dies zweifelsohne vollkommen zu Recht, so dass Gott nicht der geringste berechtigte Tadel träfe, auch wenn kein einziger dieser Verdammnis entnommen würde. Daraus [aber] wird das Übermaß der Gnade ersichtlich, dass so viele gerettet werden und an denen, die nicht gerettet werden, ablesen können, was sie selbst verdient hätten, auf dass, wer sich rühmt, nicht seiner eigenen Verdienste, die denen der Verdammten offensichtlich gleich sind, sondern des Herrn sich rühme [vgl. Jer. 9,23; 1. Kor. 1,31]. Warum [Gott] aber lieber diesen als jenen rettet, das gehört zu seinen unerforschlichen Ratschlüssen und seinen unergründlichen Wegen [vgl. Röm. 11,53]. Denn es ist besser, auch hier [auf das Apostelwort] zu hören und [es ihm] nachzusprechen: »Wer bist du denn, Mensch, dass du mit Gott rechtest?« [Röm. 9,20], als dass wir zu sagen wagen, so als wüssten wir Bescheid, was Gott uns verborgen lassen wollte, er, der dennoch nichts Ungerechtes wollen kann.

IV. Theologie der Geschichte: Die beiden civitates

Wie mit seinem antidonatistischen Kirchenbegriff und seiner schon vor der Kontroverse mit Pelagius (s. unten Nr. 91) in den Grundzügen fertigen Gnadenlehre, so hat Augustin gerade auch
mit seiner oft genug allerdings missverstandenen – »Zwei-civitates«-Lehre die weitere Geschichte von Theologie und Kirche entscheidend geprägt. Hauptquelle sind seine unter dem
Eindruck der Eroberung Roms durch die Westgoten (24. Aug. 410) zwischen 413 und 426
stückweise veröffentlichten 22 Bücher De civitate dei.

r) Der Gegensatz der beiden civitates im Ganzen der Menschheitsgeschichte
(Über die Unterweisung der Anfänger im Glauben [De catechizandis rudibus] 31,2;
Über die Gottesbürgerschaft 14,28)

(Üb. d. Unterw. usw. 31,2) Zwei Bürgerschaften (civitates) gibt es ... von Anbeginn
der Menschheit an: eine der Ungerechten und eine andere der Heiligen, und sie dauern
bis zum Ende dieser Weltzeit (saeculum); nach außen hin [›körperlich‹] jetzt [noch]
miteinander vermischt, willentlich (voluntatibus) dagegen [jetzt bereits] getrennt, müssen sie sich am Tage des Gerichts auch nach außen hin voneinander scheiden.
(Üb. d. Gottesbürgersch. 14,28) Zwei Arten von Liebe (duo amores) sind es.. ., die die
beiden Bürgerschaften schufen: die Erdenbürgerschaft, die bis zur Verachtung Gottes
gehende Selbstliebe (amor sui), die Himmelsbürgerschaft, die bis zur Selbstverach-
tung gehende Gottesliebe (amor Dei). Mit einem Wort: die eine rühmt sich ihrer
selbst, die andere des Herrn ... Jene wird in ihren Fürsten oder in den von ihr unterjochten Völkern von der Herrschsucht beherrscht, in dieser sind einander in Liebe
dienstbar die Vorgesetzten, indem sie sich sorgsam beraten, die Untergebenen, indem
sie Gehorsam leisten.

s) Der Ursprung der irdischen civitas (ebenda 15,1)

... Wir haben das Menschengeschlecht in zwei Klassen (genera) eingeteilt: zur einen
gehören die, die nach Menschenweise (secundum hominem) leben, die andere aber
umfasst diejenigen, die in Ausrichtung auf Gott (secundum deum) leben. In übertragenem Sinne (mystice) nennen wir die beiden Klassen auch zwei Bürgerschaften, d.h.
zwei Menschengemeinschaften (societates hominum), deren eine vorherbestimmt
(praedestinata) ist, mit Gott in Ewigkeit zu herrschen, die andere aber, in Gemeinschaft mit dem Teufel ewige Pein zu erdulden ... Diese gesamte Weltzeit nämlich, in
der Geschlechter kommen und gehen, fällt zusammen mit dem Fortgang (excursus)
jener beiden Bürgerschaften, von denen wir reden. – Zuerst also wurde von jenen
beiden Stammeltern aller Menschen Kain geboren, der zur menschlichen civitas,
danach Abel, der zur civitas Gottes gehört ... Zuerst wurde der Bürger dieses Äons
geboren, danach erst der, der Fremdling in dieser Welt ist und der civitas Gottes
angehört: aus Gnaden vorherbestimmt (praedestinatus), aus Gnaden erwählt, aus Gnaden Fremdling hienieden, aus Gnaden Bürger dort droben. Denn soweit es an ihm
liegt, entstammt er derselben Masse, die [bereits] im Ursprung als ganze verdammt
wurde (ex eadem massa oritur, quae originaliter est tota damnata); gleichwohl hat
Gott wie ein Töpfer ... [vgl. Röm. 9,21] aus derselben Masse ein Gefäß zur Unehre
und ein anderes zur Ehre geformt ... Darum steht auch von Kain geschrieben, er sei

Stadtgründer gewesen (quod condiderit civitatem) [Gen. 4,17]; Abel hingegen, als Fremdling, hat keine »Stadt« gegründet. Denn die Bürgerschaft der Heiligen ist jenseitig (superna), obschon sie hienieden Bürger hervorbringt, unter welchen sie sich auf Pilgerschaft befindet, bis die Zeit ihrer Herrschaft anbricht ...

t) Das relative Recht der irdischen civitas (ebenda 4,4; 15,4; 19,17.21-26)

(4,4) Was sind Reiche (regna), sofern ihnen Gerechtigkeit (iustitia) mangelt, anderes als riesige Räuberbanden (magna latrocinia)? ...

(15,4) ... Gleichwohl wäre es nicht richtig, den Dingen wonach diese [irdische] Bürgerschaft verlangt, die Eigenschaft von Gütern gänzlich abzusprechen; ist sie doch in ihrer menschlichen Art nicht schlecht. Sie verlangt nämlich nach einer Art irdischen Friedens (pax terrena) im Verhältnis zu den an Rang niedersten Dingen (pro rebus infimis) ...

(19,17) ... So erstrebt auch die Erdenbürgerschaft, die nicht aus Glauben lebt, den irdischen Frieden und lässt die Eintracht der Bürger in bezug auf Befehlen und Gehorchen unverrückt darauf gerichtet sein, dass sich bei ihnen hinsichtlich der zum sterblichen Leben gehörigen Dinge ein gewisses Maß an Willensübereinstimmung (quaedam compositio voluntatum) herstelle. Die Himmelsbürgerschaft aber oder vielmehr der Teil von ihr, der sich in dieser Sterblichkeit auf Pilgerschaft befindet und aus Glauben lebt, muss sich gleichfalls dieses [irdischen] Friedens bedienen, bis diese sterbliche Existenz, für die ein solcher Friede notwendig ist, ihr Ende findet ... Mithin besteht zwischen beiden Bürgerschaften Einmütigkeit in den zum vergänglichen Leben gehörigen Dingen, weil beiden diese sterbliche Existenz gemeinsam ist .... [allerdings nur,] soweit das ohne Verletzung der Frömmigkeit und der Religion möglich ist ...

(21) [Legt man die Ciceronische Definition zugrunde, wonach ein »Gemeinwesen« (res publica) eine Volkssache (res populi) ist, und versteht weiterhin mit Cicero unter »Volk« eine »durch Rechtsübereinkunft und Interessenidentität verbundene Menschengemeinschaft« (coetus multitudinis iuris consensu et utilitatis communione sociatus)[1], so ist nicht nur Rom niemals eine Republik im Vollsinn gewesen, sondern kann es eine solche auch gar nie geben.] Gerechtigkeit (iustitia) ist ja die Tugend, die jedem das Seine (sua cuique) zuteilt. Wie kann man folglich von Gerechtigkeit beim Menschen reden, wo diese den Menschen selbst dem wahren Gott entzieht und den unreinen Dämonen unterwirft? ...

(24) [Passender, wenn auch weniger anspruchsvoll, dürfte folgende Definition sein:] »Volk ist die Vereinigung vernunftbegabter Wesen, verbunden in einträchtiger Übereinstimmung hinsichtlich der Dinge, die sie schätzt« (Populus est coetus multitudinis rationalis rerum quas diligit concordi communione sociatus) ... Ganz allgemein jedenfalls geht einem politischen Gemeinwesen von Gottlosen wahre Gerechtigkeit ab; denn ihm gebietet Gott nicht als einem solchen, das ihm gehorsam ist, ihm allein zu opfern, so dass darin auch nicht der Geist über den Leib und die Vernunft über die Leidenschaften die Oberhand haben ...

(26) ... [Selbst ein gottloses Volk aber] schätzt die ihm eigene und nicht zu verachtende Art von Frieden, welchen es freilich am Ende nicht besitzen wird, da es sich seiner vor dem Ende nicht in rechter Weise bedient. Dass es ihn jedoch inzwischen, in diesem Leben, besitze, daran ist auch uns gelegen; denn solange beide Bürgerschaften miteinander vermischt sind, bedienen auch wir uns des Friedens Babylons (pax Babylonis) ... [vgl. 1.Tim. 2,2; Jer. 29,7] ...

u) civitas dei und Kirche (ebenda 20,9,1.2)

(20,9,1) ... »Wer eines von diesen geringsten Geboten auflöst und so die Leute lehrt, der wird der Geringste heißen im Himmelreich; wer es aber tut und lehrt, der wird groß heißen im Himmelreich« [Mt. 5,19] ... In anderem Sinne ist also das Himmelreich zu verstehen, in welchem beide vertreten sind: sowohl der, welcher »auflöst« [d.h. nach Augustin: der nicht tut], was er lehrt, als auch der, der [seiner Lehre entsprechend] handelt ...; in anderem Sinne wiederum wird vom Himmelreich gesprochen, in das nur eingeht, wer [den Geboten entsprechend] handelt. Demnach ist dort, wo beide Arten vorhanden sind, die Kirche so, wie sie jetzt beschaffen ist (qualis nunc est) ; wo es aber nur noch jene [zweite Menschen-] Art geben wird, da wird die Kirche sein, so, wie sie dereinst beschaffen sein wird (qualis tunc erit), wenn es in ihr keinen Bösen mehr geben wird. So ist denn auch jetzt die Kirche Reich Christi und Reich der Himmel, und es herrschen mit ihm auch jetzt seine Heiligen, anders freilich, als sie dereinst herrschen werden ... (2) [Jetzt handelt es sich noch immer um ein Reich des kriegerischen Kampfes (regnum militiae)], in dem einmal den anstürmenden Leidenschaften Widerstand zu leisten ist, während sie ein andermal als bereits bezwungene zu beherrschen sind, bis es zu dem völlig befriedeten Reich (pacatissimum regnum) kommt, wo ohne Feind regiert wird ... [Von dem diesem voraufgehenden, jetzt schon angebrochenen tausendjährigen Reich heißt es in Offb. 20,4 zusammenfassend:] »Und ich sah Throne und die darauf saßen, und es ward ihnen das Gericht übertragen.« Dies darf nicht im Sinne des letzten Gerichtes verstanden werden, sondern es sind damit die Sitze der Vorsteher (praepositi) und die Vorsteher selbst gemeint, durch die gegenwärtig die Kirche geleitet wird (per quos nunc ecclesia gubernatur). Unter dem ihnen übertragenen Gericht aber lässt sich, so will mir scheinen, nichts besser als das verstehen, von dem es heißt: »Was ihr gebunden haben werdet auf Erden, wird auch im Himmel gebunden sein; und was ihr gelöst haben werdet auf Erden, wird auch im Himmel gelöst sein« [Mt. 18,18] ...

[1]   Cicero, Über den Staat 1,39.

V. Sozialethik

Auch die im folgenden belegten augustinischen Anschauungen dürften nur im Licht des ihnen zugrundeliegenden Verständnisses von Christentum und »Welt« als des Themas von De civitate dei voll verständlich sein. Zugleich lassen sie die Grenzen der »Zwei-civitates«-Lehre Augustins sichtbar werden.

v) Die Ethik der Bergpredigt und die politische Ethik der Römer (aus: Brief 138,9ff.)

(9) [Die Apologeten des Heidentums beteuern], mit den Sitten (mores) des Gemeinwesens (res publica) stimmten an keinem Punkt Verkündigung und Lehre Christi überein, als dessen Gebot folgendes feststehe: Wir dürfen niemandem Böses mit Bösem vergelten ... [Mt. 5,39-41 par.]. Dies alles, so versichern sie, sei den Sitten des Gemeinwesen zuwider. »Denn wer wird es zulassen, dass ihm etwas vom Feind entwendet wird, oder wer wird den Plünderern einer römischen Provinz ihre Übeltaten nicht mit dem Kriegsrecht vergelten?« ... Auf welche Weise aber pries Cicero die Sitten Caesars, der doch gewiss Verwalter eines Gemeinwesens war, indem er sagte,

dass jener nichts zu vergessen pflegte außer erlittenes Unrecht[1]? ... (10) Steht dies bei ihren Schriftstellern zu lesen, so spendet man lauthals Beifall und hat es den Anschein, als würden Sitten beschrieben und gepriesen, die es wohl wert wären, dass sich an ihnen ein politisches Gemeinwesen wieder aufrichte ... Steht es jedoch als Gebot der göttlichen Autorität zu lesen, dass man Böses nicht mit Bösem vergelten solle, ... gleich wird die Religion verklagt, als sei sie dem Gemeinwesen feind. Würde man dagegen auf sie hören, wie sie es verdient, so würde sie das Gemeinwesen weit besser als Romulus, Numa, Brutus[2] und die übrigen berühmten Männer des römischen Volkes ... festigen und mehren. Denn was ist das Gemeinwesen (res publica) anderes als die Sache des Volkes (res populi)? ... Und was ist ein politisches Gemeinwesen anderes als eine in ein gewisses Maß von Eintracht eingebundene Vielzahl von Menschen (hominum multitudo in quoddam vinculum redacta concordiae)? ... (11) [Dem Grundsatz, dass durch Eintracht ein Gemeinwesen konstituiert wird, entspricht in hohem Maße auch das Gebot, Böses nicht mit Bösem zu vergelten. Folgt man ihm nämlich, so] wird zu jener Eintracht, wie sie einem politischen Gemeinwesen zuträglicher ist als alles andere, ein Reuiger (paenitens) hinzugewonnen, und zwar nicht durch rohe Gewalt, sondern durch das Wohlwollen dessen überwunden, dem [das Unrecht] widerfuhr ...

w) Das Ideal des christlichen Kaisers (Über die Bürgerschaft Gottes 5,24)

Wir ... preisen einige [!] christliche Kaiser nicht darum glücklich, weil sie länger regierten oder, eines sanften Todes sterbend, ihren Söhnen die Herrschaft hinterließen ... Solche Gaben und Tröstungen dieses kummervollen Lebens zu empfangen war vielmehr auch Dämonenverehrern vergönnt ... Sondern glücklich nennen wir sie, wenn sie ein gerechtes Regiment führen (si iuste imperant), wenn sie sich ob all der schmeichlerisch verhimmelnden und kriecherisch unterwürfigen Reden in ihrer Umgebung nicht überheben, sondern eingedenk bleiben, dass sie Menschen sind; wenn sie ihre Macht in den Dienst der göttlichen Majestät stellen, um die Gottesverehrung so weit wie möglich auszubreiten (si suam potestatem ad Dei cultum maxime dilatandum maiestati eius famulam faciunt); wenn sie Gott fürchten, lieben und verehren; wenn sie mehr noch jenes Reich liebhaben, in dem sie keine Mitregenten zu fürchten brauchen[!]; wenn sie langsam sind zu strafen und bereitwillig Nachsicht üben ...; wenn sie es nicht unterlassen, für ihre Sünden ihrem wahren Gott das Opfer der Demut, der Klage, des Gebetes darzubringen[3]. Solche christlichen Herrscher nennen wir glücklich, einstweilen in Hoffnung, danach in Wirklichkeit, wenn eingetroffen sein wird, wessen wir harren.

x) Rechtfertigung des Glaubenszwanges? (aus: Brief 93,2,5; 5,17.16)

(2,5) Du meinst[4], man dürfe niemanden zur Gerechtigkeit zwingen (neminem debere cogi ad iustitiam), obwohl du [im Gleichnis vom großen Abendmahl (Lk. 14,15-24)] liest, dass der Hausvater zu seinen Knechten sagte: »Alle, die ihr findet, nötigt hereinzukommen« (cogite intrare); obwohl du liest, dass selbst ein Saulus, der spätere Paulus, durch äußerst gewaltsame Einwirkung Christi zur Erkenntnis der Wahrheit gedrängt wurde [vgl. Apg. 9,3ff.]; ... obwohl du das Wort Christi vernimmst: »Niemand kommt zu mir, es sei denn, der Vater ziehe ihn« [Joh. 6,44], was sich im Herzen all derer abspielt, die sich aus Furcht vor dem Zorn Gottes zu ihm bekehren ...

(5,17) ... Ursprünglich ... war [auch] ich der Meinung, es dürfe niemand zur Einheit Christi [sc. zur Gemeinschaft der katholischen Kirche] gezwungen werden, sondern man müsse es das Wort ausrichten lassen, müsse den Kampf mittels der Auseinandersetzung führen und den Sieg durch Vernunftgründe erringen, um nicht an denen, die wir als offenherzige Häretiker kannten, erheuchelte Katholiken zu haben! Allein, mit dieser Meinung unterlag ich, und zwar nicht den Worten derer, die mir widersprachen; vielmehr waren es die aufgezeigten Beispiele, die sie [sc. meine bisherige Meinung] überwanden. An erster Stelle hielt man mir nämlich das Beispiel meiner eigenen Stadt [Thagaste?] entgegen, die sich früher geschlossen zur Donatistenpartei hielt, nun aber aus Furcht vor den kaiserlichen Gesetzen[5] zur katholischen Einheit bekehrt wurde ... Wie viele hielten die Donatistenpartei deshalb für die wahre Kirche, weil [falsche] Sicherheit (securitas) sie zur Erkenntnis der katholischen Wahrheit ... träge gemacht hatte? Wie vielen versperrten [falsche] Gerüchte von Lästerern die Tür zum Eintreten ...? Wie viele glaubten, es komme nicht darauf an, zu welcher Seite sich ein Christ halte, und blieben deshalb bei der Partei des Donatus, weil sie dort geboren waren und niemand sie nötigte, von dort zu weichen und zur katholischen Kirche überzutreten!

(5,16) [Wenn anders diesen Beispielen irgendwelche Beweiskraft zukommt, dann] ist nicht entscheidend, dass einer überhaupt einem Zwang ausgesetzt, sondern nur, wozu er gezwungen wird: ob es gut sei oder böse. Nicht als könne jemand gegen seinen Willen gut sein; wohl aber gibt er aus Furcht vor dem, was er nicht erleiden will, die Feindseligkeit auf, die ihm zuvor im Wege war, oder er sieht sich gedrängt, die Wahrheit zu erkennen, die ihm zuvor unbekannt war, indem er aus Furcht den früher unterstützten Irrtum ablegt oder der ihm früher unbekannten Wahrheit nachfragt und so freiwillig annimmt, wozu er sich zuvor nicht verstehen mochte ...

y) Christentum und Eigentum (aus: Traktate über das Johannesevangelium 6,25.26, im Vergleich mit Brief 157,4,33)

Augustin setzt sich hier mit Klagen der Donatisten auseinander, denen Kaiser Honorius im Sinne der staatlichen Ketzergesetzgebung das kirchliche Eigentum abgesprochen hatte und die sich beschwerten, als seien sie durch die Katholiken beraubt worden. Aufgrund welchen Rechts, so fragt Augustin die Gegner, werden hier Eigentumsansprüche geltend gemacht?

(6,25) ... Kraft menschlichen oder göttlichen Rechts? ... Das göttliche Recht besitzen wir in der Schrift, das menschliche in den Gesetzen der Kaiser. Wodurch also besitzt ein jeder das, was er besitzt? Doch offenbar kraft menschlichen Rechts. Denn nach göttlichem Recht »gehört die Erde dem Herrn samt allem, was darinnen ist« [Ps. 24 (23),1]. Arme und Reiche hat Gott aus demselben Lehm gemacht, und Arme wie Reiche ernährt ein und dieselbe Erde. Kraft menschlichen Rechts aber sagt man: dieser Landbesitz (villa), dies Haus, dieser Sklave ist mein. Kraft menschlichen Rechts also, kraft kaiserlichen Rechts. Wieso? Weil Gott eben diese menschlichen Rechtssatzungen dem Menschengeschlecht mittels der Kaiser und Könige dieser Welt gegeben hat ... Sage also nicht: Was geht mich der Kaiser an? ... (26) ... Denn [wenn du so redest,] was hast du dann mit dem Besitztum zu schaffen? [Allein] kraft kaiserlichen Rechts gibt es überhaupt so etwas wie Besitzrechte (Per iura regum possidentur possessiones) ...[6]

z) Christentum und Sklaverei (Über die Bürgerschaft Gottes 19,15; Auslegung zu den Psalmen 124,7)

(Üb.d.Bürgersch.G.s 19,15) ... Zu Recht ... versteht man die Sklaverei (servitus) als einen erst dem Sünder auferlegtes Los (condicio). So lesen wir denn auch nirgends in den [heiligen] Schriften von einem Sklaven, bis der gerechte Noah seinen Sohn zur Strafe für seine Sünde [erstmals] mit diesem Namen belegte [Gen. 9,25] ... Dazu [und mithin zur Herrschaft des Menschen über den Menschen] aber kam es gewiss nicht ohne göttliche Verfügung, bei dem es keine Ungerechtigkeit gibt und der den Verfehlungen der Menschen unterschiedliche Strafen zuzumessen weiß, je nach dem, wie sie es verdienen. Allein, wie der höchste Herr sagt: »Jeder, der Sünde tut, ist der Sünde Knecht« [Joh. 8,34]; darum sind auch gewiss viele Fromme ungerechten Herren dienstbar, die nicht [schon deshalb, weil sie Sklaven besitzen, auch] als Freie gelten können; »denn wovon einer überwältigt ist, dessen Sklave ist er geworden« [2. Petr. 2,19]. Und auf jeden Fall ist der glücklicher daran, der Sklave eines Menschen als der Begierde ist (Et utique felicius servitur homini quem libidini), da es, um von anderen Lüsten zu schweigen, gerade die Herrschsucht (libido dominandi) ist, die die Herzen der Sterblichen in grausamster Tyrannei verwüstet ... Niemand aber ist von Natur aus, so, wie Gott ursprünglich den Menschen geschaffen hat, Sklave eines Menschen oder der Sünde. Gleichwohl ist in der als Strafe verhängten Sklaverei (poenalis servitus) ein ordnender Ausfluss desjenigen Gesetzes zu erblicken (ea lege ordinatur), das die natürliche Ordnung zu wahren gebietet und zu stören untersagt. Deshalb mahnt auch der Apostel die Sklaven, ihren Herren untertan zu sein und ihnen aufrichtig und gutwillig zu dienen [vgl. Eph. 6,5], auf dass sie, wenn sie schon von ihren Herren nicht die Freiheit erlangen können, ihre Sklaverei gewissermaßen selbst in Freiheit verwandeln, indem sie nicht in arglistiger Furcht, sondern in treuer Liebe dienen, bis die Bosheit vergeht und jegliche Herrschaft und menschliche Gewalt abgetan wird und Gott ist alles in allem [vgl. 1. Kor. 15,24.28].

(Ausl.z.Ps.124,7) ... Siehe, er [Christus] hat nicht aus Sklaven Freie, sondern aus schlechten Sklaven gute Sklaven gemacht (Ecce non fecit de servis liberos, sed de malis servis bonos servos) ...

Quellen: M. Skutella, S. Aureli Augustini Confessionum libri XIII, BT, 1934 (Nachdr. 1969); A. Goldbacher, S.A. Augustini Hippon. episc. Epistulae, CSEL 34.44.57f., 1895-1923; A. Hamman, PLS 2,1960, Sp. 398ff. (echte Sermones); L. Verheijen, La règle de s. Augustin, 2 Bde., Paris 1967; W.M. Green, S.A. Augustini ... De doctrina christiana libri quattuor, CSEL 80,1963; J. Zycha, S.A. Augustini ... Contra epistulam Fundamenti..., CSEL 25, 1891; M. Petschenig, S.A. Augustini Scripta contra Donatistas, 1.2, CSEL 51f., 1908f.; R. Willems, S.A. Augustini in Johannis evangelium tractatus CXXIV, CChr.SL 36,1954; C.F. Urba/J. Zycha, S.A. Augustini ... De spiritu et littera ... De natura et gratia..., De praedestinatione sanctorum..., CSEL 42.60,1913; A. Wolfhard/G. Krüger, Augustin. De catechizandis rudibus, SQS 4, 1893[2]; S.A. Augustini ep. De civitate Dei l. XXII, rec. B. Dombart/A. Kalb (BT), [5]1981; E. Dekkers/J. Fraipont, S.A. Augustini Enarrationes in psalmos CI-CL, CChr.SL 40,1956. – *Literatur:* F. von der Meer, Augustinus der Seelsorger, 1958; R.A. Markus, Saeculum, Cambridge 1970; U. Duchrow, Christenheit und Weltverantwortung, (1970) 1983[2]; P. Brown, Augustinus von Hippo, 1973; C. Andresen, Zum Augustingespräch der Gegenwart, Bd. 1, 1976[2]; Bd. 2, 1981; K. Flasch, Augustin, (1980) 1994[2]; H.-I. Marrou, Augustinus und das Ende der antiken Bildung, 1981; H. Chadwick, Augustin, 1987; J. von Oort, Jerusalem and Babylon, Leiden 1991; H. Ruokanen, Theology of Social Life in Augustine's De civitate Dei, 1993; E. Dassmann, Augustinus. Heiliger und Kirchenlehrer, 1993; A.M. Ritter, Zur »Realbilanz« der alten Kirchengeschichte: Das Beispiel »Christentum und Sklaverei«, in: J. Dummer/M. Vielberg (Hg.), Leitbilder der Spätantike – Eliten und Leitbilder, 1999, 101-122; ders., Gottesbürgerschaft und Erdenbürgerschaft bei Augustin und Photios, in: ZKG 113, 2002, 295-312; Y. Duval: Afrika: Aurelius und Augustinus, in: Das Entstehen der Einen Christenheit (wie o. Nr. 33), 918-937; S. Hausammann (wie o. Nr. 7), Bd. 3, 2003, 357-441.

[1]   Cicero, Zugunsten des Q. Ligarius 12,35.

[2]   Romulus, nach der Romsage Gründer der Stadt; Numa Pompilius, nach derselben Sage zweiter König und maßgeblicher Gesetzgeber Roms; L. Iunius Brutus (um 500 v.chr.) gilt als Begründer der römischen Republik und Urheber folgenreicher staatsrechtlicher wie sakraler Neuerungen.

[3]   Offensichtlich eine Anspielung auf Theodosius' I. Bußakt von Mailand (s. oben Nr. 86e m. Anm.2).

[4]   Angeredet ist Augustins Freund Vincentius, inzwischen Bischof der Rogatistensekte innerhalb des Donatismus.

[5]   Seit 404 ergingen wiederholt Petitionen der afrikanischen Katholiken, an denen auch Augustin beteiligt war, an den Kaiserhof und verlangten verschärfte Maßnahmen gegen die donatistischen Schismatiker. Die daraufhin erlassenen Gesetze hatten zum Inhalt: Ausweisung für den donatistischen Klerus, Geldstrafen für renitente Laien und Enteignung der Kirchen zugunsten der Katholiken. Erst recht verstärkte sich der staatliche Druck nach dem für die Katholiken günstigen Ausgang des ›Religionsgespräches‹ von Karthago (Juni 411) und führte innerhalb eines Jahrzehnts praktisch zur Zerschlagung des Donatismus. Doch gerade jetzt meldete sich Augustin mäßigend zu Wort (vgl. z.B. Brief 133 v. J. 412), so dass er, trotz allem, kaum als »Vater der Inquisition« betrachtet werden kann.

[6]   Vgl. zu Augustins Eigentumsauffassung, nach der also nur im Sinne menschlichen (»positiven«), nicht göttlichen Rechts [Privat-]Eigentum als legitim zu gelten hat, auch etwa Brief 157. Danach sieht der Autor den Verzicht auf Eigentum als eine ideale Betätigung christlicher Gesinnung an, wie sie schon in der Urgemeinde, die auch er sich »kommunistisch« strukturiert denkt, verwirklicht wurde, behält jedoch jene »rühmlichste Vollkommenheit« besonders »Hochgesinnten«, d.h. wohl Klerikern und Mönchen, vor (vgl. auch oben die Auszüge aus der Augustinregel, Abschnitt h). Für die übrigen Kirchenglieder, die sich nicht dazu aufzuschwingen vermögen, den »Rat der Vollkommenheit« anzunehmen, aber doch dessen eingedenk bleiben, dass sie wahrhaft Christen sind, ist das Almosengeben, die freiwillige Liebestätigkeit, die einzige Praktizierung dieses »Kommunismus« (s. bes. Br. 157,4,33).

91. Pelagius

Augustins Gnadenlehre stieß auf den Widerspruch des Pelagius (ca. 354-420), der, aus Britannien stammend, um 384 in Rom auftauchte und sich dort als Asket und Bibelausleger großes Ansehen (namentlich unter Angehörigen der Oberschicht) erwarb, ehe er 410 vor den Westgoten nach Afrika floh und hier mit seiner Sünden- und Gnadenlehre mit derjenigen Augustins in Konflikt geriet (Verurteilung seiner Hauptlehren durch das Konzil von Karthago 418). Es war allem Anschein nach in erster Linie ein asketisch-moralisches Interesse, das ihn gegen Augustin auf der Möglichkeit eines tugendhaften Lebens und der Verdienstlichkeit des frommen Werkes insistieren ließ. Dem diente auch seine Schriftauslegung, von der sich ausgerechnet ein Pauluskommentar erhalten hat!

a) Aus der »Erklärung der Paulusbriefe« (Expositiones XIII epistularum Pauli; verf. um 405)

(Zu Röm.3,28) ... Einige missbrauchen diese Stelle zur Aufhebung (destructio) der Werke der Gerechtigkeit, indem sie behaupten, allein der Glaube vermöge [dem Getauften] zu genügen, während doch derselbe Apostel andernorts sagt: »Und wenn ich allen Glauben besäße, ... habe aber die Liebe nicht, so ist's mir nichts nütze« [1. Kor. 13,2], [jene Liebe,] in der, wie er an einer anderen Stelle beteuert, die Erfüllung des Gesetzes beschlossen liegt ... [Röm.13,10]. Wenn dies der gegnerischen Auffassung also offensichtlich widerspricht, an welche [Gesetzes-]Werke hat man dann bei der Aussage des Apostels zu denken, dass ohne sie der Mensch gerechtfertigt werde durch Glauben? Natürlich an so etwas wie Beschneidung, Sabbat[heiligung] u.ä.m., nicht aber an Werke der Gerechtigkeit, von denen der selige Jakobus sagt: »Der Glaube ohne Werke ist tot« [Jak. 2,26]. Hier aber spricht er [Paulus] von demjenigen, der, zu Christus kommend, am Anfang seines Glaubensweges allein durch Glauben gerettet wird (qui ad Christum veniens sola, cum primum credit, fide salvatur). Indem er aber beifügt: »Werke des *Gesetzes*«, macht er klar, dass es auch Gnadenwerke (gratiae opera) gebe, [die die Getauften zu tun schuldig sind].

(Zu Röm. 5,12: »Wie deshalb durch einen Menschen die Sünde in diese Welt ihren Einzug hielt und durch die Sünde der Tod.«) Aufgrund des Beispiels oder Vorbildes (Exemplo vel forma). Wie nämlich die Sünde durch Adam aufkam, während es sie vordem nicht gab, so ist auch die Gerechtigkeit, als sie sich fast bei niemandem mehr fand, durch Christus wiederhergestellt worden; und wie durch jenes [Adams] Sünde der Tod seinen Einzug hielt, so ist auch durch dieses [Christi] Gerechtigkeit das Leben erneuert worden. »Und so ging [der Tod] auf alle über, [von dem her,] in welchem alle gesündigt haben« (in quo omnes peccaverunt). Indem sie nämlich solchermaßen sündigen, sterben sie auch auf die gleiche Weise. Denn der Tod ist nicht auf Abraham, Isaak [und Jakob] übergegangen [, von denen ja der Herr sagt: »Denn sie alle leben ihm« (Lk. 20,38)]. Hier aber bezeichnet er [Paulus] darum alle als tot, weil inmitten der Menge der Sünder die wenigen Gerechten nicht ausgenommen werden ... [ähnlich wie Ps. 13,1;115,11]. Oder [so ließe sich die Stelle auch deuten:] er [der Tod] ist auf alle die übergegangen, die nach menschlicher, nicht himmlischer Art (ritus) lebten.

(Zu Röm. 8,29: »[Denn] welche er zuvor erkannte.«) Demgemäß ist es sein Vorsatz, diejenigen allein durch Glauben zu retten, von denen er im voraus gewusst hat, dass sie glauben würden; und die er umsonst (gratis) zum Heil berufen hat, die wird er um so mehr verherrlichen, wenn sie [auf ihr Heil hin] wirken. (»Und hat sie dazu vorherbestimmt, dass sie gleichgestaltet seien dem Bild [der Herrlichkeit] seines Sohnes.«) Vorherbestimmen ist dasselbe wie Vorherwissen (Praedestinare idem est quod praescire). Von welchen er also voraussah, dass sie in ihrem Leben[swandel] gleichgestaltet sein würden [dem Bilde seines Sohnes], die wollte er auch zur Gleichförmigkeit [mit seinem Sohne] in Herrlichkeit gelangen lassen; denn »er wird unsern Leib der Niedrigkeit verwandeln zur Gleichförmigkeit mit dem Leibe seiner Herrlichkeit« [vgl. Phil. 3,21] ...

(Zu Röm. 9,16) ... Läge es [wirklich] »nicht an unserem Wollen und Laufen«, wie einige meinen, warum beeilte sowohl er [Paulus] selbst sich zu sagen: »Ich habe den Lauf vollendet« [2. Tim. 4,7], als er auch andere zu laufen ermahnte mit den Worten: »Lauft so, dass ihr alle [den Kampfpreis] erlangt« [1. Kor. 9,24]? Daraus wird ersichtlich, dass er sich hier eher eines Ausdrucks des Fragenden ... als des Leugnenden bedient. [Oder er will sagen: So liegt es nicht *nur* an unserem Wollen und Laufen, sondern *auch* an der Hilfe des Herrn (Ita non volentis neque currenti *tantum*, sed *et* domini adiuvantis)].

b) Aus dem Brief an Demetrias (PL 30, 16C.D; 22D = 33, 17. 24)

Das einzig vollständig erhaltene Werk des Pelagius neben seinem Paulusbriefkommentar ist der um 414 geschriebene, umfangreiche Brief an Demetrias, eine Tochter aus hohem Hause (der gens Anicia), die im Alter von 17 Jahren zur Besiegelung ihrer Gelübdes freiwilliger Ehelosigkeit die Jungfrauenweihe empfing. Neben Pelagius verfassten auf Bitten der Mutter auch Hieronymus (ep. 130) und Augustin (ep. 150) eine an D. gerichtete Unterweisung darüber, was es heiße, ein asketisches Leben zu führen.

(2) Wann immer ich zu sprechen habe über moralische Unterweisung und die Führung eines heiligmäßigen Lebens (de institutione morum et sanctae uitae conuersatione), pflege ich einzusetzen mit dem Nachweis, welche Macht (uis) und Beschaffenheit die menschliche Natur hat, und zu zeigen, was sie zu bewirken vermag; sogleich danach sporne ich für gewöhnlich den Geist des Zuhörers zu den [verschiedenen] Tugendidealen (ad species ... uirtutum) an; [steht doch zu befürchten,] es verspreche keinen Nutzen, zu etwas aufgerufen zu werden, von dessen Undurchführbarkeit man womöglich [bislang] ausgegangen ist (ne nihil prosit ad ea vocari, quae forte sibi impossibilia esse praesumpserit). Denn wir können nur dann unseren Fuß auf den Pfad der Tugend setzen, während Resignation (consequendi desperatio) jeden Versuch, Tugend zu erlangen (appetendi omnis conatus), vereitelt. Wenn ich schon in anderen, kleineren Schriften diesen Aufbau der Ermunterung (exhortatio) eingehalten habe, so ist er erst recht, wie ich glaube, an dieser Stelle erforderlich; verlangt doch das Gut der Natur (naturae bonum) da nach umso vollerer Entfaltung, je vollkommener die Lebensweise ist, für die es Anweisungen zu geben gilt, damit der Geist in seinem Tugendstreben nicht in dem Maße nachlässiger (remissior) und träger werde, als er glaubt, sein Vermögen sei zu gering (quanto minus se posse credat), weil er der [irrigen] Meinung ist, das nicht zu besitzen, von dessen innerem Besitz er [lediglich] nichts weiß (dum quod inesse sibi ignorat, id se existimat non habere). Das also ist stets ins Bewusstsein zu heben, wovon man Gebrauch zu machen wünscht; es ist zu entfalten, was immer die Natur an Gutem vermag. Denn was man erwiesenermaßen vermag, das soll auch erfüllt werden (quidquid posse probatur, implendum est). Lasst uns also dieses als Ausgang[spunkt] und Grundlage (prima ... fundamenta) eines heiligmäßigen und geistlichen Lebens festlegen: die Jungfrau [sc. die ehelos zu leben gelobte] soll ihre eigenen Kräfte erkennen (ut uires suas virgo agnoscat) ... Der beste Ansporn für den [menschlichen] Geist (animus) ist die Belehrung darüber, dass einer kann, was er erstrebt (cum docetur aliquis posse quod cupiat) ...
(8) Wir verteidigen allerdings nicht derart das der Natur [erreichbare] Gute (naturae bonum), dass wir ihre Fähigkeit, Böses zu tun, leugnen (ut eam dicamus malum non posse facere). Wir beteuern [im Gegenteil], dass sie unter allen Umständen fähig zum Guten wie zum Bösen sei. Nur nehmen wir sie gegen gegen die Anschuldigung (iniuria) in Schutz, wir würden offensichtlich dank ihrer Mängel zum Bösen getrieben (ne eius uitio ad malum uideamur impelli), wir, die wir ohne unseren Willen (sine uoluntate) weder Gutes noch Böses tun und die wir die Freiheit besitzren, immer eins von beiden zu tun, obwohl wir beides tun könnten (qiibus liberum est unum semper ex duobus agere, cum semper utrumque possimus) ...

c) Der Beginn der Kontroverse mit Augustin (nach Augustin, Über die Gabe der Beharrlichkeit 20,53)

Welches meiner Werke ... hat allgemeiner bekannt werden und mehr Freunde finden können als die Bücher meiner »Bekenntnisse«? Obwohl ich auch diese bereits vor dem Auftreten der pelagianischen Irrlehre herausgab, habe ich darin zu unserem Gott in der Tat gesagt, und zwar zu mehreren Malen: »Gib, was du befiehlst, und befiehl, was du willst« (Da quod iubes, et iube quod vis)[1]. Als diese meine Worte von einem meiner Brüder und Mitbischöfe in Rom in Gegenwart des Pelagius erwähnt wurden, konnte sie dieser nicht ertragen, sondern widersprach ziemlich erregt und geriet beinahe mit demjenigen in Streit, der sie erwähnt hatte ...

d) Die Lehre von der Willensfreiheit nach der Schrift »Vom freien Willen« (bei Augustin, Über die Gnade Christi und die Erbsünde, 4,5)

Wir unterscheiden jene drei [Kräfte: Möglichkeit, Willen und Tat], indem wir sie sozusagen in eine bestimmte Reihenfolge bringen, folgendermaßen: An die erste Stelle setzen wir das Können (posse), an die zweite das Wollen (velle), an die dritte Stelle das Sein (esse). Das Können verlegen wir in die Natur, das Wollen in unsere Entscheidungskraft (arbitrium), das Sein in das Vollführen (effectus). Das erste Vermögen, nämlich das Können, gebührt im eigentlichen Sinne (proprie) Gott, der es seiner Kreatur [aus Gnaden] verliehen hat; die beiden anderen dagegen, d.h. Wollen und Sein, sind auf den Menschen zu beziehen, weil sie der Quelle seiner freien Entscheidung entspringen. Also besteht das Lob des Menschen in seinem Wollen und Tun des Guten; oder vielmehr, es gebührt dies Lob sowohl dem Menschen als auch Gott, der ja die Möglichkeit eben dieses Wollens und Tuns verliehen hat und diese Möglichkeit ständig mit seiner Gnadenhilfe (gratiae suae ... auxilium) unterstützt. Dass aber der Mensch überhaupt das Gute wollen und vollbringen kann, ist allein Gottes Werk ...; dass wir in rechter Weise handeln, reden oder denken, ist hingegen unser Werk, da wir all dies auch zum Bösen wenden können. Darum loben wir ..., wenn wir sagen, der Mensch könne sündlos sein, zugleich Gott, ... dessen Freigebigkeit wir dies Können verdanken; auch ist hier keinerlei Gelegenheit zum Preis des Menschen, wo es allein um eine Sache Gottes geht. Steht doch [im Augenblick] weder das Wollen, noch das Sein, sondern allein dies zur Debatte, was sein *kann*.

Quellen: A. Souter, Pelagius's Expositions of thirteen epistles of St. Paul, II, Cambridge 1926; A. Zumkeller, Die Gabe der Beharrlichkeit, in: Aurelius Augustinus. Schriften gegen die Semipelagianer (lat.dt.), hg. v. A. Kunzelmann/A. Zumkeller, 1955; C.F. Urba/J. Zycha, S. A. Augustini ... De gratia Christi et peccato originali... , CSEL 40, 1913. –*Literatur*: G. de Plinval, Pélage. Ses écrits, sa vie et sa réforme, Lausanne 1943; T. Bohlin, Die Theologie des Pelagius und ihre Genesis, 1957; J. Ferguson, Pelagius. A historical and theological study, London 1957; R.F. Evans, Pelagius. Inquiries and Reappraisals, New York 1968; G. Greshake, Gnade als konkrete Freiheit. Eine Untersuchung zur Gnadenlehre des Pelagius, 1972; O. Wermelinger, Rom und Pelagius, 1975; B.R. Rees, Pelagius, Woodbridge 1988; R.A. Markus, The legacy of Pelagius, in: R.D. Williams, The Making of Orthodoxy, Cambridge 1989, 214-234; C. Piétri, Die Schwierigkeiten des neuen Systems (395-431). Die führende Häresie des Westens: Pelagius, in: Das Entstehen der Einen Christenheit (wie o. Nr. 33), 525-551; W. Löhr, Pelagius' Schrift 'De natura': Rekonstruktion und Analyse, in: RechAug 31,1999, 235-294; ders., Pelagius – Portrait of a

Christian Teacher in Late Antiquity (The A. Souter Memorial Lectures on Late Antiquity 1), Aberdeen 2007; S. Hausammann (wie o. Nr. 7), Bd. 3, 2003, 416-429.

1   Bekenntnisse 10, 29.31.37; vgl. auch oben Nr. 90p.

92. Die Anfänge des christologischen Streits bis zum I. Ephesinum

In den Ende des 3. Jahrzehnts des 5. Jahrhunderts (nach bedeutsamen Vorspielen im 4.) offen ausgebrochenen und erst nach mehr als zweihundertjähriger Dauer – um den Preis wesentlicher Einbußen für den Bestand der byzantinischen Reichskirche nicht nur, sondern auch der byzantinischen Herrschaft! – beendeten christologischen Streitigkeiten ist oftmals nur der Machtkampf zwischen den Inhabern der Bischofsstühle von Alexandrien, Antiochien, Konstantinopel und Rom um die Vorherrschaft in der Reichskirche gesehen worden. Das hat sicher eine Rolle gespielt, reicht aber zur Erklärung kaum aus. Daneben machte sich zum einen geltend, dass sich hier zwei theologische Richtungen ohne Kompromissbereitschaft gegenüberstanden. D.h. der christologische Streit war in einem wesentlich stärkeren Ausmaß als der trinitätstheologische (›arianische‹) ein ausgesprochener theologischer Schulstreit (antiochenische contra alexandrinische Schule)! Wären zum anderen zu den gelehrten nicht auch elementare religiöse Motive und Interessen hinzugekommen, so vermöchte man wohl seine Heftigkeit, aber kaum seine Resonanz in breiteren Bevölkerungsschichten, nicht zuletzt in Kreisen des östlichen Mönchtums, zu verstehen, für die gewiss mehr auf dem Spiele stand als nur die populäre Anschauung von der »Gottesmutterschaft« Mariens. Diese Interessen aufzuspüren, wäre also eine noch wichtigere Verstehensvoraussetzung als die Kenntnis der konkurrierenden Formeln und Terminologien (»Logos-Sarx-« versus »Logos-Mensch-«Schema etc.). – In seiner ersten Phase allerdings (dem ›nestorianischen Streit‹ [428-431]) hatte sich der Konflikt in der Tat daran entzündet, dass 428 in dem Mönch Nestorius ein Vertreter der antiochenischen Schule auf den Patriarchenstuhl in Konstantinopel gelangte und alsbald in einen bereits schwelenden Konflikt um den volkstümlichen θεοτόκος-Titel (θ. = »Gottesmutter«, »Gottesgebärerin«) für Maria eingriff. Deswegen in Alexandrien und Rom angezeigt, bot er mit seiner Intervention dem streitbaren Alexandriner Kyrill zugleich die willkommene Gelegenheit, um mit Unterstützung Roms (nach dem Rückschlag in Konstantinopel 381 [s.o. Nr. 81c!]) seine Macht zu festigen und den Sturz des Nestorius zu betreiben,

a) Aus den Predigten des Nestorius (Sermones 9. 12 [Loofs, 262. 280])

(Serm. 9) ... Um des Tragenden willen ehre ich den Getragenen; um des Verborgenen willen bete ich den Sichtbaren an. Untrennbar von dem Sichtbaren ist Gott; darum trenne ich nicht die Ehre dessen, der sich [selbst] nicht trennt. Ich trenne die Naturen (φύσεις), *eine* aber die Anbetung ... Nicht ist an sich (καθ' ἑαυτό) Gott, was im Mutterleib gebildet ..., nicht ist an sich Gott, was im Grabe bestattet ward; denn dann wären wir offensichtliche Menschenanbeter und Totenverehrer. Weil vielmehr in dem Angenommenen Gott ist, trägt der Angenommene, da mit dem Annehmenden geeint, von dem Annehmenden her mit ihm gemeinsam die Bezeichnung ›Gott‹ (συγχρηματίζει θεός) ...
(Serm. 12) Die Einheit der Naturen ist nicht getrennt, sondern die Substanzen (οὐσίαι) derer, die geeint sind, sind getrennt ... Christus ist unteilbar in dem Christussein, er ist aber doppelt in dem Gott- und Menschsein; er ist einfach in der Sohnschaft, in dem

[aber], welcher angezogen hat, und in dem, welcher angezogen ist, doppelt. In dem πρόσωπον des Sohnes[1] ist er ein einziger, aber wie mit zwei Augen, geschieden in den Naturen der Menschheit und Gottheit. Denn wir kennen nicht zwei Christi oder zwei Söhne und Eingeborene und Herren, nicht einen anderen und einen anderen [griech. wohl: ἄλλος καὶ ἄλλος] Sohn, ... sondern einen und denselben, der erblickt ward in geschaffener und ungeschaffener Natur ...

b) Aus dem 2. Brief Kyrills an Nestorius vom Januar/Februar 430 (Schwartz ACO 1,1,1, S. 25-28; COGD I, S.83-87)

(3) ... [Den Worten und Lehren des Nicaenum[2]] müssen auch wir folgen und dabei wohl bedenken, was es bedeute, dass der aus Gott [stammende] Logos »Fleisch und Mensch geworden« ist. Wir sagen nämlich nicht, die Natur des Logos sei erst aufgrund einer Verwandlung (μεταποιηθεῖσα) Fleisch geworden, auch nicht, sie sei in einen ganzen, aus Seele und Leib bestehenden Menschen umgewandelt worden; wir behaupten vielmehr: Der Logos hat auf unaussprechliche und unergründliche Weise mit einer Vernunftseele beseeltes Fleisch[3] mit sich hypostatisch (καθ' ὑπόστασιν) geeint[4], ist so Mensch geworden und hat den Namen ›Menschensohn‹ erhalten, aber nicht bloß nach [seinem eigenen] Willen und Wohlgefallen, auch nicht so, als hätte er zusätzlich ein bloßes πρόσωπον angenommen, sondern beide zu einer wirklichen Einheit zusammengeschlossenen Naturen sind wohl verschieden, und doch ist aus beiden *ein* Christus und Sohn geworden ... (6) In diesem Sinne also werden wir *einen* Christus und Herrn bekennen. Dabei beten wir nicht einen Menschen zusammen mit dem Logos an, damit nicht durch das Wort »mit« (συν-) sich der Gedanke an eine Scheidung einschleiche, sondern wir beten ihn als einen und denselben an ... So wir aber die hypostatische Einung als unverständlich und unziemlich ablehnen, verfallen wir darauf, von zwei Söhnen zu reden ... (7) ... Genau so haben, wie wir finden werden, die heiligen Väter gedacht, weshalb sie sich auch die Freiheit nahmen, die heilige Jungfrau Gottesgebärerin (θεοτόκος) zu nennen, nicht als hätte die Natur des Logos oder seine Gottheit aus der Jungfrau ihren Ursprung genommen, sondern weil aus ihr der heilige mit einer Vernunftseele ausgestattete Leib geboren wurde, mit dem sich der Logos hypostatisch geeint hat, so dass man sagen konnte, er sei dem Fleische nach geboren worden ...

c) Aus dem 2. Brief des Nestorius an Kyrill vom 15. Juni 430 (ebenda 29-32; 87-94)

(2) ... Betrachte einmal, wenn es dir beliebt, die Aussagen [des Nicaenum] genauer, so wirst du finden, dass jener göttliche Väterchor nicht die [mit dem Vater] wesenseine Gottheit [des Sohnes] leidensfähig genannt und behauptet hat, die dem Vater gleichewige [Gottheit] sei erst vor kurzem geboren worden – oder sie, die ihren zerstörten Tempel auferweckt hat, sei selbst von den Toten auferstanden ... (3) ... Beachte [vielmehr], wie sie [die Väter von Nizäa] zuerst »Herr« und »Jesus« und »Christus« und »Eingeborener« und »Sohn«, also die gemeinsamen Namen für Gottheit und Menschheit als Grundsteine setzen und dann darauf die Überlieferung von der Menschwerdung und dem Leiden und der Auferstehung bauen, um ... [auf diese Weise] einerseits die Trennung der auf Sohnschaft und Herrenwürde bezüglichen Prädikate zu vermeiden und andererseits der Gefahr zu begegnen, dass man die Eigen-

tümlichkeiten der Naturen verschwinden und in der einen einzigen Sohnschaft (ἐν τῷ τῆς υἱότητος μοναδικῷ) aufgehen lässt. (7) ... Überall da, wo die göttliche Schrift das Heilswerk (οἰκονομία) des Herrn erwähnt, schreibt sie Geburt und Leiden nicht der Gottheit, sondern der Menschheit zu, so dass, will man sich ganz genau ausdrücken, die heilige Jungfrau »Christus-«, nicht »Gottesgebärerin« (Χριστοτόκος, οὐ θεοτόκος) heißen muss ... Es ist also zutreffend und den evangelischen Überlieferungen angemessen, zu bekennen, der Leib (σῶμα) sei der Tempel der Gottheit des Sohnes, ein Tempel, der [mit ihm] in einer unüberbietbaren, göttlichen Verbindung (συνάφεια) derart geeint ist, dass die Natur der Gottheit sich das zueigenmacht (οἰκειοῦσθαι), was dieses Tempels ist. Will aber jemand unter den Begriff der Zueignung (οἰκειότης) auch die Eigentümlichkeiten des [dem Logos] verbundenen Fleisches: Geburt, Leiden und Tod, zuteil werden lassen (προστρίβειν), so zeugt dies, mein Bruder, von einer durch griechisches Denken irregeleiteten oder vom Wahnsinn des Apollinaris und Arius ... infizierten Sinnesart ... Die sich nämlich durch den Begriff der Zueignung hierzu verleiten lassen, sind dann auch genötigt zu sagen, der Gott Logos habe am Stillen [des Jesuskindes] und an seinem allmählichen Heranwachsen partizipiert, habe im Augenblick der Passion Angst gehabt und der Hilfe eines Engels bedurft. Ganz zu schweigen von Beschneidung, Darstellung [im Tempel (θυσία)], Schweiß und Hunger, was alles, als dem Fleisch um unseretwillen widerfahren, gewiss anbetungswürdig ist; es aber seiner Gottheit zuzuschreiben, wäre eine Lüge und zöge uns mit Recht die Anklage zu, Verleumder zu sein ...

d) Aus dem Schluss des 3. Briefs Kyrills an Nestorius, seinen 12 Anathematismen oder »Kapiteln« (ebenda, [33] 40-42; [94] 103-106)

Die Antwort auf diesen dogmatisch besonders wichtigen Nestoriusbrief erfolgte in Gestalt eines umfänglichen Schreibens einer alexandrinischen Synode vom November 430. Ihm sind 12 Anathematismen beigefügt, die bündig aussprechen sollten, was Nestorius zu verurteilen habe, wenn er selbst der Verurteilung entgehen wolle, wie sie ihm auch bereits durch eine römische Synode unter Coelestin wenige Monate zuvor angedroht worden war. – Den Antiochenern besonders anstößig, war es gerade dieser 17. Brief aus der Korrespondenz Kyrills, auf den sich die Gegner einer »Zwei-Naturen«-Christologie immer wieder beriefen.

(1) Wer nicht bekennt, dass der Immanuel [vgl. Jes. 7,14] in Wahrheit Gott und die heilige Jungfrau deshalb Gottesgebärerin ist, weil sie den aus Gott stammenden, Fleisch gewordenen Logos geboren hat, der sei verdammt.
(2) Wer nicht bekennt, dass der aus Gott dem Vater stammende Logos mit dem Fleisch hypostatisch geeint und Christus mitsamt dem ihm eigenen Fleisch einer ist, nämlich als derselbe zugleich Gott und Mensch, d.s.v.
(3) Wer nach erfolgter Einung (ἔνωσις) in dem einen Christus die Hypostasen unterscheidet und sie durch bloße Verbindung (συνάφεια) der Würde, Macht oder Herrschaft nach verbindet und nicht vielmehr durch ein Zusammenfinden (σύνοδος) im Sinne einer naturhaften (›physischen‹) Einung (καθ᾽ ἕνωσιν φυσικήν), d.s.v.
(4) Wer die Aussagen der Evangelien und Apostelschriften, mögen sie die Heiligen von Christus machen oder er von sich selbst, auf zwei Personen (πρόσωπα) oder Hypostasen verteilt und die einen dem gewissermaßen als neben dem aus Gott stammenden Logos stehend und von ihm unterschieden (ἰδικῶς) gedachten Menschen, die anderen als gottgeziemend nur dem Logos aus Gott dem Vater zuschreibt, d.s.v.
(5) Wer zu behaupten wagt, Christus sei ein Gott in sich tragender Mensch (θεοφόρος ἄνθρωπος), und nicht vielmehr bekennt, dass er als einziger und natürlicher Sohn in Wahrheit Gott ist, sofern der Logos nach den Schriften Fleisch wurde, d.s.v.

(11) Wer nicht bekennt, dass das Fleisch des Herrn lebenspendend und das eigene Fleisch des aus Gott dem Vater stammenden Logos ist, sondern behauptet, es sei das Fleisch irgendeines anderen, mit ihm der Würde nach verbundenen oder nur einer göttlichen Einwohnung (ἐνοίκησις) teilhaftig gewordenen Menschen, ... der d.s.v.

(12) Wer nicht bekennt, dass der Logos Gottes am Fleische gelitten hat, mit dem Fleische gekreuzigt worden ist, am Fleische den Tod geschmeckt hat und der »Erstgeborene aus den Toten« [Kol. 1,18] geworden ist, sofern er als Gott Leben und Lebenspender ist, d.s.v.

Quellen: F. Loofs, Nestoriana, 1905; P. Bedjan (éd.), Le livre d'Héraclide de Damas, Paris 1910 (syrisch); F. Nau, Le livre d'Héraclide de Damas, Paris 1910 (franz. Übers.); E. Schwartz, Acta Conciliorum Oecumenicorum, tom. I, vol. I, 1-5, 1927-1930; Conciliorum Oecumenicorum Generaliumque Decreta, I, Turnhout 2006, 73-118 (ed. L. Abramowski). – *Literatur:* W. Elert, Der Ausgang der altkirchlichen Christologie, (hg. v. W. Maurer/E. Bergsträsser) 1957; L. Abramowski, Untersuchungen zum Liber Heraclidis des Nestorius, Louvain 1963; A. Grillmeier, Mit ihm und in ihm. Christologische Forschungen und Perspektiven, 1975, 219-282; ders., Jesus der Christus im Glauben der Kirche, I, ³1990, 637-707; A. de Halleux, Les douze chapitres cyrilliens au concile d'Ephèse (22 Juin 431), RTL 23, 1992, 425-458; ders., Nestorius, histoire et doctrine, Irénikon 66, 1993, 38-51. 163-178; H.J. Vogt, Unterschiedliches Konzilsverständnis der Cyrillianer und der Orientalen beim Konzil von Ephesus 431, in: H.C. Brennecke/E.L. Grasmück/C. Markschies, Logos (FS f. L. Abramowski), 1993, 429-451; K. Beyschlag, Grundriss der Dogmengeschichte, II/1,1991, 1-77; L.R. Wickham, Nestorius/Nestorianischer Streit, TRE 24,1994, 276-286; C. Fraisse-Coue, Die theologische Diskussion zur Zeit Theodosius' II.: Nestorius, in: Das Entstehen der Einen Christenheit (wie o. Nr. 33), 570-626 (hier: 570-590); A.M. Ritter in: HDThG, I, ²1999, 236-250; S. Hausammann (wie o. Nr. 7), Bd. 4, 2004, 1-36, bes. 27ff.; L. Abramowski (wie o.).

[1]   Vgl. dazu oben Nr. 88c m. Anm. 2.

[2]   Schon nach Meinung des Athanasius (s. oben Nr. 76) war im Nicaenum auch bereits die Christologie verbindlich entschieden, obwohl es nur sagte: »Fleisch geworden, Mensch geworden«.

[3]   Kyrill ist also an der Kritik an Apollinaris, wie sie bereits im 4. Jahrhundert geübt worden war, nicht einfach achtlos vorübergegangen.

[4]   Da dieser Ausdruck »hypostatische Einung« bei Kyrill mit dem andern »physische Einung« wechseln konnte (s. unten Abschnitt d, Anath. 3), blieb in den Augen der Antiochener der apollinaristisch-›monophysitische‹ Schein seiner Christologie bestehen.

93. Das Konzil von Ephesus (431) und die Folgen

Es war Nestorius, der, in die Enge getrieben, weil ihn selbst der antiochenische Patriarch, Johannes, beschwor, doch ja um Gottes und des lieben Friedens willen wenigstens den traditionellen Theotokostitel gelten zu lassen (ep. ad Nest. 1), keinen anderen Ausweg mehr sah, als den Kaiser um die Einberufung eines »ökumenischen« [d.h. Reichs-]Konzils zu bitten. Der Kaiser, an einer Schwächung der kirchlichen Position Konstantinopels keineswegs interessiert, entsprach dieser Bitte und berief das Konzil für Pfingsten 431 nach Ephesus ein. Kyrill, der mit stattlichem Gefolge am Konzilsort erschienen war, nutzte die Chance, dass die Parteigänger seines Kontrahenten Nestorius den angesetzten Eröffnungstermin verpassten, und lud, unbeeindruckt von allen Protesten (einschließlich derjenigen des für einen ordnungsgemäßen Ablauf verantwortlichen kaiserlichen Beamten), unter Berufung auf die Vollmacht, die ihm Papst Coelestin von Rom erteilt hatte, alle bereits anwesenden Konzilsteilnehmer für den 22. Juni 431 in die »Große Kirche«

von Ephesus einlud, »die da Gottesmutter Maria heißt«[1]. Nach Verlesung der letzten schriftlichen Äußerungen Kyrills und des Nestorius und ihrem Vergleich mit dem Bekenntnis von Nizäa fasste man folgenden Beschluss:

a) Absetzungsurteil der Kyrillsynode über Nestorius (ACO 1,1,2, 54; COGD I, 106)

Nachdem der ehrwürdige (τιμιώτατος) Nestorius, zu allem anderen, unserer Ladung nicht hat Folge leisten und die heiligen und gottesfürchtigen Bischöfe, die wir zu ihm entsandt hatten, nicht hat empfangen wollen, sahen wir uns schließlich zu einer Überprüfung seiner Gottlosigkeiten gezwungen. Wir haben uns seine Briefe und Schriften vorlesen lassen; auch ist uns über das [berichtet und] von Zeugen bestätigt worden, was er jüngst in dieser Stadt (μητρόπολις [sc. Ephesus]) von sich gegeben hat; [es zeigte sich,] dass sein Denken und Lehren gottlos sind. Da es aber die Kanones so bestimmen und auch der Brief unseres heiligen Vaters und Mitpriesters (συλλειτουργός) Coelestin, Bischofs der Kirche Roms, [uns dazu drängte], haben wir schließlich unter Tränenströmen (δακρύσαντες πολλάκις) in dieser kummervollen Angelegenheit gegen ihn folgendes Urteil gefällt: »Unser von ihm gelästerter (βλασφημηθείς) Herr Jesus Christus verfügte durch die hier versammelte heilige Synode, dass er, Nestorius, der bischöflichen Würde entkleidet und von jeder priesterlicher Versammlung ausgeschlossen ist«.

b) Vom Beschluss der Synode der Orientalen vom 26. Juni 431 (ebenda 1,1,4, 36f.; 107f.) bis zur Unionsformel von 433 (ebenda 1,1,4, 8f.; 113f.)

Die orientalischen Synodalen unter Johannes von Antiochien reagierten auf ihrer Sitzung vom 26. Juni, im Beisein des kaiserlichen Beauftragten, auf das Absetzungsurteil der Kyrillsynode entsprechend, erklärten Kyrill und den mit ihm verbündeten Ortsbischof von Ephesus Memnon sowie alle anderen Teilnehmer an der Sitzung vom 22. Juni für abgesetzt, solange sie sich abzuschwören weigerten und die häretischen »Kapitel« bzw. »Anathematismen« (s.o. Nr. 92d) nicht verdammten. Der Beschluss trug diesmal 43 Unterschriften, während das Absetzungsurteil gegen Nestorius 197 Synodale unterschrieben hatten, womit die Machtverhältnisse geklärt waren! So überrrascht es schon gar nicht, dass sich die zuletzt in Ephesus eintreffenden römischen Legaten auf die Seite der kyrillischen Mehrheit schlugen und die Verurteilung der Orientalen als Häretiker sowie ihre Absetzung und Exkommunikation mittrugen (s. ACO 1,1,3, 24-26). Sie hatten auch durch ihre Parteinahme einen wesentlichen Anteil daran, dass die kyrillische Teilsynode schließlich als das 3. Ökumenische Konzil in die Geschichte einging. Allein, obwohl es Kyrill auf raffinierte Weise gelang, auf dem Konzil von Ephesus 431 die Verurteilung des Nestorius und das Bekenntnis zur Theotokos durchzusetzen, blieb auch ihm der Weg des Kompromisses nicht erspart. Vom byzantinischen Hof wie auch vom römischen Bischof bedeutet, den Ausgleich mit den verständigungswilligen Antiochenern zu suchen, erklärte er sich bereit, eine von Johannes von Antiochien vorgelegte Unionsformel betreffs »des Redens und Denkens über die jungfräuliche Gottesmutter und die Art der Menschwerdung des eingeborenen Sohnes Gottes« (περὶ τῆς θεοτόκου παρθένου ... τοῦ τε τρόπου τῆς ἐνανθρωπήσεως τοῦ μονογενοῦ υἱοῦ τοῦ θεοῦ [s. ACO 1,1,4, 8f.; 113f.]) zu akzeptieren, wenn auch in eigener Interpretation [s. ebenda, 17-20; 114-118]. Der von Johannes vorgelegte Text bekennt sich zunächst ebenso entschlossen wie die Lehraussagen der Kyrillianer zum »nizänischen Glauben« (s.o. Nr. 56b), dem nichts »hinzugefügt werden« dürfe – und auch nicht müsse, weil es suffizient sei; danach bietet er zur Lösung der strittigen Probleme folgende Formulierung an:

Wir bekennen ... unseren Herrn Jesus Christus, den eingeborenen Sohn Gottes, als vollkommenen Gott und vollkommenen Menschen aus Vernunftseele und Leib (θεὸν τέλειον καὶ ἄνθρωπον τέλειον ἐκ ψυχῆς λογικῆς καὶ σώματος). Vor den Zeiten aus dem Vater, der Gottheit nach, geboren, ist derselbe am Ende der Tage um unseret- und um unseres Heiles willen aus Maria, der Jungfrau, der Menschheit nach, [hervor- gegangen], mit dem Vater wesenseins, der Gottheit nach, und als derselbe mit uns we- senseins, der Menschheit nach. Denn es ist eine Einung zweier Naturen (δύο ... φύ- σεων ἕνωσις) erfolgt, weshalb wir auch *einen* Christus, *einen* Sohn, *einen* Herrn be- kennen. Diesem Begriff der unvermischten Einung (ἀσύγχυτος ἕνωσις) entsprechend bekennen wir die heilige Jungfrau als Gottesmutter, weil der Gott Logos Fleisch und Mensch geworden ist und vom Augenblick der Empfängnis an den aus ihr genom- menen Tempel mit sich geeint hat. Wir wissen aber, dass die Theologen die evange- lischen und apostolischen Aussagen über den Herrn teils als auf eine Person (πρόσ- ωπον) gehend [auf beide Naturen] gemeinsam beziehen, teils als auf zwei Naturen sich beziehend trennen. Dabei gelten ihrer Überlieferung zufolge die gottgeziemenden Prädikate von der Gottheit Christi, die Niedrigkeitsaussagen hingegen von seiner Menschheit.

Zu *Quellen* und *Literatur* s. die vorige Text-Nr. Dazu: C. Fraisse-Coue (wie dort), 590-626; T. Graumann, Die Kirche der Väter. Vätertheologie und Väterbeweis in der Kirche des Ostens bis zum Konzil von Ephesus (431), 2002, 2.Teil; S. Hausammann (wie o. Nr. 7), Bd. 4, 2004, 36-45.

[1] Vgl. die Akten der Kyrillsynode (ACO 1,1,2,3ff.) mit Kyrills Brief an Klerus und Volk Ale- xandriens (= Kyrill, ep. 24).

94. Der ›eutychianische Streit‹ und der Beitrag des Westens: Aus dem »Lehrbrief an Flavian« Papst Leos I. (ACO 2,2,1, 24-33; COGD I, 127-132)

Als in den vierziger Jahren des 5. Jahrhunderts der Archimandrit (Großabt) Eutyches in Konstan- tinopel den 433 erzielten Kompromiss mit der Behauptung gefährdete, nur *vor* der Menschwer- dung sei zwischen einer göttlichen und einer menschlichen »Natur« zu unterscheiden, nach ihrer Einung hingegen habe die göttliche Natur des Erlösers die menschliche in sich sozusagen auf- gesogen, und Kyrills Nachfolger, Dioskur von Alexandrien (444-451), sich auf seine Seite schlug, griff der römische Bischof Leo I. (440-461) mit einem vom 13. Juni 449 datierenden aus- führlichen Lehrschreiben an seinen Amtskollegen Flavian von Konstantinopel in den neu auf- flammenden Lehrstreit (den sog. ›eutychianischen Streit‹, 448-451) ein, und zwar in einer Weise, dass sich Nestorius – er hatte gerade noch von diesen Vorgängen Kenntnis erlangt, bevor er um 450 im Exil in der ägyptischen Wüste verstarb – in seinen wesentlichen Anliegen verstanden fühlen konnte[1]. Es heißt darin u.a.:

(2) ... Man darf ... jene einzigartig wunderbare und wunderbar einzigartige Geburt [vgl. Lk. 1,35] nicht so auffassen, als wäre durch die Analogielosigkeit (novitas) d[ies]er Hervorbringung (creatio) die Eigentümlichkeit (proprietas) der [menschlichen] Art (genus) [des Jungfrauensohnes] beseitigt worden. Denn wohl gab der Hl. Geist der Jungfrau die Fruchtbarkeit; dennoch wurde ein wirklicher Leib aus ihrem Leibe ge- nommen ... (3) Die Eigentümlichkeiten beider Naturen blieben also gewahrt und verbanden sich zu *einer* Person (salva igitur proprietate utriusque naturae et in unam coeunte personam), als von der Majestät die Niedrigkeit, von der Kraft die Schwach- heit, von der Ewigkeit die Sterblichkeit angenommen wurde. Um unsere Schuld zu til- gen, wurde die unverletzliche Natur vereinigt mit der leidensfähigen. Wie es zu unserer Rettung notwendig war, sollte ein und derselbe Mittler (mediator) zwischen

Gott und Menschen, der Mensch Christus Jesus [vgl. 1. Tim. 2,5], einerseits sterben, andererseits aber auch nicht sterben können. In der unversehrten und vollkommenen Natur eines wahren Menschen ist daher der wahre Gott geboren, vollkommen in dem Seinen, vollkommen in dem Unseren. Das Unsere nennen wir das, was der Schöpfer ursprünglich in uns erschaffen und was er wiederherzustellen (quae reparanda) übernommen hat ... [D.h.:] Er hatte teil an unseren Schwachheiten, nicht aber an unseren Sünden. Er nahm Knechtsgestalt (forma servi) an [vgl. Phil. 2,7], ohne sich mit unseren Sünden zu beschmutzen, und erhöhte das Menschliche (humana augens), ohne das Göttliche zu mindern. War doch jene Selbstentäußerung (exinanitio), durch die der Unsichtbare sichtbar wurde und der Herr aller Dinge einer der Sterblichen sein wollte, eine Herablassung (inclinatio) des Erbarmens und nicht eine Minderung der Macht. So wurde der, der, in Gottes Gestalt (forma dei) verbleibend [vgl. Phil. 2,6], den Menschen gemacht hat, Mensch in Knechtsgestalt. Jede Natur nämlich bewahrt ihre Eigentümlichkeit unversehrt (tenet enim sine defectu proprietatem utraque natura) ... (4) So tritt denn der Sohn Gottes in diese Welt ein und steigt von seinem himmlischen Thron herab, ohne dabei die Herrlichkeit seines Vaters zu verlassen ... Derselbe, der wahrer Gott ist, ist zugleich wahrer Mensch (qui enim verus est deus, idem verus est homo) ... Wie Gott nicht verändert wird durch sein Erbarmen [in der Erniedrigung], so wird auch der Mensch [in Jesus Christus] durch die [göttliche] Würde nicht verschlungen (non consumitur). Jede der beiden Naturen [›Gestalten‹] vollbringt [vielmehr] in Gemeinschaft mit der anderen, was ihr eigentümlich ist (agit enim utraque forma [sc. dei et servi] cum alterius communione quod proprium est) ... (5) Wegen dieser Einheit der Person also, die man sich bei beiden Naturen denken muss, steht geschrieben, der Menschensohn sei vom Himmel herabgestiegen [vgl. Joh. 3, 13], während es doch der Gottessohn war, der von der Jungfrau, aus der er geboren wurde, Fleisch angenommen hat; und wiederum wird gesagt, der Sohn Gottes sei gekreuzigt worden und begraben, während er doch ... in der Schwachheit seiner *menschlichen* Natur gelitten hat ...

Quelle: Schwartz ACO 2,2,1, 24-33; COGD I,127-132 (ed. E. Mühlenberg). – *Literatur*: E. Schwartz, Der Prozess des Eutyches, SBAW, H. 5, 1929; R. Cantalamessa, La cristologia di Tertulliano, Fribourg 1962; B. Studer, Consubstantialis Patri – Consubstantialis Matri: Une antithèse christologique chez Léon le Grand, REAug 18, 1972, 87-115; H. Arens, Die christologische Sprache Leos d. Gr., PThSt 122, 1982; St.O. Horn, Petrou Kathedra: Der Bischof von Rom und die Synode von Ephesus (449) und Chalcedon, 1982; K. Beyschlag, Grundriss der DG, II, 1, 1991, 86-114; D. Wyrwa, Drei Etappen der Rezeptionsgeschichte des Konzils von Chalkedon im Westen, in: Chalkedon – Geschichte und Aktualität, hg. v. J. van Oort/J. Roldanus, Leuven 1997, 147-189; Der lateinische Westen und der byzantinische Osten (431-642), hg. v. L. Pietri, 2001 (Die Geschichte des Christentums, Bd. 3), 1. Teil, Kap. 1, 3-89 (C. Fraisse-Coué); S. Hausammann (wie o. Nr. 7), Bd. 4, 2004, 45-49.

[1]   Vgl. dessen in der Verbannung (seit 431) verfasste Verteidigungsschrift (Liber Heraclidis), worin es u.a. heißt:»Was mich betrifft, so dankte ich, als ich dieses Schreibens [sc. der epistula dogmatica Leos an Flavian] habhaft wurde und es las, Gott dafür, dass die Kirche zu Rom ein orthodoxes und untadeliges Glaubensbekenntnis besitzt, obwohl sie im Blick auf meine Person zu einer abweichenden Entscheidung gekommen war« (nach der franz. Übersetzung des Liber Heraclidis von F. Nau, Paris 1910, 298). Da Rom auch jetzt nicht daran dachte, Nestorius zu rehabilitieren, blieb es dabei, dass dieser, schon frühzeitig selbst von seinen antiochenischen Gesinnungsgenossen im Stich gelassen, die Zeche für seine Kontroverse mit Kyrill ganz allein zu zahlen hatte!

95. Das Konzil von Chalkedon 451 und seine christologische Formel

Leos Eingreifen war zunächst kein Erfolg beschieden. Vielmehr gelang es Dioskur von Alexandrien auf dem von Leo später sog. ›Räuberkonzil‹ von Ephesus 449 (dem II. Ephesinum also), mit Unterstützung des Militärs und fanatisierter Mönchshaufen, Eutyches für rechtgläubig und Flavian für abgesetzt erklären zu lassen. Als jedoch im darauf folgenden Jahr Kaiser Theodosius II. starb, berief das neue Kaiserpaar (Markian und Pulcheria) zum Oktober 451 ein Konzil nach Chalkedon (am kleinasiatischen Ufer des Bosporus gelegen) ein, die größte und glänzendste Kirchenversammlung in der Geschichte der Alten Kirche überhaupt. Dessen primäre Aufgabe sollte es sein nach kaiserlichem Willen, die Beschlüsse von Ephesus 449, einer »Reichssynode« wohlbemerkt, die zumal im Abendland einen Sturm der Entrüstung hervorgerufen hatten, formell aufzuheben und unter den schwelenden Lehrstreit dadurch einen Schlußstrich zu machen, dass sich der – möglichst zahlreich versammelte – reichskirchliche Episkopat unterschriftlich auf einen Bekenntnistext festlegte, der die Lehrübereinstimmung auf den Begriff brächte.

a) Die christologische Formel (ACO 2,1,2, 126-139; COGD I, 133-138)

Die, nach langem Widerstreben der Konzilsmehrheit, auf Drängen der kaiserlichen Beamten im Verein mit den päpstlichen Legaten schließlich beschlossene Lehrformel von 451 rezitiert zunächst die Bekenntnisse von Nizäa 325 *und Konstantinopel 381* (die Berufung auf letzteres war eine Neuerung!), die eigentlich, wie in Ephesus 431 beschlossen, ausreichend seien[1]. Doch um der neu aufgekommenen Irrlehren des Nestorius und des Eutyches willen habe es die Synode für richtig befunden, die»Synodalbriefe (συνοδικαὶ ἐπιστολαί) des seligen Kyrill ... an Nestorius und die Orientalen«[2] samt dem Lehrbrief des Erzbischofs Leo von Rom, als rechtgläubige Erläuterung des nizänischen Glaubens anzunehmen. Danach heißt es:

Den heiligen Vätern also folgend, lehren wir alle übereinstimmend, als einen und denselben Sohn (ἕνα καὶ τὸν αὐτὸν ... υἱόν) unseren Herrn Jesus Christus zu bekennen. Derselbe ist vollkommen in der Gottheit und derselbe vollkommen in der Menschheit, zugleich wahrhaft Gott und wahrhaft Mensch aus Vernunftseele (ἐκ ψυχῆς λογικῆς) und Leib, mit dem Vater wesenseins der Gottheit nach und zugleich mit uns wesenseins der Menschheit nach, in jeder Hinsicht uns ähnlich, ausgenommen die Sünde. Vor den Zeiten aus dem Vater geboren der Gottheit nach, ist derselbe am Ende der Tage um unseret- und unseres Heiles willen aus Maria der Jungfrau, der Gottesgebärerin, der Menschheit nach [hervorgegangen]. [Wir bekennen ihn als] einen und denselben Christus, Sohn, Eingeborenen, in zwei Naturen[3] unvermischt, unverwandelt, ungetrennt, ungesondert erkannt (ἕνα καὶ τὸν αὐτὸν Χριστὸν υἱὸν κύριον μονογενῆ, ἐν δύο φύσεσιν ἀσυγχύτως ἀτρέπτως ἀδιαιρέτως ἀχωρίστως γνωριζόμενον), wobei keineswegs die Verschiedenheit der Naturen um der Einung willen aufgehoben wird, sondern die Eigentümlichkeit (ἰδιότης) einer jeden Natur erhalten bleibt und sich zu einer Person (πρόσωπον) und einer Hypostase verbindet. [Wir bekennen ihn] nicht als in zwei Personen gespalten und getrennt, sondern als einen und denselben Sohn, Eingeborenen, Gott, Logos, Herrn, Jesus Christus, wie vorzeiten die Propheten über ihn und [danach] er, Jesus Christus, selbst uns unterwiesen haben und wie es das Symbol der Väter uns überliefert hat.

Zum Abschluss werden alle verworfen, die es wagen sollten, anders zu lehren.

b) Der sog. ›Kanon 28‹ von Chalkedon (Schwartz ACO 2,1,3, 88f.; COGD I, 150f.)

Nachdem zuvor bereits 27 Disziplinarentscheidungen (s. Schwartz ACO 2,1,2,158-163; COGD I, 138-151) – u.a. zur Integration des Mönchtums in den Organismus der Kirche (can. 4. 16. 24) – getroffen worden waren, beschloss das Konzil gegen Ende, unter Übergehung der römischen Legaten, noch eine (später als can. 28 gezählte) Bestimmung, die darauf abzielte, die Stellung des Konstantinopeler Bischofs weiter zu stärken, so, wie es schon mit can. 3 von Konstantinopel 381 (s.o. Nr. 81d) intendiert gewesen war. Genau deswegen aber zögerten Rom und der Westen anfangs mit der nachträglichen Zustimmung zu den chalkedonischen Beschlüssen und schränkten ihr Plazet dann auf die Glaubensdinge ein. Ja, fortan machte Rom die Verteidigung und Absicherung des Dogmas von Chalkedon zu seiner eigenen Sache, während der Konflikt um den sog. ›Kanon 28‹ weiter schwelte; er blieb ein nicht unwichtiges Moment im Prozess der Entfremdung zwischen West- und Ostkirchen.

Indem wir allenthalben den Festlegungen (ὅροι) der heiligen Väter folgen und in Kenntnis des soeben verlesenen Kanons der 150 gottgeliebten Bischöfe, die sich unter dem Kaisertum des gottesfürchtigen Theodosius, welcher im Gedächtnis [der Nachwelt] als der Große [fortlebt](τοῦ εὐσεβοῦς τὴν μνήμην μεγάλου Θεοδοσίου), bestimmen und beschließen auch wir dasselbe bezüglich der Vorrechte (πρεσβεῖα) der hochheiligen Kirche desselben Konstantinopel, des Neuen Rom (νέα Ῥώμη). Auch dem [Bischofs-]Stuhl Altroms (πρεσβυτέρα Ῥώμη) haben ja die Väter ganz zurecht (εἰκότως) die Vorrechte eingeräumt, weil jene Stadt die Kaiserstadt war. Von demselben Ziel (σκόπος) geleitet, haben die 150 gottgeliebten Bischöfe dem hochheiligen Thronos Neuroms die gleichen Vorrechte zugewiesen, da nach ihrem Urteil die durch die Kaiserherrschaft und einen Senat ausgezeichnete und die gleichen [politischen] Vorrechte genießende Stadt auch in kirchlicher Hinsicht gleich jener erhöht werden (ὡς ἐκείνην μεγαλύνεσθαι) und den zweiten Rang nach jener einnehmen müsse[4].

Aus diesem hohen Anspruch wurde allerdings in der Fortsetzung des Kanons (zunächst) nur das Recht des Inhabers des Konstantinopeler Thronos abgeleitet, die leitenden Bischöfe (man nennt sie »Metropoliten«) der umliegenden Diözesen Pontus, Kleinasien und Thrakien zu weihen, während die Weihe der (leitenden?) Provinzbischöfe diesen »Metropoliten« obliege. In den »Barbarenländern« (ohne Metropolitanverfassung) hingegen habe der Bischof von Konstantinopel auch die Weihe der einfachen Bischöfe vorzunehmen.

Quellen: E. Schwartz, Acta Conciliorum Oecumenicorum, 2,1, 1933; 2,2,1,1932; Conciliorum Oecumenicorum Generaliumque Decreta, I, 2006, 121-151 (ed. E. Mühlenberg). – *Literatur:* E. Schwartz, Die Kanonessammlungen der alten Reichskirche (1936), wiederabgedr. in: ders., GS IV, 1960, 159-275; A. Wuyts, Le 28ième canon de Chalcédoine et le fondement du primat romain, in: OCP 17 (1951), 265-282; R.V. Sellers, The Council of Chalcedon, London 1953; A. Grillmeier/H. Bacht, Das Konzil von Chalkedon, Bd. 3, 1954 (verb. Nachdr. 1959 u. 1962); W. Elert, Der Ausgang der altkirchlichen Christologie, (hg. v. W. Maurer/E. Bergsträsser) 1957; P.T. Camelot, Ephèse et Chalcédoine, Paris 1962; J. Liébaert a.o.(Nr. 75)a.O., 119ff.; A. Grillmeier, Christ in Christian Tradition, I, London (1965) ²1975; A. de Halleux, La definition christologique à Chalcédoine, RTL 7, 1976, 3-23.155-170; V. Monachino, Il canone 28 di Calcedonia: Genesi storica, L'Aquila 1979; K. Beyschlag, Grundriss der Dogmengeschichte, II/1,1991; J. van Oort/J. Roldanus (Hg.), Chalcedon: Geschichte und Aktualität, Leuven 1997; AM. Ritter in: HDThG, I, ²1999, 261-270; P. Maraval, Das Konzil von Chalkedon, in: Der lateinische Westen und der byzantinische Osten (wie o. Nr. 94), 90-119; S. Hausammann (wie o. Nr. 7), Bd. 4, 2004, 49-61.

---

[1]   Genau genommen war in Ephesus 431 nur die Suffizienz von N erklärt worden.

[2]   Gemeint sind wohl die Briefe 4 (s. o. Nr.92, Abschnitt b) und 39 (s. ebd., Abschnitt e) aus

Kyrills Korrespondenz, obwohl man bei der Bezeichnung »Synodalbrief« eher an Brief 17 (s. ebd., Abschnitt d) denken sollte. Immerhin war Brief 4 in Ephesus 431 wie später u.a. in Chalkedon selbst als mit N vollständig übereinstimmend begrüßt worden.

[3]   Zwei griech. Handschriften (s. den App. bei Schwartz z.St.) bieten hier die Lesart »aus zwei Naturen«, was aber sicher nicht der Lehre des Chalcedonense und seiner Vorlagen entspricht.

[4]   All das war ein deutlicher Affront sowohl gegen Altrom, dessen kirchlicher Vorrang (unter Vernachlässigung aller »petrinischer« Doktrinen [s. unten Nr. 99]) ebenso wie der Neuroms rein politisch begründet wurde, als auch gegen Alexandrien, das man nun im Rang endgültig nach Konstantinopel einreihte, so dass die alte Achse Rom – Alexandrien, die noch während des I. Ephesinums von 431 kirchenpolitisch wie dogmatisch die Entwicklung beherrscht hatte, ein für allemal zerbrochen schien.

96. »Chalkedon« und kein Friede

Auch das Konzil von Chalkedon hat nicht den Frieden gebracht, den man sich von ihm erhoffte. Vielmehr schlossen sich erbitterte Auseinandersetzungen um die Sicherung und Auslegung seiner christologischen Formel (die sog. ›monophysitischen Streitigkeiten‹) an, die wiederum dadurch wesentlich verschärft, ja vergiftet wurden, dass staatlicherseits die Glaubenseinheit für Kirche und Reich *erzwungen* werden sollte. Das aber brachte diesmal, weil sich immer unübersehbarer politische und soziale Faktoren (z.B. Spannungen zwischen Stadt und Land, verschiedenen Ethnien, um nicht zu sagen: ›Nationalitäten‹) geltend machten und sich (vor allem in Ägypten und Syrien-Palästina) der Widerstand gegen das vom Kaiser aufoktroyierte Bekenntnis mit dem Bestreben verband, sich der byzantinischen Herrschaft ganz zu entledigen, die Einheit von Kirche und Reich gerade in die allerschwerste Gefahr. – Diese sehr ernste Situation (samt der Bedrohung von außen durch Perser und Germanen) muss stets mitberücksichtigt werden, wenn man verstehen will, warum nach Chalkedon kaiserlicherseits immer wieder Versuche unternommen wurden, zwischen Anhängern und Gegnern des Chalcedonense (vor allem aus dem alexandrinisch-›kyrillischen‹ Lager) zu vermitteln und gleichzeitig die Beziehungen zu Rom und dem Abendland nicht mehr als nötig zu belasten.

a) Aus dem »Henotikon« Kaiser Zenons vom Jahre 482 (bei Euagrius Scholasticus, Kirchengeschichte 3,14)

Die im Auftrag Kaiser Zenons vom Konstantinopeler Patriarchen Akakios ausgearbeitete und nach Ägypten adressierte »Einigungsformel« von 482 schärft zunächst ein, dass, wer immer sich nicht an das halte, was in *Nizäa* (!) beschlossen worden sei, als ausgeschlossen gelten solle aus der Kirchengemeinschaft. Sodann werden Nestorius und Eutyches gleichermaßen verdammt, die ominösen zwölf »Kapitel« oder Anathematismen Kyrills (s. oben Nr. 93d) hingegen angenommen. Schließlich heißt es:

Wir bekennen, dass der eingeborene Sohn Gottes und Gott, unser wahrhaft Mensch gewordener Herr Jesus Christus, wesenseins mit dem Vater seiner Gottheit nach und zugleich mit uns wesenseins seiner Menschheit nach, ... einer ist und nicht zwei. Denn wir sagen, dass die Wunder wie die Leiden, die er freiwillig am Fleische auf sich lud, *einem* angehören ... Die sündlose, wahrhaftige Fleischwerdung aus der Gottesgebärerin hat ja keinen zusätzlichen Sohn beschert (προσθήκην Υἱοῦ οὐ πεποίηκε). Denn die [göttliche] Dreiheit (Τριάς) ist auch dann eine Dreiheit geblieben, als der eine aus der Trinität, der Gott Logos, Fleisch wurde[1] ... Jeden aber, der anders gedacht hat oder denkt, jetzt oder jemals zuvor, sei es *zu Chalkedon oder auf welcher Synode auch immer*, den verdammen wir...

b) Das Glaubensbekenntnis des Monophysiten Philoxenus von Mabbug (Budge, S. XXXV)

Der Westen unter Führung Roms reagierte auf das »Henotikon« mit der Exkommunikation seines Verfassers Akakios von Konstantinpel (›akakianisches Schisma‹, 484-519), nicht natürlich des kaiserlichen Auftraggebers. Dies zeigt das Dilemma, dem sich die politische wie kirchliche Führung im Osten gegenübersah: entweder durch eine Annäherung an die zahlreichen Gegner von Chalkedon im Osten die kirchliche Einheit mit dem Westen aufs Spiel zu setzen oder durch Annäherung an Rom als die ›Vorhut der Chalcedonenser‹ die Abspaltung weiter Teile des östlichen Christentums, vor allem in Ägypten, Syrien und Kleinasien, von der byzantinischen Reichskirche zu besiegeln. – Welche dogmatischen Gründe für den Widerstand östlicher Theologen in der alexandrinisch-kyrillischen Tradition gegen das Chalcedonense im Spiele oder gar maßgebend sein konnten, mag folgender Text des Syrers Philoxenus (Aksenaia) von Mabbug (gest. 523), neben Severus von Antiochien (gest. 538) wohl des bedeutendsten Vorkämpfers der jeglicher Unterscheidung im Gottmenschen abholden und darum Chalkedon strikt ablehnenden Christologie in der Zeit nach 451, verdeutlichen.

Wir verdammen das Konzil von Chalkedon, weil es in dem einen Herrn Jesus Christus, dem einziggeborenen Sohn Gottes, eine Unterscheidung vornimmt in Naturen, Attribute und Tätigkeiten, in himmlische und irdische Merkmale, göttliche und menschliche Eigenschaften. Es sieht ihn an, als sei er zwei, und führt so die Vorstellung von vier [Personen in die Dreieinigkeit] ein. Es betet einen gewöhnlichen Menschen an, und in jeder Einzelheit umschreibt es ihn als ein Geschöpf; es stimmt mit dem verderblichen Nestorius überein, der verflucht und zur Vernichtung bestimmt ist. Aus diesem und vielen ähnlichen Gründen haben wir das Konzil von Chalkedon verdammt und werden es [stets] verdammen. (A. Adam)

Quellen: Euagrii Scholastici ... ecclesiasticae historiae libri VI, PG 86,2; E.A. Wallis Budge, The Discourses of Philoxenus ..., Bd. 1/2, London 1894. – *Übersetzung:* A. Adam, Lehrbuch der Dogmengeschichte, I, 1965, 356. – *Literatur:* P.T.R. Gray, The Defense of Chalcedon in the East (451-553), Leiden 1979; C. Laga/J.A. Munitiz/L. van Rompay, After Chalcedon, Leuven 1985; A. Grillmeier, Jesus der Christus im Glauben der Kirche, 2/1, 1986; M. van Esbroeck, Ein Jahrtausend antichalkedonistischer Literatur, AHC 30, 1998, 149-184; P. Maraval, Die Rezeption des Chalcedonense im Osten des Reiches, in: Der lateinische Westen und der byzantinische Osten (wie o. Nr. 94), 120-157; S. Hausammann (wie o. Nr. 7), Bd. 4, 2004, 61-74.

[1]   Zu dieser »theopaschitischen« Formel (»Einer aus der göttlichen Trinität hat gelitten«) s. auch u. Nr. 97a.

97. Kaiser Justinian I. und das 5. Ökumenische Konzil von Konstantinopel 553

Kaiser Justinian I. (527-565) gelang es noch einmal, die Herrschaft der Vandalen in Nordafrika und der Ostgoten in Italien zu brechen und damit, wenn auch nur für kurze Zeit, das Reich auch im Westen wiederherzustellen; nach innen erstrebte er, mit größerer Härte und Konsequenz als alle seine Vorgänger, eine christliche Durchdringung der Gesellschaft. Dem diente nicht zuletzt seine Gesetzgebung (mit älterem Kaiserrecht zusammengefasst im Corpus Iuris Civilis), die bis in die Neuzeit hinein die Grundlage der Rechtsausbildung auch in Westeuropa blieb. – Wie traditionsbewusst er sich seiner Aufgabe als »christlicher Kaiser« annahm, zeigt seine erste offizielle Kundgebung in Glaubenssachen (Text a); welche Intoleranz sich mit seinem kirchenpolitischen Engagement verband, bekamen besonders die ›Heiden‹ zu spüren (Text b), während Justinian bei dem (mit allen Mitteln unternommenen) Versuch, den innerkirchlichen Gegensatz zwischen Anhängern und Gegnern des Chalcedonense zu überwinden, schließlich scheiterte (Text c): die Kirchenspaltung war offensichtlich allenfalls noch zu verzögern, nicht mehr aufzuhalten.

a) Aus Justinians erstem Edikt über den Glauben aus dem Jahre 527 (Cod. Iust. 1,1,5 Krüger, II, 6f.)

Da der rechte und unversehrte Glaube (ὀρθὴ καὶ ἀμώμητος πίστις), den die heilige, katholische und apostolische Kirche Gottes verkündet, unter keinen Umständen eine Neuerung (καινισμός) zulässt, haben wir, die wir den Anordnungen (διδάγματα) der heiligen Apostel sowie derer Folge leisten, die sich nach ihnen in den heiligen Kirchen Gottes auszeichneten, es für richtig befunden, allen gegenüber zu verdeutlichen, wie wir denken über die Hoffnung, die in uns ist [vgl. 1. Petr. 3,15], im folgsamen Anschluss an die Überlieferung und das einhellige Zeugnis (ὁμολογία) der heiligen, katholischen und apostolischen Kirche Gottes ...

Folgen ein ›neuchalkedonisches‹ Glaubensbekenntnis mit der ›theopaschitischen‹ Formel: »obgleich einer aus der Trinität Fleisch wurde, der Gott Logos« (σαρκωθέντος τοῦ ἑνὸς τῆς τριάδος θεοῦ λόγου) und die Anathematisierung »aller Häretiker«, besonders aber des Nestorius, des Eutyches und des Apollinaris (noch nicht des Origenes!).

b) Aus Buch I, Kap. 11 (»Über die heidnischen Opfer und Tempel«) **des Codex Justinianus** (Cod. Iust. 1,11,10 Krüger II, 63f.)

Justinian hat sicherlich als der intoleranteste christliche Herrscher der Spätantike zu gelten, unter dem die ›Heiden‹-Verfolgung seitens des ›christlich‹ gewordenen Römischen Reiches insofern ihren Höhepunkt erreichte, als jetzt auch »die Heiden als Einzelpersonen weitgehend entrechtet wurden, während die Bekämpfung des heidn[ischen] *Kultes* lediglich in wiederholter Einschärfung früherer Verbote bestand« (Noethlichs, 1169). Die Schließung der traditionsreichen Universität Athen (oder doch wenigstens ihrer philosophischen und juristischen Fakultäten)[1] im Jahre 529 war nur eine unter vielen Repressionsmaßnahmen, die Justinian ergriff; allem Anschein nach aber war es diejenige mit der größten Symbolkraft (bis in die Gegenwart hinein). – Woher der Wind nun wehte, soll einzig folgender Auszug aus dem nicht näher datierbaren Gesetz belegen, das das oben genannte 11. Kapitel von Buch I des Codex Iustinianus beschließt.

[Der Anfang ist verloren] ... Weil man einige dabei ertappt hat, dass sie [weiterhin] vom Irrtum der gottlosen und verwünschten Heiden besessen sind (τῇ τῶν ἀνοσίων καὶ μυσαρῶν Ἑλλήνων κατεχόμενοι πλάνῃ) und praktizieren, was den menschenfreundlichen Gott zu gerechtem Zorn herausfordert, haben wir es auf uns genommen, ihr Verhalten keineswegs ungebessert auf sich beruhen zu lassen, sondern im Wissen darum, dass sie sich von der Anbetung des wahren und einzigen Gottes abkehrten, in unbegreiflicher Verirrung Idolen opferten und Feste voller Ruchlosigkeit aller Art feierten, haben wir diejenigen, die sich solchermaßen verfehlten, nachdem sie bereits des Empfangs der heiligen Taufe gewürdigt wurden, mit einer Strafe belegt, die ihren aufgedeckten Verfehlungen angemessen ist; und das aus reiner Menschenfreundlichkeit (καὶ ταῦτα φιλανθρωπότερον). Durch vorliegendes Gesetz teilen wir im übrigen allen im voraus mit, dass in Zukunft jene, die Christen sind und der heiligen und heilbringenden Taufe irgendwann gewürdigt wurden, schlimmste Strafen [die Todesstrafe?] zu gewärtigen haben, falls sie offenkundig weiterhin am Irrtum der Hellenen festhalten (τοῦ δὲ λοιποῦ διὰ τοῦ παρόντος νόμου προαγορεύομεν ἅπασιν, ὡς οἱ μὲν γενόμενοι Χριστιανοὶ καὶ τοῦ ἁγίου καὶ σωτηριώδους ἀξιούμενοι καθ᾽ οἱονδήποτε χρόνον βαπτίσματος, εἰ φανεῖεν ἔτι τῇ Ἑλλήνων ἐμμένοντες πλάνῃ, τιμωρίαις ἐσχάταις ὑποβληθήσονται).

Die noch Ungetauften, so fährt das Gesetz fort, hätten mit der ganzen Familie und ihrer Dienerschaft in der Kirche zu erscheinen, um sich taufen zu lassen. Andernfalls verlören sie ihren gesamten Besitz und müssten in Armut leben (1.3). Für die unmündigen Heidenkinder wurde sofortige Taufe angeordnet, älteren sollte eine vorherige Unterweisung in der christlichen Glaubenslehre zuteil werden, damit Rückfälle ins Heidentum vermieden würden (5). Wer sich nur aus äußerem Zwang taufen lasse, um ein bestimmtes militärisches oder ziviles Amt zu erlangen oder zu behalten, während seine Familie heidnisch bleibe, dem solle das Amt entzogen werden mitsamt seinem Vermögen; außerdem solle er mit einer (nicht näher spezifizierten) Strafe belegt werden (6). Heiden dürften ferner keine Kinder mehr unterrichten, gleich, um welchen Lehrstoff es sich handele, und erhielten kein Gehalt mehr aus öffentlichen Kassen (2). Auf heimliche Opfer oder Bilderverehrung (εἰδωλολατρία) stehe die Todesstrafe (4).

c) Aus den Konzilsbeschlüssen von Konstantinopel 553 (Straub ACO 4,1,241-244; COGD I, 177-188)

Die Einberufung des Konzils entsprang dem Plan des Kaisers, wiederholte Versuche einer kirchlichen Verständigung zwischen Ost und West, d.h. vor allem, die ›Monophysiten‹ zu gewinnen, ohne Chalkedon preiszugeben, endlich zum Erfolg zu führen. Justinian hatte bereits wiederholt in den Streit (einschließlich der Auseinandersetzung zwischen Anhängern und Gegnern der Theologie des Origenes [s.o. Nr. 32] bzw. des Evagrius Ponticus [ca. 345-399]) mit eigenen Traktaten und Edikten eingegriffen, z.B. einem Edikt aus dem Jahre 544, das die sog. »Drei Kapitel«, Schriften verschiedener theologischer Lehrer der Vergangenheit (Theodor von Mopsuestia, Ibas von Edessa und Theodoret von Cyrus), die den ›Monophysiten‹ als besonders anstößig erschienen. Nun sollten, neun Jahre später, auf einem Reichskonzil noch bestehende Differenzen ausgeräumt werden, nachdem sich Papst Vigilius von Rom bereits im Vorfeld (schier unglaublichem) kaiserlichem Druck gebeugt, später allerdings widerrufen hatte. Die in 14 Verwerfungen formulierte Lehrentscheidung des Konzils übernahm weitgehend die 13 Anathematismen des zweiten Edikts Justinians »Über den rechten Glauben« von 551; die wichtigsten dieser 14 Verwerfungen lauten:

(3) Wer sagt, ein anderer sei der Gott Logos, der Wunder getan, und ein anderer Christus, der gelitten habe, oder behauptet, der Gott Logos sei bei dem aus einem Weibe geborenen Christus oder in ihm wie ein anderer in einem anderen (ὡς ἄλλον ἐν ἄλλῳ), und nicht vielmehr [bekennt], ein und derselbe (ἕνα καὶ τὸν αὐτόν) sei unser Herr Jesus Christus, der Fleisch und Mensch gewordene Logos Gottes, und [ein und] demselben gehörten sowohl die Wunder wie die Leiden an, die er freiwillig am Fleisch erduldet, der sei verdammt.
(5) Wer ... nicht bekennt, dass der Logos Gottes mit dem Fleisch hypostatisch geeint sei (σαρκὶ καθ᾽ ὑπόστασιν ἑνωθῆναι) und es darum bei ihm [nur] eine Hypostase oder eine Person (πρόσωπον) gebe und dass in diesem Sinne auch die heilige Synode von Chalkedon eine Hypostase unseres Herrn Jesus Christus bekannt habe, d.s.v. Denn die heilige Trinität hat keine Hinzufügung einer Person oder einer Hypostase erfahren, als der eine aus der heiligen Trinität, der Gott Logos, Fleisch wurde[2].

(7) Wenn jemand »in zwei Naturen« (ἐν δύο φύσεσι) sagt und dabei nicht bekennt, dass unser *einer* Herr Jesus Christus in Gottheit und Menschheit zu erkennen sei (ἐν θεότητι καὶ ἀνθρωπότητι τὸν ἕνα κύριον ἡμῶν Ἰ. Χρ. γνωρίζεσθαι), um dadurch [lediglich] auf den Unterschied der Naturen hinzuweisen, aus denen ohne Vermischung die unaussprechliche Einung erfolgte, ohne dass der Logos in die Natur des Fleisches verwandelt worden oder das Fleisch in die Natur des Logos übergegangen wäre – beides bleibt nämlich, was es von Natur aus ist, auch wenn die hypostatische Einung erfolgt –, wenn er vielmehr diesen Ausdruck [sc. »in zwei Naturen«] zur Teilung im Sinne einer Trennung (ἐπὶ διαιρέσει τῇ ἀνὰ μέρος) an dem Geheimnis Christi benutzt oder, wenn er im Hinblick auf denselben unseren einen Herrn Jesus Christus, den fleischgewordenen Gott Logos, die [Zwei-]Zahl der Naturen bekennt, einen Unterschied zwischen dem, woraus er zusammengesetzt ward, nicht in der Theorie allein (τῇ θεωρίᾳ μόνῃ) annimmt, einen Unterschied, der auch infolge der Einung nicht aufgehoben wird – denn einer ist er aus beidem und durch einen beides –, sondern die Zahl [zwei]dazu gebraucht, um anzuzeigen, dass die Naturen getrennt sind und [je] eine eigene Hypostase besitzen (ὡς κεχωρισμένας καὶ ἰδιοϋποστάτους εἶναι τὰς φύσεις), d.s.v.

(8) Wenn jemand bekennt, die Einung sei »aus zwei Naturen« (ἐκ δύο φύσεων)[3], Gottheit und Menschheit, erfolgt, oder von »einer fleischgewordenen Natur des Gott Logos« (μίαν φύσιν τοῦ θεοῦ λόγου σεσαρκωμένην λέγων)[4] spricht, dies aber nicht so versteht, wie es die heiligen Väter gelehrt haben, dass [nämlich] aus der göttlichen und menschlichen Natur infolge der hypostatischen Einung *ein* Christus gebildet wurde, sondern versucht, aus derartigen Formulierungen eine Natur oder Substanz (οὐσία) von Gottheit und Fleisch des Christus einzuführen, d.s.v.

(10) Wer nicht bekennt, dass unser im Fleisch gekreuzigter Herr Jesus Christus wahrhaftiger Gott sei und »Herr der Herrlichkeit« [l. Kor. 2,8] und einer aus der heiligen Trinität, d.s.v.

Quellen: J. Straub, Acta Conciliorum Oecumenicorum, tom. IV, vol.1, 1971; Conciliorum Oecumenicorum Generaliumque Decreta, I, 155-188 (ed. P. Conte); Corpus Iuris Civilis, hg. v. T. Mommsen/P. Krüger etc., 1908.1912, Bd. II; – *Literatur:* E. Caspar, Geschichte des Papsttums von den Anfängen bis zur Höhe der Weltherrschaft, II, 1933, 234-286. 768-774; E.K. Chrysos, Ἡ ἐκκλησιαστικὴ πολιτικὴ τοῦ Ἰουστιανιανοῦ κατὰ τὴν ἔριν περὶ τὰ τρία κεφάλαια καὶ τὴν εʹ οἰκουμενικὴν σύνοδον, Thessalonich 1969 [Zusammenfassung: Die Kirchenpolitik Justinians während des Drei-Kapitel-Streits und des V. Ökumenischen Konzils]; F.-X. Murphy/P. Sherwood, Constantinople II et Constantinople III, Paris 1974 (dt. 1990); E.M. Ludwig, Neo-Chalcedonism and the Council of 553, Berkeley 1984; K.L. Noethlichs, Art. Heidenverfolgung, RAC 13, 1986, 1149-1190 (hier:1169-1171. 1182-89); A. Grillmeier, Jesus der Christus im Glauben der Kirche, II, 2, 1989, 439-484; P. Maraval/C. Sotinel, Justinian I. und das vergebliche Mühen um die Einheit, in: Der lateinische Westen und der byzantinische Osten (wie o. Nr. 94), 421-518; F. Bruckmann, ἕνωσις καθʼ ὑπόστασιν. Die ersten zehn Anathematismen des fünften ökumenischen Konzils (Konstantinopel 553) als Dokument neuchalcedonischer Theologie, AHC 36, 2004, 1-166. 259-388; S. Hausammann (wie o. Nr. 7), Bd. 4, 2004, 74-108; M. Maas (Hg.), The Cambridge Companion to the Age of Justinian, Cambridge 2005.

---

[1]   Vgl. dazu Joh. Mal. chron. 18, 451 (PG 97, 661C. 662CD). „Dass die Philosophie in Justinians Gesetz für Athen mit dem Recht verbunden wurde, zeigt, dass das Heidentum nicht die einzige Ursache für die Verminderung der Ausbildungskapazitäten war" (W. Liebeschuetz, Art. Hochschule, in: RAC 15 [1991], 858-911 [hier: 890], mit weit. Lit.). Allerdings war die Schließung der Akademie zweifellos ideologisch motiviert.

[2] S.o. Abschnitt a; Nr. 96, Anm. 1.
[3] Vgl. o. Nr. 95, Anm. 3.
[4] Vgl. oben Nr. 75c m. Anm. 5.

98. Der Streit um ›Monenergismus‹ und ›Montheletismus‹: Maximus Confessor und das 6. Ökumenische Konzil

Im Osten wurde durch die Beschlüsse von Konstantinopel 553 der Abfall von der Reichskirche und die Bildung ›monophysitischer‹ Nationalkirchen (der koptischen in Ägypten und in dem von dort aus missionierten Äthiopien und der ›Jakobitenkirche‹ in Syrien/Palästina) nur verzögert, nicht aufgehalten. Und auch im Westen hatte die dem Papst (Vigilius) nachträglich abgenötigte Zustimmung zur Verurteilung der »Drei Kapitel« wie zu den übrigen Konbzilsbeschlüssen überhaupt nicht die erstrebte Verständigung, sondern im Gegenteil (besonders im nach und nach unter die Herrschaft der Langobarden gelangenden Norditalien) ein förmliches Schisma zur Folge. Gleichwohl unternahmen die byzantinischen Kaiser und Patriarchen auch weiterhin den Versuch, den Graben zwischen Ein- und Zwei-Naturen-Lehre zu überbrücken, durch die Formel z. B., dass in dem Gott Logos nach der Inkarnation nicht nur eine einzige »Natur«, so doch wenigstens nur ein einziges gottmenschliches »Wirken« [ἐνέργεια] oder ein einziger »Wille« [θέλημα oder θέλησις] anzunehmen sei (man spricht darum vom »monenergetischen« und »monotheletischen Streit«). Am Ende jedoch, auf den Protest vor allem des Westens, aber auch von Männern wie Maximus »dem Bekenner« hin, wurde auf dem Konzil von Konstantinopel 680/681 der Dyotheletismus (»Zwei-Willen-Lehre«) zum Dogma erhoben.

a) Maximus »der Bekenner« über die Stellung des Kaisers in der Kirche

Geboren 579/580 (ob in Konstantinopel oder im paläst. Dorf Hesfin, ist umstritten), gestorben 662 in Lazike an der Ostküste des Schwarzen Meeres, war Maximus gewiss einer der bedeutendsten byzantinischen Theologen, gleich wichtig für die Dogmengeschichte des ›Monotheletismus‹ wie für die der Bibel- und Kirchenväterexegese (Gregor v. Nazianz, Dionysius Areopagita), aber auch für die Weiterbildung der theoretischen Mystik (auf der Basis des [kritisch rezipierten] Origenismus und des Systems des Evagrius Ponticus). Um 613/614 Mönch geworden, wurde er nach Erlass einer kaiserlichen »Ekthesis« (durch Herakleios ([638]) allmählich in den Lehrzwist über das Erbe von »Chalkedon« verwickelt, zumal seit er vor den Persern und den Arabern nach Afrika hatte ausweichen müssen. Er propagierte dort die »Zwei-Willen«-Lehre, gemeinsam mit Papst Martin I. in Rom, wo sein antimonotheletischer Kampf auf der Lateransynode von 649 zu einem ersten Triumph führte. Anders erging es ihm im Machtbereich der byzantinischen Kaiser: 655 erstmals (wegen Hochverrats) und 662 erneut (wegen beharrlichen Widerstands gegen einen kaiserlichen Religionserlass [diesmal den »Typos« Kaiser Konstans' II. von 648]), verurteilt und auf barbarische Weise verstümmelt, starb er, seiner rechten Hand und seiner Zunge (bis zum Ansatz!) beraubt, im hohen Alter im Exil. Seit seiner Rehabilitierung auf dem Konzil von 680/81 heißt er allgemein – ausgenommen seine ›monophysitischen‹ Gegner von einst und deren Nachfahren – M. Confessor (Ὁμολογητής). – Seine zahlreich erhaltenen größeren und kleineren theologischen Abhandlungen weisen eine beträchtliche thematische Vielfalt auf, die sich an dieser Stelle unmöglich dokumentieren lässt. Sie befestigen seinen Ruf als des bedeutendsten griechischen Theologen im 7. Jh. Von unmittelbarster Nachwirkung waren seine verschiedenen Beiträge zur christologischen Debatte, die nicht zuletzt auf eine Klärung der Begriffe, vor allem auf die im Monotheletismusstreit besonders kontroverse Beziehung zwischen Natur-, Energie- und Willensbegriff, gerichtet waren. Allerdings haben sie auch mit dafür gesorgt, dass den (weitgehend der gleichen »neuchalkedonischen« Tradition verpflichteten)

Gegnern, schon in den Beschlüssen von Rom 649, schwerlich Gerechtigkeit widerfahren ist. –
Wir können hier aus der thematischen Vielfalt nur eine ganz begrenzte Auswahl treffen und
greifen zunächst ein Thema auf, das in der Leidensgeschichte des »Bekenners« eine zentrale
Rolle spielt: die Stellung des Kaisers in der Kirche.

Das kaiserliche Amt – ein priesterliches Amt? (Aus den Verhandlungen vor dem kaiserlichen Tribunal 655 [PG 90, 117B-D][1]): ... Und du sagtest: Dann ist also nicht jeder
christliche Kaiser zugleich auch Priester? Und ich antwortete: Er ist es nicht; denn er
steht nicht am Altar, und nach der Konsekration (ἁγιασμός) des Brotes hebt er es nicht
in die Höhe mit den Worten: Das Heilige den Heiligen (τὰ ἅγια τοῖς ἁγίοις). Er tauft
nicht, er vollzieht nicht die Weihe des Myrons [des Salböls], er legt nicht die Hände auf
(οὔτε χειροθετεῖ) und kreiert (ποεῖ) nicht Bischöfe, Preybyter und Diakone. Er salbt
nicht Kirchen, trägt nicht die Würdezeichen (σύμβολα) des Priesters, Omophorion [bi-
schöfliches »Schultergewand«] und Evangelienbuch, so wie er die des Kaisertums, Krone
und Purpurmantel, trägt. Aber, wandtest du ein, wie kann die heilige Schrift sagen,
dass Melchisedek König und Priester sei [vgl. Gen. 14; Ps. 110,4; Hebr. 7,3]? Darauf
erwiderte ich: Des einen Allgottes, der von Natur König und um unserer Erlösung
willen, seiner Natur gemäß, Hoherpriester geworden ist, dessen Abbild war einzig und
allein Melchisedek. Wenn du aber behauptest, dass ein anderer König und Priester
nach der Ordnung Melchisedek sei, sollst du von diesem auch das andere zu behaupten wagen, dass er »vaterlos, mutterlos, ohne Stammbaum sei und weder Anfang
der Tage noch ein Ende des Lebens« habe ... Beim heiligen Opfer (ἀναφορά) am
heiligen Altar wird der Kaiser erst nach den Erzpriestern [= Bischöfen] und Diakonen
und allen Angehörigen des geistlichen Standes zusammen mit den Laien gedacht,
wenn der Diakon ausruft: »[Lasst uns gedenken] auch der im Glauben entschlafenen
Laien, des Konstantin, des Konstans und aller anderen.« So wird auch der lebenden
Kaiser gedacht *nach* allen Klerikern (μετὰ τοὺς ἱερωμένους πάντας). Als er das sagte,
schrie [der Abt] Menas: Mit diesen Reden hast du die Kirche gespalten.

Ist es der Kaiser, der den Synoden Gültigkeit verleiht, oder der fromme Glaube? (Aus
der Disputation zwischen Bischof Theodosius von Caesarea und Maximus während dessen erstem Exil in Bizye, im folgenden Jahr, 12 [PG 90, 145.148]) [Zu Bischof Theodosius gewandt,
bemerkt M.:] ... Wenn den abgehaltenen Synoden die kaiserlichen Einberufungsbefehle
(κελεύσεις) Rechtskraft verleihen (κυροῦσιν) und nicht der fromme Glaube, dann
könnten sie [die Kaiser] auch die gegen das Wesenseins (ὁμοούσιος) gerichteten Synoden rechtsgültig machen, denn auch diese kamen ja durch kaiserlichen Einberu-
fungsbefehl zustande ..., [aber auch etwa] das zweite Ephesinum, dem Dioskur vor-
stand. Sie alle berief ein kaiserliches Konvokationsschreiben, und trotzdem sind alle
wegen der Gottlosigkeit der von ihnen schließlich beschlossenen Lehrsätze verdammt
worden ... Welcher Kanon schreibt vor, dass allein die Synoden zu akzeptieren seien
(ἐγκρίνεσθαι), welche auf kaiserliche Einladung hin zusammentraten, oder überhaupt,
dass Synoden [einzig] durch kaiserlichen Befehl einberufen werden? Der ehrwürdige
Kanon der Kirche nimmt jene Synoden als heilig und autoritativ an, welche[n] die
Richtigkeit ihrer Lehrsätze Anerkennung verschaffte [auszeichnete] (Ἐκείνας οἶδεν
ἁγίας καὶ ἐγκρίτους συνόδους ὁ εὐσεβὴς τῆς Ἐκκλησίας κανών, ἃς ὀρθότης
δογμάτων ἔκρινεν).

b) Aus des Maximus vier »Centurien über die Liebe« (PG 90, 960-1080)

Maximus, der Wanderer zwischen zwei Welten, Ost- und Westrom, ist von J. Pelikan zurecht als *vir bilinguis* (»Zweisprachler«) schlechthin bezeichnet worden, welcher in gleicher Vollkommenheit über die Sprache der Spiritualität wie der Theologie verfüge. Unter seinen vor 630 entstandenen asketisch-mystischen Schriften sind auch viermal 100 Sentenzen (= »Centuria«) – entsprechend der Vierzahl der Evangelien –, nach dem Vorbild der »Aussprüche der Väter« (s.o. Nr. 53c) und im Geist des Euagrius Ponticus erhalten, dem Maximus auch sonst viel verdankte und von dem er sich inspirieren ließ unerachtet der Tatsache, dass dieser spätestens zur Zeit Kaiser Justinians I. in schwerstes Kreuzfeuer der Kritik geraten, ja als Ketzer verurteilt worden war; auch dessen Hauptwerk, die nur syrisch erhaltenen »Kephalaia gnostica«, besteht aus (diesmal sechs) Zenturien, eine Form der Präsentation, die besonders geeignet zu sein schien zum Auswendiglernen und Meditieren.

(I,1) Die Liebe (ἀγάπη) ist jene gute Verfassung (διάθεσις) der Seele, der gemäß diese kein Seiendes der Erkenntnis Gottes vorzieht. Unmöglich aber ist es, zu dieser Beschaffenheit (ἕξις) der Liebe zu gelangen, solange man irgend etwas Irdischem verhaftet bleibt. (2) Die Liebe wird geboren von der inneren Unbetreffbarkeit (ἀπάθεια), diese von der Hoffnung auf Gott, diese wiederum von Geduld (ὑπομονή) und Großmut, diese beiden von umfassender Selbstzucht (περιεκτικὴ ἐγκράτεια), diese von der Furcht Gottes, und diese vom Glauben an Christus, den Herrn.

(98) Der in der Betrachtung (θεωρία) der sichtbaren Dinge begriffene Geist (νοῦς) forscht entweder nach ihren naturhaften Strukturen (λόγοι) oder nach dem, was diese bezeichnen, oder er strebt nach der Ursache selbst. (99) Verweilt er bei der Betrachtung der unsichtbaren Dingen, dann sucht er entweder nach deren naturhaften Strukturen oder nach dem Grund ihres Entstehens und dem, was aus ihnen folgt, schließlich, wer oder was sie lenkt und richtet (τίς ἡ περὶ αὐτοὺς πρόνοια καὶ κρίσις). (100) Ist er aber zu Gott gelangt, so forscht er, von Liebessehnsucht entbrannt, zu allererst nach den dessen Wesenheit umgebenden Eigenschaften (τοὺς περὶ τῆς οὐσίας αὐτοῦ πρῶτον λόγους ζητεῖ); denn keine Tröstung empfängt er von dem, was Gott selber betrifft (ἐκ τῶν κατ᾽ αὐτόν). Das zu erfahren ist unmöglich und gleicherweise unaufweisbar für jede geschaffene Natur. Tröstung aber empfängt er aus den Gottes Wesenheit umgebenden [Eigenschaften] wie Ewigkeit, Unendlichkeit, Unbegrenztheit, Güte, Weisheit und Macht, welche die Dinge (ὄντα) erschaffen, lenken und richten. Das allein ist von Gott wahrhaft erfassbar: seine Unendlichkeit (ἀπειρία), und das Nichterkennen ist in diesem Falle ein die Vernunft übersteigendes Erkennen (ὑπὲρ νοῦν γινώσκειν), wie es die Gotteskünder (θεολόγοι ἄνδρες) Gregor und Dionysius ausgesagt haben.[2]

(II,82) Manche behaupten, es würde kein Übel (τὸ κακόν) in der Dingwelt geben, wenn es keine andere Macht gäbe, die uns nach dieser Seite [also zum Bösen] hinziehe. Diese [Gegenmacht] ist aber nichts anderes als die mangelnde Achtsamkeit (ἀμέλεια) in bezug auf die der Natur des Geistes entsprechenden Energieen. Die sie achtsam gebrauchen, tun immer das Rechte, nie das Üble. Willst auch du es, so vertreibe deine Nachlässigkeit, und du hast damit auch das Böse vertrieben, nämlich den Missbrauch der Gedanken, in dessen Gefolge sich der Missbrauch der Dinge einstellt. (III,5) Das Böse [die Bosheit] der Dämonen besteht nach dem seligen Dionys in sinnlosem Zorn, unvernünftiger Begierde, überstürzter Phantasie. Sinnlosigkeit, Unvernunft und Voreiligkeit sind bei Vernunftwesen Beraubungen: des Verstandes, der Vernunft und der Umsicht (περίσκεψις). Beraubungen aber sind gegenüber dem Verfügen[können] sekundär (Αἱ δὲ στερήσεις τῶν ἕξεών εἰσι δεύτεραι). Es gab also eine Zeit, als sie [die Dämonen] im Besitz von Verstand, Vernunft und kluger Umsicht waren. Trifft dies zu,

so sind selbst sie nicht naturhaft böse, sondern sie wurden es durch Missbrauch ihrer Naturkräfte.[3]
(IV,54) Bilde dir nicht ein, die Gelassenheit [Unbetreffbarkeit (ἀπάθεια)] erreicht zu haben, wenn die Sache [, die sie auf die Probe stellt,] nicht gegeben ist. Tritt sie in Erscheinung [d.h. kommt es zur Bewährungsprobe] und du bleibt unerschüttert, sowohl durch sie selbst wie durch die nachfolgende Erinnerung, dann magst du daran erkennen, dass du den Grenzbereich zu ihr überschritten hast. Aber auch dann werde nicht leichtsinnig, denn nur standhafte Tugend (ἀρετὴ μὲν χρονίζουσα) ertötet die Leidenschaften, sorglos gewordene dagegen lässt sie von neuem erwachen. (55) Wer Christus liebt, der ahmt ihn durchaus nach, soweit er kann. Zum Beispiel hat Christus nicht abgelassen, den Menschen wohlzutun; waren sie undankbar und lästerten sie, so ertrug er das großmütig; schlugen sie ihn und überantworteten ihn dem Tode, so erduldete er es und rechnete niemandem das Böse zu. Diese drei sind die Werke der Nächstenliebe; lehnt einer ab, sie zu tun, so betrügt er sich selbst, falls er vorgibt, Christus zu lieben oder seines Reiches teilhaftig zu werden .... (vgl. Mt. 7, 21; Joh. 14,15). (86) Liebe und Enthaltsamkeit (ἐγκράτεια) befreien die Seele von Leidenschaften (πάθη), Lesung und Betrachtung entreissen den Geist der Unwissenheit, anhaltendes Gebet (προσευχῆς κατάστασις) lässt ihn Gott selbst begegnen (αὐτῷ παρίστησιν αὐτὸν τῷ θεῷ).

c) Aus der Glaubensdefinition des Konzils von Konstantinopel 680/81 (Riedinger ACO II, 2,2,768-776 [hier:774ff.]; COGD I, 191-202 [hier: 199-202])

Es ist zum Verständnis der Vorgänge auf diesem Konzil, außer dem bereits Gesagten, wichtig zu bedenken, dass inzwischen jene byzantinischen Provinzen an den Islam verlorengegangen waren, in denen die Stellung der Antichalkedonenser (der sog. ›Monophysiten‹), die sich nicht einmal durch die »Ein-Willen«-Lehre zurückgewinnen ließen, besonders stark gewesen war. Andererseits bestand ein lebhaftes Interesse der Byzantiner am Erhalt ihrer Herrschaft in Italien fort, wo man jeder scheinbaren oder wirklichen Abweichung vom Dogma von Chalkedon von je-her abgeneigt war. So erklärte sich denn Kaiser Konstantin IV. Pogonatos (668-685), in einer äußerst prekären politischen Lage, 678 bereit, mit Rom Frieden zun schließen und ein neues Reichskonzil einzuberufen. Es tagte vom 7. Nov. 680-16. Sept. 681 in der Halle des Konstantinopeler Kaiserpalastes (»in Trullo«) und definierte in seinem Ὅρος vom 16. Sept. 681 über die zwei Willen und Energien u.a. folgendes:

... gemäß der Lehre der heiligen Väter [bekennen wir uns zu und] verkünden zwei natürliche[n] Willensbewegungen (δύο φυσικὰς θελήσεις) oder zwei Willen (θελήματα) in ihm [Christus] und zwei natürliche[n] Energien (δύο φυσικὰς ἐνεργείας) ungetrennt, unverwandelt, ungeteilt, unvermischt. Ebenso [verkünden wir] die zwei natürlichen Willen, fürwahr nicht als in Gegensatz zueinander befindlich, wie die gottlosen Häretiker behaupteten, sondern so, dass sein menschlicher Wille seinem göttlichen und allmächtigen Willen, ohne Widerstreben und Widerwilligkeit, folgt und sich ihm unterordnet ... Wie nämlich sein Fleisch Fleisch des Gott Logos genannt wird und ist, so heißt und ist auch der natürliche Wille seines Fleisches dem des Gott Logos eigen ... Wie [ferner] sein hochheiliges, makelloses, beseeltes Fleisch durch die Vergöttlichung nicht eliminiert wurde (οὐκ ἀνῃρέθη), sondern in seinen eigenen Merkmalen und Bedingungen verblieb, so ist auch sein menschlicher Wille vergöttlicht (θεωθέν) und doch nicht eliminiert worden, sondern erhalten geblieben in seiner eigenen Begrenzung uns Struktur (ἐν τῷ ἰδίῳ αὐτῆς ὅρῳ τε καὶ λόγῳ διέμεινεν) ... Wir preisen (δοξάζομεν) aber auch zwei natürliche Energien ungetrennt, unverwandelt, ungeteilt und unvermischt in demselben unserem Herrn Jesus Christus, unserem wahren Gott, d.h. eine göttliche und eine menschliche Energie ... Indem wir nun allenthalben das »unvermischt« und »ungetrennt« festhalten, bringen wir das Ganze kurz auf folgenden Ausdruck: Wir glauben, dass unser Herr Jesus Christus, unser wahrer Gott, auch nach der Fleischwerdung einer aus der heiligen Trinität sei, und sagen deshalb, dass er zwei Naturen besitze in seiner einen durchscheinenden Hypostase[4], in der er sowohl die Wunder wie die Leiden während seines gesamten heilsgeschichtlichen Auftretens (δι᾽ ὅλης αὐτοῦ τῆς οἰκονομικῆς ἀναστροφῆς), und zwar nicht zum Schein, sondern wahrhaftig, vollbracht hat, wobei der Unterschied der Naturen in der einen Hypostase daran erkannt wird, dass jede Natur in Gemeinschaft mit der andern das Ihre will und wirkt. Entsprechend dieser Lehre preisen wir zwei natürliche Willen wie Energien, die zum Heile des Menschengeschlechts in angemessener Weise (καταλλήλως) zusammenwirken ...

d) Aus den Beschlüssen des Trullanum II von 691/92 (COGD I, 219-293 [edd. Nedungart/Agrestini])

Ungefähr zehn Jahre nach dem 6. Ökumenischen Konzil berief der byzantinische Kaiser Justinian II. zwecks Einigung und Festigung seines Restreiches eine Fortsetzuungssynode nach Konstantinopel. Sie tagte, wohl im Frühjahr 692, an demselben Ort wie die Synode von 680/81, nämlich im Kuppelsaal des Kaiserpalastes (darum ihr Name »Trullanum II«), und versammelte 220 Bischöfe, überwiegend aus dem Bereich des Konstantinopeler Patriarchats. Ihre Aufgabe war es, die auf den Synoden von 553 und 680/81, dem 5. und 6. ökumenischen Konzil, unterlassenen Bestimmungen (Kanones) zur Regelung der kirchlichen Ordnung und Disziplin nachzuholen. Diese Bestimmungen sind fortan zu einem Hauptbestandteil orthodoxen Kirchenrechts geworden, wie das Konzil überhaupt (mit der Bezeichnung Πενθέκτη bzw. Qinisextum [»Fünft-sechstes«) im Osten der Reihe der (sieben) allgemein anerkannten »ökumenischen Konzilien« zugerechnet wird. – Obwohl man inzwischen weithin davon abgekommen ist, in seinen Kanones Konzils primär einen gezielten »anti-römischen« Affront zu sehen – im Vordergrund des Interesses steht etwas ganz anderes, nämlich die Konsolidierung der Verhältnisse im Osten[5] –, so dokumentieren sie gleichwohl eine fortgeschrittene innere Entfremdung zwischen Ost und West.
Das wird bereits im *Kanon 1* erkennbar, der feierlich die Beschlüsse der sechs voraufgegangenen autoritativen Synoden (Nizäa I bis Konstantinopel III) bekräftigt, dabei vom Westen wenn überhaupt, dann allenfalls im Zusammenhang mit Irrlehre spricht. Dem korrespondiert es, wenn in *Kanon 2* als kirchenrechtliche Grundlagen fast ausschließlich östliche Quellen genannt und darunter, im Unterschied zum Westen, sämtliche 85 sog. »apostolischen Kanones«[6] anerkannt werden. Auch befindet sich unter den namentlich genannten Kirchenvätern kein einziger Abendländer; päpstliche Rechtssetzungen bleiben erst recht ungenannt[7]. *Kanon 3* und *13* heben sich ausdrücklich von strengeren Zölibatsbestimmungen innerhalb der Kirche Roms (ἐν τῇ Ῥωμαίων ἐκκλησίᾳ) – wie es heißt: aus Gründen der »Humanität« (φιλανθρωπία) und der »Barmherzigkeit« (συμπάθεια), entgegen der »peinlichen Genauigkeit« (ἀκρίβεια) der ›Römer‹ – ab, indem das strikte Keuschheitsgebot auf die Bischöfe beschränkt und allen übrigen Klerikern nur eine zweite Ehe oder die Eheschließung mit einer Witwe oder »Unehrenhaften« (z.B. einer Konkubine oder Schauspielerin) untersagt wird. Dem römischen Brauch, Kandidaten für das Diakonen- und Presbyteramt vor ihrer Ordination das Versprechen abzuverlangen, sich des Geschlechtsverkehrs mit ihren Ehefrauen gänzlich zu enthalten, wird unter Berufung auf die »alte Richtschnur apostolischer Observanz und Disziplin« (τῷ ἀρχαίῳ ἐξακολουθοῦντες κανόνι τῆς ἀποστολικῆς ἀκριβείας καὶ τάξεως) in Kanon 13 eine klare Absage erteilt: »Wenn daher einer als würdig erachtet wird, zum Subdiakon, Diakon oder Presbyter ordiniert zu werden, dann soll dieser keinesfalls daran gehindert werden, diesen Grad zu erreichen, sofern er in rechtmäßiger Ehe lebt«; und ihm ein Versprechen im Sinne des römischen Brauchs abzuverlangen, hieße,

sich über biblisches Gebot (vgl. Mt. 19,6; Hebr. 13,4; 1. Kor. 7,27) und kanonisches Recht (can. 3. 25 von Karthago [!]) hinwegzusetzen. *Kanon 36* erneuert die Bestimmungen von Kanon 3 von Konstantinopel 381 und Kanon 28 von Chalkedon (s.o. Nr. 81d. 95b), »dass der Thronos von Konstantinopel die gleichen Vorrechte genießt wie der Altroms und in kirchlichen Dingen wie jener geehrt wird und und der zweite nach jenem ist«, wobei allen Beteiligten klar gewesen sein dürfte, dass »Altrom« eine solche Gleichstellung unter keinen Umständen anerkenne. Nicht minder weitreichend ist, dass in *Kanon 55* der römische Brauch des Samstagsfastens in der vorösterlichen »großen Fastenzeit« (Quadragesima) verworfen wird, weil das »der überlieferten kirchlichen Disziplin (ἀκολουθία)« widerspreche (gedacht ist wohl an can. apost. 66[8]), ja, dass in *Kanon 82* die Darstellung Christi in der Gestalt des Lammes, die nach allem, was wir wissen, vor allem in der abendländischen Kirche verbreitet war, verboten wird mit folgender Begründung:

(Kanon 82 [COGD I, 281): In einigen bildlichen Darstellungen (γραφαί) auf den verehrungswürdigen Ikonen wird das vom Finger des Vorläufers bezeichnete Lamm (vgl. Joh. 1,29.36) wiedergegeben, das als Vorbild (τύπος) der Gnade galt und uns mittels des Gesetzes das wahre Lamm, Christus, unseren Gott, vorabbildete (προϋποφαίνων). Obwohl wir die alten Vorbilder und Schatten (σκιαί), die der Kirche als Symbole und Vorabschattungen [»Entwürfe« (προχαράγματα)] der Wahrheit übergeben sind, hochschätzen (κατασπαζόμενοι), geben wir gleichwohl der Gnade und Wahrheit [vgl. Joh. 1,17] den Vorrang, welche wir als Erfüllung des Gesetzes (πλήρωμα νόμου) aufnehmen. Damit also das Vollkommene auch durch Anfertigung von Bildern allen vor Augen gestellt werde, setzen wir fest: von nun an sollen auch auf den Ikonen statt des [dem] alten [Bund zugehörigen] Lammes die menschlichen Züge des die Sünden der Welt tragenden Lammes, Christi, unseres Gottes (τὸν τοῦ αἴροντος τὴν ἁμαρτίαν τοῦ κόσμου ἀμνοῦ, Χριστοῦ τοῦ θεοῦ ἡμῶν, κατὰ τὸν ἀνθρώπινον χαρακτῆρα) aufgetragen werden. Dadurch werden wir nämlich der Würde (ὕψος) der Erniedrigung des Gott-Logos inne und lassen uns hingeleiten zum Gedächtnis seines Wandels im Fleisch, seiner Passion und seines heilsamen Todes und der dadurch erwirkten Erlösung der Welt.

Quellen: R. Riedinger, Acta Conciliorum Oecumenicorum, ser. 2, vol. II, pars 2, 1992; Conciliorum Oecumenicorum Generaliumque Decreta, I, 195-202 (ed. H.G. Thümmel); 219-293 (edd. G. Nedungatt/S. Agrestini). – *Literatur:* W. Elert, Der Ausgang der altkirchlichen Christologie, hg. v. W. Maurer/E. Bergsträsser, 1957; H.U. v. Balthasar, Kosmische Liturgie. Das Weltbild Maximus' des Bekenners, Einsiedeln [2]1961; J. Pelikan, Introduction, in: Maximus Confessor. Selected Writings (The Classics of Western Spirituality), Mahwah/NJ 1985, 1-13; F.-X. Murphy/P. Sherwood (wie o. zu Nr. 97); G. Bausenhart, „In allem uns gleich außer der Sünde" (TSTP 5), 1992; G. Dagron, Byzantinische Kirche und byzantinische Christenheit zwischen Invasionen und Ikonoklasmus (von der Mitte des 7. bis zum Beginn des 8. Jahrhunderts), in: Bischöfe, Mönche und Kaiser (642-1054), hg. v. G. Dagron/P. Riché/A. Vauchez, 1994, 3-96 (hier: 3-71); J.-C. Larchet, La divinisation de l'homme selon saint Maxime le Confesseur (Cogitatio fidei 194), Paris 1996; A.M. Ritter in: HDThG, I, [2]1999. 270-283; F. Winkelmann, Der monenergetische und monotheletische Streit, 2001 (Lit.!); S. Hausammann (wie o. Nr. 7), Bd. 4, 2004, 118-145; H.G. Thümmel (wie o.), 191f.; G. Nedungatt/S. Agrestini (wie o.), 205-215.

[1]   Festgehalten sind diese Verhandlungen in dem von seinem Schüler und Leidensgefährten Anastasios Apokrisiarios verfertigten protokollarischen Bericht.
[2]   Wie H.U. v. Balthasar (wie o.) in seiner Übersetzung zur Stelle (428, Anm. 1) wohl zurecht vermutet, ist mit »Gregor« (schon wegen der Umschreibung der beiden Gewährsmänner mit θεολόγοι ἄνδρες) der Nazianzener (Gregor »der Theologe«) gemeint (und konkret an die Stelle or. 35, 317C gedacht); eine viel größere Rolle spielt der Gedanke der göttlichen »Unendlichkeit«

allerdings bei dessen Namensvetter Gregor von Nyssa (vgl. dazu bes. die Monographie von E. Mühlenberg, Die Unendlichkeit Gottes bei Gregor von Nyssa [FKDG 16], 1966), bei dem sich auch die nächsten Parallelen zu unserer Maximusstelle finden: Gregor. Nyss., c. Eun. II, § 102 (GNO I, 256, 20-25); III, V, 56 (GNO II, 180, 7-10. 23f.); im Hintergrund steht so gut wie sicher Plotin: s. enn. V 3, 14 (227, 5-8 Henry/Schwyzer); VI 9, 3 (276, 52f.). Zum Gedanken des »Nichterkennens« als »übervernünftigen Erkennens« vgl. Dion. Areop., ep. 1-5 (PTS 36, 156-162) und zur Nachwirkung all dessen bei Gregor Palamas u.a. cap. 150, c. 78 (Συγγράμματα Bd. 5, Thessalonich 1992, 79f., ed. P.K. Chrestou).

3   Vgl. Dion. Areop., De div.nom. 4, 23 (PTS 33, 170-172). Kurze Zusammenfassung des dortigen Gedankengangs und der areopagitischen Lehre vom Bösen als Missbrauch.

4   Oder: in der einen Hypostase, die sie (sc. die beiden Naturen) durchschimmern lässt; die lat. Version, mit Unterstützung zweier griech. Handschriften, lautet: duas eius esse naturas in una eius radiante subsistentia.

5   Geradezu pessimistische Töne werden zu Beginn des Ganzen in der üblichen Konzilsadresse (Προσφωνητικὸς λόγος) an den Kaiser (COGD I, 219-224) angeschlagen: Angesichts des weit fortgeschrittenen allgemeinen Niedergangs der Sitten sei es höchste Zeit, Judentum, Heidentum und Sektenwesen entschieden in die Schranken zu weisen und durch strenge Gesetze auch im religiösen Bereich alle Auswüchse individuellen Wildwuchses zu beschneiden. Angesichts der tiefgreifenden Umbrüche, die das byzantinische Reich gerade in jüngster Zeit erlebt hatte, erscheint solcher Pessimismus im Rückblick als durchaus nachvollziehbar (vgl. S. Hausammann [wie o.], 142).

6   Nicht jedoch die sog. »Apostolischen Konstitutionen«, die »durch die Häretiker gefälscht« und darum zurückzuweisen seien (COGD I, 229); vgl. dazu etwa B. Steimer (wie o. Nr. 8), § 11 (114-133).

7   Nach dieser Grundlegung folgen, ohne allzu großes Bemühen um eine strikte Ordnung, zunächst einige Bestimmungen »Über Priester und Kleriker« (3-39), dann »Über Mönche und Nonnen« (40-49) und schließlich »Über Laien« (50-102).

8   Die Angabe in COGD I, 267, ist irrig.

99. Leo der Große und der römische Primat (aus: Sermon 4)

Leo I. von Rom hat sich nicht nur durch sein Eingreifen in die christologischen Streitigkeiten des Ostens (s. oben Nr. 94) und später durch sein – allerdings durch die Legende ausgeschmücktes – unerschrockenes und erfolgreiches Auftreten gegenüber dem Hunnenkönig Attila (452) und dem Vandalenkönig Geiserich (455) beträchtliches Ansehen erworben. Vielmehr ist er es auch gewesen, der dem Gedanken des Vorrangs des römischen Bischofs einen klassischen Ausdruck verliehen und die Entwicklung römischen Primatsdenkens – in seiner »petrinischen« Begründung jedenfalls – zum Abschluss gebracht hat. Blieb auch sein Protest gegen Kanon 28 von Chalkedon, welcher den Bischof von Konstantinopel dem von Rom rangmäßig gleichstellte (s. o. Nr. 95b), erfolglos, so gelang es ihm immerhin, die Kirche des Abendlandes seiner Oberhoheit zu unterstellen und dafür die Unterstützung des weströmischen Kaisers zu gewinnen. Wieweit freilich auch dieser Realisierung noch Anspruch und Theorie voraus waren, lehren u.a. folgende Auszüge aus einer am Jahrestag seiner Ordination (29. Sept. 444) gehaltenen Predigt:

(2) ... Aus der ganzen Welt wird einzig Petrus erkoren, der auch das Haupt aller berufenen Völker, aller Apostel und sämtlicher Väter der Kirche sein soll; obwohl es daher im Volke Gottes viele Priester und Hirten gibt, ist doch im eigentlichen Sinne (proprie) Petrus der Leiter aller derer, über die, als Haupt (principaliter), auch Christus herrscht. Einen bedeutenden und bewundernswerten Anteil an ihrer Macht gab also ... die göttliche Gnade diesem Mann. Und wenn nach ihrem Willen auch den übrigen Häuptern (principes) [des Gottesvolkes] einiges mit ihm gemeinsam sein sollte, so hat

sie doch, was immer sie anderen gewährte, stets nur durch ihn verliehen (numquam nisi per ipsum dedit) ...

Dies wird in der Folge vor allem anhand folgender Bibelstellen untermauert: Mt. 16,17-19 und Lk. 22,31f. Das Fazit lautet:

(4) Da wir also ... auf göttliche Anordnung hin uns einen so mächtigen Schutz (praesidium) zur Seite stehen sehen, wollen wir uns, wie es vernünftig und recht ist, der Verdienste (merita) und der Würde unseres Führers (dux) freuen, indem wir dem ewigen König, unserem Erlöser, dem Herrn Jesus Christus dafür danken, dass er dem solche Vollmacht (potentia) verliehen, den er zum Haupt (princeps) der gesamten Kirche machte. Wird demzufolge auch heutzutage etwas von uns in rechter Weise vollbracht und verfügt, so ist dies dem Wirken und Lenken dessen zuzuschreiben, zu dem er [Christus] gesagt hat: »Und du, wenn du dich einst bekehrt hast, stärke deine Brüder« [Lk. 22,32], und an den der Herr nach seiner Auferstehung auf dessen dreimalige Beteuerung unwandelbarer Liebe hin dreimal den so bedeutungsschweren wie eindringlichen Ruf ergehen ließ (mystica insinuatione ter dixit): »Weide meine Schafe« [Joh. 21,15ff.]. Dies tut er [Petrus] ohne jeden Zweifel auch noch heute und führt als getreuer Hirte den Auftrag (mandatum) seines Herrn aus, indem er uns durch seine Ermahnungen stärkt und ohne Unterlass für uns bittet, dass wir keiner Versuchung zum Opfer fallen. Wenn er schon, wie wir zu glauben verpflichtet sind, diese seine fürsorgende Liebe dem gesamten Gottesvolk allerorten angedeihen lässt, wieviel mehr wird er dann seine Hilfe uns, seinen Pflegebefohlenen (alumni), zuzuwenden geruhen, bei denen er an heiliger Stätte in demselben Fleisch, in dem er unser Oberhaupt war, in seligem Todesschlaf schlummert? ...

Quelle: A. Chavasse, S. Leonis Magni ... tractatus septem et nonaginta, CChr 138, 1973. – *Literatur:* E. Caspar, Geschichte des Papsttums, 1, 1930, S. 423ff.; W. Ullmann, Leo I. and the theme of papal primacy, JThS.NS 11,1960, 25-51; B. Studer, Leo und der Primat des römischen Bischofs, in: FS f. H. Stirnimann, Freiburg 1980, 617-630; P. Stockmeier in: M. Greschat (Hg.), Gestalten der Kirchengeschichte. Das Papsttum 1,1985, 56-70; H. Frohnhofen, Der Erstapostel Petrus in den Sermones II-V Papst Leos I., TThZ 94, 1985, 212ff.

100. Aus der Geschichte der nestorianischen »Kirche des Ostens« (nach Thomas von Marga, Geschichte der Vorsteher [Budge I, 260])

Sind es innerhalb der Reichskirche wohl nur wenige gewesen, die dem in Ephesus 431 als »Feind der heiligen Jungfrau« und »Lästerer unseres Herrn Jesus Christus« verurteilten und schließlich in die Wüste Ägyptens verbannten Nestorius die Treue hielten, so wurde seine Christologie von der ostsyrischen Kirche auf persischem Boden, die bereits 424 ihre volle jurisdiktionelle Unabhängigkeit von der Kirche des byzantinischen Reiches erklärt hatte, auf den Synoden von Gonde-Šāpūr (Bet Lāpāt) und Seleucia-Ctesiphon (484 bzw. 486) zur offiziellen Kirchenlehre erhoben. Kulturell hoch entwickelt, war diese nestorianische »Kirche des Ostens« Mittler des spätantiken philosophisch-religiösen Erbes an den Islam. Dazu war sie, obwohl der Zoroastrismus offizielle Staatsreligion war, »die eifrigste Missionskirche, die die Welt je gesehen hat« (J. Stewart). Besonders lebhaft war die meist von Kaufleuten, aber auch von berufsmäßigen Sendboten getragene Nestorianermission in Zentralasien und in China (s. KThGQ II, [5]2001, Nr. 15). – Hierzu, als letztes Dokument dieser Textsammlung, ein Auszug aus dem für die Geschichte des nestorianischen Mönchtums bedeutsamen Liber Superiorum des Thomas von

Marga (9. Jahrhundert). Er handelt »über die Handauflegung, die der selige Mar Schubchalischo erhielt, um Metropolit von Gilān und Dailōm zu werden«:

Er ging hinab zum heiligen Mar Timotheos[1]. Und als dieser alles über ihn erfahren hatte und sah, dass er in der syrischen Sprache und Lehre, ebenso auch in der arabischen und persischen Sprache unterrichtet war, da beschloss er, ihn mit dem Öl der Heiligkeit zu salben, ihm den Stab des Hirtenamtes zu geben und ihn als einen Hirten und Lehrer der barbarischen Völker auszusenden, die den Zaum der Lehre von Gott noch nicht erhalten haben und in deren Gebiet von den Zeiten der Apostel bis jetzt noch kein Verkünder und Evangelist des Königreichs der Himmel gegangen war. Und als er ihn davon unterrichtet hatte, dieses [Werk] auf sich zu nehmen und sich auf den Herrn und die göttliche Hilfe zu verlassen, die ihn begleiten und durch seine Hand diese irrenden Völker bekehren würde, weil es ein Werk vom Herrn sei, zu dem er berufen wäre, da übernahm er es mit Furcht und Freude. Und der Tag der Handauflegung des Seligen war voll allem Pomp eines Festes, das aller Freuden voll ist; und alle Häupter der Gläubigen, die gehört hatten, dass er die Bekehrung dieser Länder auf sich genommen hatte, statteten ihn mit viel Geld und mit den notwendigen [prunkvollen] Kleidungsstücken aus. Und mit der Kraft Gottes und den ehrbaren Schülern, die ihn begleiteten, ging er zu diesen Völkern. Es unterrichtete mich aber über all dies deutlich der in der Wahrheit Heilige Mar Abraham, der Katholikos[2], der mir sagte, dass er dort seinen Einzug mit herrlich großer Pracht gehalten habe, denn die barbarischen Völker verlangten danach, etwas von weltlicher Pracht zu sehen, wie um sie anzulocken und willentlich zum Christentum hinzuziehen. (G. Wießner)

Quelle: E. A. Wallis Budge, The Books of Governors, 2 Bde., London 1893. – *Übersetzung:* Originalübersetzung von G. Wießner, der auch die Auswahl besorgte. – *Literatur:* J. Stewart, Nestorian Missionary Enterprise, Edinburgh 1928; K.S. Latourette, A History of Expansion of Christianity, 2, [6]1938, 263ff. 330ff. 463f. 467f.; F. Heiler, Die Ostkirchen, 1971, 303ff. (Lit.!); W. Hage a.o.(Nr. 61)a.O.; A.R. Vine, The Nestorian churches, New York 1980 (Nachdr. der Ausgabe Lon-on 1937); L.R. Wickham (s. oben Nr. 93); G. Troupeau, Kirchen und Christen im muslimischen Orient, V. Die nestorianische Kirche des Orients, in: Bischöfe, Mönche und Kaiser (wie o. Nr. 98), 453-472; N. Garsoïan, Persien: Die Kirche des Ostens, in: Der lateinische Westen und der byzantinische Osten (wie o. Nr. 94), 1161-1186.

[1]   Timotheos I., gest. 819/821.
[2]   S. dazu oben Nr. 61 m. Anm. 3.

Register der übersetzten Quellen

Register der Bibelstellen

Register der antiken Personennamen

Sachregister (in strenger Auswahl)